Gregor Wurm, Dr. Karl Wolff, Bernd Ettmann

KOMPAKT-WISSEN

BANK-BETRIEBS-LEHRE

9. überarbeitete Auflage

Stam 0921.

Lernfeld:		
Privates und betriebliches Handeln am rechtlichen Bezugsrahmen ausrichten	Bankensystem	1
	Rechtsgrundlagen	2

Lernfeld:		
Konten führen	Konto	3
	Inländischer Zahlungsverkehr	4

Lernfeld:		
Geld- und Vermögensanlagen anbieten	Geld- und Vermögensanlagen	5

Lernfeld:		
Besondere Finanzinstrumente anbieten und über Steuern informieren	Besondere Finanzinstrumente und Steuern	6

Lernfeld:		
Privatkredite bearbeiten	Privatkredite	7

Lernfeld:		
Baufinanzierungen und Firmenkredite bearbeiten	Baufinanzierungen	8
	Firmenkredite	9

Lernfeld:		
Auslandsgeschäfte abwickeln	Auslandsgeschäfte	10

Außerdem für Sie bei Stam:

Wurm, Möhlmeier, Skorzenski, Dr. Wierichs
Allgemeine Wirtschaftslehre für den Bankkaufmann/die Bankkauffrau
3. Auflage, 560 Seiten, DEM 63,70, EUR 32,57*
Stam 8920

Wurm, Ettmann, Scherer
Kompetenztraining Bankbetriebslehre
320 Seiten, DEM 44,40, EUR 22,70*, Stam 8950

*Preise: Stand 2001

Wurm, Lenders, Nöldner, Dr. Wierichs
Prüfungspraxis Bankkaufmann/Bankkauffrau Trainingsprogramm 2000/2001
- Bankwirtschaft
- Wirtschafts- und Sozialkunde
- Rechnungswesen und Steuerung

ca. 380 Seiten, ca. DEM 70,00*
Stam 8300

Wurm, Dr. Wolff, Ettmann
Fallstudien Bankbetriebslehre
6. überarbeitete Auflage, ca. 340 Seiten, DEM 41,40, EUR 21,17*, Stam 8988

Fuggerstr. 7, 51149 Köln, Telefon: 0 22 03 / 30 29 42, Fax: 0 22 03 / 30 29 903

www.stam.de

 www.stam.de

Stam Verlag
Fuggerstraße 7 · 51149 Köln

ISBN 3-8237-**0921**-6

© Copyright 2001: Verlag H. Stam GmbH · Köln
Das Werk und seine Teile sind urheberrechtlich geschützt. Jede Verwertung in anderen als den gesetzlich zugelassenen Fällen bedarf deshalb der vorherigen schriftlichen Einwilligung des Verlages.

Vorwort zur 9. Auflage

Die vorliegende Auflage wurde von uns vollständig überarbeitet. Grundlage für die Inhalte des Buches sind die bundeseinheitlichen Anforderungen der neuen **Ausbildungsordnung Bankkaufmann/Bankkauffrau** und der für den Unterricht in den Berufsschulen geltende **Rahmenlehrplan.** Ausgangspunt sind die im Rahmenlehrplan formulierten berufsspezifischen **Lernfelder der Bankbetriebslehre.**

Das Anforderungsprofil der Bankmitarbeiter ist durch eine zunehmende Markt- und Kundenorientierung gekennzeichnet. Der weitaus größte Teil der zukünftigen Bankkaufleute wird in direktem Kontakt mit den Kunden stehen. **Handlungsorientierte Ausbildung** in Schule und Betrieb stellt Auszubildende, Ausbilder, Lehrerinnen und Lehrer vor neue Anforderungen. Die Vermittlung von Schlüsselqualifikationen rückt zunehmend in den Vordergrund der pädagogischen Zielsetzung. Die Anforderungen an die Bankkauffrau/den Bankkaufmann erweitern sich. Der „neue Banker" benötigt zusätzliche Qualifikationen: Kommunikations- und Kooperationsfähigkeit, Methoden- und Medienkompetenz und die Fähigkeit, sich selbstständig neues Wissen anzueignen. Die angestrebte berufliche Handlungskompetenz findet dabei ihre wichtigste Abstützung in der Bereitschaft und Fähigkeit, auf der Grundlage fachlichen Wissens und Könnens Aufgaben und Probleme zielorientiert, sachgerecht, methodengerecht und selbstständig lösen zu können.

Die berufsspezifischen Lernfelder der Bankbetriebslehre, die von beruflichen Aufgabenstellungen und Handlungssituationen ausgehen, bedürfen einer Verknüpfung mit ihrem fachsystematischen Bezugsrahmen. **Fachkenntnisse und Strukturwissen** sind Voraussetzung für eine qualifizierte Kundenberatung und -betreuung durch die Bankkauffrau/den Bankkaufmann. Im vorliegenden Buch werden die notwendigen Grundlagen dargestellt, um die Kunden des Kreditinstituts kompetent zu beraten, die geschäftspolitischen Entscheidungen des Kreditinstituts zu verstehen und die Zusammenhänge des Marktes zu beurteilen.

Das **„Kompaktwissen Bankbetriebslehre"** soll
- die Themengebiete handlungs- und fachsystematisch strukturieren,
- als „Wissensspeicher" bei der selbstständigen Erarbeitung der Inhalte dienen,
- die im Unterricht behandelten Inhalte zusammenfassen,
- eine optimale Vorbereitung auf die IHK-Abschlussprüfung sicherstellen.

Ergänzend hierzu haben wir das Arbeitsbuch **„Fallstudien Bankbetriebslehre"** (Stam 8988) geschrieben, um
- die Fach- und Methodenkompetenz der Auszubildenden zu fördern,
- die selbstständige Bearbeitung bankbetrieblicher Problemstellungen trainieren zu können,
- den Lernfortschritt kontrollieren zu können.

Wir bedanken uns für die Anregungen, die uns von Auszubildenden, Ausbildern, Lehrerinnen und Lehrern zugegangen sind. Wir sind offen für Kritik und Verbesserungsvorschläge.

Es ist der Rechtsstand bis zum 1. Oktober 2000 berücksichtigt.

Die Verfasser

Liebe Azubis,

Sie haben Ihre Ausbildung vielleicht gerade erst begonnen und sind im Umgang mit Fachliteratur noch wenig geübt.

Gerade weil die Anforderungen so umfangreich sind, ist es besonders wichtig, auch beim Lernen, Üben und Wiederholen ökonomisch vorzugehen. Dies ist um so näher liegend, je knapper die Zeit ist, die zur Verfügung steht. Deshalb möchten wir Ihnen einige Lerntipps geben.

- **Lesen Sie langsam und in kleinen Etappen.** Sie gewinnen durch übereiltes Arbeiten keine Zeit, weil Sie dann zu viel überlesen und zu oft wiederholen müssen.
- **Schließen Sie sich mit anderen Auszubildenden zu einem kleinen Arbeitsteam mit 3–4 Mitgliedern zusammen.** Gemeinsames Lernen motiviert, ist erfolgreicher und macht mehr Spaß als das Lernen „im stillen Kämmerlein".
- **Stellen Sie einen Arbeitsplan auf.** Er hilft Ihnen, Ihre Zeit und Ihre Kräfte einzuteilen, damit auch Ihre Freizeit nicht zu kurz kommt.
- **Bearbeiten Sie das Buch.** Streichen Sie an, was Sie nicht verstehen. Ergänzen Sie durch Randbemerkungen, wenn es Ihnen notwendig erscheint.
- **Schlagen Sie die im Buch zitierten Rechtsquellen im Gesetzestext nach.** Es ist sinnvoll, sich zu den einzelnen Wissensgebieten die entsprechenden Formblätter, Vertragsmuster, Vordrucke usw. aus Ihrem Kreditinstitut zu beschaffen und diese parallel durchzuarbeiten.
- **Lernen Sie nicht auswendig.** Niemand verlangt von Ihnen „fertig gestanzte" Begriffsdefinitionen oder Erläuterungen. Fragen Sie sich gegenseitig ab.
- Zur **Vertiefung** Ihrer Kenntnisse finden Sie im Buch Hinweise auf das Begleitbuch „**Fallstudien Bankbetriebslehre**" (Stam 8988). Die entsprechenden Textstellen sind mit dem Bearbeitungshinweis

  gekennzeichnet.
- **Verfolgen Sie die aktuelle Wirtschaftsentwicklung durch regelmäßige Lektüre des Wirtschaftsteils einer Tageszeitung.** Schneiden Sie solche Artikel aus, die Ihnen wichtig erscheinen und die behandelten Wissensgebiete betreffen.
- **Fragen Sie Ihre Lehrer(innen) und Ausbilder(innen), wenn etwas unklar geblieben ist.** Man wird sich über Ihre Initiative freuen und Ihnen gerne helfen.

Wir wünschen Ihnen viel Erfolg und Freude beim Lernen.

Die Verfasser

Aktuelle Informationen sind im Bankenbereich von besonderer Bedeutung. Deshalb haben wir für Sie die Rubrik **Banken Aktuell** in unserem **Internet-Informationsdienst Stam Online** eingerichtet. Hier präsentiert der Autor Herr Werner Heiring ständig neue Informationen zu Themen aus der Bankwirtschaft – immer auf dem neuesten Stand und kostenlos zum downloaden.

http://www.stam.de

Inhaltsverzeichnis

1	**Aufbau des Bankensystems**	
1.1	Geschäftskreis und Funktionen der Kreditinstitute	11
1.2	Arten der Kreditinstitute	12
1.3	Kreditwesengesetz	14
1.4	Europäisches System der Zentralbanken	15
1.4.1	Europäische Zentralbank	16
1.4.2	Deutsche Bundesbank	18

Lernfeld:
Privates und betriebliches Handeln am rechtlichen Bezugsrahmen ausrichten

2	**Rechtsgrundlagen**	
2.1	Grundbegriffe des Rechts	20
2.1.1	Rechtsnormen	20
2.1.2	Privatrecht und öffentliches Recht	20
2.1.3	Rechtssubjekte – Rechtsfähigkeit	21
2.1.4	Rechtsobjekte	23
2.1.5	Rechtsgeschäfte	23
2.1.6	Geschäftsfähigkeit	27
2.1.7	Vertrag	29
2.1.7.1	Vertragsarten des BGB	30
2.1.7.2	Kaufvertrag	31
2.1.8	Besitz und Eigentum	33
2.1.9	Verjährung	36
2.2	Unternehmensrecht	38
2.2.1	Aufbau des Unternehmensrechts	38
2.2.2	Kaufleute nach HGB	39
2.2.3	Handelsregister	41
2.2.4	Firma	42
2.2.5	Unternehmensformen	43
2.2.5.1	Personenvereinigungen nach dem BGB	44
2.2.5.2	Einzelunternehmung	45
2.2.5.3	Personenhandelsgesellschaften	45
2.2.5.4	Partnerschaftsgesellschaft	47
2.2.5.5	Kapitalgesellschaften und Genossenschaft	48
2.2.5.6	GmbH & Co. KG	50
2.2.5.7	Sonstige Gesellschaften	51
2.3	Stellvertretung	52
2.3.1	BGB-Vollmacht	53
2.3.2	HGB-Vollmachten	54

Lernfeld:
Konten führen

3	**Kontoführung**	
3.1	Grundlagen	55
3.1.1	Allgemeiner Kontobegriff	55
3.1.2	Kontoarten	55
3.1.3	Kontokorrentkonto	56
3.1.4	Einzel- und Gemeinschaftskonto	58
3.1.5	CPD-Konten	58
3.2	Kontoeröffnung für Privat- und Firmenkunden	59
3.2.1	Kontoinhaber	59
3.2.2	Kontoeröffnung	61
3.2.2.1	Kontovertrag	61
3.2.2.2	Arbeitsablauf: Eröffnung eines Kontokorrentkontos für einen Privatkunden	62

3.2.3	Verfügungsberechtigung über Konten	65
3.3	Treuhandkonten	66
3.4	Kontovertrag zu Gunsten eines Dritten	68
3.5	Kontoführung bei Tod des Kontoinhabers	69
3.6	Kontoführung bei besonderen Anlässen	73
3.7	Bankgeheimnis und Bankauskunft	74
3.7.1	Bankgeheimnis	74
3.7.2	Bankauskunft	76
3.8	Maßnahmen zur Verhinderung von Geldwäsche	76

4 Inländischer Zahlungsverkehr

4.1	Zahlungsformen	78
4.2	Organisatorische Grundlagen des bargeldlosen Zahlungsverkehrs	79
4.2.1	Gironetze	79
4.2.2	Bankleitzahlen	81
4.2.3	Automationsgerechte Gestaltung der Zahlungsverkehrsbelege	82
4.2.4	Elektronischer Zahlungsverkehr	82
4.2.5	Zahlungsverkehrsangebote der Deutschen Bundesbank	86
4.3	Überweisungsverkehr	86
4.3.1	Rechtsgrundlagen	87
4.3.2	Möglichkeiten der Auftragserteilung	88
4.3.3	Zahlungsabwicklung	89
4.4	Scheckverkehr	92
4.4.1	Begriff des Schecks – Zahlungsabwicklung	92
4.4.2	Rechtsnatur und Inhalt der Scheckurkunde	93
4.4.3	Voraussetzungen für die Teilnahme am Scheckverkehr	95
4.4.4	Einzug und Einlösung von Schecks	95
4.4.5	Nichteinlösung des Schecks	98
4.4.6	Belegloser Scheckeinzug und -rückgabe	100
4.4.7	Bestätigter LZB-Scheck	101
4.4.8	eurocheque	102
4.5	Lastschriftverkehr	105
4.5.1	Begriff der Lastschrift – Zahlungsabwicklung	105
4.5.2	Rechtliche Grundlagen des Lastschriftverfahrens	106
4.5.3	Lastschriftbearbeitung bei der 1. Inkassostelle	108
4.5.4	Nichteinlösung der Lastschrift	109
4.5.5	Rückgabe von Inkassopapieren im Überblick	110
4.5.6	Buchung von Schecks und Lastschriften	112
4.6	Kartenzahlungen	113
4.6.1	ec-Karte	113
4.6.1.1	Nutzungsmöglichkeiten im Überblick	113
4.6.1.2	Bedingungen für die Verwendung der ec-Karte	113
4.6.1.3	ec-Geldautomaten	114
4.6.1.4	ec-cash/edc/Maestro-System	114
4.6.1.5	POZ-System und ec-Lastschriftverfahren	116
4.6.2	GeldKarte	117
4.6.3	Kreditkarten – EUROCARD	118
4.6.4	Kartenzahlungssysteme im Überblick	121
4.6.5	Haftung bei missbräuchlicher Verwendung von Schecks und Zahlungskarten	122
4.6.6	Buchung von Kartenverfügungen	123
4.7	Reisescheck	124

Lernfeld:
**Geld- und Vermögensan-
lagen anbieten**

5 Geld- und Vermögensanlagen

5.1	Einlagen bei Kreditinstituten	126
5.1.1	Sicht-, Termin- und Spareinlagen im Vergleich	126
5.1.2	Spareinlagen	127

Inhalt 7

5.1.2.1	Sparvertrag	127
5.1.2.2	Bedeutung der Sparurkunde	129
5.1.2.3	Verfügungen über Spareinlagen	130
5.1.2.4	Abrechnung von Sparkonten	131
5.1.2.5	Modelle für Sondersparformen	135
5.1.2.6	Staatliche Sparförderung	136
5.1.3	Termineinlagen und Sparbriefe	138
5.1.3.1	Termineinlagen (Festgelder)	138
5.1.3.2	Sparbriefe	141
5.1.4	Gläubigerschutz bei Kreditinstituten	142
5.1.4.1	Gläubigerschutzbestimmungen des KWG	142
5.1.4.2	Einlagensicherung	148
5.2	Bausparen	149
5.3	Lebensversicherungen	152
5.3.1	Kapitallebensversicherung auf den Todes- und Erlebensfall	153
5.3.2	Besondere Formen der Kapitallebensversicherung	156
5.3.3	Rentenversicherung	157
5.4	Effekten	158
5.4.1	Begriffliche Grundlagen	158
5.4.2	Gläubigereffekten	163
5.4.2.1	Emittenten – Emissionsgründe	163
5.4.2.2	Ausstattungsmerkmale von Gläubigereffekten	164
5.4.2.3	Bundeswertpapiere	179
5.4.2.4	Emission von Schuldverschreibungen im Tenderverfahren	187
5.4.2.5	Pfandbriefe	189
5.4.3	Aktien	190
5.4.3.1	Aktienbegriff – Rechtsnatur – Rechte der Inhaber	191
5.4.3.2	Ausstattungsmerkmale von Aktien	194
5.4.3.3	Formen der aktienrechtlichen Kapitalerhöhung	195
5.4.3.4	Kapitalerhöhung gegen Einlagen	196
5.4.3.5	Bedingte Kapitalerhöhung	200
5.4.3.6	Kapitalerhöhung aus Gesellschaftsmitteln und Aktiensplitt	201
5.4.3.7	Emission von Aktien	204
5.4.3.8	Beurteilung von Aktienanlagen	209
5.4.3.9	Rendite von Aktienanlagen	218
5.4.4	Investmentzertifikat	219
5.4.4.1	Grundprinzip der Investmentanlage	219
5.4.4.2	Anlegerschutzbestimmungen des KAGG	228
5.4.4.3	Beurteilung von Fondsanlagen	232
5.4.5	Indexzertifikate	233
5.5	Grundlagen und Grundsätze der Anlageberatung	234
5.5.1	Allgemeine Verhaltensregeln nach dem WpHG	235
5.5.2	Anlageziele	235
5.5.3	Wertpapier-Risikoklassen	239
5.6	Depotgeschäft	240
5.6.1	Geschlossenes Depot	240
5.6.2	Offenes Depot	241
5.6.2.1	Rechtsgrundlagen	241
5.6.2.2	Einlieferung effektiver Stücke	242
5.6.2.3	Sonderverwahrung – Sammelverwahrung	243
5.6.2.4	Drittverwahrung	243
5.6.2.5	Girosammelverwahrung	244
5.6.2.6	Effektengiroverkehr	245
5.6.2.7	Gutschrift in Wertpapierrechnung	246
5.6.2.8	Depotbuchführung	247
5.6.2.9	Depotverwaltung – Vollmachtstimmrecht	248

6	**Besondere Finanzinstrumente und Steuern**

6.1	Wertpapiersonderformen	250
6.1.1	Genuss-Schein	250
6.1.2	Optionsanleihen	252

Lernfeld:

Besondere Finanzinstrumente anbieten und über Steuern informieren

6.1.2.1	Rechte der Inhaber und Ausstattungsmerkmale	252
6.1.2.2	Kennzahlen zur Beurteilung von Optionsscheinen	254
6.1.3	Optionsscheine von Kreditinstituten (naked warrants)	257
6.1.4	Beurteilung der Geldanlage in Optionsscheinen	259
6.2	Finanzderivate	260
6.2.1	Termingeschäfte	260
6.2.2	Aktien-Optionen	261
6.2.2.1	Rechte und Risiken	261
6.2.2.2	Aktienoptionen an der Eurex	268
6.2.3	Futures	273
6.2.3.1	DAX-Future	275
6.2.3.2	Euro-Bund-Future	277
6.3	Besteuerung	280
6.3.1	Grundlagen des Einkommensteuerrechts	280
6.3.2	Besteuerung des Effektenertrages	286
6.3.2.1	Grundlagen	286
6.3.2.2	Besteuerung von Zinserträgen	288
6.3.2.3	Stückzinskonto	289
6.3.2.4	Abrechnung und Buchung von Wertpapierzinserträgen	290
6.3.2.5	Besteuerung von Dividenden (bis 31. Dezember 2000)	291
6.3.2.6	Besteuerung von Dividenden (ab 1. Januar 2001)	295
6.3.2.7	Besteuerung von Erträgen aus Investmentanteilen (bis 31. Dezember 2000)	298
6.3.2.8	Besteuerung von Erträgen aus Investmentanteilen (ab 1. Januar 2001)	300
6.3.2.9	Besteuerung von Veräußerungsgewinnen	302
6.3.2.10	Besteuerung der unentgeltlichen Effektenübertragung	303
6.4	Effektenbörse	304
6.4.1	Begriff – Funktionen – Rechtsgrundlagen	304
6.4.2	Marktsegmente im Börsenhandel	307
6.4.3	Kursbildung und Kursnotierung	310
6.4.4	Abwicklung von Kundenaufträgen	316
6.5	Anlegerschutz bei Wertpapiergeschäften	323
6.5.1	Aufsicht über den Wertpapierhandel	323
6.5.2	Verbot von Insidergeschäften	323
6.5.3	Verbot von interessegeleitetem Verhalten	324
6.5.4	Compliance-Regelungen	324

Lernfeld:
Privatkredite bearbeiten

7 Privatkredite

7.1	Dispositionskredite	326
7.2	Ratenkredite	327
7.2.1	Bearbeitung von Ratenkrediten	328
7.2.1.1	Kreditgespräch	328
7.2.1.2	Kreditprüfung	329
7.2.1.3	Abschluss des Kreditvertrages und Bestellung der Sicherheiten	335
7.2.1.4	Bereitstellung des Kreditbetrages	335
7.2.1.5	Kreditüberwachung	335
7.2.1.6	Abrechnung und Buchung von Ratenkrediten	336
7.2.2	Verbraucherschutz	336
7.3	Kreditsicherheiten	338
7.3.1	Bürgschaft	339
7.3.1.1	Bürgschaftsarten	339
7.3.1.2	Beendigung des Bürgschaftsverhältnisses	340
7.3.1.3	Bürgschaft in der Kreditsicherungspraxis	341
7.3.2	Pfandrecht	342
7.3.2.1	Arten des Pfandrechts	342
7.3.2.2	Pfandrecht an beweglichen Sachen (Mobiliarpfandrecht)	343
7.3.2.3	Pfandrecht an Rechten	344
7.3.2.4	Pfandrecht in der Kreditsicherungspraxis	345

Inhalt

7.3.2.5	Verwertung des Pfandes	346
7.3.3	Sicherungsabtretung	347
7.3.3.1	Abwicklung der Sicherungsabtretung	347
7.3.3.2	Fiduziarität der Sicherungsabtretung	348
7.3.3.3	Arten der Abtretung	349
7.3.3.4	Sicherungsabtretung in der Kreditsicherungspraxis	350
7.4	Leasing	352
7.4.1	Leasingarten	352
7.4.2	Leasing eines Pkw	354
7.5	Not leidender Kredit	356
7.5.1	Gerichtliches Mahnverfahren	356
7.5.2	Klageverfahren	358
7.5.3	Zwangsvollstreckung	360
7.5.4	Verbraucherinsolvenzverfahren	362

8 Baufinanzierungen

Lernfeld:
Baufinanzierungen und Firmenkredite bearbeiten

8.1	Grundstücke und grundstücksgleiche Rechte	364
8.2	Grundbuch	365
8.2.1	Aufbau und Inhalt des Grundbuchs	365
8.2.2	Öffentlicher Glaube des Grundbuchs	367
8.2.3	Veranlassung von Grundbucheintragungen	368
8.2.4	Rangverhältnis von Grundbucheintragungen	368
8.2.5	Lasten und Beschränkungen	369
8.2.6	Grundpfandrechte	371
8.2.6.1	Hypothek und Grundschuld im Vergleich	372
8.2.6.2	Hypotheken-/Grundschuldarten	373
8.2.6.3	Löschung von Grundpfandrechten	376
8.2.6.4	Grundpfandrechte in der Kreditsicherungspraxis	377
8.3	Kauf eines Grundstücks	378
8.3.1	Abwicklung und Rechtshandlungen	378
8.3.2	Staatliche Förderung von selbstgenutzten Immobilien	380
8.3.3	Einkünfte aus Vermietung und Verpachtung	381
8.4	Erstellung von Finanzierungsplänen	382
8.5	Rückzahlung von Darlehen	385
8.5.1	Annuitätendarlehen	385
8.5.2	Abzahlungsdarlehen	386
8.5.3	Festdarlehen	387
8.6	Beleihungswertermittlung	389

9 Firmenkredite

9.1	Finanzierung	395
9.2	Kreditprüfung	397
9.3	Kreditarten	401
9.3.1	Kontokorrentkredit	401
9.3.2	Avalkredit	404
9.4	Factoring	407
9.5	Kreditsicherheiten	409
9.5.1	Sicherungsübereignung	409
9.5.1.1	Entstehung des Sicherungseigentums	409
9.5.1.2	Zur Sicherungsübereignung geeignete Vermögensteile	411
9.5.1.3	Verwertung des Sicherungsgutes	412

9.5.1.4	Erlöschen des Sicherungseigentums	413
9.5.1.5	Sicherungsübereignung in der Kreditsicherungspraxis	414
9.5.2	Sicherungsabtretung von Forderungen aus Lieferungen und Leistungen (Globalzession)	415
9.6	KWG-Vorschriften zum Kreditgeschäft	419
9.7	Unternehmensinsolvenz	421

Lernfeld:
**Auslands-
geschäfte
abwickeln**

10 Auslandsgeschäft

10.1	Gegenstand, Rechtsgrundlagen und Risiken des Außenwirtschaftsverkehrs	423
10.2	Incoterms	425
10.3	Außenhandelsdokumente	427
10.3.1	Transportdokumente	428
10.3.2	Versicherungsdokumente	431
10.3.3	Handels- und Zolldokumente	432
10.4	Devisengeschäft	433
10.4.1	Sorten – Devisen	433
10.4.2	Merkmale des Devisenhandels	434
10.4.3	Rechtsgrundlagen des Devisengeschäfts	434
10.4.4	Devisenkurse und Devisen-Referenzpreise	435
10.4.5	Devisengeschäfte	438
10.4.5.1	Kassageschäfte	439
10.4.5.2	Termingeschäfte	440
10.4.5.3	Devisenoptionsgeschäfte	443
10.5	Zahlungen im Außenwirtschaftsverkehr	445
10.5.1	Grundlagen	445
10.5.1.1	Auslandspräsenz deutscher Kreditinstitute	445
10.5.1.2	S.W.I.F.T.	446
10.5.1.3	Zahlungsabwicklung im Außenwirtschaftsverkehr	447
10.5.1.4	Zahlungsbedingungen im Außenhandel	447
10.5.1.5	Meldevorschriften für Auslandszahlungen	448
10.5.2	Nichtdokumentäre Zahlungen	449
10.5.2.1	Überweisungen	449
10.5.2.2	Scheckzahlungen	451
10.5.3	Dokumentäre Zahlungen	453
10.5.3.1	Dokumenteninkasso	453
10.5.3.2	Dokumenten-Akkreditiv	456

Anhang: Bankwirtschaftliche Formeln und Kennziffern 462

Sachwortverzeichnis 469

EUR-Hinweis:

Beträge, die in der Übergangsphase noch nicht in Euro festgesetzt sind, werden bis zur Umstellung in DM aufgeführt.

Aufbau des Bankensystems

1.1 Geschäftskreis und Funktionen der Kreditinstitute

Geschäftskreis

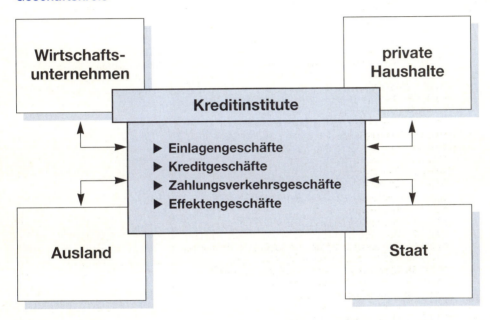

Funktionen

■ **Ballungsfunktion**
Im Einlagengeschäft wird den Kreditinstituten eine Vielzahl kleinerer Geldbeträge überlassen, die gebündelt und im Kreditgeschäft in höheren Beträgen bereitgestellt werden.

■ **Fristverlängerungsfunktion**
Die in formaler Hinsicht überwiegend kurz- und mittelfristigen Einlagen können im Rahmen des Bodensatzes teilweise zu längerfristigen Kreditgewährungen verwendet werden.

■ **Vertrauensfunktion**
Die Anleger vertrauen auf die sichere Verwaltung der den Kreditinstituten anvertrauten Vermögenswerte. Die Kreditinstitute achten bei der Kreditvergabe auf eine hinreichende Bonität der Kreditnehmer und berücksichtigen das Prinzip der Risikostreuung, indem sie ihr Kreditvolumen auf eine große Zahl nach Art, Kundenkreis, Höhe und Laufzeit unterschiedlicher Kredite verteilen.

1.2 Arten der Kreditinstitute

Die in Deutschland vorherrschenden **Universalbanken** zeichnen sich dadurch aus, dass sie „unter einem Dach" insbesondere folgende Geschäfte tätigen:
- Abwicklung des Zahlungsverkehrs
- Einlagengeschäft
- Kreditgeschäft
- Wertpapiergeschäft

Universalbanken		
Privater Kreditbankensektor	**Sparkassensektor**	**Genossenschaftsbankensektor**
■ Großbanken *Beispiele:* • Deutsche Bank AG • Dresdner Bank AG • Commerzbank AG • Bayerische Hypo- und Vereinsbank AG ■ Regionalbanken und sonstige Kreditbanken *Beispiel:* • BfG Bank AG ■ Zweigstellen ausländischer Banken *Beispiele:* • Credit Lyonnais, Filiale Frankfurt • Banco Exterior S.A., Zweigniederlassung Köln ■ Privatbankiers *Beispiele:* • Sal. Oppenheim jr. & Cie KGaA • Delbrück & Co. KG, Privatbankiers	■ Deutsche Girozentrale – Deutsche Kommunalbank (zentrales Spitzeninstitut) ↓ ■ Girozentralen (überregionale Spitzeninstitute) *Beispiele:* • Westdeutsche Landesbank – Girozentrale • Hessische Landesbank – Girozentrale ↓↓↓↓↓ ■ Sparkassen (Regionalinstitute) *Beispiele:* • Stadtsparkasse Köln • Kreissparkasse Siegburg	■ DG Bank Deutsche Genossenschaftsbank AG, (zentrales Spitzeninstitut) ↓ ■ Genossenschaftliche Zentralbanken (überregionale Spitzeninstitute) *Beispiele:* • Norddeutsche Genossenschaftsbank AG • Westdeutsche Genossenschaftszentralbank eG ↓↓↓ ■ Kreditgenossenschaften (Regionalinstitute) *Beispiele:* • Volksbank Brühl eG • Raiffeisenbank Sinntal eG

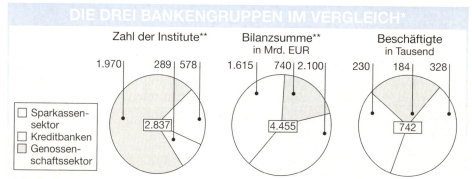

*ohne Postbank, Bundesbank und Institute mit Sonderaufgaben, **ohne Realkreditinstitute
Quelle: Deutsche Bundesbank, Arbeitgeberverband des deutschen Bankgewerbes, Stand Juni 2000

Lernfeld: Aufbau des Bankensystems

Spezialkreditinstitute sind nur in besonderen Geschäftsbereichen tätig.

Spezialkreditinstitute	
Realkreditinstitute	**Kapitalanlagegesellschaften**
■ **Private Hypothekenbanken**	*Beispiele:*
Beispiele:	● *Union-Investment-Gesellschaft mbH*
● *Rheinische Hypothekenbank AG*	● *Oppenheim Kapitalanlagegesellschaft mbH*
● *Münchener Hypothekenbank AG*	**Kreditinstitute mit Sonderaufgaben**
■ **Öffentlich-rechtliche Grundkredit-anstalten**	*Beispiele:*
Beispiele:	● *Kreditanstalt für Wiederaufbau*
● *Schleswig-Holsteinische Landschaft*	● *AKA Ausfuhrkredit-Gesellschaft mbH*
● *Berliner Pfandbrief-Bank*	● *Deutsche Verkehrsbank AG*
Bausparkassen	● *Liquiditätskonsortialbank GmbH*
■ **Private Bausparkassen**	● *Deutsche Siedlungs- und Landesrentenbank AG*
Beispiele:	● *Industriekreditbank AG – Deutsche Industriebank*
● *Bausparkasse Schwäbisch Hall AG*	● *Deutsche Börse Clearing AG*
● *Debeka Bausparkasse AG*	● *Clearstream Banking AG*
■ **Öffentliche Bausparkassen**	
Beispiele:	
● *Badische Landesbausparkasse*	
● *Bausparkasse LBS*	

In dem **Trennbankensystem** der angelsächsischen Länder wird traditionell zwischen „Investment Banking" und „Commercial Banking" unterschieden.

Das **Commercial Banking** umfasst das Einlagen- und Kreditgeschäft, den Zahlungsverkehr und den Geld- und Devisenhandel.

Das **Investment Banking** ist durch eine Kapitalmarkt- und Wertpapierorientierung gekennzeichnet. Kundengruppen sind ausschließlich öffentliche Institutionen und Firmenkunden. Das Investment Banking umfasst insbesondere folgende Bereiche:

■ Emission von Wertpapieren

■ Wertpapierhandel

■ Vermögensverwaltung (Portfoliomanagement)

■ Beratungsleistungen (Corporate Finance)

Beispiele:

● *Firmenübernahmen und -verkäufe*

● *Privatisierung von Staatsunternehmen*

Die Investment-Banken treten in erster Linie nur als Mittler bzw. Berater zwischen Kapitalnehmer und Kapitalgeber auf. Der Eigenhandel hat nur eine untergeordnete Bedeutung.

Das **Retailbanking** umfasst das Mengengeschäft, vornehmlich mit Privatkunden. Angeboten werden Standardprodukte aus den Geschäftsfeldern

■ Kontoführung und Zahlungsverkehr

■ Geld- und Vermögensanlagen,

■ Privatkredite.

Filialbanken unterhalten eine Vielzahl von Geschäftsstellen, in denen die Kunden persönlich betreut und beraten werden.

Direktbanken unterhalten kein Filialnetz. Sie kommunizieren mit ihren Kunden via
- Telefon
- Personalcomputer (T-Online, Internet)
- FAX

Während ein Teil der Direktbanken alle Bankgeschäfte tätigt (= „Vollbanken"), beschränken sich andere auf besondere Geschäftsbereiche (z.B. Wertpapiergeschäfte – „Discount brokerage"). Direktbanken verzichten in der Regel auf eine Beratung des Kunden, so dass der Kunde sich stets selbst vor dem Abschluss von Geschäften (z.B. Wertpapierkauf) umfassend informieren muss. Durch den Verzicht auf Beratungsleistungen und Geschäftsstellen können Direktbanken sehr kostengünstig arbeiten und den Kunden attraktive Konditionen bieten.

1.3 Kreditwesengesetz

Der Kunde vertraut den Kreditinstituten bzw. Finanzdienstleistungsunternehmen oft seine gesamten finanziellen Mittel an. Verliert er diese, ist er ruiniert. Ein allgemeiner Vertrauensverlust gegenüber der Finanzwirtschaft kann zu einer Krisensituation in der Gesamtwirtschaft führen. Deshalb ist eine umfassende gesetzliche Reglementierung und Beaufsichtigung der Kreditinstitute und Finanzdienstleistungsunternehmen notwendig.

Das Kreditwesengesetz (*KWG*) dient
- dem Schutz der Kunden vor Vermögensverlusten und
- der Erhaltung der volkswirtschaftlichen Funktionsfähigkeit der Kreditwirtschaft.

Geltungsbereich des KWG

Kreditinstitute (§ 1 Abs. 1 KWG)	Finanzdienstleistungsunternehmen (§ 1 Abs. 1a KWG)
Unternehmen, die **Bankgeschäfte** gewerbsmäßig oder in einem Umfang betreiben, der einen in kaufmännischer Weise eingerichteten Geschäftsbetrieb erfordert.	Unternehmen, die **Finanzdienstleistungen** für andere gewerbsmäßig oder in einem Umfang erbringen, der einen in kaufmännischer Weise eingerichteten Geschäftsbetrieb erfordert, und die keine Kreditinstitute sind.

 betreiben   erbringen

Bankgeschäfte	Finanzdienstleistungen
1. Einlagengeschäft 2. Kreditgeschäft 3. Diskontgeschäft 4. Finanzkommissionsgeschäft 5. Depotgeschäft 6. Investmentgeschäft 7. Darlehnspensionsgeschäft 8. Garantiegeschäft 9. Girogeschäft 10. Emissionsgeschäft 11. Geldkartengeschäft 12. Netzgeldgeschäft	1. Anlagevermittlung 2. Abschlussvermittlung 3. Finanzportfolioverwaltung 4. Eigenhandel 5. Drittstaateneinlagenvermittlung 6. Finanztransfergeschäft 7. Sortengeschäft

Wichtige Bestimmungen des KWG:
- angemessene Eigenmittel *(§ 10 KWG)*
  Mindesteigenkapital: 5 Mio. EUR
- ausreichende Liquidität *(§ 11 KWG)*
- Begrenzung und Anzeige der Großkredite *(§§ 13, 13a KWG)*
- „Vieraugenprinzip" und Geschäftsleiterqualifikation *(§§ 33, 35 KWG)*

Lernfeld: Aufbau des Bankensystems

Aufsichtsorgane

Bundesaufsichtsamt für das Kreditwesen (BAK) in Zusammenarbeit mit der Deutschen Bundesbank	
Aufgaben *(§ 6 KWG)*	**Mittel und Befugnisse**
Verhinderung von Missständen, die ▪ die Sicherheit der den Instituten anvertrauten Vermögenswerte gefährden, ▪ die ordnungsgemäße Durchführung der Bankgeschäfte beeinträchtigen, ▪ erhebliche Nachteile für die Gesamtwirtschaft herbeiführen können.	▪ Zulassung zum Geschäftsbetrieb Mit der Zulassung kann das Institut ohne Einholung einer weiteren Erlaubnis in allen EU-Mitgliedsländern Niederlassungen errichten. ▪ Aufstellung von Grundsätzen über Eigenmittel und Liquidität ▪ laufende Überwachung der Geschäftstätigkeit ▪ Anforderung von Auskünften ▪ Durchführung von Sonderprüfungen ▪ Abberufung von Geschäftsleitern ▪ Schließung des Institutes bei Insolvenzgefahr

1.4 Europäisches System der Zentralbanken

Das Europäische System der Zentralbanken ist zweistufig aufgebaut und setzt sich aus der Europäischen Zentralbank (EZB) und den nationalen Zentralbanken (NZB) der an der Europäischen Währungsunion teilnehmenden Länder zusammen.

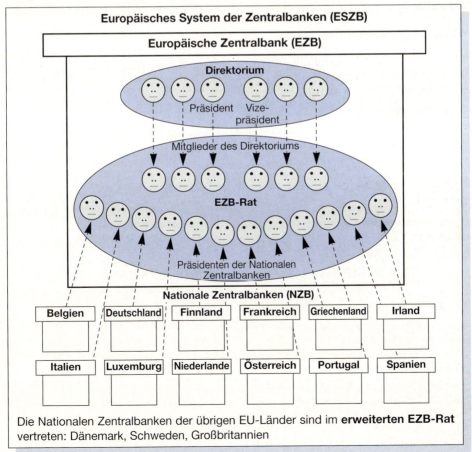

1.4.1 Europäische Zentralbank

Im Mittelpunkt des Europäischen Systems der Zentralbanken steht die **Europäische Zentralbank.**

Rechtsform: Gesellschaft nach internationalem Völkerrecht

Sitz: Frankfurt/Main

Rechtsgrundlagen: Vertrag über die Europäische Gemeinschaft *(EGV)*
Satzung des Europäischen Systems der Zentralbanken und der Europäischen Zentralbank *(ESZB/EZB-Satzung)*

Gezeichnetes Kapital: 5 Milliarden EUR
Das Gezeichnete Kapital wird von den nationalen Zentralbanken nach einem Schlüssel aufgebracht, der den Anteil der eigenen Bevölkerung und des eigenen Bruttoinlandsprodukts an der Gesamtbevölkerung bzw. dem gesamten Bruttoinlandsprodukt der Gemeinschaft berücksichtigt.
Die Gewinnverwendung erfolgt entsprechend den Anteilen der nationalen Zentralbanken am Gezeichneten Kapital.

Währungsreserven: Zur Erfüllung ihrer devisenpolitischen Aufgaben haben die nationalen Zentralbanken einen Teil ihrer Währungsreserven aus Drittwährungen *(z.B. USD, Yen)* an die Europäische Zentralbank übertragen. Hierbei gilt der gleiche Schlüssel wie bei der Aufbringung des Gezeichneten Kapitals. Die nationalen Zentralbanken haben in Höhe des Gegenwertes Forderungen gegen die Europäische Zentralbank erhalten.

Beginn der Tätigkeit: 1. Januar 1999

Ziele und Aufgaben der Europäischen Zentralbank

Die Europäische Zentralbank hat mit Beginn ihrer Tätigkeit die währungs- und geldpolitischen Aufgaben der nationalen Zentralbanken übernommen. Diese werden von der Europäischen Zentralbank zur Durchführung von Geschäften aus dem Aufgabenbereich des Europäischen Systems der Zentralbanken in Anspruch genommen.

Es gilt das **Subsidiaritätsprinzip:** Die Europäische Zentralbank führt nur diejenigen Aufgaben selbst aus, die von den nationalen Zentralbanken nicht in der gewünschten Weise wahrgenommen werden können.

Die Europäische Zentralbank beeinflusst mit ihrer **Geldpolitik** das Wirtschaftsgeschehen innerhalb der Gemeinschaft und ist damit neben den Regierungen der EWWU-Mitgliedsländer wichtigster Träger der Konjunkturpolitik.

> Die **Europäische Zentralbank** regelt mit Hilfe ihrer währungspolitischen Befugnisse den Geldumlauf und die Kreditversorgung innerhalb der Gemeinschaft. Als **„Hüterin der Währung"** verfolgt sie das Ziel, die **Preisstabilität** innerhalb der Gemeinschaft zu sichern *(Art. 105 Abs. 2 EGV)*.

Lernfeld: Aufbau des Bankensystems

Die Europäische Zentralbank hat die allgemeine Wirtschaftspolitik in der Europäischen Währungsunion zu unterstützen, soweit dies ohne Beeinträchtigung der Preisstabilität möglich ist *(Art. 105 Abs. 1 EGV)*.

■ Autonomie des Europäischen Systems der Zentralbanken

> Bei der Wahrnehmung ihrer Befugnisse, Aufgaben und Pflichten darf weder die Europäische Zentralbank noch eine nationale Zentralbank Weisungen von Organen oder Einrichtungen der Gemeinschaft, Regierungen der Mitgliedsstaaten oder anderen Stellen einholen oder entgegennehmen *(Art. 107 EGV)*.

Die Unabhängigkeit des Europäischen Systems der Zentralbanken ist eine wichtige Voraussetzung für die Sicherung eines stabilen Geldwertes innerhalb der Gemeinschaft. Die Autonomie des ESZB soll sicherstellen, dass Geldmenge und Zinsniveau unter Kontrolle gehalten werden.

Um das ESZB vor unerwünschten Eingriffen durch die Gemeinschaft und die nationalen Regierungen zu schützen, ist

- die Unterstützung der allgemeinen Wirtschaftspolitik durch das ESZB dem Ziel der Preisstabilität untergeordnet,
- die Kreditgewährung an öffentliche Haushalte weder der Europäischen Zentralbank noch den nationalen Zentralbanken erlaubt.

■ Geschäftspartner des Europäischen Systems der Zentralbanken

Geschäftspartner des Europäischen Systems der Zentralbanken sind nur Kreditinstitute. Sofern eine Mindestreservepflicht besteht, dürfen nur die mindestreservepflichtigen Kreditinstitute an den Refinanzierungsgeschäften teilnehmen. Ansonsten umfasst der Geschäftskreis alle Kreditinstitute im EURO-Währungsraum.

Aufbau und Organe der Europäischen Zentralbank

Organe der Europäischen Zentralbank

Europäischer Zentralbankrat (EZB-Rat)	Direktorium

Der EZB-Rat bestimmt die Geld- und Währungspolitik der Europäischen Zentralbank. Die Beschlüsse werden mit einfacher Mehrheit gefasst. Nur bei Fragen der Kapitalausstattung, der Währungsreserven und der Gewinnverteilung verfügen die nationalen Zentralbanken über ein gewichtetes Stimmrecht, das sich nach der Höhe ihres Kapitalanteils richtet.

Seine Mitglieder sind:
- die Präsidenten der nationalen Zentralbanken
- die Mitglieder des Direktoriums

Das Direktorium verwaltet die Europäische Zentralbank und führt die Beschlüsse des EZB-Rates aus, soweit sie die zentrale Zuständigkeit der EZB betreffen.
Die Mitglieder des Direktoriums werden von den Regierungen der Mitgliedsstaaten auf Empfehlung des Wirtschafts- und Finanzausschusses (ECOFIN-Rat) ernannt.
Die Amtszeit beträgt 8 Jahre.
Eine Wiederwahl ist nicht möglich.

Seine Mitglieder sind:
- der EZB-Präsident
- der EZB-Vizepräsident
- bis zu vier weitere Mitglieder

Erweiterter EZB-Rat

Der erweiterte EZB-Rat koordiniert die Geld- und Währungspolitik der Euro-Länder und der Nicht-Euro-Länder.

Seine Mitglieder sind:
- der EZB-Präsident
- der EZB-Vizepräsident
- die Notenbankpräsidenten aller EU-Mitglieder

Auf diese Weise werden auch diejenigen EU-Staaten, die noch nicht an der Währungsunion teilnehmen, an Beratungen beteiligt.

1.4.2 Deutsche Bundesbank

Die **Deutsche Bundesbank** ist die Zentralbank der Bundesrepublik Deutschland. Die **Landeszentralbanken** sind ihre Niederlassungen in den einzelnen Bundesländern.

Rechtsform: bundesunmittelbare juristische Person des öffentlichen Rechts
Sitz: Frankfurt/Main
Rechtsgrundlage: Gesetz über die Deutsche Bundesbank (*BBankG*)
Grundkapital: 5 Mrd. EUR
Das Grundkapital steht dem Bund zu und damit auch der entstehende Bundesbankgewinn.

- Als **nationale Zentralbank** innerhalb des Europäischen Systems der Zentralbanken (ESZB) ist die Deutsche Bundesbank aufgrund einer Genehmigung der Europäischen Zentralbank zur Ausgabe von Banknoten berechtigt.
- Als **Mitglied des Europäischen Systems der Zentralbanken** führt die Deutsche Bundesbank die in ihren Zuständigkeitsbereich fallenden geldpolitischen Beschlüsse der Europäischen Zentralbank aus.

Lernfeld: Aufbau des Bankensystems   19

- Als **Bank des Staates**
  - vertritt die Deutsche Bundesbank die Bundesrepublik Deutschland in internationalen Währungsbehörden *(z.B. Internationaler Währungsfonds)*,
  - verwaltet sie die nationalen Währungsreserven, soweit sie nicht an die EZB übertragen worden sind,
  - wirkt sie mit bei der Bankenaufsicht,
  - wirkt sie mit bei der Kreditaufnahme des Bundes und der Länder auf den Geld- und Kapitalmärkten.

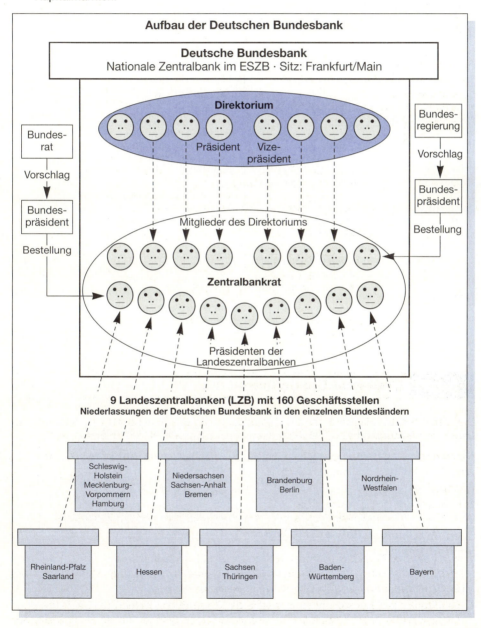

2 Rechtsgrundlagen

2.1 Grundbegriffe des Rechts

2.1.1 Rechtsnormen

Rechtsnormen regeln verbindlich die Beziehungen der Menschen zueinander und begrenzen die Rechte des Einzelnen innerhalb der Gesellschaft.

Rechtsnormen	
Gesetzesrecht	**Vertragsrecht**
Geschriebene Rechtsnormen, die in einem förmlichen Verfahren von den dafür zuständigen staatlichen Organen erlassen werden. ■ **Gesetze** werden von den Parlamenten erlassen. ■ **Rechtsverordnungen** werden von einer Behörde erlassen. ■ **Autonome Satzungen** beruhen auf Rechtsetzungsbefugnissen, die u.a. den Anstalten und Körperschaften des öffentlichen Rechts zustehen. 　*Beispiel:* 　*Sparkassensatzung*	Geschriebene und ungeschriebene Rechtsnormen, die durch Vereinbarung zwischen den Vertragspartnern verbindlich werden. Der Grundsatz der **Vertragsfreiheit** bedeutet: ■ **Abschlussfreiheit:** Es steht den Beteiligten frei, einen Vertrag zu schließen. Der Kontrahierungszwang ist die Ausnahme. 　*Beispiele:* 　● *Annahme von Spareinlagen bei Sparkassen* 　● *Lieferung von Wasser durch die Versorgungsunternehmen* ■ **Inhaltsfreiheit:** Die Vertragsinhalte sind frei vereinbar.

2.1.2 Privatrecht und öffentliches Recht

Privatrecht (Zivilrecht)	Öffentliches Recht
■ regelt die Rechtsbeziehungen der Bürger untereinander	■ regelt die Rechtsbeziehungen der Bürger zu den öffentlichen Einrichtungen (Staat, Gemeinden usw.) und der öffentlichen Einrichtungen untereinander
■ dient dem Individualinteresse	■ dient dem öffentlichen Interesse
■ Bei Verstößen **kann** der Betroffene selbst Klage bei Gericht einreichen.	■ Bei Verstößen **muss** der Staat – vertreten durch den Staatsanwalt – Klage bei Gericht einreichen.
Rechtsgebiete: ■ Bürgerliches Recht ■ Handelsrecht ■ Wertpapierrecht	**Rechtsgebiete:** ■ Verfassungsrecht　■ Steuerrecht ■ Prozessrecht　　　■ Strafrecht ■ Verwaltungsrecht　■ Schulrecht

Privatrecht (Zivilrecht)	Öffentliches Recht
Verbindlichkeit der Normen Die Rechtsnormen im Zivilrecht sind zum Teil zwingend und zum Teil dispositiv. ■ **Zwingendes Recht** Die im Gesetz stehenden Rechtsnormen können nicht durch individuelle Vereinbarung geändert werden. *Beispiele:* ● Geschäftsfähigkeit ● Eigentumsübertragung ■ **Dispositives Recht** Die Rechtsnormen können durch individuelle Vereinbarungen geändert werden. Die gesetzlichen Bestimmungen gelten nur insoweit, als keine anderweitigen vertraglichen Regelungen getroffen wurden. *Beispiele:* ● Lieferungsbedingungen beim Kaufvertrag ● Vertretung der Aktiengesellschaft	**Verbindlichkeit der Normen** Die Rechtsnormen sind **zwingendes Recht** und können durch individuelle Vereinbarungen nicht geändert werden. **Grundsatz:** Überordnung staatlicher Einrichtungen in ihrem öffentlich-rechtlichen Wirken gegenüber den Bürgern. Der Einzelne ist dem Staat untergeordnet. 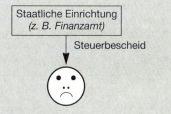

2.1.3 Rechtssubjekte – Rechtsfähigkeit

■ **Rechtssubjekte** sind die *natürlichen* und *juristischen* Personen.
■ **Rechtsfähigkeit** ist die Fähigkeit der Rechtssubjekte, Träger von Rechten und Pflichten zu sein *(z.B. Fähigkeit, Eigentum zu erwerben)*.

Natürliche Personen sind die Menschen. Die Rechtsfähigkeit natürlicher Personen beginnt mit der Geburt und endet mit dem Tod *(§ 1 BGB)*.
Juristische Personen sind Personenvereinigungen oder Vermögensmassen mit eigener Rechtspersönlichkeit. Die Rechtsfähigkeit juristischer Personen beginnt und endet mit einem Rechtsakt.

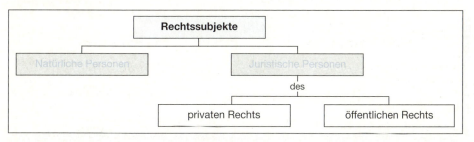

Quasi-juristische Personen sind die *Personenhandelsgesellschaften* OHG und KG sowie die Partnerschaftsgesellschaft. Sie besitzen keine eigene Rechtsfähigkeit, werden aber weitgehend wie juristische Personen behandelt.

Verbraucher ist jede natürliche Person, die ein Rechtsgeschäft zu einem Zweck abschließt, der weder ihrer gewerblichen noch ihrer selbstständigen beruflichen Tätigkeit zugeordnet werden kann *(§ 13 BGB)*.

> **Unternehmer** ist eine natürliche oder juristische Person oder eine Personengesellschaft, die bei Abschluss eines Rechtsgeschäftes in Ausübung ihrer gewerblichen oder selbstständigen beruflichen Tätigkeit handelt *(§ 14 BGB)*.

Juristische Personen des privaten Rechts

dienen privaten Interessen

Rechtsfähige Vereine und Gesellschaften

- sind mitgliedschaftlich organisiert, d.h. werden durch die Willensbildung ihrer **Mitglieder** und der von ihnen gewählten Organe gelenkt
- erlangen **Rechtsfähigkeit durch Eintragung in ein öffentliches Register** beim zuständigen Amtsgericht
- sind in ihrer Existenz vom Wechsel ihrer Mitglieder unabhängig

eingetragener Verein (e. V.)

Aktiengesellschaft (AG)

Sonderform: Kommanditgesellschaft auf Aktien (KGaA)

Gesellschaft mit beschränkter Haftung (GmbH)

eingetragene Genossenschaft (eG)

Stifungen des privaten Rechts

- rechtliche Verselbstständigung einer **privaten Vermögensmasse,** die dauerhaft einem bestimmten, vom privaten Stifter in der Stiftungsurkunde festgelegten Stiftungszweck gewidmet ist
- erlangen **Rechtsfähigkeit** durch Genehmigung des Bundeslandes, in dem die Stiftung verwaltet wird

Beispiele:
- *Konrad-Adenauer-Stiftung*
- *Altenheim Herz-Jesu-Stift*

Juristische Personen des öffentlichen Rechts

- nehmen öffentliche Aufgaben wahr
- unterliegen staatlicher Aufsicht
- erlangen Rechtsfähigkeit durch Gesetz oder staatlichen Hoheitsakt

Körperschaften des öffentlichen Rechts

- sind mitgliedschaftlich organisiert, d.h. werden durch die Willensbildung ihrer **Mitglieder** und der von ihnen gewählten Organe gelenkt
- sind in ihrer Existenz vom Wechsel ihrer Mitglieder unabhängig

Gebietskörperschaften

Beispiele:
- *Bund*
- *Bundesländer*
- *Gemeinden*

Personalkörperschaften

Beispiele:
- *Religionsgemeinschaften*
- *Kammern*
- *Ortskrankenkassen*
- *Hochschulen*
- *Berufsgenossenschaften*

Anstalten des öffentlichen Rechts

- rechtliche Verselbstständigung einer **öffentlichen Verwaltungseinrichtung**
- besitzen **Selbstverwaltungsrecht,** d.h. Befugnis zur selbstständigen Regelung ihrer Organisation und des Verhältnisses zu ihren Benutzern

Beispiele:
- *öffentliche Sparkassen*
- *Rundfunk-/Fernsehanstalten*

Die *nicht rechtsfähigen Anstalten* und *Behörden* sind Teile eines übergeordneten Gemeinwesens: sie bilden nur *organisatorisch,* nicht aber *rechtlich* selbstständige Einheiten der öffentlichen Hand.

Beispiele:
- *städtische Schulen*
- *Landesmuseum*
- *Bundesaufsichtsamt für das Kreditwesen*

Stiftungen des öffentlichen Rechts

- rechtliche Verselbstständigung einer **öffentlichen Vermögensmasse,** die dauerhaft einem bestimmten Zweck gewidmet ist

Beispiele:
- *Stiftung Warentest*
- *Stiftung Preußischer Kulturbesitz*

Lernfeld: Rechtsgrundlagen

2.1.4 Rechtsobjekte

Rechtsobjekte sind die *Gegenstände,* die der Rechtsmacht der Rechtssubjekte unterliegen. *Körperliche Gegenstände* sind **Sachen.** *Unkörperliche Gegenstände* sind **Rechte** *(z.B. Forderungen).*

Sachen *(§§ 90 ff. BGB)*
■ **Bewegliche Sachen (Mobilien)** **Vertretbare Sachen** *(§ 91 BGB):* Gegenstände, die im Geschäftsleben allein nach Zahl, Maß oder Gewicht bestimmt werden *(z.B. Neuwagen)*; sie sind untereinander austauschbar (fungibel) **Nicht vertretbare Sachen:** Einzelstücke mit individueller Prägung *(z.B. Gebrauchtwagen)*
■ **Unbewegliche Sachen (Immobilien)** **Grundstücke** einschließlich der darauf errichteten Bauwerke **Wohnungseigentum** **Schiffe** (werden rechtlich wie Grundstücke behandelt)

Wesentliche Bestandteile sind solche Teile einer Sache, die voneinander nicht getrennt werden können, ohne dass der eine oder andere zerstört oder in seinem Wesen verändert wird. Sie können nicht Gegenstand besonderer Rechte sein *(§ 93 BGB).*

> *Beispiele:* ● *der Einband eines Buches* ● *das Gebäude auf einem Grundstück*

Werden Sachen zu wesentlichen Bestandteilen, erlöschen bestehende Rechte an der Sache.

> *Beispiele:*

● *Das Sicherungseigentum an Rohstoffen erlischt mit ihrer Verarbeitung.*
● *Der Eigentumsvorbehalt an Fenstern erlischt mit dem Einbau in das Gebäude.*

Zubehör sind rechtlich selbstständige, bewegliche Sachen, die – ohne Bestandteil der Hauptsache zu sein –, dem wirtschaftlichen Zweck der Hauptsache zu dienen bestimmt sind und zu ihr in einem dieser Bestimmung entsprechenden räumlichen Verhältnis stehen *(§ 97 BGB).*

> *Beispiele:* ● *die Stühle einer Gastwirtschaft* ● *der Gabelstapler einer Sektkellerei*

Obwohl Zubehörteile selbstständige Sachen darstellen, teilen sie in der Regel das Rechtsschicksal der Hauptsache. Bei einer Veräußerung oder Belastung einer Sache erstreckt sich die Verpflichtung im Zweifel auch auf das Zubehör der Sache *(§§ 314, 926, 1120 BGB)*

Rechte	
Absolute Rechte (dingliche Rechte)	**Relative Rechte** (schuldrechtliche Ansprüche)

bestehen gegenüber jedermann

> *Beispiele:*

● *Eigentumsrecht an einer Sache*
● *Pfandrecht*
● *Urheberrecht*

bestehen zwischen bestimmten Personen

> *Beispiele:*

● *Kaufpreisforderung aufgrund eines Kaufvertrages*
● *Nutzungsrecht an einer Sache aufgrund eines Mietvertrages*

2.1.5 Rechtsgeschäfte

Rechtsgeschäfte entstehen durch **Willenserklärungen,** die in der Absicht abgegeben werden, bestimmte **Rechtsfolgen** (Begründung, Aufhebung oder Veränderung einer Rechtslage) herbeizuführen.

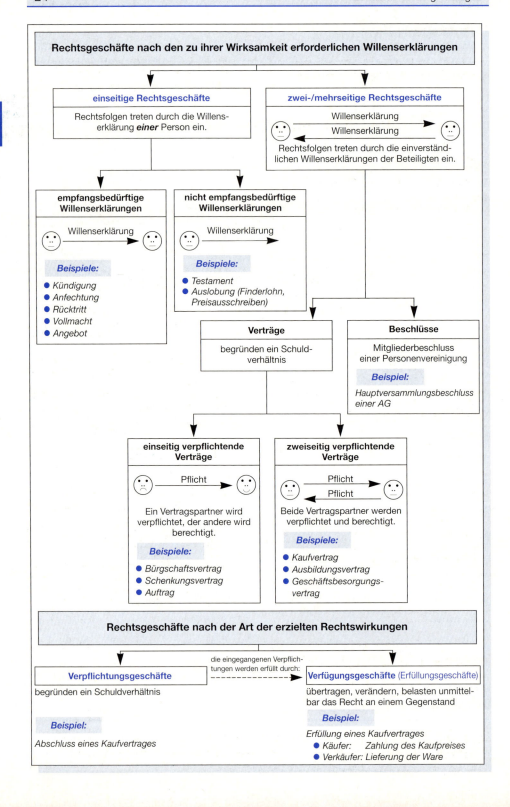

Lernfeld: Rechtsgrundlagen 25

Formvorschriften

Die Abgabe einer Willenserklärung kann grundsätzlich formfrei erfolgen. In einigen Fällen schreibt der Gesetzgeber jedoch die Einhaltung einer bestimmten äußeren Form vor.
In einer Urkunde wird ein rechtlich bedeutsamer Sachverhalt schriftlich festgelegt.

Grundsatz: Formfreiheit

Die Abgabe einer Willenserklärung kann erfolgen:
- ausdrücklich (mündlich, schriftlich)
- konkludent (schlüssiges Handeln, evtl. Schweigen)

Ausnahme: Formvorschriften

Schriftform *(§ 126 BGB)*	Öffentliche Beglaubigung *(§ 129 BGB)*	Notarielle Beurkundung *(§ 128 BGB)*
Urkunde + eigenhändige Unterschrift des Erklärenden oder seines Vertreters	Urkunde + Beglaubigung der Echtheit der Unterschrift durch einen Notar	Urkunde + Beurkundung der gesamten Urkunde durch einen Notar
Beispiele: ● *Bürgschaft (§ 766 BGB)* ● *Grundstücks-/Wohnungsmietvertrag für längere Zeit als 1 Jahr (§§ 566, 580 BGB)* ● *Kündigung eines Mietverhältnisses über Wohnraum (§ 564a BGB)* ● *Testament (die gesamte Urkunde muss eigenhändig abgefasst und unterschrieben sein; §§ 2231, 2247 BGB)* ● *Schuldanerkenntnis (§ 781 BGB)* ● *Schuldversprechen (§ 780 BGB)* ● *Verbraucherkredite und Abzahlungsgeschäfte (§§ 4, 6 VerbrKrG)* ● *Ausbildungsvertrag (§ 4 BBiG)* ● *Kündigung von Arbeitsverhältnissen (§ 623 BGB)*	Es wird bestätigt, dass die Unterschrift des Erklärenden tatsächlich von diesem stammt (Identitätsnachweis). Die öffentliche Beglaubigung darf nicht mit einer **amtlichen Beglaubigung** durch eine siegelführende Stelle *(z.B. Gemeindebehörde, Registergericht, Schule)* verwechselt werden. Hierbei wird die vollständige Wiedergabe einer Urkunde *(z.B. Zeugnis)* bzw. einer Eintragung *(z.B. Grundbuchauszug, Handelsregistereintragung)* bestätigt. *Beispiele:* ● *Anmeldungen zur Eintragung ins Handels-, Vereins-, Güterrechtsregister (§ 12 HGB)* ● *Ausschlagung einer Erbschaft (§ 1945 BGB)* ● *Bewilligung von Grundbucheintragungen (§ 29 GBO)*	Es wird bestätigt, dass ■ die Beteiligten an einem bestimmten Tag vor dem Notar erschienen sind, ■ die in der Urkunde niedergelegten Erklärungen abgegeben haben, ■ der Inhalt ihnen vorgelesen wurde, ■ und sie ihn durch ihre Unterschrift genehmigt haben. *Beispiele:* ● *Erbvertrag (§ 2276 BGB)* ● *Ehevertrag (§ 1410 BGB)* ● *Schenkungsversprechen (§ 518 BGB)* ● *Grundstückskaufvertrag (§§ 873, 925 BGB)* ● *Gründungsverträge von juristischen Personen des privaten Rechts (GmbH, AG, eingetragener Verein)*

Die Schriftform kann durch eine öffentliche Beglaubigung oder durch eine notarielle Beurkundung ersetzt werden *(§ 126 BGB)*.
Die öffentliche Beglaubigung kann durch eine notarielle Beurkundung ersetzt werden *(§ 129 BGB)*.

Formmangel

Die Nichtbeachtung einer Formvorschrift hat grundsätzlich die Nichtigkeit des Rechtsgeschäftes zur Folge *(§ 125 BGB)*. In einigen Fällen kann der Formmangel jedoch durch die Erfüllung des Rechtsgeschäftes geheilt werden.

Wirksamkeit von Rechtsgeschäften

Nichtigkeit von Rechtsgeschäften

Ein **nichtiges Rechtsgeschäft** ist **von Anfang an unwirksam.**

Gründe	Beispiele:
Geschäftsunfähigkeit *(§ 105 BGB)*	*Die 5-jährige Stefanie kauft eine Tafel Schokolade.*
Formmangel *(§ 125 BGB)*	*Ein Grundstückskaufvertrag wird mündlich geschlossen.*
gesetzliches Verbot *(§ 134 BGB)*	*Kauf von Rauschgift*
Sittenwidrigkeit *(§ 138 BGB)*	*Vereinbarung von 60% Zinsen pro Jahr (Zinswucher)*

Anfechtbarkeit von Rechtsgeschäften

Ein **anfechtbares Rechtsgeschäft** ist zunächst rechtswirksam (schwebend wirksam). Durch eine fristgerechte Anfechtungserklärung kann das Rechtsgeschäft aber **rückwirkend wieder aufgehoben** werden.

Gründe	Erläuterung	Beispiele:	Anfechtung und Schadenersatz
Irrtum *(§§ 119, 120 BGB)*	**Inhaltsirrtum** Der Erklärende ist sich der Bedeutung des Inhalts seiner Erklärung nicht bewusst.	*Max Kaiser möchte 50 St. Aktien erwerben. Im Kaufauftrag nennt er 50 Schlüsse (1 Schluss = 100 Stück) in dem Glauben, dass 1 Schluss = 1 Stück bedeutet.*	■ unverzügliche Anfechtung nach Kenntnis
	Erklärungsirrtum Verschreiben, Versprechen, Verhören	*In einem Angebotsschreiben wird als Preis irrtümlich 2.476,00 EUR anstatt 23.476,00 EUR genannt.*	■ Schadenersatzpflicht (Ersatz des Vertrauensschadens) des Anfechtenden *(§§ 121, 122 BGB)*
	Eigenschaftsirrtum über eine wesentliche Eigenschaft der Person oder Sache	• *Eine neu eingestellte Kassiererin ist wegen Unterschlagung vorbestraft.* • *Ein Schmuckstück ist anstatt aus Massivgold nur vergoldet.*	
	Übermittlungsirrtum durch einen Boten oder eine Anstalt	*Bei einem Telex wird eine Nachricht falsch übermittelt.*	
arglistige Täuschung *(§ 123 BGB)*	Unrichtige Darstellung oder Verschweigen wichtiger Tatsachen	*Hans Meier verschweigt beim Verkauf seines Pkw, dass es sich um ein Unfallfahrzeug handelt.*	■ Anfechtung binnen eines Jahres nach Kenntnis bzw. Beendigung der Zwangslage *(§ 124 BGB)*
widerrechtliche Drohung *(§ 123 BGB)*	Erzwingung des Geschäftes durch Gewaltandrohung oder Erpressung	*Peter Henke zwingt Bert Luhser zum Abschluss eines Kaufvertrages mit der Drohung, sonst „überall" zu erzählen, dass er seinen Führerschein wegen Trunkenheit am Steuer verloren habe.*	■ keine Schadenersatzpflicht des Anfechtenden

Lernfeld: Rechtsgrundlagen   27

Nicht anfechtbar ist ein Motivirrtum.

Beispiel:

Ein Anleger erwirbt Aktien in der Meinung, dass die Kurse steigen werden. Später fallen jedoch die Kurse.

2.1.6 Geschäftsfähigkeit

Geschäftsfähigkeit ist die Fähigkeit, durch wirksame Willenserklärungen **Rechtsfolgen herbeiführen** zu können.

	Personen	Rechtsfolge
Geschäfts-unfähigkeit (§§ 104, 105 BGB)	■ Kinder unter 7 Jahren ■ dauernd Geisteskranke ■ Nichtig ist auch eine Willenserklärung, die im Zustand der Bewusstlosigkeit oder vorübergehender Störung der Geistestätigkeit abgegeben wird.	**Die Willenserklärungen sind nichtig.** Rechtsgeschäfte kann nur der gesetzliche Vertreter im Namen des Geschäftsunfähigen schließen.
beschränkte Geschäfts-fähigkeit (§§ 106 ff BGB)	■ Minderjährige von 7 bis 18 Jahren **Ausnahmen:** Bestimmte Rechtsgeschäfte kann ein Minderjähriger **allein** rechtswirksam schließen. ■ Taschengeldparagraf (§ 110 BGB) Der Minderjährige hat einen Vertrag mit Mitteln erfüllt, die ihm zu diesem Zwecke oder zu freier Verfügung von dem gesetzlichen Vertreter oder mit dessen Zustimmung von einem Dritten überlassen worden sind. ■ Einseitiger rechtlicher Vorteil (z.B. Schenkung; § 107 BGB) ■ Selbstständiger Betrieb eines Erwerbsgeschäfts (§ 112 BGB) ■ Eingehung eines Dienst- oder Arbeitsverhältnisses (§ 113 BGB) (gilt **nicht** für Ausbildungsverhältnisse)	**Verträge** ohne vorherige Einwilligung **sind schwebend unwirksam.** Zur Rechtswirksamkeit muss der gesetzliche Vertreter den Vertrag nachträglich genehmigen (§ 108 BGB). **Einseitige Rechtsgeschäfte sind nichtig** (§ 111 BGB). *Beispiele:* ● *Kündigung* ● *Vollmacht* ● *Anfechtung*
uneinge-schränkte Geschäfts-fähigkeit	■ natürliche Personen ab 18 Jahren ■ juristische Personen des privaten Rechts ab der Eintragung in ein öffentliches Register ■ juristische Personen des öffentlichen Rechts ab Verleihung	**Die Willenserklärungen sind rechtswirksam.**

Bei bestimmten Rechtsgeschäften benötigen Geschäftsunfähige und beschränkt Geschäftsfähige neben der Einwilligung der gesetzlichen Vertreter auch die Genehmigung des **Vormundschaftsgerichts** (§§ 1821, 1822 BGB).

Beispiele:

Grundstücksgeschäfte, Kreditaufnahmen

Elterliche Sorge, Vormundschaft, Betreuung

	Elterliche Sorge	Vormundschaft	Betreuung
Gründe	Der Vater und die Mutter haben das Recht und die Pflicht, für das **minderjährige Kind** zu sorgen *(§ 1626 BGB)*.	Das Vormundschaftsgericht hat bei **Minderjährigen** die Vormundschaft von Amts wegen anzuordnen bei ■ Tod der Eltern ■ Entzug der elterlichen Sorge *(§ 1773, 1774 BGB)*	Kann ein **Volljähriger** aufgrund einer psychischen Krankheit oder einer körperlichen, geistigen oder seelischen Behinderung seine Angelegenheit ganz oder teilweise nicht besorgen, so bestellt das Vormundschaftsgericht auf seinen Antrag oder von Amts wegen für ihn einen Betreuer *(§ 1896 BGB)*.
Umfang	■ Personensorge ■ Vermögenssorge *(§ 1626 BGB)*	■ Personensorge ■ Vermögenssorge *(§§ 1800, 1803 BGB)*	Ein Betreuer darf nur für Aufgabenkreise bestellt werden, in denen eine Betreuung erforderlich ist *(§ 1896 BGB)*.
Vertretung	■ gemeinschaftlich durch die Eltern ■ Ein Elternteil vertritt das Kind allein, wenn ihm die elterliche Sorge übertragen wurde. ■ Das nichteheliche Kind wird von der Mutter vertreten.	■ durch den Vormund allein *(§ 1793 BGB)* ■ mehrere Vormünder vertreten das Mündel gemeinschaftlich *(§ 1797 BGB)*	■ Die Geschäftsfähigkeit des Betreuten bleibt grundsätzlich erhalten. ■ In seinem Aufgabenkreis vertritt der Betreuer den Betreuten gerichtlich und außergerichtlich *(§ 1902 BGB)*. ■ Das Vormundschaftsgericht ordnet einen **Einwilligungsvorbehalt** an, soweit dies zur Abwendung einer erheblichen Gefahr für die Person oder das Vermögen des Betreuten erforderlich ist *(§ 1903 BGB)*.
Willenserklärungen des Vertretenen	Kinder unter 7 Jahren sind geschäftsunfähig. Die Willenserklärungen sind nichtig. Kinder von 7 bis unter 18 Jahren sind beschränkt geschäftsfähig.		Die Einwilligung des Betreuers ist nicht bei geringfügigen Angelegenheiten des täglichen Lebens notwendig *(§ 1903 BGB)*.
Geldanlage	Gelder des Kindes sind nach den Grundsätzen einer wirtschaftlichen Vermögensverwaltung anzulegen. *(§ 1642 BGB)*	■ verzinsliche Anlage *(§ 1806 BGB)* ■ mündelsichere Anlage *(§ 1807 BGB)* ***Beispiele:*** ● *Bundesanleihen,* ● *Pfandbriefe,* ● *Einlagen bei einer Sparkasse oder einem anderen Kreditinstitut, das einer für die Anlage ausreichenden Sicherungseinrichtung angehört.*	
Genehmigungspflichtige Geschäfte	Bei folgenden Geschäften ist zusätzlich die Einwilligung des Vormundschaftsgerichtes erforderlich *(§§ 1821, 1822, 1643, 1908i BGB)*: ■ Grundstücksgeschäfte (Kauf, Verkauf, Belastung) ■ Verfügung über das Vermögen im Ganzen ■ Kreditaufnahme ■ Übernahme einer Bürgschaft		

Lernfeld: Rechtsgrundlagen

2.1.7 Vertrag

Der **Vertrag** ist ein mehrseitiges Rechtsgeschäft und kommt durch **zwei (oder mehr) übereinstimmende Willenserklärungen (= schuldrechtliche Einigung)** zustande (§§ 145–163 BGB).

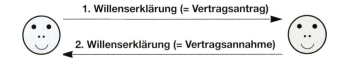

Der Antrag muss ...	Die Annahme muss ...
■ an eine **bestimmte Person gerichtet** sein. Schaufensterauslagen, Zeitungsinserate, Katalogangebote sind deshalb nicht verbindlich. ■ inhaltlich **hinreichend bestimmt** sein, d.h., alle wesentlichen Vertragsinhalte müssen genannt werden ■ **verbindlich** sein, d.h., er darf keine Freizeichnungsklauseln enthalten. *Beispiele:* • *Angebot freibleibend* • *unverbindlich* • *solange Vorrat reicht*	■ **fristgerecht erfolgen.** Unter Anwesenden (auch Telefon) muss die Annahme sofort erfolgen. Unter Abwesenden muss die Annahme innerhalb einer Frist erfolgen, in der unter regelmäßigen Umständen eine Antwort erwartet werden kann *(§ 147 BGB)*. *Beispiele:* • *briefliche Angebote: ca. 1 Woche* • *Angebote per FAX: ca. 1 Tag* **Befristete Angebote** gelten bis zum Ablauf der Frist *(§ 148 BGB)*. ■ **ohne Änderungen** erfolgen.

Eine **abgeänderte** oder **verspätete Annahme** gilt als neuer Antrag *(§ 150 BGB)*.

Schweigen bedeutet grundsätzlich **Ablehnung** des Antrages.

Ausnahme: Geht einem Kaufmann, dessen Gewerbe die Besorgung von Geschäften für andere mit sich bringt, ein Antrag von jemandem zu, mit dem er in Geschäftsverbindung steht, gilt sein Schweigen als Annahme des Antrages *(§ 362 HGB)*.

■ **Verpflichtungsgeschäft:** Der **Vertrag** begründet ein **Schuldverhältnis**. Die Vertragspartner werden hierdurch zur Erfüllung der versprochenen Leistungen verpflichtet.

■ **Erfüllungsgeschäft (Verfügungsgeschäft):** Das Schuldverhältnis erlischt, indem die Vertragspartner die jeweils geschuldeten Leistungen erbringen.

2.1.7.1 Vertragsarten des BGB

Vertrags-arten	Vertrags-partner	Vertragsinhalt	Rechts-grundlage	Beispiele:
Kaufvertrag	Käufer – Verkäufer	Entgeltliche Veräußerung von Sachen und Rechten	§§ 433–514 BGB	Verkauf von Goldbarren
Mietvertrag	Mieter – Vermieter	Entgeltliche Überlassung von Sachen zum Gebrauch	§§ 535–580 BGB	Vermietung eines Banksafes
Pachtvertrag	Pächter – Verpächter	Entgeltliche Überlassung von Sachen zum Gebrauch und Überlassung der bei ordnungsgemäßer Bewirtschaftung anfallenden Erträge	§§ 581–597 BGB	Verpachtung einer Gaststätte
Leihvertrag	Entleiher – Verleiher	Unentgeltliche Überlassung von Sachen zum Gebrauch	§§ 598–606 BGB	Verleihen eines Buches
Darlehens-vertrag	Darlehensgeber – Darlehensnehme	Entgeltliche oder unentgeltliche Überlassung von Geld oder anderen vertretbaren Sachen gegen die Verpflichtung der späteren Rückgabe von Sachen gleicher Art, Güte und Menge	§§ 607–610 BGB	Gewährung eines Kredites Einzahlung auf ein Sparkonto
Dienstvertrag	Dienstverpflichteter – Dienstberechtigter	Entgeltliche Leistung von Diensten (ohne Erfolgsgarantie)	§§ 611–630 BGB	Anstellung eines Mitarbeiters Behandlung eines Patienten durch einen Arzt
Werkvertrag	Unternehmer – Besteller	Entgeltliche Leistung von Diensten (mit Erfolgsgarantie)	§§ 631–650 BGB	Anfertigung eines Maßanzuges; Besteller liefert dazu den Stoff
Werklieferungs-vertrag	Unternehmer – Besteller	Herstellung eines Werkes aus einem vom Unternehmer zu liefernden Material	§ 651 BGB	Anfertigung eines Maßanzuges; Unternehmer liefert dazu den Stoff
Geschäfts-besorgungs-vertrag	Auftraggeber – Beauftragter	Besorgung eines Geschäftes gegen Entgelt und Aufwendungsersatz	§ 675 BGB	Erledigung eines Inkassoauftrages
Überweisungs-vertrag	Überweisender (Auftraggeber) – überweisendes Kreditinstitut	Ausführung einer bargeldlosen Zahlung	§§ 675a, 676a–c BGB	Bezahlung einer Rechnung per Banküberweisung
Verwahrungs-vertrag	Verwahrer – Hinterleger	Aufbewahrung einer beweglichen Sache ggf. gegen Entgelt	§§ 688–700 BGB	Verwahrung von Wertpapieren
Gesellschafts-vertrag	Gesellschafter	Gegenseitige Verpflichtung der Gesellschafter, die Erreichung eines gemeinsamen Zwecks in der durch den Vertrag bestimmten Weise zu fördern	§§ 705–740 BGB	Gründung einer Rechtsanwaltssozietät Zusammenschluss von Kreditinstituten zu einem Emissionskonsortium

Lernfeld: Rechtsgrundlagen   31

In einer Übergangsphase bis zum 31. Dezember 2001 können Verträge auf DM oder EUR lauten. Am 1. Januar 2002 werden die DM-Beträge auf der Grundlage des offiziellen Umrechnungskurses auf EUR umgestellt. Eine Änderung der Verträge ist nicht notwendig.

2.1.7.2 Kaufvertrag

Der Kaufvertrag ist ein **zweiseitig verpflichtender Vertrag:**

Der Verkäufer einer Sache ist verpflichtet, dem Käufer die Sache zu übergeben und das Eigentum an der Sache zu verschaffen; der Käufer ist verpflichtet, dem Verkäufer den vereinbarten Kaufpreis zu zahlen und die gekaufte Sache abzunehmen (§§ 433ff. BGB).

Verpflichtungsgeschäft

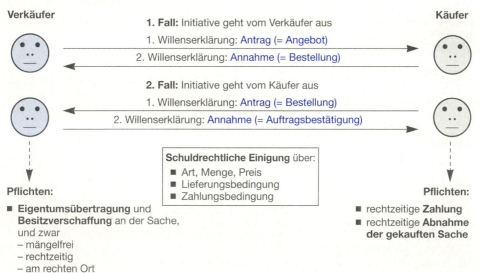

Erfüllungsgeschäft (Verfügungsgeschäft)

Das durch den Abschluss des Kaufvertrages entstandene Schuldverhältnis erlischt, wenn die Vertragspartner die jeweils geschuldeten Leistungen bewirken (§ 362 BGB).

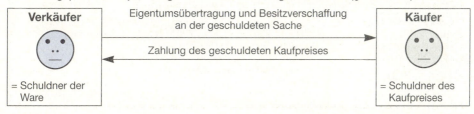

Gesetzlicher Erfüllungsort ist grundsätzlich der Wohn- bzw. Geschäftssitz des Schuldners zum Zeitpunkt des Vertragsabschlusses *(§ 269 BGB)*:

- Erfüllungsort für die **Lieferung** der Ware ist der Sitz des Verkäufers.
  Warenschulden sind „Holschulden". Mit der Übergabe der Ware gehen Kosten und Gefahr auf den Käufer über.
- Erfüllungsort für die **Zahlung des Kaufpreises** ist der Sitz des Käufers.
  Der Käufer hat jedoch auf seine Gefahr und Kosten das Geld an den Verkäufer zu übermitteln *(§ 270 BGB)*.
  Geldschulden sind „Bring- bzw. Schickschulden".

Gesetzlicher Gerichtsstand ist grundsätzlich am Erfüllungsort des Schuldners:

- Der Verkäufer muss am Sitz des Käufers klagen *(z.B. bei Zahlungsverzug)*.
- Der Käufer muss am Sitz des Verkäufers klagen *(z.B. bei Lieferungsverzug)*.

Störungen bei der Erfüllung des Kaufvertrages

Pflichtverletzungen des Verkäufers		Pflichtverletzungen des Käufers	
mangelhafte Lieferung (Mängel in der Art, Menge, Qualität)	**Lieferungsverzug**	**Annahmeverzug**	**Zahlungsverzug**
Voraussetzungen für die Geltendmachung von Rechtsansprüchen durch den Käufer		**Voraussetzungen für die Geltendmachung von Rechtsansprüchen durch den Verkäufer**	
Fristgerechte Mängelrüge • nach HGB unverzüglich • nach BGB binnen 6 Monaten	• schuldhafte Nichteinhaltung eines festgesetzten Lieferungstermins *oder* • Nichtlieferung trotz ausdrücklicher Mahnung	ordnungsgemäße Lieferung der bestellten Ware	• Nichtzahlung des Kaufpreises innerhalb von 30 Tagen nach Fälligkeit und Zugang der Rechnung
Rechtsansprüche des Käufers		**Rechtsansprüche des Verkäufers**	
• **Wandelung** (= Rückgängigmachung des Kaufvertrages) *oder* • **Umtausch,** sofern es sich um vertretbare Sachen handelt *oder* • **Minderung** (= Herabsetzung) des Kaufpreises *oder* • **Schadenersatz** wegen Nichterfüllung, sofern eine zugesicherte Eigenschaft fehlt oder ein Mangel arglistig verschwiegen wurde	• Nachträgliche Lieferung und Ersatz des Verzugsschadens *oder* nach Ablauf einer Nachfrist und Ablehnungsandrohung: • Ablehnung der Lieferung und Schadenersatz wegen Nichterfüllung *oder* • Ablehnung der Lieferung und Rücktritt vom Vertrag	• Hinterlegung der Ware auf Kosten und Gefahr des Käufers und Klage auf Abnahme *oder* bei hinterlegungsunfähigen Sachen nach vorhergehender Androhung und Benachrichtigung: • Selbsthilfeverkauf im Wege der öffentlichen Versteigerung; ein Mindererlös ist vom Käufer zu erstatten, einen Mehrerlös erhält der Käufer.	Forderung der Zahlung zuzüglich Mahnkosten und Verzugszinsen (Basiszinssatz plus 5 % p.a.)

Lernfeld: Rechtsgrundlagen

2.1.8 Besitz und Eigentum

Besitz *(§§ 854ff. BGB)*	Eigentum *(§§ 903ff. BGB)*
= **tatsächliche Herrschaft** einer Person über eine Sache (unmittelbarer Besitz)	= **rechtliche Herrschaft** einer Person über eine Sache
Besitz wird durch Erlangung der tatsächlichen Gewalt über eine Sache erworben, einerlei ob dies auf rechtmäßige *(z.B. aufgrund eines Mietvertrages)* oder unrechtmäßige Weise *(z.B. Diebstahl)* geschieht.	Der Eigentümer darf mit seinem Eigentum nach Belieben verfahren, soweit nicht die Rechte Dritter oder das Gesetz entgegenstehen.
■ **Alleinbesitz** Nur eine Person ist Besitzer.	■ **Alleineigentum (Sondereigentum)** Nur eine Person ist Eigentümer.
■ **Mitbesitz** Mehrere Personen haben eine Sache gemeinschaftlich in Besitz.	■ **Miteigentum nach Bruchteilen** *(§§ 1008ff. BGB)* Mehreren Personen steht das Eigentum an einer Sache gemeinschaftlich zu. Jeder Miteigentümer kann über seinen Anteil allein verfügen („Bruchteilseigentum").
■ **Eigenbesitz** Der Besitzer ist gleichzeitig auch Eigentümer.	*Beispiel:* *Miteigentum an einem Bestand gleichartiger Wertpapiere (Wertpapiersammelbestand, § 6 DepG)*
■ **Fremdbesitz** Der Besitzer ist nicht Eigentümer.	■ **Gesamthandeigentum** Es besteht an Sachen, die zum Vermögen einer Personengesellschaft oder -gemeinschaft gehören. Verfügungen über die einzelnen Sachen können grundsätzlich nur gemeinschaftlich von den Gesellschaftern/Mitgliedern („Gesamthändern") vorgenommen werden.
Der Eigentümer einer Sache oder ein anderer zum Besitz Berechtigter *(z.B. Mieter)* ist **mittelbarer Besitzer,** wenn er einen anderen *(z.B. aufgrund eines Leih-/Miet-/Verwahrungsvertrages)* für eine bestimmte Zeit zum unmittelbaren Besitz berechtigt hat *(§ 868 BGB).*	

Entleiher **Verleiher**
= unmittelbarer = Eigentümer
  Besitzer   +
         mittelbarer
         Besitzer
	Beispiele:
	• *Vermögen einer BGB-Gesellschaft (§ 719 BGB)*
	• *Vermögen einer Erbengemeinschaft (§§ 2032, 2040 BGB)*

■ **Selbsthilferecht des Besitzers** *(§§ 858ff. BGB)* Der rechtmäßige Besitzer darf sich verbotener Eigenmacht mit Gewalt erwehren, wenn er den Täter auf frischer Tat ertappt. Er darf ihm die Sache mit Gewalt wieder abnehmen.	■ **Herausgabeanspruch des Eigentümers** *(§ 985 BGB)* Der Eigentümer kann von dem Besitzer die Herausgabe der Sache verlangen.
Beispiel: *Verfolgung eines Diebes*	*Beispiel:* *Das Kreditinstitut kann im Fall der Verwertung die Herausgabe eines sicherungsübereigneten Pkw fordern.*

◻ Eigentumsübertragung beweglicher Sachen

Situation	Abwicklung der Eigentumsübertragung		Rechts-grundlage
1. Gegenstand befindet sich beim Veräußerer (Normalfall).	**Veräußerer** dingliche Einigung (= Einigung über den Eigentumsübergang) + Übergabe	**Erwerber**	*§ 929 BGB*
2. Gegenstand befindet sich bereits beim Erwerber.	dingliche Einigung		*§ 929 BGB*
3. Gegenstand soll weiterhin im Besitz des Veräußerers bleiben.	dingliche Einigung + Besitzkonstitut *(z.B. Leihvertrag)*		*§ 930 BGB*
4. Gegenstand befindet sich im Besitz eines Dritten.	dingliche Einigung + Abtretung des Herausgabeanspruchs **Dritter** Herausgabe-anspruch Herausgabe-anspruch		*§ 931 BGB*

◻ Erwerb des Eigentums kraft Gesetzes an beweglichen Sachen (Realakte)

■ **Eigentumserwerb durch Verbindung oder Vermischung** *(§§ 947, 948 BGB)*
Werden bewegliche Sachen so miteinander verbunden oder vermischt, dass sie wesentliche Bestandteile einer einheitlichen Sache werden, so werden die bisherigen Eigentümer Miteigentümer dieser Sache. Ist eine der Sachen als die Hauptsache anzusehen, so erwirbt ihr Eigentümer das Alleineigentum.

■ **Eigentumserwerb durch Verarbeitung** *(§ 950 BGB)*
Wer durch Verarbeitung eines Gegenstandes eine neue bewegliche Sache herstellt, erwirbt das Eigentum an dieser Sache, sofern der Wert der Verarbeitung den Wert des Ausgangsmaterials erheblich übertrifft.

Lernfeld: Rechtsgrundlagen

◾ Gutgläubiger Eigentumserwerb

Unter bestimmten Voraussetzungen kann ein Eigentumserwerb vom Nichtberechtigten erfolgen *(§§ 932ff. BGB)*.
- Der Erwerber muss **gutgläubig** sein.
- Die Sache muss **übergeben** worden sein.
- Der Veräußerer musste **zum Besitz der Sache berechtigt** sein *(§ 935 BGB)*.
  Dementsprechend ist kein gutgläubiger Eigentumserwerb bei gestohlenen, verloren gegangenen oder sonst abhanden gekommenen Sachen möglich.
  Ausnahmen:
  – Bei **Geld, Inhaberpapieren sowie Sachen aus öffentlichen Versteigerungen** ist ein gutgläubiger Eigentumserwerb **möglich.**
  – Ist der Verlust von **Inhaberpapieren** im Bundesanzeiger veröffentlicht worden und seit dem Ablauf des Jahres, in dem die Veröffentlichung erfolgt ist, nicht mehr als ein Jahr verstrichen, können **Kreditinstitute** diese Papiere nicht gutgläubig erwerben *(§ 367 HGB)*.

◾ Eigentumsübertragung von Grundstücken *(§§ 873, 925 BGB)*

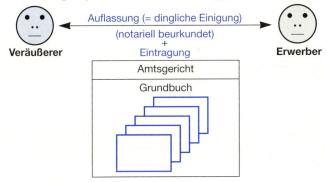

◾ Eigentumsvorbehalt

Beim Verkauf beweglicher Sachen kann zwischen den Vertragspartnern im Kaufvertrag ein Eigentumsvorbehalt vereinbart werden.

Einfacher Eigentumsvorbehalt *(§ 455 BGB)*

Vorbehaltsverkäufer	Vorbehaltskäufer
Der **Verkäufer** behält sich das Eigentum an der gelieferten Ware bis zur vollständigen Bezahlung des Kaufpreises vor.	Der **Käufer** ist berechtigt, die Ware in Besitz zu nehmen. Mit der Bezahlung des Kaufpreises geht das Eigentum automatisch auf ihn über.

Bei einem Zahlungsverzug des Käufers besitzt der Verkäufer neben dem schuldrechtlichen Anspruch aus dem Kaufvertrag (Forderungsrecht auf Zahlung des Kaufpreises) noch die dinglichen Rechte an der Ware (Eigentumsrecht). Bedeutsam ist dies in einem Insolvenzverfahren:
Die **schuldrechtlichen Ansprüche** des Verkäufers werden als nicht bevorrechtigte Forderung nur im Rahmen der Insolvenzquote befriedigt. In vielen Fällen kommt aber keine Insolvenzquote (Nichteröffnung des Insolvenzverfahrens mangels Masse) zustande bzw. ist die Insolvenzquote sehr gering, so dass der Verkäufer einen völligen bzw. erheblichen Forderungsausfall hinnehmen muss.
Der Eigentumsvorbehalt begründet ein **Aussonderungsrecht,** das den Verkäufer berechtigt, die gelieferten Waren wieder in Besitz zu nehmen.

Verlängerter Eigentumsvorbehalt

■ **Eigentumsvorbehalt mit Verarbeitungsklausel**

Der **Verkäufer** behält sich das Eigentum an der durch die Verarbeitung geschaffenen Sache bis zur vollständigen Bezahlung des Kaufpreises vor.

Der **Käufer** ist berechtigt, die Ware zu verarbeiten. Mit der Bezahlung des Kaufpreises geht das Eigentum an der geschaffenen Sache automatisch auf ihn über.

■ **Eigentumsvorbehalt mit Vorausabtretungsklausel (Anschlusszession)**

Der **Verkäufer** erwirbt durch Vorausabtretung die Forderungen aus dem Weiterverkauf der Ware an Dritte.

Der **Käufer** ist berechtigt, die Ware weiterzuverkaufen. Mit der Bezahlung des Kaufpreises an den Vorbehaltsverkäufer geht die Forderung aus dem Weiterverkauf der Ware automatisch auf ihn über.

Der Verkäufer verliert das Eigentum mit der Lieferung und Übertragung der Ware an den (Dritt-)Käufer. Durch die Vorausabtretung der dabei entstehenden Forderung erwirbt der Verkäufer eine neue Sicherheit für die Zahlung des Kaufpreises durch den Käufer.

■ **Kontokorrentvorbehalt**

Käufer und Verkäufer vereinbaren, dass das Eigentum an der gelieferten Ware erst dann auf den Käufer übergeht, wenn dieser seine sämtlichen Verbindlichkeiten gegenüber dem Verkäufer beglichen hat.

Im Fall einer Insolvenz hat der Verkäufer ein **Aussonderungsrecht** an allen von ihm gelieferten Waren – auch wenn einzelne Waren schon bezahlt wurden.

2.1.9 Verjährung

Der Schuldner muss nicht mehr zahlen, wenn die im Gesetz vorgeschriebene **Verjährungsfrist** abgelaufen ist. Er hat ein Leistungsverweigerungsrecht, indem er die **Einrede der Verjährung** geltend macht.

30 Jahre (§ 195 BGB) regelmäßige Verjährungsfrist	4 Jahre (§ 197 BGB)	2 Jahre (§ 196 BGB)
Ansprüche: ■ der Privatleute untereinander und an Kaufleute ■ aus Darlehnsforderungen ■ aus Urteilen und Vollstreckungsbescheiden	Ansprüche: ■ der Kaufleute untereinander ■ auf Zinsen ■ auf regelmäßig wiederkehrende Zahlungen (Miet-, Unterhaltszahlungen u.a.)	Ansprüche: ■ der Kaufleute an Privatleute ■ auf Lohn- und Gehaltszahlungen ■ der freien Berufe (Ärzte, Rechtsanwälte u.a.)
Beginn der Verjährungsfrist: mit dem Datum der Entstehung des Anspruchs	Beginn der Verjährungsfrist: am Jahresende, das auf die Entstehung des Anspruchs folgt	
Beispiel: Fälligkeit einer Darlehnsforderung: 18. Juni 2000, Ende der Verjährungsfrist: 18. Juni 2030, 24 Uhr	*Beispiel:* Fälligkeit einer Zinszahlung: 10. März 2000, Ende der Verjährungsfrist: 31. Dezember 2004, 24 Uhr	*Beispiel:* Fälligkeit einer Kaufpreisforderung: 19. Juni 2000, Ende der Verjährungsfrist: 31. Dezember 2002, 24 Uhr

Lernfeld: Rechtsgrundlagen

Unterbrechung und Hemmung der Verjährung

Unterbrechung der Verjährung *(§§ 208ff. BGB)*

- Der Schuldner erkennt die Schuld an.

  Beispiele: schriftliches Schuldanerkenntnis, Stundungsgesuch, Abschlagzahlung, Zinszahlung, Sicherheitsleistung.

- Der Gläubiger macht seinen Anspruch gerichtlich geltend.

  Beispiele: Mahnbescheid, Klageerhebung, Anmeldung des Anspruchs im Insolvenzverfahren

Die bis zur Unterbrechung verstrichene Zeit bleibt unberücksichtigt; **die Verjährungsfrist beginnt nach der Unterbrechung von neuem.**

Beispiel:
Eine am 12. März 2000 fällige Kaufpreisforderung mit zweijähriger Verjährungsfrist wird am 20. August 2001 durch eine Abschlagzahlung unterbrochen.

Hemmung der Verjährung *(§§ 202ff. BGB)*

- Der Gläubiger ist infolge höherer Gewalt oder durch Stillstand der Rechtspflege innerhalb der letzten sechs Monate der Verjährungsfrist an der Rechtsverfolgung gehindert.

- Der Gläubiger stundet die Forderung oder der Schuldner ist aus einem anderen Grund vorübergehend zur Verweigerung der Zahlung berechtigt.

Der Zeitraum, während dessen die Verjährung gehemmt ist, wird in die Verjährungsfrist nicht eingerechnet; die **Verjährungsfrist verlängert sich um die Dauer der Hemmung.**

Beispiel:
Eine am 20. August 2000 fällige Kaufpreisforderung mit zweijähriger Verjährungsfrist wird am 13. Juni 2001 vom Gläubiger für die Dauer von 45 Tagen gestundet.

2.2 Unternehmensrecht

2.2.1 Aufbau des Unternehmensrechts

Für Unternehmungen (= Kaufleute) hat der Gesetzgeber ein spezielles Wirtschaftsrecht geschaffen. Es dient der **Sicherheit, Vereinfachung** und **Beschleunigung** des Geschäftsverkehrs innerhalb der Wirtschaft.

Wichtigste Gesetzesgrundlage ist das **Handelsgesetzbuch (HGB).**

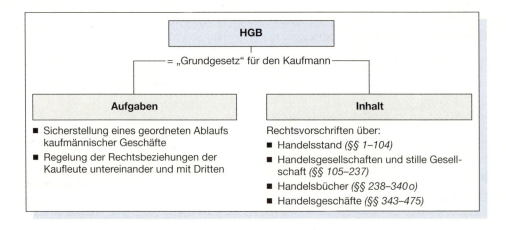

Das HGB wird durch eine Reihe von Spezialgesetzen ergänzt. Hierbei gilt stets der Grundsatz: **Spezialrecht hat Vorrang vor dem allgemeinen Recht.**

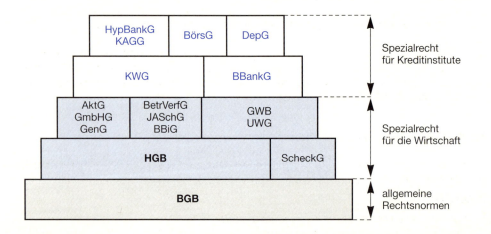

Lernfeld: Rechtsgrundlagen

2.2.2 Kaufleute nach HGB

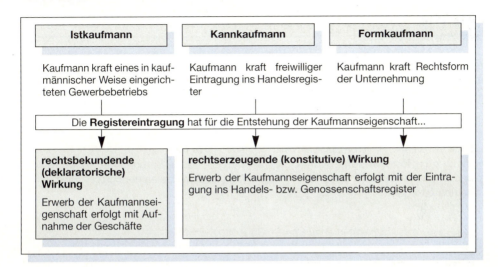

Istkaufmann

> **Kaufmann ist,** wer ein Handelsgewerbe betreibt.
> **Handelsgewerbe** ist jeder **Gewerbebetrieb,** es sei denn, dass das Unternehmen nach Art und Umfang einen in kaufmännischer Weise eingerichteten Geschäftsbetrieb nicht erfordert (§ 1 HGB).

Ein Kaufmann ist verpflichtet, sich ins Handelsregister eintragen zu lassen.

Typische Merkmale eines Handelsgewerbes sind
- eine **selbstständige,**
- auf **Dauer** angelegte,
- **nach außen** in Erscheinung tretende Tätigkeit
- mit **Gewinnerzielungsabsicht.**

Gelegentliche Erwerbsgeschäfte begründen kein Handelsgewerbe.

Die Tätigkeit der **freien Berufe** gilt ebenso wie die rein **wissenschaftliche** und **künstlerische Tätigkeit** nicht als Gewerbe. Diese Personen sind keine Kaufleute, obwohl sie am Wirtschaftsleben häufig wie Kaufleute teilnehmen. Ihnen wird nicht die Gewinnerzielungsabsicht als primäres Motiv ihrer Tätigkeit unterstellt.

Beispiele:
Rechtsanwälte, Notare, Ärzte, Steuerberater, Wirtschaftsprüfer, freischaffende Künstler

Wenn Angehörige eines Freien Berufs jedoch ihre Tätigkeit in der Rechtsform einer GmbH oder einer AG ausüben, ist die Gesellschaft Kaufmann kraft Rechtsform (Formkaufmann).

Beispiel:
Deutsche Treuhand Wirtschaftsprüfungsgesellschaft mbH

Kannkaufmann

> Der **Kannkaufmann** ist Kaufmann kraft freiwilliger Eintragung: Er ist berechtigt, aber nicht verpflichtet, sich ins Handelsregister eintragen zu lassen *(§§ 2, 3 HGB)*.

Kannkaufleute sind:

- **Kleingewerbetreibende/Kleinunternehmer,** also Unternehmen, die nach Art und Umfang ihrer Geschäfte einen in kaufmännischer Weise eingerichteten Geschäftsbetrieb nicht benötigen.

  Beispiele:

  kleine Gaststätten, kleine Ladengeschäfte

- **Land- oder forstwirtschaftliche Unternehmen** oder damit verbundene **Nebengewerbe,** die nach Art und Umfang einen in kaufmännischer Weise eingerichteten Geschäftsbetrieb erfordern.

  Beispiele:

  Land- und forstwirtschaftliche Unternehmen: Gutshöfe, Weingüter
  Land- und forstwirtschaftliche Nebengewerbe: Mühlen, Sägewerke

Scheinkaufmann: Wer sich ins Handelsregister eintragen lässt, obwohl er kein Kaufmann ist oder sich im Wirtschaftsleben den Anschein eines Kaufmanns gibt, muss sich wie ein Kaufmann behandeln lassen *(§ 5 HGB)*.

Formkaufmann

> Der **Formkaufmann** ist Kaufmann kraft Rechtsform der Unternehmung *(§ 6 HGB)*.

Formkaufleute sind alle **Kapitalgesellschaften** (GmbH und AG) und Genossenschaften (eG), unabhängig davon, ob sie eine gewerbliche Tätigkeit ausüben oder nicht. Alle Unternehmen mit einer solchen Rechtsform gelten als Handelsgesellschaft *(§ 3 AktG, § 1 GmbHG)*.

Alle Kaufleute haben die Pflicht

- zur Führung einer Firma unter Hinzufügung eines die Rechtsform der Unternehmung kennzeichnenden Zusatzes,
- zur Angabe der Firma, des Ortes ihrer Niederlassung, des Registergerichts und der Nummer, unter der sie im Handelsregister eingetragen sind, in allen Geschäftsbriefen, die an einen bestimmten Empfänger gerichtet sind,
- zur Führung von Handelsbüchern entsprechend den Grundsätzen ordnungsgemäßer Buchführung.

Alle Kaufleute haben die Möglichkeit

- zur Erteilung von Handlungsvollmacht und Prokura,
- zur Abgabe einer mündlichen Bürgschaftserklärung,
- zur Festsetzung eines vom Kalenderjahr abweichenden Geschäftsjahres.

Lernfeld: Rechtsgrundlagen

2.2.3 Handelsregister

Das **Handelsregister** ist das amtliche Verzeichnis der Kaufleute eines Amtsgerichtsbezirks.

Die Rechtsverhältnisse der Genossenschaften sind im Genossenschaftsregister eingetragen.

Die Register werden beim zuständigen Amtsgericht geführt und unterrichten die Öffentlichkeit über die grundlegenden Rechtsverhältnisse der Unternehmungen.

Jedermann hat das Recht auf Einsicht und kann gegen Gebühr eine Kopie von den Eintragungen und den eingereichten Schriftstücken verlangen *(§ 9 HGB)*.

Abteilungen des Handelsregisters	Abteilung A ■ Einzelunternehmungen ■ Personenhandelsgesellschaften (OHG, KG)	Abteilung B Kapitalgesellschaften (GmbH, AG)
Inhalt der Eintragungen	■ Firma, Sitz, bei juristischen Personen auch: Gegenstand der Unternehmung ■ Geschäftsleitung (Geschäftsinhaber bzw. Gesellschafter bzw. Geschäftsführer bzw. Vorstand) ■ Prokura ■ Art der Vertretungsberechtigung (Einzel- bzw. Gesamtvertretung) ■ bei Kapitalgesellschaften: Stamm- bzw. Grundkapital bei Kommanditgesellschaften: Kommanditkapital	
Veranlassung und Löschung der Eintragungen	■ auf Antrag: Die Anmeldung zur Eintragung bzw. Löschung hat in öffentlich-beglaubigter Form zu erfolgen. Sie kann ggf. durch Ordnungsgeld erzwungen werden. ■ von Amts wegen: Eröffnung des Insolvenzverfahrens Gelöschte Eintragungen werden unterstrichen.	

Wirkung der Eintragungen	■ deklaratorisch: Die Eintragung bekundet einen bestehenden Rechtszustand.
	
	     Beispiele:
	     ● *Eintragung als Istkaufmann (§ 1 HGB)*
	     ● *Erteilung und Widerruf der Prokura*
	
	■ konstitutiv: Die Eintragung erzeugt einen neuen Rechtszustand.
	
	     Beispiele:
	     ● *Kaufmannseigenschaft als Kann- oder Formkaufmann (§§ 2, 3, 6 HGB)*
	     ● *Erlangung der Rechtsfähigkeit bei den Kapitalgesellschaften*
	     ● *Schutz der Firma*	

Publizität der Eintragungen *(§ 15 HGB)*	■ **Positive Publizität:** Eingetragene und bekannt gemachte Tatsachen muss ein Dritter gegen sich gelten lassen. Dies gilt nicht bei Rechtshandlungen, die innerhalb von 15 Tagen nach der Bekanntmachung vorgenommen werden, sofern der Dritte beweist, dass er die Tatsache weder kannte noch kennen musste.	

Abteilungen des Handelsregisters	Abteilung A ■ Einzelunternehmungen ■ Personenhandelsgesellschaften (OHG, KG)	Abteilung B Kapitalgesellschaften (GmbH, AG)
Publizität der Eintragungen *(§ 15 HGB)*	■ **Negative Publizität:** Solange eine einzutragende Tatsache nicht eingetragen und bekannt gemacht ist, kann sie einem Dritten nicht entgegengesetzt werden, es sei denn, dass sie diesem bekannt war. ■ Ist eine einzutragende Tatsache unrichtig bekannt gemacht, so kann sich ein gutgläubiger Dritter auf den Inhalt der Bekanntmachung berufen.	
Bekanntmachung der Eintragungen *(§§ 10, 11 HGB)*	■ im Bundesanzeiger *und* ■ in mindestens einem weiteren Blatt (i.d.R. in einer örtlichen Tageszeitung)	

AGB-Regelung:

Zur ordnungsgemäßen Abwicklung des Geschäftsverkehrs ist es erforderlich, dass der Kunde der **Bank** die Änderung der Vertretungsmacht (insbesondere einer Vollmacht) unverzüglich mitteilt. Diese Mitteilungspflicht besteht auch dann, wenn die Vertretungsmacht in ein öffentliches Register *(z.B. Handelsregister)* eingetragen ist und ihr Erlöschen oder ihre Änderung in dieses Register eingetragen wird *(AGB-Banken Nr. 11, Abs. 1)*.

Der **Sparkasse** bekannt gegebene Vertretungs- oder Verfügungsbefugnisse gelten, bis ihr eine schriftliche Meldung über das Erlöschen oder eine Änderung zugeht, es sei denn, diese Umstände sind der Sparkasse bekannt oder infolge Fahrlässigkeit nicht bekannt. Dies gilt auch dann, wenn die Befugnisse in einem *öffentlichen Register* eingetragen sind und eine Änderung veröffentlicht ist *(AGB-Sparkassen Nr. 4 und Nr. 20)*.

2.2.4 Firma

> Die **Firma** eines Kaufmanns ist der Name, unter dem er
> - seine Geschäfte betreibt,
> - die Unterschrift abgibt,
> - klagen und verklagt werden kann *(§ 17 HGB)*.

Der Kaufmann kann die Firma grundsätzlich frei wählen. Sie muss zur Kennzeichnung des Kaufmanns geeignet sein und Unterscheidungskraft besitzen. Sie darf keine Angaben enthalten, die geeignet sind, über geschäftliche Verhältnisse, die für die angesprochenen Verkehrskreise wesentlich sind, irrezuführen *(§ 18 HGB)*.

Sie muss als **Zusatz zwingend** enthalten:

- bei **Gesellschaftsunternehmen** die Bezeichnung der **Rechtsform** oder eine übliche Abkürzung dieser Bezeichnung,
- bei **Einzelkaufleuten** die Bezeichnung „eingetragener Kaufmann", „eingetragene Kauffrau" oder eine übliche Abkürzung dieser Bezeichnung, insbesondere „e.K", „e.Kfm." oder „e.Kffr".

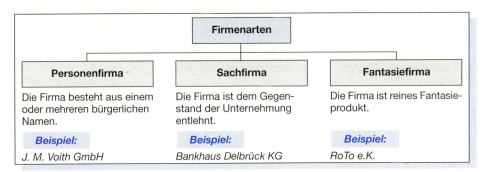

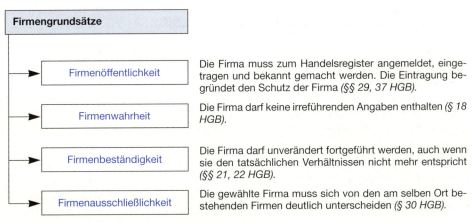

2.2.5 Unternehmensformen

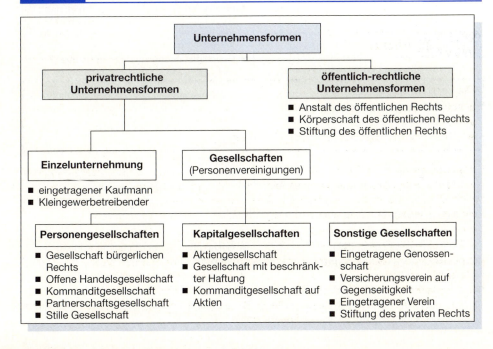

Kapitalgesellschaften, Genossenschaften, Versicherungsvereine auf Gegenseitigkeit und eingetragene Vereine erwerben die Rechts- und Geschäftsfähigkeit mit der Eintragung in ein öffentliches Register.

Die Personengesellschaften sind nicht rechts- und geschäftsfähig.
OHG, KG und Partnerschaftsgesellschaft gelten als **„quasi juristische Personen"**.
Sie können unter ihrer Firma bzw. ihrem Namen

- Rechte und Eigentum erwerben,
- Verbindlichkeiten eingehen,
- vor Gericht klagen bzw. verklagt werden *(§ 124 HGB)*.

2.2.5.1 Personenvereinigungen nach dem BGB

Gesellschaft bürgerlichen Rechts[1] (GbR) *(§§ 705–740 BGB)*	Eingetragener Verein (e.V.) *(§§ 21–79 BGB)*
- **Rechtsgrundlage:** *formfreier Gesellschaftsvertrag*	- **Rechtsgrundlage:** *schriftliche Satzung*
- dient der Erreichung ökonomischer oder außerökonomischer Ziele	- dient der Erreichung außerökonomischer („ideeller") Ziele[2]
- ist an die Person der Gesellschafter gebunden; Auflösung grundsätzlich bei Tod, Insolvenz, Kündigung eines Gesellschafters oder automatisch nach Erreichung des vereinbarten Zieles („Gelegenheitsgesellschaft")	- ist auf längere Dauer angelegt und vom Wechsel seiner Mitglieder (Mindestzahl bei der Gründung: 7) unabhängig; Auflösung: Mitgliederzahl sinkt unter 3 Personen
- besitzt keine Rechtsfähigkeit; ist nicht eintragungsfähig	- besitzt eigene Rechtsfähigkeit (= ist juristische Person); diese wird durch Eintragung ins Vereinsregister erlangt
- führt keinen eigenen Namen; Verträge werden im Namen der Gesellschafter abgeschlossen	- führt einen Vereinsnamen; Verträge werden im Namen des Vereins abgeschlossen
- Gesellschaftsvermögen gehört den Gesellschaftern zur gesamten Hand; diese haften gegenüber den Gläubigern der Gesellschaft persönlich und gesamtschuldnerisch	- Vereinsvermögen gehört dem Verein; nur dieses haftet gegenüber den Gläubigern des Vereins (keine persönliche Haftung der Vereinsmitglieder)
- Geschäftsführung und Vertretung der Gesellschaft gegenüber Dritten geschieht durch die Gesellschafter gemeinschaftlich, soweit nichts anderes vertraglich vereinbart wurde	- Geschäftsführung und Vertretung des Vereins gegenüber Dritten geschieht durch den Vorstand (= gesetzlicher Vertreter); die Mitgliederversammlung wählt den Vorstand, überwacht ihn und entscheidet über Fragen besonderer Wichtigkeit
Beispiele: - *Lottogemeinschaft* - *Kreditkonsortium* - *Arbeitsgemeinschaft (ARGE) mehrerer Bauunternehmungen*	*Beispiele:* - *1. FC Köln e.V.* - *ADAC e.V.* - *Oberzeller Goldkehlen e.V.*
hieraus sind abgeleitet: - **O**ffene **H**andels**g**esellschaft **(OHG)** - **K**ommandit**g**esellschaft **(KG)** - **P**artnerschafts**g**esellschaft **(PG)** - Stille Gesellschaft	hieraus sind abgeleitet: - **A**ktien**g**esellschaft **(AG)** - **G**esellschaft **m**it **b**eschränkter **H**aftung **(GmbH)** - **e**ingetragene **G**enossenschaft **(eG)**

---

[1] gleichbedeutend: BGB-Gesellschaft
[2] Ausnahme: wirtschaftlicher Verein *(§ 22 BGB)*

Lernfeld: Rechtsgrundlagen 45

2.2.5.2 Einzelunternehmung

Kleinere Unternehmen werden oft als Einzelunternehmung geführt.

Der Einzelunternehmer

- bringt das gesamte Kapital auf,
- führt allein die Geschäfte (Geschäftsführung) und vertritt das Unternehmen nach außen (Vertretung),
- erhält den gesamten Gewinn,
- trägt den gesamten Verlust,
- haftet mit seinem gesamten Geschäfts- und Privatvermögen.

Als Kaufmann wird er in das Handelsregister Abteilung A eingetragen. Die Firma trägt den Zusatz „e.K.", „e.Kfm." oder „e.Kffr.".

2.2.5.3 Personenhandelsgesellschaften

Merkmale	Offene Handelsgesellschaft (OHG)	Kommanditgesellschaft (KG)
Gründung	formfreier Gesellschaftsvertrag (Nur wenn Grundstücke eingebracht werden, muss der Vertrag notariell beurkundet werden.)	
Wesen	Betrieb eines Handelsgewerbes unter gemeinschaftlicher Firma Alle Gesellschafter haften unbeschränkt.	Betrieb eines Handelsgewerbes unter gemeinschaftlicher Firma mit zwei Gesellschaftertypen: - unbeschränkt haftende Gesellschafter (Komplementäre) - beschränkt haftende Gesellschafter (Kommanditisten)
Firma	Zusatz „OHG"	Zusatz „KG"
Eintragung	Handelsregister Abteilung A	

Geschäftsführung (Entscheidungsbefugnisse im Innenverhältnis)	- gesetzliche Regelung:
	  – Einzelgeschäftsführung bei gewöhnlichen Geschäften
	  – Gesamtgeschäftsführung bei außergewöhnlichen Geschäften
	- vertragliche Regelung:
	  beliebige Vereinbarungen möglich.
	
	Beispiele:
	Gesamtgeschäftsführung, Zuordnung einzelner Geschäftsbereiche
		- nur durch Komplementäre (Ausschluss der Kommanditisten)
		- Umfang wie OHG-Gesellschafter
		- Die Kommanditisten haben bei außergewöhnlichen Geschäften ein Widerspruchsrecht.

Merkmale	Offene Handelsgesellschaft (OHG)	Kommanditgesellschaft (KG)
Vertretung (Abschluss von Rechtsgeschäften im Außenverhältnis)	■ gesetzliche Regelung: Einzelvertretung bei allen Geschäften ■ vertragliche Regelung: (Zur Rechtswirksamkeit ist die Eintragung in das Handelsregister notwendig.) – Gesamtvertretung durch alle oder mehrere Gesellschafter (evtl. in Gemeinschaft mit einem Prokuristen) – Ausschluss einzelner Gesellschafter	■ nur durch Komplementäre (Ausschluss der Kommanditisten) ■ Umfang wie OHG-Gesellschafter
Haftung der Gesellschafter	■ unbeschränkt mit dem Geschäfts- und Privatvermögen ■ persönlich (direkt, unmittelbar) ■ gesamtschuldnerisch (solidarisch)	■ Komplementäre haften wie OHG-Gesellschafter ■ Kommanditisten haften den Gläubigern der Gesellschaft bis zur Höhe ihrer Einlage unmittelbar; die Haftung ist ausgeschlossen, soweit die Einlage geleistet ist.
Gewinnverteilung	■ gesetzliche Regelung: – 4 % Verzinsung der Kapitaleinlage – Rest nach Köpfen ■ vertragliche Regelung: *Beispiele:* *höhere Verzinsung, Entgelt für Arbeitsleistungen, Verteilung nach Kapitaleinlagen*	■ gesetzliche Regelung: – 4 % Verzinsung der Kapitaleinlage – Rest in angemessenem Verhältnis ■ vertragliche Regelung: *Beispiele:* *höhere Verzinsung, Entgelt für Arbeitsleistungen, Verteilung nach Kapitaleinlagen*
Verlustzuweisung	■ gesetzliche Regelung: – nach Köpfen ■ vertragliche Regelung: *Beispiele:* *Verteilung nach Kapitaleinlagen*	■ gesetzliche Regelung: – in angemessenem Verhältnis ■ vertragliche Regelung: *Beispiele:* *Verteilung nach Kapitaleinlagen*
Sonstige HGB-Bestimmungen	■ Privatentnahmen der Gesellschafter bis zu 4 % der Kapitaleinlage ■ Wettbewerbsverbot ■ Kontrollrecht der Gesellschafter, die von der Geschäftsführung ausgeschlossen sind	■ Privatentnahmen der Komplementäre wie OHG-Gesellschafter ■ Wettbewerbsverbot für Komplementäre ■ Kontrollrecht der Kommanditisten

Lernfeld: Rechtsgrundlagen

2.2.5.4 Partnerschaftsgesellschaft

Merkmale	Partnerschaftsgesellschaft
Gründung	schriftlicher Gesellschaftervertrag
Wesen	■ Angehörige Freier Berufe *(z.B. Ärzte, Rechtsanwälte, Steuerberater)* schließen sich zur Ausübung ihrer Berufe zusammen. ■ kein Handelsgewerbe ■ Gesellschafter können nur natürliche Personen sein.
Name	Name wenigstens eines Partners mit dem Zusatz „und Partner" oder „Partnerschaft" sowie die Berufsbezeichnungen aller in der Partnerschaft vertretenen Berufe.
Eintragung	Partnerschaftsregister (konstitutive Wirkung)
Geschäftsführung (Entscheidungs-befugnisse im Innenverhältnis)	■ Die Partner erbringen ihre beruflichen Leistungen unter Beachtung des für sie geltenden Berufsrechts. ■ Einzelne Partner können nur von der Führung der sonstigen Geschäfte ausgeschlossen werden. ■ Im Übrigen richtet sich das Rechtsverhältnis der Partner nach dem Partnerschaftsvertrag.
Vertretung	■ gesetzliche Regelung: Einzelvertretung ■ vertragliche Regelung: Gesamtvertretung oder Ausschluss einzelner Gesellschafter (Eintragung in das Partnerschaftsregister)
Haftung der Gesellschafter	■ gesetzliche Regelung: – unbeschränkt mit dem Gesellschafts- und Privatvermögen – gesamtschuldnerisch ■ vertragliche Regelung: Haftungsbeschränkung für Ansprüche aus Schäden wegen fehlerhafter Berufsausübung durch Verwendung vorformulierter Vertragsbedingungen auf den verantwortlichen Partner (praxisübliche Vereinbarung)
Gewinnvertei-lung bzw. Ver-lustzuweisung	■ keine gesetzliche Regelung ■ beliebige vertragliche Regelungen möglich
Sonstige Bestimmungen	Tod eines Partners, die Eröffnung des Insolvenzverfahrens über das Vermögen eines Partners, die Kündigung eines Partners bewirken nur das Ausscheiden aus der Partnerschaft, d.h. die Gesellschaft besteht fort.

2.2.5.5 Kapitalgesellschaften und Genossenschaft

Merkmale	Gesellschaft mit beschränkter Haftung (GmbH)	Aktiengesellschaft (AG)	eingetragene Genossenschaft (eG)
Rechtsgrundlagen	*GmbH-Gesetz (GmbHG)*	*Aktiengesetz (AktG)*	*Genossenschaftsgesetz (GenG)*
Allgemeine Merkmale	■ Kapitalgesellschaft ■ zu jedem beliebigen Zweck errichtbar	■ Kapitalgesellschaft ■ zu jedem beliebigen Zweck errichtbar	Gesellschaft zum Zweck der Förderung des Erwerbs und der Wirtschaft ihrer Mitglieder (= Genossen) mittels gemeinschaftlichen Geschäftsbetriebs
	Handelsgesellschaften im Sinne des HGB (Formkaufleute)		
	GmbH-Gesellschafter sind entsprechend ihren Geschäftsanteilen (= Stammeinlagen) an der GmbH beteiligt	Aktionäre sind entsprechend ihren Aktienanteilen an der AG beteiligt	Mitglieder sind entsprechend ihren Geschäftsguthaben an der eG beteiligt
	juristische Person		
Gründung	notarielle Beurkundung der Gesellschaftserklärung bzw. des Gesellschaftsvertrages	notarielle Beurkundung der Satzung	schriftliche Festlegung des Statuts
	mind. 1 natürliche oder juristische Person		mind. 7 Personen
	Entstehung mit der Eintragung ins Handelsregister		Entstehung mit der Eintragung ins Genossenschaftsregister
Mindestkapital	■ Stammkapital (Gezeichnetes Kapital) mind. 25.000,00 EUR ■ Mindeststammeinlage je Gesellschafter: 100,00 EUR; höhere Geschäftsanteile müssen auf volle 50,00 EUR lauten ■ Mindesteinzahlung auf jede Stammeinlage 25 %, insgesamt mind. 12.500,00 EUR	■ Grundkapital (Gezeichnetes Kapital) mind. 50.000,00 EUR ■ Mindestnennwert je Aktie: 1,00 EUR, höhere Aktiennennwerte müssen auf ein Vielfaches davon lauten oder nennbetragslose Stückaktien	■ keine Vorschriften ■ Geschäftsguthaben muss mindestens 10 % des Geschäftsanteils betragen
Firma (Mindestinhalt)	Zusatz: „GmbH"	Zusatz: „AG"	Zusatz: „eG"
Gesetzliche Regelung der Geschäftsführungsbefugnis (betrifft das Innenverhältnis und ist vertraglich änderbar)	Gesamtgeschäftsführungsbefugnis: der Geschäftsführer bzw. die Geschäftsführer gemeinsam	Gesamtgeschäftsführungsbefugnis: alle Vorstandsmitglieder gemeinsam	Gesamtgeschäftsführungsbefugnis: alle Vorstandsmitglieder gemeinsam

Lernfeld: Rechtsgrundlagen

Merkmale		Gesellschaft mit beschränkter Haftung (GmbH)	Aktiengesellschaft (AG)	eingetragene Genossenschaft (eG)
Gesetzliche Regelung der Vertretungsbefugnis (betrifft das Außenverhältnis und ist vertraglich änderbar; in diesem Fall eintragungspflichtig; ihr Umfang ist jedoch unbeschränkt und unbeschränkbar)		Gesamtvertretungsbefugnis: der Geschäftsführer bzw. die Geschäftsführer gemeinsam	Gesamtvertretungsbefugnis: alle Vorstandsmitglieder gemeinsam	Gesamtvertretungsbefugnis: alle Vorstandsmitglieder gemeinsam
Haftung		Für die Verbindlichkeiten der Gesellschaft haftet den Gläubigern nur das Gesellschaftsvermögen.		evtl. Nachschusspflicht im Insolvenzfall gemäß Statut (i.d.R. begrenzt auf eine bestimmte Summe (= Haftsumme)
Gesetzliche Regelung der Gewinnverteilung (vertraglich änderbar)		im Verhältnis der Geschäftsanteile	im Verhältnis der tatsächlichen bzw. rechnerischen Aktiennennbeträge	im Verhältnis der Geschäftsguthaben
Organe	**Geschäftsführung und Vertretung**	**Geschäftsführer** ■ geschäftsführendes Organ (= gesetzl. Vertreter) ■ 1 oder mehrere Geschäftsführer ■ Bestellung durch die Gesellschafter	**Vorstand** ■ geschäftsführendes Organ (= gesetzl. Vertreter) ■ 1 oder mehrere Mitglieder ■ Bestellung durch den Aufsichtsrat	**Vorstand** ■ geschäftsführendes Organ (= gesetzl. Vertreter) ■ mind. 2 Mitglieder ■ Wahl durch die Generalversammlung bzw. Vertreterversammlung
	Kontrollorgan	**Aufsichtsrat** (ab 500 Arbeitnehmern zwingend) ■ überwachendes Organ ■ mind. 3 Mitglieder	**Aufsichtsrat** ■ überwachendes Organ ■ mind. 3. Mitglieder	**Aufsichtsrat** ■ überwachendes Organ ■ mind. 3 Mitglieder
		Für die Wahl und Zusammensetzung des Aufsichtsrates gelten ergänzend die Bestimmungen des Betriebsverfassungsgesetzes und des Mitbestimmungsgesetzes von 1976		
	Beschluss fassendes Organ	**Gesellschafterversammlung** ■ Beschluss fassendes Organ (Interessenvertretung der Gesellschafter) ■ 50,00 EUR Geschäftsanteil = 1 Stimme	**Hauptversammlung** ■ Beschluss fassendes Organ (Interessenvertretung der Aktionäre) ■ 1 Aktie = 1 Stimme	**Generalversammlung** ■ Beschluss fassendes Organ (Interessenvertretung der Mitglieder) ■ 1 Mitglied = 1 Stimme; bei mehr als 3.000 Mitgliedern besteht die Generalversammlung aus Vertretern der Mitglieder (= Vertreterversammlung)

2.2.5.6 GmbH & Co. KG

> Die GmbH & Co. KG ist eine **Kommanditgesellschaft,** bei der
> - eine GmbH persönlich haftender Gesellschafter (Komplementär) ist und
> - andere Personen (häufig Gesellschafter der GmbH) Kommanditisten sind.

Fallbeispiel:

Entstehung einer „Einmann"-GmbH & Co. KG
Josef Becker betreibt eine Spedition. Er gründet folgende Gesellschaften:

- **„Becker Transporte GmbH"**
  Die Gesellschaft wird durch einen notariellen Vertrag gegründet. **Josef Becker** ist alleiniger Gesellschafter und bestellt sich selbst zum Geschäftsführer. Mit der Eintragung in das **Handelsregister Abteilung B** wird die GmbH rechts- und geschäftsfähig.

- **„Becker Transporte GmbH & Co. KG"**
  Die Gesellschaft wird durch formfreien Vertrag von der Becker Transporte GmbH (als Komplementär) und von Josef Becker (als Kommanditist) gegründet und in das **Handelsregister Abteilung A** eingetragen.

Gründe für die Wahl der GmbH & Co. KG als Rechtsform:

- Haftungsbeschränkung auf das Gesellschaftsvermögen der GmbH und die Einlagen der Kommanditisten.
- Bei Neugründungen wird die Rechtsform der GmbH & Co. KG oft aus steuerlichen Gründen gewählt. Wenn z.B. in den ersten Jahren der Geschäftstätigkeit Verluste erwartet werden, erfolgen bei der KG die Verlustzuweisungen direkt an die Gesellschafter, die ihre negativen Einkünfte aus Gewerbebetrieb mit anderen positiven Einkünften verrechnen können.

2.2.5.7 Sonstige Gesellschaften

Stille Gesellschaft *(§§ 230–237 HGB)*

Kennzeichen der stillen Gesellschaft sind:
- Beteiligung eines Kapitalgebers (natürliche oder juristische Person) am Handelsgewerbe eines Kaufmannes (Einzelunternehmung oder Handelsgesellschaft),
- Das Gesellschaftsverhältnis zwischen dem stillen Gesellschafter („Stiller") und dem Kaufmann tritt nach außen nicht in Erscheinung. Es erfolgt **keine Eintragung ins Handelsregister.**

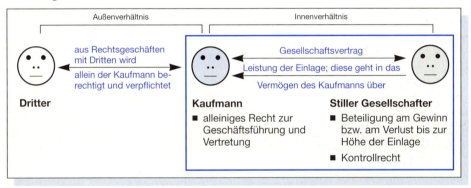

Kommanditgesellschaft auf Aktien *(§§ 278–290 AktG)*

Die Kommanditgesellschaft auf Aktien ist eine Gesellschaft mit eigener Rechtspersönlichkeit (Sonderform der AG), bei der

- mindestens 1 Gesellschafter den Gesellschaftsgläubigern unbeschränkt haftet,
- die übrigen Gesellschafter (= Kommanditaktionäre) an dem in Aktien zerlegten Grundkapital beteiligt sind, ohne persönlich für die Verbindlichkeiten der Gesellschaft zu haften.

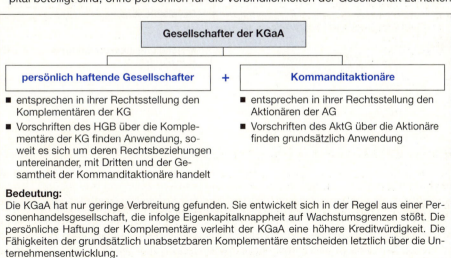

Bedeutung:
Die KGaA hat nur geringe Verbreitung gefunden. Sie entwickelt sich in der Regel aus einer Personenhandelsgesellschaft, die infolge Eigenkapitalknappheit auf Wachstumsgrenzen stößt. Die persönliche Haftung der Komplementäre verleiht der KGaA eine höhere Kreditwürdigkeit. Die Fähigkeiten der grundsätzlich unabsetzbaren Komplementäre entscheiden letztlich über die Unternehmensentwicklung.

2.3 Stellvertretung

Beim Abschluss von Rechtsgeschäften kann eine Person durch eine andere Person vertreten werden. Der Stellvertreter kann einem Dritten gegenüber Rechtshandlungen vornehmen, die den Vertretenen rechtlich binden.

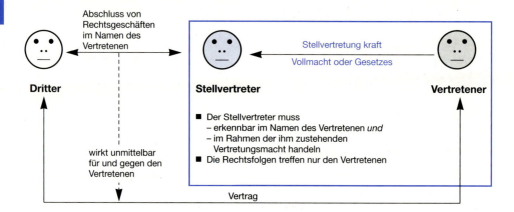

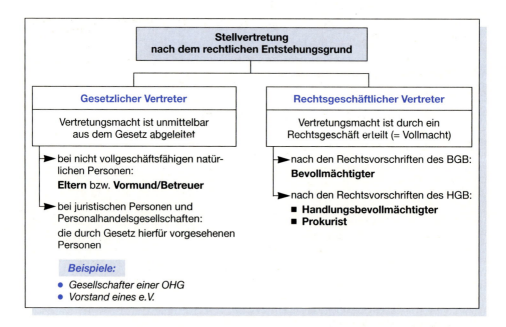

Beschränkt geschäftsfähiger Vertreter: Die Wirksamkeit einer von oder gegenüber einem Vertreter abgegebenen Willenserklärung wird nicht dadurch beeinträchtigt, dass der Vertreter nur beschränkt geschäftsfähig ist *(§ 165 BGB)*.

Bote: Anders als der Vertreter gibt der Bote keine eigene Willenserklärung im Namen des Vertretenen ab, sondern übermittelt nur eine Willenserklärung des Vertretenen. Der Bote kann somit auch geschäftsunfähig *(z.B. ein 5-jähriges Kind)* sein.

Lernfeld: Rechtsgrundlagen

Grenzen der Vertretung

Bei besonderen Rechtsgeschäften ist eine rechtsgeschäftliche Vertretung nicht zulässig:
- Unterschreiben der Bilanz, der GuV-Rechnung und der Steuererklärung,
- Anmeldung von Handelsregistereintragungen,
- Insolvenzanmeldung,
- Verkauf des gesamten Geschäftes,
- Erteilung der Prokura,
- Aufnahme neuer Gesellschafter in eine Personengesellschaft.

2.3.1 BGB-Vollmacht

Rechtsgrundlage: §§ 164ff. BGB

Umfang der Vertretungsmacht

Der Umfang der Vertretungsmacht kann vom Vollmachtgeber beliebig bestimmt werden. In der Praxis kommen vor:
- **Spezialvollmacht:** gilt nur für ein einzelnes Rechtsgeschäft,
- **Artvollmacht:** gilt für gleichartige Rechtsgeschäfte,
- **Generalvollmacht:** gilt für alle Rechtsgeschäfte, bei denen eine rechtsgeschäftliche Vertretung zulässig ist.

Vollmachterteilung

Die Vollmachterteilung erfolgt:
- ausdrücklich oder stillschweigend (konkludentes Verhalten),
- durch Erklärung gegenüber dem zu Bevollmächtigenden *oder* dem Dritten, dem gegenüber die Vertretung stattfinden soll.

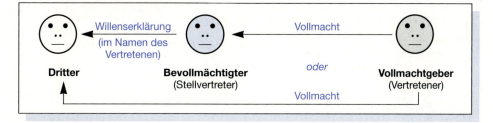

Erlöschen der Vollmacht

Das Erlöschen der Vollmacht erfolgt durch:
- Widerruf,
- Zeitablauf,
- Auftragserledigung (bei Spezialvollmacht),
- Beendigung des Dienstverhältnisses, in dessen Rahmen die Vollmacht erteilt wurde,
- Tod des Bevollmächtigten.

2.3.2 HGB-Vollmachten

Merkmale	Handlungsvollmacht (§ 54 HGB)	Prokura (§§ 48–53 HGB)
Erteilung	■ ausdrücklich (schriftlich/mündlich) oder stillschweigend (Duldung) ■ nur durch Kaufleute	■ nur ausdrücklich (schriftlich/mündlich) ■ nur durch Kaufleute
	Bei der GmbH erfolgt die Bestellung von Handlungsbevollmächtigten und Prokuristen durch Gesellschafterbeschluss (§ 45 GmbHG).	
Register-eintragung	nicht eintragungsfähig	eintragungspflichtig (deklaratorische Wirkung)
Befugnisse ohne Sonder-vollmachten	**Allgemeine Handlungsvollmacht:** Vollmacht für alle Geschäfte und Rechtshandlungen, die der Betrieb eines **derartigen Handelsgewerbes** oder die Vornahme derartiger Geschäfte **gewöhnlich** mit sich bringt. **Beispiele:** ● *Kauf branchenspezifischer Waren* ● *Verfügung über Kontoguthaben und eingeräumte Kredite*	Vollmacht für alle Arten von **gerichtlichen und außergerichtlichen** Geschäften und Rechtshandlungen, die der Betrieb eines Handelsgewerbes mit sich bringt. **Beispiele:** ● *Kauf branchenfremder Waren* ● *Erteilung einer Handlungsvollmacht* ● *Kreditaufnahme* ● *Kauf von Grundstücken* ● *Prozessführung*
Befugnisse mit Sondervoll-macht	■ Veräußerung und Belastung von Grundstücken ■ Aufnahme von Darlehen ■ Prozessführung	■ Veräußerung und Belastung von Grundstücken
Beschränkungen des Umfanges	Eine Beschränkung des Umfanges der Handlungsvollmacht ist beliebig möglich. ■ **Artvollmacht** ermächtigt zur Vornahme gleichartiger Geschäfte **Beispiel:** *Einkauf oder Verkauf* ■ **Spezialvollmacht** ermächtigt zur Vornahme eines einzelnen Geschäftes **Beispiel:** *Kauf einer Schreibmaschine* Beschränkungen braucht ein Dritter nur gegen sich gelten zu lassen, wenn er sie kannte oder kennen musste.	■ Eine Beschränkung des Umfanges der Prokura ist im **Außenverhältnis nicht möglich** und Dritten gegenüber unwirksam. ■ Im **Innenverhältnis** kann sie **beliebig eingeschränkt** werden. Tätigt der Prokurist trotzdem weitergehende Geschäfte, kann der Inhaber von ihm Schadenersatz fordern. ■ **Filialprokura:** Die Prokura kann auf eine Niederlassung beschränkt werden.
Art der Vertretung	■ Einzelhandlungsvollmacht (Einzelvertretung) ■ Gesamthandlungsvollmacht (gemeinschaftliche Vertretung)	■ Einzelprokura (Einzelvertretung) ■ Gesamtprokura (gemeinschaftliche Vertretung)
Unterzeichnung	Firma, Unterschrift mit Zusatz i.V. (in Vertretung) oder i.A. (im Auftrag)	Firma, Unterschrift mit Zusatz pp. oder ppa. (per Prokura)
Erlöschen	■ Widerruf ■ Beendigung des Dienstverhältnisses ■ Fristablauf ■ Erledigung der Aufgabe bei Spezialvollmacht	■ Widerruf ■ Beendigung des Dienstverhältnisses Das Erlöschen muss in das Handelsregister eingetragen und bekannt gemacht werden.

Lernfeld: Kontoführung

3 Kontoführung

3.1 Grundlagen

3.1.1 Allgemeiner Kontobegriff

Das **Konto** ist eine chronologisch geführte Aufstellung über Forderungen und Verbindlichkeiten eines Kreditinstituts aus der Geschäftsbeziehung mit dem Kunden.

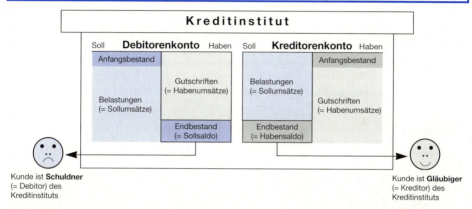

Die Konten werden bis zum 31. Dezember 2001 in DM geführt, sofern der Kunde nicht mit dem Kreditinstitut eine Umstellung auf EUR vereinbart. Zur Information des Kunden ist im Kontoauszug ein Ausweis der Beträge in beiden Währungen möglich. Am 1. Januar 2002 erfolgt automatisch eine Umstellung der verbliebenen DM-Konten auf EUR.

3.1.2 Kontoarten

Merkmale	Kontokorrentkonten	Termingeldkonten
Art der gebuchten Gelder	Sichteinlagen und Kontokorrentkredite	Termineinlagen
Wirtschaftlicher Zweck der Kontoführung	Abwicklung des bargeldlosen und halbbaren Zahlungsverkehrs	befristete Anlage vorübergehend nicht benötigter Geldmittel
Typischer Verlauf der Kontoführung	Haben/Soll-Verlauf (kreditorisch/debitorisch), Zeit	dauerhaft kreditorisch, Zeit
Rechtsgrundlagen	■ § 355 HGB ■ § 675 BGB ■ §§ 607, 700 BGB	§§ 607, 700 BGB

Merkmale	Sparkonten	Darlehenskonten
Art der gebuchten Gelder	Spareinlagen	Darlehensforderungen
Wirtschaftlicher Zweck der Kontoführung	Anlage und Ansammlung von Geldvermögen	Bereitstellung und Tilgung von Darlehen
Typischer Verlauf der Kontoführung	Haben, kreditorisch / Soll (Zeit)	Haben / Soll, debitorisch (Zeit)
Rechtsgrundlagen	■ RechKredVO ■ § 607 BGB	§ 607 BGB

Das Depotkonto ist kein Konto im rechtlichen Sinn. Es enthält keine Geldbestände, sondern dient der Erfassung von Wertpapierbeständen und -umsätzen für einen Kunden.

3.1.3 Kontokorrentkonto

Im Mittelpunkt der Geschäftsverbindung zwischen Kreditinstitut und Kunde steht das Kontokorrentkonto. Es dient der Abwicklung der laufenden Geschäfte mit dem Kunden, insbesondere des Zahlungsverkehrs, und kann sowohl kreditorisch als auch debitorisch geführt werden.

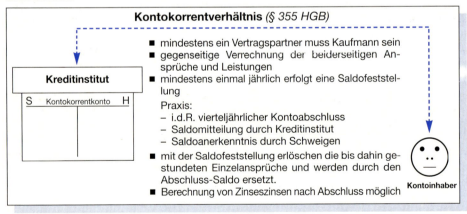

Es ist zu unterscheiden zwischen:

■ Tagessaldo und	■ Abschluss-Saldo
… informiert aktuell über den **rechnerischen** Kontostand *während* der KK-Periode.	… ist der **rechtliche** Saldo der Abschlussrechnung gem. § 355 HGB *am Ende* der KK-Periode bzw. bei Kündigung des Kontokorrentverhältnisses unter Berücksichtigung von Zinsen und Gebühren.

AGB-Regelung: Einwendungen gegen den Rechnungsabschluss sind innerhalb von sechs Wochen nach dessen Zugang zu erheben. Die Unterlassung rechtzeitiger Einwendung gilt als Genehmigung *(AGB-Banken Ziff. 7, AGB-Sparkassen Nr. 7)*.

Lernfeld: Kontoführung

Buchung von Kontokorrentabrechnungen	Buchungssatz	Beträge in EUR Soll	Beträge in EUR Haben

Die Quartalsabrechnung beinhaltet
■ 6,50 EUR Habenzinsen
■ 68,00 EUR Sollzinsen
■ 25,00 EUR Kontoführungsgebühren
	KKK
	Zinsaufwand
	    an Zinsertrag
	    an Prov.ertrag
		86,50
		6,50
			
			68,00
			25,00

Bedeutung des Kontokorrentkontos

für das Kreditinstitut

unmittelbare Ertragsquelle:
- Kontoführungsgebühren, Provisionserträge
- bei debitorischer Kontoführung: Sollzinsen, ggf. Überziehungsprovision
- Wertstellungsgewinne („Floatgewinne")

mittelbare Ertragsquelle:
- Verwendung der Einlagen im Kreditgeschäft
- Ansatzpunkt für Anschlussgeschäfte („cross-selling")

für den Kunden

- Teilnahme am bargeldlosen Zahlungsverkehr
- Minderung der Bargeldhaltung
- Möglichkeit der Kreditinanspruchnahme (Kontokorrentkredit)
- Beratung in allen Vermögensangelegenheiten
- Inanspruchnahme der technischen Einrichtungen und weltweiten Geschäftsverbindungen des Kreditinstituts

Kündigung von Kundenkontokorrentkonten

	Kunde	Kreditinstitut
AGB-Sparkassen *(Nr. 26)*	jederzeit	■ jederzeit unter Berücksichtigung der berechtigten Belange des Kunden, insbesondere nicht zur Unzeit ■ aus wichtigem Grund: fristlos
AGB-Banken *(Nr. 19)*	jederzeit	■ mit einer Kündigungsfrist von mindestens sechs Wochen ■ aus wichtigem Grund: fristlos
HGB *(§ 355)*	jederzeit	jederzeit

Kontokorrentkonten werden geführt für:
- Privat- und Geschäftskunden   → **Kundenkontokorrentkonten** (Privat-/Geschäftsgirokonten)
- geschäftlich verbundene Kreditinstitute   → **Bankenkontokorrentkonten**

Bankenkontokorrentkonten dienen der Abwicklung von Geschäften (insbesondere im Zahlungsverkehr) mit anderen Kreditinstituten („Korrespondenzbanken").

Beispiel:

Die Privatbank Delbrück & Co unterhält bei der Commerzbank AG ein Kontokorrentkonto, über das die laufenden Geschäfte zwischen beiden Kreditinstituten abgewickelt werden.

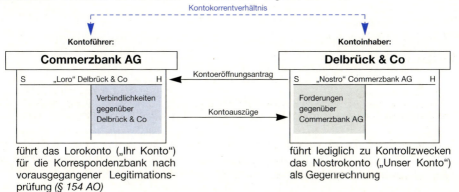

3.1.4 Einzel- und Gemeinschaftskonto

Kontoarten nach der Anzahl der Kontoinhaber	
Einzelkonto	**Gemeinschaftskonto**
Kontoinhaber ist **eine** Person (natürliche oder juristische Person, Personenhandelsgesellschaft, Partnerschaftsgesellschaft) *Beispiele:* • *Richard Schneider* • *Autohaus Lang & Sohn OHG*	■ Kontoinhaber sind **mehrere** Personen ■ Jeder Kontoinhaber haftet als **Gesamtschuldner** für die Verbindlichkeiten aus dem Gemeinschaftskonto
Gemeinschaftskonto mit Einzelverfügungsberechtigung („Oder-Konto")	**Gemeinschaftskonto mit gemeinschaftlicher Verfügungsberechtigung („Und-Konto")**
■ Jeder Kontoinhaber kann **allein** über das Konto verfügen ■ gemäß Vereinbarung (praxisüblich) ■ Ausgabe einer ec-Karte an jeden Kontoinhaber möglich ■ Widerruft ein Kontoinhaber die Einzelverfügungsberechtigung, sind nur noch gemeinschaftliche Verfügungen möglich. *Beispiel:* *Monika und Klaus Mohr* *Einzelverfügung*	■ Alle Kontoinhaber können nur **gemeinschaftlich** verfügen gemäß Vereinbarung oder kraft Gesetz *(z.B. Erbengemeinschaft)* ■ Ausgabe einer ec-Karte **nicht** möglich *Beispiele:* • *Claudia und Markus Breuer gemeinschaftliche Verfügung* • *Erbengemeinschaft Eva Müller-Koch und Rolf Koch w/Nachlass Peter Koch*

3.1.5 CPD-Konten

CPD-Konten („**c**onto **p**ro **d**iverse") sind **Sammelkonten zur zwischenzeitlichen Buchung von Kundengeschäften** (personenbezogene CPD-Konten) oder **von betriebsinternen Vorgängen.**

Auf **personenbezogenen CPD-Konten** werden Geschäftsfälle vorübergehend erfasst, bei denen

■ die betroffenen Kunden kein Konto bei dem Kreditinstitut unterhalten (Name und Anschrift der Kunden werden festgehalten) *oder*

■ die Identität der betroffenen Kunden nicht zweifelsfrei ermittelt werden kann.

Beispiele:

• *Ein Weltenbummler lässt sich aus den USA 2.000,00 USD an ein deutsches Kreditinstitut zur Barauszahlung überweisen.*

• *Ein Überweisungseingang kann aufgrund falscher und unklarer Kontobezeichnung/-nummer keinem Kundenkonto des Kreditinstituts eindeutig zugeordnet werden.*

Die Abwicklung von Geschäftsfällen über CPD-Konten ist aus steuerrechtlichen Gründen grundsätzlich verboten, wenn

■ der Name des betroffenen Kunden bekannt ist *und*

■ für ihn ein entsprechendes Konto geführt wird.

Lernfeld: Kontoführung

3.2 Kontoeröffnung für Privat- und Firmenkunden

3.2.1 Kontoinhaber

Privatkunden		
Kontoinhaber	**Kontobezeichnung**	**Legitimation bei der Kontoeröffnung[1]**
natürliche Personen	▪ bürgerlicher Name Zuname und mindestens ein ausgeschriebener Vorname ▪ Die Führung eines Kontos unter einem Pseudonym *(z.B. Künstlername)* ist nur dann zulässig, wenn der Kontoinhaber eindeutig zu bestimmen ist und dieser Name im Personalausweis vermerkt ist.	▪ Geschäftsfähige Personen: amtlicher Lichtbildausweis (Personalausweis) ▪ Minderjährige: amtlicher Lichtbildausweis der gesetzlichen Vertreter und Legitimation des Minderjährigen durch Geburtsurkunde, Kinderausweis, Personalausweis (ab 16 Jahre zwingend)
nicht rechtsfähige Personenvereinigungen (nicht eingetragene Vereine, BGB-Gesellschaften)	▪ Namen aller Beteiligten **Beispiel:** *Investmentclub Laura Jansen und Walter Ohlig*	▪ amtlicher Lichtbildausweis aller Mitglieder bzw. Gesellschafter
In der Praxis wird oft ein Treuhandkonto auf den Namen eines Beteiligten (= Treuhänder) geführt. Kontoinhaber ist der Treuhänder.	▪ Name des Treuhänders **Beispiele:** ● *Peter Müller für Kegelklub „Gut Holz";* ● *OStR Claus Stolz Sonderkonto Klassenfahrt*	amtlicher Lichtbildausweis des Treuhänders
juristische Personen ▪ eingetragene Vereine	▪ Name des Vereins lt. Vereinsregister	▪ amtlicher Lichtbildausweis des/der Vertretungsberechtigten +
▪ Stiftungen des privaten Rechts	▪ Name der Stiftung lt. Urkunde über die staatliche Genehmigung der Stiftung	▪ beglaubigter Auszug aus dem Vereinsregister bzw. Genehmigungsurkunde und Bescheinigung der Aufsichtsbehörde über die Regelung der Vertretungsberechtigung

---

[1] Die Legitimation muss spätestens bei der 1. Verfügung erfolgen.

Geschäftskunden/Firmenkunden		
Kontoinhaber	**Kontobezeichnung**	**Legitimation bei der Kontoeröffnung**
nicht ins Handelsregister eingetragene Geschäftskunden ■ Handwerker ■ Kleingewerbetreibende ■ Landwirte ■ Freiberufler	bürgerlicher Name ggf. mit Zusatz	amtlicher Lichtbildausweis
Kaufleute ■ Einzelunternehmung ■ Personenhandelsgesellschaften (OHG, KG) ■ Kapitalgesellschaften (GmbH, AG, KGaA) ■ Genossenschaften	Firma laut Handelsregister- bzw. Genossenschaftsregistereintragung	■ amtlicher Lichtbildausweis des Unternehmers bzw. der Vertretungsberechtigten + ■ beglaubigter Auszug aus dem Handels- bzw. Genossenschaftsregister
Partnerschaftsgesellschaften **Beispiel:** *Rechtsanwälte Kirchhoff und Partner*	Bezeichnung laut Partnerschaftsregistereintragung	■ amtlicher Lichtbildausweis der/des Vertretungsberechtigten + ■ beglaubigter Auszug aus dem Partnerschaftsregister
juristische Personen des öffentlichen Rechts ■ Gebietskörperschaften mit ihren Behörden und Verwaltungseinrichtungen ■ Anstalten, Stiftungen und sonstige Körperschaften des öffentlichen Rechts	amtliche Bezeichnung der Einrichtung	■ amtlicher Lichtbildausweis der/des Vertretungsberechtigten + ■ Gesetz, Rechtsverordnung, Satzung oder Bescheinigung der Aufsichtsbehörde, aus der der Rechtscharakter der Einrichtung und die Regelung der Vertretungsberechtigung eindeutig hervorgehen
nicht rechtsfähige Personenvereinigungen ■ BGB-Gesellschaften (GbR) **Beispiel:** *Arbeitsgemeinschaft Hochtief AG/Strabag AG*	Möglichkeiten wie bei Privatkunden (→ nicht rechtsfähige Personenvereinigungen)	■ amtlicher Lichtbildausweis des/der Vertretungsberechtigten + ■ ggf. beglaubigter Auszug aus dem Handels- bzw. Genossenschaftsregister aller Gesellschafter

Lernfeld: Kontoführung

3.2.2 Kontoeröffnung

3.2.2.1 Kontovertrag

Der Kontovertrag kommt durch die übereinstimmenden Willenserklärungen von Kreditinstitut und Kunde zustande.

Sparkassen unterliegen bei Spar- und Girokonten für natürliche Personen aus dem Gewährträgergebiet einem **Kontrahierungszwang**.

Mit der Eröffnung eines Kontos entsteht eine auf Dauer angelegte Geschäftsverbindung zwischen Kreditinstitut und Kunde.
Aufgrund dieser Geschäftsverbindung stellt das Kreditinstitut dem Kunden seine Geschäftseinrichtungen und -verbindungen zur entgeltlichen Erledigung universalbanktypischer Aufträge zur Verfügung.

Die **Allgemeinen Geschäftsbedingungen** *(AGB)* bilden den **rechtlichen Rahmen** für den Geschäftsverkehr zwischen Kreditinstitut und Kunde und die verschiedenen **Ergänzungsverträge,** die im Einzelnen innerhalb dieses Rahmens mit den Kunden abgeschlossen werden können. Mit seiner Unterschrift erkennt der Kunde die Geltung der AGB ausdrücklich an. Die Ergänzungsverträge werden durch Sonderbedingungen konkretisiert.

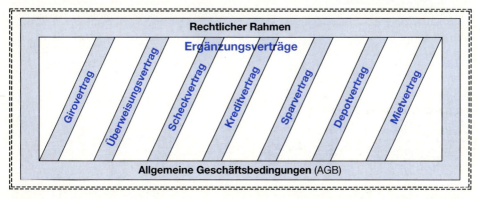

Der Text der AGB wird dem Kunden bei der Kontoeröffnung ausgehändigt bzw. kann während der Geschäftszeit eingesehen werden. Inhaltlich besteht bei den einzelnen Institutsgruppen weitgehend Übereinstimmung.
Änderungen der Geschäftsbedingungen werden dem Kunden schriftlich mitgeteilt. Sie gelten als genehmigt, wenn der Kunde nicht innerhalb von sechs Wochen widerspricht.

Allgemeine Geschäftsbedingungen	
■ Allgemeine Regelung der beiderseitigen Rechte und Pflichten im Verhältnis zwischen Kreditinstitut und Kunde ■ Vereinheitlichung der Geschäftsbeziehungen zu den Kunden mit dem Ziel einer schnellen, sicheren und rationellen Abwicklung des Geschäftsverkehrs	
Pflichten des Kreditinstituts	**Pflichten des Kunden**
■ weisungsgerechte Ausführung der Aufträge mit der Sorgfalt eines ordentlichen Kaufmannes ■ Wahrung des Bankgeheimnisses ■ Haftung für eigenes Verschulden	■ Unverzügliche Mitteilung aller für die Geschäftsbeziehung wesentlichen Tatsachen ■ Eindeutige Angaben bei Aufträgen ■ Unverzügliche Prüfung und ggf. Reklamation von Abrechnungen und sonstigen Mitteilungen des Kreditinstituts

Vertragsgrundlagen für das Geschäftsverhältnis zwischen Kreditinstitut und Kunde:

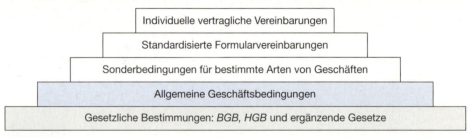

3.2.2.2 Arbeitsablauf: Eröffnung eines Kontokorrentkontos für einen Privatkunden

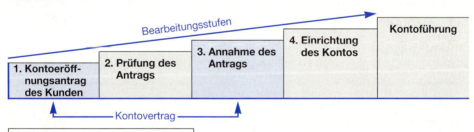

1. Antrag auf Kontoeröffnung

Bedeutung:
- rechtsverbindlicher, schriftlicher Vertragsantrag des Kunden
- Zusammenstellung der zur Prüfung des Antrags und späteren Führung des Kontos notwendigen Informationen

Inhalt des Antragsformulars:
- Kontoart
- Angaben zur Person des Kontoinhabers (Name, Geburtsdatum, Familienstand, Staatsangehörigkeit, Anschrift, Beruf/Gewerbe)
- Regelung der Verfügungsberechtigung
- Anerkennung der AGB
- Wirtschaftlich Berechtigter aus der Kontoverbindung
- Unterschrift des Antragstellers
- ggf. Name, Anschrift und Unterschriftsproben weiterer Verfügungsberechtigter

Lernfeld: Kontoführung

- Unterzeichnung der **SCHUFA-Klausel:** Einwilligung des Kunden zur Weitergabe von Daten über die Kontoverbindung an die örtliche SCHUFA.

Die **SCHUFA** (Schutzgemeinschaft für allgemeine Kreditsicherung) ist eine Gemeinschaftseinrichtung der kreditgebenden deutschen Wirtschaft. Ihre Aufgabe ist es, ihren Vertragspartnern (Kreditinstitute, Handelsunternehmen) Informationen zu geben, um sie vor Verlusten im Kreditgeschäft mit Konsumenten (Privatkunden) zu schützen. Die von den Mitgliedern übermittelten Daten über die Errichtung von Kontokorrentverbindungen, Kreditengagements und im Zusammenhang hiermit aufgetretene Unregelmäßigkeiten sowie die aus öffentlichen Registern beschafften Informationen stehen anderen Mitgliedern als Auskünfte zur Verfügung. Die SCHUFA-Datei enthält nur objektive Daten, keine Werturteile. Jeder Kunde hat das Recht, bei der örtlichen SCHUFA die über ihn gespeicherten Daten abzufragen.

SCHUFA-Meldungen über Kontokorrentverbindungen	
Personenstammsatz: Name, Vorname, Geb.-Datum, Anschrift	
Positivmerkmale	**Negativmerkmale**
■ Kontoeröffnungsantrag ■ Kontoeröffnung ■ Beendigung der Kontoverbindung ■ Konsumentenkredite bis 250.000,00 DM ■ Bürgschaften	Nicht vertragsgemäßes Verhalten: ■ Scheckrückgabe mangels Deckung ■ Scheckkartenmissbrauch ■ Zwangsvollstreckungsmaßnahmen

Die eingetragenen Daten werden nach Ablauf bestimmter Fristen *(z.B. Negativmerkmale am Ende des dritten Jahres nach ihrer Speicherung)* gelöscht.

Verweigert der Kunde die SCHUFA-Einwilligung,
- lehnt das Kreditinstitut die Kontoeröffnung ab **oder**
- führt das Konto nur auf Guthabenbasis.

2. Prüfung des Antrags

Prüfungsgesichtspunkte:

- Prüfung der **Legitimation** sowie der **Rechts-** und **Geschäftsfähigkeit** des Kontoinhabers bzw. Antragstellers

Begründungen:

Gegenseitige Rechtssicherheit

Kreditinstitut und Kunde verschaffen sich Sicherheit im Hinblick auf
- die Rechtsgültigkeit späterer Willenserklärungen und
- die Klärung möglicher Haftungsprobleme im Zusammenhang mit der Kontoführung.

Kontenwahrheit *(§ 154 AO)*
1. **Niemand darf auf einen falschen oder erdichteten Name** für sich oder einen Dritten **ein Konto errichten** oder Buchungen vornehmen lassen, **Wertsachen** (Geld, Wertpapiere, Kostbarkeiten) **in Verwahrung geben oder verpfänden oder sich ein Schließfach geben lassen.**
2. Wer ein Konto führt, Wertsachen verwahrt oder als Pfand nimmt oder ein Schließfach überlässt, hat sich zuvor **Gewissheit über die Person und Anschrift des Verfügungsberechtigten** zu verschaffen und die entsprechenden Angaben in geeigneter Form, bei Konten auf dem Konto, festzuhalten. **Er hat sicherzustellen, dass er jederzeit Auskunft darüber geben kann, über welche Konten oder Schließfächer eine Person verfügungsberechtigt ist.**

3. Ist gegen Absatz 1 verstoßen worden, so dürfen Guthaben, Wertsachen und der Inhalt eines Schließfachs nur mit Zustimmung des für die Einkommen- und Körperschaftsteuer des Verfügungsberechtigten zuständigen Finanzamtes herausgegeben werden.

Das Kontowahrheitsprinzip dient dazu, Steuerhinterziehungen zu verhindern bzw. zu erschweren.

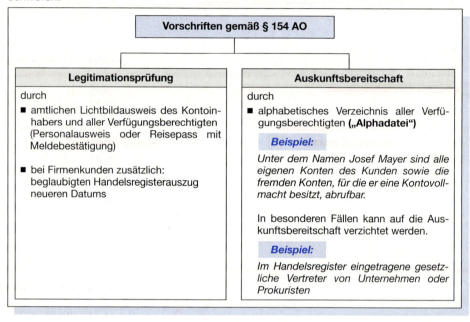

- **Feststellung des wirtschaftlich Berechtigten** (§ 8 GwG)
Das Kreditinstitut muss bei der Kontoeröffnung den wirtschaftlich Berechtigten feststellen. In der Regel ist der Kontoinhaber gleichzeitig der wirtschaftlich Berechtigte. Handelt der Kontoinhaber als Treuhänder für einen Dritten, muss der Name und die Anschrift des Dritten nach den Angaben des Kontoinhabers in den Kontounterlagen festgehalten werden.

Beispiele:

Mietkautionskonto: Ein Vermieter errichtet ein Konto auf seinen Namen, um Mietkautionen einzuzahlen. Der Name und die Anschrift des Mieters (= wirtschaftlich Berechtigter) ist festzuhalten.

Anderkonto: Ein Notar errichtet ein Anderkonto zur Abwicklung eines Grundstückskaufvertrages. Der Name und die Anschrift des Käufers und Verkäufers sind festzuhalten.

- Prüfung der **devisenrechtlichen Stellung** des Kontoinhabers
Begründung:
Konten für Gebietsfremde können Sonderregelungen unterworfen werden.

- Einholung einer **SCHUFA-Auskunft**
Begründung:
Bei einer negativen Auskunft wird das Konto nur auf Guthabenbasis geführt. Der Kontoinhaber erhält keine ec-Karte und keine Scheckformulare. Eventuell lehnt das Kreditinstitut die Eröffnung eines Kontos sogar ab.

Lernfeld: Kontoführung

3. Annahme des Antrags

Bedeutung: rechtsverbindliche Vertragsannahme durch das Kreditinstitut

Form der Annahme:
- ausdrückliche Erklärung (schriftlich oder mündlich)
- konkludentes (schlüssiges) Verhalten

Beispiele:

Entgegennahme einer Einzahlung, Aushändigung von Formularen zur Benutzung des Kontos

4. Einrichtung des Kontos

Arbeitsvorgänge:
- **Anfertigung einer Kontoleitkarte** mit: Kontonummer, -bezeichnung, Anschrift des Kontoinhabers, Verfügungsberechtigung; Vermerke über ausgegebene Scheckvordrucke, Kreditlimit, Sonderkonditionen
- Aufbereitung und Weitergabe der Kundenstammdaten bzw. Direkteingabe über ein Terminal zur Eingabe in das DV-System
- SCHUFA-Meldung über die Kontoeröffnung
- Vermerk im sog. **Stockregister** (= unter dem Ordnungsgesichtspunkt „Kto-Nr." geführte Datei über vergebene, gelöschte bzw. noch nicht vergebene Kontonummern)

3.2.3 Verfügungsberechtigung über Konten

Maßgebend für die Verfügungsberechtigung über ein Konto („Zeichnungsberechtigung") sind grundsätzlich die bei der Kontoeröffnung getroffenen Vereinbarungen. Allgemeine Rechtsgrundlagen sind hierbei die Vorschriften über die Stellvertretung bei natürlichen und juristischen Personen.

Möglichkeiten der Zeichnungsberechtigung	
Einzelzeichnung	**Kollektivzeichnung**
Jede der genannten Personen ist **einzeln** („jeder für sich") verfügungsberechtigt.	Jede der genannten Personen ist **gemeinschaftlich** mit einer anderen Person („je 2 gemeinschaftlich") verfügungsberechtigt.

AGB-Regelung:

Die dem Kreditinstitut bekanntgegebenen Vertretungs- oder Verfügungsbefugnisse gelten bis zum Widerruf. Der Kunde hat alle für die Geschäftsverbindung wesentlichen Tatsachen *(z.B. Änderungen seines Namens, seiner Anschrift, des ehelichen Güterstandes, Eheschließung)* dem Kreditinstitut unverzüglich anzuzeigen.

Das gilt auch dann, wenn die Vertretungsmacht in ein öffentliches Register eingetragen ist und ihr Erlöschen oder ihre Änderung in dieses Register eingetragen wird *(AGB-Banken Ziff. 11, AGB-Sparkassen Nr. 4 und Nr. 20)*.

Kontoinhaber	Verfügungsberechtigte
Natürliche Person ■ geschäftsunfähig	■ Gesetzlicher Vertreter; grundsätzlich beide Eltern gemeinsam[1] bzw. der überlebende Teil oder der Vormund/Betreuer; bei „Risikogeschäften" (u. a. Kreditaufnahmen, Eingehung von Scheckverbindlichkeiten) ist zusätzlich die Genehmigung des Vormundschaftsgerichts notwendig *(§§ 1643, 1821f. BGB)*
■ beschränkt geschäftsfähig	■ Gesetzlicher Vertreter (s. o.) ■ der Kontoinhaber allein mit Zustimmung des gesetzlichen Vertreters

■ voll geschäftsfähig	■ Kontoinhaber
	■ Bevollmächtigte nach BGB
	■ ggf. Bevollmächtigte nach HGB
	  – Handlungsvollmacht
	  – Prokura

BGB-Gesellschaft	■ grundsätzlich alle Gesellschafter gemeinsam[2] ■ Bevollmächtigte nach BGB
Partnerschaftsgesellschaft	■ grundsätzlich jeder Partner einzeln[2] ■ Bevollmächtigte nach BGB
Personenhandelsgesellschaft („quasi juristische Person") ■ OHG ■ KG	■ grundsätzlich jeder persönlich haftende Gesellschafter einzeln[2] ■ Bevollmächtigte nach BGB und HGB
Juristische Person des privaten Rechts ■ eingetragener Verein ■ Stiftung des privaten Rechts	■ grundsätzlich alle Vorstandsmitglieder gemeinsam[2] ■ Bevollmächtigte nach BGB
■ AG ■ GmbH ■ eG	■ grundsätzlich alle Vorstandsmitglieder bzw. Geschäftsführer gemeinsam[2] ■ Bevollmächtigte nach BGB und HGB
Juristische Person des öffentlichen Rechts ■ Anstalt ■ Körperschaft ■ Stiftung des öffentlichen Rechts	■ Gesetzlicher Vertreter lt. Gesetz, Verordnung bzw. Satzung ■ Bevollmächtigte nach BGB

3.3 Treuhandkonten

Treuhandkonten dienen der **treuhänderischen Verwaltung und Anlage fremder Vermögenswerte.** Der Kontoinhaber erklärt bei der Kontoeröffnung ausdrücklich, dass er für fremde Rechnung handelt und die Vermögenswerte eigentlich einem Dritten zustehen.

---

[1] In der Regel bevollmächtigen sich die gesetzlichen Vertreter von Minderjährigen gegenseitig, den Kontoinhaber jeweils allein zu vertreten.

[2] Durch Gesellschaftsvertrag bzw. Satzung kann eine vom Gesetz abweichende Regelung der Vertretungsberechtigten getroffen werden. Dies ist in der Praxis meist der Fall. Die getroffene Regelung muss ggf. ins Handels-, Partnerschafts-, Genossenschafts- bzw. Vereinsregister eingetragen werden.

Anderkonten

Anderkonten sind bestimmten Berufsgruppen vorbehalten. Rechtsgrundlage für die Kontoführung sind neben den AGB die *„Sonderbedingungen für Anderkonten und Anderdepots"* für die jeweiligen Berufsgruppen.

Kontoinhaber	Kontobezeichnung	Verfügungsberechtigung
■ Notare ■ Rechtsanwälte ■ Gesellschaften von Rechtsanwälten ■ Patentanwälte ■ Gesellschaften von Patentanwälten ■ Wirtschaftsprüfer ■ vereidigte Buchprüfer ■ Steuerberater ■ Steuerbevollmächtigte	Name des Treuhänders mit dem Zusatz „Anderkonto". Der wirtschaftlich Berechtigte **kann** in der Kontobezeichnung angegeben werden. Name und Anschrift des Treugebers **müssen** in den Kontounterlagen festgehalten werden (§ 8 GWG).	■ Kontoinhaber ■ Bevollmächtigte – bei Notaranderkonten nur der amtlich bestellte Vertreter – bei den übrigen Anderkonten: Vollmachten nur an Personen, die selbst zur Eröffnung eines solchen Kontos berechtigt sind.

Die Inhaber von Anderkonten sind grundsätzlich verpflichtet, jeden Treuhandvorgang über ein besonderes Konto abzuwickeln.
Bei der erstmaligen Eröffnung eines Anderkontos ist die Legitimation des Kontoinhabers zu prüfen. Weitere Anderkonten des Treuhänders werden formlos unter einer einheitlichen Stammkontonummer ohne eine weitere Legitimationsprüfung eröffnet. Bei jedem Vorgang muss der Treuhänder dem Kreditinstitut lediglich den Namen und die Anschrift des wirtschaftlich Berechtigten mitteilen.

Ausnahme: Sammelanderkonten
Über als solche gekennzeichnete Sammelanderkonten können unterschiedliche Vorgänge abgewickelt werden. **Notaren ist die Führung von Sammelanderkonten nicht erlaubt.** Der Kontoinhaber (*z. B. Rechtsanwalt*) ist verpflichtet, auf Verlangen des Kreditinstituts Namen und Anschrift der wirtschaftlich Berechtigten schriftlich mitzuteilen. Auf einem Sammelanderkonto dürfen in der Regel Werte über 30.000,00 DM für einen Mandanten nicht länger als einen Monat verbleiben. Der Kontoinhaber muss die eingehenden Gelder unverzüglich an die Mandanten weiterleiten bzw. auf einem speziellen Anderkonto für die einzelnen Treugeber umbuchen oder – sofern die Gelder für ihn selbst bestimmt sind – auf sein Eigenkonto übertragen.
Beim Tod des Treuhänders wird die zuständige Einrichtung (Rechtsanwalts-/Berufskammer, Patentamt) oder die von ihr bestellte Person Kontoinhaber des Anderkontos bis ein Abwickler bestellt ist.

Sonstige Treuhandkonten

- Mietkautionskonto auf den Namen des Vermieters
- Konten von Wohnungseigentümergemeinschaften auf den Namen des Hausverwalters
- Konten für nicht rechtsfähige Personenvereinigungen (*z.B. Kegelverein*) auf den Namen eines Mitglieds

Bei allen Treuhandkonten gelten folgende besonderen Regelungen:
- Der Kontoinhaber erklärt, dass das Konto nicht eigenen Zwecken des Kontoinhabers dient.
- Der Kontoinhaber ist verpflichtet, den Namen und die Anschrift desjenigen mitzuteilen, für dessen Rechnung er handelt *(§ 8 GwG)*.
- Kontoüberziehungen sind grundsätzlich nicht möglich.
- Das Kreditinstitut besitzt kein Pfand- oder Zurückbehaltungsrecht an dem Guthaben, es sei denn wegen Forderungen, die in Bezug auf das Konto *(z.B. Kontoführungsgebühren)* selbst entstanden sind.
- Das Kreditinstitut prüft die Rechtmäßigkeit der Verfügungen des Kontoinhabers in seinem Verhältnis zu Dritten nicht. Es haftet daher nicht für unrechtmäßige Verfügungen des Kontoinhabers.
- Der Treugeber (Dritter, wirtschaftlich Berechtigter) besitzt gegenüber dem Kreditinstitut kein Auskunfts- und Verfügungsrecht.
- Die Kontoguthaben sind steuerlich dem Treugeber zuzurechnen. Es kann kein Freistellungsauftrag erteilt werden.

3.4 Kontovertrag zu Gunsten eines Dritten

Auf Wunsch des Kunden besteht die Möglichkeit, einen Kontovertrag zu Gunsten eines Dritten abzuschließen *(§ 328ff. BGB)*. Durch Vereinbarung mit dem Kreditinstitut wird auf einem besonderen Vertragsformular festgelegt, dass die Forderungsrechte aus einem Konto bei Eintritt einer bestimmten Bedingung auf einen Dritten übergehen sollen. In rechtlicher Hinsicht unterbreitet der Kontoinhaber mit der Kontoeröffnung dem Begünstigten ein Schenkungsangebot. Die Schenkung wird jedoch erst wirksam, wenn der Begünstigte bzw. dessen gesetzlicher Vertreter die Schenkung angenommen hat und die definierte Bedingung des Rechtserwerbs eingetreten ist. Bis zu diesem Zeitpunkt kann der Kontoinhaber ohne Zustimmung des Begünstigten über das Konto verfügen oder auch sein Schenkungsangebot widerrufen.

Beispiele:
- Ein Kunde möchte für den Fall seines Todes einer bestimmten Person, die selbst nicht erbberechtigt ist, einen bestimmten Geldbetrag zuwenden.
- Ein Kunde möchte seiner Nichte einen bestimmten Geldbetrag zuwenden, sobald diese volljährig wird. Im Fall seines Todes soll das Guthaben auch schon früher übergehen.

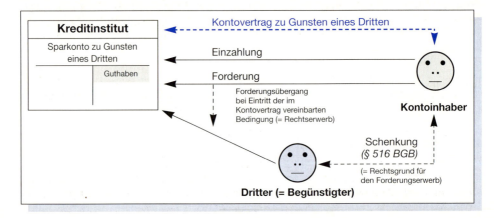

Merkmale

- Bei der Kontoeröffnung ist die Legitimation des Kontoinhabers zu prüfen. Für den Begünstigten genügt ein Existenznachweis.
- Der Kontoinhaber bleibt bis zum Eintritt der Bedingung Gläubiger der Einlage. Das Konto lautet auf seinen Namen. Er hat die Zinserträge zu versteuern, kann aber einen Freistellungsauftrag erteilen.
- Mit dem Eintritt der Bedingung geht die Forderung auf den Begünstigten über (Rechtserwerb). Um im Verhältnis zum Kontoinhaber tatsächlich berechtigt zu sein, bedarf es eines wirksamen Schenkungsvertrages (Rechtsgrund). Der Begünstigte muss das Schenkungsangebot des Kontoinhabers noch annehmen, falls die Annahme nicht schon zu einem früheren Zeitpunkt erfolgte. Der Begünstigte als neuer Gläubiger der Einlage muss sich spätestens bei der ersten Verfügung durch einen amtlichen Lichtbildausweis legitimieren.
- Beim Rechtserwerb im Todesfall des Kontoinhabers gilt Folgendes:
Das Guthaben, der Name und die Anschrift des Begünstigten sind dem Finanzamt zu melden *(§ 33 ErbStG)*.
Probleme können auftreten, wenn der Begünstigte die Schenkung bisher noch nicht angenommen hat und die Erben als Gesamtrechtsnachfolger des Kontoinhabers Ansprüche geltend machen. Auch wenn der Kontoinhaber für sich und seine Erben im Kontovertrag ausdrücklich auf ein Widerrufsrecht verzichtet hat, können die Erben die Auszahlung des Geldes auf der Grundlage der ungerechtfertigten Bereicherung *(§ 812 BGB)* verlangen, da es ohne einen Schenkungsvertrag noch keinen Rechtsgrund für den Forderungserwerb durch den Begünstigten gibt. Es ist deshalb ratsam, dass der Begünstigte schon zu Lebzeiten des Kontoinhabers die Schenkung annimmt *(z.B. durch Unterschrift auf dem Kontoeröffnungsantrag)*.

3.5 Kontoführung bei Tod des Kontoinhabers

Erbrecht

Mit dem Tod einer Person (Erbfall) geht deren Vermögen (Erbschaft) als Ganzes auf eine oder mehrere andere Personen (Erben) über. Als **Gesamtrechtsnachfolger** erwerben die Erben jedoch auch alle Verbindlichkeiten *(z.B. Darlehen, Bürgschaftsverpflichtungen)* des Erblassers und treten in alle anderen Verträge *(z.B. Mietverträge, Kaufverträge)* für den Erblasser ein *(§ 1922 BGB)*. Die Erben können binnen sechs Wochen nach Kenntnisnahme die Erbschaft ausschlagen *(§ 1944 BGB)*.

Maßgeblich für die Erbfolge ist – falls vorhanden – das **Testament**. Werden mehrere Testamente im Erbfall vorgefunden, ist das Testament mit dem jüngsten Datum rechtswirksam. Es gibt zwei Möglichkeiten zur Errichtung eines Testaments:

- **Privates Testament:** Das Testament wird vom Erblasser handschriftlich niedergeschrieben und unterschrieben.
- **Öffentliches Testament:** Das Testament wird von einem Notar öffentlich beurkundet. Bei größeren Vermögen und komplizierten Nachlassregelungen ist es sinnvoll, den sachkundigen Rat eines Notars einzuholen, um Widersprüche und Unklarheiten zu vermeiden. Auch kann niemand die Echtheit eines öffentlichen Testamentes anzweifeln.

Falls kein Testament vorgefunden wird, gilt die **gesetzliche Erbfolge.** Dabei teilt das Gesetz die Erben nach ihrer Abstammung in fünf Ordnungen ein *(§§ 1924ff. BGB).*

Ordnungen	Gesetzliche Erben
1. Ordnung	■ Kinder ■ Sollte ein Kind zum Zeitpunkt des Erbfalls nicht mehr leben, treten an dessen Stelle die Abkömmlinge (Kinder des Kindes, Enkel des Erblassers).
2. Ordnung	■ Eltern ■ Sollte ein Elternteil zum Zeitpunkt des Erbfalls nicht mehr leben, treten an dessen Stelle die Geschwister (bzw. Abkömmlinge) des Erblassers.
3. Ordnung	■ Großeltern ■ Sollte ein Großelternteil zum Zeitpunkt des Erbfalls nicht mehr leben, treten an dessen Stelle die Geschwister (bzw. Abkömmlinge) der Großeltern (Onkel und Tanten des Erblassers).
4. Ordnung	■ Urgroßeltern und deren Abkömmlinge
5. Ordnung	■ entferntere Voreltern und deren Abkömmlinge

Rangfolge der Ordnungen *(§ 1930 BGB):* Ein Verwandter ist nicht zur Erbfolge berufen, solange ein Verwandter einer vorhergehenden Ordnung vorhanden ist.

Erbrecht des Ehegatten *(§§ 1931ff. BGB):* Sind Erben der 1. Ordnung (Kinder, Enkel) vorhanden, dann erhält der überlebende Ehegatte zunächst ein Viertel der Erbschaft. Im Falle der Zugewinngemeinschaft erhöht sich der Erbteil um ein weiteres Viertel, sodass der Ehegatte insgesamt die Hälfte erhält, während die Kinder die andere Hälfte zu gleichen Teilen erhalten.

Pflichtteil: Ist ein Abkömmling des Erblassers durch Testament von der Erbfolge ausgeschlossen, so kann er von den Erben die Hälfte des Wertes des gesetzlichen Erbteils verlangen *(§§ 2303ff. BGB).*

Erbschein: Das **Nachlassgericht (Amtsgericht)** stellt auf Antrag der Erben einen **Erbschein** aus *(§§ 2353ff. BGB).* Der Erbschein dokumentiert das Erbrecht und dient der Legitimation des Erben bzw. der Erben.

> *Beispiele:*

- *Verfügungen über das Konto des Erblassers*
- *Eintragung des Erben in das Grundbuch als neuer Grundstückseigentümer*

Der Erbschein genießt **öffentlichen Glauben,** sodass ein gutgläubiger Dritter auf die Richtigkeit des Erbscheins vertrauen kann.

Nachlasskonten

Umstellung auf „Nachlasskonto"

- Wenn das Kreditinstitut Kenntnis vom Tod eines Kunden erlangt, bittet es um Vorlage einer Sterbeurkunde, die vom Standesamt am Wohnsitz des Verstorbenen ausgestellt wird. Eine Kopie wird zu den Unterlagen genommen.
- Das Konto erhält den Vermerk „Nachlasskonto". Ein entsprechender Vermerk wird in die EDV eingegeben.
- ec-Karten, Kundenkarten und Kreditkarten werden gesperrt bzw. eingezogen.

Lernfeld: Kontoführung

Verfügungsberechtigte

	Rechtsgrundlage	Legitimation
■ **Alleinerbe** ■ **Erbengemeinschaft: nur gemeinschaftliche Verfügungen („Und-Konto")**	■ Testament ■ Gesetz (gesetzliche Erbfolge)	■ Das Kreditinstitut kann die Vorlage eines **Erbscheines** verlangen *(AGB Nr. 5)*. ■ Das Kreditinstitut ist berechtigt, auch bei Vorlage einer beglaubigten **Abschrift des Testamentes nebst zugehöriger Eröffnungsniederschrift** Auszahlungen zu leisten *(AGB Nr. 5)*. Es lässt zusätzlich eine Haftungserklärung unterschreiben.
Bevollmächtigte	Vollmacht (Jeder Erbe kann die Vollmacht widerrufen.)	■ Vollmacht über den Tod hinaus ■ Vollmacht für den Todesfall
Testamentsvollstrecker *(§§ 2197ff. BGB)* *z.B. bei größeren Vermögen*	Testament	■ Testamentsvollstreckerzeugnis ■ beglaubigte Abschrift des Testaments nebst zugehöriger Eröffnungsniederschrift
Nachlassverwalter *(§§ 1975ff. BGB)* *z.B. Überschuldung des Nachlasses (Nachlassinsolvenz)*	Gerichtsbeschluss	Bestellungsurkunde
Nachlasspfleger *(§§ 1960ff. BGB)* *z.B. Unbekanntheit der Erben*	Gerichtsbeschluss	Bestellungsurkunde

Zahlungsaufträge des Erblassers werden grundsätzlich weiterhin ausgeführt:
- vorgelegte Schecks werden eingelöst
- Daueraufträge werden ausgeführt und Lastschriften eingelöst, sofern dies nicht offensichtlich gegen den mutmaßlichen Willen des Erblasser ist *(z.B. Beiträge zur Lebens-/Krankenversicherung)*.

Besondere Verfügungen können ohne Kontovollmacht/Erbberechtigung zugelassen werden:
- Begleichung von **Bestattungskosten** gegen Vorlage der Originalrechnung
 Eine Kopie der quittierten Rechnung sollte zu den Unterlagen genommen werden.
- **Unterhaltszahlungen** an bedürftige Familienangehörige
- Zahlung der **Erbschaftsteuer**

Freistellungsaufträge

- Mit dem Tod erlischt der Freistellungsauftrag. Beim Tod eines Ehegatten verlieren die gemeinsam erteilten Freistellungsaufträge ihre Gültigkeit für alle Konten, die auf den Namen beider Eheleute oder allein auf den Namen des verstorbenen Ehegatten lauten. Der Freistellungsauftrag bleibt nur wirksam bis zum Jahresende für die allein auf den Namen des überlebenden Ehegatten lautenden Konten.

- Zinserträge, die nach dem Tod gutgeschrieben werden, sind von den Erben zu versteuern, auch soweit sie rechnerisch auf die Zeit vor dem Tod entfallen.
- Die Erbengemeinschaft kann keinen Freistellungsauftrag erteilen. Bei künftigen Zinsgutschriften ist deshalb ZASt und SolZ einzubehalten. Bei Dividendenerträgen wird nur die Nettodividende ausgezahlt.

Meldung an das Finanzamt *(§ 33 ErbStG)*

> Das Kreditinstitut muss alle Konten- und Depotguthaben **binnen eines Monats nach Kenntnis vom Todesfall** (in der Regel bei Vorlage der Sterbeurkunde) an das für die Erbschaftsteuer des Erblassers zuständige Finanzamt melden, sofern der **Gesamtwert der Guthaben 2.000,00 DM übersteigt.** Die Existenz von **Schließfächern** und/oder **Verwahrstücken** ist immer zu melden.

Es gelten folgende Grundsätze:

- Maßgeblich ist das Guthaben zu Beginn des Todestages, also der Tagesendsaldo des Vortodestages.
- Guthaben und Darlehen dürfen nicht miteinander verrechnet werden. Die Existenz von Darlehen kann in dem Meldeformular unter Bemerkungen notiert werden.
- Bei Gemeinschaftskonten ist das gesamte Guthaben zu melden.
- Die bis zum Todestag aufgelaufenen Zinsen aus Kontoguthaben und Wertpapieren sind ebenfalls zu melden.
- Kontoverträge zu Gunsten eines Dritten sind mit Namen und Anschrift des Begünstigten zu melden.
- Wertpapiere werden zum Kurswert des Todestages bewertet.
- Stirbt ein OHG-Gesellschafter oder ein Komplementär einer KG, sind auch die Konten der Gesellschaft zu melden.
- Treuhandkonten müssen nicht gemeldet werden.

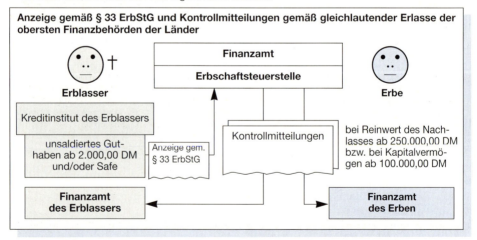

- **Namensaktien und Namenschuldverschreibungen**
  Die **Emittenten** von Namensaktien und Namensschuldverschreibungen sind verpflichtet, unverzüglich nach dem Eingang eines Antrags auf Umschreibung der Wertpapiere eines Verstorbenen dem Finanzamt die Wertpapier-Kenn-Nummer, die Stückzahl bzw. den Nennwert und die Anschriften des Erblassers und des Erben mitzuteilen.

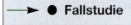

Lernfeld: Kontoführung

73

3.6 Kontoführung bei besonderen Anlässen

Anlass	Rechtswirkung
Verpfändung des Kontoguthabens *(§ 1279 BGB)* durch den Kontoinhaber an dessen Gläubiger Voraussetzung für die Entstehung des Pfandrechts ist, dass der Kontoinhaber dem Kreditinstitut die Bestellung des Pfandrechts anzeigt.	**Sperrung des Kontos;** der Kontoinhaber kann nur gemeinsam mit dem Pfandgläubiger über das Konto verfügen. Nach Eintritt der Pfandreife kann das Kreditinstitut mit schuldbefreiender Wirkung nur noch an den Pfandgläubiger leisten.
Abtretung des Kontoguthabens *(§ 398 BGB)* durch den Kontoinhaber an einen Dritten Voraussetzung ist ein Abtretungsvertrag, durch den der Dritte (Zessionar) die Stellung des Kontoinhabers (Zedent) einnimmt.	Der **Zessionar** nimmt als **neuer Gläubiger** die Stellung des Kontoinhabers ein. Dieser verliert die Verfügungsberechtigung über das Konto. Das Kreditinstitut kann mit schuldbefreiender Wirkung nur noch an den neuen Gläubiger zahlen, sofern der Zedent dem Kreditinstitut die Abtretung zuvor angezeigt hat.
Pfändung des Kontoguthabens auf Betreiben eines Gläubigers des Kontoinhabers ■ **Pfändungsbeschluss** *(§ 828 ZPO)* Zustellung durch den Gerichtsvollzieher aufgrund eines vollstreckbaren Titels *(z.B. Urteil)* ■ **Pfändungs- und Überweisungsbeschluss** *(§ 835 ZPO)* Zustellung durch den Gerichtsvollzieher aufgrund eines vollstreckbaren Titels	**Sperrung des Kontos.** Der Kontoinhaber kann nur gemeinsam mit dem Pfändungsgläubiger über das Konto verfügen. Zahlungseingänge nach Zustellung des Pfändungsbeschlusses werden hiervon nicht erfasst, es sei denn, dass eine **Doppelpfändung** vorliegt, bei der auch zukünftige Guthaben gepfändet werden. Das Kreditinstitut ist verpflichtet, den gepfändeten Geldbetrag an den Pfändungsgläubiger zu überweisen. In der Praxis wird mit dem Pfändungsbeschluss meistens zugleich auch der Überweisungsbeschluss zugestellt.
Eröffnung des Insolvenzverfahrens über das Vermögen des Kontoinhabers Öffentliche Bekanntmachung durch das Amtsgericht; ggf. Vermerk im Handelsregister	Der Kontoinhaber („Gemeinschuldner") verliert die Verfügungsberechtigung über das Konto; an seine Stelle tritt der **Insolvenzverwalter.** → *Legitimation durch eine vom Amtsgericht ausgestellte Bestellungsurkunde*

3

AGB-Pfandklausel:

Den Ansprüchen Dritter gegen den Kontoinhaber kann aufgrund der zeitlichen Priorität das **AGB-Pfandrecht** vorgehen:

Der Kunde räumt dem Kreditinstitut ein Pfandrecht an den Wertpapieren und Sachen ein, die im bankmäßigen Geschäftsverkehr in den Besitz des Kreditinstituts gelangen. Dies gilt auch für Ansprüche, die der Kunde gegenüber dem Kreditinstitut hat oder künftig haben wird *(z. B. Kontoguthaben)*.

Das Pfandrecht sichert alle bestehenden, künftigen und bedingten Ansprüche des Kreditinstituts gegen den Kunden *(AGB-Sparkassen Nr. 21, AGB-Banken Ziff. 14)*.

3.7 Bankgeheimnis und Bankauskunft

3.7.1 Bankgeheimnis

Das Kreditinstitut erhält aufgrund der Art seiner Geschäfte Einblick in die finanziellen Verhältnisse seiner Kunden. Diese müssen sich darauf verlassen können, dass die erlangten Informationen vertraulich behandelt werden.

Bankgeheimnis	
Schweigepflicht	**Auskunftsverweigerungsrecht**
Pflicht des Kreditinstituts, vertrauliche Informationen über Kunden geheim zu halten	Recht des Kreditinstituts, Auskünfte über Kunden zu verweigern

Rechtsgrundlagen:

■ **AGB**

Die Geschäftsbeziehung zwischen dem Kunden und der Sparkasse ist durch ein besonderes Vertrauensverhältnis geprägt. Der Kunde kann sich darauf verlassen, dass die Sparkasse das Bankgeheimnis wahrt *(AGB-Sparkassen Nr. 1)*.
Die Bank ist zur Verschwiegenheit über alle kundenbezogenen Tatsachen und Wertungen verpflichtet, von denen sie Kenntnis erlangt *(AGB-Banken Ziff. 2)*.

■ **Zivilprozessordnung** *(§ 383 ZPO)*

Kreditinstitute sind berechtigt, in Zivilprozessen Auskünfte über Kunden zu verweigern. Dies gilt auch bei Verfahren vor dem Arbeits-, Sozial-, Verwaltungsgericht sowie den Gerichten der freiwilligen Gerichtsbarkeit (Vormundschafts-, Nachlass-, Registergericht).

■ **Bundesdatenschutzgesetz**

Kreditinstitute dürfen personenbezogene Daten ausschließlich im Rahmen der Zweckbestimmung ihrer Geschäftsbeziehung mit dem Kunden speichern, verarbeiten und weitergeben. Schutzwürdige Interessen des Kunden dürfen dabei nicht verletzt werden. Durch geeignete Kontrollmaßnahmen muss sichergestellt werden, dass eine missbräuchliche Verwendung der Daten verhindert wird.

■ **Abgabenordnung**

Bei Ermittlungen der Finanzbehörden bei Kreditinstituten ist auf das Vertrauensverhältnis zwischen den Kreditinstituten und ihren Kunden besondere Rücksicht zu nehmen *(§ 30a AO)*.

Bei **schuldhafter Verletzung** des Bankgeheimnisses wird das Kreditinstitut vertragsbrüchig.
Der Kunde ist dann berechtigt,

● die Geschäftsbeziehung fristlos zu kündigen,

● ggf. Schadenersatz zu verlangen.

Durchbrechung des Bankgeheimnisses

- **gegenüber dem Staatsanwalt und dem Strafrichter bei strafrechtlichen Ermittlungsverfahren und in Strafprozessen, insbesondere bei Steuerstraftaten** *(§§ 161 StPO, 309ff. AO)*

  Ein gesetzlich anerkanntes Berufsgeheimnis *(wie z. B. bei Ärzten und Rechtsanwälten)* existiert hier nicht. Zeugenaussagen von Bankangestellten können erzwungen, Durchsuchungen durchgeführt, Unterlagen beschlagnahmt werden.

- **gegenüber der zuständigen Strafverfolgungsbehörde bei Finanztransaktionen, die der Geldwäsche nach § 261 StGB verdächtig sind** *(§ 12 GwG).*

- **gegenüber der Finanzverwaltung bei Steuerfahndungen und in regulären Besteuerungsverfahren** *(§§ 30a, 93ff. 208ff. AO)*

  - Ist der Steuerpflichtige bekannt und wurde bisher gegen ihn kein Verfahren wegen einer Steuerstraftat oder Ordnungswidrigkeit eingeleitet, sollen Kreditinstitute erst dann um eine **Einzelauskunft** ersucht werden, wenn die Recherchen beim Steuerpflichtigen ergebnislos verlaufen sind oder keinen Erfolg versprechen. Im Regelfall hat die Vermutung zu gelten, dass die Angaben des Steuerpflichtigen in seiner Steuererklärung vollständig und richtig sind. Ein Auskunftsverweigerungsrecht der Kreditinstitute besteht nicht.

  - Die Finanzämter dürfen von den Kreditinstituten zum Zweck der allgemeinen Überwachung ordnungsgemäßer Versteuerungen weder die einmalige noch die periodische Mitteilung von Konten bestimmter Art und Höhe verlangen.

  - Anlässlich der Betriebsprüfung bei einem Kreditinstitut dürfen Kontostände und -bewegungen auf Kundenkonten, bei deren Einrichtung eine Legitimationsprüfung nach § 154 AO vorgenommen worden ist, zwecks Nachprüfung der ordnungsgemäßen Versteuerung weder festgestellt noch abgeschrieben werden. Hiervon ausgenommen sind folglich CPD-Konten. Die hierbei gewonnenen Informationen über einzelne Kundengeschäfte können im Wege einer **„Kontrollmitteilung"** dem Finanzamt des Betroffenen zugeleitet werden.

  - Auf den Formularen zur Abgabe von Steuererklärungen darf die Angabe von Konten und Depots grundsätzlich nicht verlangt werden. Ausgenommen sind Konten, die
    – der Abwicklung des Zahlungsverkehrs mit dem Finanzamt dienen,
    – der Anlage vermögenswirksamer Leistungen dienen,
    – im Zusammenhang mit steuermindernden Ausgaben geführt werden.

- **gegenüber dem Bundesamt für Finanzen bei Erteilung von Freistellungsaufträgen**

- **gegenüber der Erbschaftsteuerstelle des Finanzamts beim Tod des Kunden** *(§ 33 ErbStG)*

- **gegenüber dem Bundesaufsichtsamt für den Wertpapierhandel bei allen Wertpapierkäufen und -verkäufen** *(§ 9 WpHG)*

- **gegenüber der Bankenaufsicht** *(§§ 9, 13, 14, 44 KWG, § 32 BBankG)*

  Die Kreditinstitute sind verpflichtet, der Deutschen Bundesbank Groß- und Millionenkredite anzuzeigen und dem BAK auf Verlangen über alle Geschäftsangelegenheiten Auskünfte zu erteilen. Die Bankenaufsicht gewährleistet, dass die erlangten Informationen nur im Rahmen ihrer Zweckbestimmung verwendet werden.

- **bei Zwangsvollstreckungsmaßnahmen gegen einen Kunden** *(§ 840 ZPO)*

  Das Kreditinstitut muss dem Gläubiger Auskunft erteilen, ob die Pfändung anerkannt wird und ob Ansprüche Dritter bestehen und bereits Pfändungen vorliegen.

- **gegenüber der Deutschen Bundesbank und anderen Verwaltungsbehörden im Zusammenhang mit devisenrechtlichen Auskunfts- und Meldepflichten** *(§ 44 AWG, § 32 BBankG)*

  Die Informationen dienen ausschließlich statistischen Zwecken *(z.B. Zahlungsbilanzstatistik);* eine zweckfremde Verwendung statistischer Einzeldaten ist ausgeschlossen.

3.7.2 Bankauskunft

> **Bankauskünfte** sind allgemein gehaltene Feststellungen und Bemerkungen über die wirtschaftlichen Verhältnisse des Kunden, seine Kreditwürdigkeit und Zahlungsfähigkeit.

Rechtsgrundlage:
Grundsätze für die Durchführung des Bankauskunftsverfahrens zwischen Kreditinstituten.

In der Bankauskunft („streng vertraulich" und „ohne Obligo") werden keine betragsmäßigen Angaben über Konto-/Depotguthaben und Kredite gemacht *(AGB-Banken Nr. 2, AGB-Sparkassen Nr. 3)*.

	Erteilung einer Bankauskunft	
	über juristische Personen und Kaufleute	**über andere Personen** (Privatkunden, Kleingewerbetreibende, Freiberufler)
Einwilligung	Die Auskunft wird erteilt, sofern ■ sich die Anfrage auf die geschäftliche Tätigkeit bezieht, ■ **keine gegenteilige Kundenweisung vorliegt.**	Die Auskunft wird nur dann erteilt, wenn der Kunde generell oder im Einzelfall **ausdrücklich zugestimmt** hat.
Anfragegrund	Der Anfragende muss ein berechtigtes Interesse glaubhaft darlegen.	
Empfänger von Bankauskünften	Bankauskünfte erhalten nur eigene Kunden sowie andere Kreditinstitute für deren Zwecke oder die ihrer Kunden.	
Form	Auskunftsanfragen und Bankauskünfte erfolgen grundsätzlich *schriftlich*.	

3.8 Maßnahmen zur Verhinderung von Geldwäsche

> **Geldwäsche** ist die Einführung illegal erworbener Vermögenswerte in den legalen Finanzkreislauf unter Verschleierung ihres Ursprungs. Geldwäsche ist strafbar *(§ 261 StGB)*.

Das Geldwäschegesetz dient der **Bekämpfung der Drogenkriminalität und der organisierten Kriminalität („Bandenkriminalität").** Es dient **nicht** primär der Aufdeckung von Steuerhinterziehung *(z.B. Aufspüren von „Schwarzgeld")*.

Lernfeld: Kontoführung   77

Pflichten des Kreditinstitutes und der Mitarbeiter

- bei der Annahme oder Abgabe von **Bargeld, Wertpapieren** oder **Edelmetallen** im Wert **ab 30.000,00 DM** bzw. bei Sortenverkauf/-ankauf ab 5.000,00 DM, wenn das Geschäft nicht über ein Kundenkonto abgewickelt wird (Bargeschäft)
- bei offensichtlicher Verbindung mehrerer kleinerer Finanztransaktionen, die zusammen einen Betrag von mindestens 30.000,00 DM ausmachen („smurfing")

Identifizierungspflicht
(§§ 2, 7, 9 GwG)

- Identifizierung durch Vorlage des **Personalausweises oder Reisepasses**
  Die zur Identitätsfeststellung vorgelegten Dokumente werden fotokopiert.
- Ist die Person dem Bankangestellten persönlich bekannt, kann von der Identifizierung abgesehen werden, wenn eine Legitimationsprüfung schon früher *(z.B. bei der Kontoeröffnung)* durchgeführt wurde.

Ausnahmen:

- **regelmäßige Barzahlungen von Unternehmen**
  Die Namen der für das Unternehmen handelnden Personen müssen dem Kreditinstitut mitgeteilt werden. Sie müssen sich einmalig bei der ersten Ein- oder Auszahlung identifizieren. Der Name des Ein- bzw. Auszahlenden muss bei späteren Verfügungen jeweils auf dem Ein- bzw. Auszahlungsbeleg aufgezeichnet werden
- **Einzahlungen über den Nachttresor**
  Der Kontoinhaber unterzeichnet eine Erklärung, dass er nur Geld für eigene Rechnung über den Nachttresor einzahlt.
- **Mitarbeiter eines Geldbeförderungsunternehmens**
  Es erfolgt keine Identifikationsprüfung. Der Name des Mitarbeiters wird jedoch festgehalten.

Aufzeichnungs- und Aufbewahrungspflicht *(§ 9 GwG)*

Folgende Daten werden aufgezeichnet:

- Name der auftretenden Person

- ggf. Identifizierungsdaten (Kopie oder Daten des Ausweises)

- Feststellung des wirtschaftlich Berechtigten
  - eigene Rechnung
  - fremde Rechnung: Name und Anschrift des wirtschaftlich Berechtigten

- Geschäftsart: Annahme oder Abgabe von
  - Bargeld
  - Wertpapieren (Effekten im Sinne des Depotgesetzes)
  - Edelmetallen *(z.B. Gold)*

Die Aufzeichnungen sind **sechs Jahre** aufzubewahren.

Anzeige von Verdachtsfällen

Jedes Kreditinstitut hat einen **„Geldwäschebeauftragten"** zu bestellen, der Ansprechpartner für die Mitarbeiter des Kreditinstitutes und der Strafverfolgungsbehörden ist *(§ 14 GwG)*. Verdachtsfälle meldet der Bankmitarbeiter zunächst dem Geldwäschebeauftragten, der dann unter Würdigung aller vorliegenden Daten entscheidet, ob eine Verdachtsanzeige beim zuständigen Landeskriminalamt erstattet wird. Die Anzeige hat unverzüglich zu erfolgen. Die Mitteilungen und Aufzeichnungen der Kreditinstitute dürfen nur zur Verfolgung der Drogen- und Bandenkriminalität verwandt werden. Bei der Einleitung eines Strafverfahrens dürfen die Informationen an die Finanzbehörde übermittelt werden. Die Finanzverwaltung kann die steuererheblichen Tatsachen unabhängig vom Fortbestehen des strafrechtlichen Verdachts verwerten und ggf. ein Steuerstrafverfahren einleiten.

➤ ● Fallstudie

4 Inländischer Zahlungsverkehr

4.1 Zahlungsformen

Zahlungsformen

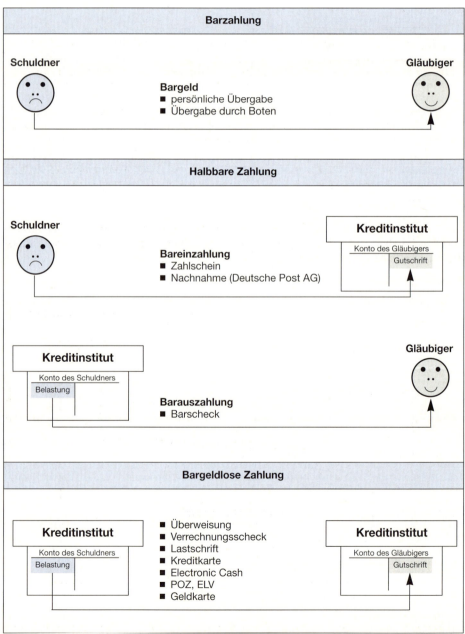

4.2 Organisatorische Grundlagen des bargeldlosen Zahlungsverkehrs

4.2.1 Gironetze

Die Abwicklung des bargeldlosen Zahlungsverkehrs setzt voraus, dass die Kreditinstitute untereinander in Kontoverbindung stehen.

> Ein **Gironetz** ist ein **System von Kontoverbindungen** zwischen Kreditinstituten. Es ermöglicht die Abwicklung bargeldloser Zahlungen für den Fall, dass Zahlungspflichtiger und Zahlungsempfänger bei verschiedenen Kreditinstituten ein Konto unterhalten.

Innerhalb der einzelnen Institutsgruppen bzw. innerhalb des Filialnetzes eines Kreditinstitutes geschieht die Zahlungsabwicklung häufig über die jeweilige Zentrale, mit der die angeschlossenen Stellen in Kontoverbindung stehen.

Da die Zentralen der verschiedenen Gironetze ebenfalls in Kontoverbindung stehen, sind indirekt auch die den jeweiligen Zentralen nachgeordneten Stellen kontenmäßig miteinander verbunden.

Durch die Verbindung der Gironetze entsteht ein Verrechnungssystem, über das der bargeldlose Zahlungsverkehr auch zwischen den Kreditinstituten verschiedener Institutsgruppen lückenlos und bundesweit abgewickelt werden kann.

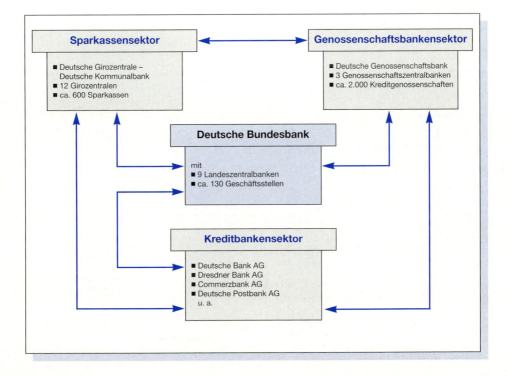

Die Deutsche Bundesbank nimmt im bargeldlosen Zahlungsverkehr eine Schlüsselstellung ein, da alle größeren Kreditinstitute bei einer der Geschäftsstellen der Deutschen Bundesbank ein Konto unterhalten.

Rechtsgrundlagen:
- *BBankG*
- *Allgemeine Geschäftsbedingungen der Deutschen Bundesbank*

> Die **Deutsche Bundesbank** sorgt für die bankmäßige Abwicklung des Zahlungsverkehrs im Inland und mit dem Ausland *(§ 3 BBankG).*

Die LZB-Girokonten dienen:
- als Verrechnungskonten im Rahmen des bargeldlosen Zahlungsverkehrs,
- der Liquiditätshaltung und der Unterhaltung der Mindestreserveguthaben,
- der Abwicklung von Geschäften mit der Deutschen Bundesbank im Rahmen der ESZB-Geldpolitik.

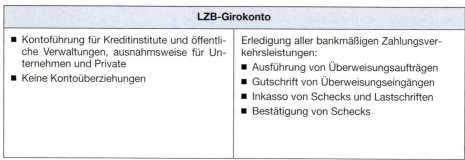

LZB-Girokonto	
■ Kontoführung für Kreditinstitute und öffentliche Verwaltungen, ausnahmsweise für Unternehmen und Private ■ Keine Kontoüberziehungen	Erledigung aller bankmäßigen Zahlungsverkehrsleistungen: ■ Ausführung von Überweisungsaufträgen ■ Gutschrift von Überweisungseingängen ■ Inkasso von Schecks und Lastschriften ■ Bestätigung von Schecks

Abwicklung des bargeldlosen Zahlungsverkehrs in der Übergangsphase

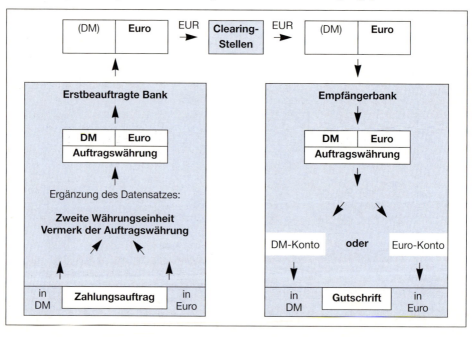

Lernfeld: Inländischer Zahlungsverkehr

4.2.2 Bankleitzahlen

Eine **B**ankl**ei**t**z**ahl **(BLZ)** ist die nach einem allgemein verbindlichen Klassifikations-system verschlüsselte **Kenn-Nr. eines Kreditinstituts.**

Bankleitzahlen dienen als Sortiermerkmal und ermöglichen die genaue Identifizierung und Adressierung aller am Zahlungsverkehr teilnehmenden Kreditinstitute.

Beispiel:

Bankleitzahl der Volksbank Rhein-Wupper eG Leverkusen

1. Stelle	2. Stelle	3. Stelle	4. Stelle	5. Stelle	6. Stelle	7. Stelle	8. Stelle
3	**7**	**5**	**6**	**0**	**0**	**9**	**2**

Clearing-Gebiet
Rheinland

Clearing-Bezirk
Köln

LZB-Bankplatz/-Bezirk
(Orts-Nr.)
Leverkusen

Institutsgruppe (Netz-Nr.)
Kreditgenossenschaft

00 - 09: Bankplatz
10 - 89: Nebenplatz
90 - 99: Kein Konto
bei der LZB

frei wählbar für Verwendung durch die Kreditinstitute zur internen Kennzeichnung ihrer Niederlassungen

Unterhält das Kreditinstitut ein Konto bei der LZB, so ist die Bankleitzahl gleichzeitig die LZB-Kontonummer des Kreditinstituts.

Clearing-Gebiete (1. Stelle der Bankleitzahl)		Institutsgruppen (Netznummer) (4. Stelle der Bankleitzahl)	
1	Berlin, Mecklenburg-Vorpommern, Brandenburg	**0**	Deutsche Bundesbank
2	Bremen, Hamburg, Niedersachsen, Schleswig-Holstein	**1**	Deutsche Postbank AG und sonstige Kreditinstitute, die nicht in einer der anderen Gruppen erfasst sind
3	Rheinland	**2/3**	Regional-, Lokal-, Spezial-, Haus- und Branchebanken, Privatbankiers
4	Westfalen		
5	Hessen, Rheinland-Pfalz, Saarland	**4**	Commerzbank AG
6	Baden-Württemberg	**5**	Sparkassen und Girozentralen
7	Bayern	**6/9**	Kreditgenossenschaften und Genossenschaftszentralbanken
8	Sachsen, Sachsen-Anhalt, Thüringen		
		7	Deutsche Bank AG
		8	Dresdner Bank AG

4.2.3 Automationsgerechte Gestaltung der Zahlungsverkehrsbelege

Voraussetzung für die automatisierte Abwicklung des beleggebundenen Zahlungsverkehrs ist die maschinell-optische Lesbarkeit des Belegmaterials.

Die Zahlungsverkehrsbelege enthalten an ihrem unteren Rand eine in 5 Felder unterteilte **Codierzeile**, die dem maschinellen Aufdruck des betreffenden Zahlungsverkehrsdatensatzes (Schrifttyp **OCR-A1**)[1] dient.

Beispiel:

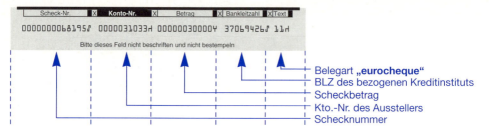

Es werden Überweisungsformulare ausgegeben, die vom Kunden in *Druckschrift* auszufüllen sind. Mit Hilfe eines Schriftlese-Systems (SLS) kann der Auftrag maschinell gelesen und in einen elektronischen Datensatz umgewandelt werden.

4.2.4 Elektronischer Zahlungsverkehr

Unter **elektronischem Zahlungsverkehr** werden alle Verfahren verstanden, bei denen **unbare Zahlungen auf elektronischen Medien** *(z.B. Diskette)* oder im Wege der **Datenfernübertragung** weitergeleitet werden.

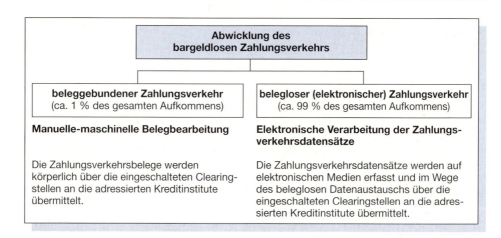

---

[1] **O**ptical **C**haracter **R**ecognition Typ **A 1**

Lernfeld: Inländischer Zahlungsverkehr

Da die beleglose Abwicklung zu erheblichen Kosteneinsparungen führt, ist es das Ziel der Kreditwirtschaft, den beleggebundenen Zahlungsverkehr auf ein Minimum zu reduzieren.

Grundlage des elektronischen Zahlungsverkehrs sind die von den Spitzenverbänden der Kreditwirtschaft und der Deutschen Bundesbank geschlossenen Abkommen über die verschiedenen Verfahren.

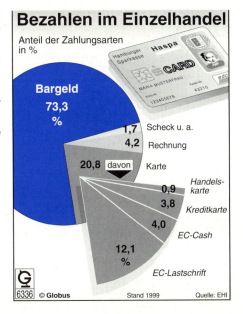

> Im beleglosen **Datenaustausch** werden Überweisungen, Lastschriften und Schecks, deren Daten auf elektronischen Medien gespeichert sind, beleglos zwischen den Kreditinstituten abgewickelt.

Rechtsgrundlagen:

- *Bedingungen für den Datenträgeraustausch*
- *Bedingungen für die Datenfernübertragung*

Die Zahlungsdatensätze werden maschinell gelesen, nach Verrechnungswegen sortiert und auf neue Datenträger überschrieben. Der Datentransport an die eingeschalteten Clearingstellen erfolgt durch:

- körperliche Weitergabe der verwendeten Datenträger

  oder

- **D**aten**f**ern**ü**bertragung (DFÜ)

Die übermittelten Dateien müssen entsprechend den DTA-Richtlinien formatiert sein. Der einheitliche Satz- und Dateiaufbau ist notwendig, damit der Inhalt der Dateien von allen Teilnehmern maschinell gelesen werden kann.

Jeder Absender ist verpflichtet, den Inhalt der von ihm übermittelten Dateien für einen Zeitraum von mindestens 10 Geschäftstagen nachweisbar zu halten, so dass den jeweiligen Empfangsstellen auf Anforderung kurzfristig Duplikatdateien geliefert werden können.

Lernfeld: Inländischer Zahlungsverkehr

Beispiel:

Überweisung der Gehaltszahlungen für die Bediensteten des Landes NRW

- Ausgabe der Überweisungsdatensätze auf dem Datenträger Magnetband
- Auftragserteilung und Weitergabe der Magnetband-Datei an das beauftragte Kreditinstitut

- (Um-)Sortieren der Überweisungsdatensätze nach Verrechnungswegen
- Ausgabe Datenträger Magnetband
- Weitergabe der Magnetbänder an die Clearingstellen

- (Um-)Sortieren der Überweisungsdatensätze nach Empfängerinstituten bzw. deren Zentralen
- Ausgabe Datenträger Magnetband
- Weitergabe der Magnetbänder an die Empfängerinstitute bzw. deren Zentrale

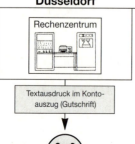

- (Um-)Sortieren der Überweisungsdatensätze nach Kto. Nr. des Empfängers
- Textausdruck „Gehalt" auf dem Kontoauszug des Empfängers

Lernfeld: Inländischer Zahlungsverkehr

Überleitung in Belegform eingereichter Zahlungsaufträge in den beleglosen Zahlungsverkehr

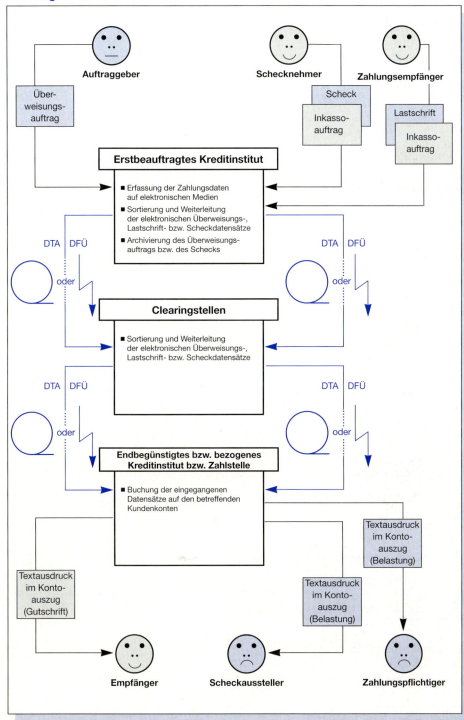

4.2.5 Zahlungsverkehrsangebote der Deutschen Bundesbank

Zu den gesetzlichen Aufgaben der Deutschen Bundesbank gehört die bankmäßige Abwicklung des Zahlungsverkehrs im Inland und mit dem Ausland *(§ 3 BBankG)*. Es ist den Kreditinstituten jedoch freigestellt, ob sie die Angebote der Bundesbank oder die eigenen Zahlungsverkehrsnetze nutzen.

Inlandszahlungsverkehr

Elektronischer Massenzahlungsverkehr (EMZ)
- beleglose Überweisungen und belegloser Einzug von Schecks (Scheckbetrag unter 5.000,00 DM) und Lastschriften
- Die Belastungen und die Gutschriften erfolgen am Geschäftstag nach Einreichung.

Großbetrag-Scheckeinzug (GSE)
- Einzug von Schecks ab 5.000,00 DM
- Die Deutsche Bundesbank übermittelt die Scheckdaten zunächst beleglos (EMZ-Verfahren) an das bezogene Kreditinstitut.
- Die Belastung des bezogenen Kreditinstituts und die Gutschrift für die Einreicherbank erfolgen am Geschäftstag nach der Einreichung.
- Anschließend wird der Originalscheck an das Kreditinstitut gesandt.

Elektronischer Schalter (ELS)
- beleglose Abwicklung von Großbetragszahlungen zwischen Kreditinstituten
- taggleiche Abwicklung

Elektronische Abrechnung Frankfurt (EAF)
- Großbetragsüberweisungen zwischen Kreditinstituten
- Die gegenseitigen Ansprüche der Kreditinstitute werden zunächst miteinander verrechnet.
- Der Abrechnungssaldo wird anschließend über das LZB-Konto ausgeglichen.

Auslandszahlungsverkehr

Target
- Überweisungen mit hohen Beträgen innerhalb der EU
- DM- oder EUR-Zahlungen
- taggleiche Abwicklung über die Zentralbanken der EU

Auslandszahlungsverkehr (AZV)
- Überweisungen in alle Länder
- DM-, EUR- oder Fremdwährungszahlungen

4.3 Überweisungsverkehr

Überweisungsauftrag

Der **Überweisungsauftrag** ist der Auftrag des Kunden an sein Kreditinstitut, zu Lasten seines Kontos einen bestimmten Geldbetrag auf das Konto des Empfängers zu übermitteln.

Der Kunde kann Überweisungsaufträge bis zum 31. Dezember 2001 in DM oder EUR erteilen, und zwar unabhängig davon, ob er ein DM-Konto oder ein EUR-Konto unterhält. Die Auftragswährung ist auf der Überweisung anzugeben. Die Gutschriften und Belastungen erfolgen jedoch stets in der Kontowährung. Wenn sich die Kontowährung und die Auftragswährung unterscheiden, wird dem Kunden im Kontoauszug auch der entsprechende Betrag der anderen Währung mitgeteilt. Ab 1. Januar 2002 sind nur noch EUR-Zahlungen möglich.

4.3.1 Rechtsgrundlagen

Das BGB regelt die Rechtsbeziehungen zwischen allen Beteiligten im Überweisungsverkehr.

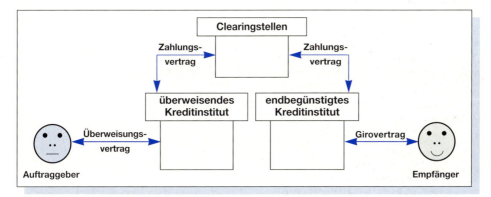

Durch den **Überweisungsvertrag** wird das überweisende Kreditinstitut gegenüber dem Überweisenden (Auftraggeber) verpflichtet,
- dem Begünstigten (Empfänger) einen bestimmten Geldbetrag zur Gutschrift auf dessen Konto zur Verfügung zu stellen,
- Angaben zur Person des Überweisenden und den genannten Verwendungszweck mitzuteilen,
- den Überweisungsbetrag rechtzeitig und – soweit nichts anderes vereinbart worden ist – ungekürzt zur Verfügung zu stellen *(676a–c BGB)*.

Durch den **Zahlungsvertrag** verpflichtet sich ein zwischengeschaltetes Kreditinstitut, einen Überweisungsbetrag an ein weiteres Kreditinstitut oder an das Kreditinstitut des Begünstigten weiterzuleiten *(676d–e BGB)*.

Durch den **Girovertrag** wird das Kreditinstitut u.a. verpflichtet,
- für den Kunden ein Konto einzurichten,
- eingehende Zahlungen auf dem Konto gutzuschreiben *(676f–g BGB)*.

Die folgenden Bestimmungen gelten sowohl für den inländischen als auch für den grenzüberschreitenden Überweisungsverkehr.

Informationspflicht

Das Kreditinstitut muss den Kunden vor Ausführung der Überweisung über folgende Konditionen informieren:

- Beginn und Dauer der Überweisung
- Entgelt für die Ausführung der Überweisung
- Wertstellung der Belastungsbuchung
- bei Überweisungen in fremder Währung: Angabe des zu Grunde gelegten Wechselkurses

Diesen Informationspflichten kommt das Kreditinstitut in der Praxis durch Angabe im Preisverzeichnis nach.

Ausführungsfrist

Die Gutschrift muss erfolgen

- bei institutsinternen Überweisungen innerhalb einer Geschäftsstelle innerhalb eines Tages bzw. bei institutsinternen Überweisungen zwischen zwei Geschäftsstellen innerhalb von 2 Bankgeschäftstagen.
- bei inländischen, institutsübergreifenden Überweisungen innerhalb von 3 Bankgeschäftstagen,
- bei Überweisungen innerhalb der Europäischen Union und des Europäischen Wirtschaftsraums innerhalb von 5 Bankgeschäftstagen,

Die Ausführungsfrist beginnt mit dem Tag der Auftragserteilung. Hält das Kreditinstitut die Ausführungsfristen nicht ein, muss es den Überweisungsbetrag für die Dauer der Verspätung mit 5% über dem aktuellen Basiszins verzinsen.

Gutschrift des Überweisungsbetrages

Das Kreditinstitut ist verpflichtet, eine Überweisung spätestens einen Tag nach dem Eingang mit der Valuta des Geldeinganges gutzuschreiben. Mit Firmenkunden kann eine abweichende Regelung getroffen werden. Bei institutsübergreifenden Überweisungen dürfen die Bank des Empfängers und zwischengeschaltete Kreditinstitute keine Gebühren vom Überweisungsbetrag abziehen. Beim Empfänger muss der volle Überweisungsbetrag ankommen. Überweisungsentgelte dürfen grundsätzlich nur an einer Stelle erhoben werden.

Widerruf eines Überweisungsauftrages

Der Kunde kann nach Ausführung der Überweisung seinen Auftrag bis zu dem Zeitpunkt widerrufen, zu dem der Überweisungsbetrag der Empfängerbank zur Gutschrift zur Verfügung gestellt wird.

Haftung für fehlgeschlagene Überweisungen – „Geld-Zurück-Garantie"

Wird die Überweisung innerhalb einer Nachfrist von 14 Bankgeschäftstagen nicht erfolgreich ausgeführt, hat das Kreditinstitut unabhängig von eigenem Verschulden den Überweisungsbetrag bis zu einem Garantiebetrag von 12.500,00 EUR zuzüglich Zinsen und Gebühren zu erstatten. Es haftet nicht, wenn die Überweisung auf Grund fehlerhafter oder unvollständiger Weisungen des Überweisenden fehlgeschlagen ist. Hiervon unberührt bleiben verschuldensabhängige Schadenersatzansprüche, wobei bei Auslandsüberweisungen eine Haftungsbeschränkung auf 25.000,00 EUR vereinbart werden kann. Abweichungen von gesetzlichen Regeln können bei Überweisungen von mehr als 75.000,00 EUR oder bei Überweisungen ins außereuropäischen Ausland vereinbart werden.

Lernfeld: Inländischer Zahlungsverkehr 89

■ Schlichtungsstelle

Eine bei der Deutschen Bundesbank eingerichtete Schlichtungsstelle dient dazu, Rechtsstreitigkeiten mit Kunden des Kreditinstituts vor ordentlichen Gerichten zu vermeiden. Die Schlichtungsstelle ist unparteiisch für alle Kundenbeschwerden im Rahmen des Überweisungsverkehrs zuständig *(§ 29 AGB-Gesetz)*.

4.3.2 Möglichkeiten der Auftragserteilung

Einzel-überweisung	Der Kunde kann einen Überweisungsauftrag erteilen: ■ *schriftlich* auf einem vom Kreditinstitut bereitgestellten **Überweisungsformular,** ■ durch *manuelle* Eingabe der Überweisungsdaten an einem im Kreditinstitut installierten **Selbstbedienungsterminal** (SB-Terminal), ■ im **Telefon-Banking** (Direkt-Banking) durch *fernmündliche* Übermittlung der Überweisungsdaten, ■ im **Home-Banking** durch *elektronische* Übermittlung der Überweisungsdaten mit Hilfe eines PC (T-Online, Internet), ■ bei Massenüberweisungen durch Übermittlung eines **elektronischen Datenträgers** *(Diskette, Magnetband),* auf dem die Überweisungsdatensätze gespeichert sind. SB-Terminal
Sammel-überweisung	Aufgrund *eines* Auftrages werden *mehrere* Überweisungen ausgeführt. Im **beleglosen Massenüberweisungsverkehr** reicht der Auftraggeber anstelle der Gutschriftsträger einen elektronischen Datenträger *(z.B. Diskette)* ein, auf dem die Überweisungsdatensätze im DTA-Format gespeichert sind. Der unterschriebene **Begleitzettel** enthält die Summe der gesamten Überweisungsbeträge und die Anzahl der Datensätze. Es müssen für auf DM und EUR lautende Überweisungen separate Sammelaufträge eingereicht werden. Bei Überweisungen, die nicht über die Währung des Kontos lauten, wird zur Minimierung von Rundungsdifferenzen zunächst jeder Einzelbetrag in die Währungseinheit des Kontos umgerechnet und dann die Summe gebucht.
Dauer-überweisung (Dauerauftrag)	Der Kunde erteilt seinem Kreditinstitut den Auftrag, bis auf Widerruf ■ zu regelmäßig wiederkehrenden Terminen ■ einen bestimmten Geldbetrag ■ an einen bestimmten Empfänger zu überweisen.

4.3.3 Zahlungsabwicklung

Unterhalten Auftraggeber und Zahlungsempfänger bei verschiedenen Kreditinstituten ein Konto, so ist die Einschaltung einer oder mehrerer Verrechnungsstellen notwendig (Zentrale, LZB, Korrespondenzbank).

Fernüberweisungen werden (insbesondere bei den Sparkassen und Kreditgenossenschaften) nach Möglichkeit über das eigene Gironetz abgewickelt um Liquiditätsabflüsse in fremde Gironetze zu verzögern. Aus Kostengründen werden jedoch auch häufig kleinere Überweisungen an die örtliche LZB weitergeleitet, während größere Beträge *(z.B. 50.000,00 EUR)* über das eigene Netz abgewickelt werden.

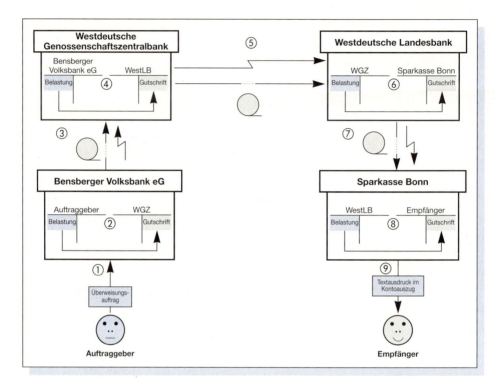

Elektronischer Zahlungsverkehr für Individualüberweisungen

Im **e**lektronischen **Z**ahlungsverkehr für Individual**ü**berweisungen **(EZÜ)** werden **Überweisungen,** die in Belegform eingereicht werden, **auf EDV-Medien erfasst** und im Verrechnungsverkehr zwischen Kreditinstituten **beleglos abgewickelt.**

Für Überweisungen besteht EZÜ-Pflicht.

Voraussetzungen für die beleglose Abwicklung:

- Das Kreditinstitut, das Überweisungen in den EZÜ überleitet, hat die richtige Erfassung der Überweisungsdaten sicherzustellen.

- Für die zwischenbetriebliche Weiterleitung sind die Daten im Satz- und Dateiaufbau entsprechend den Richtlinien für den Datenträgeraustausch zu formatieren.

Bearbeitung von Einzelüberweisungen beim beauftragten Kreditinstitut

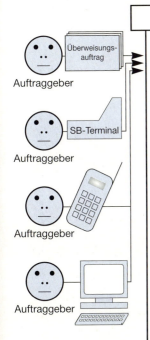

Kreditinstitut

- **Eingang der Überweisungsaufträge**
  - ggf. Eingangsstempel mit Datum und Uhrzeit

- **Prüfung der Überweisungsaufträge**
  - formelle Ordnungsmäßigkeit
  - ggf. Unterschrift des Auftraggebers
  - Kontodeckung (Dispositionsvermerk)

- **ggf. Datenaufbereitung/-erfassung des Belegmaterials**
  - Umwandlung der Belegdaten in elektronische Überweisungsdatensätze

- **Dateneingabe (EDV)**
  - Sortierung der Gutschriften nach Überweisungswegen
  - Erstellung von Datensätzen/Magnetband-Begleitzetteln
  - Buchung

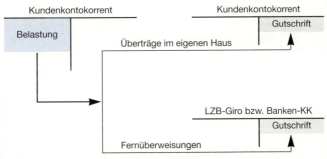

- **Weitergabe der Gutschriften/Datensätze**
  - an eigene Kunden (Kontoauszug)
  - an die Clearingstellen (LZB, Korrespondenzbanken bzw. Zentrale)

- **Ablage der Überweisungsaufträge** nach Buchungsdatum und Grundbuch-Nr. (Prima Nota Nr.); ggf. Mikroverfilmung bzw. CD-ROM-Archivierung und Vernichtung der Belege

Buchung von Überweisungen

Geschäftsvorgänge	Buchungssätze	Beträge in EUR Soll	Haben
Überweisungseingänge für Kunden ■ von eigenen Kunden ■ über Korrespondenzbanken ■ über LZB	KKK BKK LZB an KKK	5.200,00 13.800,00 16.000,00	35.000,00

Überweisungsaufträge von Kunden
 ■ für eigene Kunden (Hausüberweisungen)
 ■ Ausführung über Korrespondenzbanken
 ■ Ausführung über LZB
	KKK
	     an KKK
	     an BKK
	     an LZB
		45.000,00	11.500,00
			 15.000,00
			 18.500,00

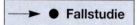 Fallstudie

4.4 Scheckverkehr

4.4.1 Begriff des Schecks – Zahlungsabwicklung

> Der **Scheck** ist die schriftliche **Anweisung des Kontoinhabers** (= Scheckaussteller) an sein Kreditinstitut (= Bezogener), **gegen Vorlage des Schecks einen bestimmten Geldbetrag** zu Lasten seines Kontos **zu zahlen**.

Schecks können unabhängig von der Kontowährung bis zum 31. Dezember 2001 in DM oder EUR ausgestellt bzw. zur Gutschrift eingereicht werden. Ab dem 1. Januar 2002 sind Inlandsschecks nur noch in EUR auszustellen.

■ **Barscheck:**
Der Scheck wird vom bezogenen Kreditinstitut auf Wunsch bar eingelöst.

■ **Verrechnungsscheck** *(Art. 39 ScheckG):*
Der Scheck darf vom bezogenen Kreditinstitut nur durch Gutschrift auf einem Konto eingelöst werden (Kennzeichnung durch den quer über die Vorderseite gesetzten Vermerk *„Nur zur Verrechnung"* oder einen gleichbedeutenden Vermerk).
Ein Scheckmissbrauch wird erschwert, weil überprüfbar ist, auf wessen Konto die Gutschrift der Schecksumme erfolgt ist.

Lernfeld: Inländischer Zahlungsverkehr

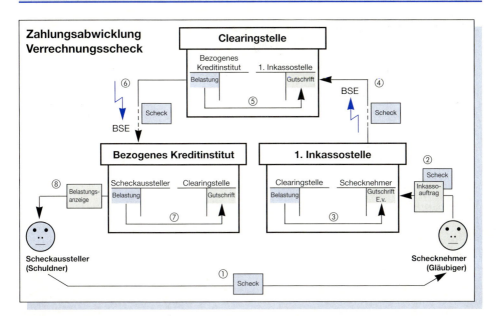

4.4.2 Rechtsnatur und Inhalt der Scheckurkunde

Der Scheck
- **ist ein formgebundenes Wertpapier.**
  Die auf dem Scheck verbriefte Forderung kann nur gegen Vorlage der Urkunde geltend gemacht werden. Diese muss den strengen Formvorschriften des Scheckgesetzes entsprechen. Der Scheck ist ein Orderpapier kraft Gesetz („geborenes" Orderpapier).
- **verbrieft eine abstrakte (= selbstständige) Geldforderung.**
  Die Scheckverbindlichkeit des Ausstellers besteht rechtlich (nicht wirtschaftlich!) unabhängig von dem Rechtsgeschäft (z. B. Kaufvertrag), das der Scheckausstellung zu Grunde liegt. Der Scheckaussteller haftet für die Einlösung.
- **ist eine bei Sicht fällige Zahlungsanweisung.**
  In seiner Eigenschaft als Zahlungsmittel (Geldersatzmittel) ist der Scheck ein Instrument des bargeldlosen (Verrechnungsscheck) und des halbbaren (Barscheck) Zahlungsverkehrs. Die Zahlung mit Scheck erfolgt **zahlungshalber.** Erst mit der Einlösung des Schecks erlischt das der Scheckausstellung zugrundeliegende Schuldverhältnis zwischen Scheckaussteller und Zahlungsempfänger (Schecknehmer).

Gesetzliche Bestandteile des Schecks *(Art. 1 ScheckG)*

Der Scheck enthält:
① die Bezeichnung als Scheck im Text der Urkunde, und zwar in der Sprache, in der sie ausgestellt ist;
② die unbedingte Anweisung, eine bestimmte Geldsumme zu zahlen;
   Die Zahlungsanweisung darf an keine Bedingung geknüpft sein. Ist die Schecksumme in Buchstaben und Ziffern angegeben, gilt bei Abweichungen die in Buchstaben angegebene Summe.
③ den Namen dessen, der zahlen soll (Bezogener);
   Das Recht, Schecks auf sich ziehen zu lassen (= passive Scheckfähigkeit) haben nur Kreditinstitute.
④ die Angabe des Zahlungsortes;
⑤ die Angabe des Tages und des Ortes der Ausstellung;
   Die Angaben brauchen nicht richtig, müssen aber möglich sein.
⑥ die Unterschrift des Ausstellers;
   Eine faksimilierte Unterschrift ist scheckrechtlich unzulässig. Als Schecks im Sinne des Scheckabkommens gelten auch Abschnitte mit faksimilierten Ausstellerunterschriften.

Neben den gesetzlich vorgeschriebenen Bestandteilen enthält der Scheck kaufmännische Bestandteile. Diese sollen die Verwendung und Bearbeitung des Schecks erleichtern.

„Kaufmännische" Bestandteile des Schecks
(I) **Schecknummer**
(II) **Kontonummer des Ausstellers**
(III) **Bankleitzahl des bezogenen Kreditinstituts**
(IV) **Wiederholung der Schecksumme**
(V) **Angabe des Zahlungsempfängers** (Schecknehmer) beim Inhaberscheck: Zusatz: „... *oder Überbringer*" („Überbringerklausel") beim Orderscheck: Zusatz: „... *oder Order*" („Orderklausel")
(VI) **Verwendungszweck**
(VII) **Codierzeile** Die in maschinell lesbarer Schrift ausgefüllte Codierzeile dient der automatisierten Scheckbearbeitung.

Zur Vereinfachung des Scheckverkehrs erkennen Kreditinstitute Scheckziehungen grundsätzlich nur unter Verwendung der von ihnen ausgegebenen Vordrucke an (Vordruckzwang). Nur Großkunden mit umfangreichem Scheckverkehr dürfen eigene Scheckformulare EDV-mäßig ausdrucken lassen, soweit diese den *Richtlinien für einheitliche Zahlungsverkehrsvordrucke* entsprechen.

Scheckarten nach der Form der Weitergabe	
Orderscheck	**Inhaberscheck (Überbringerscheck)**
„Zahlen Sie gegen diesen Scheck an ... oder Order"	*„Zahlen Sie gegen diesen Scheck an ... oder Überbringer"*
▪ Zahlungsempfänger ist eine bestimmte, namentlich bezeichnete Person. ▪ Die **Orderklausel** ist entbehrlich, da der Scheck ein Orderpapier kraft Gesetz („geborenes" Orderpapier) ist.	▪ Zahlungsempfänger kann der Aussteller oder eine dritte Person sein; eine namentliche Bezeichnung des Schecknehmers ist nicht erforderlich. ▪ Durch die **Überbringerklausel** wird der Scheck zum Inhaberpapier.
▼	▼
▪ **formgebundene Weitergabe** durch Einigung und Übergabe des indossierten Schecks; Indossament = schriftlicher Übertragungsvermerk auf der Rückseite des Schecks *Beispiel:* Order: Dresdner Bank AG ▼	▪ **formlose Weitergabe** durch Einigung und Übergabe ▼
▪ Das bezogene Kreditinstitut ist verpflichtet, vor der Zahlung der Schecksumme die Lückenlosigkeit der Indossamentenkette und die Legitimation des Vorlegers zu prüfen (eingeschränktes Missbrauchsrisiko!).	▪ Das bezogene Kreditinstitut ist berechtigt, die Schecksumme ohne Legitimationsprüfung an jeden Vorleger des Schecks zu zahlen (Missbrauchsrisiko!).
Anwendung: ▪ im Auslandszahlungsverkehr ▪ im inländischen Scheckverkehr nur auf ausdrücklichen Wunsch des Kunden. Das Orderscheckformular ist äußerlich durch einen roten Randstreifen mit dem Aufdruck „Orderscheck" kenntlich gemacht.	Anwendung: ▪ im inländischen Scheckverkehr

Lernfeld: Inländischer Zahlungsverkehr

Im Scheckabkommen ist vereinbart, dass Orderschecks durch den Stempelabdruck der 1. Inkassostelle (Name, BLZ, Ort) unter dem Indossament des Scheckeinreichers ohne weitere Indossierung im Einzugsverkehr der Kreditinstitute weitergegeben werden können.

Die 1. Inkassostelle ist verpflichtet zu prüfen, ob der Einreicher
- durch eine ordnungsgemäße Indossamentenkette legitimiert ist *und*
- ihr den Scheck durch Indossament ohne einschränkenden Zusatz übertragen hat.

4.4.3 Voraussetzungen für die Teilnahme am Scheckverkehr

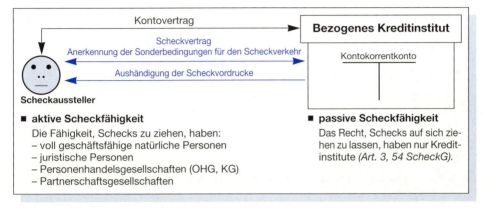

Schecks dürfen nur bei einem ausreichenden Kontoguthaben bzw. im Rahmen einer Kreditlinie ausgestellt werden. Jedoch ist das Kreditinstitut auch bei fehlender Kontodeckung zur Einlösung berechtigt *(Scheckbedingungen)*. Auch ungedeckte Schecks sind gültig. Wer in betrügerischer Absicht ungedeckte Schecks ausstellt, macht sich strafbar.

4.4.4 Einzug und Einlösung von Schecks

Der **Scheck** ist **bei Sicht** (= Vorlage) **zahlbar** *(Art. 28 ScheckG)*. Dies gilt auch für vordatierte Schecks.

Um zu verhindern, dass der Scheck für den Aussteller zu einem Kreditmittel wird, schreibt das ScheckG kurze Vorlegungsfristen vor.

Die Vorlegungsfrist ist der zeitliche Rahmen, innerhalb dessen der Scheck zur Wahrung scheckrechtlicher Ansprüche beim **bezogenen Kreditinstitut** vorzulegen ist.

Die **Vorlegungsfrist** beginnt mit dem auf dem Scheck angegebenen Ausstellungstag.
Sie beträgt:
- 8 Tage für im Inland ausgestellte Schecks
- 20 Tage für im europäischen Ausland oder in einem an das Mittelmeer angrenzenden Land ausgestellte Schecks
- 70 Tage für die in den übrigen Ländern ausgestellten Schecks *(Art. 29 ScheckG)*.

Endet die Vorlegungsfrist an einem Samstag, Sonntag oder Feiertag, ist der nächste Werktag der letzte Vorlegungstag.

Beispiel:

Ausstellungstag im Inland: Freitag, 16. März
letzter Vorlegungstag (beim bezogenen Kreditinstitut!): Montag, 26. März

Die **Vordatierung** von Schecks (tatsächliches Datum der Scheckausstellung liegt *vor* dem angegebenen Ausstellungsdatum) **verlängert,** die **Nachdatierung** (tatsächliches Datum der Scheckausstellung liegt *nach* dem angegebenen Ausstellungsdatum) **verkürzt** die **effektive Vorlegungsfrist.**

Rechtliche Bedeutung der Vorlegungsfrist:

■ Versäumt der Scheckinhaber die rechtzeitige Vorlage innerhalb der Vorlegungsfrist, verliert er seine scheckrechtlichen Ansprüche gegen den Aussteller und ggf. vorhandene Indossanten. *(Art. 40 ScheckG).*

■ Nach Ablauf der Vorlegungsfrist ist das bezogene Kreditinstitut zur Einlösung des Schecks berechtigt, aber nicht verpflichtet *(Art. 32 ScheckG).* In der Praxis werden auch verspätet vorgelegte Schecks eingelöst.

Scheckbearbeitung bei der 1. Inkassostelle

Im Scheckeinzugsverkehr übernimmt das Kreditinstitut den Auftrag, zum Inkasso eingereichte Schecks an die bezogenen Kreditinstitute zur Einlösung weiterzuleiten und den Gegenwert dem Einreicher gutzuschreiben.

Mit der Entgegennahme der Schecks zum Inkasso kommt ein Geschäftsbesorgungsvertrag *(§ 675 BGB)* zustande.

Der Scheckeinzug erfolgt beleggebunden oder beleglos.

1. Inkassostelle
■ Prüfung der formellen Ordnungsmäßigkeit des Einreicherformulars und der eingereichten Schecks; bei Orderschecks: Lückenlosigkeit der Indossamentenkette
■ Eingangsstempel auf dem Einreicherformular und Quittierung der Scheckeinreichung auf dem für den Kunden bestimmten Durchschlag
■ bei Barschecks: Stempelabdruck *„Nur zur Verrechnung"*
■ Valutierung des Scheckgegenwertes – Platzschecks: i.d.R. Wert nächster Geschäftstag – Fernschecks: i.d.R. Wert 2–3 Geschäftstage nach Einreichung
■ Stempelabdruck gemäß Scheckabkommen auf den Schecks

Firma der 1. Inkassostelle, Ort, Bankleitzahl

■ Codierung des Scheckbetrages
■ Dateneingabe EDV

Beleggebundener Scheckeinzug	Belegloser Scheckeinzug (BSE)
zwingend bei Schecks ≥ 5.000,00 DM	möglich bei Schecks < 5.000,00 DM ▼ Erstellung eines Scheckdatensatzes im DTA-Format

■ Sortieren der Schecks bzw. Scheckdatensätze nach Inkassowegen
■ Buchung – Gutschrift E. v. für die Einreicher (KKK) – Belastung der Clearingstellen; (LZB-Giro; BKK)
■ Weitergabe der Schecks (via Boten oder Post) bzw. der Scheckdatensätze (via DTA, DFÜ) an die Clearingstellen
■ BSE: Mikroverfilmung bzw. CD-Rom-Archivierung der Schecks (Vorder- und Rückseite); Archivierung der Originalschecks mindestens 2 Monate

Lernfeld: Inländischer Zahlungsverkehr

Scheckbearbeitung beim bezogenen Kreditinstitut

Das bezogene Kreditinstitut ...

... muss den Scheck einlösen

- bei fristgerechter Vorlage *und*
- formaler Ordnungsmäßigkeit *und*
- ausreichender Kontodeckung *und* wenn
- kein Widerruf vorliegt.

Kartengarantierte ec-Schecks **müssen** bis zum Höchstbetrag von 200,00 EUR/400,00 DM (bzw. Währungshöchstbetrag) eingelöst werden.

... muss die Einlösung verweigern,

- wenn der Scheck vom Aussteller widerrufen (= gesperrt) worden ist. Der Scheck-widerruf muss der kontoführenden Stelle so rechtzeitig vor der Vorlage des Schecks zugehen, dass seine Berücksichtigung im Rahmen des ordnungsgemäßen Arbeits-ablaufes möglich ist *(Bedingungen für den Scheckverkehr Ziff. 5)* oder
- bei gravierenden Formmängeln *(z. B. fehlende Unterschrift des Ausstellers)* oder
- bei erkennbaren Zweifeln an der Rechtmäßigkeit der Scheckvorlage.

... kann die Einlösung verweigern

- bei mangelnder Kontodeckung *oder*
- nach Ablauf der Vorlegungsfrist.

Bezogenes Kreditinstitut

- Scheckvorlage durch die Clearingstellen und die eigenen Kunden

Beleggebundener Scheckeinzug	Belegloser Scheckeinzug
▼	▼
körperliche Scheckvorlage mit Einreicherverzeichnis	Eingang von Scheckdatensätzen via DTA

- Dateneingabe EDV
  – Belastung der Aussteller (KKK)
  – Gutschrift für die Clearingstellen; (LZB-Giro; Banken-KK)
- Prüfung
  – Kontodeckung
  – Widerruf
  – nur im beleggebundenen Scheckeinzug: formelle Ordnungsmäßigkeit und Ausstel-lerunterschrift
- bei Orderschecks: Lückenlosigkeit der Indossament-Kette
- nur im beleggebundenen Scheckeinzug: Ablage der Schecks nach Buchungsdatum und Grundbuch-Nr. (ggf. Mikroverfilmung/CD-ROM-Archivierung und Vernichtung der Schecks)

Nachdisposition: Aus Gründen der Arbeitsvereinfachung werden zur Einlösung vorgeleg-te Schecks in der Regel erst **nach** der Belastung des Scheckausstellers geprüft.

AGB-Regelungen:

- Lastschriften und Schecks sind eingelöst, wenn die Belastungsbuchung nicht spätestens am zweiten Bankarbeitstag nach ihrer Vornahme rückgängig gemacht wird.
- Barschecks sind bereits mit Zahlung an den Scheckvorleger eingelöst.
- Schecks sind auch schon dann eingelöst, wenn die Bank im Einzelfall eine Bezahltmeldung absendet.

4.4.5 Nichteinlösung des Schecks

Voraussetzungen für den scheckrechtlichen Rückgriff *(Art. 40 ScheckG)*	■ Vorlage des Schecks innerhalb der Vorlegungsfrist ■ Nachweis der Nichteinlösung durch eine schriftliche, datierte und unterschriebene Erklärung des bezogenen Kreditinstituts auf dem Scheck (Vorlegungsvermerk; „Nicht-bezahlt-Vermerk")
Rückgriffsschuldner *(Art. 40 ScheckG)*	■ Scheckaussteller ■ ggf. vorhandene Indossanten (in der Praxis selten, da Inhaberschecks i.d.R. nicht indossiert werden)
Notifikation *(Art. 42 ScheckG)*	Der Scheckinhaber ist verpflichtet, den Aussteller innerhalb von 4 Werktagen von der Nichteinlösung zu unterrichten. Aufgrund der Bedingungen für den Scheckverkehr übernimmt das bezogene Kreditinstitut diese Verpflichtung.

Umfang der Rückgriffsansprüche *(Art. 45 ScheckG)*	Der Scheckinhaber kann im Wege des Rückgriffs verlangen:
	
	    Schecksumme
	+ $1/3$ % der Schecksumme als Provision
	+ Zinsen (2% über dem aktuellen Basiszinssatz, mindestens aber 6%) seit dem Vorlegungstag
	+ Auslagen
	
	    Gesamtforderung
	
	Im Rückrechnungsverkehr unter den Kreditinstituten wird ausschließlich eine pauschale Rückscheckgebühr (max. 10,00 DM) berechnet.

Durchsetzung der Rückgriffsansprüche	■ Scheckklage (= besondere Form des Urkundenprozesses) ■ Scheckmahnbescheid
Verjährung der scheckrechtlichen Rückgriffsansprüche *(Art. 52 ScheckG)*	■ in 6 Monaten nach Ablauf der Vorlegungsfrist (danach können die Ansprüche nur noch im Wege eines gewöhnlichen Zivilprozesses geltend gemacht werden)

Die Nichteinlösung eines Schecks aufgrund mangelnder Kontodeckung führt zu einer Rufschädigung des Kunden und berechtigt das bezogene Kreditinstitut:

- zu einer **Meldung an eine Kreditschutzorganisation** der Wirtschaft (z.B. *SCHUFA*)
- im Wiederholungsfall zur **Kündigung** der Kontoverbindung (Vertragsbruch des Kunden).

Lernfeld: Inländischer Zahlungsverkehr

Scheckabkommen (Auszug)

Das zwischen den Spitzenverbänden der Kreditwirtschaft und der Deutschen Bundesbank geschlossene Scheckabkommen regelt im Rahmen des Scheckeinzugsverkehrs u. a. die Rückgabe nichteingelöster Schecks.

Pflichten des bezogenen Kreditinstituts	
■ **Vorlegungsvermerk** („Nicht-bezahlt-Vermerk")	**Stempelabdruck** (bei beleghaftem Scheckeinzug): Vorgelegt am .. .. .. und nicht bezahlt. (Name des bezogenen Kreditinstituts, Ort, Datum, *Unterschriften (!)*)
■ **Scheckrückgabe**[1]	– Rückgabe des Schecks mit Vorlegungsvermerk spätestens an dem auf den Eingangstag folgenden Geschäftstag an die 1. Inkassostelle – **Rückscheckgebühr:** max. 10,00 DM → 5 € – Dem bezogenen Kreditinstitut ist freigestellt, auf welchem Weg es Rückschecks zurückgibt und zurückrechnet.
■ **Eilnachricht**	bei Schecks ≥ 5.000,00 DM *(3.000,00 €)* Benachrichtigung der 1. Inkassostelle bis spätestens 14:30 Uhr an dem auf den Eingangstag folgenden Geschäftstag *(z.B. mittels Fax, e-Mail)*
Pflichten der 1. Inkassostelle	■ Auf allen Inkassoschecks hat die 1. Inkassostelle ihre Firmenbezeichnung mit Ortsangabe und Bankleitzahl (Stempelabdruck) anzubringen, um ggf. eine unmittelbare Scheckrückgabe bzw. die Eilnachricht zu ermöglichen. ■ Nichteingelöste und mit Vorlegungsvermerk versehene Schecks müssen zurückgenommen werden und dürfen nicht erneut zum Inkasso in den Verkehr gebracht werden.

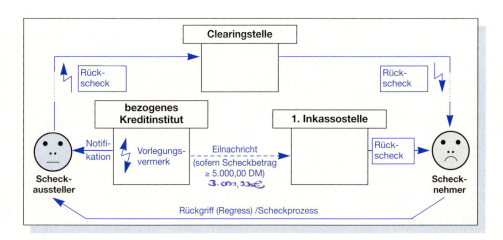

---

[1] Nicht eingelöste **„Barschecks"** werden mit Vorlegungsvermerk versehen an den Vorleger sofort wieder ausgehändigt.

4.4.6 Belegloser Scheckeinzug und -rückgabe

Im **b**eleglosen **S**check**e**inzugsverfahren (BSE) können in EUR oder DM ausgestellte und im Inland zahlbare **Inhaber-/Orderschecks** (Betrag < 5.000,00 DM) beleglos ein-gezogen werden. *(handschriftlich: ↳ 3000 EUR)*

Rechtsgrundlage: *Scheckabkommen*

Voraussetzungen für den BSE:

- Das Kreditinstitut, das Schecks in den BSE überleitet, ist für die vollständige Erfassung der Scheckdaten und für die Archivierung der Schecks verantwortlich (Originalschecks oder davon erstellte Mikrokopien der Vorder- und Rückseite). Die Originalschecks sind für einen Zeitraum von mindestens 2 Monaten aufzubewahren.

- Für die zwischenbetriebliche Weiterleitung sind die Daten im Satz- und Dateiaufbau entsprechend den Bedingungen für den Datenträgeraustausch zu formatieren. Zahlungsvorgänge aus dem beleglosen Scheckeinzug können mit beleglosen Lastschriften in einer logischen Datei zusammengefasst werden.

Rückrechnungen beleglos eingezogener Schecks erfolgen ebenfalls beleglos und sind *gemäß Scheckabkommen* von dem bezogenen Kreditinstitut spätestens an dem auf den Tag des Eingangs der Scheckdaten folgenden Geschäftstag an die 1. Inkassostelle zu leiten. Für den Fall, dass die 1. Inkassostelle nicht selbst die Überleitung des Schecks in einen Datensatz vorgenommen hat, muss das bezogene Kreditinstitut auch die im Datensatz angegebene Schecklagerstelle über die Nichteinlösung benachrichtigen. Aufgrund dieser Benachrichtigung leitet die Schecklagerstelle spätestens am 2. Geschäftstag danach eine Scheckkopie oder den Originalscheck an die 1. Inkassostelle.

Die 1. Inkassostelle bestätigt im Auftrag des bezogenen Kreditinstituts die Nichteinlösung durch den Vermerk auf der Scheckkopie bzw. dem Originalscheck:

> **„Vom bezogenen Kreditinstitut am .. .. .. nicht bezahlt."**
> **(Name der 1. Inkassostelle, Ort, Datum)**

Dieser Vermerk reicht als ordnungsgemäßer Vorlegungsvermerk gemäß Art. 40 ScheckG nicht aus. Zudem erfolgt keine körperliche Scheckvorlage im Sinne des Scheckgesetzes. Die scheckrechtlichen Rückgriffsrechte gegen den Aussteller gehen verloren. Ein Scheckprozess kann mit einem BSE-Scheck folglich nicht geführt werden. Der Scheckinhaber kann nur im Rahmen eines „normalen" Zivilprozesses die der Scheckausstellung zugrunde liegende Forderung *(z.B. aus einem Kaufvertrag)* gesetzlich geltend machen. Die 1. Inkassostelle haftet für Schäden, die dem Scheckeinreicher ggf. deswegen entstehen.

Lernfeld: Inländischer Zahlungsverkehr

4.4.7 Bestätigter LZB-Scheck

Der gewöhnliche Scheck bietet dem Schecknehmer keine Einlösungssicherheit, da das bezogene Kreditinstitut scheckrechtlich nicht zur Einlösung verpflichtet ist.

Grundsatz	Ausnahme
Der Scheck kann nicht angenommen werden. Ein auf den Scheck gesetzter Annahmevermerk gilt als nicht geschrieben *(Art. 4 ScheckG)*. → Das bezogene Kreditinstitut kann auf der Scheckurkunde keine **scheckrechtliche Einlösungsverpflichtung** gegenüber dem Schecknehmer eingehen.	Die Deutsche Bundesbank darf Schecks, die auf sie gezogen sind, nach Deckung bestätigen. Aus dem Bestätigungsvermerk wird sie jedem Scheckinhaber zur Einlösung verpflichtet *(§ 23 BBankG)*. → Der bestätigte LZB-Scheck ersetzt aufgrund seiner Einlösungssicherheit eine Barzahlung, wenn größere Zahlungen zu leisten sind *(z.B. Zwangsversteigerungen, Auktionen)* und ein gewöhnlicher Scheck keine genügende Sicherheit bietet.

Kreditinstitute beschaffen ihren Kunden bestätigte LZB-Schecks, indem sie auf ihr eigenes LZB-Girokonto Schecks ziehen, sie bestätigen lassen und anschließend an die Kunden aushändigen. Das beauftragte Kreditinstitut berechnet für die Einholung der Bestätigung eine eigene Provision *(z.B. 50,00 DM)*. *bei Vorla LZB-Scheck: 25,- EUR / Vorla-S.: 10,25 EUR*

Die bestätigende LZB belastet das LZB-Girokonto des Ausstellers sofort zuzüglich einer Bestätigungsprovision (3,00 DM) und schreibt den Scheckbetrag einem Deckungskonto gut:

- 8 Tage nach Scheckausstellung erlischt die Verpflichtung der Deutschen Bundesbank aus der Bestätigung. Danach wird er wie ein gewöhnlicher Scheck behandelt. Die Bundesbank ist berechtigt, aber nicht verpflichtet, den Scheck auch weiterhin einzulösen, sofern kein Scheckwiderruf vorliegt. Dies gilt auch über die Zeit von 15 Tagen nach der Ausstellung hinaus.
- 15 Tage nach Ausstellung schreibt die Deutsche Bundesbank den Scheckbetrag dem Aussteller wieder gut, sofern der Scheck bis dahin nicht zur Einlösung bei der bezogenen LZB-Stelle vorgelegt wurde.

Bestätigungsvermerk auf der Rückseite des Schecks

Wir verpflichten uns, diesen Scheck über Deutsche Mark -Fünfzehntausend-
bis zum 20. Juni 20.. während der Geschäftsstunden einzulösen. Von anderen Stellen der Deutschen Bundesbank wird der Scheck in Zahlung genommen, jedoch nicht bar ausgezahlt.

Köln, 12. Juni 20..

siegel

Landeszentralbank in Nordrhein-Westfalen Hauptstelle Köln der Deutschen Bundesbank

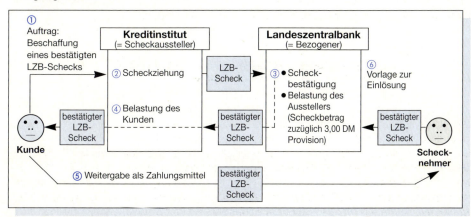

4.4.8 eurocheque

Der **eurocheque**[1] ist eine Sonderform des Überbringerschecks, dessen Einlösung vom bezogenen Kreditinstitut **garantiert** wird, wenn

- die Scheckbegebung in Verbindung mit der an den Kunden ausgehändigten ec-Karte erfolgt,
- die Garantiefrist eingehalten und
- die Garantiebedingungen erfüllt sind.

Garantieleistung	Zahlung bis 200,00 EUR/400,00 DM oder bis zu dem in dem jeweiligen Land geltenden ec-Garantiehöchstbetrag an jeden Schecknehmer bei einer Scheckausstellung in Europa und in den an das Mittelmeer grenzenden Staaten.
Garantiefrist (Vorlegungsfrist)	■ Inlandsschecks 8 Tage, Auslandsschecks 20 Tage ab Ausstellungsdatum ■ Die Frist ist gewahrt, wenn der eurocheque innerhalb dieser Fristen dem bezogenen Kreditinstitut vorgelegt, einem inländischen Geldinstitut zum Inkasso eingereicht oder bei im Ausland ausgestellten Schecks der **Deutschen eurocheque-Zentrale**[2] zugeleitet worden ist. ■ Das bezogene Kreditinstitut muss innerhalb dieser Fristen den Scheck auch bei mangelnder Kontodeckung oder trotz eines ggf. erfolgten Scheckwiderrufs des Ausstellers einlösen.
Garantiebedingungen	■ Name des Kreditinstituts, Unterschrift und Konto Nr. auf der ec-Karte und dem eurocheque müssen übereinstimmen. ■ Vermerk der Scheckkarten-Nr. auf der Rückseite des eurocheque ■ Das Ausstellungsdatum des eurocheque muss innerhalb der Gültigkeitsdauer der ec-Karte liegen.

Rechtsbeziehungen bei der Begebung eines scheckkartengarantierten eurocheques

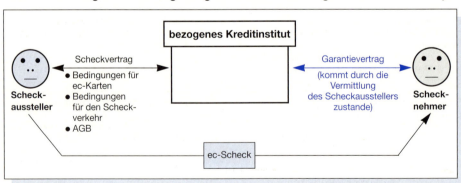

---

[1] Die Zahlungsgarantie endet mit Ablauf des Jahres 2001. Die Verwendung der ec-Vordrucke als Zahlungsmittel ohne Einlösungsgarantie bleibt weiterhin möglich.
[2] Als Deutsche eurocheque-Zentrale fungiert die **G**esellschaft für **Z**ahlung**s**systeme **(GZS)**, eine Gemeinschaftseinrichtung des deutschen Kreditgewerbes, mit Sitz in Frankfurt/Main.

Lernfeld: Inländischer Zahlungsverkehr 103

Behandlung scheckkartengarantierter eurocheques im BSE-Verfahren

Eurocheques werden im BSE-Verfahren grundsätzlich wie gewöhnliche Schecks behandelt. Für den Fall mangelnder Kontodeckung des Ausstellers gelten jedoch folgende Sonderregelungen des Scheckabkommens (Abschnitt V, Nr. 4):

- Rückrechnungen für in das beleglose Verfahren übergeleitete eurocheques, die auf Konten gezogen sind, zu denen eine ec-Karte ausgegeben wurde, sollen vom bezogenen Kreditinstitut nicht vorgenommen werden, sofern der Scheckbetrag die für die ec-Einlösungsgarantie geltende Betragsgrenze nicht übersteigt.
- Stellt die 1. Inkassostelle fest, dass auf einer ihr zurückgeleiteten eurocheque-Kopie bzw. einem eurocheque eine Scheckkartennummer angegeben ist, so leitet sie die Kopie bzw. den Scheck unabhängig davon, ob der gesamte Scheckbetrag durch die ec-Einlösungsgarantie abgedeckt ist, mit dem Vordruck „Hülle (Lastschrift) für Neueinreichung eines garantierten BSE-Schecks" an das bezogene Kreditinstitut zurück, so dass dieses endgültig über die Einlösung bzw. den Umfang der Einlösung entscheiden kann.

Die 1. Inkassostelle ist in diesem Fall berechtigt, außer dem Scheckbetrag die ihr in Rechnung gestellte Rückscheckgebühr dem bezogenen Kreditinstitut zu belasten.

eurocheque als Reisezahlungsmittel

4

Teilnehmerländer am eurocheque-System	
Kartenländer	**Akzeptländer**
= Staaten, in denen eurocheques von Kreditinstituten ausgegeben und eurocheques aus anderen Staaten in Zahlung genommen werden	= Staaten, in denen zwar keine eurocheques von Kreditinstituten ausgegeben, jedoch eurocheques aus anderen Staaten in Zahlung genommen werden.
▼	▼
■ **Scheckausstellung in EUR oder in der jeweiligen Landeswährung**	■ **Scheckausstellung in EUR oder DM** Die Umrechnung in die jeweilige Landeswährung erfolgt zu einem besonderen Scheckankaufskurs.
■ **Scheckbegebungen sind möglich:** – im Bankenbereich zur Bargeldbeschaffung *und* – im Nichtbankenbereich als Instrument des bargeldlosen Zahlungsverkehrs	■ **Scheckbegebungen sind möglich:** grundsätzlich *nur* im Bankenbereich zur Bargeldbeschaffung
Gebührenbelastung für den Aussteller	**Gebührenbelastung für den Aussteller**
im Ausland: ✕	im Ausland: Scheckankaufsgebühr beim Kreditinstitut des betreffenden Landes
Im Inland: 1,75 % des Scheckgegenwertes (mind. 2,50 DM, max. 12,00 DM); die Umrechnung des Fremdwährungsbetrages erfolgt nach Eingang des Schecks bei der Deutschen eurocheque-Zentrale (GZS) zum Devisengeld- bzw. EUR-Umrechnungskurs	Im Inland: ✕

Kartenländer	Akzeptländer
Garantierter Höchstbetrag je eurocheque	**Garantierter Höchstbetrag je eurocheque**
in der jeweiligen Landeswährung z.B. Belgien 200,00 EUR/7.000,00 BEF Frankreich 200,00 EUR/1.400,00 FRF ⋮ (insgesamt ca. 30 Länder)	200,00 EUR/400,00 DM Albanien Bulgarien Rumänien Türkei GUS ⋮
Das Scheckinkasso erfolgt unter Einschaltung der ec-Zentrale des jeweiligen Landes und der GZS (Clearing-Höchstbetrag 1.000,00 EUR). Diese archiviert den Scheck und zieht den Gegenwert zuzüglich der Gebühr beleglos beim bezogenen Kreditinstitut ein.	Das Scheckinkasso erfolgt beleggebunden unter Einschaltung von Korrespondenzbanken.

Beispiel:

Zahlungsabwicklung EUR-Auslandsscheck
(Letzter Vorlegungstag: 25. März!)

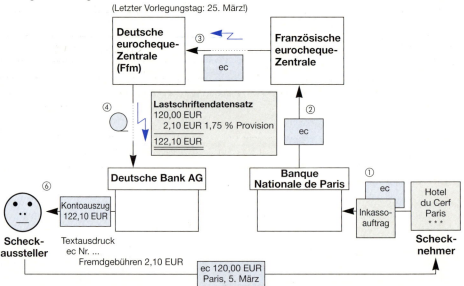

Generelle Auszahlungsbestimmungen – Anweisungen für Mitarbeiter

Bei der Auszahlung von eurocheques müssen Sie die bankübliche Sorgfalt anwenden und insbesondere folgende Kontrollen durchführen:

1. **Lassen Sie den Scheck vor Ihren Augen unterschreiben.**
   Wird der Scheck bereits unterschrieben vorgelegt, so bitten Sie den Kunden, die Unterschrift auf der Rückseite des Schecks zu wiederholen.
2. **Vergewissern Sie sich, ob die ec-Karte gültig ist.**
   Lassen Sie sich die ec-Karte aushändigen, entnehmen Sie die Karte gegebenenfalls einer Hülle und prüfen Sie die Karte aufmerksam.
3. **Kontrollieren Sie, ob Unterschrift, Name des Kreditinstituts sowie Kontonummer auf eurocheque und ec-Karte übereinstimmen.**
4. **Beachten Sie, dass der Scheckbetrag den garantierten Höchstbetrag nicht übersteigt.**
5. **Stellen Sie sicher, dass der Ort und das Datum der Scheckausstellung in den dafür vorgesehenen Feldern angegeben sind.**

Lernfeld: Inländischer Zahlungsverkehr

6. **Die Identität des Kunden muss anhand eines Reisepasses, Personalausweises oder Führerscheins mit Foto geprüft werden.**
   Kontrollieren Sie, ob der Name und die Unterschrift auf der ec-Karte und auf dem Ausweispapier übereinstimmen. Notieren Sie Art und Nummer des Ausweispapieres (falls keine Nummer vorhanden: Ausstellungsdatum und Name der ausstellenden Behörde) auf der Rückseite des oder der vorgelegten Schecks.
7. **Es dürfen maximal drei eurocheques gleichzeitig ausgezahlt werden.**
8. **Die Nummer der vorgelegten ec-Karte muss richtig auf der Rückseite des Schecks vermerkt sein. Die ec-Kartennummer kann niemals Buchstaben enthalten.**
   Notieren Sie die Kartennummer am besten selbst auf der Scheckrückseite.
9. **eurocheques müssen ohne Abzug einer Gebühr in voller Höhe an den Kunden ausgezahlt werden.**
10. **Leiten Sie den Scheck unverzüglich zum Einzug weiter.**
    Berücksichtigen Sie dabei, dass die Garantie nur dann erhalten bleibt, wenn der Scheck innerhalb von 20 Tagen nach seinem Ausstellungsdatum dem bezogenen Kreditinstitut zur Einlösung vorgelegt wird.

Quelle: Mitteilungen des Bundesverbandes deutscher Banken

4.5 Lastschriftverkehr

4.5.1 Begriff der Lastschrift – Zahlungsabwicklung

Die **Lastschrift** ist ein Instrument des **bargeldlosen Zahlungsverkehrs,** mit dem der Zahlungsempfänger unter Einschaltung von Kreditinstituten **fällige Forderungen vom Konto des Zahlungspflichtigen einzieht.**

Der Lastschriftverkehr wird unter den Kreditinstituten beleglos abgewickelt.

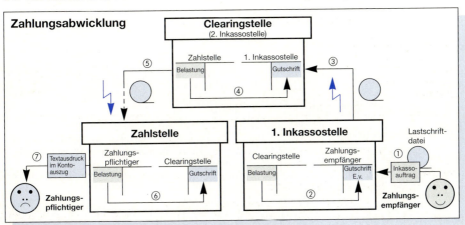

Das Lastschriftverfahren eignet sich zum Einzug von Forderungen, die
- in regelmäßigen oder unregelmäßigen Zeitabständen
- in gleicher oder wechselnder Höhe
- in großen Massen
- gegenüber einem bestimmten Kreis von Schuldnern

laufend entstehen.

Bedeutung des Lastschriftverkehrs	
für den Zahlungspflichtigen	**für den Zahlungsempfänger**
■ keine Terminüberwachung ■ keine Anfertigung von Zahlungsbelegen ■ geringe Gebührenbelastung durch die Zahlstelle **Nachteil:** Einschränkung der finanziellen Dispositionsmöglichkeiten, da zu den Fälligkeitsterminen für Kontodeckung gesorgt bzw. Einlösung durch teure Kreditinanspruchnahme erkauft werden muss.	■ gute Dispositionsmöglichkeit der eigenen Liquidität, da der Zahlungsvorgang von ihm ausgelöst wird ■ Zinsvorteile durch pünktlichen Zahlungseingang in einer Summe ■ Entlastung der Debitorenbuchhaltung und Vereinfachung des Mahnwesens ■ kostengünstige Möglichkeit des Einzugs von Außenständen durch Einsatz der EDV (insbesondere im Massenlastschriftverkehr)

4.5.2 Rechtliche Grundlagen des Lastschriftverfahrens

Zustimmung des Zahlungspflichtigen zum Forderungseinzug durch Lastschrift

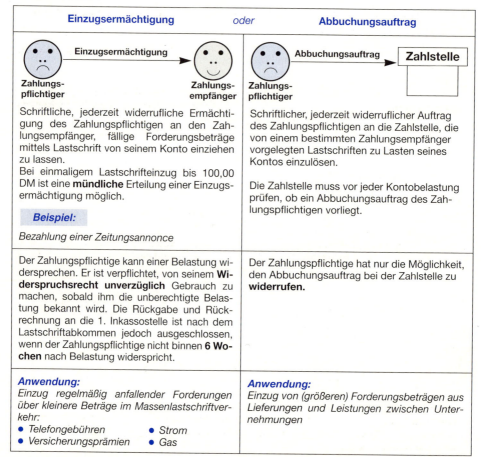

Einzugsermächtigung	oder	Abbuchungsauftrag
Schriftliche, jederzeit widerrufliche Ermächtigung des Zahlungspflichtigen an den Zahlungsempfänger, fällige Forderungsbeträge mittels Lastschrift von seinem Konto einziehen zu lassen. Bei einmaligem Lastschrifteinzug bis 100,00 DM ist eine **mündliche** Erteilung einer Einzugsermächtigung möglich. *Beispiel:* *Bezahlung einer Zeitungsannonce*		Schriftlicher, jederzeit widerruflicher Auftrag des Zahlungspflichtigen an die Zahlstelle, die von einem bestimmten Zahlungsempfänger vorgelegten Lastschriften zu Lasten seines Kontos einzulösen. Die Zahlstelle muss vor jeder Kontobelastung prüfen, ob ein Abbuchungsauftrag des Zahlungspflichtigen vorliegt.
Der Zahlungspflichtige kann einer Belastung widersprechen. Er ist verpflichtet, von seinem **Widerspruchsrecht unverzüglich** Gebrauch zu machen, sobald ihm die unberechtigte Belastung bekannt wird. Die Rückgabe und Rückrechnung an die 1. Inkassostelle ist nach dem Lastschriftabkommen jedoch ausgeschlossen, wenn der Zahlungspflichtige nicht binnen **6 Wochen** nach Belastung widerspricht.		Der Zahlungspflichtige hat nur die Möglichkeit, den Abbuchungsauftrag bei der Zahlstelle zu **widerrufen.**
Anwendung: Einzug regelmäßig anfallender Forderungen über kleinere Beträge im Massenlastschriftverkehr: ● Telefongebühren ● Strom ● Versicherungsprämien ● Gas		*Anwendung:* Einzug von (größeren) Forderungsbeträgen aus Lieferungen und Leistungen zwischen Unternehmungen

Lastschriftvereinbarung zwischen Zahlungsempfänger und 1. Inkassostelle

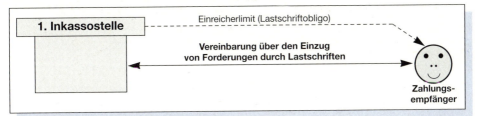

Zum Lastschrifteinzug werden nur Kunden von einwandfreier Bonität zugelassen, da die eingereichten Lastschriften dem Kunden bereits („Eingang vorbehalten") gutgeschrieben werden, bevor Gewissheit über deren Einlösung besteht. Der Zulassung geht deshalb meist eine Kreditwürdigkeitsprüfung voraus.

- Der Kunde verpflichtet sich, nur Lastschriften einzureichen, bei denen der Zahlungspflichtige dem Einzugsverfahren zugestimmt hat.
- Es dürfen nur fällige Forderungen (Mindestbetrag nach Möglichkeit 10,00 DM) eingezogen werden.
- Die Summe der einzelnen Lastschriftbeträge darf das vereinbarte Einreicherlimit nicht übersteigen.
- Nicht eingelöste Lastschriften werden dem Kunden mit der Einreichungswertstellung zurückbelastet.
- Beleghaft eingereichte Lastschriften müssen den *„Richtlinien für einheitliche Zahlungsverkehrsvordrucke"* entsprechen. Für den Einzug belegloser Lastschriften gelten die *„Bedingungen für den Datenträgeraustausch"*.

Lastschriftabkommen der Kreditinstitute

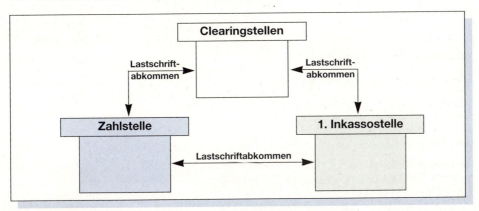

Das zwischen den Spitzenverbänden der Kreditwirtschaft und der Deutschen Bundesbank geschlossene *„Abkommen über den Lastschriftverkehr"* dient einer vereinheitlichten und rationellen Abwicklung des Lastschriftverkehrs und regelt die Rechte und Pflichten der beteiligten Kreditinstitute.

4.5.3 Lastschriftbearbeitung bei der 1. Inkassostelle

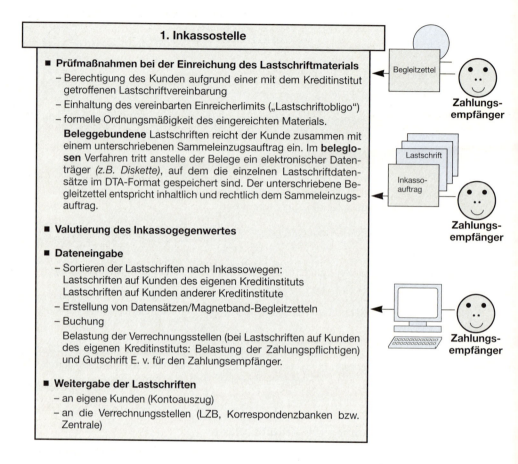

1. Inkassostelle

- **Prüfmaßnahmen bei der Einreichung des Lastschriftmaterials**
  - Berechtigung des Kunden aufgrund einer mit dem Kreditinstitut getroffenen Lastschriftvereinbarung
  - Einhaltung des vereinbarten Einreicherlimits („Lastschriftobligo")
  - formelle Ordnungsmäßigkeit des eingereichten Materials.
  Beleggebundene Lastschriften reicht der Kunde zusammen mit einem unterschriebenen Sammeleinzugsauftrag ein. Im **beleglosen** Verfahren tritt anstelle der Belege ein elektronischer Datenträger (z.B. Diskette), auf dem die einzelnen Lastschriftdatensätze im DTA-Format gespeichert sind. Der unterschriebene Begleitzettel entspricht inhaltlich und rechtlich dem Sammeleinzugsauftrag.

- **Valutierung des Inkassogegenwertes**

- **Dateneingabe**
  - Sortieren der Lastschriften nach Inkassowegen:
    Lastschriften auf Kunden des eigenen Kreditinstituts
    Lastschriften auf Kunden anderer Kreditinstitute
  - Erstellung von Datensätzen/Magnetband-Begleitzetteln
  - Buchung
    Belastung der Verrechnungsstellen (bei Lastschriften auf Kunden des eigenen Kreditinstituts: Belastung der Zahlungspflichtigen) und Gutschrift E. v. für den Zahlungsempfänger.

- **Weitergabe der Lastschriften**
  - an eigene Kunden (Kontoauszug)
  - an die Verrechnungsstellen (LZB, Korrespondenzbanken bzw. Zentrale)

Vereinfachter Scheck- und Lastschrifteinzug für die Kreditinstitute

Die **Deutsche Bundesbank** zieht für Kreditinstitute, die bei ihr ein Girokonto unterhalten, auf EUR oder DM lautende Schecks, Zahlungsvorgänge aus dem beleglosen Scheckeinzug und Lastschriften auf alle Orte des Bundesgebietes ein. Andere Kreditinstitute können sie über ein solches Kreditinstitut einreichen.

Der Gegenwert wird dem einreichenden Kreditinstitut mit der Valuta des folgenden Geschäftstages gutgeschrieben. Die Deutsche Bundesbank berechnet keine Inkassoprovision.

Lernfeld: Inländischer Zahlungsverkehr

4.5.4   Nichteinlösung der Lastschrift

Nichteingelöste Lastschriften sollen möglichst schnell an die 1. Inkassostelle zurückgelangen, damit die dem Zahlungsempfänger erteilte Gutschrift E. v. zurückbelastet werden kann. Bei der Nichteinlösung einer Lastschrift aufgrund mangelnder Kontodeckung hat die Zahlstelle den Zahlungspflichtigen spätestens am Tag der Lastschriftrückgabe von der Nichteinlösung zu unterrichten *(BGH-Urteil)*.

Die Nichteinlösung einer Lastschrift aufgrund mangelnder Kontodeckung führt zu einer Rufschädigung des Kunden und berechtigt das Kreditinstitut zu einer SCHUFA-Meldung.

Für die Rückgabe und Rückrechnung nicht eingelöster Lastschriften enthält das **Lastschriftabkommen** detaillierte Bestimmungen.

Rückgabegründe	Vorlegungsvermerk

■ Das Konto des Zahlungspflichtigen weist **keine Deckung** auf. (Teileinlösungen sind unzulässig.)
■ Die Lastschrift ist **unanbringlich:**
  – Angaben über den Zahlungspflichtigen sind nicht eindeutig
  – Konto ist erloschen
■ Bei Abbuchungs-Lastschriften liegt **kein Abbuchungsauftrag** vor.
	„Vorgelegt am .. .. .. und nicht bezahlt.“
	
	(Name der Zahlstelle, Ort und Datum der Ausfertigung)

■ Der Zahlungspflichtige erhebt **Widerspruch.** (Möglich nur bei Einzugsermächtigungs-Lastschriften.)	„Belastet am ...... Zurück wegen Widerspruchs.“ (Name der Zahlstelle, Ort und Datum der Ausfertigung)

■ **Rücklastschriften** werden grundsätzlich beleglos zurückgegeben. Der Rückgabegrund wird im Rücklastschriftdatensatz verschlüsselt.

■ Der **Rückgabeweg** ist freigestellt.

■ Die **Rückrechnung** von der kontoführenden Stelle an die 1. Inkassostelle hat bis spätestens an dem auf den Tag des Eingangs folgenden Geschäftstag zu erfolgen. Die **Rückgabegebühr** beträgt höchstens 7,50 DM.

■ **Eilnachricht:** Bei Rücklastschriften ≥ 2.000,00 DM hat die Zahlstelle die 1. Inkassostelle über die Nichteinlösung bis spätestens 14:30 Uhr an dem auf den Tag des Eingangs folgenden Geschäftstag telekommunikativ zu benachrichtigen.

■ Nicht eingelöste und mit Vorlegungsvermerk versehene Lastschriften müssen von der 1. Inkassostelle zurückgenommen werden und dürfen nicht erneut zum Inkasso in den Verkehr gebracht werden.

Lastschriftrückgabe aufgrund eines Widerspruchs des Zahlungspflichtigen

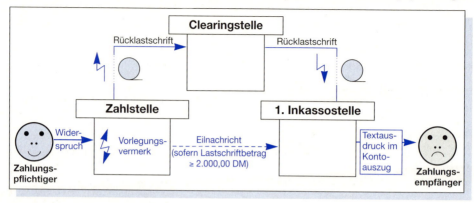

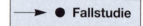
Fallstudie

4.5.5 Rückgabe von Inkassopapieren im Überblick

	Lastschriften	Schecks
Rechtsgrundlagen	■ Lastschriftabkommen (grundsätzlich belegloses Inkasso)	■ Scheckgesetz ■ Scheckabkommen ■ Scheckbedingungen
Gründe	■ Nichteinlösung – mangels Kontodeckung – kein Abbuchungsauftrag – Unanbringlichkeit ■ Widerspruch bei Einzugsermächtigung	■ Nichteinlösung – mangels Kontodeckung – Scheckwiderruf
Dokumentation	■ in der Regel beleglose Rückgabe Die 1. Inkassostelle druckt Ersatzbeleg mit Vorlegungsvermerk: ■ bei Nichteinlösung: „Vorgelegt am ... und nicht bezahlt. Kreditinstitut, Ort Datum" ■ bei Widerspruch „Belastet am ... Zurück wegen Widerspruchs. Kreditinstitut, Ort, Datum" – keine Unterschriften	**Vorlegungsvermerk** beim: ■ **beleghaften Inkasso** vom bezogenen Kreditinstitut: „Vorgelegt am ... und nicht bezahlt. Kreditinstitut, Ort, Datum, **Unterschriften**" (Grundlage für Urkundenprozess) ■ **beleglosen Inkasso (BSE)** von der 1. Inkassostelle im Auftrag des bezogenen Kreditinstituts (Schecks < 5.000,00 DM) „Vom bezogenen Kreditinstitut am ... nicht bezahlt. Kreditinstitut, Ort, Datum" – keine Unterschriften! – kein Urkundenprozess

Lernfeld: Inländischer Zahlungsverkehr   111

	Lastschriften	Schecks
Teileinlösungen	**nicht** zulässig	scheckrechtlich möglich, aber nicht praxisüblich Ausnahme: eurocheques in Höhe des Garantiebetrages
Benachrichtigung der 1. Inkassostelle	**Eilnachricht** der Zahlstelle an die 1. Inkassostelle <ul><li>spätestens am 1. Geschäftstag bis 14:30 Uhr nach Eingang bei der disponierenden Stelle, also ggf. der Zweigstelle</li><li>telekommunikativ (E-Mail, Telefax)</li></ul>	
	ab 2.000,00 DM	**ab 5.000,00 DM**
Rückgabe	**beleglose Rückgabe** mit Textschlüssel für den Rückgabegrund (nur bei Zinsausgleich beleghafte Rückgabe)	■ bei **beleglosem Verfahren:** beleglose Rückgabe von BSE-Schecks ■ bei **beleghaftem Verfahren:** „Direktrückgabe per Post oder auf dem Inkassoweg mit der Retourenhülle"
Rückgabefrist	**Spätestens am 1. Geschäftstag nach Eingang** (= Vorlagetag) bei der disponierenden Stelle, also ggf. der Zweigstelle Wegen Widerspruchs zurückzugebende Lastschriften: Rückgabe unverzüglich nach Eingang des Widerspruchs – aber binnen sechs Wochen nach dem Tag der Belastung	
Rückrechnung an 1. Inkassostelle	Der Rückrechnungsweg ist **freigestellt.** Der Einzug erfolgt i.d.R. beleglos per Lastschrift mit der Tageswertstellung für Einzugspapiere.	
Gebühren	Anspruch der **Zahlstelle an die 1. Inkassostelle:**	
	maximal **7,50 DM**	maximal **10,00 DM**
Zinsausgleich	Zinsausgleich **bei Beträgen ab 20.000,00 DM,** wenn der **Wertstellungsverlust 60,00 DM oder mehr** beträgt.	
Rückrechnung an den Kunden	Gebühren für den Kunden als Auftraggeber und der 1. Inkassostelle sind **frei vereinbar**	
Benachrichtigung des Zahlungspflichtigen bzw. Ausstellers	Benachrichtigung des Zahlungspflichtigen **am gleichen Tag brieflich** (BGH-Urteil)	Benachrichtigung des Ausstellers durch bezogenes Kreditinstitut **binnen 4 Tagen**

4

4.5.6 Buchung von Schecks und Lastschriften

Geschäftsvorgänge	Buchungssätze		Beträge in EUR Soll	Haben
Buchung von Kundenschecks Kundenschecks werden dem bezogenen Kreditinstitut zur Zahlung vorgelegt. Sie werden sofort dem Kundenkonto belastet. Im Fall der Nichteinlösung erfolgt eine Stornobuchung.				
▪ **Vorlage von Kundenschecks zur Einlösung** Barauszahlung von Barschecks	KKK		2.100,00	
		an Kasse		2.100,00
Scheckvorlage von ... – Korrespondenzbanken – LZB	KKK	 an BKK an LZB	55.000,00	 31.000,00 24.000,00
▪ **Nichteinlösung von Kundenschecks** Im Rahmen der Nachdisposition stellt der Kontoführer fest, dass das Kontoguthaben nicht zur Einlösung ausreicht. Der Scheck über 3.300,00 EUR wird zuzüglich 5,00 EUR Provision an die LZB zurückgegeben.	LZB an KKK an Prov.- ertrag		3.305,00	 3.300,00 5,00

Buchung von Inkassoschecks	Buchungssätze		Beträge in EUR Soll	Haben
Buchung von Inkassoschecks Kunden reichen Schecks zur Gutschrift „Eingang vorbehalten" ein. Je nach Verrechnungsweg werden die Schecks mit einer unterschiedlichen Valuta E. v. gutgeschrieben.				
▪ **Scheckeinreichung zum Inkasso**	Schecks		22.000,00	
		an KKK		22.000,00
▪ **Scheckinkasso** – Schecks von eigenen Kunden – Weitergabe an Korrespondenzbanken – Weitergabe an LZB	 KKK BKK LZB	 an Schecks	 3.500,00 10.500,00 8.000,00	 22.000,00
▪ **Nichteinlösung von Inkassoschecks** a) Die Inkassobank erhält von einer Korrespondenzbank einen nicht bezahlten Scheck über 5.800,00 EUR zuzüglich 5,00 EUR Provision zurück.	Retouren an BKK		5.805,00	 5.805,00
b) Rückgabe des Schecks an den Einreicher unter Berechnung einer eigenen Provision von 7,50 EUR.	KKK an Retouren an Prov.- ertrag		5.812,00	 5.805,00 7,50

Die Buchungen beim Inkasso und bei der Rückgabe von **Lastschriften** entsprechen den Scheckbuchungen.

Lernfeld: Inländischer Zahlungsverkehr

4.6 Kartenzahlungen

4.6.1 ec-Karte

4.6.1.1 Nutzungsmöglichkeiten im Überblick

Selbstbedienungsterminals

z.B. Erteilung von Überweisungsaufträgen

Geldautomaten

Abhebungen im In- und Ausland

Automatisierte Kassen

- electronic cash im Inland
- edc-/Maestro-System im Ausland

Eingabe der PIN

ohne Eingabe der PIN

eurocheque

- Garantiebetrag max. 200,00 EUR/ 400,00 DM bzw. entsprechender Währungsbetrag
- Kartennummer wird auf der Rückseite des Schecks notiert
- Vergleich der Unterschriften

POZ-System

- Kunde erteilt Einzugsermächtigung
- Vergleich der Unterschriften
- keine Zahlungsgarantie

Kontoauszugsdrucker

Geldkartenkassenterminal/ Automaten

- Bestätigung des Rechnungsbetrages am Terminal
- Abbuchung des Betrages vom Chip

4.6.1.2 Bedingungen für die Verwendung der ec-Karte

Pflichten des Kunden	
■ Sorgfaltspflicht	■ ec-Karte und eurocheque sind mit besonderer Sorgfalt und getrennt aufzubewahren. Sie dürfen insbesondere nicht unbeaufsichtigt im Kfz aufbewahrt werden. ■ Geheimhaltung der persönlichen Geheimzahl (PIN) ■ Die PIN darf insbesondere nicht auf der Karte vermerkt oder in anderer Weise zusammen mit dieser aufbewahrt werden.
■ Unterrichtungs- und Anzeigepflicht	■ Bei Verlust der ec-Karte und/oder Schecks ist das Kreditinstitut – möglichst die kontoführende Stelle – unverzüglich zu benachrichtigen. Der Verlust der ec-Karte kann auch bei dem Zentralen Sperrannahmedienst (GZS) angezeigt werden. ■ Wird die ec-Karte gestohlen oder missbräuchlich verwendet, ist unverzüglich Anzeige bei der Polizei zu erstatten.

ec-Garantie-verfahren ■ **eurocheque**	■ Ein eurocheque, der die Garantievoraussetzungen erfüllt, kann im Rahmen des Garantiebetrages nicht gesperrt werden. ■ Das Kreditinstitut ist dem gutgläubigen Schecknehmer zur Einlösung verpflichtet, wenn die Voraussetzungen für das Zustandekommen der Garantie eingehalten sind und die Unterschrift auf dem eurocheque dem äußeren Anschein nach den Eindruck der Echtheit erweckt. ■ Ist die Kartennummer auf dem eurocheque vermerkt, so ist er nach dem Beweis des ersten Anscheins unter Verwendung der ec-Karte ausgestellt worden.
■ **ec-cash, edc/ Maestro und Geldautomaten**	■ Das Kreditinstitut ist verpflichtet, die Beträge, über die unter Verwendung der ec-Karte verfügt wurde, an die Betreiber zu vergüten. ■ Die Zahlungspflicht beschränkt sich auf den jeweils autorisierten Betrag.
Verfügungs-rahmen	■ Der Karteninhaber darf Verfügungen mit seiner ec-Karte nur im Rahmen des Kontoguthabens oder eines vorher eingeräumten Kredits vornehmen. ■ Für Verfügungen an ec-Geldautomaten und automatisierten Kassen teilt das Kreditinstitut dem Kontoinhaber einen jeweils für einen bestimmten Zeitraum geltenden Verfügungsrahmen mit *(z. B. 1.000,00 EUR pro Tag)*.
Sperrung der ec-Karte	■ Das Kreditinstitut darf die ec-Karte aus wichtigem Grund sperren *(z. B. bei nicht genehmigten Kontoüberziehungen)* und den Einzug der ec-Karte *(z. B. am Geldautomaten)* veranlassen. ■ Die ec-Karte kann an ec-Geldautomaten, autorisierten Kassen sowie Selbstbedienungsterminals nicht mehr eingesetzt werden, wenn die PIN dreimal hintereinander falsch eingegeben wurde.

4.6.1.3 ec-Geldautomaten

Der Karteninhaber kann an allen ec-Geldautomaten im Inland und europäischen Ausland im Rahmen seines individuellen Verfügungsrahmens gegen Eingabe seiner persönlichen Geheimzahl (**PIN** = **P**ersönliche-**I**dentifikations-**N**ummer) Barabhebungen (auch mehrmals täglich) vornehmen.

Im Inland ist der Abhebungshöchstbetrag bei fremden Kreditinstituten in der Regel auf 1.000,00 DM begrenzt. Im Ausland erfolgt die Auszahlung in Landeswährung. Die Abhebungen werden aufgrund des bestehenden online-Verbundes dem Konto des Kunden belastet. Die Abhebungen an ausländischen Geldautomaten werden zum Devisengeld- bzw. EUR-Umrechnungskurs umgerechnet und kosten in der Regel jeweils 5,00 DM.

4.6.1.4 ec-cash/edc/Maestro-System

Der Karteninhaber kann bei allen an das electronic cash-System im Inland bzw. an das edc/Maestro-System (**e**lectronic **d**ebit **c**ard) im Ausland angeschlossenen Unternehmen gegen Eingabe seiner PIN im Rahmen seines individuellen Verfügungsrahmens bargeldlos zahlen.

Die Abwicklung der Autorisierung und des Zahlungsvorgangs erfolgt im online-Verfahren. Die Zahlungen sind durch das Karten ausgebende Kreditinstitut *garantiert* und werden dem Konto des Kunden sofort belastet. Das Verfügungslimit ist im Inland abhängig vom Karten ausgebenden Kreditinstitut *(z.B. 2.000,00 DM pro Tag)*, im Ausland beträgt es 1.000,00 DM pro Tag.

Lernfeld: Inländischer Zahlungsverkehr

Vertragsgrundlagen des electronic-cash-Systems

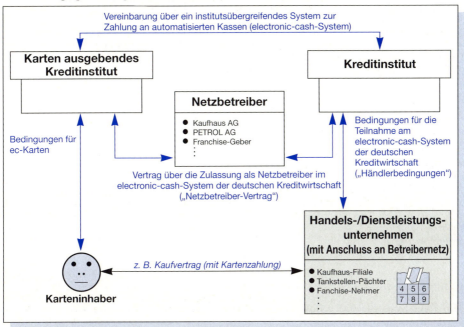

Zahlungsabwicklung im electronic-cash-System

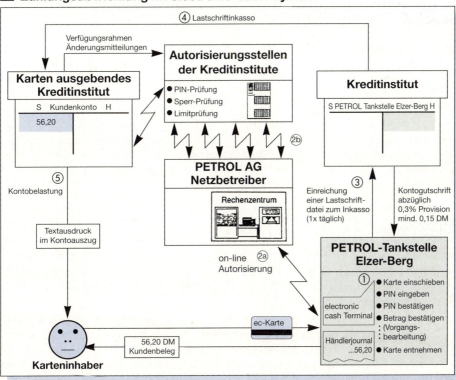

4.6.1.5 POZ-System und ec-Lastschriftverfahren

Gegen Vorlage der **ec-Karte** kann der Karteninhaber bei allen an das System angeschlossenen Unternehmen bargeldlos zahlen. Nachdem die im Magnetstreifen der Karte enthaltenen Daten in das Kassenterminal eingelesen wurden, erteilt der Karteninhaber dem Händler eine **schriftliche Einzugsermächtigung** und weist das Karten ausgebende Kreditinstitut unwiderruflich an, dem Zahlungsempfänger im Fall der Nichteinlösung der Lastschrift seinen Namen und die Anschrift mitzuteilen. Der Rechnungsbetrag wird anschließend im **Lastschriftverfahren** vom Konto des Zahlungspflichtigen eingezogen.
Im Unterschied zum ec-cash-Verfahren erfolgt **keine Autorisierung und keine Garantie der Zahlung** durch das Karten ausgebende Kreditinstitut.
Der Händler trägt das Zahlungsrisiko, da

- die Lastschrift nur bei ausreichender Kontodeckung eingelöst wird.
- der Zahlungspflichtige die Lastschrift wegen Widerspruchs zurückgeben kann.

Um im Vergleich zum ec-cash-Verfahren Kosten zu sparen, nehmen viele Händler das höhere Risiko in Kauf. Sie vertrauen bei dieser Zahlungsform auf die Zahlungsfähigkeit der Karteninhaber in der Annahme, dass ec-Karten nur an Kunden mit einer zweifelsfreien Bonität ausgegeben werden.

POZ-System

Beim **POZ-System** (**POZ** = **P**oint of Sale **O**hne **Z**ahlungsgarantie) erfolgt nach dem Einlesen der Kartendaten die online-Abfrage einer **zentralen Sperrdatei**, um die Gültigkeit bzw. Sperre der ec-Karte zu prüfen. Bei Rechnungsbeträgen bis zu einer **Bagatellgrenze von 60,00 DM** ist die Abfrage der Sperrdatei nicht notwendig.

Zahlungsabwicklung im POZ-System

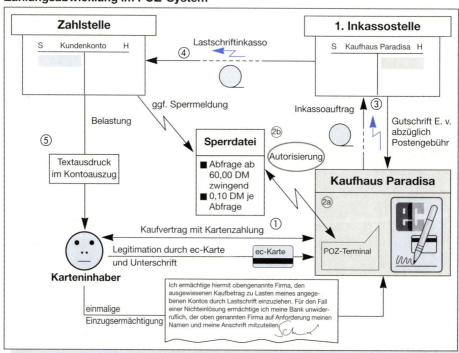

Lernfeld: Inländischer Zahlungsverkehr 117

ec-Lastschriftverfahren (ELV)

Beim ec-Lastschriftverfahren verzichten die Einzelhandelsunternehmen auch auf die online-Abfrage der zentralen Sperrdatei, um Kosten zu sparen. Größere Handelsketten prüfen jedoch hausinterne Sperrdateien.

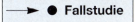 Fallstudie

4.6.2 GeldKarte

Mit einem Chip ausgestattete ec-Karten, Kundenkarten und besondere Geldkarten können als elektronische Geldbörse genutzt werden. Die GeldKarte dient der kostengünstigen bargeldlosen Zahlung kleiner Geldbeträge.

Beispiele:

Einzelhandel, öffentlicher Personen-Nahverkehr, Taxis, Zigarretten- und Getränkeautomaten, Theaterkassen

Merkmale der GeldKarte

Vorausbezahlung der GeldKarte	■ Der Karteninhaber kann an bestimmten Ladeterminals einen Betrag bis zu maximal 200,00 EUR/400,00 DM in den Speicherbereich der Chipkarte laden. ■ Das Aufladen der GeldKarte erfolgt auf der Grundlage der PIN-Eingabe und einer online-Autorisierung. Als Ladeterminals dienen bei entsprechender technischer Ausstattung Geldautomaten. ■ Das Konto des Karteninhabers wird sofort belastet.
Zahlungsabwicklung mit der GeldKarte	■ Zahlungen erfolgen offline, ohne Eingabe der PIN und ohne Unterschrift. ■ Die GeldKarte wird in das Händlerterminal eingeschoben. Zusätzlich besitzt der Händler eine individuelle „Händlerkarte", die er von seinem Kreditinstitut erhält. Diese Karte enthält Angaben zur Bankverbindung des Händlers sowie Sicherungsschlüssel. ■ Der Kunde bestätigt den Zahlungsbetrag. ■ Der Zahlungsbetrag vermindert das Guthaben auf der GeldKarte und wird als Zahlungsanspruch im Händlerterminal gespeichert. Dem Händler wird die Zahlung garantiert. ■ Mit Hilfe eines Taschenkartenlesers kann sich der Karteninhaber jederzeit einen Überblick über den noch verfügbaren Restbetrag sowie die auf der Karte gespeicherten letzten 15 Transaktionen verschaffen.
Verrechnung der Händlerumsätze	■ Das Händlerterminal erstellt eine Einreicherdatei und überträgt sie an die zuständige Evidenzzentrale. ■ Die Evidenzzentrale veranlasst die Zahlung des Karten ausgebenden Kreditinstitutes an den Händler (Einzug per Lastschrift über „Verrechnungsbanken").
Risiko bei Karten bzw. Datenverlust	■ Das Risiko des Verlustes und der unrechtmäßigen Verwendung trägt allein der Karteninhaber. ■ Bei einem Datenverlust auf der Karte wird das Kreditinstitut den Wert ersetzen. Zur Kontrolle wird deshalb bei der Evidenzzentrale der Kreditinstitute ein Kontrollkonto für jede Geldkarte geführt, um für jede Karte das jeweilige Restguthaben („Schattensaldo") bestimmen zu können.
Kosten für den Händler	■ Kosten für das Terminal ■ Kosten für den Datentransfer ■ Händlerentgelt für die Karten ausgebenden Kreditinstitute: 0,3 % vom Umsatz, mind. 0,02 DM je Transaktion
Kosten für den Karteninhaber	■ evtl. Postengebühr beim Aufladen der Karte ■ ggf. Zinsverlust

Zahlungsabwicklung mit der GeldKarte

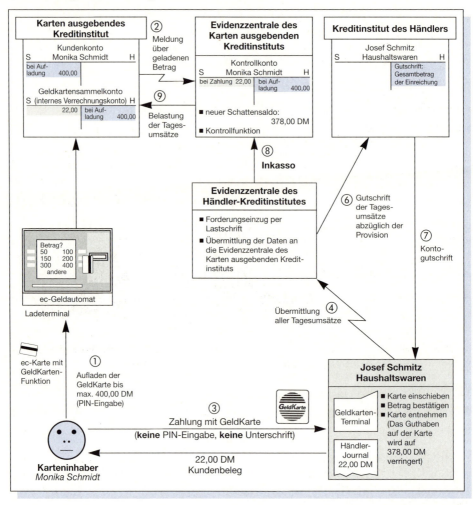

4.6.3 Kreditkarten – EUROCARD

Kreditkarten (Travel & Entertainment Cards) sind Ausweiskarten,
- die **von speziellen Kreditkartenorganisationen** (häufig in Kooperation mit Kreditinstituten und anderen Organisationen) **an bonitätsmäßig einwandfreie Kunden** ausgegeben werden
- und diese berechtigen, **weltweit bei bestimmten Handels- und Dienstleistungsunternehmen,** die vertraglich an die jeweilige Kreditkartenorganisation angeschlossen sind, **Leistungen ohne Bargeldzahlung** gegen Vorlage der Kreditkarte in Anspruch zu nehmen.

Nutzungsmöglichkeiten der Kreditkarte

Der Kartenemittent verpflichtet sich aufgrund eines Rahmenvertrages mit den Vertragsunternehmen, die laufend entstehenden Forderungen gegenüber den Karteninhabern unter Abzug eines Disagios anzukaufen. Er verzichtet darauf, den Vertragsunternehmen solche Forderungen zurückzubelasten, bei denen der Karteninhaber zahlungsunfähig wird.

Aus wirtschaftlicher Sicht ist die Kreditkarte:
- **Zahlungsmittel,** insbesondere Reisezahlungsmittel
- **Liquiditätsreserve,** da der Karteninhaber im Rahmen eines Bargeldservice bei Kreditinstituten und an Geldautomaten Bargeld abfordern kann
- **Kreditmittel,** da der Rechnungsausgleich durch den Karteninhaber (Kontobelastung) mit einem Zeitverzug von bis zu 4 Wochen nach Inanspruchnahme der Leistung erfolgt.

Für den Karteninhaber wird ein monatlicher **Verfügungsrahmen** festgelegt *(z. B. 10.000,00 DM)*.

Je nach Ausstattung bietet die Kreditkarte zusätzlich speziellen **Reise-Versicherungsschutz** und sonstige Leistungen, die unterwegs von Vorteil sein können.

Hauptkonkurrenten im Kreditkartengeschäft sind
- **EUROCARD/MasterCard,**
- **Visa,**
- **American Express,**
- **Diner's Club.**

Die **EUROCARD/EUROCARD Gold** ist die in Deutschland am weitesten verbreitete Kreditkarte. Sie wird von den Kreditinstituten in Kooperation mit der EUROCARD GmbH ausgegeben. Sie trägt neben der Bezeichnung EUROCARD den Namen und das Logo des emittierenden Kreditinstituts. Ihre Gültigkeit beträgt 2 Jahre.

Durch die Zusammenarbeit mit dem internationalen **MasterCard-Verbund** ist die weltweite Nutzung der EUROCARD gewährleistet.

Wirtschaftliche Verantwortung ■ Kartenverkauf ■ Bonitätsrisiko	Kreditinstitut Kreditinstitut
Processing-Leistungen ■ Abrechnung ■ Autorisierung	GZS GZS
Werbung	Kreditinstitut / EUROCARD
Ausbau und Pflege des Akzeptanznetzes	EUROCARD
Jahresgebühr und Disagioerlös	Kreditinstitut

■ Vertragsgrundlagen des EUROCARD-Systems

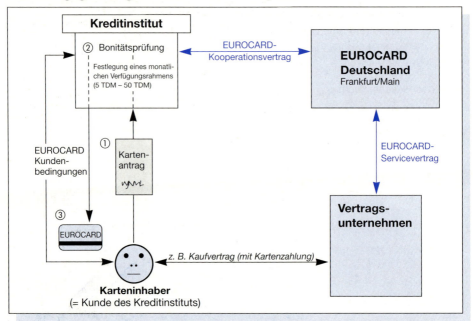

■ Zahlungsabwicklung im EUROCARD-System

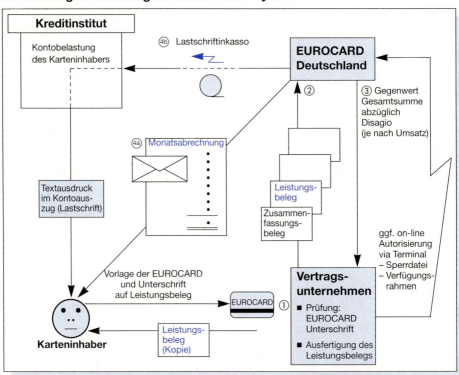

Lernfeld: Inländischer Zahlungsverkehr

Kreditkarten im Überblick

Merkmale	American Express (AE)		Diners Club	Eurocard (MasterCard)		VISA (unterschiedliche Gestaltung durch Lizenznehmer)
	AE-Karte	Gold Card		Eurocard	Eurocard Gold	
Preis/Jahr – Hauptkarte – Nebenkarte	140,00 DM 80,00 DM	350,00 DM 175,00 DM	150,00 DM kostenlos	40,00–60,00 DM 10,00–40,00 DM	130,00 DM 90,00 DM	35,00 DM (ADAC) bis 180,00 DM (Santander Premier) kostenlos (Citibank) bis 60,00 DM
Jahreseinkommen	mindestens 45.000,00 DM	mindestens 120.000,00 DM	mindestens 45.000,00 DM + gute Bonität	Bonitätsbestätigung des ausgebenden Instituts		mindestens 24.000,00 DM + gute Bonität
Kosten bei Barabhebung	4 % vom Betrag, mindestens 10,00 DM		3 % Inland 4 % Ausland	3 % vom Auszahlungsbetrag (mind. 10,00 DM)		1 % v. Guthaben, max. 3,00 DM, 4 % v. Kreditrahmen (Santander); 3 % mind. 5,00 DM (ADAC)
Umrechnung von Fremdwährungen	Devisengeldkurs bzw. EUR-Umrechnungskurs + 1 %					
Versicherungen	gegebenenfalls ja					
Sonstige kostenlose Leistungen	gegebenenfalls sonstige Leistungen. *Beispiele:* Autoschutzbrief, Mietwagenkaution, vereinfachte Hotelabrechnung					
Haftung bei Verlust	vor Verlustanzeige max. 100,00 DM, danach keine Haftung; Beim Verlust muss der Karteninhaber unverzüglich das Karten ausgebende Kreditinstitut oder eine Repräsentanz der Kredit-Kartengesellschaft benachrichtigen. Bei missbräuchlichem Karteneinsatz ist Anzeige bei der Polizei zu erstatten.					

4.6.4 Kartenzahlungssysteme im Überblick

Merkmale	ec-cash/edc-System	POZ-System und ec-Lastschriftverfahren	Geldkartenzahlungen	Kreditkartenzahlungen
zugelassene Karten	■ ec-Karten ■ Kundenkarten *Beispiele:* ● S-CARD ● BANK-CARD	■ ec-Karten	Karten mit Geldkartenfunktion (Chipkarten) – ec-Karten – Kundenkarten – besondere Geldkarten	■ Eurocard ■ Eurocard Gold ■ Visa Card ■ American Express
Legitimation und Prüfungen bei der Zahlung	■ Eingabe der PIN ■ online-Prüfung: – der PIN – der Sperrdatei – des Verfügungsrahmens (z.B. 2.000,00 DM pro Tag)	■ Unterschrift und Erteilung einer Einzugsermächtigung ■ POZ: online-Prüfung der Sperrdatei (bei Beträgen ab 60,00 DM verpflichtend)	keine Prüfung der Legitimation des Vorlegers	■ Unterschrift auf Leistungsbeleg ■ in der Regel online-Prüfung: – der Sperrdatei – des Verfügungsrahmens (z.B. 10.000,00 DM pro Monat)
Zahlungsgarantie für den Händler	ja	nein Die Lastschrift kann mangels Kontodeckung oder wegen Widerspruch zurückgegeben werden.	ja	ja

Merkmale	ec-cash/edc-System	POZ-System und ec-Lastschriftverfahren	Geldkartenzahlungen	Kreditkarten-zahlungen
Belastung des Karten-inhabers	nach jeder Zahlung	nach jeder Zahlung	beim Aufladen der Karte (max. 400,00 DM)	einmal im Monat
Risiko für den Karten-inhaber	■ Unrechtmäßige Verfügungen sind nur möglich, wenn der Vorleger die PIN kennt. ■ Vor der Verlustanzeige ist die Haftung abhängig vom Verschulden des Kunden, nach der Verlustanzeige trägt das Kreditinstitut alle Schäden.	Kein Risiko für den Karteninhaber, da er die Lastschriften aufgrund eines Widerspruchs zurückgeben kann.	■ Der Karteninhaber trägt allein das Risiko beim Verlust der Karte. ■ Bei einem Datenverlust auf der Karte erstattet das Kreditinstitut den Wert.	■ Schäden **vor** der Verlustanzeige: Haftung des Karteninhabers max. 100,00 DM ■ Schäden **nach** der Verlustanzeige: keine Haftung des Karteninhabers
Kosten für den Händler	■ Kosten für das Terminal ■ Kosten für die on-line-Verbindung ■ Provision des Karten ausgebenden Kreditinstitutes: 0,3 % mind. 0,15 DM	■ Kosten für das Terminal POZ zusätzlich: ■ Kosten für die online-Verbindung (Sperrdatei) ■ 0,10 DM Provision für jede Sperrabfrage	■ Kosten für das Terminal ■ Provision des Karten ausgebenden Kreditinstitutes: 0,3 % mind. 0,02 DM	■ Kosten für das Terminal ■ Kosten für die on-line-Verbindung (erst ab bestimmten Beträgen notwendig) ■ 2 %–4 % Abschlag vom Rechnungsbetrag (Disagio)

4.6.5 Haftung bei missbräuchlicher Verwendung von Schecks und Zahlungskarten

Missbrauch von eurocheques (ohne ec-Karte) und anderer Schecks	
Verlust von *nicht* ausgefüllten Scheckvordrucken	Die Haftung bestimmt sich nach den Grundsätzen des Mitverschuldens.
Verlust von ausgestellten Schecks	Das Kreditinstitut haftet nur bei grober Fahrlässigkeit.

Missbrauch der EUROCARD	
■ Haftung **vor** Verlustanzeige	Die Haftung des Karteninhabers beträgt **maximal 100,00 DM.** **Ausnahme:** Bei grober Fahrlässigkeit haftet der Karteninhaber unbeschränkt. *Beispiel:* ● *Der Kartenverlust wurde nicht umgehend mitgeteilt.* ● *Die PIN wurde auf der Karte vermerkt oder zusammen mit dieser verwahrt.*
■ Haftung **nach** Verlustanzeige	Der Karteninhaber **haftet nicht.**

Lernfeld: Inländischer Zahlungsverkehr

Missbrauch von eurocheques in Verbindung mit der ec-Karte und der ec-Karte allein *(z. B. Geldautomaten)*		
	Sparkassen und Kreditgenossenschaften	**Kreditbanken**
Kunde trifft kein Verschulden	Das Kreditinstitut trägt 100% des Schadens.	
leichte bis mittlere Fahrlässigkeit des Kunden	Aufteilung des Schadens nach dem Verschulden	
	■ **eurocheques:** Das Kreditinstitut übernimmt den vom Kunden zu tragenden Schaden bis zu 6.000,00 DM je Schadensfall bei eurocheques. ■ **Geldautomaten und ec-cash:** Das Kreditinstitut übernimmt den vom Kunden zu tragenden Schaden.	Bei leichter Fahrlässigkeit trägt das Kreditinstitut 90 % des Schadens.
grobe Fahrlässigkeit des Kunden	Der Kunde trägt 100% des Schadens, insbesondere wenn ■ ec-Karte und eurocheque-Vordrucke gemeinsam im Kfz aufbewahrt wurden, ■ der Kartenverlust schuldhaft nicht unverzüglich dem Kreditinstitut bzw. der GZS mitgeteilt wurde, ■ die PIN auf der ec-Karte vermerkt oder mit der Karte zusammen verwahrt wurde, ■ die PIN einer anderen Person mitgeteilt und der Missbrauch dadurch verursacht wurde.	
	■ der Diebstahl/Missbrauch der ec-Karte nicht der Polizei angezeigt wurde.	
Besonderheiten beim Missbrauch der ec-Karte an Geldautomaten und bei ec-cash	■ maximale Haftung des Kunden 1.000,00 DM pro Tag	■ Die maximale Haftung des Kunden ist auf den Verfügungsrahmen beschränkt.
	■ Nach der Verlustanzeige trägt das Kreditinstitut alle Schäden.	

4

4.6.6   Buchung von Kartenverfügungen

Geschäftsvorgänge	Buchungssätze	Beträge in EUR	
		Soll	Haben
Verfügungen an Geldautomaten			
■ Eigene Kunden haben an Geldautomaten anderer Kreditinstitute insgesamt 8.000,00 EUR verfügt. Der Betrag wird zuzüglich einer Provision von 60,00 EUR per Lastschrift eingezogen.	KKK an BKK	8.060,00	8.060,00

■ Fremde Kunden haben an unseren Geldautomaten Verfügungen von insgesamt 6.000,00 EUR getätigt. Wir ziehen den Betrag zuzüglich einer Provision von 45,00 EUR per Lastschrift ein.	BKK
	    an Kasse
	    an Prov.-ertrag
		6.045,00	6.000,00
			45,00

Geschäftsvorgänge	Buchungssätze	Beträge in EUR Soll	Haben
Bargeldlose Kartenzahlungen (Kreditkarte, ec-cash, POZ)			
▪ Unsere Kunden haben Kartenzahlungen getätigt. Der Gegenwert wird von der GZS per Lastschrift eingezogen.	KKK an BKK	14.800,00	14.800,00
▪ Unser Geschäftskunde hat Kartenzahlungen in seinem Einzelhandelsgeschäft akzeptiert und reicht eine Lastschriftdatei zum Einzug ein. Die Inkassoprovision beträgt 8,10 EUR	Schecks an KKK an Prov.-ertrag	2.700,00	2.691,90 8,10
▪ Die Lastschriften werden zum Einzug an eine Korrespondenzbank weitergeleitet.	BKK an Schecks	2.700,00	2.700,00

4.7 Reisescheck

> **Der Reisescheck** *(Travellers-Cheque)* ist ein Bargeldbeschaffungs- und Zahlungsmittel im internationalen Reiseverkehr. Er kann in bestimmten Stückelungen bei Kreditinstituten erworben und im Reiseland zur Bargeldbeschaffung bei Kreditinstituten verwendet oder bei Hotels, Gaststätten usw. in Zahlung gegeben werden.

Gründe für die Sicherheit des Reiseschecks als internationales Reisezahlungsmittel:

▪ **Doppelte Unterschriftsleistung des Erwerbers auf dem Reisescheck**

1. Unterschrift: beim Verkauf in Gegenwart eines Bankangestellten
2. Unterschrift: bei der Einlösung in Gegenwart des Empfängers

In Zweifelsfällen wird zusätzlich die Legitimation des Vorlegers (amtlicher Lichtbildausweis) geprüft.

▪ **Ersatzleistung bei Verlust des Reiseschecks**

Bei Verlust seiner Reiseschecks *(z. B. durch Diebstahl)* erhält der Kunde gegen persönliche Legitimation und Vorlage des Kaufnachweises volle Ersatzleistung bei der nächstgelegenen Agentur des Reisescheck-Emittenten, wenn

– die abhanden gekommenen Reiseschecks vor dem Verlust noch nicht gegengezeichnet waren,

– der Reisescheck-Emittent unverzüglich (bei gestohlenen Reiseschecks auch die Polizei) über den Verlust und dessen nähere Umstände informiert wurde.

Die Reiseschecks sind vom Kunden genauso sorgfältig zu behandeln wie Bargeld und getrennt von der Kaufabrechnung aufzubewahren.

Lernfeld: Inländischer Zahlungsverkehr

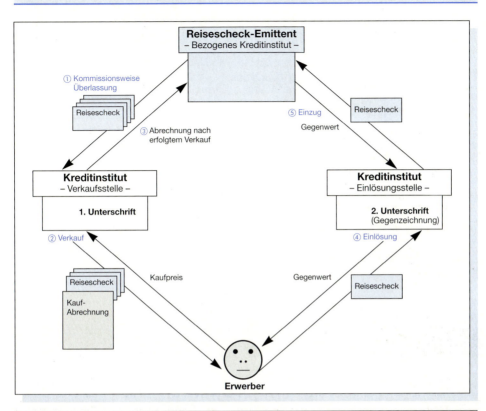

Rechtsnatur des Reisescheks	■ scheckähnliche Anweisung ■ Orderpapier
Reisescheck-Emittenten	Kreditinstitute mit internationalem Bekanntheitsgrad ■ American Express Company (Amexco) ■ Thomas Cook Inc. . . .
Reisescheck-Währung/Stückelung	■ EUR-Reisescheks: 50,00 / 100,00 / 200,00 / 500,00 EUR ■ USD-Reisescheks: 10,00 / 20,00 / 50,00 / 100,00 / 500,00 USD . .
Gültigkeitsdauer	unbegrenzt
Verkauf von Reisescheks	■ EUR-Reisescheks: zum Nennwert ■ FW-Reisescheks: EUR-Gegenwert umgerechnet zum *Devisen-Geldkurs*
Ankauf (Einlösung) von Reisescheks/Rückgabe nicht verwendeter Reisescheks	■ EUR-Reisescheks: zum Nennwert ■ FW-Reisescheks: EUR-Gegenwert zum *Scheckankaufskurs* bzw. EUR-Umrechnungskurs
Ertrag des Kreditinstituts	■ **beim Verkauf:** – 1 % Verkaufsprovision – ggf. Anteil an den Erträgen des Emittenten aus Geldanlagen bereits an ihn gezahlter, aber noch nicht eingelöster Reisescheckbeträge (float) ■ **beim Ankauf:** – Einlösungsprovision (z. T. auch gebührenfreie Einlösung) – bei FW-Reisescheks: Kursspanne

5 Geld- und Vermögensanlagen

Folgende **Anlageformen** sind zu unterscheiden:

- Einlagen bei Kreditinstituten
  (Spar-, Termin- und Sicht-
  einlagen)
- Geldanlage bei Versicherungen
  (Kapitallebensversicherungen)
- Geldanlage bei Bausparkassen
- Erwerb von Effekten
  (Gläubigereffekten, Aktien,
  Investmentzertifikate, Sonstige)

Die deutschen Haushalte verfügten
Ende 1999 über ein Geldvermögen
von 3,5 Billionen EUR.
Wie die Gelder angelegt waren,
zeigt die nebenstehende Grafik.

Geldanlagen bei Versicherungen	803
Termin- und Spareinlagen	734
Bargeld und Sichteinlagen	476
Investmentfonds	389
Festverzinsliche Wertpapiere	369
Aktien	325
Sonstiges	310
Anlagen bei Bausparkassen	94

Beträge in Mrd. EUR

Quelle: Deutsche Bundesbank, Bundesverband deutscher Banken, Stand: Ende 1999

5.1 Einlagen bei Kreditinstituten

5.1.1 Sicht-, Termin- und Spareinlagen im Vergleich

Merkmale	Sichteinlagen	Termineinlagen	Spareinlagen
Zweck	Guthaben auf Kontokorrentkonten zur Teilnahme am bargeldlosen Zahlungsverkehr	befristete Anlage von Geldern als Festgeld (ab 5.000,00 EUR)	Anlage oder Ansammlung von Vermögen
Rechtsgrundlagen	■ Kontokorrent (§ 355 HGB) ■ Geschäftsbesorgung (§ 675 BGB) ■ Darlehen; unregelmäßige Verwahrung (§§ 607, 700 BGB)	Darlehen; unregelmäßige Verwahrung (§§ 607, 700 BGB)	■ Darlehen (§ 607 BGB) ■ Verordnung über die Rechnungslegung der Kreditinstitute
Bilanzausweis	Verbindlichkeiten aus dem Bankgeschäft gegenüber Kunden:		
Laufzeit- bzw. Kündigungsfrist	täglich fällig	mit vereinbarter Laufzeit oder Kündigungsfrist von ■ weniger als 3 Monaten ■ mindestens 3 Monaten, aber wenigstens 4 Jahren ■ 4 Jahren oder länger	Spareinlagen: ■ mit vereinbarter Kündigungsfrist von drei Monaten ■ mit vereinbarter Kündigungsfrist von mehr als drei Monaten

Lernfeld: Geld- und Vermögensanlagen

Merkmale	Sichteinlagen	Termineinlagen	Spareinlagen
Verwendungs-möglichkeiten im Aktivgeschäft	überwiegend im kurzfristi-gen Aktivgeschäft	überwiegend im kurz-/mit-telfristigen Aktivgeschäft	überwiegend im langfristi-gen Aktivgeschäft
	Die Verwendungsmöglichkeiten sind im Liquiditätsgrundsatz des BAKred reglementiert.		
Verzinsung	keine bzw. sehr niedrig *(z. B. 0,5 % p.a.)*	abhängig von: ■ Anlagedauer und -betrag ■ Zinsniveau am Geld-markt ■ Liquidität des Kredit-institutes ■ Stellung des Kunden	abhängig von: ■ Anlagedauer ■ Zinsniveau am Kapital-markt
Kapitalisierung der Zinsen	am Ende der Kontokorrent-periode	Festgeld: am Ende der vereinbarten Laufzeit	am Jahresende

Anlagemotive	■ Liquiditätsreserve
	■ Zahlungsverkehr
		■ Liquiditätsreserve
		■ Mittel werden in Kürze für eine Ausgabe benötigt
		■ „Parken" des Geldes, um auf günstigere Ein-stiegskurse am Renten- oder Anleihemarkt zu warten
		■ mittel-/langfristige Geld-anlage bei laufender Prolongation
		  – kurzfristige Verfüg-barkeit
		  – kein Kursrisiko
		  – immer marktgerechte Verzinsung
		  – evtl. hohe Zinsen bei inverser Zinsstruktur
			■ Liquiditätsreserve
			■ Anlage vermögenswirk-samer Leistungen
			■ Sparen für spätere Anschaffungen
			■ langfristiger Vermögens-aufbau (Vorsorgesparen)

Bei einer **inversen Zinsstruktur** sind die Zinsen für kurzfristige Anlagen höher als die Zin-sen für langfristige Anlagen, was insbesondere in Hochzinsphasen häufig der Fall ist.

5.1.2 Spareinlagen

5.1.2.1 Sparvertrag

Spareinlagen sind **unbefristete Einlagen,** die

■ der **Geldanlage** dienen,
■ durch Ausfertigung einer **Urkunde,** insbesondere eines Sparbuches, als solche ge-kennzeichnet sind und
■ eine **Kündigungsfrist von mindestens 3 Monaten** aufweisen.

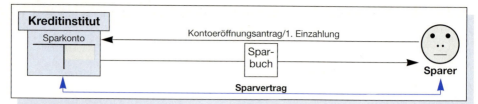

Rechtsgrundlagen:

- §§ 607, 808 BGB
- Sonderbedingungen für den Sparverkehr
- Rechnungslegungsverordnung für Kreditinstitute (RechKredVO)

> Das Produkt „Spareinlage/Sparbuch" kann vom Kreditinstitut grundsätzlich in individueller Ausgestaltung angeboten werden. Es ist jedoch in seinen Grundmerkmalen durch die RechKredVO definiert. Nur solche Einlagen, die den darin formulierten Kriterien entsprechen,
> - dürfen bilanziell als Spareinlage ausgewiesen werden,
> - gelten als Spareinlage im Sinne der Mindestreservebestimmungen und des BAKred-Liquiditätsgrundsatzes.
>
> Die bei den einzelnen Institutsgruppen geltenden *Sonderbedingungen für den Sparverkehr* sind so abgefasst, dass die bei ihnen unterhaltenen Spareinlagen Anerkennung im Sinne der *RechKredVO* finden.

Spareinlagen können entgegengenommen werden von:

- natürlichen Personen,
- BGB-Gesellschaften,
- Erbengemeinschaften,
- Vereinen, deren Zweck nicht auf einen wirtschaftlichen Geschäftsbetrieb gerichtet ist,
- juristischen Personen des öffentlichen Rechts. z.B.

Unabhängig von der Person des Einlegers können als Spareinlagen gehalten werden:

- Heimkautionen
- Mietkautionen

Nicht als Spareinlagen gelten:

- Einlagen, die von vorneherein befristet sind,
  Ausnahme: VL-Spareinlagen
- Einlagen, die für den Zahlungsverkehr bestimmt sind,
- Bauspareinlagen,
- Einlagen von juristischen Personen des Privatrechts und Personenhandelsgesellschaften, es sei denn, diese Unternehmungen dienen gemeinnützigen, mildtätigen oder kirchlichen Zwecken.

Das Kreditinstitut ist verpflichtet, im Preisaushang die Standardsätze für Spareinlagen zu nennen.

> **Rechtsprechung des BGH zur Gläubigerschaft bei Spareinlagen**
> - Gläubiger einer Spareinlage wird nach § 607 BGB der Darlehnsgeber, grundsätzlich also der Einzahlende und nicht derjenige, auf dessen Namen das Sparbuch ausgestellt wird.
> - Über die Gläubigerschaft entscheidet aber letztlich der Wille des Einzahlenden. Dieser hat die Möglichkeit, die Forderung auf Rückzahlung der Spareinlage unmittelbar in der Person eines Dritten entstehen zu lassen.
> - Regelmäßig ist in der Übergabe des Sparbuches auch eine Abtretung der Forderung zu sehen. Da jedoch Spareinlagen durch formlosen Abtretungsvertrag nach § 398 BGB übertragen werden, muss im Zweifelsfall der Inhaber des Sparbuchs beweisen, dass die Spareinlage und das Eigentum am Sparbuch auf ihn übergegangen sind.

Lernfeld: Geld- und Vermögensanlagen

Gläubiger der Spareinlage kann entsprechend dem Willen des Einzahlenden sein:

- der **Einzahlende** selbst,

  Beispiel:

  Der Kontoinhaber zahlt auf sein eigenes Konto ein.

- ein **fremder Kontoinhaber,**

  Beispiel:

  Eltern zahlen auf das Sparkonto ihres Kindes ein Geldgeschenk ein.

- eine **dritte Person im Zusammenhang mit einem Sparvertrag zu Gunsten eines Dritten.**

  Beispiel:

  Der Einzahlende (= Kontoinhaber) vereinbart mit dem Kreditinstitut, dass eine dritte Person bei Eintritt einer bestimmten Bedingung das Recht an diesem Konto erwerben soll.

5.1.2.2 Bedeutung der Sparurkunde

> **Namenspapiere mit Inhaberklausel** *(§ 808 BGB)* → *Inhaberpapier*
> Wird eine Urkunde, in welcher der Gläubiger benannt ist, mit der Bestimmung ausgegeben, dass die in der Urkunde versprochene Leistung an jeden Inhaber bewirkt werden kann, so wird der Schuldner durch die Leistung an den Inhaber der Urkunde befreit. Der Inhaber ist nicht berechtigt, die Leistung zu verlangen. Der Schuldner ist nur gegen Aushändigung der Urkunde zur Leistung verpflichtet.

Das Sparbuch ist

- **Schuld und Beweisurkunde:**
  Es enthält das Versprechen des Kreditinstituts, die Spareinlage zurückzuzahlen.
  Es beweist die Forderung des Sparers gegenüber dem Kreditinstitut.
  Maßgeblich ist jedoch der tatsächliche Kontostand. Ein von der Sparbucheintragung abweichendes Guthaben muss das Kreditinstitut jedoch beweisen.

- **qualifiziertes Legitimationspapier:**
  Spareinlagen werden grundsätzlich nur gegen Vorlage der Sparurkunde zurückgezahlt.
  Das Kreditinstitut ist berechtigt, an jeden Vorleger des Sparbuchs ohne Legitimationsprüfung im Rahmen der versprochenen Leistung mit schuldbefreiender Wirkung zu zahlen, sofern kein Missbrauchsverdacht besteht.
  Versprochene Leistung:
  - gekündigte Beträge nach Ablauf der Kündigungsfrist
  - ohne Kündigung bis zu 3.000,00 DM pro Kalendermonat bei Spareinlagen mit einer Kündigungsfrist von 3 Monaten ↘ 2.000,00 EUR

  Zum **Schutz vor unberechtigten Verfügungen** kann der Sparer mit dem Kreditinstitut vereinbaren, dass Auszahlungen nur
  - an ihn persönlich erfolgen.
  - gegen Nennung eines Kennwortes erfolgen.

  Über die **gesamte Spareinlage** (= Kontoauflösung) kann nur der Kontoinhaber verfügen.

- **„hinkendes" Inhaberpapier:**
  Das Kreditinstitut ist zur schuldbefreienden Leistung an jeden Vorleger des Sparbuchs **berechtigt, aber nicht verpflichtet.** Die Berechtigung zur Geltendmachung der Forderung kann nicht allein aus dem Besitz der Urkunde abgeleitet werden.
  Das Kreditinstitut kann aufgrund der Sorgfaltspflicht eines ordentlichen Kaufmanns eine Legitimationsprüfung vornehmen.

Verlust des Sparbuchs:

Der Kontoinhaber hat sein Sparbuch sorgfältig aufzubewahren. Tritt dennoch ein Verlust des Sparbuches ein, so ist dieser der kontoführenden Stelle sofort anzuzeigen. Aufgrund der Anzeige wird das Sparguthaben zunächst gesperrt.

Für den Sparer kann ein **neues Sparbuch** ausgestellt werden:		
■ **ohne Kraftloserklärung des alten Sparbuchs**	■ **nach Kraftloserklärung des alten Sparbuchs**	
	– aufgrund eines gericht- lichen Aufgebotsverfahrens	– aufgrund eines eigenen Aufgebotsverfahrens (im Sparkassenbereich)
– bei geringem Sparguthaben – wenn die Vernichtung des Sparbuchs glaubhaft nachgewiesen wird Aufgrund einer von ihm zu unterzeichnenden **Haftungserklärung** haftet der Kontoinhaber für alle Schäden, die sich aus dem Missbrauch des in Verlust geratenen Sparbuchs ergeben könnten.	Auf Antrag erlässt das zuständige Amtsgericht ein Aufgebot, das im Bundesanzeiger veröffentlicht wird.	Auf Antrag erlässt der Vorstand ein Aufgebot, das in einem für die Bekanntmachungen des Instituts bestimmten Blatt veröffentlicht wird.
	Wenn der Inhaber des Sparbuchs bis zum Ende der Aufgebotsfrist seine Rechte unter Vorlegung des Sparbuchs nicht angemeldet hat, wird das Sparbuch durch	
	gerichtliches Ausschlussurteil	**Vorstandsbeschluss**
	für kraftlos erklärt und verliert seine Rechtskraft.	

5.1.2.3 Verfügungen über Spareinlagen

> **1. Regel:** Spareinlagen sind erst nach Kündigung und Ablauf der Kündigungsfrist fällig.

- Die **Regelkündigungsfrist** beträgt **3 Monate.**
- Eine längere Kündigungsfrist (z. B. *6, 12, 48 Monate*) und eine Kündigungssperrfrist muss ausdrücklich vereinbart und in der Sparurkunde vermerkt werden.

  Beispiel:

  VL-Spareinlagen

- **Abhebungsfreibetrag:** Bei Spareinlagen mit dreimonatiger Kündigungsfrist können ohne Kündigung bis zu **3.000,00 DM pro Kalendermonat** und Sparkonto zurückgefordert werden.

Über kapitalisierte Zinsen kann innerhalb eines Zeitraums von 2 Monaten nach Gutschrift frei verfügt werden. Danach unterliegen sie der vereinbarten Kündigungsregelung.

Stimmt das Kreditinstitut ausnahmsweise einer vorzeitigen Verfügung zu, ist es berechtigt, für die vorzeitige Verfügung, soweit diese den Abhebungsfreibetrag übersteigt, nach eigenem Ermessen ein **Vorfälligkeitsentgelt/Vorschusszinsen** zu berechnen.

VZ-Verzicht

Auf die Berechnung von Vorschusszinsen wird in der Regel verzichtet bei einer
- wirtschaftlichen Notlage des Sparers

  Beispiel:

  Erwerbsunfähigkeit

Lernfeld: Geld- und Vermögensanlagen 131

- Geldanlage in anderer Form, soweit diese im eigenen Haus erfolgt und mindestens gleich lang befristet ist.

  Beispiel:

  Erwerb von Wertpapieren

Vorzeitige Verfügungen dürfen nur durch den Kontoinhaber bzw. seinen Vertreter erfolgen. Das Kreditinstitut ist im Zweifelsfall verpflichtet, die Legitimation des Vorlegers zu prüfen.

---

2. Regel: Verfügungen über Spareinlagen sind nur
- als Barauszahlung
- gegen Vorlage der Urkunde möglich.

Ausnahmen:

- **Verfügungen durch Überweisung** werden in Ausnahmefällen zugelassen, wenn das Sparbuch vorgelegt wird.

  Beispiel:

  Überweisung eines Rechnungsbetrages zur Bezahlung einer größeren Anschaffung

- **Ohne Vorlage des Sparbuchs** werden Verfügungen zugelassen
  - in Form von Daueraufträgen zugunsten eines anderen Sparkontos bei demselben Kreditinstitut,
  - bei Belastungen des Sparkontos wegen fälliger Forderungen des Kreditinstituts gegen den Sparer,

    Beispiele:

    - *Depotgebühren* - *Hypothekenzinsen, Tilgungsraten* - *Kaufabrechnungen über Wertpapiere*
  - bei Überweisungen an den Sparer persönlich, wenn dieser aus einem besonderen Grund nicht erscheinen kann und die Vorlage des Sparbuches nicht möglich ist.

    Beispiel:

    längere Erkrankung des Sparers

5.1.2.4 Abrechnung von Sparkonten

- Sparkonten werden nach den Regeln der kaufmännischen Zinsrechnung abgerechnet:
  - Jeder Monat wird zu 30 Zinstagen gerechnet.
  - Das Jahr hat 360 Zinstage.
- Die Zinsberechnung erfolgt nach der progressiven Postenmethode.
  Die Zinsen werden stets im Voraus bis zum Jahresende ermittelt. Bei Ein- und Auszahlungen wird der Zinsbetrag entsprechend korrigiert.
- Nach den Sparbedingungen der Sparkassen und Kreditgenossenschaften beginnt die Verzinsung mit dem Tage der Einzahlung und endet mit dem der Rückzahlung vorhergehenden Kalendertag. Wertstellungstag ist bei Ein- und Auszahlungen jeweils der vorhergehende Kalendertag.

  Beispiel:

  Ein Betrag wird am 16.03. eingezahlt und am 18.03. wieder abgehoben:
  Einzahlung Wert 15.03. – Auszahlung Wert 17.03. → 2 Zinstage, nämlich der 16.03. und 17.03.

- Das Guthaben wird in der Regel einschließlich der Pfennige bzw. Cent verzinst.
- Die Zinskapitalisierung erfolgt am Jahresende bzw. bei Kontoauflösung.

Beispiel für eine Sparstaffel:

Buchungstag	Text	Betrag	Wert	Zinstage	2 % Zinsen
02.01.20..	Vortrag	5.800,85 EUR	31.12. des Vorjahres	360	116,02 EUR
16.02.20..	Einzahlung	+ 2.300,00 EUR	15.02.20...	315	+ 40,25 EUR
		8.100,85 EUR			156,27 EUR
10.03.20..	Auszahlung	− 3.000,00 EUR	09.03.20..	291	− 48,50 EUR
		5.100,85 EUR			107,77 EUR

Zinserträge sind **einkommensteuerpflichtig** und unterliegen der **Zinsabschlagsteuer (ZASt)** von 30 % und dem **Solidaritätszuschlag (SolZ)** von 5,5 %. Davon ausgenommen sind Zinsgutschriften bis zu einer Bagatellgrenze von 20,00 DM. Der SolZ wird von der ZASt berechnet. Den Abzug von ZASt und SolZ kann der Sparer durch einen **Freistellungsauftrag** vermeiden.

Beispiel:

Zinsgutschrift am 31.12.20..:

- mit Freistellungsauftrag: 107,77 EUR
  oder

- ohne Freistellungsauftrag:

Zinsen	107,77 EUR
− 30 % ZASt	32,33 EUR
− 5,5 % Solidaritätszuschlag	1,78 EUR
	73,66 EUR

⎫
⎬ 34,11 EUR Steuerabzug
⎭

Buchung von Sparkonten

Geschäftsvorgänge	Buchungssätze	Beträge in EUR Soll	Haben
Beate Weber löst ihr Sparkonto bei der Rheinbank auf. Ihr Freistellungsauftrag ist bereits ausgeschöpft. Das Guthaben wird bar ausgezahlt.			
Kontoabrechnung			
Zinsen 84,00 EUR	Zinsaufwand	78,70	
− Vorschusszinsen 5,30 EUR	an Spareinlagen		53,79
− 30 % ZASt von 78,70 23,61 EUR	an Sonstige Verbindl.		24,91
− 5,5 % SolZ von 23,61 1,30 EUR			
Abrechnungssaldo 53,79 EUR			
Auszahlung			
altes Guthaben 4.200,00 EUR	Spareinlagen	4.253,79	
+ Abrechnungssaldo 53,79 EUR	an Kasse		4.253,79
Auszahlungsbetrag 4.253,79 EUR			

Bei einer Änderung des Zinssatzes muss der vorgerechnete Zinsbetrag in Höhe der Zinsdifferenz korrigiert werden.

Beispiel:

Sparstaffel mit Zinssatzänderung
Zinssatz bis zum 31.05.: 2,75 %; ab 1. Juni: 2,5 %
Kontoeröffnung am 13.03.; Freistellungsauftrag liegt vor.
3.000,00 EUR wurden zum 17.07.20.. fristgerecht gekündigt.

Lernfeld: Geld- und Vermögensanlagen

Buchungstag	Text	Betrag	Wert	Zinstage	Zinsen
13.03.	Einzahlung	1.800,00 EUR	12.03.	288	39,60 EUR
26.04.	Einzahlung	+ 7.500,00 EUR	25.04.	245	+ 140,36 EUR
		9.300,00 EUR			179,96 EUR
01.06.	Zinsänderung − 0,25 %	−	31.05.	210	− 13,56 EUR
					166,40 EUR
17.07.	Auszahlung	− 3.000,00 EUR	16.07.	164	− 34,17 EUR
		6.300,00 EUR			132,23 EUR

Das Kreditinstitut ist nur verpflichtet, fällige Gelder auszuzahlen:

- nach Kündigung und Ablauf der Kündigungsfrist;
- 3.000,00 DM Freibetrag bei dreimonatiger Kündigungsfrist je Kalendermonat;

Beispiel:

erste Verfügung	31.07.:	3.000,00 DM frei
zweite Verfügung	01.08.:	3.000,00 DM frei
dritte Verfügung	01.09.:	3.000,00 DM frei

- Zinsen binnen zwei Monaten nach Kapitalisierung, d. h. im Januar und Februar.

Berechnung von Vorschusszinsen

- Bei Verfügungen über nicht fällige Gelder werden in der Regel Vorschusszinsen (Vorfälligkeitsentgelt) von einem Viertel des Habenzinssatzes berechnet.
- Die Berechnung erfolgt nach der **„kaufmännisch – taggenauen" Methode**, d. h. die zukünftigen Freibeträge von monatlich 3.000,00 DM sind zu berücksichtigen oder nach der **90-Tage-Methode** (EDV-Methode). Für die Berechnung der Vorschusszinsen ist die Abhebungsvaluta maßgeblich.

Beispiele:

- **Verfügung ohne vorherige Kündigung**

Auszahlung von 15.000,00 DM am 10.02.; Wert 09.02.; 3 % Zinsen; 560,00 DM Zinsen wurden am 31.12. des Vorjahres kapitalisiert

1. Möglichkeit: VZ-Berechnung nach der „kaufmännisch-taggenauen" Methode

Betrag	VZ-Zeitraum	Zinstage	VZ
3.000,00 DM frei	−	−	−
560,00 DM Zinsen frei	−	−	−
3.000,00 DM frei am 01.03.	09.02. – 30.02.	21	1,31 DM
3.000,00 DM frei am 01.04.	09.02. – 31.03.	51	3,19 DM
3.000,00 DM frei am 01.05.	09.02. – 30.04.	81	5,06 DM
2.440,00 DM frei am 10.05.	09.02. – 09.05.	90	4,58 DM
15.000,00 DM			14,14 DM

2. Möglichkeit: Vorschusszinsberechnung nach der 90-Tage-Methode (EDV-Methode)

Betrag	VZ-Zeitraum	Zinstage	VZ
3.000,00 DM frei	−	−	
560,00 DM Zinsen frei	−	−	
11.440,00 DM frei in 90 Tagen	09.02. – 09.05.	90	21,45 DM

Lernfeld: Geld- und Vermögensanlagen

■ **Verfügung nach vorheriger Kündigung**

vorheriges Beispiel, jedoch wurde der Betrag zum 05.04. gekündigt
(Auszahlung 15.000,00 DM; Wert 09.02.; 3 % Zinsen)

1. Möglichkeit: Vorschusszinsberechnung nach der „kaufmännisch-taggenauen" Methode

Betrag	VZ-Zeitraum	Zinstage	VZ
3.000,00 DM frei	–	–	–
560,00 DM Zinsen frei	–	–	–
3.000,00 DM frei am 01.03.	09.02. – 30.02.	21	1,31 DM
3.000,00 DM frei am 01.04.	09.02. – 31.03.	51	3,19 DM
5.440,00 DM frei am 05.04.	09.02. – 04.04.	55	6,23 DM
15.000,00 DM			10,73 DM

2. Möglichkeit: Vorschusszinsberechnung nach der 90-Tage-Methode (EDV-Methode)

Betrag	VZ-Zeitraum	Zinstage	VZ
3.000,00 DM frei	–	–	
560,00 DM Zinsen frei	–	–	
11.440,00 DM frei am 05.04	09.02. – 04.04.	55	13,11 DM

■ **„Verbrauch" von Freibeträgen bei der „kaufmännisch-taggenauen" VZ-Berechnung**

„Verbrauchte" Freibeträge sind vorzumerken und bei zukünftigen Abhebungen zu berücksichtigen.

Buchungstag	Text	Betrag	Wert	Zinstage	2 % Zinsen	VZ
02.01.	Vortrag	28.000,00 DM	31.12.	360	560,00 DM	
20.04.	Auszahlung	– 1.000,00 DM	19.04.	251	– 13,94 DM	
		27.000,00 DM			546,06 DM	
26.04.	Auszahlung	– 4.000,00 DM	25.04.	245	– 54,44 DM	0,14 DM
		23.000,00 DM			491,62 DM	
19.05.	Auszahlung	– 8.000,00 DM	18.05.	222	– 98,67 DM	3,25 DM
		15.000,00 DM			392,95 DM	3,39 DM

Vorschusszinsberechnung

Auszahlungen	Wert	Vorschusszinsen		
1.000,00 DM	19.04.	keine VZ		
4.000,00 DM	25.04.	2.000,00 DM frei		
		2.000,00 DM frei am 01.05.	= 5 Zinstage =	0,14 DM
8.000,00 DM	18.05.	1.000,00 DM frei		
		3.000,00 DM frei am 01.06.	= 12 Zinstage = 0,50 DM	
		3.000,00 DM frei am 01.07.	= 42 Zinstage = 1,75 DM	
		1.000,00 DM frei am 01.08.	= 72 Zinstage = 1,00 DM	3,25 DM
Summe				3,39 DM

Disposition der Freibeträge

Monat	ab 01.04.	ab 19.04.	ab 25.04.	ab 18.05.
April	3.000,00 DM	2.000,00 DM	–	–
Mai	3.000,00 DM	3.000,00 DM	1.000,00 DM	–
Juni	3.000,00 DM	3.000,00 DM	3.000,00 DM	–
Juli	3.000,00 DM	3.000,00 DM	3.000,00 DM	–
August	3.000,00 DM	3.000,00 DM	3.000,00 DM	2.000,00 DM

Lernfeld: Geld- und Vermögensanlagen

5.1.2.5 Modelle für Sondersparformen

Art der Geldanlage	Merkmale	Beurteilung
Ultimo-Sparen	Vom Kontokorrentkonto wird an einem bestimmten Termin der bestehende „Bodensatz" auf das Sparkonto überwiesen. Der Kunde kann einen zu überweisenden Höchstbetrag bestimmen.	geeignet für Kunden mit regelmäßigem Einkommen
Sprintsparen	■ Mindestanlagezeit: 1 Jahr ■ nach Laufzeitende Verdoppelung aller gezahlten Zinsen ■ regelmäßige Zahlung von monatlich mindestens 100,00 DM oder quartalsweise mindestens 300,00 DM ■ Verfügungen jederzeit mit dreimonatiger Kündigungsfrist ■ kein kündigungsfreier Betrag vor Ende der Laufzeit ■ nach Laufzeitende 3.000,00 DM kündigungsfrei verfügbar	■ mittelfristige, gut verzinsliche Geldanlage ■ Zwecksparen ■ Verfügung vor Laufzeitende möglich, dann aber keine Zinsverdoppelung ■ zusätzliche Einzahlungen sind jederzeit möglich ■ automatische Prolongation, wenn keine gegenteilige Kundenweisung vorliegt
Festzinssparen	■ Anlagezeit: 6 bis 36 Monate ■ feste Zinsen ■ keine Verfügung während der Festzinszeit ■ Kündigung 3 Monate vor Ende der Festzinszeit ■ Mindestanlage 5.000,00 DM ■ keine Zuzahlung während der Laufzeit möglich	■ gut verzinsliche Geldanlage ■ Zwecksparen ■ automatische Prolongation, wenn keine gegenteilige Weisung vorliegt

Sparplan
■ **mit Bonuszinsen**
■ **mit Festzinsoption**
	■ Anlagezeit 4 bis 25 Jahre
	■ Mindestanlagebeträge:
	  – Bonussparen: 100,00 DM monatlich oder 10.000,00 DM einmalig
	  – mit Festzinsoption: 5.000,00 DM
	■ Verzinsung:
	  – Bonussparen:
	    Grundverzinsung und Bonifizierung der Einzahlungen am Ende der Laufzeit:
	    4 und 5 Jahre 2 %
	    6 und 7 Jahre 3 %
	    8 und 9 Jahre 5 %
	    10 bis 14 Jahre 10 %
	    15 bis 19 Jahre 15 %
	    20 bis 25 Jahre 30 %
	  – Festzinsoption:
	    fester höherer Zins wird vereinbart
		■ Altersvorsorge
		■ mittel- und langfristiges Zwecksparen
		■ Kunden, die für Kinder und Enkel Geld anlegen möchten
		■ vorzeitige Verfügung möglich
		■ Risikolebensversicherung auf Kundenwunsch

Entnahmeplan	■ Mindestanlagezeit: 4 Jahre
	■ Laufzeit in Jahresschritten frei wählbar
	■ Mindestanlagesumme: 30.000,00 DM
	■ Auflösung/Kapitalaufstockung jeweils nach Ablauf der vierjährigen Festzinszeit möglich.
		Entnahmemöglichkeiten:
		■ Kapitalverrentung:
		  Verbrauch des festgelegten Kapitals während der Laufzeit durch regelmäßige Entnahmen
		■ Kapitalerhaltung:
		  Regelmäßige Entnahmen in Höhe der jährlichen Zinsgutschrift

5.1.2.6 Staatliche Sparförderung

Mit dem 5. Vermögensbildungsgesetz und dem Wohnungsbau-Prämiengesetz fördert der Staat die Vermögensbildung der privaten Haushalte.

Anlage-formen	Fünftes Gesetz zur Förderung der Vermögensbildung der Arbeitnehmer (5. VermBG)				Wohnungsbau-prämiengesetz (WoPG)
	Kapitallebens-versicherung	Kontensparen	Bausparen	Beteiligungs-sparen *(z. B. Aktienfonds)*	Bausparen
Einzah-lungen	Vermögenswirksame Leistungen müssen vom Arbeitgeber für den Arbeitnehmer angelegt werden: ■ aufgrund einer tarifvertraglichen Vereinbarung ■ auf Verlangen des Arbeitnehmers weitere Teile des Gehaltes bis zum Höchstbetrag von insgesamt **1.736,00 DM** je Arbeitnehmer – 936,00 DM Lebensversicherung oder Kontensparvertrag oder Bausparen – 800,00 DM Beteiligungssparen				■ Einzahlungen und Zinsgut-schriften auf Bauspar-verträgen ■ Personen ab dem 16. Le-bensjahr
jährlicher Anlage-höchst-betrag je Arbeit-nehmer	936,00 DM			800,00 DM	■ 1.000,00 DM Alleinstehende ■ 2.000,00 DM Eheleute
staatliche Förderung	keine		Arbeitnehmersparzulage 10%	20% (bzw. 25% in den neuen Bundeslän-dern befristet bis zum Jahr 2004)	Wohnungsbau-prämie 10%
Einkom-mensgrenze für die staatliche Förderung			Maximales zu versteuerndes Jahreseinkommen ■ 35.000,00 DM Alleinstehende ■ 70.000,00 DM Eheleute		■ 50.000,00 DM Alleinstehende ■ 100.000,00 DM Eheleute
Ansparzeit	12 Jahre ab Vertrags-schluss	6 Jahre	7 Jahre ab Vertrags-schluss	6 Jahre	7 Jahre ab Vertrags-schluss
Sperrfrist (Bindungs-frist)		7 Jahre ab 01.01. des Jahres der ersten Einzahlung		7 Jahre ab 01.01. des Jahres der ersten Einzahlung	

Grundsätzlich kann der Arbeitnehmer die Anlageform für die vermögenswirksamen Leistungen frei wählen. Durch eine tarifvertragliche Vereinbarung kann die Verwendung jedoch auf das Bausparen und Beteiligungsparen eingeschränkt werden.

Beim **Beteiligungssparen** sind insbesondere folgende Anlageformen möglich:

■ Erwerb von Aktien des Arbeitgebers, sofern sie an einer deutschen Börse gehandelt werden.
■ Erwerb von Anteilen an einem Wertpapier-, Beteiligungs- oder einem gemischten Wert-papier- und Grundstückssondervermögen.
Der Wert der Aktien und stillen Beteiligungen darf 60 % des Wertes des Sondervermö-gens nicht unterschreiten.
■ Erwerb von Beteiligungen am Unternehmen des Arbeitgebers.

Lernfeld: Geld- und Vermögensanlagen

■ Maximale staatliche Förderung bei Einhaltung der Einkommensgrenzen pro Jahr

	5. Vermögensbildungsgesetz (vermögenswirksame Leistungen)		Wohnungsbau- prämiengesetz	Summe
	Bausparen	**Beteiligungssparen**	**Bausparen**	
Allein- stehende	10 % von 936,00 DM = 94,00 DM	20 % von 800,00 DM = 160,00 DM	10 % von 1.000,00 DM = 100,00 DM	354,00 DM
Eheleute, ein Ehe- gatte be- rufstätig	10 % von 936,00 DM = 94,00 DM	20 % von 800,00 DM = 160,00 DM	10 % von 2.000,00 DM = 200,00 DM	454,00 DM
Eheleute, beide Ehegatten berufs- tätig	10 % von 1.872,00 DM = 188,00 DM	20 % von 1.600,00 DM = 320,00 DM	10 % von 2.000,00 DM = 200,00 DM	708,00 DM

Beispiele:

Der ledige Thomas Rieger hat ein zu versteuerndes Einkommen von 32.000,00 DM. Der Arbeitgeber zahlt aufgrund einer tarifvertraglichen Vereinbarung monatlich 78,00 DM (= 936,00 DM p.a.) vermögenswirksame Leistungen. Er möchte zusätzlich 800,00 DM aus dem Gehalt vermögenswirksam anlegen, um den Höchstbetrag von 1.736,00 DM auszuschöpfen. Da er aufgrund seiner Einkommensverhältnisse eine Arbeitnehmersparzulage erhält, wählt er folgende Anlageformen:

- *936,00 DM Bausparen   10 % Arbeitnehmersparzulage = 94,00 DM*
- *800,00 DM Beteiligungssparen 20 % Arbeitnehmersparzulage = 160,00 DM*   *254,00 DM*

Zusätzlich hat er 1.000,00 DM auf seinen Bausparvertrag eingezahlt.
Er erhält 10 % Wohnungsbauprämie.   *100,00 DM*

Gesamte staatliche Förderung pro Jahr   *354,00 DM*

Die Eheleute Karin und Klaus Heuser haben ein zu versteuerndes Einkommen von 85.000,00 DM. Der Arbeitgeber von Karin Heuser zahlt monatlich 26,00 DM vermögenswirksame Leistungen, während der Arbeitgeber von Klaus Heuser 52,00 DM zahlt.
Sie erhalten keine Arbeitnehmersparzulage, da ihr Einkommen die Grenze von 70.000,00 DM überschreitet. Alle vier Anlageformen (Lebensversicherung, Kontosparvertrag, Bausparen, Beteiligungssparen) sind in diesem Fall gleichwertig. Karin Heuser schließt einen Sparvertrag bei einem Kreditinstitut ab. Klaus Heuser lässt die vermögenswirksamen Leistungen an eine Lebensversicherung überweisen.

Die Eheleute zahlen 2.000,00 DM auf einen Bausparvertrag ein. Da ihr Einkommen
unter 100.000,00 DM liegt, erhalten sie 10 % Wohnungsbauprämie.   *200,00 DM*

Arbeitnehmersparzulage	**Wohnungsbauprämie**
Die Investmentgesellschaft bzw. die Bausparkasse erteilt jedes Jahr eine Bescheinigung über die gezahlten vermögenswirksamen Leistungen. Der Arbeitnehmer reicht die Bescheinigung im Rahmen der Steuererklärung beim **Finanzamt** ein und beantragt die Festsetzung der Arbeitnehmersparzulage. Nach **Ablauf der Sperrfrist bzw. bei Zuteilung des Bausparvertrages** überweist das Finanzamt die gesamte Arbeitnehmersparzulage.	Die Bausparkasse schickt dem Bausparer zusammen mit dem jährlichen Kontoauszug den Antrag auf Wohnungsbauprämie zu. Der Bausparer beantragt die Wohnungsbauprämie bei der **Bausparkasse** mit der Erklärung, dass die Einkommensgrenze von 50.000,00 DM bzw. 100.000,00 DM nicht überschritten wurde. Nach **Ablauf der Bindungsfrist bzw. bei Zuteilung des Bausparvertrages** wird die gesamte ermittelte Prämie von der Bausparkasse beim Finanzamt angefordert und dem Bausparkonto gutgeschrieben bzw. ausbezahlt.

Beispiel:

Anlage von jährlich 624,00 DM vermögenswirksamer Leistungen auf einem Investmentsparvertrag (Aktienfonds):

- *monatliche Sparrate*   *52,00 DM*
- *erste Einzahlung am*   *01.04.1999*
- *letzte Einzahlung am*   *01.03.2005*
- *Beginn der Sperrfrist am*   *01.01.1999*
- *Ende der Sperrfrist am*   *31.12.2005*
- *jährlich festgesetzte Arbeitnehmersparzulage 125,00 DM (= 20 % von 624,00 DM; aufgerundet)*
- *Zahlung der Arbeitnehmersparzulage von 750,00 DM (= 125,00 DM · 6 Jahre) Anfang des Jahres 2006*

Vorzeitige Verfügungen

Eine **vorzeitige Verfügung** führt grundsätzlich zu einem Verlust der Arbeitnehmersparzulage und der Wohnungsbauprämie.

Unter folgenden Voraussetzungen sind jedoch **vorzeitige, unschädliche** Verfügungen möglich:

Arbeitnehmersparzulage bei Beteiligungssparen (§ 4 VermBG)	Arbeitnehmersparzulage und Wohnungsbauprämie beim Bausparen (§ 2 WoPG)
■ Tod oder Erwerbsunfähigkeit des Sparers oder seines Ehegatten ■ Arbeitslosigkeit von mindestens einem Jahr	
■ Heirat, sofern mindestens zwei Jahre seit Beginn der Sperrfrist vergangen sind ■ Aufnahme einer selbstständigen Erwerbstätigkeit bei Aufgabe der nichtselbstständigen Arbeit	■ Zuteilung des Bausparvertrages und Verwendung der Mittel für wohnungswirtschaftliche Zwecke

5.1.3   Termineinlagen und Sparbriefe

5.1.3.1   Termineinlagen (Festgelder)

Zu den Termineinlagen gehören

- Festgelder mit einer vereinbarten Laufzeit.
- und Kündigungsgelder mit vereinbarter Kündigungsfrist.

In der Praxis sind nur Festgelder von Bedeutung.

Bei einer Festgeldanlage werden folgende Vereinbarungen getroffen:

- **Höhe des Festgeldes**
  Der Mindestbetrag beträgt in der Regel 5.000,00 EUR.

- **Laufzeit**
  Die Mindestlaufzeit beträgt in der Regel ein Monat. Kürzere Laufzeiten werden nur bei sehr hohen Beträgen (Millionenbeträge) akzeptiert. Typische Laufzeiten sind 1 Monat, 3 Monate und 6 Monate. Praxisüblich ist auch die Prolongation von Festgeldern, d. h., das Festgeld wird um die gleiche Laufzeit zu den dann gültigen Marktkonditionen verlängert, wenn der Anleger sich nicht gegenteilig äußert.

Lernfeld: Geld- und Vermögensanlagen

■ Zinssatz

Die Zinsen werden stets am Ende der Laufzeit vergütet. Die Zinsen werden nach Kundenweisung entweder dem Festgeldkonto gutgeschrieben und dann mitverzinst oder einem anderen Konto des Kunden zugeführt. Formal kurzfristige Festgelder erhalten dadurch manchmal den Charakter von mittel- oder langfristigen Anlagen.

▮ Abrechnung und Buchung von Festgeldern

Die Zinsberechnung erfolgt nach der kaufmännischen Zinsrechnung (30/360). Die Zinsen sind einkommensteuerpflichtig und unterliegen der Zinsabschlagsteuer von 30 % zuzüglich 5,5 % Solidaritätszuschlag.

Beispiel:

20.000,00 EUR Festgeldanlage vom 12.05.20.. bis zum 12.08.20.. zu 3,5 % p.a.

$$Zinsen = \frac{20.000,00 \cdot 3,5 \cdot 90}{100 \cdot 360} = \underline{175,00\ EUR}$$

Geschäftsvorgänge	Buchungssätze	Beträge in EUR Soll	Haben
Die Rheinbank nimmt am 12.05. ein 3-Monats-Festgeld von 20.000,00 EUR zu einem Zinssatz von 3,5 % von Susan Pohl herein. Der Freistellungsauftrag der Kundin ist bereits ausgeschöpft.			
12.05.: Bereitstellung des Festgeldes	KKK an Festgelder	20.000,00	20.000,00
12.08.: Fälligkeit des Festgeldes			

Festgeld   20.000,00 EUR
+ 3,5 % Zinsen   175,00 EUR
− 30 % ZASt   52,50 EUR
− 5,5 % SolZ   2,89 EUR
Rückzahlungsbetrag   20.119,61 EUR
	Festgelder
	Zinsaufwand
	    an Sonst. Verbindl.
	    an KKK
		20.000,00
		175,00
			55,39
			20.199,61

Bei einem ausreichenden Freistellungsauftrag werden die Bruttozinsen an den Kunden gezahlt.

Durch die unterjährige Zinskapitalisierung ist die effektive Verzinsung des Festgeldes höher als der Nominalzins p.a., da die gutgeschriebenen Zinsen selbst wieder zinsbringend angelegt werden können.

Beispiel:

Ein 3-Monats-Festgeld von 60.000,00 EUR wird zu einem Zinssatz von 3 % p.a. dreimal prolongiert, d. h. die gesamte Anlagedauer beträgt ein Jahr.
Ein ausreichender Freistellungsauftrag liegt vor.

Festgeld	60.000,00 EUR
+ Zinsen nach 3 Monaten	450,00 EUR
= Guthaben nach 3 Monaten	60.450,00 EUR
+ Zinsen nach 6 Monaten	453,38 EUR
= Guthaben nach 6 Monaten	60.903,38 EUR
+ Zinsen nach 9 Monaten	456,78 EUR
= Guthaben nach 9 Monaten	61.360,16 EUR
+ Zinsen nach 12 Monaten	460,20 EUR
= Guthaben nach 12 Monaten	61.820,36 EUR

Die gesamten Zinsen betragen 1.820,36 EUR

$$effektiver\ Zinssatz = \frac{1.820,36 \cdot 100}{60.000,00} = \underline{3,03\ \%}$$

Vorzeitige Verfügungen

Grundsätzlich sind die Vertragspartner verpflichtet, die vereinbarte Laufzeit einzuhalten. Deshalb sind vorzeitige Verfügungen nur im Einvernehmen mit dem Kreditinstitut möglich. In der Praxis gibt es folgende Regelungen:

- Eine vorzeitige Verfügung wird zugelassen. Es werden aber
  - **keine Zinsen** vergütet,
  - **niedrigere Zinsen für die tatsächliche Laufzeit** vergütet,
  - **Vorschusszinsen** analog zum Sparverkehr berechnet.

- Eine vorzeitige Verfügung wird nicht zugelassen, aber es erfolgt die **Bereitstellung eines Kredites** bis zur Fälligkeit.

Fallbeispiel:

Ein Anleger hat am 10. Februar eine Festgeldanlage von 40.000,00 EUR mit einer Laufzeit von drei Monaten getätigt. Der Zinssatz beträgt 3,5 % p.a.

- Der Anleger benötigt das Geld bereits am 25. April. Das Kreditinstitut bietet dem Kunden folgende Alternativen an:

  (1) vorzeitige Auszahlung ohne Vergütung von Zinsen

  (2) Bereitstellung eines Kredites bis zur Fälligkeit zu 7,5 % p.a.

  Vergleich der Alternativen:

  Festgeldzinsen: $\dfrac{40.000,00 \cdot 90 \cdot 3,5}{100 \cdot 360}$ = 350,00 EUR

  Kreditzinsen: $\dfrac{40.000,00 \cdot 15 \cdot 7,5}{100 \cdot 360}$ = 125,00 EUR

  Vorteil der Kreditaufnahme: 225,00 EUR

- Ermittlung des Tages, von dem an die Kreditaufnahme günstiger ist als eine vorzeitige Verfügung über das Festgeld

Bedingung:	Festgeldzinsen ≥ Kreditzinsen

  $350,00 \text{ EUR} \geq \dfrac{40.000,00 \cdot x \cdot 7,5}{100 \cdot 360}$ (x = Laufzeit des Kredites)

  $350 \geq 8,333\,x$

  $x \leq 42$ Tage   → 10.05. – 42 Tage = 28.03.

Bei einer Laufzeit des Kredits von 42 Tagen sind die Alternativen gleichwertig. Vorteilhaft ist die Kreditaufnahme bei einer kürzeren Laufzeit, also ab dem **29. März.**

Lernfeld: Geld- und Vermögensanlagen

5.1.3.2 Sparbriefe

Merkmale	Erläuterung
Rechtscharakter	■ Namenspapiere (Rektapapiere) ■ Eine Übertragung ist nur durch Abtretung der Darlehnsforderung möglich. Bei einer Abtetung ist in der Regel die Zustimmung des Kreditinstitutes erforderlich. ■ Sparbriefe sind keine Effekten (= vertretbare Kapitalwertpapiere). In der Praxis wird oftmals eine Sparbriefurkunde nur auf besonderen Wunsch des Kunden ausgestellt. ■ Bilanzausweis unter der Position: Verbindlichkeiten gegenüber anderen Gläubigern
Mindestanlagebetrag	■ 1.000,00 bis 5.000,00 EUR
Liquidität	■ Sparbriefe werden nicht an der Börse gehandelt. Es gibt deshalb auch kein Kursrisiko. ■ Sie können nicht vorzeitig zurückgegeben werden. ■ Kreditinstitute beleihen Sparbriefe bis zu 100 % ihres Wertes.
Laufzeit	■ 1 bis 10 Jahre / in der Regel 4 bis 10 Jahre
Verzinsung	■ fester Zins während der gesamten Laufzeit
Risiko	■ kein Risiko, da die Rückzahlung bei Fälligkeit zum Nennwert erfolgt
Kosten	■ keine

Sparbrieftypen

Normalverzinslicher Sparbrief

■ Verkauf zum Nennwert
■ jährliche Zinsausschüttung und jährliche Versteuerung der Zinsen
■ Rückzahlung zum Nennwert

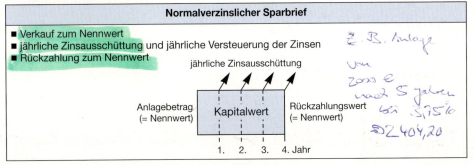

Abzinsungssparbrief

■ Verkauf zum Barwert (Nennwert – Zinsen und Zinseszinsen für die gesamte Laufzeit)
■ einmalige Zinsausschüttung am Ende der Laufzeit und Versteuerung des gesamten Zinsertrages im Jahr der Rückzahlung
■ Rückzahlung zum Nennwert

$$K_0 = K_n \cdot \frac{1}{\left(1 + \frac{p}{100}\right)^n}$$

K_0 = Anlagebetrag (Barwert)
K_n = Rückzahlungswert (Nennwert)
p = Zinssatz
n = Laufzeit in Jahren

einmalige Zinsausschüttung (Zinsen und Zinseszinsen) am Ende der Laufzeit

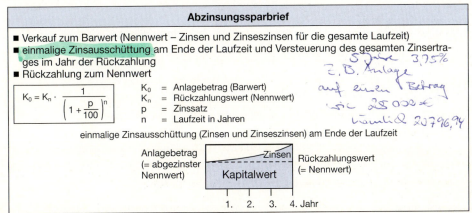

5.1.4 Gläubigerschutz bei Kreditinstituten

Um die Einleger der Kreditinstitute vor Vermögensverlusten zu schützen und die Funktionsfähigkeit der Kreditwirtschaft zu erhalten, sind die Kreditinstitute in ihrer Geschäftstätigkeit durch Gesetzesvorschriften reglementiert und der Bankenaufsicht unterworfen. Ergänzend zu den präventiven Gläubigerschutzbestimmungen des KWG haben die Kreditinstitute eigene Sicherungseinrichtungen geschaffen, die bei Illiquidität eines Kreditinstituts mit Finanzhilfen einspringen.

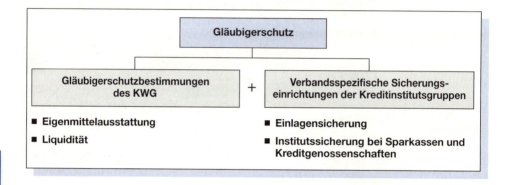

5.1.4.1 Gläubigerschutzbestimmungen des KWG

Nach den Vorschriften des KWG müssen die Kreditinstituten im Interesse der Gläubiger (Sparer, Anleger)

- über **angemessene Eigenmittel** *(§ 10 KWG)* verfügen
- ihre Mittel so anlegen, dass jederzeit eine **ausreichende Zahlungsbereitschaft** *(§ 11 KWG)* gewährleistet ist.

Das Bundesaufsichtsamt für das Kreditwesen stellt im Einvernehmen mit der Deutschen Bundesbank Grundsätze für die Erfüllung dieser Anforderungen auf.

Eigenmittelausstattung der Kreditinstitute

Alle risikobehafteten Geschäfte der Kreditinstitute müssen in bestimmter Weise durch Eigenmittel unterlegt werden.
Die Eigenmittelnormen sind ständig einzuhalten und täglich zu überprüfen.
Das Ziel ist die Begrenzung des Volumens der Bankgeschäfte durch die Eigenmittel des Kreditinstitutes.

Rechtsgrundlagen: *§ 10 KWG, Grundsatz I (Angemessenheit der Eigenmittel) des BAKred*

Lernfeld: Geld- und Vermögensanlagen

Deckung der gewichteten Risikoaktiva

Solvabilitätskoeffizient	Ermittlung der gewichteten Risikoaktiva
Die gewichteten Risikoaktiva eines Kreditinstitutes müssen täglich bei Geschäftsschluss zu mindestens **8 %** (= **Solvabilitätskoeffizient**) durch haftendes Eigenkapital gedeckt sein. Dementsprechend dürfen die gewichteten Risikoaktiva das **12,5fache des haftenden Eigenkapitals** nicht übersteigen (100 : 8 = 12,5). $$\text{Solvabilitäts-koeffizient} = \frac{\text{haftendes Eigenkapital} \cdot 100}{\text{gewichtete Risikoaktiva}}$$	Zu den Risiken zählen: ■ **Kreditausfallrisiko (Adressenrisiko)** ■ **Wertminderungsrisiko sonstiger Positionen** Entsprechend des Risikos erfolgt eine unterschiedliche Gewichtung. Die einzelnen Positionen werden bei der Ermittlung der gewichteten Risikoaktiva nur zu bestimmten Prozentsätzen berücksichtigt. *Beispiele:* • *Forderungen an Kunden, die nicht durch Grundpfandrechte gesichert sind:* *100 %* • *durch erstrangige Grundpfandrechte gesicherte Darlehen.* *50 %* • *Forderungen an Kreditinstitute:* *20 %* • *Forderungen an die öffentliche Hand:* *0 %* • *Aktien des Anlagevermögens:* *100 %*

Deckung der Marktrisikopositionen

Deckung durch anrechenbare Eigenmittel	Ermittlung der bewerteten Marktrisikopositionen
Die bewerteten Marktrisikopositionen müssen durch die anrechenbaren (restlichen) Eigenmittel gedeckt sein. Hierzu zählen: ■ das zur Deckung der gewichteten Risikoaktiva nicht benötigte („überschüssige") haftende Eigenkapital, ■ die anrechenbaren Drittrangmittel.	**Marktrisikopositionen** bestehen im Wesentlichen aus: ■ **Aktienkurs- und Zinsänderungsrisiken** Risiken der im Handelsbestand (Handelsbuch) des Kreditinstituts befindlichen Wertpapiere und Finanzderivate (Optionen, Futures, Swaps, Pensionsgeschäfte) ■ **Währungsrisiken** Risiken der getrennt nach Fremdwährungen ermittelten Salden aus den Aktiv- und Passivpositionen (Kassa-, Options- und Termingeschäfte) Maßgeblich sind die **Nettopositionen** der einzelnen Risikopositionen. So können alle Positionen in derivativen Instrumenten gegeneinander aufgerechnet werden, die – denselben Wert haben, – in der Währung übereinstimmen sowie – hinsichtlich der zinsrisikobestimmenden Parameter weitgehend deckungsgleich sind.

Eigenmittel der Kreditinstitute

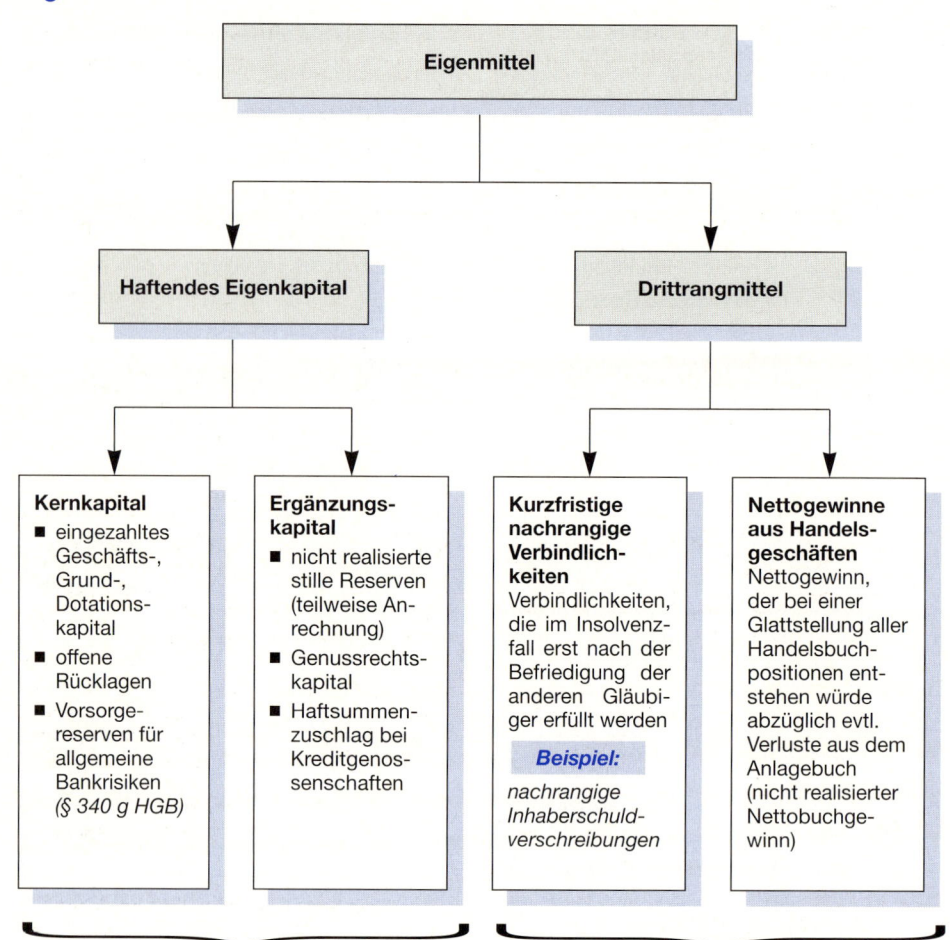

Eigenmittel

Haftendes Eigenkapital — **Drittrangmittel**

Kernkapital
- eingezahltes Geschäfts-, Grund-, Dotations-kapital
- offene Rücklagen
- Vorsorge-reserven für allgemeine Bankrisiken *(§ 340 g HGB)*

Ergänzungs-kapital
- nicht realisierte stille Reserven (teilweise An-rechnung)
- Genussrechts-kapital
- Haftsummen-zuschlag bei Kreditgenos-senschaften

Kurzfristige nachrangige Verbindlich-keiten
Verbindlichkeiten, die im Insolvenz-fall erst nach der Befriedigung der anderen Gläubi-ger erfüllt werden
Beispiel:
nachrangige Inhaberschuld-verschreibungen

Nettogewinne aus Handels-geschäften
Nettogewinn, der bei einer Glattstellung aller Handelsbuch-positionen ent-stehen würde abzüglich evtl. Verluste aus dem Anlagebuch (nicht realisierter Nettobuchge-winn)

- Das Ergänzungskapital wird maximal bis zur Höhe des Kernkapitals anerkannt.
- **Das haftende Eigenkapital dient zunächst zur Deckung der gewichteten Risikoaktiva.**
- Das nicht zur Deckung der gewichteten Risikoaktiva benötigte haftende Eigenka-pital kann zur Deckung der Marktrisiko-positionen herangezogen werden.

- **Die Drittrangmittel dienen ausschließ-lich zur Deckung von Marktrisikoposi-tionen.**
- Die anrechenbaren Drittrangmittel dürfen zusammen mit dem freien Ergänzungs-kapital (= Ergänzungskapital, das nicht zur Unterlegung anderer Risiken benötigt wird) **maximal 250 % des freien Kernka-pitals betragen.**

Lernfeld: Geld- und Vermögensanlagen

Fallbeispiel:
Die Brandenburger Bank ermittelt bei der Überprüfung der Eigenmittelnormen folgende Werte:

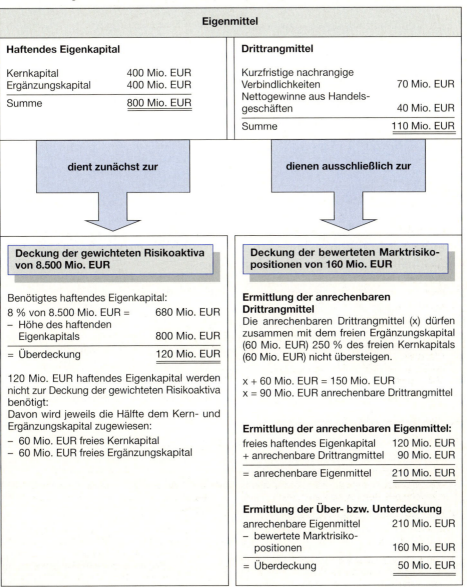

Eigenmittel			
Haftendes Eigenkapital		**Drittrangmittel**	
Kernkapital	400 Mio. EUR	Kurzfristige nachrangige Verbindlichkeiten	70 Mio. EUR
Ergänzungskapital	400 Mio. EUR	Nettogewinne aus Handelsgeschäften	40 Mio. EUR
Summe	800 Mio. EUR	Summe	110 Mio. EUR

dient zunächst zur → **Deckung der gewichteten Risikoaktiva von 8.500 Mio. EUR**

dienen ausschließlich zur → **Deckung der bewerteten Marktrisikopositionen von 160 Mio. EUR**

Benötigtes haftendes Eigenkapital:
8 % von 8.500 Mio. EUR = 680 Mio. EUR
− Höhe des haftenden Eigenkapitals 800 Mio. EUR
= Überdeckung 120 Mio. EUR

120 Mio. EUR haftendes Eigenkapital werden nicht zur Deckung der gewichteten Risikoaktiva benötigt:
Davon wird jeweils die Hälfte dem Kern- und Ergänzungskapital zugewiesen:
− 60 Mio. EUR freies Kernkapital
− 60 Mio. EUR freies Ergänzungskapital

Ermittlung der anrechenbaren Drittrangmittel
Die anrechenbaren Drittrangmittel (x) dürfen zusammen mit dem freien Ergänzungskapital (60 Mio. EUR) 250 % des freien Kernkapitals (60 Mio. EUR) nicht übersteigen.

$x + 60$ Mio. EUR = 150 Mio. EUR
$x = 90$ Mio. EUR anrechenbare Drittrangmittel

Ermittlung der anrechenbaren Eigenmittel:
freies haftendes Eigenkapital 120 Mio. EUR
+ anrechenbare Drittrangmittel 90 Mio. EUR
= anrechenbare Eigenmittel 210 Mio. EUR

Ermittlung der Über- bzw. Unterdeckung
anrechenbare Eigenmittel 210 Mio. EUR
− bewertete Marktrisikopositionen 160 Mio. EUR
= Überdeckung 50 Mio. EUR

Die Brandenburger Bank hat alle Eigenmittelnormen erfüllt.

Eigenmittelausstattung von Kreditinstitutsgruppen

Die Angemessenheit der Eigenmittel ist nicht allein für das einzelne Kreditinstitut, sondern auch für gruppenangehörige Kreditinstitute insgesamt sicherzustellen.

- Eine **Kreditinstitutsgruppe** (Bankkonzern) liegt vor, wenn ein Kreditinstitut (übergeordnetes Institut/„Mutterbank") bei einem anderen Kreditinstitut (nachgeordnetes Institut/„Tochterbank") mit mindestens 40 % beteiligt ist oder einen beherrschenden Einfluss ausüben kann. Als nachgeordnete Kreditinstitute gelten auch Factoring- und Leasinggesellschaften sowie Auslandstöchter, die Bankgeschäfte betreiben.

- **Quotenkonsolidierung:** Zur Beurteilung der Angemessenheit der Eigenmittel für die gesamte Institutsgruppe hat das übergeordnete Kreditinstitut den seiner Beteiligungsquote entsprechenden prozentualen Anteil am haftenden Eigenkapital und an den im Rahmen des Grundsatzes I risikotragenden Posten bei sich zusammenzufassen.

Liquidität

Die Kreditinstitute müssen ihre Mittel so anlegen, dass jederzeit eine **ausreichende Zahlungsbereitschaft** gewährleistet ist *(§ 11 KWG)*.

Im Grundsatz II des BAKred wird diese Anforderung konkretisiert.

Durch den **Vergleich von Zahlungsmitteln (Aktiva) und Zahlungsverpflichtungen (Passiva)** wird die Liquiditätslage des Kreditinstitutes in einzelnen Zeitintervallen beurteilt. Die Zahlungsfähigkeit des Kreditinstitutes ist sichergestellt, wenn der Bestand an Zahlungsmitteln jederzeit ausreicht, um die fälligen Zahlungsverpflichtungen zu erfüllen.

Ausgehend von den **Restlaufzeiten** der Aktiv- und Passivpositionen werden vier Laufzeitbänder gebildet:

Laufzeitbänder
Laufzeitband I: täglich fällig bis zu einem Monat
Laufzeitband II: über einem Monat bis zu drei Monaten
Laufzeitband III: über drei Monate bis zu sechs Monaten
Laufzeitband IV: über sechs Monate bis zu zwölf Monaten

Zahlungsmittel	Zahlungsverpflichtungen
Liquidität erster Klasse ■ Kassenbestand ■ Guthaben bei der Zentralnotenbank ■ Inkassopapiere, die Eingang vorbehalten gutgeschrieben wurden ■ börsennotierte Wertpapiere des Umlaufvermögens ■ Anteile an Geldmarkt- und Wertpapierfonds	**Verpflichtungen ohne feste Laufzeit** ■ 40 % der täglich fälligen Verbindlichkeiten gegenüber Kreditinstituten ■ 10 % der täglich fälligen Verbindlichkeiten gegenüber Kunden ■ 10 % der Spareinlagen ■ 5 % der Eventualverbindlichkeiten aus Bürgschaften und Wechseln ■ 20 % der Platzierungs- und Übernahmeverpflichtungen von Wertpapieren

Laufzeitband I

Zahlungsmittel		Zahlungsverpflichtungen
Liquidität zweiter Klasse ■ Forderungen an das ESZB und sonstige Zentralbanken ■ Forderungen an Kreditinstitute ■ Forderungen an Kunden	Laufzeitbänder II bis IV, je nach Restlaufzeit	**Verpflichtungen mit festen Laufzeiten** ■ Verbindlichkeiten gegenüber dem ESZB und den sonstigen Zentralbanken ■ Verbindlichkeiten gegenüber Kreditinstitute ■ Verbindlichkeiten gegenüber Kunden ■ Inhaberschuldverschreibungen ■ Genussrechtskapital

Liquiditätskennzahl

Aus der Gegenüberstellung der Zahlungsmittel (Aktiva) und der Zahlungsverpflichtungen (Passiva) des I. Laufzeitbandes wird eine Kennzahl zur Beurteilung der Liquidität des Kreditinstitutes ermittelt.

$$\text{Liquiditätskennzahl} = \frac{\text{Summe der Zahlungsmittel des I. Laufzeitbandes}}{\text{Summe der Zahlungsverpflichtungen des I. Laufzeitbandes}} \geq 1$$

Je größer die Kennzahl, desto sicherer ist die Liquiditätslage des Kreditinstitutes. Die Liquidität gilt als ausreichend, wenn im 1. Laufzeitband die Summe der Zahlungsmittel größer ist als die Summe der Zahlungsverpflichtungen.

Die Liquiditätskennzahl darf nicht kleiner als 1 sein.

Beobachtungskennzahlen

Beobachtungskennzahlen werden durch Gegenüberstellung der Zahlungsmittel und der Zahlungsverpflichtungen aus den jeweiligen drei anderen Laufzeitbändern ermittelt und das BAKred übermittelt. Bei der Ermittlung der Kennzahlen sind die überschüssigen Zahlungsmittel des vorherigen Laufzeitbandes zu berücksichtigen.

$$\text{Beobachtungskennzahlen} = \frac{\text{Summe der Zahlungsmittel des II. (bzw. III und IV) Laufzeitbandes}}{\text{Summe der Zahlungsverpflichtungen des II. (bzw. III und IV) Laufzeitbandes}}$$

Übersteigen die Zahlungsverpflichtungen die Zahlungsmittel in den Laufzeitbändern II, III und IV deutet dies auf zukünftige Liquiditätsprobleme hin, denen rechtzeitig entgegenzuwirken ist. Aufgrund der längeren Restlaufzeiten bestehen jedoch keine akuten Liquiditätsprobleme.

Die Beobachtungskennzahlen dienen nur zur Information; es sind keine Mindestwerte einzuhalten.

5.1.4.2 Einlagensicherung

Kreditbanken und **Finanzdienstleistungsunternehmen** sind nach dem **Einlagensicherungs- und Anlegerentschädigungsgesetz** verpflichtet, die Einlagen der Kunden und die Verbindlichkeiten aus Wertpapiergeschäften durch die Zugehörigkeit zu einer Entschädigungseinrichtung zu sichern.

Für **Sparkassen und Kreditgenossenschaften** gelten besondere Regelungen, durch die eine Insolvenz des Institutes verhindert wird.

■ Sicherungseinrichtungen der Kreditinstitutsgruppen

Private Banken	Sparkassen und Landesbanken	Kreditgenossenschaften
Entschädigungseinrichtung deutscher Banken GmbH Alle privaten Banken und Bausparkassen gehören kraft Gesetz dieser Entschädigungseinrichtung an, die alle Einlagen bis zu einem Höchstbetrag von 20.000,00 EUR abzüglich einer Selbstbeteiligung von 10 % gewährleistet.	**Sparkassenstützungsfonds der regionalen Sparkassen- und Giroverbände** (mit überregionalem Haftungsausgleich) **Sicherungsreserve der Landesbanken/Girozentralen** (mit Haftungsverbund zwischen Stützungsfonds und der Sicherungsreserve)	**Garantiefonds des Bundesverbandes der Deutschen Volksbanken und Raiffeisenbanken e.V.**
Einlagensicherungsfonds des Bundesverbandes deutscher Banken e.V. Fast alle privaten Banken und Bausparkassen gehören zusätzlich dieser Sicherungseinrichtung an. Gesichert werden die Einlagen von Nichtbanken bis zur Höhe von 30 % des haftenden Eigenkapitals der jeweiligen Bank pro Einleger. **Ausnahme:** Inhaberschuldverschreibungen	**Anstaltslast des Trägers** Der Träger *(z.B. Kreis, Stadt)* hat den Bestand des Kreditinstituts zu sichern. **Gewährträgerhaftung** Der Träger haftet unbeschränkt für die Verbindlichkeiten des Kreditinstitutes.	**Nachschusspflicht der Mitglieder** Für den Fall, dass die Gläubiger bei einer Insolvenz nicht befriedigt werden können, sind die Mitglieder bis zur Höhe der im Statut festgelegten Haftsumme zum Nachschuss verpflichtet.

Ziel	Ziel
Einlagensicherung	Institutssicherung durch Behebung der wirtschaftlichen Schwierigkeiten

Die **Liquiditäts-Konsortialbank GmbH** gewährt zeitlich begrenzte Liquiditätshilfen an Kreditinstitute, die aufgrund unvorhersehbarer Einlagenabflüsse unverschuldet in Zahlungsschwierigkeiten geraten sind. Die Liquiditäts-Konsortialbank GmbH ist eine Gemeinschaftsgründung des deutschen Kreditgewerbes.

Lernfeld: Geld- und Vermögensanlagen

5.2 Bausparen

> **Bausparkassen** sind Kreditinstitute, deren Geschäftsbetrieb darauf gerichtet ist, **Bauspareinlagen** entgegenzunehmen und aus den angesammelten Beträgen den Bausparern **Bauspardarlehen** für wohnungswirtschaftliche Maßnahmen zu gewähren *(§ 1 BSpKG).*

Das Bauspargeschäft darf nur von Bausparkassen betrieben werden.

In der Sparphase wird durch regelmäßige oder unregelmäßige Einzahlungen ein Bausparguthaben erworben. Nach der Zuteilung wird die Bausparsumme an den Bausparer ausgezahlt. Die Differenz zwischen der Bausparsumme und dem Bauspargthaben wird als Darlehen gewährt. Das Darlehen (= Annuitätendarlehen) wird durch monatliche Zahlungen getilgt.

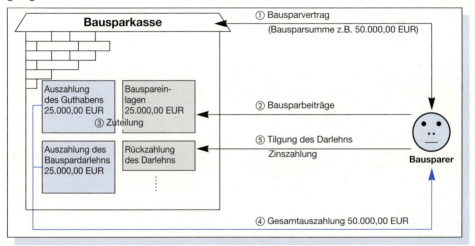

Bauspardarlehen dürfen für folgende Zwecke verwendet werden:
- Erwerb von Wohneigentum (Einfamilienhäuser, Eigentumswohnungen)
- Modernisierung von Wohneigentum
  > *Beispiel:*
  > *Fenster, Heizungsanlage, Fassadenrenovierung, neue Bäder*
- Erwerb von Bauland
- Ablösung von Verbindlichkeiten auf Wohngrundstücken (Umschuldung)

Der Verwendungszweck des Bauspardarlehens ist nachzuweisen. Wird der Verwendungsnachweis nicht erbracht, muss die Bausparkasse das Finanzamt benachrichtigen.

Tarife

Durch unterschiedliche Tarife berücksichtigen die Bausparkassen die Ziele der Bausparer. Die Tarife unterscheiden sich insbesondere durch die
- Höhe der Spar- und der Darlehenszinsen,
- Höhe des Mindestspargthabens,
- Dauer bis zur Zuteilung und Tilgungsdauer des Darlehens (Höhe des Regelsparbeitrages und Annuität).

■ Abwicklung eines Bausparvertrages

BAUSPARPHASE

SPARPHASE

Vertragsabschluss
- Der Bausparvertrag wird über eine bestimmte Summe abgeschlossen (z.B. Bausparsumme 50.000,00 EUR)
- Die Abschlussgebühr beträgt zumeist 1 % der Bausparsumme.

Sparbedingungen (abhängig von der Tarifvariante)
- **Regelsparbeitrag:** 4–8 ‰ der Bausparsumme monatlich
  Der Bausparer ist nicht verpflichtet, den Regelsparbeitrag zu zahlen. Er kann auch höhere oder niedrigere Zahlungen leisten. Niedrigere Zahlungen verlängern jedoch die Wartezeit bis zur Zuteilung.
- **Guthabenzins:** 2–4 %
  Der spätere Darlehenszinssatz ist abhängig vom gewählten Guthabenzinssatz
  (z.B. Darlehenszinssatz = Guthabenzinssatz + 2 %).

Bausparförderung (bei Einhaltung der gesetzlichen Voraussetzungen)
- **10 % Wohnungsbauprämie** nach dem WoPG und/oder
- **10 % Arbeitnehmersparzulage** nach dem 5. VermBG

Zuteilung

Bereitstellung der Bausparsumme (z.B. 50.000,00 EUR)

Voraussetzungen
- **Mindestsparguthaben** (40 % bzw. 50 % je nach Tarif)
- **Mindestsparzeit** (z. B. 24 Monate)
- **Mindestbewertungszahl**
  – Die Bausparkassen können nur die Mittel als Darlehen gewähren, die sie zuvor durch Sparbeiträge der in der Ansparphase und Tilgungsleistungen der in der Tilgungsphase befindlichen Bausparer erhalten haben. Da die zukünftigen Sparbeiträge nicht vorhersehbar sind, dürfen Bausparkassen einen bestimmten Zuteilungstermin **nicht** garantieren.
  – Die Bausparkassen ermitteln die Bewertungszahlen nach unterschiedlichen Verfahren. Maßgeblich für die Höhe der Bewertungszahl sind jedoch immer
     • die Höhe des Bausparguthabens,
     • die Dauer der Ansparzeit.
- **Antrag auf Zuteilung**

DARLEHENSPHASE

Darlehensbedingungen
- **Darlehenshöhe**

  Beispiel:

Bausparsumme	50.000,00 EUR	50.000,00 EUR
– Bausparguthaben (einschl. Zinsen)	25.000,00 EUR	28.000,00 EUR
= Darlehenshöhe	25.000,00 EUR	22.000,00 EUR

- **Darlehensprovision:** i. d. R. 1–2 % des Bauspardarlehens
- **Darlehenszinsen** (abhängig von der Tarifvariante): 4–6 %
- **monatlicher Tilgungsbeitrag** (abhängig von der Tarifvariante): 4–8 ‰ der Bausparsumme
  Der Tilgungsbeitrag ist die zu zahlende Monatsrate, die sich aus Zins- und Tilgungsleistung zusammensetzt.

  Beispiel:

  5 ‰ von 50.000,00 EUR = 250,00 EUR Monatsrate
  Durch die hohe Tilgung werden Bauspardarlehen innerhalb einer relativ kurzen Zeitdauer getilgt (ca. 8–12 Jahre je nach Tarif).

Lernfeld: Geld- und Vermögensanlagen

■ Bausparziele und Tarifangebote

Die Tarife sind Teil der Marketingpolitik, so dass sich die Tarifangebote der verschiedenen Bausparkassen zum Teil erheblich voneinander unterscheiden. Die Übersicht dient nur als Orientierungshilfe.

	Bausparziele	Tarifangebote
Zielsparer	■ Finanzierungsbedarf in 6–8 Jahren ■ feststehendes Finanzierungsvolumen	■ niedriges Mindestguthaben (40 %) ■ niedrige Guthaben- und Darlehenszinsen *Beispiel:* *2,5 % Guthabenzins* *4,5 % Darlehenszins*
Schnellsparer	■ kurzfristiger Finanzierungsbedarf ■ schnelle Tilgung	■ hoher Regelsparbeitrag ■ hoher Tilgungsbeitrag ■ evtl. höheres Mindestguthaben *(z.B. 50 %)*
Vorsorgesparer	■ langfristiger Finanzierungsbedarf ■ günstige Darlehenskonditionen	■ niedrige Guthaben- und Darlehenszinsen ■ niedriger Regelsparbeitrag ■ niedriger Tilgungsbeitrag
Renditesparer	■ hohe Verzinsung des Bausparguthabens ■ kein absehbarer Finanzierungsbedarf	■ hoher Guthabenzins *(z.B. 4 %)* ■ besonderer Bonus bei Verzicht auf das Bauspardarlehen

■ Staatliche Förderung des Bausparens

Merkmale	Förderung nach dem Wohnungsbauprämiengesetz	Vermögenswirksame Leistungen nach dem 5. Vermögensbildungsgesetz
max. Spar-betrag pro Jahr	■ 1.000,00 DM Ledige ■ 2.000,00 DM Verheiratete	■ 936,00 DM je Arbeitnehmer ■ vom **Arbeitgeber** aus dem **Lohn/Ge-halt** zu überweisen
Einkommens-grenzen (zu ver-steuerndes Jah-reseinkommen)	■ 50.000,00 DM Ledige ■ 100.000,00 DM Eheleute	■ 35.000,00 DM Ledige ■ 70.000,00 DM Eheleute
Höhe der Prämie	10 % Wohnungsbauprämie	10 % Arbeitnehmersparzulage
Antrag	Der Wohnungsbauprämien-Antrag wird an die **Bausparkasse** gesandt, die den Antrag an das Finanzamt weiterleitet.	Die Festsetzung der Arbeitnehmersparzu-lage erfolgt im Rahmen der **Einkommen-steuererklärung** unter Einreichung einer Bestätigung der Bausparkasse über die geleisteten Zahlungen.
Bindungsfrist	7 Jahre	
Zahlung der Prämie	Die Wohnungsbauprämie wird dem Bausparkonto gutgeschrieben: ■ nach der Zuteilung ■ nach Ablauf der Bindungsfrist ■ nach einer unschädlichen Verfügung aufgrund – Tod des Bausparers oder seines Ehegatten – Minderung der Erwerbsfähigkeit des Bausparers oder seines Ehegatten um mindestens 95 % – Arbeitslosigkeit von mehr als einem Jahr Für vermögenswirksame Leistungen, die nach der Zuteilung (Darlehensphase) auf den Bausparvertrag eingezahlt werden, zahlt das Finanzamt die Arbeitnehmersparzulage jährlich direkt an den Arbeitnehmer aus.	

Beurteilung des Bausparens aus der Sicht des Bausparers

Vorteile	Nachteile

■ Niedrige Verzinsung des Bauspardarlehns
■ sichere Kalkulationsgrundlage:
  – Die Höhe der Darlehenszinsen wird schon beim Abschluss des Bausparvertrages vereinbart.
  – Die Darlehenszinsen ändern sich nicht während der Laufzeit des Darlehens.
■ Staatliche Förderung durch Wohnungsbauprämie und Arbeitnehmersparzulage, sofern die gesetzlichen Voraussetzungen erfüllt sind.
■ Nachrangige Absicherung:
Das Darlehen wird durch ein nachrangiges Grundpfandrecht gesichert. Die Beleihungsgrenze beträgt 80 % des Beleihungswertes.
	■ Niedrige Verzinsung des Bausparguthabens
	■ Verwendung des Darlehens nur für wohnungswirtschaftliche Maßnahmen
	■ Schnelle Tilgung und damit eine hohe monatliche Belastung
	■ Der Zeitpunkt der Zuteilung ist nicht genau bekannt. Es können bis zur Zuteilung ggf. hohe Vor- bzw. Zwischenfinanzierungskosten entstehen.

5.3 Lebensversicherungen

Die **Lebensversicherung** ist eine Personenversicherung, die mit folgenden Zielsetzungen abgeschlossen wird:
■ Versorgung der Angehörigen im Todesfall
■ Vermögensbildung/Altersvorsorge
■ Darlehenssicherung und -tilgung

Kapitallebensversicherung auf den Todes- und Erlebensfall (gemischte Lebensversicherung)	Risikolebensversicherung
■ Im **Todesfall** des Versicherten wird die Versicherungssumme sofort an den Bezugsberechtigten ausgezahlt. ■ Im **Erlebensfall** wird nach Ablauf der Versicherungsdauer *(z.B. 20 Jahre)* die Ablaufleistung an den Versicherten ausgezahlt. Die Ablaufleistung besteht aus der Versicherungssumme und der Überschussbeteiligung.	■ Im **Todesfall** des Versicherten wird die Versicherungssumme sofort an den Bezugsberechtigten ausgezahlt. ■ Im **Erlebensfall** endet nach Ablauf der Versicherungsdauer die Versicherung, ohne dass von der Versicherung eine Zahlung geleistet wird.

Ergänzungs- bzw. Zusatzversicherungen
■ **Unfallversicherung** Beim Unfalltod des Versicherten wird die Zahlung der Versicherungssumme fällig. In Verbindung mit einer Kapitallebensversicherung (Unfallzusatzversicherung, UZV) verdoppelt (evtl. verdreifacht) sich in der Regel die Versicherungssumme im Todesfall. ■ **Berufsunfähigkeitsversicherung** Im Fall der Berufsunfähigkeit des Versicherten ist die Zahlung der Versicherungssumme bzw. die Zahlung einer monatlichen Rente fällig. In Verbindung mit einer Kapitallebensversicherung (Berufunfähigkeitszusatzversicherung, BUZ) wird die Hauptversicherung in der Regel beitragsfrei weitergeführt.

Lernfeld: Geld- und Vermögensanlagen

5.3.1 Kapitallebensversicherung auf den Todes- und Erlebensfall

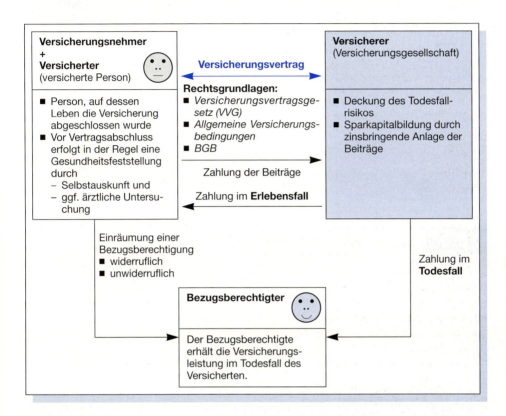

Versicherungsnehmer und Versicherter sind im Regelfall identisch. Es ist jedoch auch möglich, eine Lebensversicherung auf das Leben einer anderen Person abzuschließen (Fremdversicherung).

Widerrufsrecht
Der Versicherungsnehmer kann den Versicherungsvertrag binnen 14 Tagen schriftlich widerrufen.
Zur Wahrung der Frist genügt die rechtzeitige Absendung des Widerrufs *(§ 8 Abs. 4 VVG)*.

Die Beiträge zu einer Kapitallebensversicherung sind abhängig von
- der Versicherungssumme
- der Versicherungsdauer
- dem Geschlecht und dem Alter des Versicherten.

Beitragsbestandteile und Ablaufleistung

Bestandteile der Beiträge zu einer Kapitallebensversicherung		
Risikoanteil	**Sparanteil** (Deckungskapital)	**Kostenanteil**
Kapitalzahlung im Todesfall (Abdeckung des Todesfallrisikos) Die Kalkulation des Todesfallrisikos geschieht auf der Grundlage so genannter **„Sterbetafeln"** der Versicherungen. Ist der tatsächliche Aufwand durch vorzeitige Todesfälle geringer als angenommen, entsteht ein **„Sterblichkeitsgewinn"**, der den Versicherten zusteht.	**Kapitalzahlung bei Fälligkeit** Der Sparanteil wird von der Versicherung ertragbringend (z.B. Anleihen, Aktien, Immobilien) angelegt. Dem Versicherten wird i. d. R. eine **Garantieverzinsung von 3,25 %** (max. Rechnungszinssatz) zugesagt. Die zu 3,25 % aufgezinsten Sparanteile für die Laufzeit der Versicherung ergeben die Versicherungssumme. Der über die Garantieverzinsung hinausgehende **Mehrertrag** (Zinsgewinn) steht den Versicherten zu.	**Deckung der Vertriebskosten und der laufenden Verwaltungskosten** Ist der tatsächliche Aufwand geringer als kalkuliert, entsteht ein **„Kostengewinn"**, der den Versicherten zusteht.
Ablaufleistung = Versicherungssumme + Überschussbeteiligung („Sterblichkeitsgewinn" + Mehrertrag + „Kostengewinn")		
Bei Fälligkeit der Versicherung wird die Ablaufleistung an den Versicherten ausgezahlt. Durch die Überschussbeteiligung erhöht sich die Ablaufleistung oft erheblich. Bei einer Laufzeit von 25 Jahren wird bei Ablauf der Versicherung ca. das Doppelte der Versicherungssumme ausgezahlt. Da zukünftige Entwicklungen (z.B. Höhe der Kapitalmarktzinsen, Entwicklung der Aktienkurse) die Höhe der Überschussbeteiligung bestimmen, ist bei Vertragsabschluss die Ablaufleistung der Versicherung im voraus jedoch nicht genau zu ermitteln.		

Deckungsstock und Rückkaufswert

Deckungsstock (Prämienreservefonds)	Die Versicherung muss ein Deckungskapital bilden, um nach Ablauf der Versicherungsdauer bzw. im Todesfall die Versicherungssumme zahlen zu können.
	
	Die Vermögenswerte, die mit dem Deckungskapital erworben werden, bezeichnet man als **Deckungsstock.** Für den Deckungsstock gelten besondere Vorschriften:
	
	■ Der Deckungsstock muss getrennt vom Vermögen der Versicherung verwaltet werden.
	■ Ein Treuhänder wird zur Überwachung bestellt.
	■ Folgende Anlageformen sind zulässig:
	  – Hypotheken- und Grundschulddarlehen
	  – alle inländischen festverzinslichen Wertpapiere
	  – Investmentanteile
	  – Aktien, die an einer inländischen Börse im amtlichen Handel oder im Geregelten Markt gehandelt werden
	  – Darlehen an Bund, Länder und Gemeinden
	  – Grundstücke und Gebäude
	  – Termineinlagen bei Kreditinstituten

Rückkaufswert	Bei einer vorzeitigen Kündigung der Versicherung wird der **Rückkaufswert** (Zeitwert) an den Versicherten ausgezahlt. Der Rückkaufswert besteht unter Berücksichtigung der Abschlusskosten aus den verzinsten Sparanteilen seiner Einzahlungen zuzüglich der bisher angefallenen Überschussbeteiligung. Gedanklich kann man sich den Vorgang folgendermaßen vorstellen: Bei Vertragsbeginn wird das „Konto" des Versicherten mit den Abschlusskosten belastet. Es entsteht ein negativer Saldo, der durch die nun folgenden Sparanteile zunächst ausgeglichen wird. Eine Überschussbeteiligung fällt bisher nicht an. Erst im späteren Verlauf entsteht durch weitere Einzahlungen ein positiver Saldo und damit ein Rückkaufswert. Der Rückkaufswert mindert sich noch um die Kosten der Vertragsauflösung (ca. 1 %). Die Ermittlung der Rückkaufswerte erfolgt bei den einzelnen Versicherungen nach unterschiedlichen Verfahren, die zu deutlichen Abweichungen bei der Höhe des Rückkaufswertes führen. In den ersten Versicherungsjahren ist der Rückkaufswert relativ niedrig. **Fazit:** Eine vorzeitige Kündigung des Vertrages ist für den Versicherten mit erheblichen finanziellen Nachteilen verbunden. Bei finanziellen Schwierigkeiten ist deshalb oft eine Beitragsfreistellung, Laufzeitverkürzung oder eine Verminderung der Versicherungssumme von Vorteil.

Steuerliche Vorteile von Kapitallebensversicherungen

- Bei einer Laufzeit von mindestens **12 Jahren** sind die Erträge aus der Lebensversicherung steuerfrei.
- Die Beiträge zur Lebensversicherung können grundsätzlich als **Vorsorgeaufwendungen** (Sonderausgaben) bei der Einkommensteuererklärung geltend gemacht werden. Die Vorsorgeaufwendungen sind jedoch auf einen abzugsfähigen Höchstbetrag begrenzt. Da Arbeitnehmer i. d. R. diesen Höchstbetrag schon durch ihre Sozialversicherungsbeiträge ausschöpfen, wirken sich ihre Lebensversicherungsbeiträge nicht steuermindernd aus. Für Selbstständige und Beamte ergeben sich jedoch oft steuerliche Vorteile.

Steuerliche Vorteile eines Festdarlehens in Kombination mit einer Lebensversicherung bei der Immobilienfinanzierung

Zur Finanzierung einer **vermieteten** Immobilie wird ein Festdarlehen bei der Versicherung oder bei einem Kreditinstitut ohne laufende Tilgungsleistungen aufgenommen. Es werden nur die laufenden Zinsen entrichtet. Parallel wird eine Lebensversicherung angespart, um bei deren Fälligkeit das Darlehen in einer Summe zurückzuzahlen. Die Ansprüche aus der Lebensversicherung werden zur Sicherung des Darlehens an den Kreditgeber abgetreten bzw. verpfändet.

- Die Beiträge zur Lebensversicherung können als Vorsorgeaufwendungen geltend gemacht werden.
- Die auf das Darlehen gezahlten Zinsen werden als Werbungskosten bei den Einnahmen aus Vermietung und Verpachtung berücksichtigt.

Es sind strenge steuerliche Regeln bei der Abtretung von Lebensversicherungsansprüchen zu beachten. So darf z.B. die Lebensversicherung nur das reine Darlehen abdecken, nicht aber die Finanzierungskosten. Bei der Konzeption solcher Finanzierungsmodelle ist dem Kunden eine vorherige Rücksprache mit einem Steuerberater zu empfehlen.

Beurteilung von Kapitallebensversicherungen aus der Sicht des Versicherten

Vorteile	Nachteile
<ul><li>Absicherung der Familie im Todesfall</li><li>hohe Ablaufleistung durch Überschussbeteiligung</li><li>Sicherung des Lebensstandards im Alter und für den Fall der Berufs- und Erwerbsunfähigkeit</li><li>Steuervorteile</li><li>Anlage der vermögenswirksamen Leistungen (**keine** Arbeitnehmersparzulage)</li><li>Darlehnssicherung und -tilgung</li></ul>	<ul><li>lange Laufzeit</li><li>Bei vorzeitiger Kündigung erhält der Versicherte nur den Rückkaufswert.</li><li>Die Ablaufleistung ist nicht bekannt.</li><li>evtl. niedrigere Renditen als bei anderen Anlageformen</li></ul>Als Alternative kann der Abschluss einer preiswerten Risikolebensversicherung in Verbindung mit einem Bank- oder Fondssparplan empfohlen werden.

5.3.2   Besondere Formen der Kapitallebensversicherung

dynamische Lebensversicherung	<ul><li>Angebot an den Versicherten, die Versicherungssumme jährlich zu erhöhen, um den Kaufkraftverlust durch die laufende Geldentwertung (Inflation) auszugleichen und eine Anpassung an die allgemeine Einkommensentwicklung zu gewährleisten.</li><li>Erhöhung der Versicherungssumme ohne erneute Gesundheitsprüfung</li><li>Der Versicherte kann der Erhöhung binnen zwei Monaten widersprechen.</li></ul>**Vorteil:** Ausgleich des Kaufkraftverlustes
Direktversicherung	<ul><li>Der Arbeitgeber schließt auf das Leben des Arbeitnehmers eine Versicherung ab. Rechtlich handelt es sich um einen „Vertrag zu Gunsten Dritter" (*§ 328 BGB*).</li><li>Der Arbeitnehmer ist versicherte Person und Bezugsberechtigter.</li><li>Die Beiträge werden vom Arbeitgeber an die Versicherung abgeführt.</li><li>Für den Arbeitgeber sind die Beiträge als Betriebsausgaben steuermindernd.</li><li>Für den Arbeitnehmer handelt es sich um steuerpflichtige Lohn-/Gehaltszahlungen, die aber nur pauschal mit 20 % Lohnsteuer besteuert werden.</li><li>Höchstbetrag: 3.408,00 DM pro Jahr und Arbeitnehmer</li></ul>**Vorteil:** Steuerminderung
Term-Fix-Versicherungen: ■ **Ausbildungsversicherung** ■ **Heirats- und Aussteuerversicherungen**	<ul><li>Die Versicherung dient dazu, die Zahlung einer bestimmten Geldsumme zu einem bestimmten Termin zu gewährleisten. Die Ausbildungsversicherung trägt zur Deckung der Ausbildungskosten der Kinder bei. Bei der Heirats- bzw. Aussteuerversicherung wird die Versicherungssumme bei der Heirat des mitversicherten Kindes, spätestens jedoch bei Erreichen eines bestimmten Lebensalters *(z.B. 25. Lebensjahr des Kindes)* fällig. Beim Tod des Kindes vor dem Ende der Laufzeit werden die Beiträge zurückerstattet.</li><li>Bei Tod des Versicherten *(z.B. Eltern)* wird die Versicherung beitragsfrei bis zum Ende der Laufzeit weitergeführt.</li></ul>**Vorteil:** Sicherung der Ausbildung / Existenzgründung der Kinder
fondsgebundene Lebensversicherungen	<ul><li>Der Sparanteil wird in Investmentanteilen angelegt.</li><li>Die Fondsanteile werden jedem Versicherten **direkt** zugeordnet („Sondervermögen").</li><li>keine Garantieverzinsung aufgrund der Kursrisiken</li><li>indexgebundene Versicherungen orientieren ihre Gewinnzusagen an einem Referenzindex *(z.B. DAX)*</li><li>Beiträge sind nicht als Sonderausgaben absetzbar</li></ul>**Vorteil:** ggf. höhere Ablaufleistungen (aber auch höheres Risiko)

Lernfeld: Geld- und Vermögensanlagen 157

Lebensversicherung auf verbundene Leben ■ Partnerversicherung ■ Teilhaberversicherung	■ Das Todesfallrisiko von mehreren (i.d.R. zwei) Personen wird in einem Vertrag zusammengefasst. ■ Die vereinbarte Leistung wird i.d.R. beim Tod des zuerst Sterbenden, spätestens am Ende der Laufzeit fällig. ■ Mit dem Tod eines der Versicherten vor dem Ende der Laufzeit erlischt die Versicherung. **Vorteile:** ■ gegenseitige Absicherung im Todesfall von Lebensgemeinschaften (Eheleute und andere zusammenlebende Paare) ■ finanzielle Absicherung von Personengesellschaften (OHG, KG), um im Todesfall eines Gesellschafters *z.B. Zahlungen an die Erben* leisten zu können

5.3.3 Rentenversicherung

Die **Rentenversicherung** dient der privaten Altersvorsorge.

Der Versicherte erwirbt das Recht auf regelmäßig wiederkehrende (meist monatliche) Zahlungen (= Rente). Diese Mindestrente (Garantierente) kann sich durch eine Überschussbeteiligung (Gewinnrente) erhöhen.

Dabei sind zu unterscheiden:

■ **Leibrente:** lebenslange Zahlung

■ **Zeitrente:** Zahlung für einen bestimmten Zeitraum unabhängig vom Leben des Versicherten

Der Versicherungsanspruch kann erworben werden als:

■ **Sofortrente**
Durch die Zahlung eines größeren Geldbetrages *(z.B. 50.000,00 EUR)* erwirbt der Versicherungsnehmer sofort den Anspruch auf eine lebenslange Leibrente. Bei einem frühen Tod des Versicherten wird in der Regel eine Todesfallleistung fällig (Zahlung eines einmaligen Kapitalbetrages oder eine zeitlich befristete Rentenzahlungen an die Hinterbliebenen).

■ **aufgeschobene Rente**
Der Rentenanspruch wird durch mehrjährige Beitragszahlungen erworben und beginnt zu einem festgelegten Zeitpunkt (Aufschubzeit). Beim vorzeitigen Tod des Versicherten erfolgt meist eine Todesfallleistung. Dem Versicherten wird häufig ein Wahlrecht eingeräumt, anstatt der Rentenzahlungen eine einmalige Kapitalabfindung zu erhalten.

Beurteilung der Rentenversicherung

■ Die Rentenversicherung sichert lebenslänglich eine bestimmte Zusatzrente.

■ Die Beiträge sind niedriger als bei einer Kapitallebensversicherung, da im Todesfall nicht die volle Versicherungssumme fällig ist.

■ Eine Kapitallebensversicherung kann bei Fälligkeit in eine Rentenversicherung umgewandelt werden.

■ Die gesetzliche Rente ist oft erheblich niedriger als das letzte Nettoarbeitseinkommen des Versicherten. Mit einer Rentenversicherung kann diese so genannte **Versorgungslücke** geschlossen werden.

5.4 Effekten

5.4.1 Begriffliche Grundlagen

Beweisurkunden – Legitimationspapiere – Wertpapiere

> **Urkunden** sind Schriftstücke, auf denen ein rechtserheblicher Sachverhalt niedergelegt ist.

(Reine) Beweisurkunden

Sie dienen dazu, einen rechtserheblichen Sachverhalt zu beweisen, falls dieser vom Aussteller der Urkunde oder ggf. einer dritten Person bestritten wird.

Beispiele:

- *Bürgschaftsurkunde*
- *Schuldschein*
- *Posteinlieferungsschein*
- *ec-Karte*
- *Kreditkarte*
- *Kfz-Brief*

Einfache Legitimationspapiere

Sie dienen dazu, die Berechtigung (Legitimation) einer Person zur Entgegennahme einer Leistung zu prüfen. Der Schuldner kann mit befreiender Wirkung an jeden leisten, der die Urkunde vorlegt. Er braucht nicht zu prüfen, ob der Inhaber der Urkunde auch der wirklich Berechtigte ist.

Beispiele:

- *Legitimationszeichen: Garderoben-/Essensmarke, Gepäckschein*
- *Quittung (§ 370 BGB)*
- *Erneuerungsschein (Talon)*
- *Depotschein*

Wertpapiere   *Standartisiertes Produkt*

Sie verbriefen ein privates Recht in der Weise, dass zur Ausübung des Rechts der Besitz der Urkunde erforderlich ist. Der Aussteller muss grundsätzlich nur bei Vorlage der Urkunde die versprochene Leistung erbringen.

Lernfeld: Geld- und Vermögensanlagen

Wertpapiere nach der Form der Übertragung

Inhaberpapiere	Orderpapiere	Rektapapiere
Der Aussteller der Urkunde verspricht, die geschuldete Leistung		
■ an jeden Vorleger der Urkunde zu erbringen.	■ an die namentlich benannte Person oder an eine andere Person, die durch Indossament als (neuer) Berechtigter bezeichnet wird, gegen Vorlage der Urkunde zu erbringen.	■ an die namentlich benannte Person gegen Vorlage der Urkunde zu erbringen.
Die Übertragung des verbrieften Rechts auf eine andere Person erfolgt		
■ nach **sachenrechtlichen Grundsätzen** *(§§ 929ff. BGB);* das verbriefte Recht wird durch die Urkunde verkörpert und wie eine bewegliche Sache übereignet		■ nach **schuldrechtlichen Grundsätzen** *(§§ 398ff. BGB)*
■ durch dingliche Einigung und Übergabe der Urkunde.	■ durch dingliche Einigung und Übergabe der indossierten Urkunde.	■ durch Abtretung des verbrieften Rechts (schuldrechtliche Einigung); das Eigentum an der Urkunde steht dem jeweiligen Inhaber des Rechts zu.
Beispiele:	*Beispiele:*	*Beispiele:*
• *Inhaberscheck* • *Inhaberschuldverschreibung* • *Inhaberaktie* • *Zinsschein/Dividendenschein* • *Investmentzertifikat*	• *Orderscheck* • *Reisescheck* • *Wechsel* • *Namensaktie*	• *Hypotheken-/Grundschuldbrief* • *Sparbuch* • *Sparbrief*

Wertpapiere nach der Art des verbrieften Vermögenswertes

Geldwertpapiere	verbriefen kurzfristige Geldforderungen bzw. Geldanlagen

	Beispiele: • *Scheck*
	                 • *Wechsel, Schatzwechsel*
	                 • *Zins-/Dividendenschein*

Kapitalwertpapiere	verbriefen längerfristige Forderungen oder Teilhaberrechte aus Kapitalanlagen
	nicht vertretbare Kapitalwertpapiere
	Sie sind in der Beschaffenheit des verbrieften Rechts individueller Natur und nicht untereinander austauschbar.
	Beispiele: • *Hypotheken-/Grundschuldbrief* • *Sparbuch*
	vertretbare (= fungible) Kapitalwertpapiere = Effekten
	Sie verbriefen innerhalb einer Gattung die gleichen Rechte und können untereinander ausgetauscht werden, ohne dass sich das Recht des Wertpapierbesitzers dadurch ändern würde.

	Beispiele: • *Inhaber-/Orderschuldverschreibung*
	                 • *Aktie*
	                 • *Investmentzertifikat*
	                 • *Optionsanleihe*
	                 • *Genuss-Schein*

Warenwertpapiere	verbriefen den Anspruch auf Herausgabe schwimmender oder lagernder Ware

	Beispiele: • *Ladeschein*
	                 • *Lagerschein*
	                 • *Konnossement*

Effektenbegriff – Effektenarten

Effekten sind vertretbare Kapitalwertpapiere. Sie verbriefen eine Kapitalanlage, sind börslich oder außerbörslich handelbar und in der Regel mit einem Ertragsanspruch ausgestattet.

Gläubigereffekten verbriefen ein **Forderungsrecht** mit einem Anspruch auf **Zinsen**.
Kredite die gehandelt werden.

Teilhabereffekten verbriefen ein **Miteigentumsrecht** (an einer Aktiengesellschaft oder am Sondervermögen einer Kapitalanlagegesellschaft) mit einem Anspruch auf anteilmäßigen **Gewinn**.
→ *Eigentumsrechte*

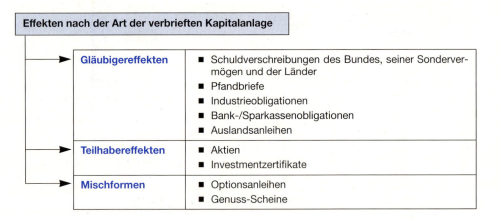

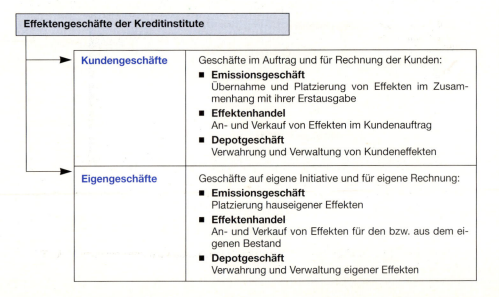

Lernfeld: Geld- und Vermögensanlagen   161

Gegenstände des Effektengeschäfts der Kreditinstitute

Wertpapiere	und	**Derivate**

Wertpapiere

- Aktien
- Schuldverschreibungen
- Investmentanteile
- Genuss-Scheine
- Optionsscheine

in verbriefter oder unverbriefter Form,

wenn sie auf einem
- staatlich überwachten,
- regelmäßig stattfindenden,
- für das Publikum offenen

Markt gehandelt werden können.

Derivate

Rechte, deren Marktpreis abhängig ist von
- Wertpapierkursen
- Devisenkursen
- Veränderung von Zinssätzen

Beispiele:

- *CALL-Optionen (Kaufoptionen)*
- *PUT-Optionen (Verkaufsoptionen)*
- *Futures*

Äußere Form der Effekten

Einzelurkunden (effektive Stücke)

- sind entsprechend den **„Richtlinien für den Druck von Wertpapieren"** gestaltet
- bestehen grundsätzlich aus **Mantel** und **Bogen**
  Ausnahme: Nullkupon-Anleihen und Investmentzertifikate thesaurierender Fonds sind bogenlos.
  – Mantel: Verbriefung des Gläubiger- bzw. Teilhaberrechts
  – Bogen: besteht aus Kupons und ggf. einem Erneuerungsschein (Talon)
  Kupons dienen der Geltendmachung der Ertragsansprüche. In ihrer Funktion als Zins-, Gewinnanteils- oder Ertragsscheine haben sie einen eigenständigen Wertpapiercharakter, sobald sie vom Bogen getrennt sind. Bei Aktien können Kupons ggf. das Recht auf den Bezug „junger" Aktien bei Kapitalerhöhungen verbriefen.
  Der **Erneuerungsschein** dient als Legitimationsnachweis für den Bezug eines neuen Bogens, wenn sämtliche Kupons verbraucht sind.
- ermöglichen **Tafelgeschäfte** sowie die **Sonderverwahrung** (= Streifbandverwahrung) bei einem Kreditinstitut; der Kapitalanleger hat damit die Möglichkeit, das Eigentum an effektiven Stücken (auf Wunsch auch deren Besitz) zu erlangen.

  Beispiele:

  Als Einzelurkunden sind oft lieferbar:
  - *Aktien*
  - *Investmentanteile*
  - *Industrie-/Auslandsanleihen*
  - *bestimmte Pfandbriefserien*

Globalurkunden (Sammelurkunden) gem. § 9a DepG

- verbriefen in einer Urkunde mehrere Rechte. Diese Rechte könnten auch in vertretbaren Wertpapieren einer Gattung verbrieft sein. Eine Globalurkunde entspricht damit einer bestimmten Anzahl von Einzelurkunden mit entsprechenden Nummern.

  Beispiel:

  7 % Rheinische Hypothekenbank AG Pfandbriefe Em. 473 Globalurkunde über nom. 1 Mio. EUR, Nr. 70 001–80 000

- sind nur zur **Girosammelverwahrung** (= Regelverwahrform) bei einer Wertpapiersammelbank geeignet
- sind nicht effektiv lieferbar und brauchen deshalb nicht den Druckrichtlinien zu entsprechen; ein Eigentumserwerb an effektiven Stücken ist dadurch ausgeschlossen; statt dessen erlangt der Kapitalanleger ein anteilmäßiges **Miteigentum an einem Wertpapiersammelbestand**
- erfordern **keine Druckkosten** und **weniger Tresorraum**
- **erleichtern** die **Verwahrung** und **Verwaltung**, insbesondere das Zins- und Dividendeninkasso.

Interimistische Globalurkunden verbriefen nur vorübergehend eine gesamte Emission und ermöglichen bereits unmittelbar nach Durchführung der Emission die Einführung der Effekten in den Börsenhandel und den Effektengiroverkehr. Sie werden später (auf Wunsch der Kapitalanleger) durch Einzelurkunden und durch technische Globalurkunden ersetzt.

> **Beispiel:**

Globalurkunde über den Sammelbestand „junger" Aktien aus einer Kapitalerhöhung

Technische Globalurkunden umfassen den Teil einer Emission, der erfahrungsgemäß auf Dauer für eine effektive Lieferung nicht benötigt wird. Sie müssen bei Bedarf auf Kosten des Emittenten durch Einzelurkunden ersetzt werden.

> **Beispiel:**

Globalurkunde über den Sammelbestand von Investmentzertifikaten

Dauerglobalurkunden verbriefen eine Emission für die gesamte Laufzeit. Das Recht des Kapitalanlegers auf Auslieferung von Einzelurkunden ist aufgrund der Emissionsbedingungen ausgeschlossen.

> **Beispiel:**

Globalurkunde über den Sammelbestand einer Anleihe der Kreditanstalt für Wiederaufbau

---

Schuldbuchforderungen (Wertrechte)

- sind Darlehensforderungen gegen die öffentliche Hand, die durch Eintragung in einem beim Emittenten geführten Schuldbuch beurkundet sind. Sie beruhen auf dem Privileg der öffentlichen Hand, aufgenommene Darlehen, statt in Wertpapieren zu verbriefen, lediglich buchmäßig zu registrieren.
  Das **Bundesschuldbuch** wird von der **Bundesschuldenverwaltung** (BSV) in Bad Homburg vor der Höhe geführt. Die Eintragungen unterliegen dem **Schuldbuchgeheimnis.**
- können als Einzel- oder Sammelschuldbuchforderungen eingetragen sein. Es besteht kein Anspruch auf Einzelurkunden; Tafelgeschäfte sind dadurch ausgeschlossen.
  Einzelschuldbuchforderungen entstehen durch namentliche Eintragung des *einzelnen* Kapitalanlegers; sie sind weder depot- noch börsenfähig (keine Effekten); ihre Verwaltung erfolgt unmittelbar durch die jeweilige Schuldenverwaltung und ist kostenlos (keine Depotgebühren, spesenfreie Überweisung von Zinsen und Kapital). Für die Eröffnung eines Schuldbuchkontos ist eine Legitimationsprüfung durch ein Kreditinstitut erforderlich. Die Legitimationsprüfung wird von jedem deutschen Kreditinstitut **kostenlos** durchgeführt.
  Sammelschuldforderungen sind auf den Namen der Clearstream Banking AG eingetragen, die treuhänderisch die Depotbestände einer Vielzahl von Einzelgläubigern verwaltet. Es handelt sich um unverbriefte, sammelverwaltete Rechte, die kraft Gesetzes sammelverwahrten Wertpapierurkunden gleichstehen (**„papierlose Wertpapiere");** sie werden wie Effekten behandelt und bieten die gleichen banktechnischen Vorteile wie Globalurkunden.

Alle öffentlichen Schuldverschreibungen existieren nur noch als Schuldbuchforderungen. Der Kapitalanleger kann zwischen dem Erwerb einer Einzelschuldbuchforderung oder einer anteiligen Sammelschuldbuchforderung wählen.

> **Beispiele:**
> - *Bundesanleihen, -obligationen, -schatzbriefe*
> - *Anleihen der Bundesländer*

Lernfeld: Geld- und Vermögensanlagen

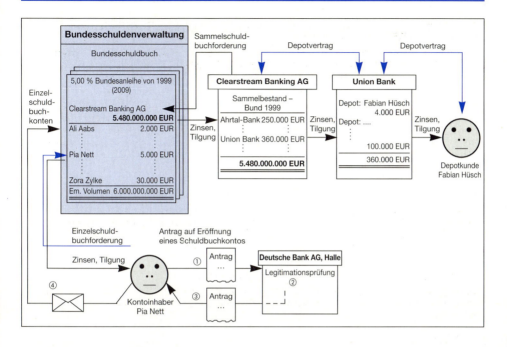

5.4.2 Gläubigereffekten

5.4.2.1 Emittenten – Emissionsgründe

Emittenten	Emissionsgründe	Bezeichnungen
Öffentliche Hand - Bund - Bundesländer - Städte - Gemeindeverbände	Deckung des mittel-/langfristigen Finanzbedarfs für öffentliche Investitionen, die aus dem laufenden Steueraufkommen nicht finanziert werden können.	- Bundesanleihen, -obligationen, -schatzbriefe, Finanzierungsschätze - Anleihen - Kommunalanleihen
Kreditinstitute - Universalbanken (nur größere, „emissionsfähige" Institute) - Kreditinstitute mit Sonderaufgaben - Realkreditinstitute	Mittelbeschaffung für das mittel-/langfristige Kreditgeschäft	- Inhaberschuldverschreibungen - Anleihen - Hypothekenpfandbriefe, Öffentliche Pfandbriefe - Optionsanleihen - Commercial Papers (CP)
Wirtschaftsunternehmen Industrie-, Handels-, Energieunternehmen (Rechtsform i. d. R.: AG)	Mittelbeschaffung für Anlageinvestitionen	

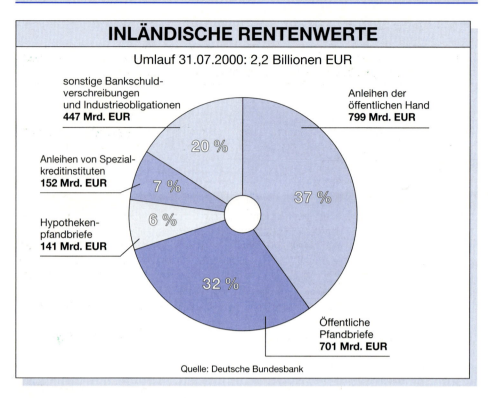

5.4.2.2 Ausstattungsmerkmale von Gläubigereffekten

Der Kapitalanleger kann bei seiner Anlageentscheidung aus einer Vielzahl unterschiedlich ausgestatteter Gläubigereffekten wählen. Über die Ausstattung geben die jeweiligen Emissionsbedingungen Auskunft.

Verzinsung

Die Verzinsung ist abhängig von der Laufzeit der Emission, der Bonität des Emittenten und dem jeweiligen Zinsniveau auf dem Kapitalmarkt.

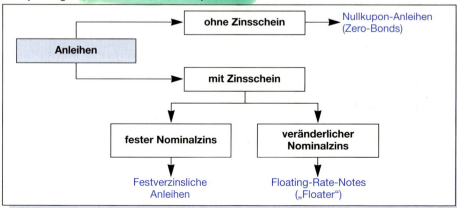

Lernfeld: Geld- und Vermögensanlagen

■ Nominalverzinsung

> Die **Nominalverzinsung** einer festverzinslichen Anleihe *(Straight Bond)* stellt den **verbrieften Zinsanspruch bezogen auf den Nennwert** (Nominalwert) dar.

Die Zinszahlung erfolgt an bestimmten Terminen jährlich oder halbjährlich für das zurückliegende Jahr bzw. Halbjahr. Bei effektiven Stücken wird der Zinsanspruch durch den jeweils fälligen Zinsschein verkörpert.

Der **Nominalzins** wird grundsätzlich in Anlehnung an das zum Emissionszeitpunkt herrschende Marktzinsniveau für die Dauer der Laufzeit festgelegt. Die Kupons werden in der Regel mit einem „glatten" Nominalzins *(z.B. 6,5 %)* ausgestattet. Wenn die **Marktrendite** zum Zeitpunkt der Emission nicht genau der Nominalverzinsung *(z.B. 6,5 %)* entspricht, erfolgt die Ausgabe unter bzw. über dem Nennwert (unter bzw. über pari), um die tatsächliche Rendite der Anleihe der Marktrendite anzupassen. Dabei gilt:

- Nominalzins der Anleihe > Marktrendite → Ausgabepreis über 100 % *(z.B. 101 %)*

- Nominalzins der Anleihe < Marktrendite → Ausgabepreis unter 100 % *(z.B. 99 %)*

Beispiel:
6 % Hypothekenpfandbrief der Westfälischen Hypothekenbank von 1999 (2009); Nennwert 1.000,00 EUR, Zinszahlungen jeweils am 18. Mai jeden Jahres (18. Mai gzj.)

Die Zinsen werden jeweils nachträglich gezahlt. Der Zinslauf beginnt mit dem Tag der letzten Zinszahlung und endet am Kalendertag vor der aktuellen Zinszahlung.

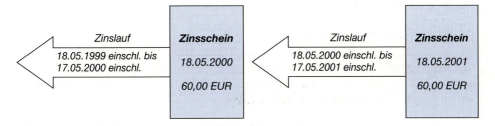

- **konstanter Zinssatz** über die gesamte Laufzeit (Festzinsanleihen)

    Beispiel:
    6 % Kfw-Anleihe von 1999 (2009), 15. Mai gzj.

- jährlich nach festem Plan **steigender Zinssatz** (Stufenzinsanleihen)

    Beispiel:
    Bundesschatzbriefe Typ A, Ausgabe 1999/5
    1. Jahr: 2,50 %
    2. Jahr: 2,75 %
      ⋮
    6. Jahr: 4,75 %

Berechnung von Stückzinsen

Beim Handel einer Anleihe werden neben der Anleihe (Mantel) auch die Zinsscheine (Bogen) an den Käufer geliefert, sodass der Käufer bei Fälligkeit des nächsten Zinsscheines die Zinsen für das gesamte vergangene Jahr erhält, obwohl die Zinsen bis zum Kauf nicht ihm, sondern dem Verkäufer zustehen. Deshalb muss der Käufer dem Verkäufer die anteiligen Stückzinsen **vom Beginn des Zinslaufs bis zum Kauf** in der Kaufabrechnung erstatten.

Bei der Abrechnung sind zu unterscheiden:

Erfüllungsvaluta: Börsengeschäfte werden **zwei Börsentage nach dem Abschluss des Kaufvertrages (= Handelstag/Schlusstag)** erfüllt.

Mit der Erfüllungsvaluta

- wird das Geldkonto des Käufers belastet und die Depotgutschrift erteilt,
- werden die Effekten aus dem Depot des Verkäufers ausgebucht und die Kontogutschrift erteilt.

Stückzinsvaluta: Für die Berechnung der Stückzinsen ist eine besondere Stückzinsvaluta maßgeblich. **Der Stückzinsvalutatag ist der Kalendertag vor dem Erfüllungsvalutatag.**

Beispiel:

Handelstag (Schlusstag)	Montag, 06.03.20..	Donnerstag, 06.05.20..
+ 2 Börsentage	+ 2 Börsentage	+ 2 Börsentage
= Erfüllungs- valuta	Mittwoch, 08.03.20..	Montag, 10.05.20..
– 1 Kalendertag	– 1 Kalendertag	– 1 Kalendertag
= Zinsvaluta	Dienstag, 07.03.20..	Sonntag, 09.05.20..

Anleihen mit fester Verzinsung

Die **Berechnung der Stückzinsen** erfolgt bei Anleihen mit **fester Verzinsung** nach der international üblichen taggenauen Methode „aktuell/aktuell" („act/act").
- Die **Stückzinstage** werden **kalendermäßig** gezählt.
- Das **Jahr hat 365 bzw. 366 Zinstage.**

Anleihen mit variabler Verzinsung (Floating Rate Notes)

Bei Anleihen mit **variabler Verzinsung** werden die Stückzinsen nach der Methode „aktuell/360" („act/360") ermittelt:
- Die **Stückzinstage** werden **kalendermäßig** gezählt.
- Das **Jahr** wird zu **360 Zinstagen** gerechnet.

Lernfeld: Geld- und Vermögensanlagen

Fallbeispiel:

Am 3. Juni 20.. (Donnerstag) wird folgende Anleihe an der Börse gehandelt:

- 6 % Bundesanleihe, Nennwert 20.000,00 EUR; Kurs 103 %; Zinstermin 20.09. ganzjährig
- Kosten: 0,5 % Provision vom Kurswert mindestens vom Nennwert; 0,75 ‰ Courtage vom Nennwert

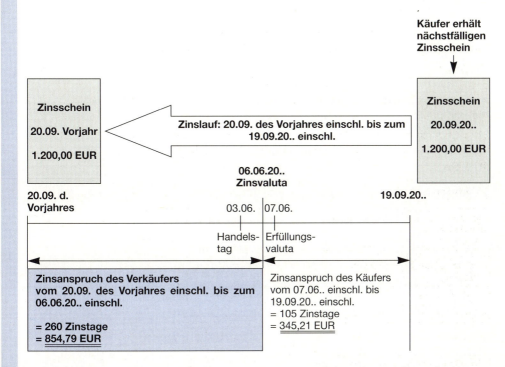

$$\text{Berechnung der Stückzinsen} = \frac{20.000,00 \cdot 6 \cdot 260}{100 \cdot 365} = 854,79 \text{ EUR}$$

- Dem Verkäufer stehen die Zinsen vom Beginn des Zinslaufs bis einschließlich Stückzinsvalutatag zu.
- Dem Käufer stehen die Zinsen vom Erfüllungsvalutatag einschließlich bis zum Ende des Zinslaufs zu.
- Der Käufer erhält bei Fälligkeit des Zinsscheins am 20.09.20.. 1.200,00 EUR Zinsen.
- Beim Kauf der Anleihe zahlt der Käufer 854,79 EUR Stückzinsen an den Verkäufer (Plusstückzinsen). Damit erhält der Verkäufer die ihm zustehenden Zinsen vom Beginn des Zinslaufs bis einschließlich dem Zinsvalutatag. Im Ergebnis bleiben dem Käufer 345,21 EUR Zinsen. Dies ist der ihm zustehende Zinsertrag vom Erfüllungstag (einschließlich) bis zum Ende des Zinslaufs.

168   Lernfeld: Geld- und Vermögensanlagen

■ Abrechnungen und Buchungen

Verkäuferbank

Abrechnung des Börsengeschäftes	
Kurswert	20.600,00 EUR
+ Stückzinsen	854,79 EUR
ausmachender Betrag	**21.454,79 EUR**

Buchungen	Beträge in EUR	
	Soll	Haben
BKK	21.454,79	
an Wertpapierhandel		21.454,79

Abrechnung für den Verkäufer mit Freistellungsauftrag	
Kurswert	20.600,00 EUR
+ Stückzinsen	854,79 EUR
ausmachender Betrag	21.454,79 EUR
− 0,5 % Provision	103,00 EUR
− 0,75 ‰ Courtage	15,00 EUR
Gutschrift Wert 07.06.20..	**21.336,79 EUR**

Buchungen	Beträge in EUR	
	Soll	Haben
Wertpapierhandel	21.454,79	
an Provisionsertrag		103,00
Sonstige Verbindl.		15,00
KKK		21.336,79

Abrechnung für den Verkäufer ohne Freistellungsauftrag	
Kurswert	20.600,00 EUR
+ Stückzinsen	854,79 EUR
ausmachender Betrag	21.454,79 EUR
− 30 % ZASt von 854,79	256,44 EUR
− 5,5 % SolZ von 256,44	14,10 EUR
− 0,5 % Provision	103,00 EUR
− 0,75 ‰ Courtage	15,00 EUR
Gutschrift Wert 07.06.20..	**21.066,25 EUR**

Buchungen	Beträge in EUR	
	Soll	Haben
Wertpapierhandel	21.454,79	
an Sonstige Verbindl.		270,54
Provisionsertrag		103,00
Sonstige Verbindl.		15,00
KKK		21.066,25

Käuferbank

Abrechnung des Börsengeschäftes	
Kurswert	20.600,00 EUR
+ Stückzinsen	854,79 EUR
ausmachender Betrag	**21.454,79 EUR**

Buchungen	Beträge in EUR	
	Soll	Haben
Wertpapierhandel	21.454,79	
an BKK		21.454,79

Abrechnung für den Käufer	
Kurswert	20.600,00 EUR
+ Stückzinsen	854,79 EUR
= ausmachender Betrag	21.454,79 EUR
+ 0,5 % Provision	103,00 EUR
+ 0,75 ‰ Courtage	15,00 EUR
Belastung Wert 07.06.20..	**21.572,79 EUR**

Buchungen	Beträge in EUR	
	Soll	Haben
KKK	21.572,79	
an Wertpapierhandel		21.454,79
Provisionsertrag		103,00
Sonstige Verbindl.		15,00

5

Lernfeld: Geld- und Vermögensanlagen

Schaltjahre

Jedes vierte Kalenderjahr ist ein Schaltjahr, in dem der Februar 29 Tage und das Jahr somit 366 Tage hat. Schaltjahre sind alle Jahre, die glatt durch Zahl vier teilbar sind (z. B. 2000, 2004, 2008).

Wenn der **29. Februar in den Zinslauf des nächstfälligen Kupons fällt**, ist bei der Stückzinsberechnung ein Schaltjahr zu berücksichtigen.

Beispiel:

- *Kauf einer 7 % Bundesanleihe am 18.08.1999 (Mittwoch, Handelstag)*
- *Nennwert 15.000,00 EUR*
- *Zinstermin 15.05. ganzjährig.*

Die nächste Zinszahlung erfolgt am 15.05.2000 für den Zeitraum vom 15.05.1999 (einschließlich) bis zum 14.05.2000 (einschließlich). Es ist ein Schaltjahr zu berücksichtigen, da der 29.02.2000 in dem Zinslauf liegt.

Der Käufer hat dem Verkäufer Stückzinsen vom 15.05.1999 (einschließlich) bis zum 19.08.1999 (einschließlich) zu vergüten.

$$\text{Stückzinsen} = \frac{15.000,00 \cdot 7 \cdot 97}{100 \cdot 366} = \underline{\underline{278,28 \text{ EUR}}}$$

Wenn der Zinstermin und die Erfüllungsvaluta gleich sind, verbleibt der fällige Zinsschein beim Verkäufer. Es fallen keine Stückzinsen an.
Deshalb sind maximal 364 (Schaltjahr 365) Stückzinstage möglich.

5

Beispiele für die Ermittlung der Stückzinstage:

(ohne Schaltjahre)

Zinstermin der Anleihe	Handelstag	Erfüllungs- valuta	Stückzins- valuta	Zeitraum zur Berechnung der Stückzinsen (jeweils einschließlich der genannten Daten)	Stück- zins- tage
01.04. ganzjährig	14.01.20.. (Donnerstag)	18.01.20.. (Montag)	17.01.20.. (Sonntag)	01.04. Vorjahr bis 17.01.20..	292
10.07. ganzjährig	09.08.20.. (Montag)	11.08.20.. (Mittwoch)	10.08.20.. (Dienstag)	10.07.20.. bis 10.08.20..	32
15.09. ganzjährig	10.09.20.. (Freitag)	14.09.20.. (Dienstag)	13.09.20.. (Montag)	15.09. Vorjahr bis 13.09.20..	364
15.09. ganzjährig	13.09.20.. (Montag)	15.09.20.. (Mittwoch)	14.09.20.. (Dienstag)	Der Zinsschein 15.09.20.. wurde getrennt und **nicht** mitgeliefert!	0
15.09. ganzjährig	14.09.20.. (Dienstag)	16.09.20.. (Donnerstag)	15.09.20.. (Mittwoch)	Die Zinsen für den 15.09.20.. stehen dem Verkäufer zu.	1

Effektivverzinsung (Rendite) und Kursrisiko von festverzinslichen Anleihen

Die **Effektivverzinsung** (Rendite) ist der Anlageertrag bezogen auf eine Anlagedauer von einem Jahr und einem Kapitaleinsatz von 100,00 EUR.

Erwirbt bzw. veräußert ein Anleger eine festverzinsliche Schuldverschreibung zu einem Kurs über oder unter pari, so ergibt sich folglich eine gegenüber dem Nominalzins niedrigere bzw. höhere effektive Verzinsung. Des Weiteren sind auch die Kosten der Anlage (Provisionen, Depotgebühren etc.) zu berücksichtigen.

Beim Erwerb einer Anleihe kann der Anleger die Rendite ermitteln, die sich ergibt, wenn er das Papier bis zur Endfälligkeit behält. Bei einer zweifelsfreien Bonität des Emittenten wird die Anleihe bei Fälligkeit zum Nennwert zurückgezahlt. Die Rendite bestimmt sich dann aus den laufenden Zinszahlungen (Kupons) unter Berücksichtigung des Rückzahlungsgewinns bzw. -verlustes.

Bei einer vorzeitigen Veräußerung ist die Rendite aber abhängig vom erzielten Börsenkurs. Das Kursrisiko von Anleihen ergibt sich aus einer Veränderung des Zinsniveaus am Kapitalmarkt.

- Bei **steigenden Marktzinsen** wird eine Anleihe, die mit einem festen Nominalzins (Kupon) ausgestattet ist, unattraktiver im Vergleich zu neu emittierten Anleihen mit einem höheren Nominalzins.
  Die relativ schlechtere Verzinsung der Anleihe führt zu einem **Kursrückgang.**

- Bei **sinkenden Marktzinsen** wird eine Anleihe, die mit einem festen Nominalzins (Kupon) ausgestattet ist, attraktiver im Vergleich zu neu emittierten Anleihen mit einem niedrigeren Nominalzins.
  Die relativ hohe Verzinsung der Anleihe führt zu einem **Kursanstieg.**

Beispiel:

Nominalverzinsung (Kupon mit festem Zins)	Kapitalmarktzinsen	Kurs
6,5 %	Marktzins unverändert: 6,5 %	100 %
6,5 %	Marktzinsen gestiegen: 8,0 %	Kurs < 100 %
6,5 %	Marktzinsen gesunken: 5,0 %	Kurs > 100 %

Ermittlung der Rendite

Die Rendite wird hier nach einem vereinfachten Berechnungsschema ermittelt. Der dargestellte Lösungsansatz ist finanzmathematisch nicht korrekt, da der Rückzahlungsgewinn bzw. -verlust tatsächlich erst am Ende der Laufzeit – und nicht jährlich – realisiert wird. In der Praxis ermitteln Rechenprogramme unter Berücksichtigung der tatsächlichen Zahlungszeitpunkte (Auf- bzw. Abzinsung) die exakten Werte.

$$\text{Rendite} = \frac{\text{Jahresnettoertrag} \cdot 100}{\text{Erwerbskurs}}$$

Jahresnettoertrag = Nominalzins + Rückzahlungsgewinn pro Jahr bzw.
= Nominalzins − Rückzahlungsverlust pro Jahr

Effektivzinsformel:

$$P_{eff} = \frac{\left[P_{nom} + \left(\frac{R_K - E_K}{J}\right)\right] \cdot 100}{E_K}$$

P_{eff} = Effektivverzinsung/Rendite
P_{nom} = Nominalverzinsung
J = Anlagedauer (Restlaufzeit) in Jahren
E_K = Erwerbskurs
R_K = Rückzahlungskurs

Lernfeld: Geld- und Vermögensanlagen

Ermittlung des Erwerbskurses:

$$E_K = \frac{(P_{nom} \cdot J) + R_K}{\left(\dfrac{P_{eff} \cdot J}{100}\right) + 1}$$

Beispiel:

6,5 % Rheinische Hypothekenbank AG Pfandbriefe; Kauf: nominal 1.000,00 EUR zu 94 %. Neben dem jährlichen Zinsertrag von 65,00 EUR erzielt der Kapitalanleger einen Rückzahlungsgewinn von 60,00 EUR, da am Ende der Laufzeit der volle Nennwert zurückgezahlt wird. Bei einer Restlaufzeit von 5 Jahren ergibt sich folglich ein Rückzahlungsgewinn von 12,00 EUR pro Jahr.

Kapitaleinsatz	Ertrag p.a.
940,00 EUR	65,00 EUR Zinsen
	12,00 EUR Rückzahlungsgewinn

Effektivverzinsung: $\dfrac{77 \cdot 100}{940} = \underline{\underline{8,19\ \% \ p.a.}}$

oder $P_{eff} = \dfrac{\left[6,5 + \left(\dfrac{100 - 94}{5}\right)\right] \cdot 100}{94} = \underline{\underline{8,19\ \% \ p.a.}}$

Fallbeispiel:

Kursrisiko von Anleihen

■ Leo Läusel erwarb bei einem Kapitalmarktzinsniveau von 6 % eine Anleihe im Nennwert von 10.000,00 EUR mit einer Laufzeit von 10 Jahren und einer Nominalverzinsung von 6 % p.a. Die Zinsen sind jährlich zahlbar (Jahreskupon). Der Erwerbskurs betrug 100 %.

Renditeerwartung von Leo Läusel:
Die Rendite des Anlegers bezogen auf die Endfälligkeit beträgt 6 % p.a. und entspricht damit der Nominalverzinsung.

■ Nach zwei Jahren veräußert Leo Läusel die Anleihe an der Börse. Käuferin der Papiere ist Erika Klever. Die Kapitalmarktzinsen sind inzwischen gestiegen und betragen für Anleihen mit einer Restlaufzeit von 8 Jahren 8 % p.a.

Renditeerwartung von Erika Klever:
– 8 % Marktrendite
– Da die Anleihe nur eine Nominalverzinsung von 6 % besitzt, wird der Kurs < 100 sein. Durch den Rückzahlungsgewinn erhöht sich die Rendite auf 8 %.

Ermittlung des Kurses (E_k):

$$E_K = \frac{(6 \cdot 8) + 100}{\left(\dfrac{8 \cdot 8}{100}\right) + 1}$$

$E_K = 90,24$ Bei der Veräußerung wird ein Kurs von $\underline{90,24\ \%}$ erzielt.

Ermittlung der tatsächlich von Leo Läusel erzielten Rendite:
Durch den Zinsanstieg und den dadurch verursachten Kursverlust ist die tatsächlich von Leo Läusel erzielte Rendite sehr niedrig.

$$P_{eff} = \frac{\left[6 + \left(\dfrac{90,24 - 100}{2}\right)\right] \cdot 100}{100}$$

$P_{eff} = \dfrac{(6 - 4,88) \cdot 100}{100} = 1,12\ \%$ Die tatsächlich von Leo Läusel erzielte Rendite beträgt $\underline{\underline{1,12\ \% \ p.a.}}$

Floating-Rate-Notes

Bei Anleihen mit einer variablen Verzinsung (Floating-Rate-Notes, FRN) wird der Zinssatz regelmäßig (i. d. R. vierteljährlich) an einen Referenzzinssatz angepasst.

Der **EURIBOR** (**Eur**o **I**nter**b**ank **O**ffered **R**ate) dient häufig als Referenzzinssatz. 47 europäische Kreditinstitute (davon 12 aus Deutschland) melden täglich ihre Angebotssätze für Geldmarktkredite (Interbankkredite) mit einer Laufzeit von 1 Monat bis zu einem Jahr an eine Zentralstelle. Es wird ein Durchschnittszins gebildet und täglich veröffentlicht. Der EURIBOR wird auf der Basis der **Eurozinsmethode** (act/360) ermittelt.

Fallbeispiel:

Fred Ohlsen kauft am 20. April 20.. (Dienstag) folgende Anleihe:

Nennwert:	20.000,00 EUR
Kurs:	99,80 %
Zinssatz:	3-Monats-EURIBOR plus 0,04000 % p.a., zahlbar vierteljährlich nachträglich am 20. März, 20. Juni, 20. September und 20. Dezember eines jeden Jahres
	Der jeweils geltende Zinssatz wird jeweils am zweiten Geschäftstag vor dem Beginn einer Zinsperiode festgelegt.
Kosten:	0,5 % Provision vom Kurswert, mindestens vom Nennwert; 0,75 ‰ Courtage vom Nennwert

Der EURIBOR für 3-Monats-Gelder betrug am 18. März 20.. 3,45875 %.
Der Zinssatz für die Anleihe beträgt in der Zeit vom 20. März 20.. bis zum 19. Juni 20.. 3,49875 % p.a.

Abrechnung

Kurswert	19.960,00 EUR	**Nebenrechnung:**
+ Stückzinsen für 33 Zinstage	64,14 EUR	Stückzinsen vom 20.03. einschl. – 21.04. einschl.
+0,5 % Provision	100,00 EUR	
+0,75 ‰ Courtage	15,00 EUR	$\dfrac{20.000,00 \cdot 3,49875 \cdot 33}{100 \cdot 360} = 64,14 \text{ EUR}$
Belastung, Wert 22.04.20..	20.139,14 EUR	

Floating-Rate-Notes weisen folgende Merkmale auf:

- **unsichere Zinserträge**

  Durch die laufende Zinsanpassung sind die zukünftigen Zinsen nicht bekannt. Bei fallenden Marktzinsen sinken auch die Anleihezinsen.

- **niedrigere Zinserträge**

  Trotz der langfristigen Laufzeit der Anleihe ist die Verzinsung an einen Geldmarktreferenzzins gebunden. Bei einer normalen Zinsstruktur sind die Geldmarktzinsen niedriger als die Kapitalmarktzinsen für langfristige Anlagen.

- **geringes Kursrisiko**

  Die Zinsen der Anleihe werden laufend den Marktzinsen angepasst. Aufgrund der marktgerechten Verzinsung liegt der Kurs immer nahe an 100 %. Der Anleger erleidet bei steigenden Marktzinsen keine Kursverluste. Er kann jedoch bei fallenden Marktzinsen auch keine Kursgewinne erzielen.

Aufzinsungs- und Abzinsungspapiere

Bei **Aufzinsungs-/Abzinsungspapieren** fallen keine periodischen Zinszahlungen an. Zinsen und Zinseszinsen werden erst am Ende der Laufzeit gezahlt.
Der Kapitalanleger erzielt bei der Tilgung einen Rückzahlungsgewinn (= Differenz zwischen Ausgabepreis und Rückzahlungswert), der den gesamten Zinsertrag der Anlage beinhaltet.

Lernfeld: Geld- und Vermögensanlagen

Beispiele:

- Nullkupon-Anleihen (Zero-Bonds)
- Aufzinsungs-/Abzinsungssparbriefe
- Bundesschatzbriefe Typ B
- Finanzierungsschätze

Bei **Nullkupon-Anleihen** (Zero-Bonds) haben Veränderungen des Kapitalmarktzinsniveaus eine wesentlich stärkere Auswirkung auf den Kurs als bei „klassischen" Anleihen. Steigen die Marktzinsen, so erleiden Nullkupon-Anleihen höhere Kursverluste als andere Anleihen mit gleicher Laufzeit und Schuldnerbonität. Die Nullkupon-Anleihe ist wegen ihrer Hebelwirkung auf den Kurs eine Anleiheform mit besonderem **Kursrisiko.** Handelt es sich um eine Nullkupon-Anleihe in Fremdwährung, so ergibt sich außerdem ein erhöhtes Währungsrisiko, da die Zinszahlungen nicht über die Laufzeit der Anleihe verteilt, sondern zu einem einzigen Termin, nämlich zusammen mit der Rückzahlung des Kapitals bei Endfälligkeit, erfolgen.

Beispiel:

Kursrisiko/-chance und Besteuerung bei festverzinslichen Anleihen und Nullkupon-Anleihen

	Festverzinsliche Anleihe (jährliche Zinsausschüttung)	Nullkupon-Anleihe (Abzinsungstyp)
Laufzeit	10 Jahre	10 Jahre
Nominalzins	6 % p.a.	0 %
Emissionsrendite	6 % p.a.	6 % p.a.
Emissionskurs	100 %	$\frac{1}{1{,}06^{10}} = 55{,}84\ \%$
Zinsausschüttung je nom. 100,00 EUR Anleihe nach Ablauf des 1. Jahres	6,00 EUR	0,00 EUR
Rechnerischer Kurs der Anleihe nach Ablauf des 1. Jahres Prämisse: Der Kapitalmarktzins beträgt unverändert 6 % p.a.	100 %	59,20 %
Zu versteuernder Zinsertrag nach Ablauf des 1. Jahres je nom. 100,00 EUR Prämisse: Der Kapitalanleger war das gesamte Jahr über im Besitz der Anleihe	6,00 EUR	0,00 EUR
Rechnerischer Kurs der Anleihe nach Ablauf des 2. Jahres auf der Basis der aktuellen Marktrendite Prämisse: Der Kapitalmarktzins beträgt jetzt 5 % p.a.	105,71 %	$\frac{1}{1{,}05^{8}} = 67{,}68\ \%$
Kursanstieg der Anleihe nach Ablauf des 2. Jahres (in Prozent) gegenüber dem Emissionskurs	5,71 %	21,20 %
Zu versteuernder Zinsertrag nach Ablauf des 10. Jahres je nom. 100,00 EUR Prämisse: Der Kapitalanleger war die gesamte Laufzeit über im Besitz der Anleihe	6,00 EUR	44,16 EUR

Anlageempfehlungen

Entscheidend für Anlageentscheidungen bei festverzinslichen Wertpapieren ist die Erwartung über die Entwicklung der Kapitalmarktzinsen.

- Steigende Kapitalmarktzinsen führen zu sinkenden Kursen.
- Sinkende Kapitalmarktzinsen führen zu steigenden Kursen.

Zinserwartung	Anlageempfehlung
steigende Zinsen → **sinkende Anleihenkurse**	■ Festgeldanlage ■ Anleihen mit kurzen Restlaufzeiten ■ Floating-Rate-Notes ■ Bundesschatzbriefe ■ Geldmarktfonds
sinkende Zinsen → **steigende Anleihenkurse**	■ Anleihen mit fester Verzinsung und langer Restlaufzeit ■ Zero-Bonds

Stückelung/Mindestanlage

- **Neuemissionen in EUR**

  Bei vielen Anleihen beträgt die Stückelung 0,01 EUR, so dass jeder beliebige Nennwert erworben werden kann. Beim Ersterwerb von Bundespapieren sind jedoch bestimmte Mindestauftragsgrößen einzuhalten.

  > **Beispiel:**
  >
  > *Bundesobligationen: Nennwert 0,01 EUR*
  > *Mindestauftragsgröße beim Ersterwerb: 100,00 EUR*

Aufgrund der Mindestprovisionen der Kreditinstitute sollte aber jeder Auftrag eine bestimmte Mindestgröße *(z. B. 1.000,00 EUR)* umfassen, da sonst überproportional hohe Kosten entstehen.

- **Altemissionen in DM**

  DM-Anleihen besaßen in der Regel einen Nennwert von 100,00 DM bzw. 1.000,00 DM. Durch die Umstellung dieser Anleihen auf EUR ergaben sich gebrochene EUR-Nennwerte. Durch Änderung der Anleihebedingungen wurde anschließend bei vielen Anleihen die Mindeststückelung auf 0,01 EUR gesenkt.

  > **Beispiel:**
  >
  > *Felix Krause besaß am 31. Dez. 1998 eine 6 % Bundesanleihe 1997/2007 im Nominalwert von 5.000,00 DM. Die Währungsumstellung am 1. Jan. 1999 führte zu einem gebrochenen EUR-Nennwert.*
  >
  > $$\frac{5.000,00 \text{ DM}}{1,95583} = 2.556,46 \text{ EUR}$$

Lieferung

Beim überwiegenden Teil der Neuemissionen ist die Auslieferung von Einzelurkunden (= effektiven Stücken) in den Emissionsbedingungen ausgeschlossen.

- Emissionen, die in Form von **Dauerglobalurkunden** verbrieft sind, eignen sich nur zur **Girosammelverwahrung.** Der Kapitalanleger kann über seinen Sammelbestandsanteil ausschließlich im Wege des (stückelosen) Effektengiroverkehrs verfügen.
- Die **öffentlichen Schuldtitel** sind nicht wertpapiermäßig verbrieft. Der Kapitalanleger kann zwischen dem Erwerb einer **Einzelschuldbuchforderung** oder einer anteiligen **Sammelschuldbuchforderung** (Einlegung in ein Sammeldepot bei einer Wertpapiersammelbank über ein Kreditinstitut = Girosammelverwahrung) wählen.
- **Effektiv lieferbare Stücke** können vom Kapitalanleger im Wege eines **„Tafelgeschäftes"** erworben bzw. einem Kreditinstitut zur **Streifbandverwahrung** oder **Girosammelverwahrung** übergeben werden.

Lernfeld: Geld- und Vermögensanlagen

▊ Laufzeit

Die Laufzeit beträgt bei Neuemissionen je nach Interessenlage des Emittenten ab 1 Jahr bis zu ca. 30 Jahren.

> **Beispiele:**
>
> - *1 Jahr:*   *Finanzierungsschätze des Bundes Typ 1*
> - *2 Jahre:*   *Finanzierungsschätze des Bundes Typ 2*
> - *5 Jahre:*   *Bundesobligationen*
> - *6 Jahre:*   *Bundesschatzbriefe Typ A*
> - *7 Jahre:*   *Bundesschatzbriefe Typ B*
> - *ab   4 Jahre: Pfandbriefe*
> - *ab 10 Jahre: Nullkupon-Anleihen*

▊ Tilgung

Planmäßige Tilgung

- **Rückzahlung in einer Summe** am Ende der Laufzeit (= Gesamtfälligkeit):
  bei normalverzinslichen Papieren zum Nennwert,
  bei Aufzinsungspapieren zum Rückzahlungswert (Nennwert + Zinsen),
  bei Abzinsungspapieren zum Nennwert (Ausgabepreis + Zinsen)
- **Rückzahlung in jährlich gleich bleibenden Raten** i. d. R. nach Ablauf einer bestimmten Anzahl tilgungsfreier Jahre; die zurückzuzahlenden Stücke werden durch **Auslosung** von Endziffern, Serien etc. bestimmt.

Außerplanmäßige Tilgung

- **freihändiger (börsenmäßiger) Rückkauf;** von dieser Möglichkeit wird gelegentlich Gebrauch gemacht, wenn der Emittent über ausreichende Liquidität verfügt.
- **Wahrnehmung freiwilliger Rückkaufangebote;** der Emittent bietet den Kapitalanlegern die Möglichkeit an, ihre (niedrigverzinslichen) Stücke vorzeitig zu einem günstigen Kurs zurückzugeben, wenn aufgrund geänderter Kapitalmarktverhältnisse die Nominalverzinsung der Anleihe nicht mehr als marktgerecht angesehen wird.
  Derartige **„Good-Will-Aktionen"** werden manchmal von Hypothekenbanken durchgeführt, um die Platzierungskraft für künftige Emissionen zu erhalten.
- vorzeitige **Kündigung,** wenn eine Kündigungsvereinbarung in den Emissionsbedingungen enthalten ist. Es sind zu unterscheiden:
  - **Schuldnerkündigungsrecht** des Emittenten
    Die Kündigung ist sinnvoll, wenn der Nominalzins der Anleihe höher ist als der aktuelle Marktzins.
  - **Gläubigerkündigungsrecht** des Anlegers
    Die Kündigung ist sinnvoll, wenn der Nominalzins der Anleihe niedriger ist als der aktuelle Marktzins.

▊ Verjährung

Der Anspruch aus einer Inhaberschuldverschreibung erlischt 30 Jahre nach Fälligkeit, wenn nicht die Urkunde vor Ablauf der 30 Jahre dem Emittenten zur Einlösung vorgelegt wird. Erfolgt die Vorlegung, so verjährt der Anspruch in 2 Jahren von dem Ende der Vorlegungsfrist an. Für Zinsscheine beträgt die Vorlegungsfrist 4 Jahre *(§§ 801, 802 BGB)*. Aufgrund der Emissionsbedingungen ist die Vorlegungsfrist in der Regel verkürzt.

Anspruch	Vorlegungsfrist		Verjährungsfrist		danach:
Kapital	30 Jahre	+	2 Jahre	+	Einrede der
Zinsen[1]	4 Jahre	+	2 Jahre		Verjährung

Börseneinführung

Die Börseneinführung verschafft dem Kapitalanleger die Möglichkeit, seine Geldanlage jederzeit durch börsenmäßigen Verkauf zu liquidieren. Die Börsennotierung des Wertpapiers ist zugleich auch Ausdruck der Sicherheit der Geldanlage, da die Zulassung zum amtlichen Handel strenge bonitätsmäßige Anforderungen an den Emittenten stellt.

Sicherheit/Bonität

Die Sicherheit wird in erster Linie bestimmt von der Bonität („Standing") des Emittenten, seiner Kapitaldienstfähigkeit und seinem Gesamtvermögen.

Bei Anleihen zählt neben der Werthaltigkeit der für die Anleihe eventuell bestellten Sicherheiten die Bonität des Emittenten zu den wichtigsten Entscheidungskomponenten eines Anlegers. Je niedriger die Bonität des Emittenten, desto höhere Zinsen muss er als Risikoausgleich zahlen.

Unter dem **Bonitätsrisiko** versteht man die Gefahr der Zahlungsunfähigkeit des Schuldners, d. h. eine mögliche, vorübergehende oder endgültige Unfähigkeit zur termingerechten Erfüllung seiner Zins- und/oder Tilgungsverpflichtungen.

Als **besondere Sicherheiten** kommen in Betracht:

- **bei Emissionen von Wirtschaftsunternehmen:**
  - **Eintragung einer Gesamtgrundschuld** auf den Grundbesitz des Emittenten; die Belastung erfolgt in der Regel zu Gunsten eines Kreditinstituts, das als Treuhänder die Interessen der Kapitalanleger vertritt
  - **Negativerklärung** („Negativklausel"), durch die sich der Emittent verpflichtet, während der Laufzeit der Anleihe keine weiteren Emissionen aufzulegen, deren Gläubigern bevorzugte Sicherheiten eingeräumt werden
  - **Garantie/Bürgschaft** eines privaten oder öffentlichen Gewährträgers

- **bei Emissionen von Kreditinstituten:**
  - **Gewährträgerhaftung** bei Emissionen öffentlich-rechtlicher Kreditinstitute
  - besondere **Deckungsmassen** in Form von erstrangigen Grundpfandrechten bei Hypothekenpfandbriefen und Forderungsrechten gegenüber der öffentlichen Hand bei öffentlichen Pfandbriefen
  - allgemeine **gesetzliche Rahmenbedingungen für Kreditinstitute** (KWG) und **institutsübergreifende Sicherungseinrichtungen,** die das Ziel verfolgen, den Kapitalanleger vor Vermögensverlusten zu schützen; ggf. ergänzend die Spezialnormen des Sparkassenrechts

- **bei Emissionen der öffentlichen Hand:**
  allein die Bonität des Schuldners, die als erstklassig gilt

Eine Bonitätsverschlechterung des Emittenten wirkt sich entsprechend ungünstig auf die Kursentwicklung des betreffenden Wertpapiers aus (Risikoabschlag).

---

[1] analog: Dividendenzahlung

Lernfeld: Geld- und Vermögensanlagen

Allgemeine Sicherheitsmerkmale sind die Eigenschaften der Deckungsstockfähigkeit und Mündelsicherheit:

- **Deckungsstockfähigkeit** sind u.a. Wertpapiere, wenn sie von Versicherungsgesellschaften für den gesetzlich vorgeschriebenen Prämienreservefonds (Deckungsstock) erworben werden dürfen.

  Beispiele:

  - *alle im Inland ausgestellten Inhaberschuldverschreibungen*
  - *Aktien, soweit sie voll eingezahlt und an einer inländischen Börse in den amtlichen Handel oder in den Geregelten Markt eingeführt sind*

- **Mündelsicher** sind u.a. Gläubigerpapiere, die zur Anlage des Vermögens unter Vormundschaft stehender Personen (Mündel) geeignet sind *(§ 1807 BGB)*.

  Beispiele:

  - *Bundeswertpapiere*
  - *Pfandbriefe*

Rating-Symbole der Firmen Standard + Poor's (S & P) und Moody's		
Bonitätsbewertung	**Rating-Symbol**	
	Moody's	**S & P**
Sehr gute Anleihen		
Beste Qualität, geringstes Ausfallrisiko	Aaa	AAA
Hohe Qualität, aber etwas größeres	Aa1	AA+
Risiko als die Spitzengruppe	Aa2	AA
	Aa3	AA–
Gute Anleihen		
Gute Qualität, viele gute Investmentattribute, aber	A1	A+
auch Elemente, die sich bei veränderter Wirtschafts-	A2	A
entwicklung negativ auswirken können	A3	A–
Mittlere Qualität, aber mangelnder Schutz gegen	Baa1	BBB+
die Einflüsse sich verändernder Wirtschaftsentwicklung	Baa2	BBB
	Baa3	BBB–
Spekulative Anleihen		
Spekulative Anlage, nur mäßige Deckung für Zins-	Ba1	BB+
und Tilgungsleistungen	Ba2	BB
	Ba3	BB–
Sehr spekulativ, generell fehlende Charakteristika eines	B1	B+
wünschenswerten Investments, langfristige	B2	B
Zinszahlungswartung gering	B3	B–
Junk Bonds (hochverzinslich, hochspekulativ)		
Niedrigste Qualität, geringster Anlegerschutz,	Caa	CCC
in Zahlungsverzug oder in direkter Gefahr des Verzugs	Ca	CC
	C	C
Quelle: Handelsblatt		

Zusammenhang zwischen Anleiherendite und Rating

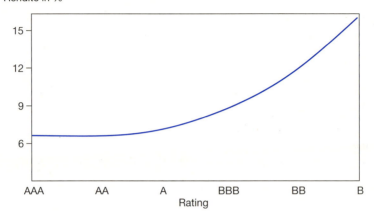

Anlageempfehlungen für festverzinsliche, variabel verzinsliche und unverzinsliche Schuldverschreibungen

	Festverzinsliche Schuldverschreibungen (= „Renten")	Variabel verzinsliche Schuldverschreibungen (Floating-Rate-Notes; „Floater")	Unverzinsliche Schuldverschreibungen (Nullkupon-Anleihen; Zero-Bonds)
Anlageempfehlung für spekulativ eingestellte Anleger	bei Erwartung fallender Zinsen ist mit einem Kursanstieg zu rechnen, der um so höher ausfällt, je länger die Restlaufzeit und je geringer die Nominalverzinsung der Schuldverschreibung ist.	bei Erwartung steigender Zinsen als Zwischenanlage geeignet: der Anleger partizipiert automatisch an Zinssteigerungen und kann bei Erreichen des Zinsgipfels ohne Kursverluste auf eine hochverzinsliche, längerfristige Anlage „umsteigen".	bei Erwartung fallender Zinsen ist mit einem Kursanstieg zu rechnen, der um so höher ausfällt, je länger die Restlaufzeit der Schuldverschreibung ist: der Anleger kann bei Erreichen des Zinstiefs mit hohem Kursgewinn z.B. auf einen Floater „umsteigen".
Anlageempfehlungen für konservativ eingestellte Anleger	wenn die Anlagedauer feststeht; Erwerb einer Schuldverschreibung mit gleichlanger (Rest-)Laufzeit: kein Kursrisiko, da die Schuldverschreibung am Ende der Laufzeit zu pari getilgt wird.	wenn die Anlagedauer unbestimmt ist; der Anleger kann jederzeit ohne Kursverlust „aussteigen".	wenn die Anlagedauer feststeht; Erwerb einer Schuldverschreibung mit gleichlanger (Rest-)Laufzeit: kein Kursrisiko, da die Schuldverschreibung am Ende der Laufzeit zum Rückzahlungswert (Kapital plus Zinsen) eingelöst wird.
Anlageempfehlung unter steuerlichem Aspekt	▪ jährliche Versteuerung der Zinsausschüttung ▪ erzielte Rückzahlungs- und Kursgewinne sind ggf. steuerfrei.	jährliche Versteuerung der Zinsausschüttungen.	einmalige Versteuerung am Ende der Laufzeit bzw. bei Liquidation der Anlage (Steuerverlagerungseffekt); Kursgewinne sind ggf. steuerfrei.

5.4.2.3 Bundeswertpapiere

Ausstattungsmerkmale	Bundesanleihen	Bundesobligationen	Bundesschatzbriefe	Finanzierungsschätze
Nennwert (Mindestanlage)	0,01 EUR Mindestgebot im Tenderverfahren: 1 Mio. EUR	0,01 EUR Mindestauftrag bei Ersterwerb: 100,00 EUR	0,01 DM (ab 2002: 0,01 EUR) Mindestauftrag bei Ersterwerb: 100,00 DM	0,01 DM (ab 2002: 0,01 EUR) Mindestauftrag bei Ersterwerb: 1.000,00 DM
Verzinsung	• jährliche Zinszahlung • fester oder variabler Zins	• jährliche Zinszahlung • fester Zins	Typ A: • jährliche Zinszahlung • steigender Zinssatz Typ B: • keine laufende Zinszahlung • aufgezinst mit einem steigenden Zinssatz	Abzinsung (Nennwert – Zinsen = Kaufpreis)
Laufzeit	überwiegend 10 Jahre	5 $\frac{1}{2}$ Jahre	Typ A = 6 Jahre; Typ B = 7 Jahre	Typ 1 = 1 Jahr; Typ 2 = 2 Jahre
Rückzahlung	zum Nennwert	zum Nennwert	Typ A zum Nennwert; Typ B zum Rückzahlungswert (= Nennwert + Zinsen)	zum Nennwert
Erwerber	jedermann	nur natürliche Personen sowie inländische gemeinnützige, mildtätige und kirchliche Einrichtungen börsennotierte Titel: jedermann	nur natürliche Personen sowie inländische gemeinnützige, mildtätige und kirchliche Einrichtungen	jedermann außer Kreditinstitute
vorzeitige Rückgabe an Emittenten	nicht möglich	nicht möglich	jederzeit nach dem ersten Laufzeitjahr bis zu 10.000,00 DM je Gläubiger innerhalb 30 Zinstagen	nicht möglich
Börsenhandel	Ja	Ja	Nein	Nein
Lieferung	Wertrechte: keine effektiven Stücke (Schuldbuchforderungen); Kapitalanleger erwirbt wahlweise • Sammelbestandsanteile: Einlegung in ein Sammeldepot beim Deutschen Kassenverein über ein Kreditinstitut • Einzelschuldbuchforderung: namentliche Eintragung des Kapitalanlegers in das Bundesschuldbuch			
Kosten und Gebühren • Erwerb ex Emission	gebührenfrei im Tenderverfahren	gebührenfrei bei Kreditinstituten und der Bundesschuldenverwaltung	bei der Bundesschuldenverwaltung: gebührenfrei	
• Verwahrung und Verwaltung	bei Kreditinstituten und Landeszentralbanken: Depotgebühren			
Platzierung	Einmalemission im Wege des Tenderverfahrens unter Bildung einer „Bietergruppe Bundesemissionen"; lediglich Marktpflegebeträge werden freihändig über die Börse platziert.	Daueremission in aufeinander folgenden Serien mit festem Nominalzins und frei bleibendem Ausgabekurs unter Regie der Deutschen Bundesbank; zum Teil Platzierung im Wege des Tenderverfahrens	Daueremission in aufeinander folgenden Ausgaben zu pari (100 %) unter Regie der Deutschen Bundesbank	Daueremission in monatlich neu aufgelegten Ausgaben unter Regie der Deutschen Bundesbank

Finanzierungsschätze

Finanzierungsschätze werden als **Abzinsungspapiere** als Daueremissionen der Bundesrepublik Deutschland laufend herausgegeben. Der Anleger zahlt einen um die Zinsen verminderten Kaufpreis und erhält am Ende der Laufzeit den Nennwert zurück. Die innerhalb eines Kalendermonats herausgegebenen Finanzierungsschätze sind grundsätzlich am 20. des gleichen Kalendermonats im folgenden bzw. übernächsten Jahr fällig.

Merkmale von Finanzierungsschätzen

- Nennwert 0,01 DM
  Mindestauftragsgröße beim Ersterwerb 1.000,00 DM
  (Umstellung auf EUR am 1. Januar 2002)
- kein Börsenhandel
- keine vorzeitige Rückgabe möglich
- begrenztes Risiko aufgrund der relativ kurzen Laufzeiten
- Erwerb von jedermann möglich, außer von Kreditinstituten
- Typ 1: ca. 1 Jahr Laufzeit
- Typ 2: ca. 2 Jahre Laufzeit
- Abrechnung:
  Der Kaufpreis ist am zweiten Börsentag nach dem Abschluss des Geschäftes fällig
  (= Erfüllungsvaluta). Die Verzinsung beginnt am Tag der Zahlung des Kaufpreises
  (= Erfüllungsvaluta) und endet am Tag vor dem Fälligkeitstag. Die Zinsberechnung
  erfolgt nach der taggenauen Methode („act/act").

Fallbeispiele: *(ohne Schaltjahre)*

Erwerb einjähriger Finanzierungsschätze nach Laufzeitbeginn

Felix Schröder erteilt der Rheinbank eG am Morgen des 25.04.20.. (Montag) einen Kaufauftrag zum Erwerb einjähriger Finanzierungsschätze im Nennwert von 15.000,00 DM. Die Papiere sind am 20.04. des nächsten Jahres fällig. Der Verkaufszinssatz beträgt 3,50 % p.a.

- Laufzeitbeginn der Emission: 20.04.20..
- Letzter Zinstag der Emission: 19.04. des nächsten Jahres
- Erfüllungsvaluta: 27.04.20.. (Mittwoch)

Es sind Zinsen für den Zeitraum vom 27.04.20.. einschließlich bis zum 19.04. des nächsten Jahres einschließlich zu berechnen (= 358 Zinstage).

Nebenrechnung:	20.04.20.. einschl. bis 19.04. des nächsten Jahres	365 Zinstage
	20.04.20.. einschl. bis 26.04.20.. einschl.	– 7 Zinstage
		358 Zinstage

Kaufabrechnung

Nennwert	15.000,00 DM
– 3,50 % Zinsen für 358 Zinstage	514,93 DM
Belastung Wert 27.04.20..	14.485,07 DM

Nebenrechnung:

$$\frac{15.000,00 \cdot 3,50 \cdot 358}{100 \cdot 365} = 514,93 \text{ DM}$$

Aus den genannten Daten kann ein Ausgabepreis (Festpreis) ermittelt werden:

15.000,00 DM – 100%
14.485,07 DM – X

$$X = \frac{100 \cdot 14.485,07}{15.000,00} = 96,5671\%$$

Auf der Grundlage dieses Ausgabepreises wird in der Praxis die Belastung ermittelt:

96,5671% von 15.000,00 DM = **14.485,07 DM**

Lernfeld: Geld- und Vermögensanlagen 181

Bei Fälligkeit am 20.04. des nächsten Jahres erhält Felix Schröder eine Gutschrift von 15.000,00 DM. Die Zinsen von 514,93 DM sind im Jahr der Fälligkeit zu versteuern. Wenn der Kunde keinen ausreichenden Freistellungsauftrag erteilt hat, werden 30 % Zinsabschlagsteuer und 5,5 % Solidaritätszuschlag einbehalten.

Ermittlung der Effektivverzinsung:

Bei der Effektivverzinsung wird der Ertrag ins Verhältnis zum eingesetzten Kapital gesetzt und auf eine Laufzeit von einem Jahr bezogen. Da der Verkaufszinssatz sich auf den Nennwert bezieht, weichen Effektivzinssatz und Verkaufszinssatz voneinander ab.

$$P = \frac{514{,}93 \cdot 100 \cdot 365}{14.485{,}07 \cdot 358} = \underline{\underline{3{,}62\%}}$$

Erwerb einjähriger Finanzierungsschätze vor Laufzeitbeginn

Petra Schöller erteilt der Sparbank eG am Morgen des 05.07.20.. (Dienstag) einen Kaufauftrag zum Erwerb einjähriger Finanzierungschätze im Nennwert von 12.000,00 DM. Die Papiere sind am 20.07. des nächsten Jahres fällig. Der Verkaufszinssatz beträgt 3,50 % p.a.

- Laufzeitbeginn der Emission: 20.07.20..
- Letzter Zinstag der Emission: 19.07. des nächsten Jahres
- Erfüllungsvaluta: 07.07.20.. (Donnerstag)

Es sind Zinsen für den Zeitraum vom 07.07.20.. einschließlich bis zum 19.07. des nächsten Jahres einschließlich zu berechnen (= 378 Zinstage).

Nebenrechnung:	20.07.20.. einschl. bis 19.07. des nächsten Jahres	365 Zinstage
	07.07.20.. einschl. bis 19.07.20.. einschl.	+ 13 Zinstage
		378 Zinstage

Nennwert	12.000,00 DM
– 3,50 % Zinsen für 378 Zinstage	434,96 DM
Belastung Wert 07.07.20..	11.565,04 DM

Nebenrechnung:
$$\frac{12.000{,}00 \cdot 3{,}50 \cdot 378}{100 \cdot 365} = 434{,}96 \text{ DM}$$

Erwerb zweijähriger Finanzierungsschätze

Erika Möller erteilt der Rheinbank eG am Morgen des 04.02.20.. (Freitag) einen Kaufauftrag zum Erwerb zweijähriger Finanzierungschätze im Nennwert von 20.000,00 DM. Die Papiere sind am 20.02. des übernächsten Jahres fällig. Der Verkaufszinssatz beträgt 3,95 % p.a. Die Rendite beträgt 4,20 % p.a. bei einer Laufzeit von genau zwei Jahren.

- Laufzeitbeginn der Emission: 20.02.20..
- Letzter Zinstag der Emission: 19.02. des übernächsten Jahres
- Erfüllungsvaluta: 08.02.20.. (Dienstag)

Es sind Zinsen für den Zeitraum vom 08.02.20.. einschließlich bis zum 19.02. des übernächsten Jahres einschließlich zu berechnen (= 742 Zinstage).

Nebenrechnung:	20.02.20.. einschl. bis 19.02. des übernächsten Jahres	730 Zinstage
	08.02.20.. einschl. bis 19.02.20.. einschl.	+ 12 Zinstage
		742 Zinstage

Kaufabrechnung

Nennwert	20.000,00 DM
– 3,95 % Zinsen für 742 Zinstage	1.605,97 DM
Belastung Wert 08.02.01	18.394,03 DM

Nebenrechnung:

$$\frac{20.000,00 \cdot 3,95 \cdot 742}{100 \cdot 365} = 1.605,97 \text{ DM}$$

Aus den genannten Daten kann ein Ausgabepreis (Festpreis) ermittelt werden:

20.000,00 DM – 100 %
18.394,03 DM – X

$$X = \frac{100 \cdot 18.394,03}{20.000,00} = 91,97015 \%$$

Auf der Grundlage dieses Ausgabepreises wird in der Praxis die Belastung ermittelt:

91,97015 % von 20.000,00 DM = **18.394,03 DM**

Bei Fälligkeit am 20.02. des übernächsten Jahres erhält Erika Möller eine Gutschrift von 20.000,00 DM. Die Zinsen von 1.605,97 DM sind im Jahr der Fälligkeit zu versteuern.

◼ Bundesschatzbriefe

Die Bundesrepublik Deutschland begibt im Rahmen ihrer Kreditaufnahme Bundesschatzbriefe als Daueremissionen, die auch der Vermögensbildung breiter Bevölkerungskreise dienen sollen.

Merkmale von Bundesschatzbriefen

- Nennwert 0,01 DM
  (Umstellung auf EUR am 1. Januar 2002)
  Mindestauftragsgröße beim Ersterwerb 100,00 DM
- kein Börsenhandel
- vorzeitige Rückgabemöglichkeit: Frühestens ein Jahr nach Laufzeitbeginn (= Beginn des Zinslaufs) können bis zu 10.000,00 DM je Gläubiger innerhalb von 30 Zinstagen vorzeitig an den Bund zurückgegeben werden. Da der Beginn des Zinslaufs und nicht das tatsächliche Kaufdatum für die früheste Rückgabe maßgeblich ist, kann die tatsächliche Besitzdauer auch weniger als ein Jahr betragen. Die Rückgabe erfolgt zum Nennwert zuzüglich aufgelaufener und noch nicht gezahlter Zinsen.
- kein Kursrisiko: Durch die Möglichkeit der vorzeitigen Rückgabe zu festgelegten Werten ist die Liquidität der Anlage gegeben, ohne dass ein Kursrisiko besteht.
- steigende Zinssätze: Bundesschatzbriefe sind mit einer während der Laufzeit steigenden Verzinsung ausgestattet um einen Anreiz zu schaffen, die Papiere bis zur Fälligkeit zu halten.
- Erwerb nur von natürlichen Personen sowie gebietsansässigen gemeinnützigen, mildtätigen und kirchlichen Einrichtungen möglich
- Zinsberechnung nach der taggenauen Methode (act/act)
- Typ A: 6 Jahre Laufzeit – jährliche Zinszahlung
- Typ B: 7 Jahre Laufzeit – Aufzinsungspapier (Zinszahlung am Ende der Laufzeit)
  Nach dem **Zuflussprinzip** sind die gesamten Zinsen bei einer vorzeitigen Rückgabe oder bei Fälligkeit zu versteuern. Dies bedeutet einen Nachteil für den Anleger, dessen Sparerfreibetrag im Fälligkeitsjahr für eine Freistellung der Zinsen von der Besteuerung nicht ausreicht, während in den Vorjahren der Sparerfreibetrag nicht voll ausgeschöpft wurde. Vorteilhaft ist der Typ B, wenn die steuerliche Situation im Fälligkeitsjahr günstiger ist, weil der Anleger z.B. das Rentenalter erreicht hat.

Lernfeld: Geld- und Vermögensanlagen 183

Fallbeispiel:

Erwerb von Bundesschatzbriefen

Klaus Vogt erteilt der Rheinbank eG am Morgen des 29. Jan. 1999 (Freitag; kein Schaltjahr) einen Kaufauftrag zum Erwerb von:

- Bundesschatzbriefen Typ A – Ausgabe 1999/3: Nennwert 25.000,00 DM
- Bundesschatzbriefen Typ B – Ausgabe 1999/4: Nennwert 15.000,00 DM

Bundesschatzbriefe
Ausgaben 1999/3 und 1999/4

Verkauf ab: 21. Januar 1999/12:00 Uhr (Zinslaufbeginn ab 1. Januar 1999)

Ausgaben: **Bundesschatzbriefe A – Ausgabe 1999/3**
– Wertpapier-Kenn-Nr. 113973 –
Bundesschatzbriefe B – Ausgabe 1999/4
– Wertpapier-Kenn-Nr. 113974 –

Verzinsung:

Laufzeitjahr	Nominalzins	Rendite nach dem ... Jahr	
		Typ A	Typ B
1. Jahr (1999)	3,00%	3,00%	3,00%
2. Jahr (2000)	3,75%	3,37%	3,37%
3. Jahr (2001)	4,50%	3,73%	3,75%
4. Jahr (2002)	5,25%	4,09%	4,12%
5. Jahr (2003)	6,25%	4,48%	4,54%
6. Jahr (2004)	7,00%	4,85%	4,95%
nur Typ B			
7. Jahr (2005)	7,00%	–	5,24%

Vorzeitige Rückgabe: jederzeit nach dem 31. Dezember 1999

Rückzahlung: Ausgabe 1999/3: 1. Januar 2005
Ausgabe 1999/4: 1. Januar 2006

Kaufabrechnung Bundesschatzbriefe Typ A

Nennwert	25.000,00 DM
+ 3 % Zinsen für 32 Zinstage	
(01.01.1999 einschl. bis 01.02.1999 einschl.)	65,75 DM
Belastung Wert 02.02.1999	25.065,75 DM

Nebenrechnung:
- Zinsvaluta   01.02.1999
- Erfüllungsvaluta   02.02.1999

$$\frac{25.000,00 \cdot 3 \cdot 32}{100 \cdot 365} = 65,75 \text{ DM}$$

Kaufabrechnung Bundesschatzbriefe Typ B

Nennwert	15.000,00 DM
+ 3% Stückzinsen für 32 Zinstage	
(01.01.1999 einschl. bis 01.02.1999 einschl.)	39,45 DM
Belastung Wert 02.02.1999	15.039,45 DM

Nebenrechnung:

$$\frac{15.000,00 \cdot 3 \cdot 32}{100 \cdot 365} = 39,45 \text{ DM}$$

| 184 | Lernfeld: Geld- und Vermögensanlagen |

Fallbeispiel:

Rückgabe von Bundesschatzbriefen

- **Rückgabe Bundesschatzbriefe Typ A** (Ausgabe 1999/3)**:** Klaus Vogt erteilt der Rheinbank eG am Morgen des 15. Febr. 2001 (Dienstag) den Auftrag, 10.000,00 DM Nennwert Bundesschatzbriefe Typ A an die Bundesrepublik zurückzugeben. Ein ausreichender Freistellungsauftrag liegt vor. Der Zinssatz des laufenden Jahres beträgt 4,5 %. Zinsberechnung nach der taggenauen Methode („act/act")

Nennwert	10.000,00 DM
+ 4,5 % Zinsen für 47 Zinstage (01.01.2001 einschl. bis 16.02.2001 einschl.)	57,94 DM
Gutschrift Wert 17.02.2001	10.057,94 DM

Nebenrechnung:
- Zinsvaluta   16.02.2001
- Erfüllungsvaluta   17.02.2001

$$\frac{10.000,00 \cdot 4,5 \cdot 47}{100 \cdot 365} = 57,94 \text{ DM}$$

- **Rückgabe Bundesschatzbriefe Typ B** (Ausgabe 1997/4)**:** Peter Müller erteilt der Rheinbank eG am Morgen des 19. Okt. 2001 (Freitag) den Auftrag, 10.000,00 DM Nennwert Bundesschatzbriefe Typ B an die Bundesrepublik zurückzugeben. Der Freistellungsauftrag ist bereits vollständig ausgeschöpft.

Der Rückzahlungswert wird auf der Grundlage der folgenden Tabellen ermittelt:

Rückzahlungswerte für Bundesschatzbriefe B – Ausgabe 1997/4 –

Der Rückzahlungswert (Zinsvaluta) am Ende eines Monats ergibt sich aus Tabelle I. Der Rückzahlungswert an einem bestimmten Tag ergibt sich aus der Summe des Rückzahlungsbetrages am Ende des Vormonats (Tabelle I) und der für die abgelaufenen Tage im Monat der Rückzahlung aufgelaufenen Zinsen (Tabelle II).

Tabelle I: Rückzahlungswert je 100 DM

1997	**DM**	30. 6.	109,27	**2001**	**DM**	31. 8.	130,71
31.12.	103,00	31. 7.	109,67	31. 1.	118,15	30. 9.	131,44
1998	**DM**	31. 8.	110,07	28. 2.	118,76	31.10.	132,16
31. 1.	103,32	30. 9.	110,47	31. 3.	119,37	30.11.	132,89
28. 2.	103,64	31.10.	110,87	30. 4.	119,98	31.12.	133,62
31. 3.	103,97	30.11.	111,27	31. 5.	120,59		
30. 4.	104,29	31.12.	111,67	30. 6.	121,21	**2003**	**DM**
31. 5.	104,61	**2000**	**DM**	31. 7.	121,82	31. 1.	134,40
30. 6.	104,93	31. 1.	112,16	31. 8.	122,43	28. 2.	135,18
31. 7.	105,25	29. 2.	112,65	30. 9.	123,04	31. 3.	135,96
31. 8.	105,58	31. 3.	113,14	31.10.	123,66	30. 4.	136,74
30. 9.	105,90	30. 4.	113,63	30.11.	124,27	31. 5.	137,52
31.10.	106,22	31. 5.	114,11	31.12.	124,88	30. 6.	138,30
30.11.	106,54	30. 6.	114,60	**2002**	**DM**	31. 7.	139,08
31.12.	106,86	31. 7.	115,09	31. 1.	125,61	31. 8.	139,86
1999	**DM**	31. 8.	115,58	28. 2.	126,34	30. 9.	140,64
31. 1.	107,26	30. 9.	116,07	31. 3.	127,07	31.10.	141,42
28. 2.	107,66	31.10.	116,56	30. 4.	127,79	30.11.	142,20
31. 3.	108,06	30.11.	117,05	31. 5.	128,52	31.12./	142,98
30. 4.	108,47	31.12.	117,53	30. 6.	129,25	1. 1. 2004	
31. 5.	108,87			31. 7.	129,98		

Lernfeld: Geld- und Vermögensanlagen 185

Tabelle II:
Tageszinsen bei Rückzahlungen innerhalb der Monate

Tage	Jan. 1998 bis einschl. Dez. 1998 Jahreszins 3,75%	Jan. 1999 bis einschl. Dez. 1999 Jahreszins 4,50%	Jan. 2000 bis einschl. Dez. 2000 Jahreszins 5,25%	Jan. 2001 bis einschl. Dez. 2001 Jahreszins 6,25%	Jan. 2002 bis einschl. Dez. 2002 Jahreszins 7,00%	Jan. 2003 bis einschl. Dez. 2003 Jahreszins 7,00%
	DM	DM	DM	DM	DM	DM
⋮	⋮	⋮	⋮	⋮	⋮	⋮
16	0,17	0,21	0,26	0,33	0,39	0,42
17	0,18	0,23	0,28	0,35	0,41	0,44
18	0,19	0,24	0,29	0,37	0,44	0,47
19	0,20	0,25	0,31	0,39	0,46	0,49
20	0,21	0,27	0,33	0,41	0,49	0,52
21	0,23	0,28	0,34	0,43	0,51	0,55
22	0,24	0,29	0,36	0,45	0,53	0,57
23	0,25	0,31	0,37	0,47	0,56	0,60
24	0,26	0,32	0,39	0,49	0,58	0,62
25	0,27	0,33	0,41	0,51	0,61	0,65
26	0,28	0,35	0,42	0,53	0,63	0,68
⋮	⋮	⋮	⋮	⋮	⋮	⋮

Rückzahlungswert je 100,00 DM per 30. Sept. 2001 (lt. Tabelle I) = 123,04 DM
+ Tageszinsen für 22 Zinstage (lt. Tabelle II) = 0,45 DM
Summe 123,49 DM
Rückzahlungsbetrag einschließlich Zinsen: $\frac{10.000 \cdot 123,49}{100}$ = 12.349,00 DM

Abrechnung

Nennwert	10.000,00 DM
Zinsen	2.349,00 DM
– 30% ZASt	– 704,70 DM
– 5,5% Solidaritätszuschlag	– 38,76 DM
Gutschrift Wert 23.10.2001	11.605,54 DM

● **Fallstudie**

Bundesobligationen

Bundesobligationen werden als Daueremissionen fortlaufend in **aufeinander folgenden Serien mit festem Nominalzins und variablen Ausgabepreisen** herausgegeben. Die laufende Serie *(z.B. Serie 132)* wird zunächst **nur natürlichen Personen und gebietsansässigen Einrichtungen, die gemeinnützigen, mildtätigen oder kirchlichen Zwecken dienen, im freihändigen Verkauf** zu einem bestimmten Ausgabepreis angeboten. Der Ausgabepreis liegt in der Nähe des Nennwertes und dient der Feineinstellung des Effektivzinssatzes.

Beispiel:

Die Serie 132, die eine Nominalverzinsung von 5% p.a. aufweist, wird den Anlegern zum Ausgabepreis von 101,25% angeboten. Da die Obligation bei Fälligkeit zu 100% zurückgezahlt wird, erzielt der Anleger unter Berücksichtigung des Rückzahlungsverlustes eine Rendite von 4,70% p.a.

Der freihändige Verkauf einer laufenden Serie wird in der Regel nach drei Monaten eingestellt. **Alle Anleger,** insbesondere Kreditinstitute und andere Großanleger, haben dann die Möglichkeit, im Rahmen eines **Tenderverfahrens** diese Serie *(z.B. Serie 132)* zu erwerben.

Nach dem Abschluss des Tenderverfahrens wird die Serie *(z.B. Serie 132)* in den **Börsenhandel** eingeführt und kann dort von jedermann erworben werden. Die neue Serie *(z.B. 133)* wird im freihändigen Verkauf zunächst wieder nur natürlichen Personen und gemeinnützigen, mildtätigen und kirchlichen Einrichtungen angeboten.

Merkmale von Bundesobligationen

- Nennwert: 0,01 EUR
  Mindestauftragsgröße beim Ersterwerb 100,00 EUR
- Laufzeit circa 5 1/2 Jahre
- fester Nominalzins
- jährliche Zinszahlung
- Erwerbsmöglichkeiten:
  – Erwerb der laufenden Serie direkt vom Emittenten (Bundesrepublik Deutschland)
  – Erwerb der vorhergehenden Serien an der Börse
- keine vorzeitige Rückgabe möglich
- Kursrisiko bei vorzeitiger Veräußerung an der Börse
- Zinsberechnung nach der taggenauen Methode („act/act")

Fallbeispiel:

Erwerb von Bundesobligationen

Rita Gerber erteilt der Rheinbank eG am Morgen des 18.12.20.. (Donnerstag; kein Schaltjahr) folgenden Kaufauftrag:

- 7.000,00 EUR Nennwert 5 % Bundesobligationen der laufenden Serie 132
  Ausgabepreis 101,25 %; Zinstermin 20.11. jeden Jahres; Rendite 4,70 %;
  kostenfreier Ersterwerb
- 8.000,00 EUR Nennwert 6,5 % Bundesobligationen der Serie 124
  Börsenkurs 104,50 %; Zinstermin 15.03. jeden Jahres: Rendite 4,375 %
  Kosten: 0,5 % Provision vom Kurswert, mindestens vom Nennwert; 0,75 ‰ Courtage vom Nennwert

Kaufabrechnung für 5 % Bundesobligationen Serie 132 (Ersterwerb)

Ausgabepreis 101,25 %	7.087,50 EUR
+ 5 % Stückzinsen für 32 Zinstage	
(20.11. einschl. bis 21.12. einschl.)	30,68 EUR
Belastung Wert 22.12.20..	7.118,18 EUR

Nebenrechnung:
- Zinsvaluta 21.12.20..
- Erfüllungsvaluta 22.12.20..

$$\frac{7.000,00 \cdot 5 \cdot 32}{100 \cdot 365} = 30,68 \text{ EUR}$$

Kaufabrechnung für 6,5 % Bundesobligationen Serie 124 (Börsenerwerb)

Kurswert 104,50 %	8.360,00 EUR
+ 6,5 % Stückzinsen für 282 Zinstage	
(15.03. einschl. bis 21.12. einschl.)	401,75 EUR
+ 0,5 % Provision vom Kurswert	41,80 EUR
+ 0,75 ‰ Courtage vom Nennwert	6,00 EUR
Belastung Wert 22.12.20..	8.809,55 EUR

Nebenrechnung:

$$\frac{8.000,00 \cdot 6,5 \cdot 282}{100 \cdot 365} = 30,68 \text{ EUR}$$

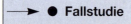

Lernfeld: Geld- und Vermögensanlagen

■ Bundesanleihen

Bundesanleihen werden von Zeit zu Zeit zur Finanzierung des Bundeshaushaltes begeben.

Merkmale von Bundesanleihen

- Nennwert: 0,01 EUR
- Laufzeit: 10 Jahre, in einigen Fällen auch 30 Jahre
- fester Nominalzins, in einigen Fällen auch variable Verzinsung (Floating-Rate-Notes)
- jährliche Zinszahlung bei Anleihen mit festem Zinssatz; bei Floating-Rate-Notes mehrere Zinszahlungen im Jahr
- Stripping: Bei einigen zugelassenen Bundesanleihen ist ein getrennter Handel der Anleihe und der einzelnen Zinsscheine möglich. Die Anleihe ohne Zinsscheine sowie die einzelnen in der Zukunft fälligen Zinsscheine sind als Zero-Bonds anzusehen.
- Erwerb durch jedermann möglich
- Kursrisiko bei vorzeitiger Veräußerung an der Börse (niedriges Risiko bei Floating-Rate-Notes)
- Das Kursrisiko ist bei Bundesanleihen mit festem Zinssatz aufgrund der längeren Laufzeit größer als bei Bundesobligationen.
- Zinsberechnung nach der taggenauen Methode („act/act")
- Die Platzierung erfolgt von Neuemissionen erfolgt ausschließlich im **Tenderverfahren**.

5.4.2.4 Tenderverfahren

Bundesanleihen, Bundesobligationen (nach Abschluss des freihändigen Verkaufs), Bundesschatzanweisungen und Unverzinsliche Schatzanweisungen des Bundes werden im Tenderverfahren platziert. Die Deutsche Bundesbank fordert im Wege der öffentlichen Ausschreibung die Anleger zur Abgabe von (Zeichnungs-)Geboten auf. Die Gebote enthalten den gewünschten Betrag und den Kurs, den der einzelne Anleger maximal zu zahlen bereit ist. An den Ausschreibungen können sich nur Mitglieder der von der Deutschen Bundesbank festgelegten „Bietergruppe Bundesemissionen" unmittelbar beteiligen. Mitglieder der Bietergruppe sind in- und ausländische Kreditinstitute sowie Wertpapierhandelsunternehmen. Der „Bietergruppe Bundesemissionen" gehören zurzeit ca. 80 Kreditinstitute an.

■ Verfahrensregeln für das Tenderverfahren

- Kaufgebote sind am Bietungstag bis 11:00 Uhr per eMail an die LZB zu übermitteln.
- Die Gebote müssen über einen Nennbetrag von mindestens 1 Mio. EUR oder ein Vielfaches lauten.

- Kursgebote müssen auf 0,01 Prozentpunkte lauten. Gebote ohne Angabe eines Bietungskurses („Billigst-Gebote") sowie mehrere Gebote zu unterschiedlichen Kursen sind möglich.

- Die Zuteilung erfolgt in der Reihenfolge nach der Höhe der gebotenen Kurse bis das von der Bundesbank beabsichtigte Emissionsvolumen untergebracht ist. Eine volle Zuteilung erhalten die Gebote, die über dem Grenzkurs liegen. Zum Grenzkurs abgegebene Gebote werden ggf. repartiert; darunter liegende Gebote bleiben unberücksichtigt.

- **Amerikanisches Verfahren:** Bei einer Zuteilung muss der Bieter den jeweils gebotenen Kurs zahlen. Gebote ohne Angabe eines Kurses werden zum gewogenen Durchschnittskurs der akzeptierten Kursangebote zugeteilt.

Fallbeispiel:

Emission einer 5,25 % Bundesanleihe 1999/2009
beabsichtigtes Platzierungsvolumen: 4 Mrd. EUR
Das Kreditinstitut A gibt drei Gebote zu unterschiedlichen Kursen ab.

Bieter[1]	Kurs-gebote	Gebote in Mio. EUR (Nennwert)	Zuteilung in Mio. EUR	Zuteilungs-kurs	Kurswert der Gebote in Mio. EUR	
A	101,15 %	500	500	101,15 %	505,75	
B	100,98 %	700	700	100,98 %	706,86	Zuteilung zu individuellen Bietungskursen
C	100,96 %	800	800	100,96 %	807,68	
D	100,92 %	750	750	100,92 %	756,90	
E	100,85 %	650	650	100,85 %	655,53	
A	100,80 %	1.000	350 repartiert	100,80 %	352,80	
F	100,75 %	750	0			
G	100,72 %	1.100	0			Keine Zuteilung
A	100,70 %	1.000	0			
Summe		7.250	3.750		3.785,52	
G	billigst	250	250	$\dfrac{3.785,52 \cdot 100}{3.750} =$ 100,95 %	252,37	Zuteilung zum Durchschnittskurs
Summe		7.500	4.000		4.037,89	

Das Kreditinstitut A erhält für zwei Gebote eine Zuteilung:
- 500 Mio. EUR zum Kurs von 101,15%
- 350 Mio. EUR zum Kurs von 100,80%

Bestimmung des Bietungskurses bei einer bestimmten Renditevorstellung

$$E_K = \frac{(P_{nom} \cdot J) + R_K}{\left(\dfrac{P_{eff} \cdot J}{100}\right) + 1}$$

E_K = Bietungskurs/Erwerbskurs
P_{nom} = Nominalverzinsung
J = Anlagedauer in Jahren
R_K = Rückzahlungskurs
P_{eff} = Effektivverzinsung/Renditevorstellung

Beispiel:

Renditevorstellung: 8,6 % p.a.
Nominalverzinsung: 8,5 % p.a.
Laufzeit: 5 Jahre

$$E_K = \frac{(8,5 \cdot 5) + 100}{\left(\dfrac{8,6 \cdot 5}{100}\right) + 1} = \underline{\underline{99,65 \% \text{ p.a.}}}$$

---

[1] Die Zahl der Bieter ist in der Praxis bedeutend höher.

Lernfeld: Geld- und Vermögensanlagen

5.4.2.5 Pfandbriefe

Pfandbriefe werden von **Realkreditinstituten** als Daueremissionen laufend emittiert.

Emittenten	Rechtsgrundlagen
privatrechtliche Kreditinstitute ■ Hypothekenbanken ■ Schiffspfandbriefbanken (nur Schiffspfandbriefe)	■ Hypothekenbankgesetz ■ Gesetz über Schiffspfandbriefbanken
öffentlich-rechtliche Kreditinstitute ■ Landesbanken/Girozentralen ■ Grundkreditanstalten	Gesetz über die Pfandbriefe und verwandten Schuldverschreibungen öffentlich-rechtlicher Kreditanstalten (Pfandbriefgesetz)

Aufgrund der besonderen gesetzlichen Sicherungsbestimmungen sind Hypothekenpfandbriefe und Öffentliche Pfandbriefe zur Anlage von Mündelgeld geeignet *(§ 1807 BGB)*.

> **Hypothekenbanken** sind privatrechtliche Kreditinstitute, deren Geschäftsbetrieb darauf gerichtet ist,
>
> ■ inländische Grundstücke zu beleihen und aufgrund der erworbenen Grundpfandrechte Schuldverschreibungen (= Hypothekenpfandbriefe) auszugeben;
>
> ■ Darlehen an inländische Körperschaften/Anstalten des öffentlichen Rechts zu gewähren (= Kommunaldarlehen) und aufgrund der erworbenen Forderungen Schuldverschreibungen (= Öffentliche Pfandbriefe) auszugeben *(§ 1 HypBankG)*.
>
> Unter Beachtung der für das Inland geltenden Deckungs- und Beleihungsvorschriften dürfen auch in anderen EU-Ländern gelegene Grundstücke beliehen bzw. Darlehen an andere EU-Länder und deren Gebietskörperschaften vergeben werden *(§ 5 HypBankG)*.

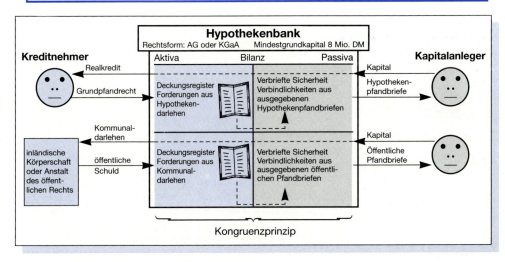

Folgende Merkmale zeichnen Pfandbriefe aus:

■ verschiedene Laufzeiten werden angeboten (Schwerpunkt 4 bis 10 Jahre, aber auch z.B. 15 Jahre)
■ fester Nominalzins
■ keine vorzeitige Rückgabe möglich
■ Kursrisiko bei vorzeitiger Veräußerung an der Börse

Anlegerschutzbestimmungen des Hypothekenbankgesetzes

■ **Beschränkung der Geschäftstätigkeit** *(§ 5 HypBankG)*

Neben den in *§ 1 HypBankG* genannten Geschäften dürfen nur bestimmte, wenig risikobehaftete Geschäfte *(z.B. Inkasso-, Effekten-, Kommissions-, Depotgeschäfte)* betrieben werden. Von der Beschränkung ausgenommen sind die „gemischten" Hypothekenbanken, die bereits vor dem In-krafttreten des HypBankG existierten.

> *Beispiel:*   *Bayerische Hypo- und Vereinsbank AG*

■ **Kongruenz-/Deckungsprinzip** *(§§ 6, 41 HypBankG)*

Der Gesamtbetrag der in Umlauf befindlichen Pfandbriefe muss in Höhe des Nennwertes jeder-zeit durch Grundpfandrechte/Forderungsrechte aus Kommunaldarlehen von mindestens gleicher Höhe und gleichem Zinsertrag gedeckt sein (ordentliche Deckung). Eine Ersatzdeckung bis zu 10 % des Gesamtumlaufs *(z.B. durch liquide Mittel, Schuldverschreibungen der öffentlichen Hand)* ist zulässig.

Ein vom Bundesaufsichtsamt für das Kreditwesen bestellter, unabhängiger **Treuhänder** hat dar-auf zu achten, dass die Deckungsvorschriften eingehalten werden *(§ 30 HypBankG)*.

■ **Umlaufgrenze** *(§§ 7,41 HypBankG)*

Der Gesamtbetrag der im Umlauf befindlichen Pfandbriefe darf zusammen den 60fachen Betrag des haftenden Eigenkapitals nicht übersteigen.

■ **Beleihungsgrenze** *(§§ 11,12 HypBankG)*

Die Beleihung darf bei Realkrediten 60 % des sorgfältig ermittelten Grundstücksverkaufswertes (= erststelliger Beleihungsraum) nicht übersteigen.

Beleihungen, die darüber hinausgehen, sind in begrenztem Umfang erlaubt, doch dürfen die auf-grund dessen erworbenen Grundpfandrechte nicht als Deckung für Schuldverschreibungen be-nutzt werden *(§ 5 Abs. 2 HypBankG)*.

■ **Insolvenzvorrecht** *(§ 35 HypBankG)*

Bei Insolvenz der Hypothekenbank werden die Forderungen der Inhaber von Pfandbriefen aus der Deckungsmasse vorrangig vor allen anderen Insolvenzgläubigern befriedigt.

Obwohl Hypothekenpfandbriefe und Öffentliche Pfandbriefe aufgrund der besonderen Anlegerschutzbestimmungen eine sehr sichere Geldanlage darstellen, ist die Rendite in der Regel etwas höher (z.B. 0,2 % p.a.) als bei Schuldverschreibungen des Bundes. Die jederzeitige Veräußerung der Papiere an der Börse zu marktgerechten Preisen wird durch die **Kurspflege der Hypothekenbanken** gewährleistet, die laufend bereit sind, die Pa-piere zu kaufen und zu verkaufen.

5.4.3   Aktien

Aktiengesellschaft

Die AG ist eine **Kapitalgesellschaft,** für deren Verbindlichkeiten nur das Gesellschafts-vermögen haftet. Eine persönliche Haftung der Aktionäre besteht nicht. Ihr Risiko be-schränkt sich auf die Höhe des Kapitaleinsatzes beim Aktienerwerb. Die Rechtsverhält-nisse der AG ergeben sich aus dem **Aktiengesetz** *(AktG)* und der **Satzung** der AG. Die AG unterscheidet sich von den Personenhandelsgesellschaften dadurch, dass bei ihr Kapital-besitz und Unternehmensleitung in der Regel in getrennten Händen liegen. Aufgrund der Verbriefung der Aktionärsrechte in einem fungiblen Wertpapier können die Aktionäre **ano-nym** bleiben, d.h., sie müssen der Unternehmensleitung der AG nicht namentlich bekannt sein und der Bestand der AG ist vom Wechsel der Aktionäre unabhängig.

Abgesehen von den Fällen der **Familien-, Organ-, Tochter- und Beteiligungsgesellschaft,** deren Aktien sich bis zu 100% in Familienbesitz befinden bzw. von einem oder mehreren anderen „herrschenden" Unternehmen gehalten werden, ist das Aktienkapital der **Publi-kumsgesellschaften** (hierzu zählen die größten deutschen Unternehmen) auf eine Vielzahl von Aktionären verteilt.

Lernfeld: Geld- und Vermögensanlagen

5.4.3.1 Aktienbegriff – Rechtsnatur – Rechte der Inhaber

> Die **Aktie** verbrieft ein **Teilhaberrecht** an einer Aktiengesellschaft.

Der Aktionär ist durch seinen Aktienbesitz am **Grundkapital** (= gezeichnetes Kapital) der AG beteiligt. Das **Mindestgrundkapital** beträgt 50.000,00 EUR. Durch die Emission von Aktien beschafft sich die AG Eigenkapital.

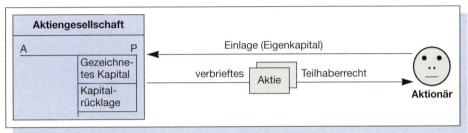

Aktienarten nach der Beteiligung am Grundkapital

Stückaktie	Nennbetragsaktie
■ Der Aktionär ist zu einem Bruchteil am Grundkapital der AG beteiligt. ■ Die Gesamtzahl der ausgegebenen Aktien ist in der Satzung angegeben. ■ Die Aktien besitzen keinen Nennwert. ■ Durch Division des Grundkapitals durch die Zahl der ausgegebenen Aktien kann rechnerisch der Anteil einer Aktie am Grundkapital ermittelt werden. ■ Der rechnerische Anteil am Grundkapital muss pro Aktie mindestens 1,00 EUR betragen.	■ Der Aktionär ist mit dem Nennbetrag der Aktie am Grundkapital der AG beteiligt. ■ Der Mindestnennbetrag pro Aktie beträgt 1,00 EUR. ■ Die Summe der Nennbeträge aller ausgegebenen Aktien entspricht dem Grundkapital der AG.
Beispiel: Das Grundkapital der Datex AG beträgt 6.780.325,00 EUR. Es wurden 2.645.000 Stückaktien ausgegeben. Maria Köhler besitzt 25.000 Aktien. $\dfrac{6.780.325,00}{2.645.000} = 2,56345$ EUR Der rechnerische Anteil einer Aktie am Grundkapital beträgt 2,56345 EUR (= rechnerischer Nennwert). 25.000 · 2,56345 = 64.086,25 EUR Die Aktionärin ist rechnerisch mit 64.086,25 EUR am Grundkapital der AG beteiligt. $\dfrac{25.000 \cdot 100}{2.645.000} = \dfrac{64.086,25 \cdot 100}{6.780.325,00} = \underline{0,945\,\%}$ Die Aktionärin besitzt eine Beteiligungsquote von 0,945 % an der AG.	*Beispiel:* Das Grundkapital der Petro-Chemie AG beträgt 23.650.500,00 EUR. Der Nennwert der Aktie beträgt 10,00 EUR. Markus Förster besitzt 30.000 Aktien. Der Aktionär ist mit 300.000,00 EUR am Grundkapital der AG beteiligt. 23.650.500,00 EUR – 100 % 300.000,00 EUR – X $= \dfrac{300.000,00 \cdot 100}{23.650.500,00} = \underline{1,268\,\%}$ Der Aktionär besitzt eine Beteiligungsquote von 1,268 % an der AG.

Aktien werden in der Praxis zu einem über dem tatsächlichen Nennwert bei Nennbetragsaktien bzw. über dem rechnerischen Nennwert bei Stückaktien liegenden Preis ausgegeben (Überpari-Emission). Das bei der Emission erzielte **Aufgeld** ist in die **Kapitalrücklage** einzustellen. Eine Unterpari-Emission ist nicht zulässig.

Rückkauf eigener Aktien *(§ 71 AktG)*

Voraussetzung für den Erwerb eigener Aktien ist eine auf **höchstens 18 Monate** befristete Ermächtigung durch die Hauptversammlung.
Die Gesellschaft darf **maximal 10 %** der eigenen Aktien erwerben.

Der Rückkauf eigener Aktien führt zu einer steigenden Nachfrage, die tendenziell steigende Börsenkurse und damit eine Steigerung des Unternehmenswertes bewirkt (Steigerung des Shareholder value). Eine stabilisierende Kurspflege durch antizyklische Käufe und Verkäufe verringert die Volatilität (Schwankungsintensität) des Aktienkurses.

Rechte des Aktionärs

Recht auf Gewinnbeteiligung *(§§ 58ff., 150 AktG)*

Für den Jahresüberschuss der AG gibt es zwei Verwendungsmöglichkeiten:

- **Zahlung einer Dividende**
  Die Hauptversammlung entscheidet über die Verwendung des Bilanzgewinns und damit auch über die Zahlung einer Dividende, die den Aktionären am Tag nach der Hauptversammlung ausgezahlt wird. Die Höhe der Dividende ist abhängig von der Höhe des Gewinns. In Verlustjahren wird keine Dividende gezahlt.

- **Erhöhung der Rücklagen**
  Auf Weisung des Vorstandes oder auf der Grundlage eines Beschlusses der Hauptversammlung wird ein weiterer Anteil des Gewinns (Jahresüberschusses) den Rücklagen zugeführt. Da die Beteiligung des Aktionärs am Grundkapital der AG nur der „Schlüssel" für seine Beteiligung am gesamten Eigenkapital (= Grundkapital + Rücklagen) ist, profitiert der Aktionär auch von der Erhöhung der Rücklagen. Ein höheres Eigenkapital wird in Verbindung mit entsprechenden Gewinnaussichten langfristig zu Kurssteigerungen der Aktie führen.

Teilnahme an der Hauptversammlung und Stimmrechtsausübung *(§§ 118ff. AktG)*

Die Aktionäre üben ihre Rechte in der Hauptversammlung aus. Zur Teilnahme und Stimmrechtsausübung sind die Aktionäre berechtigt, die ihre Aktien fristgerecht (i.d.R. bei einem Kreditinstitut) hinterlegt haben.

Die **Hauptversammlung beschließt** u.a. über:

- Verwendung des Bilanzgewinns
- Bestellung der Aktionärsvertreter für den Aufsichtsrat
- Entlastung der Mitglieder des Vorstands und des Aufsichtsrats
- Bestellung der Abschlussprüfer
- Satzungsänderungen
- Maßnahmen der Kapitalbeschaffung und -herabsetzung

Die **ordentliche Hauptversammlung** hat jährlich in den ersten 8 Monaten des Geschäftsjahres stattzufinden und wird vom Vorstand einberufen. Eine **außerordentliche Hauptversammlung** kann auf Verlangen des Aufsichtsrates oder einer Minderheit von Aktionären, deren Anteile zusammen 5 % des Grundkapitals erreichen, einberufen werden *(§§ 111, 122 AktG).*

Lernfeld: Geld- und Vermögensanlagen 193

Das **Stimmrecht** wird **nach der Anzahl** der in der Hauptversammlung vertretenen Aktien ausgeübt. Die Beschlussfassung erfolgt grundsätzlich mit **einfacher Mehrheit. Satzungsänderungen** bedürfen einer **qualifizierten Mehrheit** von mindestens $3/4$ des vertretenen Kapitals. Eine mehr als 25%ige Beteiligung in der Hand eines Aktionärs bezeichnet man als **Sperrminorität.**

Vollmachtstimmrecht *(§ 135 AktG):* Ein Kreditinstitut darf das Stimmrecht für Inhaberaktien, die ihm nicht gehören, nur ausüben, wenn es schriftlich bevollmächtigt ist. In der eigenen Hauptversammlung darf das bevollmächtigte Kreditinstitut das Stimmrecht nur ausüben, soweit der Aktionär eine ausdrückliche Weisung zu den einzelnen Tagesordnungspunkten erteilt hat.

Anspruch auf Auskunft durch den Vorstand *(§ 131f. AktG)*

Jedem Aktionär ist auf Verlangen in der Hauptversammlung vom Vorstand Auskunft über die geschäftlichen Angelegenheiten der AG zu geben. Der Vorstand darf die Auskunft verweigern, wenn diese der AG einen nicht unerheblichen Schaden zufügen könnte.

Bezugsrecht *(§§ 186ff., § 221 AktG)*

Bei der Ausgabe neuer („junger") Aktien sowie von Wandel-/Optionsanleihen, Gewinnschuldverschreibungen und Genussrechten steht den Aktionären ein Bezugsrecht zu. Jedem Aktionär muss auf sein Verlangen ein seinem Anteil am bisherigen Grundkapital entsprechender Teil der Emission zugeteilt werden.

Das Bezugsrecht kann ganz oder teilweise durch einen Hauptversammlungsbeschluss mit 3/4-Mehrheit des vertretenen Kapital ausgeschlossen werden.

Ein Ausschluss des Bezugsrechts ist insbesondere dann zulässig wenn
- die Kapitalerhöhung gegen Einlagen 10 % des Grundkapitals nicht übersteigt und
- der Ausgabepreis der Aktien den Börsenkurs nicht wesentlich (max. 5 %) unterschreitet *(§ 186 Abs. 3 AktG).*

Als Ausschluss des Bezugsrechts ist es nicht anzusehen, wenn die Emission von einem Bankenkonsortium mit der Verpflichtung übernommen wird, sie den Aktionären zum Bezug anzubieten.

Durch diese Voraussetzungen wird der Aktionär einerseits vor einer vermögensmäßigen Verwässerung seiner Beteiligung, andererseits einer übermäßigen Einschränkung seines Stimmrechtsanteils geschützt.

- Das **Bezugsverhältnis** ist das Verhältnis, in dem der Aktionär auf Grund des Bestandes an alten Aktien neue Aktien bzw. Wandel-/Optionsanleihen beziehen kann. Es ergibt sich aus der Relation:

bzw.

> (bisheriges) Grundkapital : Nennwert des Emissionsvolumens

> Anzahl alte Aktien : Anzahl junge Aktien

- Das **Bezugsangebot** an die Aktionäre ist unter Angabe der **Bezugsfrist** (mindestens 2 Wochen) und des **Bezugskurses** (= Ausgabepreises) vom Vorstand in den Gesellschaftsblättern zu veröffentlichen.
- Während der Bezugsfrist ist das Bezugsrecht an der Börse handelbar. Der **Bezugsrechtshandel** beginnt am 1. Tag der Bezugsfrist und endet 2 Börsentage vor Ablauf der Bezugsfrist. Die beiden letzten Tage der Bezugsfrist dienen der Erfüllung der am letzten Handelstag abgeschlossenen Geschäfte. Der Bezugsrechtshandel ermöglicht den Aktionären den Kauf bzw. den Verkauf fehlender/überschüssiger Bezugsrechte. Die alten Aktien notieren mit Beginn des Bezugsrechtshandels **„ex Bezugsrecht".**

- Als **Bezugsrechtsausweis** wird ein vom Aktienbogen zu trennender Gewinnanteilschein bestimmt, der zur Ausübung des Bezugsrechts in der erforderlichen Anzahl bei den im Bezugsangebot genannten **Bezugsstellen** einzureichen ist.

Das Bezugsrecht ermöglicht dem Aktionär,
- seinen prozentualen Anteil am Grundkapital aufrechtzuerhalten
- den Kursverlust auszugleichen, der aufgrund des Bezugsrechtsabschlags bei den alten Aktien mit Beginn des Bezugsrechtshandels entsteht.

Anspruch auf Teilnahme am Liquidationserlös *(§ 271 AktG)*

Bei Auflösung der AG wird das nach Begleichung der Verbindlichkeiten verbleibende Vermögen unter die Aktionäre verteilt.

5.4.3.2 Ausstattungsmerkmale von Aktien

Aktienarten nach dem Umfang der verbrieften Rechte
(§§ 11, 139 – 142 AktG)

Stammaktien	Stammaktien verbriefen alle satzungsmäßigen und gesetzlichen Aktionärsrechte.
Vorzugsaktien	Vorzugsaktien sind gegenüber den Stammaktien mit Vorrechten *(z.B. bei der Verteilung des Gewinns, Anteil am Liquidationserlös)* ausgestattet. Von Bedeutung sind in Deutschland **kumulative stimmrechtslose Vorzugsaktien.** • maximal die Hälfte der insgesamt ausgegebenen Aktien • kein Stimmrecht in der Hauptversammlung Die AG beschafft sich durch die Ausgabe von Vorzugsaktien neues Eigenkapital, ohne dass sich die Stimmrechtsverhältnisse in der Hauptversammlung ändern. • Dividendenvorrechte – i.d.R. Mehrdividende Die Vorzugsaktionäre erhalten eine höhere Dividende *(z. B. 0,10 EUR mehr)* als die Stammaktionäre. – Mindestdividende (Garantiedividende) Den Vorzugsaktionären wird bei einer ausreichenden Gewinnlage vorab eine bestimmte Dividende gezahlt *(z.B. 0,50 EUR)*. Bevor die Stammaktionäre eine Dividende erhalten, muss zunächst die Zahlung der Mindestdividende an die Vorzugsaktionäre gesichert sein. Wenn die Ertragsverhältnisse der AG eine Ausschüttung in der versprochenen Höhe nicht zulassen, ist die Mindestdividende im nächsten Jahr nachzuzahlen. Falls das nicht möglich ist, haben die Aktionäre das Stimmrecht, bis alle Rückstände der vergangenen Jahre nachgezahlt sind.

In der Praxis notieren die Stammaktien meist deutlich höher als die Vorzugsaktien. Insbesondere für Großanleger und ausländische Investoren hat das Stimmrecht eine größere Bedeutung als die Dividendenvorrechte. Für Kleinanleger, die nur einen geringen Einfluss auf die Unternehmenspolitik besitzen, sind Vorzugsaktien oft eine günstige Alternative. Aufgrund der niedrigeren Kurse und der höheren Dividende weisen die Vorzugsaktien eine höhere Dividendenrendite als die Stammaktien auf.

Verbriefung der Aktien

Grundsätzlich sind Aktien in Einzelurkunden (effektiven Stücken) verbrieft.
In der Satzung kann jedoch der Anspruch des Aktionärs auf Verbriefung seines Anteils ausgeschlossen werden *(§ 10 AktG)*. Die Aktien sind dann in Globalurkunden verbrieft, die bei einer Wertpapiersammelbank hinterlegt werden. Die Aktionäre erhalten entsprechend ihres Aktienbesitzes Miteigentum an der Globalurkunde durch Depotgutschrift.

Aktienarten nach der Form der Übertragung *(§§ 10, 67, 68 AktG)*

Inhaberaktien	**Übertragung durch:** ■ dingliche Einigung und ■ Übergabe der Aktie **Vorteile** ■ Inhaberaktien sind leicht übertragbar. ■ Der Aktionär bleibt anonym.
Namensaktien (Orderpapiere)	**Übertragung durch:** ■ dingliche Einigung und ■ Übergabe der indossierten Aktie und (In der Praxis wird die Indossierung in der Regel durch eine Blanko-Zessionserklärung ersetzt.) ■ Eintragung des Aktionärs in das Aktienbuch der Gesellschaft (Name, Wohnort und Beruf) **Vorteile** ■ Namensaktien sind international üblich. In vielen Ländern *(z. B. USA)* sind nur Namensaktien zum Börsenhandel zugelassen. ■ Das Unternehmen kann sich direkt an die Aktionäre wenden (Investor-Relations), was zu einer höheren Bindung des Aktionärs (Shareholders) an das Unternehmen beiträgt. ■ Feindliche Übernahmeversuche sind frühzeitig zu erkennen. ■ Die Börsenaufsicht kann Insidergeschäfte leichter identifizieren.

5.4.3.3 Formen der aktienrechtlichen Kapitalerhöhung

Rechtsgrundlage:
Beschluss der Hauptversammlung mit mindestens ³/₄ des vertretenen Kapitals

■ **direkter HV-Beschluss**
Die Hauptversammlung beschließt eine konkrete Kapitalerhöhung.
oder
■ **Genehmigtes Kapital** *(§§ 202–206 AktG)*
Die Hauptversammlung ermächtigt den Vorstand, das Grundkapital
– in einem Zeitraum von maximal 5 Jahren
– bis zu maximal 50% des bisherigen Grundkapitals zu erhöhen.

Das genehmigte Kapital gestattet es dem Vorstand, den Zeitpunkt der Kapitalerhöhung frei zu wählen und damit eine für die Emission günstige Kapitalmarktsituation abzuwarten.

Arten der aktienrechtlichen Kapitalerhöhung

■ **Kapitalerhöhung gegen Einlagen** (ordentliche Kapitalerhöhung) ■ **bedingte Kapitalerhöhung**	**Kapitalerhöhung aus Gesellschaftsmitteln** (immer direkter HV-Beschluss)
effektive Kapitalerhöhung	**nominelle Kapitalerhöhung**
führt der AG zusätzliches Eigenkapital zu: **Aktiv-Passiv-Mehrung**	führt der AG kein zusätzliches Eigenkapital zu: **Passivtausch**

5.4.3.4	**Kapitalerhöhung gegen Einlagen**

Die Hauptversammlung kann eine **Erhöhung des Grundkapitals** durch **Ausgabe neuer Aktien** gegen Bezahlung des Ausgabepreises (= ordentliche Kapitalerhöhung) beschließen. Bei Gesellschaften mit Stückaktien muss sich die Zahl der Aktien in demselben Verhältnis wie das Grundkapital erhöhen *(§§ 182–191 AktG)*. Mit der Eintragung ihrer Durchführung in das Handelsregister ist das Grundkapital erhöht.

Da der Ausgabepreis der neuen Aktien i.d.R. niedriger ist als der Börsenkurs der alten Aktien, wird deren Wert nach der Aktienausgabe sinken (Verwässerungseffekt). Der Kursverlust der alten Aktien **(= Bezugsrechtsabschlag)** entspricht dem Wert des Bezugsrechts; dieser wird bestimmt von der Differenz zwischen dem Börsenkurs der alten Aktien und dem Ausgabepreis der neuen Aktien sowie dem Bezugsverhältnis.

Der **rechnerische (= innere) Wert des Bezugsrechts,** die **Bezugsrechtsparität,** lässt sich ermitteln, in dem man aus dem Kurswert der zum Bezug benötigten alten Aktien und dem Ausgabepreis der darauf entfallenden neuen Aktien den Durchschnittskurs ermittelt und diesen vom Kurs der alten Aktien subtrahiert.

Der bezugsberechtigte Aktionär hat die Möglichkeit entsprechend seinem Aktienbestand und entspechend dem Bezugsverhältnis zum Zweck des Spitzenausgleichs

- fehlende Bezugsrechte zu kaufen oder
- überschüssige Bezugsrechte zu verkaufen.

Beispiel:

Bezugsverhältnis (m : n) .... 9 : 2
vorhandene Altaktien und damit Bezugsrechte.. 30 Stück
Um eine glatte Zahl von Aktien beziehen zu können, muss er entweder

- *6 Bezugsrechte erwerben*
  (Sein Bezugsrechtsbestand erhöht sich damit auf die zum Bezug von 8 jungen Aktien erforderliche Anzahl von 36 Bezugsrechten.)

oder

- *3 Bezugsrechte verkaufen*
  (Sein Bezugsrechtsbestand vermindert sich damit auf die zum Bezug von 6 jungen Aktien erforderliche Anzahl von 27 Bezugsrechten.)

Preislich unlimitierte Aufträge zum Kauf oder Verkauf von Bezugsrechten sind für die Dauer des Bezugsrechtshandels gültig.

Preislich limitierte Aufträge erlöschen mit Ablauf des vorletzten Tages des Bezugsrechtshandels.

Das Kreditinstitut wird die Bezugsrechte des Kunden am letzten Tag des Bezugsrechtshandels bestens verkaufen, wenn dieser bis zum vorhergehenden Börsentag keine andere Weisung erteilt hat *(Sonderbedingungen für Wertpapiergeschäfte Nr. 5, 15)*.

Fallbeispiel:

Die Timex AG erhöht ihr Grundkapital durch die Ausgabe junger Aktien um 14 Mio. EUR auf 84 Mio. EUR. Die jungen Aktien werden den Aktionären in der Zeit vom 12. Juni bis zum 26. Juni zum Bezug angeboten. Der Ausgabepreis für die Aktien (= Kn) im Nennwert von 5,00 EUR beträgt 63,00 EUR. Die alten Aktien (= Ka) notieren vor Beginn der Bezugsfrist an der Börse zu 81,00 EUR.

Ermittlung des Bezugsverhältnisses

Altes Grundkapital	:	Kapitalerhöhung	
(m)	:	(n)	
70 Mio. EUR	:	14 Mio. EUR	= 5 : 1

Lernfeld: Geld- und Vermögensanlagen | 197

Handel der Bezugsrechte

Bezugsrechte werden vom Beginn der Bezugsfrist bis zwei Börsentage vor dem Ende der Bezugsfrist (12. Juni – 24. Juni) gehandelt.

Ermittlung des rechnerischen (inneren) Wertes der Bezugsrechte

5 alte Aktien	zu 81,00 EUR	=	405,00 EUR
1 junge Aktie	zu 63,00 EUR	=	63,00 EUR
6 Aktien			468,00 EUR : 6 = 78,00 EUR = rechnerischer Aktienkurs nach der Kapitalerhöhung (Kex BR)

Bei der Kapitalerhöhung werden junge Aktien unter dem Börsenkurs emittiert, sodass sich durch diesen **Verwässerungseffekt** der Kurs auf 78,00 EUR vermindert.

Ein Anleger, der die Aktie erwerben möchte, hat zwei Möglichkeiten:

1. Direktkauf der Aktie zu 78,00 EUR

2. Kauf von 5 Bezugsrechten und Bezug der jungen Aktie zu 63,00 EUR
   Der Gesamtaufwand der zweiten Möglichkeit wird in einem funktionsfähigen Markt dem Aufwand der ersten Möglichkeit entsprechen.
   – Wäre der Aufwand höher, würde der Anleger die Aktie direkt an der Börse erwerben.
   – Wäre der Aufwand niedriger, würde der Inhaber der Bezugsrechte zunächst die jungen Aktien beziehen und sie dann an der Börse verkaufen.

   Wert von 5 BR = 78,00 EUR – 63,00 EUR = 15,00 EUR
   Wert 1 BR = 15,00 EUR : 5 = 3,00 EUR

   oder

Börsenkurs der alten Aktie	81,00 EUR
– rechnerischer Aktienkurs nach Kapitalerhöhung	– 78,00 EUR
= rechnerischer Wert des Bezugsrechtes	3,00 EUR

In der Praxis erfolgt die Berechnung mit Hilfe der **Bezugsrechtsformel,** die sich aus der im Beispiel aufgezeigten Durchschnittsrechnung ableiten lässt.

$$BR = \frac{Ka - Kn}{\frac{m}{n} + 1}$$

BR: Wert des Bezugsrechts
Ka: Börsenkurs der alten Aktien
Kn: Ausgabepreis der neuen Aktien

$\frac{m}{n}$: Bezugsverhältnis

Das Bezugsrecht hat einen inneren Wert, da die jungen Aktien unterhalb des Börsenkurses erworben werden können.

Der Wert des Bezugsrechtes ist abhängig von:

- der Differenz zwischen Aktienkurs und Emissionspreis
- dem Bezugsverhältnis
- evtl. Dividendennachteilen der jungen Aktien

$$BR = \frac{Ka - Kn - Dividendennachteile}{\frac{m}{n} + 1}$$

Handlungsalternativen eines Aktionärs

Der Aktionär Hubert Brause besitzt 500 Aktien der Timex AG.

- Bezug von 100 jungen Aktien
  - Aufwand: 100 Stück · 63,00 EUR = 6.300,00 EUR
  - Kursverlust der alten Aktien: 500 Stück · 3,00 EUR = 1.500,00 EUR ⎫ Vermögensausgleich
  - Kursgewinn der jungen Aktien: 100 Stück · 15,00 EUR = 1.500,00 EUR ⎭

- Verkauf der 500 Bezugsrechte
  - Erlös (ohne Kosten): 500 Bezugsrechte · 3,00 EUR = 1.500,00 EUR ⎫ Vermögensausgleich
  - Kursverlust der alten Aktien: 500 Stück · 3,00 EUR = 1.500,00 EUR ⎭

Der bei der Kapitalerhöhung eintretende Verwässerungseffekt wird durch den Wert der Bezugsrechte ausgeglichen.

Rechnerischer (innerer Wert) der Bezugsrechte während des Bezugsrechtshandels

Bei Beginn der Bezugsfrist wird das Bezugsrecht *(z.B. Gewinnanteilschein Nr. 23)* von der Aktie getrennt und separat an der Börse gehandelt. Bei unveränderten Marktverhältnissen gibt es am 12. Juni folgende Notierungen:

Timex Aktie: 78,00 EUR ex BR
BR Timex Aktie: 3,00 EUR

Der Wert der Aktie ist um den Wert des BR gesunken.

$$BR = \frac{KexBR - Kn}{\frac{m}{n}} = \frac{78,00 - 63,00}{5} = \underline{3,00 \text{ EUR}}$$

Abweichungen des tatsächlichen Wertes der Bezugsrechte von dem rechnerischen Wert

Der **tatsächliche Wert des Bezugsrechts,** sein Börsenkurs, ergibt sich aus der während des Bezugsrechtshandels angebotenen und nachgefragten Menge an Bezugsrechten und weicht je nach den Marktverhältnissen von seinem rechnerischen (= inneren) Wert ab.

Timex Aktie: 80,00 EUR ex BR
BR Timex Aktie: 3,20 EUR = tatsächlicher Wert

$$BR = \frac{KexBR - Kn}{\frac{m}{n}} = \frac{80,00 - 63,00}{5} = \underline{3,40 \text{ EUR}} = \text{innerer Wert}$$

Das Bezugsrecht notiert unter dem inneren Wert.

Der Kauf von Bezugsrechten ist vorteilhaft. Der Gesamtaufwand einschließlich des Emissionspreises ist niedriger als beim Direktkauf der Aktie.

- Direktkauf: <u>80,00 EUR</u>
- Bezug der jungen Aktie: 5 BR · 3,20 EUR = 16,00 EUR + 63,00 EUR Emissionspreis = <u>79,00 EUR</u>

Gleichungen zur Ermittlung des rechnerischen Wertes von Bezugsrechten

Wert vor Beginn der Bezugsfrist	Wert vor Beginn der Bezugsfrist unter Berücksichtigung von Dividendennachteilen	Wert während des Bezugsrechtshandels
$BR = \dfrac{Ka - Kn}{\frac{m+1}{n}}$	$BR = \dfrac{Ka - Kn - \text{Div.-nachteile}}{\frac{m+1}{n}}$	$BR = \dfrac{KexBR - Kn - \text{Div.-nachteile}}{\frac{m}{n}}$

■ Opération blanche

Aktionäre, die an einer Kapitalerhöhung teilnehmen, aber keine zusätzlichen Mittel einsetzen wollen, können wie folgt verfahren:

Sie veräußern von den vorhandenen Bezugsrechten gerade so viele, dass sie mit dem erzielten Verkaufserlös den Ausgabepreis für eine bestimmte Anzahl junger Aktien aufbringen können und beziehen diese mit den übrigen nicht verkauften Bezugsrechten.

Beispiel:

Anzahl der vorhandenen Bezugsrechte (BN)... 200 Stück
Ausgabepreis der jg. Aktie (Kn) .... 225,00 EUR
Wert des Bezugsrechts (BR)... 15,00 EUR
Bezugsverhältnis ($\frac{m}{n}$) .... 5 : 1

Lernfeld: Geld- und Vermögensanlagen

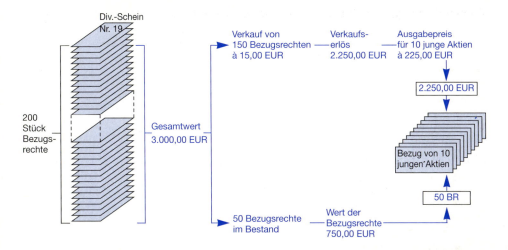

Bezugsmöglichkeit Anzahl junge Aktien (JA) ohne Einsatz zusätzlicher Mittel	$JA = \dfrac{BN \cdot BR}{Kn + \left(\dfrac{m}{n} \cdot BR\right)}$

Bedeutung

- kein Einsatz zusätzlicher Geldmittel
- keine Veränderung der Depotstruktur
  Da der Anleger den absolut gleichen Betrag in die Aktie investiert hat, bleibt die relative Gewichtung der Aktie in seinem Depot gleich.
- Verringerung seiner Stimmrechtsanteile
  Da er nicht alle Bezugsrechte ausgeübt hat, verringert sich sein relativer Anteil am Grundkapital der Gesellschaft.

Fallbeispiel:

Aufgrund der Ermächtigung gemäß § 4 der Satzung (Genehmigtes Kapital) hat der Vorstand der Transum AG mit Zustimmung des Aufsichtsrates beschlossen, das Grundkapital um 16 Mio. auf 72 Mio. EUR zu erhöhen.

Emissionspreis: 70,00 EUR für eine junge Stückaktie

Die jungen Aktien sind ab September des laufenden Jahres gewinnanteilberechtigt. Das Geschäftsjahr entspricht dem Kalenderjahr. Es wird eine Dividende von 1,20 EUR erwartet.

Bezugsfrist: 8. Juli bis 22. Juli

Der Aktionär Heinrich Olling besitzt 600 Aktien der Transum AG. Er beabsichtigt, einen Teil seiner Bezugsrechte zu verkaufen, um mit dem Verkaufserlös junge Aktien beziehen zu können (Opération blanche).

Der Aktienkurs am 7. Juli beträgt 90,00 EUR.

Ermittlung des Bezugsverhältnisses

altes Grundkapital	:	Kapitalerhöhung		
(m)	:	(n)		
56 Mio. EUR	:	16 Mio. EUR	=	7 : 2

Ermittlung des rechnerischen Wertes des Bezugsrechtes auf der Grundlage des Aktienkurses vom 7. Juli

Dividendennachteil Januar bis August = 8 Monate = 0,80 EUR

$$BR = \frac{90 - 70 - 0,80}{\dfrac{7}{2} + 1} = \underline{\underline{4,27 \text{ EUR}}}$$

Ermittlung der Anzahl der zu beziehenden jungen Aktien und der zu verkaufenden Bezugsrechte

Gesamtwert seiner Bezugsrechte	600 Bezugsrechte · 4,27 EUR = <u>2.562,00 EUR</u>
Anzahl der zu beziehenden jungen Aktien	• Gesamtaufwand für eine junge Aktie einschließlich der Bezugsrechte Emissionspreis 70,00 EUR + 7/2 Bezugsrechte zu 4,27 EUR (70,00 + (7/2 · 4,27)) = <u>84,95</u> EUR • Anzahl der zu beziehenden jungen Aktien: $$= \frac{\text{Gesamtwert der Bezugsrechte}}{\text{Gesamtaufwand für eine junge Aktie}}$$ 2.562,00 : 84,95 = 30,16 ≈ **30 junge Aktien** werden bezogen Das Ergebnis ist immer abzurunden.
Anzahl der zu verkaufenden Bezugsrechte	• Anzahl der benötigten Bezugsrechte: 2 junge Aktien – 7 BR 30 junge Aktien – X $$x = \frac{7 \cdot 30}{2} = \textbf{105 Bezugsrechte} \text{ werden zum Bezug der jungen Aktien benötigt}$$ • Anzahl der zu verkaufenden Bezugsrechte 600 Bezugsrechte – 105 Bezugsrechte = **495 Bezugsrechte** können verkauft werden

Abrechnung für den Verkauf der nicht benötigten Bezugsrechte

Die Bezugsrechte werden an der Börse zum tatsächlichen Kurs, der höher oder niedriger als der rechnerische Wert sein kann, verkauft. Der tatsächliche Kurs beträgt 4,50 EUR.
Es ist 1 % Provision und 0,8 ‰ Courtage zu berücksichtigen.

Kurswert 495 · 4,50	2.227,50 EUR
– 1 % Provision	22,28 EUR
– 0,8 ‰ Courtage	1,78 EUR
Gutschrift	<u>2.203,44 EUR</u>

Abrechnung für den Bezug der jungen Aktien

Es ist 1 % Provision zu berücksichtigen.

Bezugspreis 30 junge Aktien zu 70,00 EUR	2.100,00 EUR
+ 1 % Provision	21,00 EUR
Belastung	<u>2.121,00 EUR</u>

5.4.3.5 Bedingte Kapitalerhöhung

Die Hauptversammlung kann eine **Erhöhung des Grundkapitals** beschließen, die nur insoweit durchgeführt werden soll, wie von einem **Umtausch- oder Bezugsrecht** Gebrauch gemacht wird, das die Gesellschaft auf die neuen Aktien einräumt *(§§ 192–201 AktG)*.

Lernfeld: Geld- und Vermögensanlagen

Die bedingte Kapitalerhöhung soll nur zu folgenden Zwecken beschlossen werden:

1. zur Gewährung von Umtausch- oder Bezugsrechten an die Gläubiger von Wandel-/ Optionsanleihen
2. zur Vorbereitung des Zusammenschlusses der Gesellschaft mit anderen Unternehmen
3. zur Ausgabe von Belegschaftsaktien

Der Nennbetrag des bedingten Kapitals darf 50 % des bisherigen Grundkapitals nicht übersteigen.

5.4.3.6 Kapitalerhöhung aus Gesellschaftsmitteln und Aktiensplitt

Kapitalerhöhung aus Gesellschaftsmitteln

Die Hauptversammlung kann eine Erhöhung des Grundkapitals durch **Umwandlung von Kapital- und Gewinnrücklagen in Grundkapital** beschließen *(§§ 207–220 AktG)*. Mit der Eintragung des Beschlusses über die Erhöhung des Grundkapitals in das Handelsregister ist das Grundkapital erhöht. Die neuen Aktien (Berichtigungsaktien) gelten als voll eingezahlt. Sie stehen den Aktionären im Verhältnis ihrer Anteile am bisherigen Grundkapital zu. Der gelegentlich benutzte Begriff „Gratisaktien" ist irreführend, da die Vermögenssituation des Aktionärs sich nicht ändert. Das vorhandene Eigenkapital wird lediglich auf eine größere Anzahl von Aktien verteilt.

Das **Berichtigungsverhältnis** entspricht dem Bezugsverhältnis bei der ordentlichen Kapitalerhöhung.

Führt die Kapitalerhöhung dazu, dass auf einen Anteil am bisherigen Grundkapital nur ein Teil einer neuen Aktie entfällt, so ist dieses **Teilrecht** selbstständig handelbar *(§ 213 AktG)*. Die zum Bezug einer neuen Aktie fehlenden/überschüssigen Teilrechte können auf diese Weise – meist im Wege einer von der Depotbank vermittelten Spitzenregulierung – erworben bzw. veräußert werden. Teilrechte werden nicht an der Börse gehandelt. Durch die Formulierung des Teilrechts als Bruchteil einer Aktie kann der Wert des Teilrechts börsentäglich auf der Basis des aktuellen Kurses berechnet werden.

Der rechnerische **Wert des Berichtigungsabschlags** (BA) wird analog zur Ermittlung der Bezugsrechtsparität errechnet.

$$BA = \frac{Ka}{\frac{m}{n} + 1}$$

Ka: Börsenkurs der alten Aktien

$\frac{m}{n}$: Berichtigungsverhältnis

Grund für die Ausgabe von Berichtigungsaktien ist es, den Aktienkurs zu ermäßigen, um so die Aktie verkehrsfähiger zu machen. Auch erhöht sich die Dividendenrendite, sofern der bisherige Dividendensatz beibehalten wird. Mit dem Stichtag für die Ausgabe der Berichtigungsaktien werden die alten Aktien **„ex Berichtigungsaktien"** (exBA) gehandelt.

Als **Berechtigungsnachweis** für das Teilrecht wird ein vom Aktienbogen zu trennender Gewinnanteilschein bestimmt, der zur Entgegennahme der Berichtigungsaktien in der erforderlichen Anzahl bei bestimmten Kreditinstituten einzureichen ist. In den Emissionsbedingungen wird in der Regel festgelegt, dass die Berichtigungsaktien nur in dem Berichtigungsverhältnis oder einem Vielfachen davon bezogen werden können, da ansonsten eine gebrochene Zahl von Gewinnanteilscheinen als Berechtigungsnachweis dient.

Beispiel:

Berichtigungsverhältnis 7 : 2
Zum Bezug einer Berichtigungsaktie wären 7/2 = 3,5 Gewinnanteilscheine notwendig. Deshalb ist nur der Bezug einer Zahl von Berichtigungsaktien möglich, die durch zwei teilbar ist.
7 Gewinnanteilscheine – 2 Berichtigungsaktien
14 Gewinnanteilscheine – 4 Berichtigungsaktien usw.

202 | Lernfeld: Geld- und Vermögensanlagen

Fallbeispiel:

Kapitalerhöhung aus Gesellschaftsmitteln mit geradem Berichtigungsverhältnis

Die DataSoft AG erhöht ihr Grundkapital (Gezeichnetes Kapital) durch Ausgabe von Berichtigungsaktien von 45 Mio. EUR auf 60 Mio. EUR. Die jungen Stückaktien sind voll gewinnanteilberechtigt. Als Bezugsnachweis dient der Gewinnanteilschein Nr. 18. Der Aktienkurs beträgt vor der Kapitalerhöhung 260,00 EUR.
Die Aktionärin Lisa Hoppe besitzt 50 Aktien der DataSoft AG.

Auswirkung auf die Bilanz der DataSoft AG:

Bilanz von der Kapitalerhöhung

Aktiva		Bilanz	Passiva
Anlagevermögen	610 Mio. EUR	A. Eigenkapital	
Umlaufvermögen	215 Mio. EUR	Gezeichnetes Kapital	45 Mio. EUR
		Rücklagen	220 Mio. EUR
		B. Fremdkapital	560 Mio. EUR
	825 Mio. EUR		825 Mio. EUR

Bilanz nach der Kapitalerhöhung

Aktiva		Bilanz	Passiva
Anlagevermögen	610 Mio. EUR	A. Eigenkapital	
Umlaufvermögen	215 Mio. EUR	Gezeichnetes Kapital	60 Mio. EUR
		Rücklagen	205 Mio. EUR
		B. Fremdkapital	560 Mio. EUR
	825 Mio. EUR		825 Mio. EUR

- Das **Vermögen der Gesellschaft ändert sich nicht** (kein Geldzufluss).
- Die **Summe des Eigenkapitals ändert sich nicht.** Es erfolgt nur eine Umschichtung innerhalb der Eigenkapitalpositionen (Passivtausch).

Ermittlung des Berichtigungs-verhältnisses	altes Grundkapital : Kapitalerhöhung
	    (m) : (n)
	  45 Mio. EUR : 15 Mio. EUR = **3 : 1**

Ermittlung des rechnerischen Berichtigungsabschlages	Berichtigungsabschlag = $\dfrac{260,00}{^3/_1 + 1}$ = **65,00 EUR**
Rechnerischer Kurs der Aktie nach Emission der Berichtigungsaktien (Kurs ex BA)	Kurs der alten Aktie – Berichtigungsabschlag 260,00 EUR – 65,00 EUR = **195,00 EUR**
Zahl der Berichtigungsaktien, die der Aktionärin Lisa Hoppe aufgrund ihres Aktienbesitzes ohne weiteres zugeteilt werden.	3 alte Aktien – 1 Berichtigungsaktie 50 alte Aktien – X $X = \dfrac{1 \cdot 50}{3} = 16\,^2/_3$ oder $16{,}67 \approx$ **16 Berichtigungsaktien**

Lernfeld: Geld- und Vermögensanlagen

Zahl der zum Bezug notwendigen Gewinnanteilscheine	1 Berichtigungsaktie – 3 Gewinnanteilscheine 16 Berichtigungsaktien – X $X = \dfrac{3 \cdot 16}{1} = $ <u>48 Gewinnanteilscheine</u> werden benötigt Ein Gewinnanteilschein berechtigt zum Bezug von $1/3$ Berichtigungsaktie (= Teilrecht). 48 Gewinnanteilscheine berechtigen zum Bezug von $48 \cdot 1/3 = 16$ Berichtigungsaktien.
Verbleibende Teilrechte	$16\,^2/_3 - 16 = $ <u>$^2/_3$ Teilrechte</u> $1/3$ Teilrecht sind in einem Gewinnanteilschein verbrieft. $^2/_3 = $ Teilrechte sind in 2 Gewinnanteilscheinen verbrieft.
1. Alternative: **Veräußerung der überschüssigen Teilrechte. Bei der Verkaufsabrechnung sind 5,00 EUR Provision zu berücksichtigen.**	$^2/_3$ Teilrechte $\cdot$ 195,00 EUR (Kurs ex BA) oder 2 Gewinnanteilscheine $\cdot$ 65,00 EUR 130,00 EUR – Provision 5,00 EUR Gutschrift für Teilrechte 125,00 EUR
2. Alternative: **Kauf von Teilrechten zum Bezug einer weiteren Berichtigungsaktie;** **Provision 5,00 EUR.**	$1/3$ Teilrechte $\cdot$ 195,00 EUR (Kurs ex BA) oder 1 Gewinnanteilschein $\cdot$ 65,00 EUR 65,00 EUR + Provision 5,00 EUR Belastung 70,00 EUR

5

Fallbeispiel:

Kapitalerhöhung aus Gesellschaftsmitteln mit ungeradem Berichtigungsverhältnis

Die ordentliche Hauptversammlung der Argus AG hat beschlossen, das Grundkapital durch Umwandlung von Gewinnrücklagen in Grundkapital um 27 Mio. auf 126 Mio. EUR zu erhöhen.
Die jungen Stückaktien sind voll gewinnanteilberechtigt.
Als Bezugsnachweis dient der Gewinnanteilschein Nr. 36.
Die Aktien notieren an der Börse zu 385,00 EUR.
Die Aktionärin Heike Gerber besitzt 250 Aktien der Argus AG.

Ermittlung des Berichtigungsverhältnisses	altes Grundkapital : Kapitalerhöhung (m) : (n) 99 Mio. EUR : 27 Mio. EUR = <u>11 : 3</u>
Ermittlung des rechnerischen Berichtigungsabschlages	$\dfrac{385}{^{11}/_3 + 1} = $ <u>82,50 EUR</u>
Rechnerischer Kurs der Aktie nach Emission der Berichtigungsaktien (Kurs ex BA)	Kurs der alten Aktie – Berichtigungsabschlag 385,00 EUR – 82,50 EUR = <u>302,50 EUR</u>
Anzahl junger Aktien, die der Aktionärin Heike Gerber aufgrund ihres Aktienbesitzes ohne weiteres zugeteilt werden. Nach den Emissionsbedingungen können die Berichtigungsaktien nur in dem Berichtigungsverhältnis oder einem Vielfachen davon bezogen werden.	11 alte Aktien – 3 Berichtigungsaktien 250 alte Aktien – X $X = \dfrac{3 \cdot 250}{11} = 68\,^2/_{11}$ oder $68{,}18 \approx$ <u>66 Berichtigungsaktien</u> 3 Berichtigungsaktien – 11 Gewinnanteilscheine 66 Berichtigungsaktien – X $X = \dfrac{11 \cdot 66}{3} = $ <u>242 Gewinnanteilscheine</u> werden benötigt Ein Gewinnanteilschein berechtigt zum Bezug von $3/_{11}$ Berichtigungsaktie. 242 Gewinnanteilscheine berechtigen zum Bezug von 66 Berichtigungsaktien (242 $\cdot$ $3/_{11}$).

Verbleibende Teilrechte	$68\,^2/_{11} - 66 =$ $\hspace{3cm}$ $2\,^2/_{11}$ Teilrechte
	$^3/_{11}$ Teilrecht sind in einem Gewinnanteilschein verbrieft. $2\,^2/_{11} = {}^{24}/_{11}$ Teilrechte sind in 8 Gewinnanteilscheinen verbrieft. $({}^{24}/_{11} : {}^3/_{11})$.
Heike Gerber veräußert die überschüssigen Teilrechte. Bei der Verkaufsabrechnung ist 1 % Provision zu berücksichtigen	$2\,^2/_{11}$ Teilrechte · 302,50 EUR (Kurs ex BA) oder 8 Gewinnanteilscheine · 82,50 EUR $\hspace{2cm}$ 660,00 EUR – 1 % Provision $\hspace{4.5cm}$ 6,60 EUR
	Gutschrift $\hspace{6cm}$ 653,40 EUR

▪ Aktiensplitt

Die Hauptversammlung kann eine **Neueinteilung des Grundkapitals durch die Ausgabe neuer Aktien (Aktiensplitt)** beschließen. Der auf die einzelne Aktie entfallende anteilige Betrag des Grundkapitals (Nennbetrag bzw. rechnerischer Nennbetrag) sinkt dadurch. Die neuen Aktien stehen den Aktionären der Gesellschaft entsprechend ihrer bisherigen Beteiligung zu. Die dem Aktionär zustehenden neuen Aktien werden von den Depotbanken am Tag der Neueinteilung ohne besondere Weisung des Aktionärs in das Depot eingebucht. Die Beteiligung des Aktionärs an der Gesellschaft verändert sich durch einen Aktiensplitt nicht, sie ist jedoch in einer größeren Zahl von Aktien verbrieft.

Das Ziel von Aktiensplitts ist analog zur Kapitalerhöhung aus Gesellschaftsmitteln die Verringerung des Aktienkurses, um die Verkehrsfähigkeit der Aktie zu erhöhen.

Ein Aktiensplitt darf jedoch nicht dazu führen, dass der Nennbetrag der Aktien bzw. der rechnerische Anteil einer Stückaktie am Grundkapital 1,00 EUR unterschreitet.

Fallbeispiel:

Aktiensplitt in Verbindung mit einer Kapitalerhöhung aus Gesellschaftsmitteln

Die Argus AG hat ein Grundkapital von 9 Mio. EUR. Bei 4,5 Mio. ausgegebenen Stückaktien hat die einzelne Stückaktie einen rechnerischen Anteil am Grundkapital von 2,00 EUR. Der Aktienkurs beträgt 480,00 EUR.
Die ordentliche Hauptversammlung der Argus AG hat am 12.02.20..,

- das Grundkapital aus Gesellschaftsmitteln um 9 Mio. EUR auf 18 Mio. EUR ohne Ausgabe neuer Aktien zu erhöhen. Dadurch erhöht sich der auf die einzelne Stückaktie entfallende anteilige Betrag des Grundkapitals von 2,00 EUR auf 4,00 EUR.
- daraufhin das auf 18 Mio. EUR erhöhte Grundkapital in 18 Mio. Stückaktien neu einzuteilen, sodass auf die einzelne Stückaktie ein anteiliger Betrag des Grundkapitals von je 1,00 EUR entfällt.

Als Folge dieser Maßnahmen treten an die Stelle je einer alten Stückaktie vier neue Stückaktien mit einem rechnerischen Anteil am Grundkapital von 1,00 EUR. Aufgrund der vierfachen Anzahl von Stückaktien sinkt der Aktienkurs bei unveränderten Marktverhältnissen nach der Kapitalmaßnahme auf ein Viertel des bisherigen Kurses (120,00 EUR). Da der Aktionär aber die vierfache Anzahl von Aktien besitzt, erleidet er keinen Vermögensverlust.

5.4.3.7 Emission von Aktien

Emission ist die Erstausgabe von Wertpapieren zur Beschaffung von Fremd- oder Eigenkapital und ihre Unterbringung (Platzierung) auf dem Kapitalmarkt.

Emissionswege

Selbstemission

Der Emittent platziert die Wertpapiere **in eigener Regie** beim Anlegerpublikum.

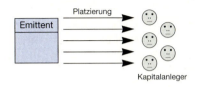

Beispiel:
Familienunternehmen

Fremdemission

Der Emittent bedient sich bei der Platzierung der Wertpapiere eines **Emissionskonsortiums**.

Beispiel:
Börsennotierte AG

Emissionskonsortium

Ein Emissionskonsortium ist ein Zusammenschluss von mehreren Kreditinstituten zu einer **Gesellschaft bürgerlichen Rechts** (BGB-Gesellschaft §§ 705–740 BGB).

Die im BGB vorgesehene gemeinschaftliche Geschäftsführung und Vertretung wird vertraglich ausgeschlossen und einem Mitglied des Konsortiums (i.d.R. der Hausbank des Emittenten) übertragen. Das *„federführende"* Kreditinstitut vertritt das Konsortium nach außen und koordiniert die Emissionsabwicklung. Als Entgelt erhält die Konsortialführerin hierfür eine besondere Vergütung („Führungsprovision"). Im Übrigen richtet sich die Vergütung der beteiligten Kreditinstitute – ebenso wie das ggf. zu tragende Absatzrisiko – nach der jeweils übernommenen Quote („Konsortialquote").

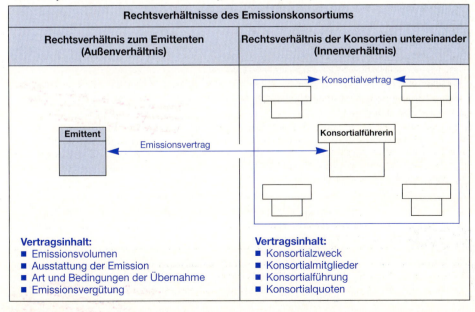

Funktionen der Kreditinstitute im Emissionsgeschäft

Kreditinstitute:

- besitzen das **Know-how,** um den Emittenten in allen für das Gelingen der Emission wichtigen finanztechnischen Fragen (Ausstattung, Zeitpunkt, Abwicklung) zu beraten und zu unterstützen,

- verfügen über ein **dichtes Vertriebsnetz** und **Kontakt zum anlagesuchenden Publikum** („Platzierungskraft"),

- sind aufgrund ihrer **Kapitalkraft** in der Lage, dem Emittenten den Gegenwert der Emission sofort zur Verfügung zu stellen, und tragen im Fall der festen Übernahme das Absatzrisiko,

- genießen beim Anlegerpublikum ein hohes **Vertrauen**, das sich bei entsprechender Anlageempfehlung auf die Emission und den Emittenten überträgt („Emissionskredit"),

- übernehmen im Anschluss an die Platzierung sämtliche **Servicefunktionen** im Zusammenhang mit der weiteren Betreuung der Emission (Börseneinführung, Designated Sponsor, Kurspflege, Zahlstellendienst),

- übernehmen die **Haftung** für die Richtigkeit des Inhaltes des Emissionsprospektes und ggf. des Börseneinführungsprospektes (Prospekthaftung).

Abwicklung der Fremdemission

„Emissionsfahrplan"

Vorbereitung
- Beratung des Emittenten über Art, Zeitpunkt, Ausstattung und Volumen der Emission (i.d.R. durch die „Hausbank" des Emittenten)   - Konstituierung des Emissionskonsortiums   - ggf. Absprache mit anderen Kreditinstituten über den Zeitpunkt der Emission, um eine Überforderung des Kapitalmarktes zu vermeiden
Übernahme

Möglichkeiten:
 - **feste Übernahme als Käufer** (§ 433 BGB) „**Übernahmekonsortium**"
   – Die Konsortialbanken tragen das volle Absatzrisiko.
   – Der Gegenwert der Emission fließt dem Emittenten sofort in einer Summe zu.
   – Die Emissionsvergütung setzt sich zusammen aus dem Konsortialnutzen (= Entgelt für das übernommene Absatzrisiko; Wertleistung) und einer Schalterprovision (= Entgelt für die spätere Platzierung; Betriebsleistung).
   – Die feste Übernahme der Emission durch das Konsortium ist in der Praxis üblich.
 - **Übernahme als Kommissionär** (§ 383 HGB) oder **Geschäftsbesorger** (§ 675 BGB) „**Begebungskonsortium**" (Platzierungskonsortium)
   – Das Konsortium platziert die Emission im eigenen Namen für fremde Rechnung bzw. im fremden Namen für fremde Rechnung; das Absatzrisiko trägt der Emittent.
   – Der Gegenwert der Emission fließt dem Emittenten sukzessive entsprechend dem Emissionsverlauf zu, es sei denn, dass die Emission vom Konsortium bevorschusst wird.
   – Die Emissionsvergütung besteht aus einer Schalterprovision.

Lernfeld: Geld- und Vermögensanlagen

Platzierung

Möglichkeiten:

- **Auflegung zur öffentlichen Zeichnung**
  „Subskriptionsverfahren"
  - Durch die **Veröffentlichung eines Verkaufsprospektes** („Verkaufsangebot") werden die Kapitalanleger auf die Emission und ihre Ausstattung sowie die Zeichnungsbedingungen (Zeichnungskurs, -frist) aufmerksam gemacht.
  - Mit seiner **Zeichnung** (= Vertragsantrag) verpflichtet sich der Kaufinteressent zur Abnahme der angebotenen Wertpapiere in der von ihm gewünschten Menge.
  - Die **Zuteilung** (= Vertragsannahme) der Wertpapiere erfolgt nach Zeichnungsschluss; bei Überzeichnung der Emission muss eine Zuteilungsbeschränkung (Repartierung) vorgenommen werden.

- **Freihändiger Verkauf**
  - Auch hier wird die Emission aufgrund einer Prospektveröffentlichung dem Anlegerpublikum vorgestellt und zum Kauf angeboten. Im Unterschied zum Subskriptionsverfahren ist der Ausgabekurs jedoch frei bleibend, d.h., die Kreditinstitute behalten sich eine Änderung des Ausgabekurses während der Platzierungsphase vor.
  - Zuteilung und Kaufabrechnung erfolgen ab dem 1. Verkaufstag sukzessive in der Reihenfolge der eingehenden Aufträge.

  Beispiel: *Daueremissionen des Bundes*

Service

- **Beantragung der Börsenzulassung:** Danach können ggf. noch vorhandene Emissionsreste im Wege des börsenmäßigen Verkaufs platziert werden.

- **Veranlassung des Drucks der Wertpapiere** entsprechend den Wünschen der Kapitalanleger, sofern nicht eine effektive Lieferung aufgrund der Emissionsbedingungen ausgeschlossen ist.

- **Kurspflege:** ggf. werden Interventionskäufe zur Kursstützung getätigt, wenn der Börsenkurs aufgrund eines temporären Überangebots – entgegen dem allgemeinen Kurstrend – zu fallen droht.

- **Zahlstellendienst** bei fälligen Zins-/Dividendenzahlungen

- Durchführung von **Bogenerneuerungen**

- **Tilgungs- und Auslosungsabwicklung** bei Anleiheemissionen

5

Bookbuilding

Beim Subskriptions- oder Festpreisverfahren wird der Emissionskurs zwischen dem Konsortialführer und dem Emittenten ausgehandelt und als verbindlicher Zeichnungskurs festgesetzt, ohne dass die Marktteilnehmer an der Preisfindung beteiligt werden. Insbesondere wenn die Aktien der Gesellschaft bisher nicht an der Börse gehandelt werden, besteht die Schwierigkeit, einen marktgerechten Preis zu finden.

Beim Bookbuildingverfahren werden, wie beim Tenderverfahren, die Preisvorstellungen der potenziellen Investoren berücksichtigt. Ausgangspunkt für die Preisfindung ist ein zwischen dem Emittenten und dem Konsortialführer ausgehandelter Preisrahmen. Der Preisrahmen wird veröffentlicht. Innerhalb dieses Preisrahmens werden Orders entgegengenommen.

Das Bookbuilding-Verfahren ist bei allen Aktienemissionen ohne Bezugsrecht praxisüblich.

Ablauf des Bookbuilding-Verfahrens

1. Pre-Marketing und Roadshows

Die potenziellen Investoren werden von den platzierenden Kreditinstituten angesprochen. Die Interessenten werden durch Prospekte, Researchstudien und Veranstaltungen über den Emittenten informiert. Die Konsortialbanken erkunden das Interesse ausgewählter Investoren. Vorläufige Orders werden entgegengenommen. Anhand dieser Orders wird ein Preisrahmen für das Zeichnungsangebot festgesetzt.

2. Marketing/Order Taking

Der Preisrahmen mit einer Preisspanne von ca. 10–20% wird bekannt gegeben. Die Öffentlichkeit wird über die Emission eingehend informiert. Investoren werden aufgefordert, Zeichnungen innerhalb des Preisrahmens abzugeben.

3. Pricing

Die Gebote der Investoren werden in einem zentralen EDV-Orderbuch (book) beim Konsortialführer (bookrunner) erfasst. Die Bietungen enthalten u.a. die Zeichnungsvolumina, Preislimite und Investortypos *(z.B. Kreditinstitut, Versicherung, Pensionsfonds)*. Billigst-Gebote sind möglich. Der Zuteilungspreis wird auf der Grundlage der vorliegenden Orders festgesetzt.

4. Zuteilung

Die Zuteilung erfolgt grundsätzlich direkt an die Investoren („directed allocation"). Vorrangig werden hierbei Gebote von Investoren berücksichtigt, die eine langfristige Anlage beabsichtigen. Ein Teil der Gesamtzuteilung wird den Kreditinstituten als „free retention" zugewiesen. Dieser Anteil an der Emission kann von den Kreditinstituten nach freiem Ermessen zugeteilt werden.

Die Vereinbarung eines **Greenshoe** erlaubt den Kreditinstituten eine Mehrzuteilung für den Fall, dass die Emission überzeichnet wird. In diesem Fall können von den Emissionsbanken mehr Aktien (üblicherweise 10–15 %) zugeteilt werden, als aus dem ursprünglichen Platzierungsvolumen zur Verfügung stehen. Die hierzu notwendigen Aktien werden entweder von den Altaktionären oder von der Gesellschaft auf Grund einer Kapitalerhöhung zur Verfügung gestellt.

Beurteilung des Bookbuilding-Verfahrens	
Vorteile	Nachteile
■ Investoren mit langfristigen Anlageabsichten und guter Bonität können bei der Platzierung bevorzugt berücksichtigt werden. ■ Die Preisfindung ist marktnäher, da die Präferenzen der Investoren berücksichtigt werden. ■ Bei Erstplatzierungen kann die Streuung der Aktien besser gesteuert werden. ■ Die Zeichnungsangebote können einer veränderten Marktlage angepasst werden. ■ Der Bekanntheitsgrad der Aktie erhöht sich durch Berichte in den Medien.	■ Das Bookbuilding-Verfahren ist aufwendiger als das Subskriptionsverfahren. ■ Die Preisfindung orientiert sich vor allem an Großanlegern. ■ Private Anleger sind benachteiligt, da – die Emissionsbanken oft aus Gründen der Platzierungsstabilität institutionelle Anleger bevorzugt berücksichtigen, – der private Anleger die Marktsituation relativ schlecht einschätzen kann und deshalb nur mit unlimitierten Aufträgen bei der Zuteilung eine Chance hat.

Lernfeld: Geld- und Vermögensanlagen

5.4.3.8 Beurteilung von Aktienanlagen

Risiko von Aktienanlagen

Mit dem Erwerb einer Aktie beteiligt sich der Anleger am Eigenkapital der Aktiengesellschaft. Das Eigenkapital bezeichnet man auch als **Risikokapital,** weil
- die Aktionäre (Eigentümer) nur eine gewinnabhängige Erfolgsbeteiligung erhalten,
- Verluste der Aktiengesellschaft zu Lasten des Eigenkapitals gehen.

> Der Erfolg einer Aktienanlage ist langfristig abhängig vom wirtschaftlichen Erfolg der Aktiengesellschaft, d.h. von den zukünftigen Gewinnen des Unternehmens.

Dividendenrisiko	Kursrisiko

■ Bei steigenden Gewinnen wird sich die Dividende in der Zukunft erhöhen.
■ Bei sinkenden Gewinnen wird sich die Dividende in der Zukunft vermindern.
■ In Verlustjahren kann keine Dividende gezahlt werden.
	Aktienkurse weisen große Schwankungen auf. Ursachen hierfür sind:
	■ **unternehmensspezifische Gegebenheiten** (unsystematische Risiken)
	   Beispiele: Verminderung des Absatzes, höhere Beschaffungskosten
	■ **allgemeine Marktgegebenheiten** (systematische Risiken)
	   Beispiel: allgemein fallende Aktienkurse aufgrund steigender Zinsen

Verfahren zur Aktienanalyse

Ziel der Aktienanalyse ist es, die Preiswürdigkeit und die zukünftigen Kursaussichten der Aktien zu beurteilen.

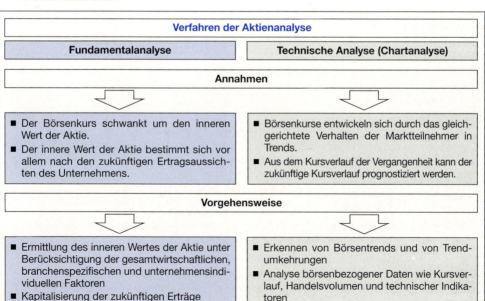

Fundamentalanalyse

Die **Fundamentalanalyse** beruht auf der Annahme, dass der Aktienkurs vom zukünftigen Unternehmenserfolg abhängt. Ziel der Fundamentalanalyse ist es, das zukünftige Gewinn- und Wachstumspotenzial der Gesellschaft zu bestimmen.

Ausgehend von den gesamtwirtschaftlichen, branchenspezifischen und unternehmensspezifischen Daten wird die zukünftige Unternehmensentwicklung prognostiziert.

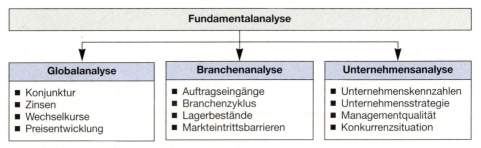

Wichtige **Kennzahlen der Unternehmensanalyse** sind:
– Kurs-Gewinn-Verhältnis (KGV)
– Dividendenrendite
– Buchwert und Substanzwert von Aktien

- **Kurs-Gewinn-Verhältnis (KGV)**

Eine wichtigste Kennzahl zur Beurteilung von Aktienanlagen ist das KGV.

$$\text{Kurs-Gewinn-Verhältnis (KGV)} = \frac{\text{Aktienkurs}}{\text{erwarteter Gewinn pro Aktie}}$$

Der Gewinn pro Aktie wird nach den Regeln der „Deutschen Vereinigung für Finanzanalyse und Anlageberatung (DVFA)" ermittelt und ist um außerordentliche Einflüsse bereinigt. Das Ergebnis je Aktie wird von den Research-Abteilungen der Kreditinstitute für die umsatzstarken Aktien laufend prognostiziert.

Beispiel:

Die Weirich-AG-Aktie notiert mit 38,00 EUR.
Der erwartete Gewinn für das nächste Jahr pro Aktie der Weirich AG beträgt 2,30 EUR.

$KGV = \frac{38{,}00}{2{,}30} = \underline{\underline{16{,}5}}$

Das KGV zeigt an, mit welchem Faktor des Gewinns die Aktie an der Börse gehandelt wird. Es gibt an, wie viele Jahre das Unternehmen diesen Gewinn erzielen müsste, um den Aktienkurs zu erwirtschaften. Diese Betrachtung geht davon aus, dass der Aktionär langfristig an den Gewinnen des Unternehmens über Dividenden und Kurssteigerungen partizipiert. Je niedriger das KGV, desto günstiger ist die Aktie bewertet.

Das KGV ist abhängig vom Aktienkurs und vom erwarteten Gewinn. Jede Veränderung einer dieser Größen verändert das KGV.

In den verschiedenen Branchen ist das KGV oft unterschiedlich. Insbesondere in den Wachstumsbranchen mit einer hohen Gewinndynamik gibt es sehr hohe KGV. Werden die Zukunftsaussichten hingegen pessimistisch beurteilt, weisen die Aktien ein niedriges KGV auf. Dementsprechend sind Aktien, die ein niedriges KGV aufweisen, nicht unbedingt die lukrativsten Anlagen.

Lernfeld: Geld- und Vermögensanlagen

Fallbeispiel:

Ausgangssituation

Weirich AG Maschinenbau		Handy AG Telekommunikation	
Aktienkurs am 10.04.20..	40,00 EUR	Aktienkurs am 10.04.20..	84,00 EUR
Erwarteter Gewinn pro Aktie für das nächste Jahr	5,00 EUR	Erwarteter Gewinn pro Aktie für das nächste Jahr	3,00 EUR
$KGV = \dfrac{40,00}{5,00} =$	8	$KGV = \dfrac{84,00}{3,00} =$	28

Während die Weirich-Aktien mit dem 8fachen des erwarteten Jahresgewinns pro Aktie gehandelt werden, beträgt dieser Faktor bei den Handy-Aktien 28. Der Markt beurteilt die Wachstumsaussichten der Handy AG positiver als die zukünftige Entwicklung der Weirich AG. Die Anleger sind bereit, für die Aktien der Handy AG einen relativ höheren Preis zu zahlen.

Änderungen im Zeitablauf

Weirich AG Maschinenbau		Handy AG Telekommunikation	
Änderung des Aktienkurses		**Änderung der Gewinnerwartung**	
Aktienkurs am 20.04.20..	50,00 EUR	Aktienkurs am 20.04.20..	84,00 EUR
Erwarteter Gewinn pro Aktie für das nächste Jahr	5,00 EUR	Erwarteter Gewinn pro Aktie für das nächste Jahr nach einer neuen Einschätzung	4,00 EUR
$KGV = \dfrac{50,00}{5,00} =$	10	$KGV = \dfrac{84,00}{4,00} =$	21
Durch den Kursanstieg hat sich bei unveränderter Gewinnerwartung das KGV erhöht. Die Bewertungsrelation hat sich verschlechtert.		Die höhere Gewinnerwartung pro Aktie führt bei unverändertem Aktienkurs zu einem niedrigeren KGV. Die Bewertungsrelation hat sich verbessert.	

Der DVFA-Gewinn eines Unternehmens plus Abschreibungen ergibt den Cash-flow. Analog zum KGV kann das Verhältnis von Aktienkurs und Cash-flow ermittelt werden. Das Kurs/Cash-flow-Verhältnis (KCV) entspricht dem Aktienkurs dividiert durch den Cash-flow je Aktie.

- **Dividendenrendite**

Die Dividendenrendite gibt an, welche Verzinsung der Aktionär jährlich durch die Ausschüttungen der Gesellschaft erhält. Vor allem bei langfristigen Anlagen ist die Dividendenrendite von Bedeutung.

$$\text{Dividendenrendite} = \dfrac{\text{Bruttodividende}}{\text{Aktienkurs}} \cdot 100$$

Beispiel:

Der Kurs der Weirich-Aktie beträgt 38,00 EUR. Es wird eine Dividende von 1,00 EUR erwartet.

$$\text{Dividendenrendite} = \dfrac{1,00 \cdot 100}{38,00} = 2,63\%$$

Je höher die Dividendenrendite, desto höher verzinst sich das eingesetzte Kapital. Bei der Interpretation dieser Kennzahl ist jedoch zu berücksichtigen, dass die Dividende gewinnabhängigen Schwankungen unterliegt.

■ Buchwert und Substanzwert von Aktien

Der Aktionär ist mit der Aktie am Grundkapital der Aktiengesellschaft beteiligt. Diese Beteiligung ist aber nur der „Schlüssel" für seine Gesamtbeteiligung. Als Gesellschafter ist er nämlich gemäß seiner Beteiligung am Grundkapital auch anteilig an den anderen Eigenkapitalpositionen der AG (= offene Rücklagen, Bilanzgewinn und stille Reserven) beteiligt. Der anteilige Wert einer Aktie an den in der Bilanz ausgewiesenen Eigenkapitalpositionen wird als **Buchwert der Aktie** bezeichnet. Werden auch die stillen Reserven berücksichtigt, ergibt sich der **Substanzwert einer Aktie.**

Fallbeispiel:

Die Weirich AG hat 160.000 Stückaktien emittiert.
Folgende Bilanz wird veröffentlicht:

Aktiva		Bilanz der Weirich AG zum 31. Dez. 20..	Passiva
Anlagevermögen		Eigenkapital	
– Grundstücke und Gebäude	1.300.000,00 EUR	– Gezeichnetes Kapital	800.000,00 EUR
– Maschinen	4.680.000,00 EUR	– Kapitalrücklage	2.400.000,00 EUR
		– Gewinnrücklage	1.100.000,00 EUR
		– Bilanzgewinn	200.000,00 EUR
Umlaufvermögen			
– Vorräte, Rohstoffe	1.850.000,00 EUR	langfristige Bankkredite	3.000.000,00 EUR
– Forderungen	1.540.000,00 EUR	kurzfristige Bankkredite	1.700.000,00 EUR
– Bankguthaben	280.000,00 EUR	Verbindl. geg. Lieferanten	450.000,00 EUR
	9.650.000,00 EUR		9.650.000,00 EUR

Durch eine Unterbewertung bestimmter Vermögensgegenstände (z.B. der Grundstücke) in der Bilanz sind zudem **stille Reserven** von circa 900.000,00 EUR entstanden.

■ **Ermittlung des Buchwertes (Bilanzkurses) der Aktien:**

$$\frac{\text{Gezeichnetes Kapital + Rücklagen + Bilanzgewinn}}{\text{Gesamtzahl der Aktien}} = \frac{4.500.000,00}{160.000} = \underline{\underline{28,13 \text{ EUR}}}$$

■ **Ermittlung des Substanzwertes der Aktien:**

$$= \frac{\text{Gezeichnetes Kapital + Rücklagen + Bilanzgewinn + stille Reserven}}{\text{Gesamtzahl der Aktien}}$$

$$= \frac{4.500.000,00 + 900.000,00}{160.000} = \underline{\underline{33,75 \text{ EUR}}}$$

Der Buchwert und der Substanzwert sind nur erste Anhaltspunkte zur Beurteilung der Aktien. Der tatsächliche Börsenkurs kann erheblich von diesen Werten abweichen.

Technische Analyse (Chartanalyse)

Im Rahmen der technischen Analyse wird vor allem die grafische Darstellung des Kursverlaufs (Chart) einer Aktie untersucht. Ausgehend von den grafisch dargestellten historischen Kursen und Umsätzen wird die weitere Entwicklung der Aktie prognostiziert.

Die technische Analyse gründet sich auf folgende Prämissen:

■ Der Marktpreis als Resultat von Angebot und Nachfrage berücksichtigt alle vorliegenden wirtschaftlichen und politischen Daten.

■ Kursverläufe ergeben sich trendartig, d. h. es gibt Phasen steigender, stagnierender und fallender Kurse. **Das Hauptziel der Chartanalyse ist das Erkennen von Trends und von Trendumkehrungen.**

Lernfeld: Geld- und Vermögensanlagen

In der Vergangenheit beobachtete Kursverläufe wiederholen sich in der Zukunft. Dieses Phänomen ist dadurch erklärbar, dass die Marktteilnehmer aufgrund der Psychologie des Marktes zu einem gleichartigen Verhalten neigen. Die Psyche eines Marktteilnehmers verändert sich mit dem Kursverlauf (Börsenzyklus). Steigende Kurse wecken die Hoffnung auf noch mehr Gewinn. Es wächst der Glaube, dass die Kurse immer weiter steigen (Euphorie). Die Marktteilnehmer sind voll investiert, die Nachfrage sinkt, und die Kurse beginnen zu fallen. Fallende Kurse verunsichern die Anleger und führen zu weiteren Verkäufen. Der Pessimismus steigt, die Kurse fallen bis auf einem niedrigeren Niveau „mutige" Anleger die ersten Käufe tätigen und eine Trendwende bewirken.

Die technische Analyse hat in erster Linie für kurz- bis mittelfristige Prognosen eine große Bedeutung. Dabei tritt folgendes Phänomen auf: Wenn viele Marktteilnehmer bei ihren Anlageentscheidungen die technischen Indikatoren beachten, führt gerade dies dazu, dass die erwarteten Kursänderungen eintreten (**„selffulfilling-prophecy"**).

Begriffe der Chartanalyse

Chart
Grafische Darstellung von Preisen, die in ein Koordinatenkreuz eingetragen werden, das aus einer Zeit- und einer Preisachse besteht. (*Beispiele sind Linien-, Balken- und Candle-Chart).* Zeitunabhängige Charts bestehen nur aus einer Preisachse, mit der Absicht, die Volatilität eines Marktes zu messen (Point & Figure Chart).

Boden
Ausgeprägter Tiefpunkt einer Kursentwicklung, an dem die Preise ihre Richtung von einer Abwärts- in eine Aufwärtsbewegung ändern.

Spitze
Ausgeprägter Hochpunkt einer Preisentwicklung, an dem die Preise ihre Richtung von einer Aufwärts- in eine Abwärtsbewegung ändern.

Unterstützung (Support)
Kursbereich, in dem wiederholt stärkere Nachfrage (Kaufinteresse) festgestellt werden kann. Damit ist zumindest eine vorläufige untere Begrenzungslinie für den weiteren Kursverlauf gegeben. Wird eine Unterstützung gebrochen, wird sie im weiteren Verlauf häufig zum Widerstand.

Widerstand (Resistance)
Eine Zone verstärkten Angebots (Verkaufsdruck). Sie stellt eine vorläufige Obergrenze für die Kursentwicklung dar. Wird ein Widerstand überwunden, kann er später zu einer Unterstützung werden.

Aufwärtstrend
Ein Aufwärtstrend ist durch steigende Hoch- und Tiefpunkte im Kursverlauf gekennzeichnet. Im einfachsten Fall verbindet eine Trendlinie im Haussemarkt zwei steigende Tiefpunkte (Böden) miteinander, zwischen denen mindestens ein klar definierter Hochpunkt (Spitze) liegen muss.

Abwärtstrend
Ein Abwärtstrend ist durch fallende Maxima und Minima im Kursverlauf gekennzeichnet. Im einfachsten Fall verbindet eine Trendlinie im Baissemarkt zwei fallende Hochpunkte (Spitzen) miteinander, zwischen denen mindestens ein deutlich erkennbarer Tiefpunkt (Boden) vorhanden sein muss.

Gleitende Durchschnittslinien
Sie sind aufgrund ihrer Einfachheit beliebt. Man addiert die Kurse *(z.B. Schlusskurse)* eines bestimmten Zeitintervalls und teilt diese Summe durch die Anzahl der in den Durchschnitt eingehenden Daten. Trendindikationen ergeben sich dann, wenn die Preiskurve eines Marktes seine gleitende Durchschnittslinie überquert. Schneidet die Preislinie die Durchschnittskurve von unten nach oben, wird ein Haussemarkt erwartet. Analog rechnet man mit einem Baissemarkt, wenn die Preise die Durschnittslinie von oben nach unten durchstoßen.

Beispiel:

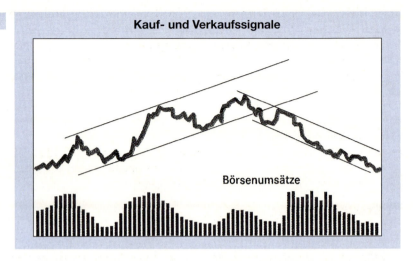

Shareholder-Value

Shareholder-Value bezeichnet eine Unternehmensstrategie, die darauf gerichtet ist, den **Wert des Unternehmens nachhaltig** zu erhöhen. Der Unternehmenswert ist langfristig von der Profitabilität und dem Wachstum des Unternehmens abhängig. Die Interessen der Aktionäre werden in den Mittelpunkt des unternehmerischen Handelns gestellt:

- **Die Aktionäre sollen eine marktkonforme Verzinsung ihres eingesetzten Kapitals erhalten.**
  - Zahlung einer angemessenen Dividende
  - Kurssteigerungen der Aktie
- **Alle Aktivitäten der Gesellschaft werden an ihren langfristigen Gewinnaussichten gemessen.**
  Von Bedeutung sind dabei insbesondere künftige, frei verfügbare Einzahlungsüberschüsse („free cash-flows").

| Lernfeld: Geld- und Vermögensanlagen | 215 |

In der Unternehmenspolitik äußern sich diese Ziele in folgenden Merkmalen:

- **Transparenz und Öffentlichkeitsarbeit**
  - Die Aktionäre werden über die Lage des Unternehmens schnell und umfassend informiert.
  - Der Jahresabschluss erfolgt nach internationalem Standard (IAS, US-GAAP[1])
- **Unternehmensstrategie**
  - Beschränkung auf die Kerngeschäfte des Unternehmens
  - Aufgabe unrentabler Produkte und Märkte
  - Stärkung der Marktpositionen in wachstumsträchtigen Bereichen
  - Kosteneinsparungen
- **zielorientierte Managemententlohnung**
  - Definition von Ertragszielen *(z.B. Eigenkapitalrendite)*
  - erfolgsabhängige Vergütung für das Management

Stakeholder Value

Stakeholder Value bezeichnet eine Unternehmensstrategie, die neben den Interessen der Aktionäre verstärkt die Interessen der Arbeitnehmer, der Kunden, der Lieferanten, der Kreditgeber und des Staates im unternehmerischen Zielsystem berücksichtigt.

Aktienindizes

> **Aktienindizes** spiegeln die Kursentwicklung an den Aktienmärkten wider.

Ermittlung von Aktienindizes

- **Zahl der im Index enthaltenen Aktien**
  In jedem Index ist eine bestimmte Zahl von Aktien enthalten. Die Zusammensetzung wird regelmäßig *(z. B. jährlich)* überprüft.
- **Gewichtung**
  Bei der Ermittlung des Indexes werden die Aktien nach ihrer Marktbedeutung gewichtet.
- **Basiszeitpunkt und Basiszahl**
  Der gewichtete Gesamtwert der im Index enthaltenen Aktien zum Basiszeitpunkt *(z. B. DAX 31.12.1987)* wird mit einer Basiszahl von 1.000 *(z. B. DAX 30)* bzw. 100 *(z. B. CDAX)* gleichgesetzt.

Performance- und Kursindizes

Performanceindizes werden um alle Einflüsse bereinigt, die zu Kursänderungen führen, ohne dass sich die tatsächliche Marktlage geändert hat. Insbesondere Bezugsrechte und Dividendenzahlungen verursachen Kursverluste, die nicht durch eine Veränderung der Marktverhältnisse bedingt sind. In einem Performanceindex erfolgt eine Korrektur dieser exogenen Faktoren. Die Dividenden und Bezugsrechterlöse werden rechnerisch in das Indexportfolio reinvestiert.

Der Performanceindex spiegelt deshalb nur die tatsächlich vom Markt ausgelösten Kursveränderungen wider.

Kursindizes geben unabhängig von den Ursachen die tatsächliche Kursentwicklung wider. Sie werden nur um Bezugsrechte und Sonderzahlungen, nicht aber um Dividendenzahlungen bereinigt.

Die DAX- und die STOXX-Indizes werden als Performance- und als Kursindizes laufend berechnet. Im Blickfeld der Öffentlichkeit stehen in erster Linie die Performanceindizes *(z. B. DAX 30)*.

---

[1] IAS = **I**nternational **A**ccounting **S**tandards
GAAP = **G**enerally **A**ccepted **A**ccounting **P**rinciples

Deutscher Aktienindex (DAX 30)

Wichtigster Index für den deutschen Aktienmarkt ist der Deutsche Aktienindex *(DAX 30)*. Der DAX beinhaltet die 30 größten und umsatzstärksten deutschen Aktien, die nach der Anzahl der zum Börsenhandel zugelassenen und für lieferbar erklärten Aktien gewichtet wurden. Deshalb haben z. B. die Aktien der Deutschen Telekom AG eine Gewichtung von 15 % im Index, während z. B. Schering-Aktien eine Gewichtung von weniger als einem Prozent aufweisen. Kursänderungen der Deutsche-Telekom-Aktien haben somit einen erheblich größeren Einfluss auf den DAX als die Kursänderungen der Schering-Aktien.

Basiszeitpunkt für den DAX war der 31.12.1987 mit einer Basiszahl von 1.000. So bedeutet ein DAX-Stand von 6.000, dass sich die gewichteten Kurse der im DAX enthaltenen Aktien unter Berücksichtigung der Dividendenzahlungen seit dem 31.12.1987 versechsfacht haben.

Der Handel in diesen Werten umfasst circa 80 % der gesamten Börsenumsätze in deutschen Aktien. Als Real-Time-Index konzipiert und alle 15 Sekunden im Xetra-Handel neu berechnet, zeichnet der DAX ein umfassendes und aktuelles Bild des deutschen Aktienmarktes. Einmal im Jahr wird die Zusammensetzung der DAX-Werte überprüft und ggf. geändert.

Aktienindizes im Überblick	
DAX	**Dow Jones STOXX**
DAX 30 ■ umfasst die 30 größten und umsatzstärksten deutschen Aktien („blue chips")	**EURO STOXX 50** ■ umfasst die 50 größten und umsatzstärksten Aktien der Währungsunion („blue chips des Eurolandes")
MDAX ■ umfasst 70 Aktien, die in der Größe den DAX 30-Werten folgen („mid caps")	**EURO STOXX** ■ umfasst 326 umsatzstarke Aktien aus der Währungsunion ■ zusätzlich ist der EURO STOXX in 19 Branchenindizes untergliedert
DAX 100 ■ umfasst die Werte des DAX 30 und des MDAX (100 Aktien)	**STOXX 50** ■ umfasst die 50 größten und umsatzstärksten westeuropäischen Aktien („blue chips aus ganz Westeuropa)
CDAX („Composite Index") ■ umfasst alle in Frankfurt im Amtlichen Handel, Geregelten Markt und im Neuen Markt notierten Aktien ■ zusätzlich ist der CDAX in 16 Branchenindizes untergliedert	**STOXX** ■ umfasst 666 Aktien aus 16 westeuropäischen Ländern ■ zusätzlich ist der STOXX in 19 Branchenindizes untergliedert

Lernfeld: Geld- und Vermögensanlagen

NEMAX	**SMAX**
NEMAX-All-Share-Index ■ umfasst alle Werte des Neuen Marktes	**SMAX-All-Share-Index** ■ umfasst alle SMAX-Werte
NEMAX 50 ■ umfasst die 50 größten und umsatzstärksten Werte des Neuen Marktes	**SDAX** ■ umfasst die 100 größten und umsatzstärksten SMAX-Werte

Bedeutung der Indizes
- Information über die Marktentwicklung
- Benchmark
  Indizes dienen bei der Beurteilung des Anlageerfolges als Vergleichsmaßstab.
- Basis für Optionen, Futures und Indexfonds

Risiken von Aktienanlagen

Die Schwankungen des DAX verdeutlichen, dass eine Aktienanlage mit erheblichen Risiken verbunden ist. Obwohl sich die Aktienkurse langfristig sehr positiv entwickelt haben, gab es zwischenzeitlich immer wieder Kurseinbrüche.

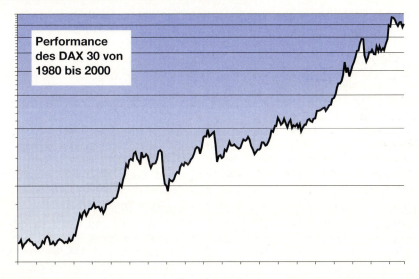

Performance des DAX 30 von 1980 bis 2000

In dem Zeitraum von 1987 bis 2000 waren unter anderem folgende Kursänderungen zu beobachten:

Zeitraum	Veränderung des DAX	Veränderung in Prozent
Sep. 1987 – Dez. 1997	DAX fällt von ca. 1.500 auf ca. 1.000	33% Verlust
Jan. 1988 – Mai 1990	DAX steigt von ca. 1.000 auf ca. 2.000	100% Gewinn
Mai 1990 – Dez. 1990	DAX fällt von ca. 2.000 auf ca. 1.400	30% Verlust
Sep. 1987 – Dez. 1992	DAX jeweils bei ca. 1.500	0
März 1995 – Juli 1998	DAX steigt von ca. 2.000 auf ca. 6.000	200% Gewinn
März 2000 – Okt. 2000	DAX fällt von ca. 8.300 auf ca. 6.600	20 % Verlust

Grundsätze der Aktienanlage

- **Anleger sollten sich der Risiken von Aktienanlagen bewusst sein.**

  In einem Anlageberatungsgespräch muss der Kunde über die besonderen Risiken von Aktienanlagen umfassend aufgeklärt werden. Des Weiteren muss die Risikobereitschaft des Kunden beurteilt werden. Bei Anlageempfehlungen müssen seine wirtschaftlichen Verhältnisse und Erfahrungen in Wertpapiergeschäften berücksichtigt werden.

- **Aktienanlagen sollten breit gestreut werden.**

  Anleger sollten nicht „alles auf eine Karte" setzen, sondern immer mehrere verschiedene Aktien *(z.B. mindestens fünf)* erwerben, um die unternehmensspezifischen (= unsystematischen) Risiken zu begrenzen. Durch eine **Diversifizierung** (= Streuung) kann das Risiko deutlich gesenkt werden, da hohe Kursverluste einzelner Aktien nur begrenzt den Gesamtwert des Depots vermindern bzw. Kursverluste einzelner Aktien durch Kursgewinne anderer Aktien kompensiert werden. Aktiendepots sollten Aktien verschiedener Branchen enthalten. Es ist insbesondere bei größeren Depots auch ratsam, einen Teil des Geldes in ausländischen Aktien zu investieren. Beim Aktienkauf sollte der einzelne Auftrag eine bestimmte Mindestgröße *(circa 1.000,00 EUR bis 2.000,00 EUR)* nicht unterschreiten, da ansonsten die Kosten durch die Mindestprovisionen *(z.B. 10,00 EUR bis 30,00 EUR)* der Kreditinstitute überproportional hoch sind. Dementsprechend sollte der Mindestbetrag, der insgesamt in Aktien angelegt wird, eine gewisse Höhe *(z.B. 10.000,00 bis 15.000,00 EUR)* erreichen. Kleinere Beträge sollten sinnvoller in Investmentfonds (Aktienfonds) angelegt werden.

- **Aktienanlagen sollten langfristig ausgerichtet sein.**

  Aktienmärkte zeichnen sich durch eine hohe Volatilität (= hohe Kursschwankungen) aus. Aktien bieten zwar langfristig hohe Ertragschancen, kurzfristig sind jedoch auch hohe Kursverluste möglich, denn die Börse ist kein Spiegelbild der wirtschaftlichen Realität, sondern ein von Erwartungen und Hoffnungen bewegtes „Stimmungsbarometer". Bei einer allgemeinen „Stimmungsänderung" neigen die Wertpapiermärkte zu Über- bzw. zu Untertreibungen. Diese allgemeinen Marktrisiken können auch durch eine Diversifizierung der Depotwerte nicht begrenzt werden. Damit der Anleger nicht gerade bei einem Kurstief seine Aktien veräußern muss, sollte er einen möglichst langen Anlagehorizont *(z.B. mindestens fünf Jahre)* besitzen. Der Anleger, der sich durch kurz- und mittelfristige Kurseinbrüche nicht irritieren lässt, wird langfristig einen höheren Ertrag erzielen als ein Anleger, der nur festverzinsliche Wertpapiere erwirbt.

5.4.3.9 Rendite von Aktienanlagen

Die Rendite einer Aktienanlage ist abhängig von

- erhaltenen Dividenden einschließlich Körperschaftsteuerguthaben,
- Bezugsrechtserlösen,
- Kursgewinnen bzw. -verlusten,
- Kosten (An- und Verkaufskosten, Depotgebühren).

Lernfeld: Geld- und Vermögensanlagen 219

Fallbeispiel:

Martina Schenker hat nach einer Besitzdauer von 18 Monaten 500 Aktien der Weirich AG zum Kurs von 43,00 EUR verkauft, die sie zu 38,00 EUR erworben hatte. Sie hat eine Dividende von 1,00 EUR je Aktie erhalten. Des Weiteren hat sie die ihr zustehenden Bezugsrechte zum Kurs von 0,60 EUR an der Börse verkauft.

Beim An- und Verkauf der Aktien sowie beim Verkauf der Bezugsrechte wurden 1% Provision und 0,8 ‰ Courtage in Rechnung gestellt. Die anteiligen Depotgebühren betragen 30,00 EUR.

Kaufabrechnung Aktien	
Kurswert	19.000,00 EUR
+ 1% Provision	190,00 EUR
+ 0,8‰ Courtage	15,20 EUR
Belastung	**19.205,20 EUR**

Verkaufsabrechnung Aktien	
Kurswert	21.500,00 EUR
– 1% Provision	215,00 EUR
– 0,8‰ Courtage	17,20 EUR
Gutschrift	**21.267,80 EUR**

Verkaufsabrechnung Bezugsrechte	
Kurswert	300,00 EUR
– 1% Provision	3,00 EUR
– 0,8‰ Courtage	0,24 EUR
Gutschrift	**296,76 EUR**

Nettoergebnis der Anlage:

Kursgewinn (21.267,80 – 19.205,20)	2.062,60 EUR
+ Erlöse aus Verkauf der Bezugsrechte	+ 296,76 EUR
+ Dividendenerträge	+ 500,00 EUR
– Depotgebühren	– 30,00 EUR
Nettoergebnis	**2.829,36 EUR**

$$\text{Rendite} = \frac{\text{Nettoergebnis} \cdot 100 \cdot 12}{\text{eingesetztes Kapital} \cdot \text{Monate}} = \frac{2.829,36 \cdot 100 \cdot 12}{19.205,20 \cdot 18} = \underline{\underline{9,82\% \text{ p.a.}}}$$

5

5.4.4 Investmentzertifikat

5.4.4.1 Grundprinzip der Investmentanlage

Kapitalanlagegesellschaften (= Investmentgesellschaften) sind Spezialkreditinstitute, deren Geschäftsbereich ausschließlich darauf gerichtet ist,

- bei ihnen eingelegtes Geld im eigenen Namen für gemeinschaftliche Rechnung der Einleger nach dem Grundsatz der Risikomischung in Form von Wertpapier-, Geldmarkt-, Beteiligungs- oder Grundstücks-Sondervermögen anzulegen und

- über die sich hieraus ergebenden Rechte der Anteilinhaber Urkunden (Anteilscheine) auszustellen (*§ 1 KAGG, § 1 Abs. 1 Nr. 6 KWG*).

Eine Kapitalanlagegesellschaft kann mehrere Sondervermögen (Fonds) unterhalten; diese müssen sich durch ihre Bezeichnung unterscheiden und sind getrennt zu halten.

Das Investmentgeschäft ermöglicht Kapitalanlegern über den Anteilserwerb indirekt eine Anlage in börsengängigen Wertpapieren, Unternehmensbeteiligungen oder Immobilien. Aufgrund der Risikomischung (Diversifizierung) sind die Verlustrisiken – zugleich aber auch die Gewinnchancen – des Investmentsparers vermindert.

Der Investmentsparer erwirbt:

- **Miteigentum nach Bruchteilen** am Fondsvermögen
- Anspruch auf **Beteiligung am Fondsertrag**
- Anspruch auf **Rücknahme seiner Anteile**
- Anspruch auf **ordnungsgemäße Verwaltung des Fondsvermögens**.

Er hat grundsätzlich keinen Einfluss auf die Anlage-/Ausschüttungspolitik des Fondsmanagements.

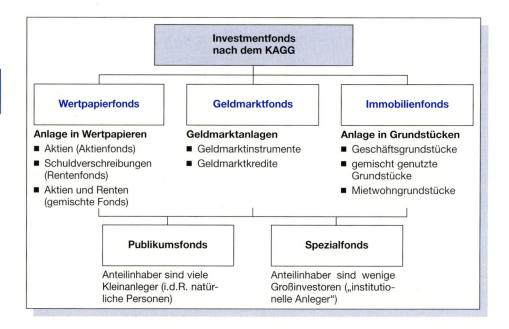

Die Bezeichnung „**Kapitalanlage**" oder „**Investment**" im Zusammenhang mit der Firma bzw. der Ausgabe von Anteilscheinen ist ausschließlich Kapitalanlagegesellschaften vorbehalten *(§ 7 KAGG)*.

Die nach den Bestimmungen des KAGG emittierten Investmentzertifikate verbriefen Anteilsrechte an „**offenen**" **Fonds** (open-end-funds): Die Anteilausgabe ist nicht limitiert, und jeder Anteilinhaber hat das unabdingbare Recht, dass ihm gegen Rückgabe seiner Anteilscheine sein Anteil am Sondervermögen ausgezahlt wird.

Die Anteile haben grundsätzlich eine unbegrenzte Laufzeit. Ausnahme: **Laufzeitfonds**.

Lernfeld: Geld- und Vermögensanlagen

Exkurs: Geschlossene Immobilienfonds (closed-end-funds):

- Unterliegen nicht dem KAGG und der Bankenaufsicht.

- Die Fondsmittel dienen in der Regel nur zur Finanzierung eines Objektes, das bei der Auflegung des Fonds bereits feststeht (keine Risikomischung!); sie werden durch die Ausgabe von Anteilscheinen und die Aufnahme von Fremdkapital aufgebracht.

- Die Höhe des Anlagekapitals richtet sich nach der Höhe des für den Erwerb bzw. die Bebauung des Fondsobjektes benötigten Eigenkapitals; die Anteilausgabe ist demzufolge beschränkt („geschlossener" Kreis von Investoren).

- Die Erträge zählen steuerlich zu „Einkünften aus Vermietung und Verpachtung". Die mit dem Immobilienerwerb und -besitz verbundenen Steuervergünstigungen (Werbungskosten, Abschreibungen) können vom Kapitalanleger selbst (steuerlich: Grundstückseigentümer) wahrgenommen werden (ggf. in Form steuermindernder Verlustzuweisungen).

- Angesprochen werden nur kapitalkräftige Anleger (Mindestanlagebetrag häufig erst ab 10.000,00 EUR).

- Die Liquidierbarkeit der Anlage ist schwierig, da kein Rücknahmeanspruch besteht und die Anteilrechte weder börsenfähig noch fungibel sind.

Geschäftstätigkeit der Wertpapier-Kapitalanlagegesellschaft

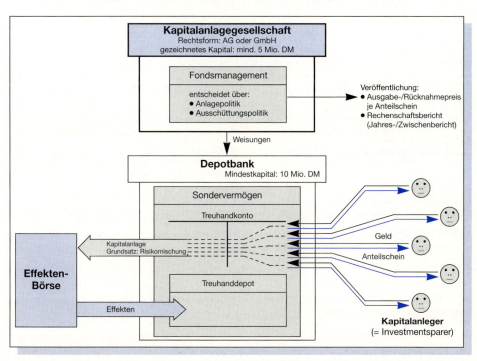

Das Wertpapierinvestment

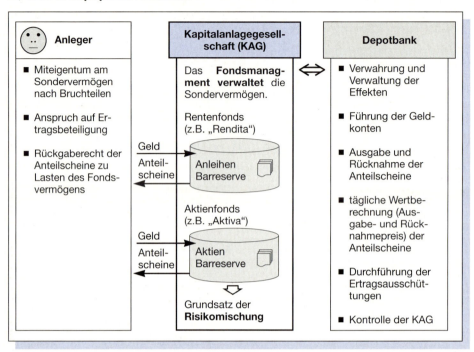

Grundsatz der Risikomischung (Diversifizierung)

Das Sondervermögen besteht aus einer Vielzahl verschiedener Effekten, sodass der Anleger mit dem Erwerb der Investmentanteile an einem breit diversifizierten (gestreuten) Portefeuille (Wertpapierdepot) beteiligt ist. Da sich die Kurse der verschiedenen Papiere unterschiedlich entwickeln, kann der Kursverlust eines Wertpapiers durch Kurssteigerungen anderer Papiere ausgeglichen werden. Durch eine optimale Zusammensetzung des Portefeuilles kann das Risiko der Anlage deutlich gesenkt werden.

Beispiele:

- *Rentenfonds „Rendita":*
  Neben dem Bonitätsrisiko des Emittenten ist bei Anleihen das Zinsänderungsrisiko von großer Bedeutung. Steigen die Marktzinsen, fällt der Kurs der Anleihen. Je länger die Restlaufzeit der Anleihe ist, desto größer wird der Kursverlust sein. Bei Erwartung steigender Zinsen können die Fondsmanager das Risiko durch den Erwerb von Anleihen mit kürzeren Restlaufzeiten vermindern.
- *Aktienfonds „Aktiva":*
  Gerade beim Erwerb von Aktien ist eine breite Streuung sinnvoll, um „nicht alles auf eine Karte zu setzen". Durch den Erwerb von jeweils mehreren Aktien aus verschiedenen Branchen kann das **nicht systematische Risiko** *(= Kursrisiko von einzelnen Aktien) begrenzt werden. Das* **systematische Risiko** *(= allgemeines Marktrisiko) von Aktien bleibt jedoch erhalten.*

An einer so genannten **Benchmark** (Richtgröße) kann der relative Erfolg eines Fonds gemessen werden. Als Benchmark dient der entsprechende Marktindex.

Beispiel:

Der Erfolg eines Aktienfonds mit deutschen Standardaktien kann anhand der relativen Änderung des DAX beurteilt werden.

Lernfeld: Geld- und Vermögensanlagen

Übersicht über die größten deutschen Investmentgesellschaften

Die Kapitalanlagegesellschaften bieten den Anlegern eine Vielzahl von Fonds an, die sich durch ihre Anlageschwerpunkte unterscheiden. Weitere Fonds werden von in Luxemburg ansässigen Tochtergesellschaften deutscher Kapitalanlagegesellschaften angeboten. Die folgenden Fonds stellen also nur eine kleine Auswahl dar.

Kapitalanlagegesellschaft	Bankengruppe	Fondsbeispiele
Deutsche Gesellschaft für Wertpapiersparen mbH (DWS)	Deutsche Bank AG	Akkumula, Inrenta, Investa, Nordamerika, Rohstofffonds, Geldmarktfonds, Top 50 Asien
Deutsche Investment-Trust Gesellschaft für Wertpapieranlagen mbH (DIT)	Dresdner Bank AG	Concentra, DIT-Multimedia, Dt. Rentenfonds, Europafonds, Industria, Int. Rentenfonds
Deutsche Kapitalanlagegesellschaft mbH (DEKA)	Sparkassen und Girozentralen	AriDeka, DekaFonds, Europa Bond, Deka-TeleMedien, DekaRent, DekaTresor, DekaZins-Int.
Union-Investment-Gesellschaft mbH (UNION)	Kreditgenossenschaften	UniDeutschland, UniGlobal, UniJapan, UniFonds, UniKapital, UniRenta, UniZins, UnionGeldmarkt
Allgemeine Deutsche Investment-GmbH (ADIG)	Commerzbank AG	Adiasia, Aktien-Frankreich, Adiglobal, Adirenta, Adiselekt, Adiverba, Fondirent, Fondis
Activest Investmentgesellschaft mbH (Activest)	Bayrische Hypo- und Vereinsbank AG	Aktiv Rent AI, Activest Top Welt, Activest Strategie, Activest Euro-Geldmarkt

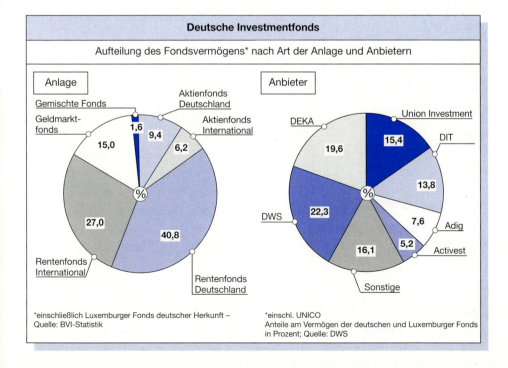

Preisermittlung für Investmentanteile

Anteilscheine dürfen nur gegen volle Leistung des Ausgabepreises ausgegeben werden. Dabei sind Fonds zu unterscheiden:

Fonds mit Ausgabeaufschlag

Der Ausgabeaufschlag (ca. 3–5%) soll die Vertriebs- und Ausgabekosten decken. Ausgabe- und Rücknahmepreise werden unter Zugrundelegung der aktuellen Börsenkurse der im Sondervermögen enthaltenen Wertpapiere börsentäglich ermittelt und veröffentlicht.

Beispiel:

```
  Wertpapiervermögen ..................... 102.780.000,00 EUR
+ Bankguthaben ...........................  17.970.000,00 EUR
+ Sonstiges Vermögen .....................     234.000,00 EUR
– Fondsverbindlichkeiten .................      85.000,00 EUR
  Fondsvermögen ......................... 120.899.000,00 EUR

  Anteile im Umlauf .....................   3.751.234 Stück
  Inventarwert je Anteil ................        32,23 EUR   ◄ Rücknahmepreis
  3 % Ausgabeaufschlag ..................         0,97 EUR
                                                33,20 EUR   ◄ Ausgabepreis
```

Fonds ohne Ausgabeaufschlag (Trading-Fonds; No Load Fonds)

Die Fondsanteile werden zwar ohne Ausgabeaufschlag herausgegeben, die jährliche Verwaltungsvergütung für die Kapitalanlagegesellschaft ist jedoch höher als bei den Fonds mit Ausgabeaufschlag. Insbesondere bei einer kurzfristigen Geldanlage sind diese Fonds vorteilhaft.

Ausschüttungspolitik

In den Vertragsbedingungen der KAG ist festgelegt, ob und in welchem Umfang die Erträge des Sondervermögens ausgeschüttet werden.

Splitting

Ist der Inventarwert eines Investmentanteils *(z. B. infolge von Gewinnthesaurierung)* gestiegen, so kann durch Ausgabe von Gratisanteilen an die bisherigen Anteilinhaber der Ausgabepreis gesenkt werden.

Zweck: Erleichterung des Anteilabsatzes an Kleinanleger

Lernfeld: Geld- und Vermögensanlagen

Beispiel:

Fondsvermögen ....180.000.000,00 EUR
Anteile im Umlauf .... 1.200.000 Stück
Anteilwert je Stück ....   150,00 EUR
Ziel: Senkung des Anteilwertes auf 50,00 EUR

Splitting 1:2

Ausgabe von 2 Gratisanteilen an die bisherigen Inhaber eines Anteils. Nach Durchführung des Splittings verteilt sich das (unveränderte) Fondsvermögen auf insgesamt 3.600.000 Anteile
180.000.000,00 EUR : 3.600.000 Stück = 50,00 EUR/Stück

Cost-average-Effekt

Durch regelmäßige Anlage eines bestimmten Geldbetrages in Investmentanteilen erlangt der Anleger einen Preisvorteil: Indem bei hohem Ausgabepreis automatisch weniger, bei niedrigem Ausgabepreis jedoch mehr Investmentanteile erworben werden, wird ein günstiger Durchschnittserwerbspreis erzielt.

Beispiel:

	Ausgabe-preis	Alternative (1) monatlicher Erwerb von 3 Anteilen	Alternative (2) monatliche Anlage von 150,00 EUR
Monat 1	40,00 EUR	3 · 40,00 = 120,00 EUR	150 : 40 = 3,75 Anteile
Monat 2	60,00 EUR	3 · 60,00 = 180,00 EUR	150 : 60 = 2,50 Anteile
Monat 3	50,00 EUR	3 · 50,00 = 150,00 EUR	150 : 50 = 3,00 Anteile
		9 Anteile 450,00 EUR	450,00 EUR 9,25 Anteile
		⌀ Preis 50,00 EUR	⌀ Preis: 48,65 EUR

Investment-Anlagekonto

Die Eröffnung eines Investment-Anlagekontos und der Abschluss eines Investment-Sparvertrages ermöglichen einen systematischen Vermögensaufbau.
Das Investment-Anlagekonto ist ein bei einer Kapitalanlagegesellschaft für den Investmentsparer geführtes Konto, das

- der regelmäßigen und/oder unregelmäßigen Anlage
- konstanter und/oder schwankender Geldbeträge
- zum Zweck der Vermögensbildung und -anlage
- in Investmentanteilen ggf. auch Bruchteilen hiervon

dient.

Vorteile des Investment-Anlagekontos für den Kunden:

- Nutzung des Cost-average-Effektes
- keine bzw. niedrige Depot- und Kontoführungsgebühren
- automatische Wiederanlage ausgeschütteter Beträge unter Berücksichtigung eines Wiederanlagerabatts
- Vermögensbildung per „Dauerauftrag"
- Möglichkeit der Anlage vermögenswirksamer Leistungen; bei Aktienfonds: ggf. staatliche Förderung durch Arbeitnehmer-Sparzulage in Höhe von 20%
- nach Erreichen des Sparziels kann mit der Kapitalanlagegesellschaft die monatliche Teilliquidierung des Sparkapitals und die Auszahlung eines Festbetrages (z.B. als „Zusatzrente") vereinbart werden (Auszahlungsplan)

Abwicklung eines Investment-Sparvertrages

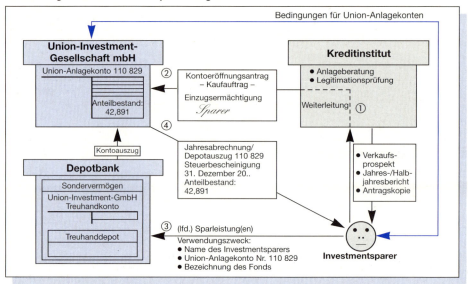

▎ Altersvorsorge-Sondervermögen

Altersvorsorge-Sondervermögen (AS-Fonds) dienen der privaten Altersvorsorge.

Anlagegrenzen

- Mindestens 51% des Fondsvermögens müssen in Aktien und Immobilien investiert werden.
- Der Aktienanteil muss mindestens 21% und darf höchstens 75% betragen.
- Der Immobilienanteil darf maximal 30% betragen.
- Die Fremdwährungsrisiken sind auf 30% zu beschränken.

Sparpläne

Durch den hohen Aktienanteil bestehen erhebliche Kursrisiken. Eine langfristige Anlage ist sinnvoll, damit der Anleger nicht gerade bei einem Kurstief seine Anteile zurückgeben muss. Die Kapitalanlagegesellschaften sind verpflichtet, den Anlegern Sparpläne mit einer Laufzeit von mindestens 18 Jahren oder bis zur Vollendung des 60. Lebensjahres anzubieten. Alle Anleger haben das Recht, nach drei Vierteln der Laufzeit ihre Anteile kostenlos in einen anderen, risikoärmeren Fonds *(z.B. Rentenfonds)* umzuschichten. Auch kann jeder Sparplan während der Laufzeit mit einer Kündigungsfrist von drei Monaten zum Kalenderviertelsjahr aufgelöst werden.

Gewinnthesaurierung

Zur Förderung des langfristigen Vermögensaufbaus werden die Erträge nicht ausgeschüttet, sondern wieder angelegt (thesauriert).

Lernfeld: Geld- und Vermögensanlagen

Vergleich AS-Fonds und Kapitallebensversicherung

AS-Fonds	Kapitallebensversicherung
■ höhere Ertragserwartung ■ höheres Risiko durch Kursschwankungen an den Aktienmärkten ■ Erträge aus Zinsen, Dividenden und Mieten sind steuerpflichtig, sofern die gesamten Kapitalerträge 3.100,00 DM bzw. 6.200,00 DM übersteigen ■ keine Absicherung des Todesfalles Das Todesfallrisiko kann jedoch durch eine separate Risikolebensversicherung abgesichert werden. ■ vorzeitige Auflösung ohne Vermögenseinbußen möglich	■ niedrigere Ertragserwartung ■ geringeres Risiko aufgrund der garantierten Versicherungssumme ■ Erträge sind nicht steuerpflichtig, sofern die Lebensversicherung eine Laufzeit von mindestens 12 Jahren hat ■ Absicherung des Todesfallrisikos ■ vorzeitige Auflösung nur unter Vermögenseinbußen möglich (Rückkaufswert)

Dachfonds

Dachfonds investieren die Fondsmittel ausschließlich in andere Investmentfonds.

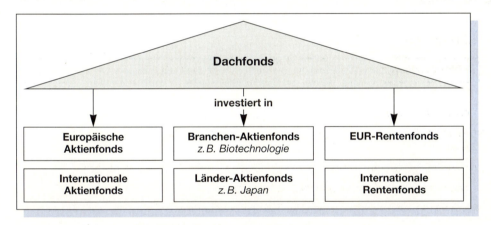

Je nach Anlagezielen und Risikoneigung kann der Anleger meist zwischen drei bis vier Dachfonds mit unterschiedlichen Anlageschwerpunkten wählen. Der Erwerb von Dachfonds ist mit einer standardisierten Vermögensverwaltung vergleichbar.

Beispiele:

- Niedriges Risiko: Dachfonds, die nur in Rentenfonds investieren
- Mittleres Risiko: Dachfonds, die einen gleichen Anteil von Renten- und Aktienfonds besitzen
- Hohes Risiko: Dachfonds, die ausschließlich Aktienfonds erwerben

Diversifikationsgebot:

Dachfonds dürfen bis zu maximal 20 % des Fondsvermögens in Anteilen eines einzelnen Investmentfonds anlegen, sodass ein Dachfonds mindestens fünf verschiedene Fonds erwerben muss. Auch dürfen sie nicht mehr als 10 % der Anteile eines einzelnen Fonds erwerben *(§§ 25k ff. KAGG)*.

Vorteile für den Anleger

- Das professionelle Management des Dachfonds übernimmt die Auswahl der Fonds.
- Der Anleger erzielt auch bei der Anlage kleinerer Beträge eine größtmögliche Streuung.
- Der Dachfonds kann Investmentanteile des Fondsvermögens auch innerhalb eines Jahres mit Gewinn zurückgeben, ohne dass beim Privatanleger ein steuerpflichtiger Ertrag entsteht.

Nachteile für den Anleger

- Es fallen doppelte Kosten an, da sowohl beim Dachfonds als auch bei den erworbenen Fonds jährliche Verwaltungskosten und ggf. beim Erwerb ein Ausgabeaufschlag anfallen.
- Viele Dachfonds investieren nur in Fonds der eigenen Kapitalanlagegesellschaft.
- Das standardisierte Risikoprofil der Dachfonds entspricht nur begrenzt der individuellen Risikoneigung des Anlegers.

5.4.4.2 Anlegerschutzbestimmungen des KAGG

Vertragsbedingungen Verkaufsprospekt (§§ 15, 19, 20 KAGG)	■ Die Vertragsbedingungen, nach denen sich das Rechtsverhältnis der KAG zu den Anteilinhabern bestimmt, sind vor Ausgabe der Anteilscheine schriftlich festzulegen und bedürfen der Genehmigung durch das Bundesaufsichtsamt für das Kreditwesen. ■ Dem Erwerber eines Anteilscheines sind die Vertragsbedingungen und ein Verkaufsprospekt auszuhändigen. ■ Die KAG sowie Kreditinstitute, die Anteilscheine im eigenen Namen verkaufen, haften für die Richtigkeit des Prospekts.
Sondervermögen (§§ 6, 10 KAGG)	■ Das bei der KAG gegen Ausgabe von Anteilscheinen eingelegte Geld und die damit angeschafften Vermögensgegenstände bilden ein Sondervermögen. Das Sondervermögen ist getrennt vom eigenen Vermögen der KAG zu halten und haftet nicht für Verbindlichkeiten der KAG. ■ Die KAG darf mehrere Sondervermögen bilden; diese haben sich durch ihre Bezeichnung zu unterscheiden und sind getrennt zu halten.
Depotbank (§§ 12, 21 KAGG)	■ Mit der Verwahrung des Sondervermögens sowie mit der Ausgabe und Rücknahme von Anteilscheinen ist ein anderes Kreditinstitut (Depotbank) zu beauftragen. Die Depotbank handelt bei Wahrnehmung ihrer Aufgaben unabhängig von der KAG und ausschließlich im Interesse der Anteilinhaber. ■ Die zu einem Sondervermögen gehörenden Wertpapiere sind von der Depotbank in ein gesperrtes Depot zu legen. Der Preis für die Ausgabe von Anteilscheinen ist an die Depotbank zu entrichten und von dieser auf einem für das Sondervermögen eingerichteten gesperrten Konto zu buchen. Der Wert des Sondervermögens ist von der Depotbank zu ermitteln. ■ Die Depotbank wickelt auf Weisung der KAG den Erwerb bzw. die Veräußerung von Wertpapieren des Sondervermögens sowie die Ausgabe bzw. Rücknahme von Anteilscheinen und die Ausschüttung von Gewinnanteilen an die Anteilinhaber ab.

Lernfeld: Geld- und Vermögensanlagen

Zulässige Anlagewerte, Diversifikationsgebot *(§ 8 KAGG)*	■ Für ein Wertpapier-Sondervermögen dürfen grundsätzlich nur im EU-Raum börsennotierte Wertpapiere erworben werden. Außerdem dürfen in begrenztem Umfang Wertpapieroptions- und Finanz-Terminkontrakte *(z.B. auf einen Aktienindex)* abgeschlossen werden. ■ Max. 10% eines Sondervermögens (bei Anlagen in Schuldverschreibungen öffentlicher Emittenten max. 20%) dürfen in Wertpapieren desselben Emittenten angelegt werden. Der Gesamtwert der Wertpapiere, deren Anteil am Sondervermögen 5% übersteigt, darf jedoch nicht mehr als 40% des Sondervermögens betragen. ■ Max. 10% des Grundkapitals einer AG dürfen für alle von der KAG verwalteten Wertpapier-Sondervermögen erworben werden.
Begrenzung der Kreditaufnahme *(§ 9 KAGG)*	Die KAG darf für gemeinschaftliche Rechnung der Anteilinhaber in besonderen Fällen kurzfristige Kredite bis zur Höhe von 10% des Sondervermögens aufnehmen, sofern die Depotbank zustimmt.
Pflicht zur Rücknahme der Anteilscheine *(§ 11 KAGG)*	Jeder Anteilinhaber kann verlangen, dass ihm gegen Rückgabe des Anteilscheins sein Anteil am Sondervermögen ausgezahlt wird.
Publizitäts-, Anzeige-, Prüfungspflicht *(§ 25 KAGG)*	■ Die KAG hat über jedes Sondervermögen am Ende des Geschäftsjahres einen Rechenschaftsbericht zu erstellen und im Bundesanzeiger bekannt zu machen. ■ Dem Bundesaufsichtsamt für das Kreditwesen ist 2 x jährlich eine Aufstellung über die Zusammensetzung des Sondervermögens und die Anzahl der ausgegebenen Anteile vorzulegen. Die Anzeigen sind von der Depotbank zu bestätigen.
Besonderheiten für offene Immobilienfonds *(§§ 26ff. KAGG)*	■ Mit der laufenden Überwachung des Bestandes an Grundstücken und der sonstigen Bestandteile des Sondervermögens sowie mit der Anteilausgabe und -rücknahme hat die KAG ein anderes Kreditinstitut (Depotbank) zu beauftragen *(§ 31 KAGG)*. ■ Das Grundstücks-Sondervermögen muss aus mindestens 10 (grundsätzlich im EU-Raum gelegenen) Grundstücken bestehen; keines der Grundstücke darf z.Z. des Erwerbs den Wert von 20% des Sondervermögens übersteigen *(§ 28 KAGG)*. ■ 5% des Sondervermögens sind als liquide Mittel zu halten *(§ 35 KAGG)*.
Besonderheiten für Geldmarktfonds *(§§ 7aff. KAGG)*	■ Anlageobjekte sind Interbanken-Termingelder und Geldmarktinstrumente. ■ Die Geldanlage in Geldmarktfonds bietet sich vor allem für den kurzfristig orientierten Anleger („Parkgelder") bzw. bei Erwartung steigender Kapitalmarktzinsen an. ■ Geldmarktinstrumente sind Schuldverschreibungen und Schuldscheindarlehen mit einer Restlaufzeit von höchstens 12 Monaten bzw. mit mindestens jährlicher, marktgerechter Zinsanpassung. *Beispiele:* ● *Commercial Papers* ● *Certificates of Deposit* ● *Floating Rate Notes* ■ Die Guthaben sind bei der Depotbank oder auf Sperrkonten bei anderen Kreditinstituten zu halten und müssen zu 100% durch entsprechende Sicherungseinrichtungen geschützt sein.

➜ ● **Fallstudie**

Geldanlage in Investmentfonds

Merkmale	Geldmarktfonds EUR	Geldmarktfonds Währung, insbesondere USD	Rentenfonds inländischer Rentenfonds	Rentenfonds internationaler Rentenfonds
Anlage-schwerpunkte	■ Geldmarktanlagen ■ variabel verzinsliche Anleihen	■ Geldmarktanlagen ■ variabel verzinsliche Anleihen	■ festverzinsliche DM-Anleihen ■ Laufzeiten ca. 2–10 Jahre	■ festverzinsliche Währungsanleihen ■ Laufzeiten ca. 2–10 Jahre
Anlegerziele	■ kurzfristige Geldanlage ohne Kursrisiko ■ täglich verfügbare Liquiditätsreserve ■ marktgerechte Verzinsung (Festgeldalternative)	■ kurzfristige Geldanlage in USD ■ täglich verfügbare Liquiditätsreserve ■ marktgerechte Verzinsung in USD	■ Erträge entsprechend den Renditen am deutschen Kapitalmarkt ■ Nutzung von Kurschancen am Rentenmarkt ■ breit gestreutes Rentendepot	■ Erträge entsprechend den Renditen an internationalen Kapitalmärkten ■ Nutzung von Zins-, Kurs- und Währungschancen ■ breit gestreutes Rentendepot
Risiko	kein Risiko	Währungsrisiko	Zinsänderungsrisiko	■ Zinsänderungsrisiko ■ Währungsrisiko
Mindest-anlagedauer	auch für kurzfriste Anlagen geeignet		ca. 2 Jahre	
Ausgabe-aufschlag[1]	–		ca. 3%	
Verwaltungs-vergütung[1]	ca. 0,2%	ca. 0,3%	ca. 0,5%	

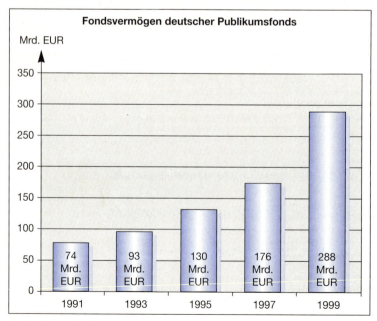

Quelle: Deutsche Bundesbank

---

[1] Der Ausgabeaufschlag und die Verwaltungsvergütungen sind ein Instrument der Preispolitik der einzelnen Kapitalanlegegesellschaften und unterscheiden sich in der Praxis oft erheblich voneinander, sodass die oben genannten Werte nur als Orientierungshilfe zu verstehen sind.

Lernfeld: Geld- und Vermögensanlagen   231

Aktienfonds						
Standardwerte Euroland	deutsche Nebenwerte	internationale Standardaktien	Regionalfonds	Branchenfonds	Emerging Market Fonds	
■ Blue Chips, insbesondere DAX-Werte und Euro-Stoxx-Werte ■ Indexfonds	■ Nebenwerte ■ MDAX ■ SMAX	■ internationale Blue Chips	■ Länderfonds *(z.B. Frankreich)* ■ Europafonds ■ Asienfonds	■ Technologie-fonds ■ Medienfonds ■ Rohstofffonds	■ Lateinamerika-fonds ■ Osteuropafonds ■ Chinafonds	
■ Beteiligung an den Kurs-chancen und der Dividende großer deutscher und europäischer Unternehmen ■ Wertentwicklung entsprechend der DAX- bzw. Stoxx-Entwicklung	■ Beteiligung an mittleren und kleineren deutschen Unternehmen ■ besondere Wachstums- und Kurs-chancen	■ Beteiligung an Substanz und Gewinnpotential weltweit tätiger Unternehmen ■ Risikobegrenzung durch weltweite Streuung	■ Beteiligung an Marktchancen bestimmter Länder und Regionen	■ Beteiligung an Marktchancen bestimmter Branchen	■ Beteiligung an Marktchancen so genannter Schwellenländer	
■ Kursrisiko der Standardaktien	■ höheres Kursrisiko als bei Standardaktien	■ Kursrisiko ■ Währungsrisiko	■ höheres Kursrisiko durch geringere Streuung ■ ggf. Währungsrisiko		■ extrem hohes Kursrisiko ■ sehr hohes Währungsrisiko	
ca. 5 Jahre					
ca. 5%					
ca. 0,5%		ca. 1%		ca. 1,5%	

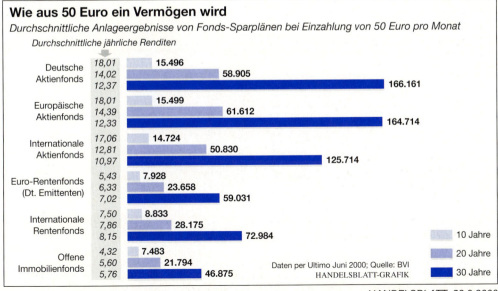

Wie aus 50 Euro ein Vermögen wird
Durchschnittliche Anlageergebnisse von Fonds-Sparplänen bei Einzahlung von 50 Euro pro Monat

Daten per Ultimo Juni 2000; Quelle: BVI
HANDELSBLATT-GRAFIK

HANDELSBLATT, 22.8.2000

5.4.4.3 Beurteilung von Fondsanlagen

Risiken der Geldanlage in Investmentanteilen

Aufgrund der Einschaltung eines professionellen Fondsmanagements eröffnen Investmentanteile dem Anleger die Möglichkeit, auf bequeme Weise Kapital nach dem Grundsatz der Risikomischung anzulegen. Auch bei der Geldanlage in Investmentanteilen treten jedoch spezielle Risiken auf, die den Wert der Vermögensanlage nachhaltig beeinträchtigen können.

- **Managementrisiko**
  Beim Erwerb von Investmentanteilen trifft der Kapitalanleger eine Anlageentscheidung durch die Auswahl eines bestimmten Investmentfonds. Seine Entscheidung orientiert sich dabei an den von diesem Fonds einzuhaltenden Anlagegrundsätzen. Einfluss auf die Zusammensetzung des Fondsvermögens kann er darüber hinaus nicht nehmen. Die konkreten Anlageentscheidungen trifft das Management der Fondsgesellschaft. Das Risiko von Fehleinschätzungen des Fondsmanagements trägt der Kapitalanleger.

- **Allgemeines Marktrisiko**
  Eine breite Streuung des Fondsvermögens kann nicht verhindern, dass eine rückläufige Entwicklung des Gesamtmarktes sich in Rückgängen bei den Anteilpreisen niederschlägt. Das hierdurch bestehende Risikopotenzial ist bei Aktienfonds grundsätzlich höher als bei Rentenfonds.

- **Risikokonzentration durch spezielle Anlageschwerpunkte**
  Spezialitätenfonds haben grundsätzlich ein stärker ausgeprägtes Ertrags- und Risikoprofil als Fonds mit breiter Streuung. Da die Vertragsbedingungen engere Vorgaben bezüglich der Anlagemöglichkeiten enthalten, ist auch die Anlagepolitik des Managements gezielter ausgerichtet. Das bildet zum einen die Grundvoraussetzung für höhere Kurschancen, bedeutet zum anderen aber auch ein höheres Risiko.

- **Liquiditätsrisiko**
  Die Rücknahme von Investmentanteilen kann Beschränkungen unterliegen. Die Vertragsbedingungen können vorsehen, dass die KAG die Rücknahme der Anteile aussetzen darf, wenn außergewöhnliche Umstände vorliegen, die eine Aussetzung im Interesse der Investmentsparer erforderlich erscheinen lassen (§ 11 KAGG).

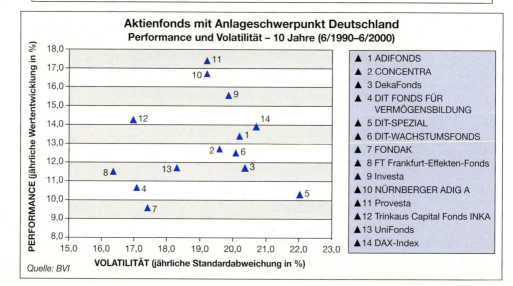

Lernfeld: Geld- und Vermögensanlagen

5.4.5 Indexzertifikate

> **Indexzertifikate** verbriefen das Recht auf Zahlung eines Geldbetrages, dessen Höhe vom Wert des zu Grunde liegenden Indexes am Fälligkeitstag abhängt.

Der Preis eines Indexzertifikats entspricht der Höhe des zu Grunde liegenden Indexes bzw. eines Bruchteils davon.

- Ein steigender Index führt zu höheren Preisen des Zertifikats.
- Ein fallender Index führt zu sinkenden Preisen des Zertifikats.

Beispiele:

Bezugsverhältnis	Preisveränderung des Zertifikats bei einer DAX-Veränderung von 1 Punkt	Preis des Zertifikats bei einem DAX-Stand Stand von 7.500	Preis des Zertifikats bei einem DAX-Stand Stand von 8.100
1 : 1	1,00 EUR	7.500,00 EUR	8.100,00 EUR
1 : 10	0,10 EUR	750,00 EUR	810,00 EUR
1 : 100	0,01 EUR	75,00 EUR	81,00 EUR

Indexzertifikate mit einer mehrjährigen Laufzeit werden von vielen Kreditinstituten für alle bedeutenden Aktienindizes angeboten.

Beispiele: Dax, Euro-Stoxx, Nemax, S & P 500, Nikkei

Vorteile

- **Diversifikation**
  Die Veränderungen des Indexes spiegeln die Kursveränderungen der im Index enthaltenen Aktien wider. Der Kauf eines Indexzertifikates ist damit eine Alternative zum Kauf einer Vielzahl von Aktien oder von Investmentanteilen.

- **Produkttransparenz**
  Der Wert des Zertifikats ergibt sich aus dem Stand des Indexes. Aktienindizes werden börsentäglich ermittelt und veröffentlicht.

- **Niedrige Kosten**
  Neben den An- und Verkaufskosten und den Depotgebühren fallen keine weiteren Kosten an. Damit sind Indexzertifikate kostengünstiger als Investmentzertifikate, bei denen ein Ausgabeaufschlag und jährliche Verwaltungskosten anfallen.

- **geringer Mindestkapitaleinsatz**
  Bei entsprechendem Bezugsverhältnis ist der Erwerb schon mit niedrigen Beträgen möglich.

- **Liquidität**
  Indexzertifikate werden börslich und/oder außerbörslich gehandelt. Die Emittenten stellen i. d. R. täglich An- und Verkaufskurse für die Zertifikate.

- **Performance (Ertrag)**
  Der Anleger erzielt mit seiner Anlage die Marktrendite. Der Ertrag ist langfristig oft höher als beim Erwerb vergleichbarer Investmentanteile.

5.5 Grundlagen und Grundsätze der Anlageberatung

Die qualifizierte Kundenberatung ist für das Kreditinstitut mit erheblichen Aufwendungen verbunden. Neben dem Personalaufwand für die Berater sind hierbei auch die Kosten des Beraterplatzes und der notwendigen Technik zu berücksichtigen. Da diese Kosten dem Kunden nicht ausdrücklich in Rechnung gestellt werden, müssen die mit dem Kunden abgeschlossenen Geschäfte die notwendigen Erträge *(z.B. Provisionserträge)* erbringen.

In der neueren Zeit haben sich folgende Differenzierungen in der Praxis herausgebildet:

Verzicht auf die Beratung des Kunden

Insbesondere **Direktbanken** bieten ihre Leistungen ohne jede Beratungsleistung an. Der Kunde kann die Bankgeschäfte zu sehr günstigen Konditionen tätigen. Auch Filialbanken bieten ihren Kunden „home-banking" bei Verzicht auf eine Anlageberatung zu verminderten Kosten an. Dies setzt voraus, dass der Kunde seine Anlageentscheidung entsprechend seinen finanziellen Verhältnissen in eigener Verantwortung trifft. Die Kreditinstitute sind aber trotzdem gemäß *§ 31 Abs. 2 WpHG* gehalten, von den Kunden Angaben über ihre Erfahrungen im Wertpapiergeschäft und ihre Anlagenziele zu erfragen. Aufgrund dieser Angaben wird der Kunde einer Wertpapier-Risikoklasse zugeteilt, d.h. ohne eine Beratung kann er nur Wertpapiere dieser Risikoklasse kaufen.

Zusätzlich lassen sich die Kreditinstitute von den Kunden eine Bestätigung unterschreiben, dass

- die Aufträge ohne Beratungsleistung erfolgten,
- der Kunde keine Haftungsansprüche wegen einer fehlenden Beratung geltend machen kann,
- der Kunde alle Vermögensverluste der Anlage selbst zu tragen hat.

Beratung des Kunden

Aufgrund der oben dargestellten Alternative werden zunehmende Anforderungen an die Beratung gestellt. Die Kompetenz der Berater und damit die Qualität der Beratung ist ein wichtiges marktpolitisches Instrument. Die Kreditinstitute unterscheiden drei Kundengruppen.

- **Privatkunden**
  Zu einem systematischen Vermögensaufbau werden den Kunden in erster Linie **standardisierte Produkte** in den Geschäftsstellen angeboten. Die Produkte sind auf die Bedürfnisse der unterschiedlichen Kundengruppen zugeschnitten und so gestaltet, dass sie den Kunden ohne aufwendigen Beratungsbedarf erläutert werden können.

- **Vermögende Privatkunden**
  Die Zuordnung von Kunden zu den „vermögenden Privatkunden" geschieht nach verschiedenen Kriterien, die sich bei den einzelnen Kreditinstituten oft erheblich unterscheiden. Wichtigste Kriterien sind das Jahreseinkommen *(z.B. größer 50.000,00 EUR)* und das *Vermögen (z.B. größer 200.000,00 EUR ohne selbstgenutzte Immobilien)* der Kunden. Die großvolumigen Geschäfte mit den vermögenden Privatkunden sind für die Kreditinstitute eine wichtige Ertragsquelle. Die Kunden werden aktiv von besonderen Beratern (oft in speziellen Beratungszentren) betreut und beraten, um die Anlageergebnisse auch unter Berücksichtigung der steuerlichen Gesichtspunkte zu optimieren. Es werden **individuelle Lösungen** erarbeitet.

Lernfeld: Geld- und Vermögensanlagen

- **Firmenkunden**
  Die komplexen Finanzierungsfragen von Unternehmen stellen sehr hohe Anforderungen an den Berater. Die Beratungsleistungen der Kreditinstitute umfassen u.a.
  - Zahlungsverkehrsleistungen
  - Kreditgewährungen
  - Anlagemöglichkeiten
  - Unternehmensbeteiligungen und -übernahmen
  - Devisengeschäfte und -absicherungen
  - Wertpapiergeschäfte

5.5.1 Allgemeine Verhaltensregeln nach dem WpHG

Die Beratungspflicht des Kreditinstituts als Wertpapierdienstleistungsunternehmen ist im Wertpapierhandelsgesetz normiert *(§ 31 WpHG, allgemeine Verhaltensregeln)*. Darüber hinaus stellt der Gesetzgeber Regeln für das Marktverhalten auf *(§ 32 WpHG, besondere Verhaltensregeln)*.

Allgemeine Verhaltensregeln

Das Kreditinstitut ist verpflichtet,

- Wertpapierdienstleistungen mit der erforderlichen **Sachkenntnis, Sorgfalt und Gewissenhaftigkeit** im Interesse seiner Kunden zu erbringen,
- sich um die **Vermeidung von Interessenkonflikten** zu bemühen und dafür zu sorgen, dass bei unvermeidbaren Interessenkonflikten der Kundenauftrag unter der gebotenen Wahrung des Kundeninteresses ausgeführt wird,
- von seinen Kunden **Angaben über ihre Erfahrungen** oder Kenntnisse in Geschäften, die Gegenstand von Wertpapierdienstleistungen sein sollen, über ihre mit den Geschäften **verfolgten Ziele** und über ihre **finanziellen Verhältnisse** zu verlangen,
- seinen Kunden alle **zweckdienlichen Informationen** mitzuteilen,

soweit dies zur **Wahrung der Interessen der Kunden** und im Hinblick auf Art und Umfang der beabsichtigten Geschäfte erforderlich ist.

Die Angaben des Kunden über seine Erfahrung in Wertpapiergeschäften, seine Anlageziele und seine finanziellen Verhältnisse werden in einem **Wertpapiererhebungsbogen** dokumentiert.

5.5.2 Anlageziele

Der Anlageberater muss die **Person des Anlegers** und seine Anlagemotive in den Mittelpunkt der Beratung stellen.

Das Kreditinstitut ist verpflichtet, den Anleger über ein **Anlageangebot** richtig und vollständig zu unterrichten. Zu dieser Beratungs- und Aufklärungspflicht gehört, dass dem Anleger alle Informationen, die für seine Anlageentscheidung von wesentlicher Bedeutung sind, wahrheitsgemäß, sorgfältig und vollständig erteilt werden.

Das Kreditinstitut muss den Wissensstand und die Risikobereitschaft des Kunden bei der Anlageberatung berücksichtigen. Es ist verpflichtet, die empfohlenen Anlageprodukte auf ihre Seriosität, Bonität und auf etwaige Risiken hin zu überprüfen. Das Kreditinstitut darf sich dabei nicht auf die Vorprüfung durch eine dritte Stelle verlassen, sondern muss die entsprechenden Recherchen selbst durchführen. Geschieht dies nicht, so muss im Beratungsgespräch deutlich werden, dass es sich um ein vom Kreditinstitut selbst nicht geprüftes Produkt handelt (BGH-Urteil).

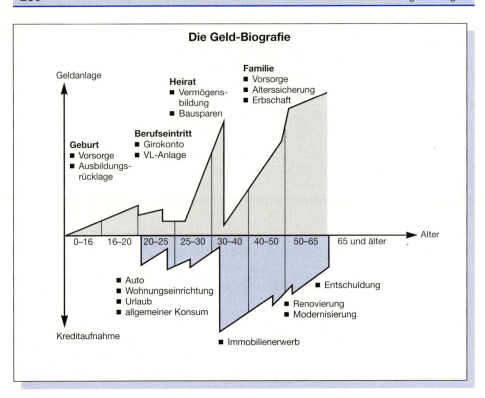

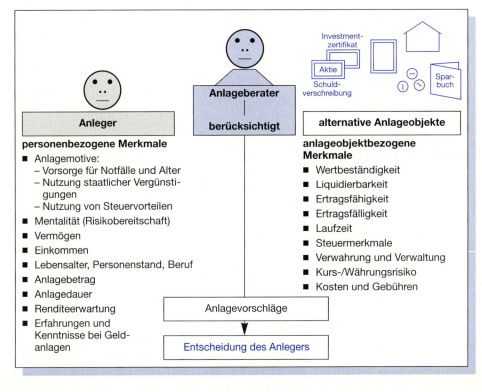

Lernfeld: Geld- und Vermögensanlagen

„Magisches Dreieck" der Vermögensanlage

Sicherheit

Sicherheit bedeutet Erhaltung des angelegten Vermögens. Die Sicherheit einer Kapitalanlage hängt von den Risiken ab, denen sie unterworfen ist. Hierzu zählen verschiedene Aspekte, wie zum Beispiel die Bonität des Schuldners, das Kursrisiko und – bei Auslandsanlagen – die politische Stabilität des Anlagelandes und das Währungsrisiko.

Rentabilität

Die Rentabilität einer Wertpapieranlage bestimmt sich aus ihrem Ertrag. Zu den Erträgen eines Wertpapiers gehören Zins-, Dividendenzahlungen und sonstige Ausschüttungen sowie Kurssteigerungen. Auch steuerliche Aspekte spielen eine wichtige Rolle.

Liquidität

Die Liquidität einer Kapitalanlage hängt von ihrer Geldnähe ab, also wie schnell ein Betrag, der in einen bestimmten Wert investiert wurde, wieder in Bankguthaben oder Bargeld umgewandelt werden kann. Wertpapiere, die an der Börse gehandelt werden, sind in der Regel sehr liquide.

Es gibt einen **Zielkonflikt zwischen der Sicherheit und der Rentabilität** einer Anlage. Grundsätzlich gilt, dass größere Chancen **immer** auch mit höheren Risiken verbunden sind. In jedem Beratungsgespräch muss sehr sorgfältig die **Risikobereitschaft des Kunden** analysiert werden.

Es lassen sich drei **Risikoklassen** unterscheiden:

konservativ (ertragsorientiert)	■ niedriges Risiko der Anlagen ■ Priorität der Substanzerhaltung ■ Renditeerwartung auf „Kapitalmarkt-Zinsniveau" ■ Anlage überwiegend in kurzfristigen Anlagen *(z.B. Geldmarktfonds)* und festverzinslichen Wertpapieren
risikobewusst (wachstumsorientiert)	■ mittleres Risiko der Anlagen ■ begrenzte Bereitschaft, Verlustrisiken zu übernehmen ■ Renditeerwartung über „Kapitalmarkt-Zinsniveau" ■ Anlage überwiegend in festverzinslichen Wertpapieren und in Standardaktien *(z.B. DAX-Werte)*
spekulativ (chancenorientiert)	■ hohes Risiko der Anlagen ■ Bereitschaft, auch hohe Verlustrisiken hinzunehmen ■ hohe Renditeerwartung durch Kursgewinne ■ Anlage auch in Währungsanleihen, Auslandsaktien, deutschen Aktien-Nebenwerten, Optionen

Ausgehend von der Risikobereitschaft ist für den Kunden eine Anlagestrategie zu entwickeln, bei der eine Aufteilung der Vermögenswerte auf die verschiedenen Anlageformen erfolgt („Asset Allocation"). Es sollten immer mehrere Anlageformen *(z.B. Anleihen, Aktien)* gewählt werden, um das Risiko durch eine Streuung (Diversifikation) der Vermögensanlagen zu vermindern.

Beispiel:

Depotstrukturen mit unterschiedlichem Risiko

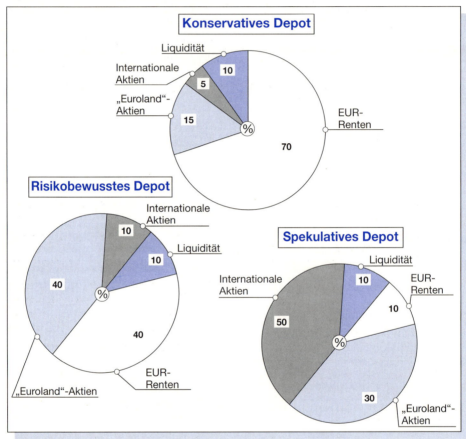

Die Anlageergebnisse von Geldmarktanlagen, Anleihen und Aktien in den Jahren 1980 bis 2000 zeigen deutlich das Verhältnis von Risiko (= Kursschwankungen) und Rentabilität der verschiedenen Anlageformen auf:

- **Geldmarktanlagen:** Es gibt kein Kursrisiko, der Anstieg erfolgt stetig. Der Gesamtertrag ist jedoch am niedrigsten.
- **Anleihen:** Rentenwerte unterliegen bei einer Änderung des Marktzinses einem Kursrisiko. Da der Anleger aber auf jeden Fall die vereinbarten Zinsen erhält, ist ein negatives Jahresergebnis *(z.B. 1994)* nur selten zu verzeichnen. Der Ertrag ist langfristig deutlich höher als beim Festgeld.
- **Aktien:** Mit Aktienanlagen konnte der höchste Ertrag erzielt werden. Dem stehen jedoch hohe Kursrisiken gegenüber.

Lernfeld: Geld- und Vermögensanlagen

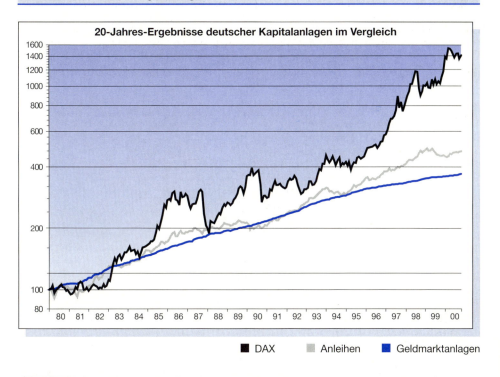

5.5.3 Wertpapier-Risikoklassen

Die Aufklärungs- und Beratungspflichten des Kreditinstitutes erhöhen sich mit dem Risiko der Anlageform. Der Kunde wird aufgrund seiner Aussagen im **„Wertpapiererhebungsbogen"** einer maximalen **Wertpapier-Risikoklasse** zugeteilt. Vor der Ausführung eines Kaufauftrages wird jeweils geprüft, ob die Wertpapiere in das Risikoraster des Kunden fallen. Weisen die Papiere ein höheres Risiko auf, wird der Auftrag erst nach einem weiteren Beratungsgespräch ausgeführt.

	Risikoklasse	Wertpapierarten
Risiko sehr niedrig	1	• EUR-Anleihen sehr guter Bonität • Daueremissionen des Bundes • Geldmarktfonds
	2	• EUR-Anleihen guter Bonität • EUR-Rentenfonds • internationale Rentenfonds
	3	• Euroland-Standardaktien • Euroland-Aktienfonds • internationale Aktienfonds
	4	• Euroland-Aktien-Nebenwerte • ausländische Aktien • Regional- und Branchenfonds • Währungsanleihen auch mit etwas geringerer Bonität
Risiko sehr hoch	5	• Emerging Markets Fonds • ausländische Aktien-Nebenwerte • Optionen und Optionsscheine • Futures

5.6 Depotgeschäft

Geschlossenes Depot	Offenes Depot
■ Vermietung von Schrankfächern ■ Annahme von Verwahrstücken	■ Verwahrung und Verwaltung von Effekten
Dem Kreditinstitut werden Wertgegenstände in verschlossenem Zustand anvertraut; d.h., das Kreditinstitut nimmt vom Inhalt des Schrankfaches bzw. des Verwahrstückes keine Kenntnis. Der Kunde bleibt Alleinbesitzer des Inhalts und muss sich selbst um seine Verwaltung kümmern.	Dem Kreditinstitut werden Effekten offen zur Verwahrung und Verwaltung anvertraut. Das Kreditinstitut wird als Verwahrstelle unmittelbarer Besitzer der hinterlegten Effekten, der Kunde bleibt (i.d.R.) Eigentümer und mittelbarer Besitzer.

Zu jeder Art von Depotgeschäften ist eine Legitimationsprüfung des Kunden erforderlich: Wer ein Konto führt, **Wertsachen verwahrt** oder ein **Schließfach überlässt,** hat sich zuvor Gewissheit über die Person des Verfügungsberechtigten zu verschaffen und die entsprechenden Angaben festzuhalten *(§ 154 AO)*.

5.6.1 Geschlossenes Depot

Merkmale	Vermietung von Schrankfächern	Annahme von Verwahrstücken
Vertragsinhalt	**Entgeltliche Gebrauchsüberlassung** eines Schrankfaches zur Unterbringung von kleineren Wertgegenständen und Urkunden, die der Mieter unter dem Schutz der Tresorräume und des Stahlschrankes des Kreditinstitutes selbst aufbewahren will. Das Schrankfach steht unter dem eigenen Verschluss des Mieters und dem Mitverschluss des Kreditinstitutes; es kann nur von beiden gemeinsam geöffnet werden.	**Entgeltliche Aufbewahrung** von verpackten Wertgegenständen unter dem Schutz der Tresorräume des Kreditinstitutes. Das Verwahrstück ist so zu verschließen, dass sein Inhalt nicht erkennbar ist, und so zu versiegeln, dass es ohne Verletzung des Siegels nicht geöffnet werden kann. Auf dem Verwahrstück sind Name und Anschrift des Hinterlegers zu vermerken.
Rechts-grundlagen	**Vermieter** ⟷ **Mieter** ■ **Mietvertrag** *(§§ 535ff. BGB)* ■ *Bedingungen für die Vermietung von Schrankfächern* ■ *AGB*	**Verwahrer** ⟷ **Hinterleger** ■ **Verwahrvertrag** *(§§ 688ff. BGB)* ■ *Bedingungen für die Annahme von Verwahrstücken* ■ *AGB*

Lernfeld: Geld- und Vermögensanlagen

	Vermietung von Schrankfächern	Annahme von Verwahrstücken
Haftung des Kreditinstitutes für die nicht vertragsgemäße Sicherung der Tresoranlagen	Das Kreditinstitut verpflichtet sich, bei der Sicherung der Tresoranlagen die im Verkehr erforderliche Sorgfalt zu beachten, haftet jedoch grundsätzlich nur bis zu einem festgelegten Höchstbetrag *(z.B. 20.000,00 EUR je Schrankfach/Verwahrstück)*. Nur bei grober Fahrlässigkeit haftet das Kreditinstitut unbeschränkt. Es bleibt dem Mieter/Hinterleger überlassen, das darüber hinausgehende Risiko durch eine Versicherung zu decken.	
Zutritt zum Schrankfach bzw. Anspruch auf Herausgabe des Verwahrstückes	■ **Mieter** (bei mehreren Mietern grundsätzlich jeder allein) ■ **Bevollmächtigter** („Schrankfachvollmacht") Vor dem Zutritt hat sich der Mieter oder sein Bevollmächtigter auszuweisen durch: ■ Abgabe der Unterschrift ■ ggf. Nennung des Schlüsselwortes ■ ggf. Vorzeigen der Einlasskarte.	■ **Hinterleger** (bei mehreren Hinterlegern grundsätzlich jeder allein) ■ **Bevollmächtigter** Die Herausgabe erfolgt gegen: ■ Quittung des Hinterlegers ■ ggf. Rückgabe des Depotscheines
Haftung des Schrankfachinhaltes bzw. des Verwahrstückes für die Verbindlichkeiten des Kunden	nur wegen rückständiger Schrankfachmiete (gesetzliches Vermieterpfandrecht, *§ 559 BGB*)	nur wegen rückständiger Gebühren aus dem Verwahrvertrag (gesetzliches Zurückbehaltungsrecht, *§ 273 BGB*)
	Der Inhalt des Schrankfaches bzw. des Verwahrstückes wird nicht von der AGB-Pfandklausel erfasst, da das Kreditinstitut nicht dessen Besitz erlangt.	

5

5.6.2 Offenes Depot

Depotkonten können bis zum 31. Dezember 2001 in DM oder EUR geführt werden. Bei einem DM-Depot werden die für den Kunden verwahrten Schuldverschreibungen weiterhin mit ihrem DM-Gegenwert ausgewiesen. Aus dem im Depotauszug wiedergegebenen Bestandsverzeichnis wird ersichtlich, ob es sich um DM- oder EUR-Anleihen handelt. Am 1. Januar 2002 erfolgt die Umstellung der verbliebenen DM-Depotkonten auf EUR.

5.6.2.1 Rechtsgrundlagen

Die Verwahrung und Verwaltung von Wertpapieren ist – im Gegensatz zum geschlossenen Depot – ein Bankgeschäft gem. *§ 1 KWG*.

Allgemeine Rechtsgrundlage ist das Gesetz über die Verwahrung und Anschaffung von Wertpapieren (Depotgesetz).

Wertpapiere im Sinne des Depotgesetzes *(§ 1 Abs. 1 DepG)*	Aktien, Inhaber-/Orderschuldverschreibungen, Zins-, Gewinnanteil-, Erneuerungsscheine und andere vertretbare Wertpapiere *(z.B. Investmentzertifikate, Optionsscheine)*; **nicht jedoch:** Banknoten, Namensschuldverschreibungen, Sparbücher, Schecks
Verwahrer im Sinne des Depotgesetzes *(§ 1 Abs. 2 DepG)*	Kaufmann (= Kreditinstitut), dem im Rahmen seines Handelsgewerbes Wertpapiere unverschlossen zu Verwahrung anvertraut werden

Mit der Indepotnahme von Wertpapieren geht die Haftung für die Verwahrung und Verwaltung auf das Kreditinstitut über.

5.6.2.2 Einlieferung effektiver Stücke

Bei der Einlieferung effektiver Stücke ist – ebenso wie vor dem Ankauf im Zusammenhang mit einem Tafelgeschäft – die **Prüfung der Wertpapiere auf Lieferbarkeit** erforderlich. Wertpapiere sind lieferbar, wenn sie keine Mängel (sichtbarer oder unsichtbarer Art) aufweisen, durch welche die Geltendmachung der verbrieften Rechte verhindert oder eingeschränkt wird.

Prüfungsgesichtspunkte

- **Äußere Beschaffenheit des Wertpapiers**
- **Identität der Stückenummern von Mantel und Bogen**
- **Vollständigkeit** (Mitlieferung des nächstfälligen Zins- bzw. Gewinnanteilscheines)
- **Oppositions-/Aufgebotsverfahren**
- **Gültigkeit bei Anleihen und Kupons**

Die Lieferbarkeitsprüfung verliert in der Praxis zunehmend an Bedeutung, da der überwiegende Teil des Effektenumsatzes stückelos ausgeführt wird.

Verwahrungsarten nach dem Depotgesetz

	Sonderverwahrung („Streifbandverwahrung")	Sammelverwahrung
Hausverwahrung	Haussonderverwahrung möglich bei Kreditinstituten, die über eigene Tresoreinrichtungen verfügen	Haussammelverwahrung – ohne praktische Bedeutung –
Drittverwahrung	Drittsonderverwahrung kommt für Kreditinstitute in Betracht, die aus Rationalisierungsgründen bzw. mangels eigener Tresoreinrichtungen die Depotbestände bei ihrer Zentrale verwahren lassen	Drittsammelverwahrung praktischer Normalfall in Form der Girosammelverwahrung bei der Clearstream Banking AG (über 95% aller verwahrten Effekten)

Lernfeld: Geld- und Vermögensanlagen

5.6.2.3 Sonderverwahrung – Sammelverwahrung

Sonderverwahrung *(§ 2 DepG)*	Sammelverwahrung *(§ 5 DepG)*
Der Verwahrer ist verpflichtet, die Wertpapiere unter äußerlich erkennbarer Bezeichnung jedes Hinterlegers gesondert von seinen eigenen Beständen und von denen Dritter aufzubewahren, wenn es sich um Wertpapiere handelt, die nicht zur Sammelverwahrung zugelassen sind, oder wenn der Hinterleger die gesonderte Aufbewahrung verlangt. Mäntel und Bögen werden grundsätzlich getrennt aufbewahrt (Mantel-/Bogentresor). 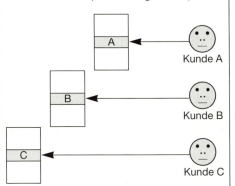 Der Hinterleger ist **Alleineigentümer** nummernmäßig genau bestimmter Stücke. Das für den Kunden ausgefertigte **Stückeverzeichnis** enthält die Nummern der verwahrten Wertpapiere und beweist seinen Anspruch auf das Sondereigentum an ihnen. **Sonderverwahrfähig** sind: ■ nur effektive Stücke	Der Verwahrer darf vertretbare Wertpapiere, die zur Sammelverwahrung durch eine Wertpapiersammelbank zugelassen sind, dieser zur Sammelverwahrung anvertrauen, es sei denn, der Hinterleger hat die Sonderverwahrung verlangt. Bei der Sammelverwahrung werden vertretbare Wertpapiere derselben Gattung ungetrennt von den eigenen Beständen des Verwahrers und von denen Dritter zu einem Sammelbestand zusammengefasst. 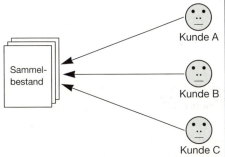 Der Hinterleger ist **Miteigentümer nach Bruchteilen** am Sammelbestand der betreffenden Gattung. Er kann verlangen, dass ihm hieraus die ihm zustehende Menge an Wertpapieren ausgeliefert wird. Die von ihm eingelieferten Stücke kann er nicht zurückfordern *(§§ 6, 7 DepG)*. Der Anspruch auf Auslieferung effektiver Stücke entfällt, wenn die Rechte der Kapitalanleger zum Zweck der Girosammelverwahrung bei der Clearstream Banking AG in einer Dauerglobalurkunde verbrieft bzw. als Sammelschuldbuchforderung in einem Schuldbuch registriert sind. **Sammelverwahrfähig** sind: ■ effektive Stücke (Orderpapiere mit Blankoindossament bzw. Blankozession) im Falle der Girosammelverwahrung: ■ Globalurkunden ■ Sammelschuldbuchforderungen
Bei Insolvenz der Depotbank hat der Hinterleger ein **Aussonderungsrecht**.	

5.6.2.4 Drittverwahrung

Der **Verwahrer** ist ohne besondere Ermächtigung des Hinterlegers berechtigt, die Wertpapiere unter seinem Namen einem anderen Kreditinstitut zur Verwahrung anzuvertrauen *(§ 3 DepG)*.

Depotrechtlich gelten auch die Filialen eines Kreditinstituts im Verhältnis zu ihrer Zentrale als verschiedene Verwahrer.

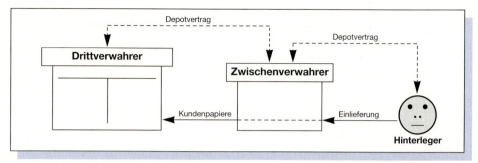

Grundsatz: Fremdvermutung	Ausnahme: Eigenanzeige
Dem Drittverwahrer gilt als bekannt, dass die eingelieferten Wertpapiere dem Zwischenverwahrer nicht gehören. Er muss die eingelieferten Wertpapiere als Kundenpapiere ansehen (§ 4 Abs. 1 DepG).	Der Grundsatz der Fremdvermutung gilt nicht, wenn der Zwischenverwahrer dem Drittverwahrer für das einzelne Geschäft ausdrücklich und schriftlich mitteilt, dass er selbst Eigentümer der Wertpapiere ist (§ 4 Abs. 2 DepG).
▼	▼
Kundenpapiere haften nicht für die Verbindlichkeiten des Zwischenverwahrers.	Eigene Wertpapiere haften für die Verbindlichkeiten des Zwischenverwahrers.
Buchung: Depot B („Fremddepot")	**Buchung: Depot A („Eigendepot")**

In der Praxis werden die Kundenpapiere und die eigenen Wertpapiere des Kreditinstituts zusammen in einem Depot beim Drittverwahrer (Wertpapiersammelbank) verwahrt.

Eine Eigenanzeige unterbleibt.

Haftungsregelung bei der Verwahrung von Kundenpapieren

Inlandsverwahrung	Bei der Verwahrung von Wertpapieren im Inland haftet die Bank für jedes Verschulden ihrer Mitarbeiter und der Personen, die sie zur Erfüllung ihrer Verpflichtungen hinzuzieht. Soweit dem Kunden eine GS-Gutschrift erteilt wird, haftet die Bank auch für die Erfüllung der Pflichten der Clearstream Banking AG.
Auslandsverwahrung	Bei der Verwahrung von Wertpapieren im Ausland beschränkt sich die Haftung der Bank auf die sorgfältige Auswahl und Unterweisung des von ihr beauftragten ausländischen Verwahrers oder Zwischenverwahrers. Bei einer Zwischenverwahrung durch die Clearstream Banking AG oder einen anderen inländischen Zwischenverwahrer sowie einer Verwahrung durch eine eigene ausländische Geschäftsstelle haftet die Bank für deren Verschulden *(Sonderbedingungen für Wertpapiergeschäfte, Ziff. 19).*

5.6.2.5 Girosammelverwahrung

Bei den meisten Neuemissionen werden die Rechte der Hinterleger – anstelle des Ausdrucks effektiver Stücke – von Beginn an zu einem Sammelbestand zusammengefasst; dieser wird aufgrund einer Globalurkunde (bei nicht-öffentlichen Emissionen) oder einer Sammelschuldbuchforderung (bei öffentlichen Emissionen) von der Clearstream Banking AG im Auftrag der Hinterleger in Form der Girosammelverwahrung treuhänderisch verwaltet.

Lernfeld: Geld- und Vermögensanlagen

Die **Clearstream Banking AG** ist ein Spezialkreditinstitut (Wertpapiersammelbank), dessen Geschäftskreis auf

- die **Verwahrung und Verwaltung von Effekten (GS-Verwahrung)** und
- die **Abwicklung des Effektengiroverkehrs** und des damit ggf. verbundenen Geldausgleichs zwischen den Kreditinstituten

beschränkt ist.

Die Clearstream Banking AG ist an den inländischen Wertpapierbörsen mit einer Niederlassung vertreten.

Kontoinhaber (Depot- und EUR-Konten) sind nur Kreditinstitute sowie Maklerfirmen. Die Unterscheidung zwischen Depot A und Depot B ist bei der Clearstream Banking AG nicht üblich; die verwahrten Wertpapiere gelten als Kundenpapiere.

5.6.2.6 Effektengiroverkehr

Der **Effektengiroverkehr** ist die buchmäßige, stückelose Lieferung von Wertpapieren durch Vermittlung einer Wertpapiersammelbank.

Voraussetzung des Effektengiroverkehrs ist die Girosammelverwahrung. Da die zu übertragenden Rechte nur nach Nennbetrag oder Stückzahl bestimmt werden, brauchen die Wertpapiere nicht mehr effektiv bewegt, sondern statt dessen lediglich der Nennbetrag bzw. die Stückzahl der einzelnen Verfügungen auf den bei der Wertpapiersammelbank geführten Depotkonten umgebucht zu werden.

Verfügungen über Sammelbestandsanteile werden durch schriftliche Anweisungen in Form von GS-Lieferlisten oder Wertpapierschecks (keine Schecks im Sinne des Scheckgesetzes!) oder durch elektronische Auftragserteilung veranlasst.

Beispiel:
Aufgrund eines Wohnsitzwechsels erteilt ein Kunde der Kölner Bank eG den Auftrag, sein Depot zu schließen und den vorhandenen Bestand auf das bei seiner neuen Hausbank, der Deutschen Bank AG, Bonn, eröffnete Depot zu übertragen.

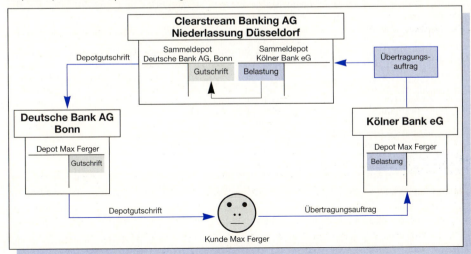

Vorteile der GS-Verwahrung:

- **Verfügungen** über Sammelbestandsanteile können **stückelos** im Effektengiroverkehr ausgeführt werden. Dadurch ist eine schnelle und kostengünstige Übertragung möglich. Es entstehen keine Versandkosten und -risiken.
- Die mit der Verwahrung des Sammelbestandes verbundenen **Verwaltungstätigkeiten** (z.B. Kuponinkasso) lassen sich **rationell** durchführen, insbesondere wenn der Sammelbestand statt einer Vielzahl effektiver Stücke durch eine Globalurkunde bzw. Sammelschuldbuchforderung repräsentiert wird. Der Depotinhaber profitiert von diesen Vorteilen durch niedrigere Depotgebühren.

5.6.2.7 Gutschrift in Wertpapierrechnung

Die Verwahrung von Wertpapieren erfolgt im Ausland, wenn
- der Kauf der Papiere im Ausland erfolgt.
- die an einer deutschen Börse erworbenen ausländischen Papiere üblicherweise im Ausland verwahrt werden *(Ziff. 12 Sonderbedingungen für Wertpapiergeschäfte).*
  Insbesondere bei ausländischen Namensaktien ist aus rechtlichen Gründen eine Verwahrung im Ausland üblich.

Beispiel: Sony, Microsoft, Motorola

Die Verwahrung der Wertpapiere unterliegt den Rechtsvorschriften des ausländischen Verwahrungsortes.

Als Zwischenverwahrer wird oft die Clearstream Banking AG eingeschaltet. Das Kreditinstitut verschafft sich treuhänderisch für den Kunden das Allein- bzw. Miteigentum an den im Ausland verwahrten Wertpapieren oder eine andere am Lagerort übliche, gleichwertige Rechtsposition.

Das Kreditinstitut erteilt dem Kunden **Gutschrift in Wertpapierrechnung** (WR) unter Angabe des Staates, in dem sich die Wertpapiere befinden. Der Hinterleger erwirbt kein Eigentum an den Wertpapieren, sondern nur einen **schuldrechtlichen Anspruch** gegenüber der inländischen Depotbank **auf Lieferung der entsprechenden Stückzahl aus dem im Ausland unterhaltenen Deckungsbestand**. Der Deckungsbestand besteht aus den für die Kunden und für das Kreditinstitut verwahrten Wertpapieren derselben Gattung. Der Kunde trägt anteilig alle Nachteile und Schäden, die den Deckungsbestand betreffen *(z. B. höhere Gewalt, Krieg, staatliche Enteignung; Ziff. 12 Sonderbedingungen für Wertpapiergeschäfte).*

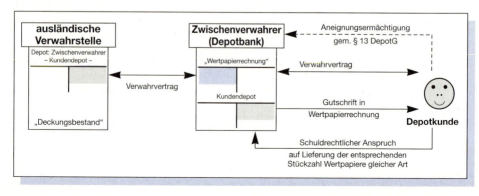

Lernfeld: Geld- und Vermögensanlagen

Die Haftung der Depotbank beschränkt sich bei der Verwahrung von Wertpapieren im Ausland auf die sorgfältige Auswahl und Unterweisung des ausländischen Verwahrers. Sie haftet jedoch für das Verschulden des inländischen Zwischenverwahrers *(z. B. Clearstream Banking AG)*.

5.6.2.8 Depotbuchführung

Das Depotgesetz und die Richtlinien für die Depotprüfung verpflichten das Kreditinstitut zu einer besonderen Depotbuchführung. Sie dient dem Hinterleger im Streitfall zum Nachweis seiner Rechte und dem Verwahrer zur Durchführung seiner Verwaltungsaufgaben.

> Der Verwahrer ist verpflichtet ein **Handelsbuch** zu führen, in das jeder Hinterleger und Art, Nennbetrag oder Stückzahl, Nummern oder sonstige Bezeichnungsmerkmale der für ihn verwahrten Wertpapiere einzutragen sind (persönliches Depotbuch). Daneben soll bei umfangreichem Wertpapiergeschäft ein nach Wertpapierarten aufgegliedertes Depotbuch (sachliches Depotbuch) geführt werden *(§ 14 DepotG, Depotprüfungsrichtlinien)*.

Depotbücher werden elektronisch nach den Grundsätzen ordnungsgemäßer Buchführung geführt und ständig auf dem Laufenden gehalten.

Dateien	Zweck
Personendepot Gliederungskriterium **Namen der Hinterleger (Depotkonto-Nr.)** untergliedert nach: ■ Gattung (Wertpapier-Kenn-Nr.) ■ Nennbetrag/Stückzahl sowie Erwerbskurs ■ Lagerstelle ■ ggf. Stückenummern	■ Informationsgrundlage bei der Anlageberatung ■ Erstellung von Depotauszügen ■ Anfertigung von Erträgnisaufstellungen ■ Disposition von Liefer-/Verkaufsaufträgen ■ Abstimmung mit dem Sachdepot und der Lagerstellendatei ■ Aufnahme von Sperrvermerken w/Kreditsicherungen oder VL-Anlagen ■ Information der Erbschaftsteuerstelle des Finanzamtes beim Tod des Depotkunden
Sachdepot Gliederungskriterium: **Gattung (Wertpapier-Kenn-Nr.)** untergliedert nach: ■ Namen der Hinterleger ■ Nennbetrag/Stückzahl ■ Lagerstelle ■ ggf. Stückenummern	■ Feststellung der Hinterleger bei Zins-/Dividendenzahlungen, Bezugsrechten, Tilgungen ■ Erstellung von Kundenanschreiben bei Informationen des Emittenten (Geschäftsberichte, Hauptversammlungen) ■ Abstimmung mit dem Personendepot und der Lagerstellendatei

Dateien	Zweck
Lagerstellendatei (Nostrodepot) Gliederungskriterium: **Lagerstellen** untergliedert nach: ■ Gattung (Wertpapier-Kenn-Nr.) ■ Nennbetrag/Stückzahl ■ ggf. Stückenummern	■ Lieferungsabwicklung und -kontrolle im Rahmen des Effektenhandels ■ Eingangskontrolle von Zins-/Dividendenzahlungen, Tilgungen ■ Abstimmung mit den Depotauszügen der Drittverwahrer
Nummerndatei (betrifft nur sonderverwahrte Bestände) Gliederungskriterium: **Gattung-Stückenummern** untergliedert nach: ■ Namen der Hinterleger ■ Lagerstelle	■ Feststellung der Hinterleger bei Auslosungen, soweit diese nach Stückenummern erfolgen ■ Kontrolle bei der Auslieferung effektiver Stücke, Oppositionen, Aufgebote ■ Lieferungs-/Tresorkontrolle

5

5.6.2.9   Depotverwaltung – Vollmachtstimmrecht

Aufgrund des Depotvertrages ist das Kreditinstitut verpflichtet, neben der Verwahrung alle Verwaltungsarbeiten auszuführen, die für die hinterlegten Wertpapiere erforderlich werden *(Sonderbedingungen für Wertpapiergeschäfte Ziff. 13–20)*. Das Kreditinstitut muss das Interesse des Hinterlegers wahren und haftet diesem für Nachteile, die durch sein Verschulden entstehen. Wurden die Wertpapiere einem Drittverwahrer anvertraut, übernimmt dieser die Verwaltungsarbeiten.

Wichtige Informationsgrundlage für die Veranlassung der verschiedenen Verwaltungsarbeiten sind die von den Kreditinstituten abonnierten **„Wertpapier-Mitteilungen"**, aus denen die aktuellen Bekanntmachungen und Nachrichten über die im Umlauf befindlichen Wertpapiere entnommen werden können.

Verwaltungstätigkeiten
■ **Trennung, Inkasso und Gutschrift fälliger Zins- und Gewinnanteilscheine**
■ **Bogenerneuerungen**
■ **Inkasso und Gutschrift endfälliger, verloster und gekündigter Schuldverschreibungen**
■ **Benachrichtigung des Kunden bei Bezugs-/Umtausch-/Abfindungsangeboten und dergleichen sowie Ausführung entsprechender Weisungen des Kunden**
  Bezugsrechte wird das Kreditinstitut bestens verkaufen, wenn es bis zum vorletzten Tag des Bezugrechtshandels keine anderweitige Weisung des Kunden erhalten hat.
■ **Weiterleitung von Lage-/Rechenschaftsberichten**
■ **Erstellung von Erträgnisaufstellungen, Steuerbescheinigungen, Depotanalysen**
■ Betreuung von Wertpapierdepots im Rahmen der **Vermögensverwaltung** *(ab ca. 150.000,00 EUR)*

Verwaltungstätigkeiten im Zusammenhang mit der Hauptversammlung

Einberufung der ordentlichen Hauptversammlung durch den Vorstand
(binnen 8 Monaten nach Abschluss des Geschäftsjahres)

Depotbank leitet Informationen an die Aktionäre weiter *(§ 128 AktG)*
- Einladung zur Hauptversammlung
- Mitteilungen der Gesellschaft
  (Tagesordnung, Vorschläge der Verwaltung, Gegenanträge)

Aktionär möchte an der Hauptversammlung selbst teilnehmen.	Aktionär möchte an der Hauptversammlung nicht selbst teilnehmen.

- Depotbank schickt dem Kunden die **Eintrittskarte und die Stimmkarten.**

- **Eingabe einer Depotsperre**
  Der Kunde muss die Aktien bis nach der Hauptversammlung hinterlegen. Dadurch ist sichergestellt, dass an der Hauptversammlung nur Aktionäre teilnehmen.

Die Depotbank bietet dem Aktionär an, das Stimmrecht für ihn auszuüben.

Voraussetzungen *(§§ 128, 135 AktG):*
- **schriftliche Stimmrechtsvollmacht**
  – **Einzelstimmrechtsvollmacht** für eine bestimmte Hauptversammlung
  – **Allgemeine Stimmrechtsvollmacht** für alle inländischen Aktien im Depot des Kunden; Gültigkeitsdauer maximal 15 Monate
- **Mitteilungspflichten**
  Der Aktionär ist darüber zu informieren, wenn ein Vorstandsmitglied der Depotbank dem Aufsichtsrat der Aktiengesellschaft oder ein Vorstandsmitglied der Aktiengesellschaft dem Aufsichtsrat der Depotbank angehört.
- **Abstimmungsvorschlag im Aktionärsinteresse**
  Die Depotbank teilt dem Kunden mit, wie sie abstimmen wird, wenn der Kunde keine Weisungen erteilt.
- **Kundenanweisungen**
  Die Depotbank bittet den Kunden auf einem Formblatt um Weisungen zu den einzelnen Tagesordnungspunkten

Abstimmungen in der Hauptversammlung:
- Anwesende Aktionäre stimmen selbst ab (Stimmkarten)
- Depotbanken stimmen im Rahmen ihrer Vollmacht für Aktionäre ab:
  – Inhaberaktien: Abstimmung **„im Namen dessen, den es angeht"**, d. h. ohne Namensnennung des Kunden
  – Namensaktien: Namensnennung des Aktionärs

Abstimmung gemäß den Kundenanweisungen bzw. nach den eigenen Abstimmungsvorschlägen
In folgenden Fällen darf das Kreditinstitut das Vollmachtsstimmrecht nur auf Grund einer besonderen Weisung des Aktionärs ausüben:
- bei Namensaktien,
- in der Hauptversammlung der Depotbank,
- in der Hauptversammlung einer Gesellschaft, an der die Depotbank mit mehr als fünf Prozent beteiligt ist.

6 Besondere Finanzinstrumente und Steuern

6.1 Wertpapiersonderformen

6.1.1 Genuss-Schein

> **Genuss-Scheine** sind Gläubigerpapiere, die individuell gestaltbare Genussrechte verbriefen.

Aufgrund der fehlenden gesetzlichen Regelung ist eine vielseitige Zweckbestimmung und inhaltlich freie Genuss-Scheinausstattung durch den Emittenten möglich.

Man kann vier **Genuss-Scheintypen** unterscheiden:

- **Genuss-Scheine mit fester Verzinsung**
  Sie ähneln festverzinslichen Schuldverschreibungen und sind für eher konservative Anleger geeignet, bieten jedoch diesen gegenüber einen Renditevorteil. Ihre Kursentwicklung wird vom jeweiligen Kapitalmarktzinsniveau bestimmt.

- **Genuss-Scheine mit ertragsabhängiger Ausschüttung**
  Der Anleger wird am Unternehmenserfolg beteiligt, indem sich die jährliche Genuss-Scheinausschüttung an der Dividende für die Aktionäre der Gesellschaft orientiert. Häufig ist eine feste Grundverzinsung vorgesehen. Der Kurs schwankt entsprechend der Dividendenausschüttung der Gesellschaft.

- **Genuss-Scheine mit Wandelrecht („Wandelgenüsse")**
  Der Anleger hat die Möglichkeit, den Genuss-Schein während der Laufzeit in einem bestimmten Wandlungsverhältnis in Aktien der Gesellschaft umzutauschen. Der Kurs des Genuss-Scheins orientiert sich daher primär an der Kursentwicklung der Aktie.

- **Genuss-Scheine mit Optionsrecht („Optionsgenüsse")**
  Dem Genuss-Schein ist eine bestimmte Zahl von Optionsscheinen beigefügt, die den Anleger berechtigen, während der Laufzeit eine bestimmte Anzahl von Aktien der Gesellschaft gegen Zahlung eines festgelegten Optionspreises zu beziehen. Die Optionsscheine können vom Genuss-Schein getrennt werden. Kursbestimmend für den Optionsschein ist allein die Aktienkursentwicklung, während sich der Kurs des Genuss-Scheins o.O. am Kapitalmarktzinsniveau orientiert.

Emissionsgründe
- **Kapitalbeschaffung**
- **Gewinnbeteiligung von Mitarbeitern**
  Genuss-Scheine, mit denen ein Anteilsrecht am Gewinn einer Unternehmung verbunden ist, zählen zu den im Rahmen des 5. Vermögensbildungsgesetzes geförderten Vermögensanlagen.

Merkmale	Aktie	Genuss-Schein	Schuldverschreibung
Art des verbrieften Rechts	Teilhaberrecht	Gläubigerrecht, das aber seinem Inhalt nach zum Teil den Vermögensrechten eines Aktionärs entspricht *(z.B Gewinnbeteiligung)*	Gläubigerrecht, insbesondere Recht auf Zins- und Tilgungszahlungen
Charakter des Kapitals	Eigenkapital	**wirtschaftlich** wie haftendes **Eigenkapital** behandelt, **rechtlich** und **steuerlich Fremdkapital**	Fremdkapital

Lernfeld: Besondere Finanzinstrumente und Steuern

Merkmale	Aktie	Genuss-Schein	Schuldverschreibung
Ausschüttung	variable, vom Geschäftserfolg abhängige Dividende	z.T. gewinnabhängige Ausschüttung, häufig mit festem Basiszins kombiniert; z.T. feste Verzinsung	feste, vom Geschäftserfolg unabhängige Verzinsung
Laufzeit	unbegrenzt	begrenzt oder unbegrenzt, häufig mit einem Kündigungsrecht des Emittenten	begrenzt
Einfluss auf die Unternehmensführung	Stimmrecht in der Hauptversammlung	nein	nein
Haftung	als Risikokaptital bis zur vollen Höhe Teilnahme am Verlust	als **nachrangiges** Haftkapital grundsätzlich bis zur vollen Höhe Teilnahme am Verlust	grundsätzlich keine Teilnahme am Verlust
Anspruch auf Anteil am Liquidationserlös	ja	grundsätzlich: nein	nein

Die Emission von Genuss-Scheinen ist nicht an eine bestimmte Unternehmensrechtsform gebunden. Bei Aktiengesellschaften bedarf die Emission von Genuss-Scheinen eines entsprechenden Hauptversammlungsbeschlusses. Den Aktionären steht ein Bezugsrecht zu *(§ 221 AktG)*.

■ Bedeutung für Kreditinstitute *(§ 10 Abs. 5 KWG)*

Bei Kreditinstituten wird Genussrechtskapital als haftendes Eigenkapital (Ergänzungskapital) anerkannt,

- wenn es bis zur vollen Höhe am Verlust teilnimmt,
- wenn es im Insolvenzfall erst nach Befriedigung der anderen Gläubiger des Kreditinstituts zurückgefordert werden kann,
- wenn es dem Kreditinstitut mindestens für 5 Jahre zur Verfügung gestellt worden ist,
- solange der Rückzahlungsanspruch nicht in weniger als 2 Jahren fällig wird.

Risiken der Geldanlage in Genuss-Scheinen

Je nach Ausstattungsmerkmalen wird der Kurs von Genuss-Scheinen nachhaltig vom Aktienkurs der emittierenden Gesellschaft und/oder vom allgemeinen Kapitalmarktzinsniveau beeinflusst. Bei rückläufigen Kursen der betreffenden Aktie und bei ansteigenden Zinsen am Kapitalmarkt ist der Genuss-Schein einem Kursrisiko ausgesetzt.

■ **Ausschüttungsrisiko**
Die Verzinsung des Genuss-Scheins ist, soweit in den Bedingungen keine vom Bilanzergebnis unabhängige Mindestverzinsung garantiert wird, an das Vorhandensein eines Gewinns geknüpft, der zur Ausschüttung ausreicht. Im Fall eines Verlustes der emittierenden Gesellschaft erhält der Genuss-Scheininhaber keine Ausschüttung.

■ **Rückzahlungsrisiko**
Ein während der Laufzeit des Genuss-Scheins eingetretener Verlust der Gesellschaft kann ggf. zu einer Reduzierung des Rückzahlungsbetrages führen.

■ **Haftungsrisiko**
Der Genuss-Scheininhaber wird im Falle der Insolvenz oder der Liquidation des Emittenten meist nachrangig behandelt: Das heißt, er erhält unter diesen Umständen seinen Kapitaleinsatz erst dann zurück, wenn alle anderen Gläubigeransprüche befriedigt worden sind.

6.1.2 Optionsanleihen

Optionsanleihen sind Schuldverschreibungen, die von Aktiengesellschaften emittiert werden und neben den gewöhnlichen Obligationärsrechten das Recht zum **Bezug** von Aktien der betreffenden AG beinhalten.

■ Rechtliche Voraussetzungen der Emission

Die Emission sowie die zur Sicherung der Bezugsrechte erforderliche **bedingte Kapitalerhöhung** bedürfen entsprechender **Hauptversammlungsbeschlüsse** mit 3/4-Mehrheit des vertretenen Grundkapitals *(§§ 192, 221 AktG)*. Den Aktionären steht ein **Bezugsrecht** zu *(§§ 221, 186 AktG)*. Eine Ermächtigung des Vorstandes zur Ausgabe von Optionsanleihen kann höchstens für 5 Jahre im Voraus erteilt werden.

■ Bedeutung für den Emittenten

Optionsanleihen sind aufgrund der Sonderrechte mit einer vergleichsweise niedrigen Verzinsung ausgestattet. Die AG sichert sich mit ihrer Emission **zinsgünstiges Fremdkapital** und die **Möglichkeit der späteren Beschaffung zusätzlichen Eigenkapitals**.

6.1.2.1 Rechte der Inhaber und Ausstattungsmerkmale

Eine Optionsanleihe besteht aus zwei voneinander unabhängigen Wertpapieren. Der eigentlichen Optionsanleihe (= Schuldverschreibung) sind Optionsscheine (Warrants) beigefügt, die das Recht verbriefen,
- innerhalb einer bestimmten Frist (Optionsfrist)
- eine bestimmte Anzahl von Aktien der AG
- zu einem bestimmten Preis (Optionspreis, Basispreis)

zu beziehen.

Fallbeispiel:

Die **Petro AG** veröffentlicht folgendes Bezugsangebot:

Angebot zum Bezug einer 3,25 %-Options-Schuldverschreibung von 2001/2009	
Gesamtnennbetrag	500.000.000,00 EUR
Bezugsfrist	12. März 2001 bis zum 26. März 2001
bezugsberechtigtes Grundkapital	3.000.000.000,00 EUR verbrieft in 600.000.000 Aktien (≙ 5,00 EUR rechnerischer Anteil am Grundkapital je Aktie)
Bezugsverhältnis	jeweils 1.200 Stückaktien berechtigen zum Bezug einer Optionsanleihe im Nennwert von 1.000,00 EUR
Ausgabekurs	100 %
Ausstattung der Anleihe ■ Verzinsung ■ Rückzahlung	3,25 % p.a. zahlbar am 1. April jeden Jahres 1. April 2009
Ausstattung der Optionsscheine ■ Optionsrecht	Jeder Optionsanleihe im Nennwert von 1.000,00 EUR sind zwei Optionsscheine mit Berechtigung zum Bezug von jeweils einer und sechs, also insgesamt sieben Aktien der Petro AG beigefügt.
■ **Basispreis** (Bezugs-, Optionspreis)	140,00 EUR je Aktie
■ **Optionsfrist**	vom 1. April 2001 bis zum 31. März 2009

Lernfeld: Besondere Finanzinstrumente und Steuern

Die Wertpapiere lassen sich wie folgt darstellen:

Optionsschuldverschreibung der Petro AG		Optionsschein (warrant) der Petro AG
festverzinsliches Wertpapier (Anleihe) ■ Zinsanspruch 3,25 % p. a. ■ Rückzahlungsanspruch am 1. April 2009 zum Nennwert	**+**	**Verbriefung von Optionsrechten** ■ Recht zum Bezug junger Aktien zum Basispreis von 140,00 EUR ■ während der Optionsfrist vom 1. April 2001 bis zum 31. März 2009

Wenn mehrere Optionsrechte einer Anleihe beigefügt sind, wird ein Optionsrecht immer gesondert in einem Optionsschein verbrieft. Dies geschieht aus folgenden Gründen:

■ Die Börsennotierung (Stücknotierung) bezieht sich auf den Optionsschein mit einem Optionsrecht, sodass der Wert eines Optionsrechts ersichtlich ist.
■ Es ist jede beliebige Stückzahl von Optionsrechten handel- und lieferbar. Bei einer Verbriefung der sieben Optionsrechte in einem Optionsschein wäre nur eine Zahl handel- und lieferbar, die durch sieben teilbar ist.

Ermittlung der Höhe der bedingten Kapitalerhöhung

1.000,00 EUR Nennwert Optionsanleihe – 7 Optionsrechte
500.000.000,00 EUR Nennwert Optionsanleihe – X

$$x = \frac{7 \cdot 500.000.000,00}{1.000,00} = 3,5 \text{ Mio. Optionsrechte} \cdot 5,00 \text{ EUR rechnerischer}$$

Nennwert Aktie = 17,5 Mio. EUR

Kapitalzufluss nach Ausübung aller Optionsrechte bei der AG

Wenn der Optionspreis unter dem Aktienkurs liegt, werden während der Optionsfrist alle Optionsrechte (OR) ausgeübt. Es ergeben sich bei der Petro AG folgende Bilanzveränderungen durch die Ausübung:

Aktiva	Bilanz der Petro AG		Passiva
Vermögen:	**Eigenkapital:**		
	■ gezeichnetes Kapital		
3,5 Mio. OR · 140,00 EUR	3,5 Mio. OR · 5,00 EUR	**+ 17,5 Mio. EUR**	
(Basispreis) **+ 490 Mio. EUR**	■ Kapitalrücklage		
	3,5 Mio. OR		
	· 135,00 EUR Aufgeld	**= + 472,5 Mio. EUR**	

Bezug der Optionsanleihe

1.200 Stückaktien berechtigen zum Bezug einer Optionsanleihe im Nennwert von 1.000,00 EUR. Der Aktionär Heinz Ecker besitzt 8.400 Aktien der Petro AG. Mit seinen Bezugsrechten kann er folgenden Nennwert Optionsanleihe beziehen:

1.200 Aktien – 1.000,00 EUR Optionsanleihe
8.400 Aktien – X

$$X = \frac{1.000,00 \cdot 8.400}{1.200} = 7.000,00 \text{ EUR Optionsanleihe}$$

Bezugsverhältnis

Zum Bezug von 1.000,00 EUR Optionsanleihe sind 1.200 Aktien mit einem rechnerischen Anteil am Grundkapital von jeweils 5,00 EUR erforderlich. 6.000,00 EUR rechnerischer Nennwert der Aktien berechtigen somit zum Bezug von 1.000,00 EUR Optionsanleihe. Das Bezugsverhältnis (Nennwertverhältnis) beträgt **6 : 1.**

Kursnotierungen

An der Börse gibt es für die Optionsanleihe der Petro AG folgende Kursnotierungen:

- **Optionsanleihe mit Optionsscheinen (m.O.; cum)**

- **Optionsanleihe ohne Optionsscheine (o.O.; ex)**
  Kursbestimmend ist der jeweilige Kapitalmarktzins. Da die Anleihe nur mit einem niedrigen Nominalzins ausgestattet ist, wird der Kurs nach der Trennung der Optionsscheine auf das vom allgemeinen Kapitalmarktzins bestimmte Kursniveau fallen.

- **Optionsschein**
  Der Wert des Optionsscheins orientiert sich am jeweiligen Kurs der Aktie und ihrem weiteren Kurspotenzial. Da die Optionsschein-Inhaber die Aktie zum festgelegten Optionspreis beziehen kann, wird mit steigendem/fallendem Aktienkurs auch der Kurs des Optionsscheins steigen/fallen. Anlagen in Optionsscheinen weisen ein hohes Risiko auf, da die Kursschwankungen des Optionsscheins aufgrund des geringen Kapitaleinsatzes bedeutend höher sind.

| 6.1.2.2 | **Kennzahlen zur Beurteilung von Optionsscheinen** |

Wichtige Kennzahlen zur qualitativen Beurteilung von Optionsscheinen sind

- Hebel
- Parität (innerer Wert)
- Aufgeld
- Zeitwert
- Delta

Fallbeispiel:

Ein Anleger ist von der positiven Kursentwicklung der PETRO-Aktie überzeugt. Er möchte deshalb die Aktie oder den Optionsschein erwerben.
- *Aktienkurs*   *160,00 EUR*
- *Kurs des Optionsscheins*   *50,00 EUR*
- *Basispreis (Optionspreis)*   *140,00 EUR*

Hebel (Leverage-Effekt)

Die Kursentwicklung der Aktie und damit der Erfolg der Anlage ist nicht vorhersehbar. Deshalb soll der Erfolg einer Direktanlage in Aktien und einer Anlage in Optionsscheinen bei alternativen Börsenkursen im Vergleich dargestellt werden. Dabei wird unterstellt, dass die absoluten Kursänderungen des Optionsscheins und der Aktie gleich sind.

Aktienkurs nach einem Jahr in EUR	absolute Kursänderung in EUR	Kurs des Optionsscheins nach einem Jahr in EUR	Rendite einer Aktienanlage (ohne Berücksichtigung der Dividende)	Rendite einer Anlage in Optionsscheinen	Hebel
230,00	+ 70,00	120,00	$\dfrac{70 \times 100}{160} = + 43,75\ \%$	$\dfrac{70 \times 100}{50} = + 140\ \%$	$\dfrac{140}{43,75} = 3,2$
200,00	+ 40,00	90,00	$\dfrac{40 \times 100}{160} = + 25\ \%$	$\dfrac{40 \times 100}{50} = + 80\ \%$	$\dfrac{80}{25} = 3,2$
160,00	+ 0,00	50,00	0 %	0 %	–
140,00	– 20,00	30,00	$\dfrac{20 \times 100}{160} = - 12,5\ \%$	$\dfrac{20 \times 100}{50} = - 40\ \%$	$\dfrac{40}{12,5} = 3,2$
120,00	– 40,00	10,00	$\dfrac{40 \times 100}{160} = - 25\ \%$	$\dfrac{40 \times 100}{50} = - 80\ \%$	$\dfrac{80}{25} - 3,2$

Lernfeld: Besondere Finanzinstrumente und Steuern

Bei gleichen absoluten Kursänderungen des Optionsscheins und der Aktie ergibt sich der Hebel aus dem geringeren Kapitaleinsatz beim Erwerb des Optionsscheins.

$$\text{Hebel} = \frac{\text{Aktienkurs}}{\text{Kurs des Optionsscheins}} = \frac{160,00}{50,00} = \underline{\underline{3,2}}$$

- Wenn die absoluten Kursänderungen bei der Aktie und dem Optionsschein gleich hoch sind, beträgt die relative Kursänderung des Optionsscheins aufgrund des geringeren Kapitaleinsatzes das 3,2fache der relativen Kursänderung der Aktie. *Steigt die Aktie z. B. um 1% im Kurs, steigt der Kurs des Optionsscheins um 3,2 %.*
- Hierbei wird ein gleich bleibendes Aufgeld unterstellt. Diese Voraussetzung ist in der Praxis aber selten erfüllt, sodass durch den Aufbau oder Abbau des Aufgeldes die tatsächliche Kursänderung des Optionsscheins nicht exakt dem Hebel entsprechen wird.

Innerer Wert (Parität)

Der innere Wert ist die Differenz zwischen dem aktuellen Aktienkurs und dem Basispreis. Der Optionsschein hat einen

- **positiven inneren Wert**, wenn der Bezug der Aktie über den Optionsschein günstiger ist als der Direktkauf der Aktie an der Börse.
- **negativen inneren Wert**, wenn der Bezug der Aktie über den Optionsschein teurer ist als der Direktkauf der Aktie an der Börse.

Aktienkurs	Basispreis	Innerer Wert	Art der Option
160,00 EUR	140,00 EUR	20,00 EUR	■ **Option ist im Geld (in the money)** ■ Aktienkurs > Basispreis ■ positiver innerer Wert ■ Ausübung sinnvoll
140,00 EUR	140,00 EUR	0,00 EUR	■ **Option ist am Geld (at the money)** ■ Aktienkurs = Basispreis ■ kein innerer Wert ■ Ausübung bringt keinen Gewinn und keinen Verlust
130,00 EUR	140,00 EUR	– 10,00 EUR	■ **Option ist aus dem Geld (out of the money)** ■ Aktienkurs < Basispreis ■ (rechnerisch) negativer innerer Wert ■ Ausübung nicht sinnvoll

Aufgeld und Zeitwert der Option

Dem Anleger bietet sich zum Erwerb der Aktie folgende Alternative:
- Kauf der Aktie an der Börse zum aktuellen Börsenkurs
- Kauf des Optionsscheins und Bezug der Aktie zum Basispreis

> Das **Aufgeld** gibt an, um welchen Betrag der Kauf des Optionsscheins und der anschließende Bezug der Aktie zum Basispreis teurer ist als der Direktkauf der Aktie an der Börse.

Vergleich der alternativen Bezugsmöglichkeiten:

Kurs des Optionsscheins 50,00 EUR + Basispreis 140,00 EUR	190,00 EUR
− Aktienkurs (Aufwand bei Direktkauf der Aktie)	− 160,00 EUR
= Aufgeld	30,00 EUR

Der Anleger ist bereit, einen über den inneren Wert liegenden Preis für den Optionsschein zu zahlen, da der Optionsschein auf Grund der Hebelwirkung besondere Chancen (aber auch Risiken) bietet.

> Der **Zeitwert** eines Optionsscheins ist der nicht durch den inneren Wert gedeckte Teil des Optionsscheinkurses. Bei einer im Geld befindlichen (in the money) Option entspricht der Zeitwert dem Aufgeld

Kurs des OS	50,00 EUR
− innerer Wert	− 20,00 EUR
= Zeitwert (Aufgeld)	30,00 EUR

Der Zeitwert (Aufgeld) nimmt im Zeitablauf ab. Bei Fälligkeit des Optionsscheins wird der Kurs des Optionsscheins dem inneren Wert entsprechen. Der Käufer eines Optionsscheins muss also die Erwartung haben, dass der Aktienkurs während der Laufzeit des Optionsscheins um mehr als das Aufgeld steigt.

Aufgrund des Aufgeldes ist es sinnvoll, den Optionsschein an der Börse zu verkaufen, anstatt die jungen Aktien zu beziehen. Deshalb werden in der Praxis die Optionsrechte i. d. R. erst am Ende der Optionsfrist ausgeübt.

Aufgeld in Prozent (relatives Aufgeld)

$$\frac{\text{Aufgeld} \cdot 100}{\text{Aktienkurs}} = \frac{30,00 \cdot 100}{160,00} = \underline{18,75\ \%}$$

Aufgeld in Prozent pro Jahr (bei einer Restlaufzeit von 6 Jahren)

18,75 % : 6 Jahre = 3,13 % pro Jahr

Wenn der Kurs der Petro-Aktie während der Restlaufzeit um durchschnittlich 3,13 % pro Jahr steigt, würde der innere Wert des Optionsscheins bei Fälligkeit dem heutigen Kurs des Optionsscheins entsprechen. Der Anleger muss also bei der Aktie eine bessere Kursentwicklung als 3,13 % p.a. erwarten.

Lernfeld: Besondere Finanzinstrumente und Steuern

Bestimmungsgrößen des Aufgeldes
- Aktienkurs
- Restlaufzeit des Optionsscheins
- Basispreis
- Volatilität (Schwankungsintensität) der Aktie
- Hebel

Die **Volatilität** drückt die Schwankungsintensität der Kurse aus.
Mathematisch entspricht die Volatilität der Standardabweichung. Auf der Grundlage der Wahrscheinlichkeitstheorie wird angenommen, dass sich der Kurs eines Wertpapiers im Rahmen einer Normalverteilung um den Mittelwert verteilt. Auf der Grundlage des bisherigen Kursverlaufs der Aktie wird die Standardabweichung um die Trendlinie ermittelt (historische Volatilität). Die Standardabweichung gibt den Korridor ober- und unterhalb der Trendlinie an, in der 68 % aller Kurse fallen. Von besonderer Bedeutung für den Wert von Optionsscheinen sind jedoch zukünftig erwartete Kursschwankungen. Je höher die erwartete Volatilität, desto höher ist das Aufgeld, da eine hohe Chance besteht, dass die Kursziele innerhalb der Optionsfrist erreicht werden.

Beispiel:

Kurs der Aktie 160,00 EUR
erwartete einjährige Volatilität 20 %

160,00 EUR − 20 % = 128,00 EUR
160,00 EUR + 20 % = 192,00 EUR

Interpretation: Mit einer Wahrscheinlichkeit von 68 % schwankt der Kurs der Aktie im nächsten Jahr zwischen 128,00 EUR und 192,00 EUR.

Delta

Die Annahme beim Hebel, dass die absoluten Kursänderungen bei der Aktie und dem Optionsschein gleich hoch sind, entspricht nicht den praktischen Erfahrungen. Vielmehr können die Kursänderungen des Optionsscheins größer oder auch kleiner sein als bei der Aktie.
Das **Delta** (Preissensitivität) gibt Auskunft über die tatsächliche Veränderung des Optionsscheinkurses auf eine Kursveränderung der Aktie. Die Berechnung des Deltas erfolgt mit finanztheoretischen Optionsbewertungsmodellen *(z. B. Black-Scholes-Modell)*.
Das Delta gibt an, um wie viel Cent sich der Kurs des Optionsscheins ändert, wenn sich der Aktienkurs um 1,00 EUR ändert. Das Delta bei einem Optionsschein, der zum Bezug von Aktien berechtigt, liegt zwischen 0 und 1.

Kursänderung der Aktie	Kursänderung des Optionsscheins	Delta
+ 80,00 EUR	+ 80,00 EUR	1,0
+ 60,00 EUR	+ 48,00 EUR	0,8
− 20,00 EUR	− 10,00 EUR	0,5
− 40,00 EUR	− 8,00 EUR	0,2

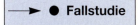
● Fallstudie

6.1.3 Optionsscheine von Kreditinstituten (naked warrants)

Neben den traditionellen Optionsscheinen, die in Verbindung mit einer Optionsanleihe emittiert werden, emittieren Kreditinstitut eine Vielzahl von unabhängigen Optionsscheinen (naked warrants) zu unterschiedlichen Basiswerten.

Die Optionsscheine verbriefen das Recht
- einen bestimmten Basiswert (Aktien, Anleihen, Währungen, Indizes)
- zu einem festgelegten Basispreis (Optionspreis)
- innerhalb einer bestimmten Frist (Optionsfrist)
- zu kaufen (= Call) oder zu verkaufen (= Put).

Besitzt das emittierende Kreditinstitut während der Laufzeit der Optionsscheine einen gesondert gehaltenen Deckungsbestand an Aktien um die Ansprüche der Inhaber der Optionsscheine erfüllen zu können, bezeichnet man diese Optionsscheine auch als **„covered warrants"**. In der neueren Zeit wird aber in der Regel auf einen Deckungsbestand verzichtet. Statt dessen stellen die Emittenten durch den Abschluss von weiteren Finanztransaktionen (Optionen und Futures) die Lieferansprüche sicher. Der Begriff „covered warrant" wird jedoch oft synonym mit dem Begriff „naked warrent" verwandt.

Arten von Optionsscheinen

	Call: Recht zum Kauf von ...	Put: Recht zum Verkauf von ...
Aktienoptionsscheine (Covered Warrants)	■ Aktien *(z. B. Bayer-Aktien)* ■ Erwartung steigender Aktienkurse	■ Aktien ■ Erwartung fallender Aktienkurse
Zinsoptionsscheine	■ Anleihen *(z. B. 6 % Bundesanleihe 1999 / 2009)* ■ Erwartung fallender Zinsen, d. h. steigender Anleihekurse	■ Anleihen ■ Erwartung steigender Zinsen, d. h. fallender Anleihekurse
Währungsoptionsscheine	■ Währungen *(z. B. USD, GBP, YEN)* ■ Erwartung steigender Devisenkurse	■ Währungen ■ Erwartung fallender Devisenkurse
Indexoptionsscheine	■ Indizes *(z. B. DAX, MDAX, Nikkei, S & P 500)* ■ Erwartung steigender Marktkurse	■ Indizes ■ Erwartung fallender Marktkurse

Besondere Merkmale der Optionsscheine von Kreditinstituten

■ kürzere Laufzeiten als traditionelle Optionsscheine

■ hoher Hebel und damit hohes Risiko

■ **Barausgleich (cash settlement)**: Anstatt einer Lieferung der Basiswerte, die bei Indexoptionsscheinen auch gar nicht möglich ist, erfolgt oft die Zahlung einer Ausgleichssumme.

Fallbeispiel:

Die Europabank emittiert Optionsscheine, die zum Bezug von Aktien der Teltec AG berechtigen, zu folgenden Bedingungen:

■ Bezugs(Options-)verhältnis: 2 : 1
  Je zwei Optionsscheine berechtigen zum Bezug einer Teltec-Aktie.
■ Basispreis: 180,00 EUR
■ Bezugs(Options-)frist: 2 Jahre

Kurs der Teltec-Aktie: 160,00 EUR
Kurs des Teltec-Optionsscheins   12,00 EUR

Bei der Ermittlung der Kennzahlen ist zu berücksichtigen, dass jeweils zwei Optionsscheine zum Bezug einer Aktie notwendig sind.

Lernfeld: Besondere Finanzinstrumente und Steuern 259

Hebel	$$\frac{\text{Aktienkurs}}{\text{Kurs des Optionsscheins} \cdot \text{Bezugsverhältnis}} = \frac{160,00}{12,00 \cdot 2} = \underline{6,67}$$ Die prozentuale Kursänderung des Optionsscheins ist um das 6,67fache größer als die prozentuale Kursänderung der Aktie.
Innerer Wert (Parität)	$$\frac{\text{Aktienkurs} - \text{Basispreis}}{\text{Bezugsverhältnis}} = \frac{160,00 - 180,00}{2} = \underline{\underline{-10,00 \text{ EUR}}}$$ Der Optionsschein ist nicht „im Geld" (out-of-the-money). Eine Ausübung des Optionsrechtes ist zur Zeit nicht sinnvoll, da die Aktie beim direkten Kauf an der Börse billiger bezogen werden kann als über den Optionsschein. Der rechnerische innere Wert der Option ist negativ.
Aufgeld	**Aufgeld in EUR (absolutes Aufgeld)** Kurs des Optionsscheins · Bezugsverhältnis (12,00 · 2) 24,00 EUR + Basispreis 180,00 EUR – Aktienkurs 160,00 EUR = absolutes Aufgeld <u>44,00 EUR</u> **Aufgeld in Prozent (relatives Aufgeld)** $$\frac{\text{Aufgeld} \cdot 100}{\text{Aktienkurs}} = \frac{44,00 - 100}{160,00} = \underline{\underline{27,50 \%}}$$ Der Aktienbezug über die Ausübung der Optionsrechte ist um 44,00 EUR bzw. 27,50 % teurer als der Direktkauf der Aktie an der Börse. **relatives Aufgeld pro Jahr** Die Restlaufzeit beträgt 2 Jahre. $$\frac{\text{Aufgeld in Prozent}}{\text{Restlaufwert}} = \frac{27,50}{2} = \underline{\underline{13,75 \% \text{ pro Jahr}}}$$ Nur wenn die Aktie in der restlichen Zeit der Optionsfrist pro Jahr um durchschnittlich mehr als 13,75 % steigt, erzielt der Käufer einen Gewinn, da sich das Aufgeld bis zur Fälligkeit vollständig abbaut.
Zeitwert	Kurs des Optionsscheins 12,00 EUR – positiver innerer Wert des Optionsscheins 0,00 EUR = Zeitwert <u>12,00 EUR</u> Da der Optionsschein einen rechnerisch negativen inneren Wert besitzt (out-of-money-Option), ergibt sich der Kurs des Optionsscheins vollständig aus dem Zeitwert.

6.1.4   Beurteilung der Geldanlage in Optionsscheinen

Optionsscheine weisen aufgrund des Hebels (geringer Kapitaleinsatz) hohe Gewinnmöglichkeiten auf. Sollte aber die erwartete Kursänderung des Basiswertes während der begrenzten Laufzeit nicht eintreten, droht der **Totalverlust** des eingesetzten Kapitals. Nur Anleger mit einem hinreichenden Produktverständnis sollten den Erwerb von Optionsscheinen in Betracht ziehen.

Anlageziele beim Erwerb von Optionsscheinen
- Spekulation
- Absicherung

> *Beispiel:*
> Der Anleger verfügt über einen Bestand an 5.000 Teltec-Aktien; aktueller Kurs: 160,00 EUR
> Er erwirbt 5.000 Put-Optionsscheine, Basispreis 160,00 EUR, Laufzeit 2 Jahre, zum aktuellen Kurs von 10,00 EUR. Nach einem halben Jahr ist der Kurs der Aktie auf 120,00 EUR gefallen. Der Teltec-Optionsschein notiert mit 50,00 EUR.
> Der Kursverlust bei den Teltec-Aktien ist durch einen Kursanstieg des Teltec-Optionsscheins ausgeglichen worden.

Der Erwerb von Optionsscheinen gilt i. d. R. als Termingeschäft. Termingeschäftsfähig ist der Anleger, wenn er
- über die besonderen Risiken umfassend aufgeklärt wurde und
- das Informationsblatt *„Wichtige Informationen über Verlustrisiken bei Börsentermingeschäften"* unterschrieben hat.

6.2 Finanzderivate

6.2.1 Termingeschäfte

Terminhandel
Erfüllung der Geschäfte zu einem späteren Zeitpunkt als im Kassahandel

Optionshandel	Handel mit Finanzterminkontrakten
bedingte Termingeschäfte „Options"	unbedingte Termingeschäfte „Futures"

Elektronischer Handel an der Eurex AG (**Eur**opean **Ex**change AG)

Die Eurex AG ist eine Gemeinschaftsunternehmen der Deutsche Börse AG und der Schweizer Börse.

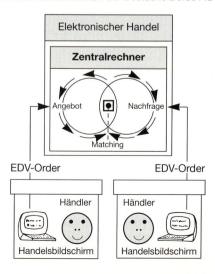

Rechtsgrundlagen:

- *Börsengesetz (BörsG)*

    Börsentermingeschäfte können nur zwischen Personen rechtswirksam abgeschlossen werden, die börsentermingeschäftsfähig sind.

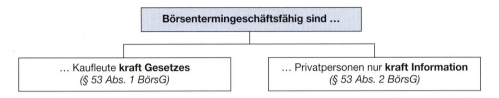

Kreditinstitute können mit Privatpersonen Börsentermingeschäfte nur rechtswirksam tätigen, wenn sie die privaten Vertragspartner über die mit dem Kontrakt verbundenen typischen wirtschaftlichen und finanziellen Risiken informiert haben. Die Information muss schriftlich erfolgen; sie darf keine weiteren Erklärungen enthalten und ist in bestimmten Zeitabständen zu wiederholen. In der Praxis erfolgt die Aufklärung über die mit Termingeschäften verbundenen Risiken mit dem Informationsmerkblatt „Wichtige Informationen über Verlustrisiken bei Börsentermingeschäften".

- *Börsenordnung für die Eurex AG*
- *Bedingungen für den Handel an der Eurex AG*
- *Clearing-Bedingungen für den Handel an der Eurex AG*
- *Sonderbedingungen für Börsentermingeschäfte*

6.2.2 Aktien-Optionen

6.2.2.1 Rechte und Risiken

Optionsgeschäfte

- beinhalten den Erwerb bzw. die Veräußerung des **Rechts,**
- eine bestimmte Menge zum Optionshandel zugelassener Aktien
- jederzeit innerhalb einer bestimmten Frist (Optionsfrist)
- zu einem im Voraus vereinbarten Preis (Basispreis)
- entweder vom Kontrahenten zu fordern oder an ihn zu liefern.

Für dieses Recht hat der Käufer beim Abschluss des Optionsgeschäftes den Optionspreis zu zahlen.

Optionsarten

Optionsgeschäfte umfassen zwei Verträge:
1. Kauf eines Optionsrechtes und
2. Abschluss eines aufschiebend bedingten Wertpapierkaufvertrages, der durch die Optionsausübung wirksam wird

Kaufoption (Call)

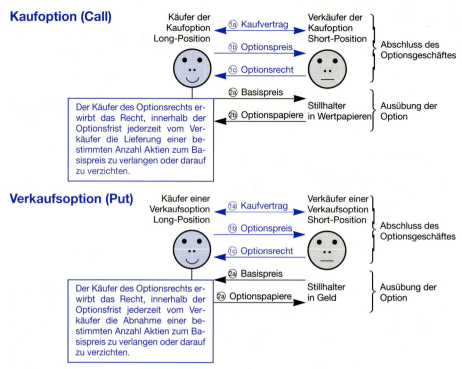

Verkaufsoption (Put)

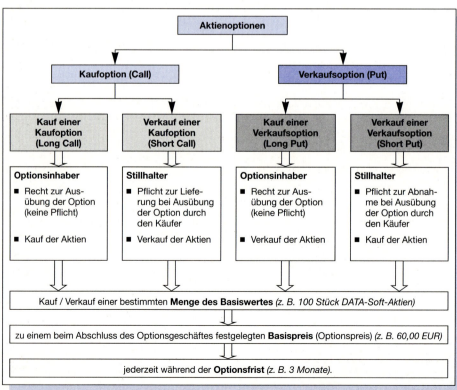

Lernfeld: Besondere Finanzinstrumente und Steuern   263

Fallbeispiel:

Am 11. März 20.. wird folgende Kaufoption auf DataSoft-Aktien an der Eurex gehandelt:

- 5 Kontrakte à 100 Stck   500 Stck
- Basispreis   60,00 EUR
- Optionspreis   5,00 EUR
- Laufzeit bis   19. Sept. 20..

Käufer (Optionsinhaber, long call)	Kaufvertrag am 11. März 20..	Verkäufer (Stillhalter, short call)
■ erwartet **steigende** Kurse Der Käufer erwirbt das **Recht**: – jederzeit bis zum 19. Sept. d.J. – 500 DataSoft-Aktien – zum Preis von 60,00 EUR vom Verkäufer zu verlangen ■ Risiko auf den Verlust des Optionspreises **begrenzt**	= schuldrechtliche Einigung Zahlung des Optionspreises 2.500,00 EUR ⟶ Einräumung des Optionsrechtes ⟵	■ erwartet **fallende** oder **stagnierende** Kurse Der Verkäufer hat die **Pflicht** auf Verlangen des Verkäufers – jederzeit bis zum 19. Sept. d.J. – 500 DataSoft-Aktien zum Preis von 60,00 EUR zu liefern ■ unbegrenztes Risiko

Käufer	Ausübung/Verzicht bis zum 19. Sept. 20..	Verkäufer
■ **keine Ausübung** Verlust des Optionspreises von <u>2.500,00 EUR</u>	**1. Fall:** ■ **Kurs < Basispreis** ■ DataSoft-Aktie notiert bei 56,00 EUR	■ Gewinn in Höhe des Optionspreises von <u>2.500,00 EUR</u>

■ **Ausübung**
 	
Aktienwert
500 · 62,00 EUR = 31.000,00 EUR
– gezahlter
  Optionspreis   2.500,00 EUR
– gezahlter
  Basispreis   30.000,00 EUR
= **Verlust**   <u>1.500,00 EUR</u>
	2. Fall:
	■ **Kurs > Basispreis**
	■ **Kurs < (Basispreis + Optionspreis)**
	■ DataSoft-Aktie notiert bei 62,00 EUR
	
	Lieferung von 500 DataSoft-Aktien ⟵
	
	Zahlung 500 · 60,00 = 30.000,00 EUR ⟶
		erhaltener
		Optionspreis 2.500,00 EUR
		+ erhaltener
		  Basispreis 30.000,00 EUR
		– Zeitwert der
		  Aktien 31.000,00 EUR
		= **Gewinn** <u>1.500,00 EUR</u>

■ **Ausübung**
 	
Aktienwert
500 · 65,00 EUR = 32.500,00 EUR
– gezahlter
  Optionspreis   2.500,00 EUR
– gezahlter
  Basispreis   30.000,00 EUR
= **Nettoerfolg**   0,00 EUR
	3. Fall:
	■ **Kurs = (Basispreis + Optionspreis)**
	■ Data-Soft-Aktie notiert bei 65,00 EUR
	
	Lieferung von 500 DataSoft-Aktien ⟵
	
	Zahlung 500 · 60,00 = 30.000 EUR ⟶
		erhaltener
		Opitonspreis 2.500,00 EUR
		+ erhaltener
		  Basispreis 30.000,00 EUR
		– Zeitwert der
		  Aktien 32.500,00 EUR
		= **Nettoerfolg** 0,00 EUR

■ **Ausübung**
 	
Aktienwert
500 · 72,00 EUR = 36.000,00 EUR
– gezahlter
  Optionspreis   2.500,00 EUR
– gezahlter
  Basispreis   30.000,00 EUR
= **Gewinn**   3.500,00 EUR
	4. Fall:
	■ **Kurs > (Basispreis + Optionspreis)**
	■ Data-Soft-Aktie notiert bei 72,00 EUR
	
	Lieferung von 500 DataSoft-Aktien ⟵
	
	Zahlung 500 · 60,00 = 30.000 EUR ⟶
		erhaltener
		Optionspreis 2.500,00 EUR
		+ erhaltener
		  Basispreis 30.000,00 EUR
		– Zeitwert der
		  Aktien 36.000,00 EUR
		= **Verlust** 3.500,00 EUR

6

Erwartungshaltungen/Grundstrategien bei Aktienoptionen

Call (Kaufoption)		Put (Verkaufsoption)	
Long-Position (Käufer der Kaufoption)	**Short-Position** (Verkäufer der Kaufoption) (Stillhalter)	**Long-Position** (Käufer der Verkaufsoption)	**Short-Position** (Verkäufer der Verkaufsoption) (Stillhalter)
Erwartungshaltungen			
steigende Kurse („bullish")	gleichbleibende oder leicht fallende Kurse	fallende Kurse („bearish")	gleich bleibende oder leicht steigende Kurse
Strategien			
Steigt der Kurs wie erwartet, kauft der Anleger die Aktie zum vereinbarten Basispreis und verkauft sie zum höheren aktuellen Kurs. Stagniert oder sinkt der Kurs, lässt der Anleger die Option verfallen. Sein Verlust ist auf den Optionspreis beschränkt.	Fällt oder stagniert der Kurs, vereinnahmt der Anleger den Optionspreis. Er steigert dadurch den Ertrag seines Aktienbestandes trotz stagnierender oder sogar fallender Kurse. Steigt der Kurs entgegen seiner Erwartung, übt der Käufer die Option aus. Sein Verlust ergibt sich aus der Differenz von aktuellem Aktienkurs und Basispreis. Der Stillhalter muss eine Sicherheitsleistung (Margin) erbringen.	Fällt der Kurs wie erwartet, kauft der Anleger die Aktien am Markt und verkauft sie im Rahmen der Optionsausübung zum höheren Basispreis. Falls der Anleger die Aktien in seinem Depot hat, kann er durch den Kauf der Put-Option seinen Aktienbestand gegen einen Kursverfall absichern (Hedging); der Optionspreis entspricht einer „Versicherungsprämie". Stagniert oder steigt der Kurs, lässt der Anleger die Option verfallen. Sein Verlust ist auf den Optionspreis beschränkt.	Steigt oder stagniert der Aktienkurs, vereinnahmt der Anleger den Optionspreis. Sinkt der Kurs entgegen seiner Erwartung, übt der Käufer die Option aus. Sein Verlust ergibt sich aus der Differenz von Basispreis und aktuellem Aktienkurs. Der Stillhalter muss eine Sicherheitsleistung (Margin) erbringen.

Chance und Risikoprofil

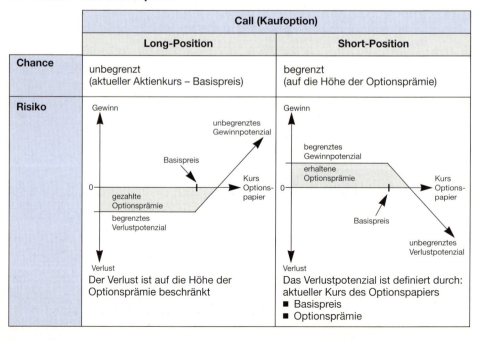

Lernfeld: Besondere Finanzinstrumente und Steuern

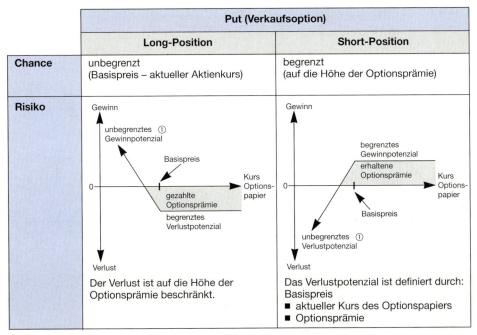

	Put (Verkaufsoption)	
	Long-Position	**Short-Position**
Chance	unbegrenzt (Basispreis – aktueller Aktienkurs)	begrenzt (auf die Höhe der Optionsprämie)
Risiko	Der Verlust ist auf die Höhe der Optionsprämie beschränkt.	Das Verlustpotenzial ist definiert durch: Basispreis ■ aktueller Kurs des Optionspapiers ■ Optionsprämie

① Das Gewinnpotenzial beim Long Put bzw. das Verlustpotenzial beim Short Put ist nur dadurch begrenzt, dass der Kurs des Basispapiers nicht unter Null sinken kann.

Fallbeispiel:

Absicherung des Aktienbestandes durch eine Put-Long-Position

Situation: Ein Anleger besitzt 1.000 Aktien eines Unternehmens, die an der Börse mit 61,00 EUR notiert werden.
Gesamtkurswert: 61.000,00 EUR

Strategie: Der Anleger möchte sich gegen fallende Kurse versichern. Er erwirbt eine Verkaufsoption über 1.000 Aktien.
Basispreis: 61,00 EUR
Optionspreis: 1,00 EUR
Gesamtwert der Option: 1.000,00 EUR

Szenario: Der Kurs der Aktie fällt auf 55,00 EUR
Gesamtkurswert: 55.000,00 EUR
Der Optionspreis steigt rechnerisch auf 6,00 EUR (Basispreis 61,00 EUR – aktueller Kurs 55,00 EUR.)
Gesamtwert der Option: 6.000,00 EUR
Gesamtwert Aktien + Option 61.000,00 EUR

Ergebnis: Die Kursverluste bei den Aktien wurden durch die Preissteigerung bei der Option aufgefangen.
Der Anleger kann
1) die Option auf dem Sekundärmarkt verkaufen und durch den Verkaufserlös seine Kursverluste ausgleichen,
2) die Option ausüben und die Aktien dem Stillhalter zu 61,00 EUR pro Stück liefern.

■ In beiden Fällen hat der Anleger, trotz fallender Kurse, sein Vermögen in voller Höhe gehalten.

■ Der Nettoaufwand für die Absicherung beträgt (ohne Berücksichtigung der Kosten) 1.000,00 EUR. Dieser Aufwand kann als „Versicherungskosten" für die Begrenzung des Kursrisikos angesehen werden.

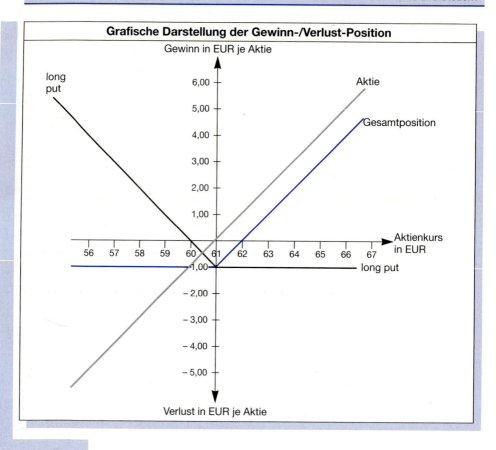

Handlungsalternativen bei Optionen

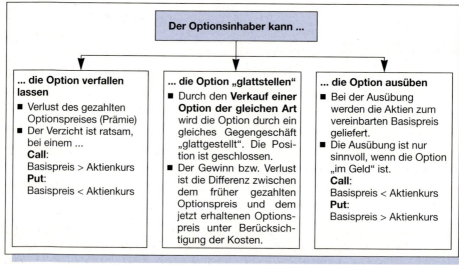

Lernfeld: Besondere Finanzinstrumente und Steuern   267

Der Stillhalter kann ...

... warten (stillhalten)

Wenn der Inhaber die Option nicht ausübt, hat der Stillhalter den Optionspreis
abzüglich der Kosten verdient.

... die Option „glattstellen"

- Durch den **Kauf einer Option der gleichen Art** wird die Option durch ein
  gleiches Gegengeschäft „glattgestellt".
  Die Position ist geschlossen.
- Der Gewinn bzw. Verlust ist die Differenz zwischen dem früher erhaltenen
  Optionspreis und dem jetzt gezahlten
  Optionspreis unter Berücksichtigung
  der Kosten.

In der Praxis werden Optionen in der Regel „glattgestellt" bzw. sie verfallen bei Endfälligkeit, wenn sie aus dem Geld sind.

Optionsbegriffe

	Call	**Put**
innerer Wert	Aktienkurs – Basispreis	Basispreis – Aktienkurs
	Beispiel:	*Beispiel:*
	78,00 – 70,00 = 8,00 EUR	*70,00 – 62,00 = 8,00 EUR*
Aufgeld (Zeitwert)	Optionspreis – innerer Wert	Optionspreis – innerer Wert
	Beispiel:	*Beispiel:*
	13,00 – 8,00 = 5,00 EUR	*13,00 – 8,00 = 5,00 EUR*
„in-the-money" Optionen	Aktienkurs > Basispreis	Aktienkurs < Basispreis
	Beispiel:	*Beispiel:*
	78,00 EUR > 70,00 EUR	*62,00 EUR < 70,00 EUR*
„at-the-money" Optionen	Aktienkurs = Basispreis	Aktienkurs = Basispreis
	Beispiel:	*Beispiel:*
	70,00 EUR = 70,00 EUR	*70,00 EUR = 70,00 EUR*
„out-of-the-money" Optionen	Aktienkurs < Basispreis	Aktienkurs > Basispreis
	Beispiel:	*Beispiel:*
	65,00 EUR < 70,00 EUR	*74,00 EUR > 70,00 EUR*

Risiko und Aufgeld von Optionen

- Das Aufgeld einer Option ist insbesondere von der Schwankungsintensität (Volatilität)
  des Basiswertes *(z. B. Aktie)* abhängig.
- Je weiter eine Option „aus dem Geld" („out-of-the-money") ist, desto höher ist das Risiko für
  den Optionsinhaber, dass die Ausübung der Option während der Laufzeit nicht sinnvoll ist.
  Der Preis dieser Optionen ist am niedrigsten. Ein niedriger Optionspreis führt zu einem hohen Hebel. Ein hoher Hebel muss in der Regel mit einem hohen Aufgeld „bezahlt" werden.

> **Beispiel:**

Aufgeld und Hebel einer Kaufoption

Aktienkurs	Basispreis	Optionspreis	Aufgeld	Hebel
56,00 EUR	50,00 EUR	9,00 EUR	3,00 EUR	$\frac{56,00}{9,00} = 6,2$
56,00 EUR	56,00 EUR	5,00 EUR	5,00 EUR	$\frac{56,00}{5,00} = 11,2$
56,00 EUR	60,00 EUR	3,00 EUR	7,00 EUR	$\frac{56,00}{3,00} = 18,7$

- Das Aufgeld vermindert sich während der Laufzeit der Option und besteht am Verfalltag nicht mehr, da bei Fälligkeit der Option nur die Alternative des Verzichts oder der Ausübung besteht. Der Abbau des Zeitwertes erfolgt mit abnehmender Laufzeit überproportional. Je kürzer die Restlaufzeit der Option, desto höher ist das Risiko.

Entwicklung des Aufgeldes (Zeitwertes) einer Option

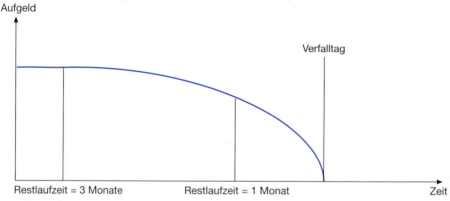

6.2.2.2 Aktienoptionen an der Eurex

Zum Abschluss von Optionsgeschäften sind natürliche und juristische Personen berechtigt, die vom Börsenvorstand als Börsenteilnehmer zugelassen sind *(§§ 13ff. Börsenordnung Eurex AG)*. Börsenteilnehmer können auch eine Market-Maker-Zulassung beantragen *(§§ 17ff. Börsenordnung Eurex AG)*.

Market Maker sind nach Eingang einer Quote-Anforderung verpflichtet, für einen in ihrer Zulassung angegebenen Basiswert unverzüglich Quotes (Offerten) für die Angebots- und Nachfrageseite zu stellen und zu diesen Geschäftsabschlüsse zu tätigen. Der Market Maker muss während der gesamten Börsenzeit erreichbar sein.

Lernfeld: Besondere Finanzinstrumente und Steuern

1. Auftragserteilung

Der Auftrag enthält neben den allgemeinen Angaben spezielle Angaben zum Optionsgeschäft:

☐ Angaben zur Optionsart und Optionsposition (Call bzw. Put)

☐ Optionspapiere

Der Börsenvorstand entscheidet über die Zulassung von Wertpapieren zum Börsenterminhandel. Die Zulassung setzt voraus, dass das Wertpapier zum Handel und zur amtlichen Notierung an einer deutschen Wertpapierbörse zugelassen ist. Es muss ferner sichergestellt sein, dass in diesem Papier ein geordneter Börsenterminhandel zu erwarten ist.

☐ Stückzahl (Kontraktgröße)

Der Kontrakt bezieht sich in der Regel auf 100 Aktien.

☐ Optionsfrist

Aktienoptionen werden nach Laufzeiten in drei Gruppen gehandelt, denen einzelne Aktien zugeordnet sind.

Gruppe A	Gruppe B	Gruppe C
Laufzeiten: 1, 2, 3, 6, 9 Monate	Laufzeiten: 1, 2, 3, 6, 9, 12 Monate	Laufzeiten: 1, 2, 3, 6, 9, 12, 18, 24 Monate
Beispiel:	*Beispiel:*	*Beispiel:*
Schering-Aktien	*Lufthansa-Aktien*	*Siemens-Aktien*

☐ Basispreis

- Optionsgeschäfte können nur zu bestimmten gerundeten Basispreisen abgeschlossen werden, die sich grundsätzlich am aktuellen Börsenkurs des Wertpapiers orientieren.
- Der vereinbarte Basispreis ist erst bei der Ausübung der Option zu entrichten.

Für jeden Call und Put stehen für jede Fälligkeit mindestens drei Serien mit je einem Basispreis im Geld (in-the-money), am Geld (at-the-money) und aus dem Geld (out-of-the-money) für den Handel zur Verfügung.

Beispiel:

aktueller Aktienkurs: 460,00 EUR		
Verhältnis aktueller Aktienkurs zu Basispreis	*Basispreise*	
	Call	*Put*
in-the-money	*440,00 EUR*	*480,00 EUR*
at-the-money	*460,00 EUR*	*460,00 EUR*
out-of-the-money	*480,00 EUR*	*440,00 EUR*

☐ Optionspreis

- Der Optionspreis (Optionsprämie) bei Optionsgeschäften über Aktien wird pro Aktie angegeben (Stücknotierung).
- Der Optionspreis ist an dem Börsentag, der dem Handelstag folgt, zu entrichten.
- Der Optionspreis ist abhängig von der:
  - Kurserwartung bei den Optionspapieren,
  - Laufzeit der Option,
  - Höhe des gewählten Basispreises.
- Der Auftrag sollte aufgrund der starken Kursschwankungen stets limitiert werden.

Verfalltag

Verfalltag einer Optionsserie ist grundsätzlich der auf den letzten Handelstag folgende Börsentag.

Letzter Handelstag

Grundsätzlich am dritten Freitag eines Verfallmonats, sofern dieser ein Börsentag ist, andernfalls der davor liegende Börsentag.

Ausübungszeit

Ausübung an jedem Börsentag während der Börsenzeit (amerikanische Art), mit Ausnahme des Tages eines Dividendenbeschlusses.

Erfüllungstag

Zwei Börsentage nach der Ausübung.

Erfüllung

Physische Lieferung des zugrunde liegenden Basiswertes.

2. Auftragsausführung (Matching)

Rechtsstellung des ausführenden Kreditinstituts

Die Aufträge über die Eurex AG führt das Kreditinstitut als Kommissionär durch Selbsteintritt aus *(Sonderbedingungen für Börsentermingeschäfte Nr. 1)*.

Sicherheitenstellung

Jedes Clearing-Mitglied hat zur Besicherung seiner Kontraktverpflichtungen börsentäglich Sicherheit in Geld oder in Wertpapieren zu leisten, um das mit einer Short-Position verbundene Risiko abzudecken. Die Eurex AG berechnet die Höhe der Sicherheitsleistung (= margin) am Ende des Börsentages *(§§ 13ff. Clearing Bedingungen Eurex AG)*.
Bei gedeckten Short-Positionen sind die zugrunde liegenden Optionspapiere (= Basiswerte) hinterlegt; bei ungedeckten Short-Positionen sind die Sicherheiten bei Eröffnung der Short-Position zu leisten und im Falle einer Unterdeckung zu erhöhen (margin call).

Die Börsenteilnehmer sind verpflichtet, von ihren Kunden Sicherheiten in mindestens gleicher Höhe zu verlangen *(Sonderbedingungen für Börsentermingeschäfte Nr. 3)*.
Um tägliche kostenintensive Nachbesicherungen zu vermeiden, verlangen die Kreditinstitute von ihren Kunden allerdings regelmäßig höhere Sicherheiten als die Eurex AG.

Clearing

Die Abwicklung und Abrechnung des Auftrags, die Berechnung der Sicherheitsleistung und die Überwachung der Geschäfte übernimmt die Eurex-Clearing-Stelle. Alle Prämien und Gebühren werden automatisch gebucht und über die LZB verrechnet.

3. Auftragsabrechnung

In der Abrechnung werden ausgewiesen:

- der Marktwert der Option,
- die Provision des Kreditinstituts,
- die Börsengebühren.

Lernfeld: Besondere Finanzinstrumente und Steuern

Beispiel:

```
                           Abrechnung                              23. März 20..

Kauf                       Argus-Aktien PUT

Börse:            Eurex                  Kurs                      EUR      13,00
Handelstag:       23. März 20..          Kurswert                  EUR   3.900,00
Letzter Handelstag: 15. Dez. 20..        Provision                 EUR      59,00
Basispreis:       150,00 EUR             Börsengebühren            EUR      32,00
Kontraktgröße:    300 Stück              Wert   24. März 20..  Soll EUR   3.991,00
Order-/Ref.-Nr.:  901032   0003400160
```

Sollten Sie Ihre offene Position nicht glattstellen, bitten wir Sie, sich mit Ihrem Berater bis zum letzten Handelstag in Verbindung zu setzen. Einwendungen gegen diese Abrechnung müssen unverzüglich nach Zugang erhoben werden; andernfalls gilt diese Abrechnung als genehmigt.

4. Optionsausübung

Eine Ausübung der Option ist an jedem Handelstag während der Börsenzeit der Eurex AG möglich. Unmittelbar nach Optionsausübung ermittelt die Clearing-Stelle mit Hilfe eines Zufallsverfahrens den Stillhalter. Dieser wird am nächsten Bankarbeitstag über die Zuteilung informiert und zur Erfüllung seiner Verpflichtung herangezogen.

5. Auftragserfüllung

Die Auftragserfüllung erfolgt durch
- Zahlung des Basispreises und
- Übertragung des Eigentums an den Optionspapieren.

Das Geschäft ist usancegemäß 2 Börsentage nach Ausübung zu erfüllen.

Nebenrechte bei Aktienoptionen:
- Auch wenn während der Laufzeit der Option Dividenden, Boni oder sonstige Barausschüttungen anfallen, erfolgt keine Berichtigung des Basispreises.
- Werden während der Laufzeit der Option Bezugsrechte gewährt, so ermäßigt sich der Basispreis für Optionen, die vor dem ersten Handelstag des Bezugsrechts abgeschlossen worden sind, um einen von der Eurex AG ermittelten Betrag, der den Wert des Bezugsrechtes repräsentiert *(§ 24 Handelsbedingungen Eurex AG)*.

Abwicklung von Termingeschäften an der Eurex AG

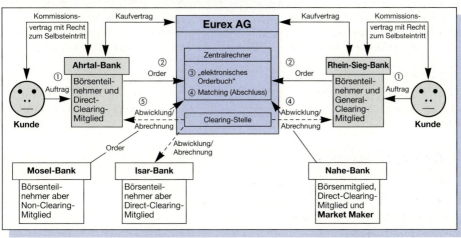

Direct-Clearing-Mitglieder dürfen Eigengeschäfte und Kundengeschäfte abwickeln. General-Clearing-Mitglieder dürfen Eigengeschäfte, Kundengeschäfte und Geschäfte von Börsenteilnehmern abwickeln, die nicht Clearing-Mitglied sind (Non-Clearing-Mitglied).

① Der Kunde erteilt seinem Kreditinstitut schriftlich den Auftrag zum Abschluss eines Termingeschäftes. Bei der Auftragsentgegennahme sind die jeweiligen Kontraktmerkmale (Kontraktspezifikationen) zu berücksichtigen *(§§ 19ff. Handelsbedingungen Eurex AG)*.

② Das Kreditinstitut leitet den Auftrag an die Eurex AG weiter. Es kann den Auftrag direkt über einen Terminal in das Eurex-Order-Routing-System eingeben. Der Kundenauftrag gelangt so über ein bundesweites Standleitungsnetz auf dem schnellsten Weg in das vollelektronische Börsensystem der Eurex AG.

③ Der Auftrag wird in einem „elektronischen Orderbuch" erfasst. Im Orderbuch werden die Aufträge nach den Kriterien Art, Preis und Zeit sortiert.

④ Ist eine Ausführung möglich, wird der Auftrag automatisch mit anderen Aufträgen und Quotes im System zusammengeführt (Matching).
Beim Matching ordnet das System die Aufträge und Quotes zunächst nach dem Preis. Der höchste Nachfragepreis (Bid) und der niedrigste Angebotspreis (Ask) haben Vorrang. Bei Aufträgen und Quotes mit gleichem Preis gilt das „Tempusprinzip". Unlimitierte Aufträge haben Vorrang.

⑤ Der Abschluss wird von der Clearing-Stelle registriert und dem jeweiligen Clearing-Mitglied elektronisch mitgeteilt.

⑥ Über eine entsprechende on-line-Verbindung wird die depotmäßige und geldmäßige Abwicklung initiiert.

Veröffentlichung der Preise

Kontrakt		Call (Kaufoption) Optionspreise				Settlement (Abrechnungspreis[1])	Settlement day before (Abrechnungspreis Vortag)	Volume (Umfang[2])	Open interest (Offene Kontrakte[3])	Put (Verkaufoption) Optionspreise				Settlement	Settlement day before	Volume	Open interest
Month (Verfallmonat)	Strike Price (Basispreis)	Open (Eröffnungspreis)	High (Tageshöchstpreis)	Low (Tagestiefstpreis)	Last (Letzter Preis)					Open	High	Low	Last				
TARAG	Aktienkurs: Eröffnung 278,3			Kassa 279,3				Schluss 278,8									
Juli	240	40,0	40,0	39,5	39,5	39,0	37,5	40	175*	0,3	0,3	0,3	0,3	0,1	0,1		
	260	18,3	20,0	18,0	19,8	19,0	17,5	172	926*	0,4	0,4	0,4	0,4	0,4	0,4	20	950*
	280	2,4	3,5	2,4	2,9	2,9	2,3	201	959*	3,5	3,5	3,5	3,5	3,3	4,6	15	252*
	300	0,1	0,1	0,1	0,1	0,3	0,5	40	2004*	21,0	21,0	21,0	21,0	21,3	23,2	20	12*
	320					0,1	0,1			41,0	41,0	41,0	41,0	41,3	43,2	5	62*
Aug.	240					41,5	39,1		25*					0,7	0,3		
	260	20,0	22,0	20,0	21,5	21,5	19,5	58	329*	1,0	1,0	1,0	1,0	0,8	1,5	10	373*
	280	6,5	7,4	6,5	7,0	7,0	6,3	215	1790*					5,8	7,3		215*
	300					1,5	1,5		544*	21,3	21,3	21,3	21,3	21,5	23,5	20	242*
	320					0,2	0,2		5*					41,5	43,5		40*
Sept.	240	40,0	42,0	40,0	42,0	42,0	41,3	21	90*	2,0	2,0	1,6	1,6	0,9	1,0		752*
	260	24,5	25,0	24,0	24,7	24,7	23,0	66	690*					1,6	2,5	75	1394*
	280	7,5	11,0	7,5	10,0	10,0	9,3	234	2645*	7,5	7,5	7,5	7,5	7,5	9,3	8	729*
	300	3,0	3,8	3,0	3,8	3,5	2,9	338	4024*	21,0	21,0	21,0	21,0	21,8	24,0	20	91*
	320					1,1	1,3		654*					42,0	44,0		2*
Dez.	240					49,3	46,3		81*					2,0	1,9		175*
	260	31,3	31,3	31,3	31,3	32,0	30,0	8	239*	3,8	3,9	3,8	3,9	3,9	4,4	32	472*
	280	17,5	18,2	17,0	18,0	18,0	15,2	28	492*	11,3	11,3	10,2	10,2	10,2	10,8	48	102*
	300	8,0	9,0	8,0	8,9	8,9	80,0	88	677*					22,0	24,5		111*
März	240					43,0	42,2		26*					0,9	1,4		
	260	30,0	32,0	30,0	31,5	31,5	29,5	12	37*	3,3	3,3	3,3	3,3	2,8	3,7	20	238*
	280	16,5	17,4	16,5	17,0	17,0	16,3	233	1810*					7,8	9,3		174*
	300	7,5	9,0	8,0	8,7	8,7	7,5	328	634*	22,2	22,2	22,2	22,2	22,5	24,0	77	104*

[1] Die Abrechnungspreise werden von der Eurex AG festgelegt. Sie kennzeichnen als „Tendenzpreise" die allgemeine Marktmeinung und dienen als Grundlage für die Berechnung der zu erbringenden Sicherheitsleistung (margin).

[2] In dieser Rubrik wird angegeben, wie viel Kontrakte in der jeweiligen Serie gehandelt wurden. Diese Information lässt Rückschlüsse auf die allgemeine Marktlage zu.

[3] Die Zahl der offenen Kontrakte ist ein Gradmesser für das Interesse der jeweiligen Serie. Entsprechende „Fantasien" für den nächsten Börsentag können geweckt werden.

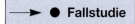
● Fallstudie

Lernfeld: Besondere Finanzinstrumente und Steuern

6.2.3 Futures

Futures sind **unbedingte Termingeschäfte**, bei denen das schuldrechtliche Verpflichtungsgeschäft (Kaufvertrag) und das Verfügungsgeschäft (Erfüllungsgeschäft) zeitlich auseinander fallen. Die im Kaufvertrag versprochenen Leistungen werden erst bei Fälligkeit erbracht. Im Unterschied zum Optionsgeschäft müssen beide Vertragspartner das Geschäft bei Fälligkeit erfüllen.

> **Financial Futures**
> - beinhalten die Pflicht,
> - eine bestimmte Menge eines bestimmten Finanzwertes *(z. B. Bundesanleihen, Aktienindizes)*
> - zu dem am Handelstag vereinbarten Preis (Future-Preis)
> - an einem bestimmten Termin (Fälligkeit)
>
> anzunehmen bzw. zu liefern.

Bei einigen Futures *(z. B. DAX-Future)* erfolgt bei Fälligkeit nicht die Lieferung des Basiswertes, sondern ein **Barausgleich** (cash settlement).

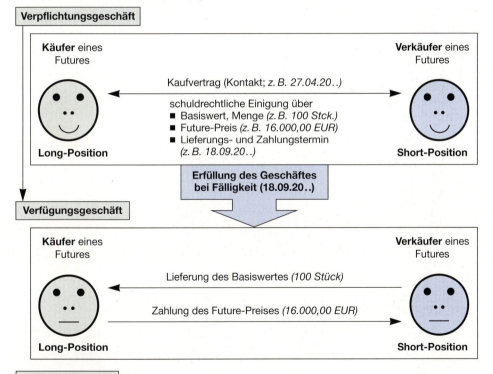

Motive und Risiken

Absicherung (Hedging)

Viele Future-Geschäfte dienen der Absicherung von Finanzpositionen.
- Verkauf eines Wertpapierbestandes auf Termin
  - Vorteil: Kurssicherheit
  - Nachteil: Der Anleger profitiert nicht von steigenden Marktpreisen.

> **Beispiel[1]:**
>
> Sven Mayer möchte 500 Powertec-Aktien, die stark im Kurs gestiegen sind, verkaufen. Da er die Aktien jedoch erst seit 8 Monaten besitzt, sind die Veräußerungsgewinne steuerpflichtig. Er verkauft die Aktien auf Termin in 4 Monaten zu einem schon jetzt vereinbarten Kaufpreis. Damit hat er den Kurs gesichert.

- Kauf von Wertpapieren auf Termin mit der Absicht, die Papiere zu halten
  Vorteil: Kurssicherheit
  Nachteil: Auch bei sinkenden Marktpreisen müssen die Papiere zum höheren Future-Preis abgenommen werden.

> **Beispiel[1]:**
>
> Lea Jansen erwartete eine positive Kursentwicklung der Powertec-Aktien. Zurzeit besitzt Sie aber nicht die finanziellen Mittel zum Kauf der Aktien. Sie erwartet jedoch in 4 Monaten eine größere Erbschaft. Sie kauft die Aktien auf Termin in 4 Monaten zum heutigen Terminkurs.

Spekulation

Bei einer Spekulation möchte der

- Käufer dadurch einen Gewinn erzielen, dass der Preis des Basiswertes bei Fälligkeit des Kontraktes höher ist als der Future-Preis. Er bezahlt bei Fälligkeit den niedrigeren Future-Preis an den Verkäufer des Futures und verkauft den Basiswert sofort zum höheren Preis am Kassamarkt.

  Chance/Risiko: Bei steigenden Marktpreisen besteht ein nicht begrenztes Gewinnpotenzial, bei fallenden Marktpreisen ein nicht begrenztes Verlustpotenzial, das weit über die geleisteten Sicherheiten hinaus gehen kann.

- Verkäufer dadurch einen Gewinn erzielen, dass der Preis des Basiswertes bei Fälligkeit des Kontraktes niedriger ist als der Future-Preis. Er kauft bei Fälligkeit den Basiswert zum niedrigeren Preis am Kassamarkt und liefert den Basiswert zum höheren Future-Preis an den Verkäufer des Futures.

  Chance/Risiko: Bei fallenden Marktpreisen besteht ein nicht begrenztes Gewinnpotential, bei steigenden Marktpreisen ein nicht begrenztes Verlustpotenzial, das weit über die geleisteten Sicherheiten hinaus gehen kann.

Da das **Risiko** einer nicht gedeckten Position unbegrenzt ist, sollen die Beteiligten das Marktgeschehen stets aufmerksam beobachten, um jederzeit auf Preisänderungen reagieren zu können. Engagements am Terminmarkt werden in der Praxis oft schon nach kurzer Zeit wieder glattgestellt.

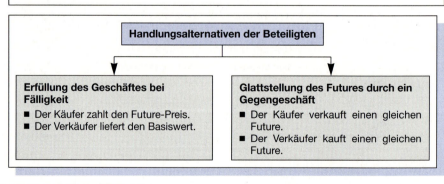

Sicherheitenstellung (Margin)

Käufer und Verkäufer eines Futures haben zur Gewährleistung ihrer Kontraktverpflichtungen Sicherheiten in Geld oder Wertpapieren zu hinterlegen. Die Eurex berechnet die Höhe der erforderlichen Sicherheit börsentäglich auf Grund der Differenz zwischen dem vereinbarten Future-Preis und dem aktuellen Kassakurs.

---

[1] In Deutschland sind Futures auf einzelne Aktien nicht handelbar. Das Beispiel dient der Veranschaulichung des Sachverhalts.

Lernfeld: Besondere Finanzinstrumente und Steuern

6.2.3.1 | DAX-Future

Der **DAX-Future** ist ein unbedingtes Termingeschäft auf den **Deutschen Aktienindex (DAX 30)**, der die Kursentwicklung der umsatzstärksten deutschen Standardaktien widerspiegelt. Da der Basiswert nicht effektiv lieferbar ist, werden erzielte Gewinne oder Verluste am Liefertag bar ausgeglichen **(cash settlement)**.

Merkmale

Basiswert	Deutscher Aktienindex (DAX) Gedanklich ist die Vorstellung hilfreich, der DAX sei ein Wertpapier („DAX-Wertpapier"), das tatsächlich gehandelt wird.
Kontraktwert	25,00 EUR je DAX-Punkt Gedanklich würden dann jeweils 25 Stück „DAX-Wertpapiere" gehandelt
Notierung	in Indexpunkten auf eine Dezimalstelle
minimale Kursveränderung	0,5 Punkte (= 1 Tick), Tickwert 12,50 EUR
Liefermonate	die jeweils nächsten drei Quartalsmonate (März, Juni, September, Dezember)
Abrechnungstag	Schlussabrechnung ist der dritte Freitag des jeweiligen Liefermonats
Erfüllung	Barausgleich (cash settlement)

Fallbeispiel:

Notierungen am 27.04.20..   DAX: 7.180 Pkt.

DAX-Future Fälligkeit 18.09.20..:   7.220 Pkt.

Käufer	Kaufvertrag am 27.04.20..	Verkäufer
■ erwartet **steigende** Kurse	= schuldrechtliche Einigung ◄────────►	■ erwartet **fallende** Kurse
■ muss am 18.09.20.. „25 Stück DAX-Wertpapiere" zu je 7.220,00 EUR „abnehmen"	■ Preis 7.220,00 EUR ■ Menge „25 Stück" ■ Erfüllung 18.09.20..	■ muss am 18.09.20.. „25 Stück DAX-Wertpapiere zu je 7.220,00 EUR „liefern"
■ geht ein **unbegrenztes** Risiko ein		■ geht ein **unbegrenztes** Risiko ein

Käufer	Erfüllung am 18.09.20..	Verkäufer
kein Gewinn/Verlust	**1. Fall:** DAX am 18.09.20.. : 7.220 Pkt. ⇒ keine Ansprüche der Vertragspartner	kein Gewinn/Verlust
11.250,00 EUR Gewinn	**2. Fall:** DAX am 18.09.20.. : 7.670 Pkt. Barausgleich ◄──────── ⇒ Differenzzahlung des Verkäufers an den Käufer 7.670 – 7.220 = 450 Pkt. 450 · 25,00 = <u>11.250,00 EUR</u>	11.250,00 DM Verlust
14.000,00 EUR Verlust	**3. Fall:** DAX am 18.09.20.. : 4.660 Pkt. Barausgleich ────────► ⇒ Differenzzahlung des Käufers an den Verkäufer 7.220 – 6.660 = 560 Pkt. 560 · 25,00 = <u>14.000,00 EUR</u>	14.000,00 EUR Gewinn

Grafische Darstellung des Gewinn-/Verlustpotenzials

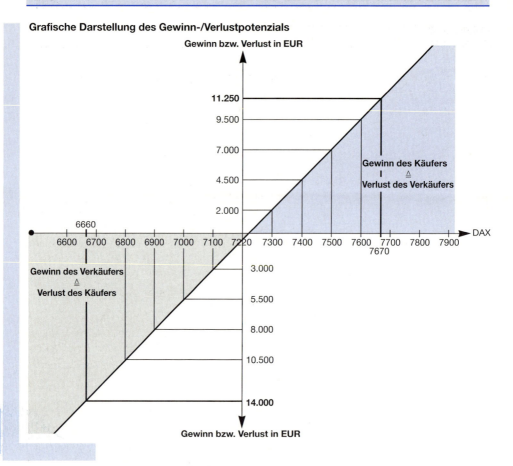

Erwartungshaltungen/Grundstrategien beim DAX-Future

Long-Position (Käufer)	Short-Position (Verkäufer)
Erwartungshaltung	
steigende Kurse („bullish")	**fallende Kurse („bearish")**
Steigt der DAX wie erwartet, stellt der Anleger glatt, d. h. er verkauft die gleichen Kontrakte zum aktuellen Terminpreis. Liegt der aktuelle Terminpreis im Vergleich zum früher vereinbarten Futurepreis höher, erzielt er einen Gewinn, liegt er darunter, macht er Verlust. Falls der **Käufer** des Futures nicht glattstellt, erfolgt bei Fälligkeit ein **Barausgleich** von 25,00 EUR je Differenzpunkt zwischen dem aktuellen DAX und dem Futurepreis. Ein **gestiegener DAX** führt zu **Gewinnen**, ein **gefallener** DAX zu **Verlusten**. Dabei gilt für ihn folgende Erfolgsgleichung: DAX bei Fälligkeit = Futurepreis → Kein Gewinn bzw. Verlust DAX bei Fälligkeit > Futurepreis → Gewinn DAX bei Fälligkeit < Futurepreis → Verlust	Fällt der DAX wie erwartet, stellt der Anleger glatt, d. h. er kauft die gleichen Kontrakte zum aktuellen Terminpreis. Liegt der aktuelle Terminpreis im Vergleich zum früher vereinbarten Futurepreis niedriger, erzielt er einen Gewinn; liegt er darüber, macht er Verlust. Falls der **Verkäufer** des Futures nicht glattstellt, erfolgt bei Fälligkeit ein **Barausgleich** von 25,00 EUR je Differenzpunkt zwischen dem aktuellen DAX und dem Futurepreis. Ein **gefallener DAX** führt zu **Gewinnen**, ein **gestiegener** DAX zu **Verlusten**. Dabei gilt für ihn folgende Erfolgsgleichung: DAX bei Fälligkeit = Futurepreis → Kein Gewinn bzw. Verlust DAX bei Fälligkeit > Futurepreis → Verlust DAX bei Fälligkeit < Futurepreis → Gewinn

Lernfeld: Besondere Finanzinstrumente und Steuern

6.2.3.2 Euro-Bund-Future

Der **Euro-Bund-Future** ist ein unbedingtes Termingeschäft auf **Anleihen des Bundes**. Der Kurs von Anleihen und damit auch des Euro-Bund-Futures ist abhängig von der Zinsentwicklung am Kapitalmarkt. Steigende Kapitalmarktzinsen bedeuten fallende Kurse bei den Anleihen. Sinkende Kapitalmarktzinsen führen zu steigenden Kursen.

Grundlage des Terminkontraktes ist eine fiktive, idealtypische 6 % Bundesanleihe. Zur Erfüllung des Futuresgeschäftes kann grundsätzlich jede Bundesanleihe geliefert werden, deren Restlaufzeit bei Fälligkeit des Kontraktes 8,5 bis maximal 10 Jahre beträgt. Vor Fälligkeit des Terminkontraktes veröffentlicht die Clearing-Stelle der Eurex AG eine Auswahl von Anleihen, die zur Erfüllung des Geschäftes geliefert werden können. Es wird hierbei durch ein so genanntes Preis-Faktor-System sichergestellt, dass die effektiv verfügbare Anleihe im Hinblick auf ihre Rendite mit der dem Terminkontrakt zugrunde liegenden synthetischen Anleihe übereinstimmt.

Der Verkäufer entscheidet, welche der möglichen Bundesanleihen er zur Erfüllung seiner Verpflichtung liefert. Er wird sich für die „günstigst lieferbare Anleihe" (cheapest to deliver) entscheiden, die ihm den größten Gewinn bzw. den geringsten Verlust bringt. Verglichen werden hierbei die Erwerbskosten mit dem Veräußerungserlös bei Erfüllung des Kontraktes.

Merkmale

Basiswert	■ fiktive langfristige Schuldverschreibung des Bundes mit einer Laufzeit von 8,5 bis 10 Jahren ■ und einem Zinssatz von 6 Prozent.
Kontraktwert	100.000,00 EUR Nennwert
Notierung	in Prozent vom Nominalwert auf zwei Dezimalstellen
minimale Preisveränderung	0,01 Prozent; dies entspricht einem Wert von 10,00 EUR
Liefermonate	■ die jeweils nächsten drei Quartalsmonate (März, Juni, September, Dezember) ■ Liefertag ist der 10. Kalendertag des jeweiligen Liefermonats
Erfüllung	Lieferung bestimmter börsennotierter Bundesanleihen mit einer Restlaufzeit von 8,5 bis 10 Jahren

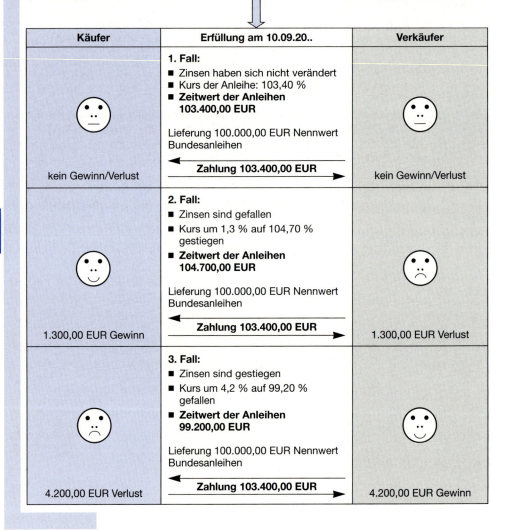

Lernfeld: Besondere Finanzinstrumente und Steuern

■ Erwartungshaltungen/Grundstrategien beim Bund-Future

Long-Position (Käufer)	Short-Position (Verkäufer)
Erwartungshaltung	
fallende Zinsen	steigende Zinsen
Strategien/Risiken	
Fällt der Zins wie erwartet, steigen die Kassa- und Terminkurse.	Steigt der Zins wie erwartet, fallen die Kassa- und Terminkurse.
Der Anleger stellt glatt (closing), d. h., er verkauft die gleichen Kontrakte zum aktuellen Terminpreis.	Der Anleger stellt glatt, d. h., er kauft die gleichen Kontrakte zum aktuellen Terminpreis.
Liegt der aktuelle Terminpreis im Vergleich zum früher vereinbarten Futurepreis höher, kann er nach Abzug aller Nebenkosten einen Gewinn erzielen; liegt er unter dem vereinbarten Futurepreis, macht er Verlust.	Liegt der aktuelle Terminpreis im Vergleich zum früher vereinbarten Futurepreis niedriger, kann er nach Abzug aller Nebenkosten einen Gewinn erzielen; liegt er über dem vereinbarten Futurepreis, macht er Verlust.
Falls der **Käufer** des Futures nicht glattstellt, muss er bei Fälligkeit die Anleihe zum Futurepreis **abnehmen**.	Falls der **Verkäufer** des Futures nicht glattstellt, muss er bei Fälligkeit die Anleihe zum Futurepreis **liefern**.
Die Anleihe könnte er dann am Kassamarkt zum aktuellen Kurs verkaufen.	Falls er die Anleihe nicht besitzt, muss er sie zuvor am Kassamarkt kaufen.
Dabei gilt für ihn folgende Erfolgsgleichung:	Dabei gilt für ihn folgende Erfolgsgleichung:
Kassakurs = Futurepreis → Kein Gewinn bzw. Verlust	Kassakurs = Futurepreis → Kein Gewinn bzw. Verlust
Kassakurs > Futurepreis → Gewinn	Kassakurs > Futurepreis → Verlust
Kassakurs < Futurepreis → Verlust	Kassakurs < Futurepreis → Gewinn

6

6.3 Besteuerung

6.3.1 Grundlagen des Einkommensteuerrechts

Natürliche Personen, die im Inland einen Wohnsitz oder ihren gewöhnlichen Aufenthalt haben, sind unbeschränkt einkommensteuerpflichtig *(§ 1 EStG)*. Der Einkommensteuer unterliegen nach *§ 2 EStG*:

1. Einkünfte aus Land- und Forstwirtschaft,
2. Einkünfte aus Gewerbebetrieb,
3. Einkünfte aus selbstständiger Arbeit,

Gewinneinkunftsarten:
Gewinn = Betriebseinnahmen
– Betriebsausgaben

4. Einkünfte aus nichtselbstständiger Arbeit,
5. Einkünfte aus Kapitalvermögen,
6. Einkünfte aus Vermietung und Verpachtung,
7. Sonstige Einkünfte *(z. B. Veräußerungsgewinne)*.

Überschusseinkunftsarten:
Überschuss = Einnahmen
– Werbungskosten

Ermittlung der Einkünfte (getrennte Ermittlung für jede Einkunftsart)

Begriffe	Erläuterung
Einnahmen	Gesamtertrag (Bruttoertrag), z. B.: ■ *Betriebseinnahmen des Unternehmers* ■ *Bruttoeinkommen des Arbeitnehmers* ■ *Zins- und Dividendeneinnahmen des Anlegers* ■ *Mieteinnahmen des Vermieters*
– Werbungskosten bzw. **– Betriebsausgaben**	Von den Einnahmen können alle Aufwendungen abgezogen werden, die mit der Erzielung dieser Einnahmen in einem wirtschaftlichen Zusammenhang stehen. ■ *Zinsaufwendungen des Unternehmers* ■ *Fahrtkosten zur Arbeitsstelle des Arbeitnehmers* ■ *Depotgebühren des Kapitalanlegers* ■ *Erhaltungsaufwendungen des Vermieters* Die Werbungskosten bzw. Betriebsausgaben müssen dem Finanzamt durch entsprechende Belege nachgewiesen werden. In besonderen Fällen werden auch **ohne Nachweis** besondere Pauschalbeträge berücksichtigt. ■ ***2.000,00 DM Werbungskostenpauschalbetrag bei Einnahmen aus nichtselbstständiger Arbeit*** ■ ***100,00 DM Werbungskostenpauschalbetrag bei Einnahmen aus Kapitalvermögen*** Die Pauschalbeträge gelten, wenn keine höheren Werbungskosten nachgewiesen werden.
= Einkünfte	■ Eine Person kann gleichzeitig aus mehreren Einkunftsarten Einkünfte erzielen. ■ Bei zusammen veranlagten Eheleuten werden zunächst alle Einkünfte getrennt ermittelt und dann zu einem Gesamtbetrag zusammengefasst. ■ Bei negativen Einkünften sind die Einnahmen kleiner als die Werbungskosten/Betriebsausgaben. Die negativen Einkünfte *(z. B. aus Vermietung und Verpachtung)* können mit anderen positiven Einkünften *(z. B. aus selbstständiger Arbeit)* verrechnet werden.

Lernfeld: Besondere Finanzinstrumente und Steuern

Berechnung des zu versteuernden Einkommens

Berechnungs-schema	Erläuterung
Summe der Einkünfte	Einnahmen der 7 Einkunftsarten – Werbungskosten bzw. Betriebsausgaben
– Altersent-lastungsbetrag	Bei Personen ab dem 64. Lebensjahr bleiben 40 % der Einkünfte *(z. B. Kapitaleinkünfte)*, höchstens jedoch 3.720,00 DM steuerfrei. Dies gilt nicht für Renten und Pensionen; hier ist der Ertragsanteil uneingeschränkt steuerpflichtig.

– Sonderausgaben	■ **Vorsorgeaufwendungen**
	  – Arbeitnehmeranteile an der gesetzlichen Renten-, Arbeitslosen-, Kranken- und Pflegeversicherung
	  – Beiträge zur freiwilligen Krankenversicherung
	  – Beiträge zur Unfall- und Haftpflichtversicherung
	  – Beiträge zur Lebensversicherung
	
	■ **Vorsorgehöchstbetrag:** Der Abzug ist auf einen einkommensabhängigen Höchstbetrag begrenzt. Insbesondere bei Beiträgen zur Lebensversicherungen ist zu prüfen, ob sich die Zahlungen noch steuermindernd auswirken.
	
	■ **Andere Sonderausgaben**
	  – Renten und dauernde Lasten *(z. B. Kauf eines Hauses auf „Rentenbasis", d. h., der Erwerber hat die Verpflichtung eine lebenslange Rente an den Veräußerer zu zahlen.)*
	  – Unterhaltszahlungen an den geschiedenen Ehegatten
	  – gezahlte Kirchensteuer
	  – Steuerberatungskosten
	  – Aus- und Weiterbildungskosten
	  – Spenden
	
	■ **Sonderausgaben-Pauschbetrag:** Werden keine oder nur geringe andere Sonderausgaben nachgewiesen, kann ein Pauschalbetrag von 108,00 DM bei Alleinstehenden bzw. 216,00 DM von Verheirateten geltend gemacht werden.

– außergewöhn-liche Belastungen	Außergewöhnliche Belastungen liegen vor, wenn ein Steuerpflichtiger aus rechtlichen, tatsächlichen oder sittlichen Gründen besondere Aufwendungen tätigen muss. – *Krankheitskosten* – *Kurkosten* – *Unterstützung bedürftiger Angehöriger* – *Kosten aufgrund einer Behinderung*
– sonstige Freibeträge	■ Haushaltsfreibetrag für Alleinstehende mit Kind in Höhe von 5.616,00 DM ■ evtl. Kinderfreibetrag (Der Abzug erfolgt jedoch nur bei Eltern mit einem sehr hohem Einkommen, bei denen der Kinderfreibetrag günstiger als das Kindergeld ist.)
= zu versteuerndes Einkommen	Berechnungsgrundlage für die Ermittlung der Steuern

Ermittlung der Steuern

Aus dem zu versteuernden Einkommen wird auf der Grundlage des **Einkommensteuertarifes** die Einkommensteuer ermittelt.

Einkommensteuertarif 2000	Grundtarif für Alleinstehende	Splittingtarif für zusammenveranlagte Eheleute
Grundfreibetrag Dieser am Existenzminimum orientierte Betrag bleibt bei **allen** Steuerpflichtigen steuerfrei.	13.499,00 DM	26.999,00 DM
Erste Progressionszone Der Grenzsteuersatz steigt steil linear von 22,90 % (Eingangssteuersatz) auf 24,72 % an.	13.500,00 DM bis 17.495,00 DM	27.000,00 DM bis 34.991,00 DM
Zweite Progressionszone Der Grenzsteuersatz steigt flacher linear von 24,72 % auf 51,00 % an.	17.496,00 DM bis 114.695,00 DM	34.992,00 DM bis 229.391,00 DM
Obere Progressionszone Der Grenzsteuersatz beträgt konstant 51,00 % (= Spitzensteuersatz)	ab 114.696,00 DM	ab 229.392,00 DM

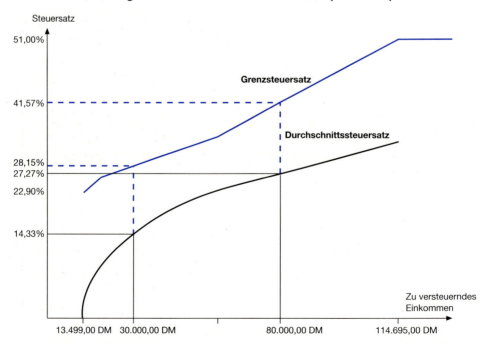

Grafische Darstellung des Einkommensteuertarifes 1999 (Grundtarif)

Zu unterscheiden sind der **Spitzensteuersatz** (Grenzsteuersatz) und der **Durchschnittssteuersatz**.

Lernfeld: Besondere Finanzinstrumente und Steuern

Beispiele:

Fall 1:
Die ledige Sabine Lehmann hat ein zu versteuerndes Einkommen von 30.000,00 DM. Aus der Einkommensteuertabelle ergibt sich nach dem Grundtarif eine Einkommensteuer von 4.298,00 DM. Dieser Betrag leitet sich wie folgt her:

- *Der Grundfreibetrag von 13.499,00 DM bleibt steuerfrei.*
- *Die Beträge von 13.500,00 DM bis 30.000,00 DM wurden ansteigend von 22,90 % bis **28,15 %** (= **persönlicher Spitzensteuersatz / Grenzsteuersatz**) besteuert.*

*Der **durchschnittliche Steuersatz** beträgt:* $\dfrac{4.298,00 \cdot 100}{30.000,00} = \underline{\underline{14,33\ \%}}$

Fall 2:
Das zu versteuernde Einkommen des ledigen Herbert Kohne beträgt 80.000,00 DM. Sein Grenzsteuersatz beträgt 41,57 %. Bei einer Steuerschuld von 21.819,00 DM beträgt sein durchschnittlicher Steuersatz 27,27 %.

Der **Durchschnittssteuersatz** ist deutlich niedriger als der **Grenzsteuersatz**. Bei der Anlageberatung ist der Grenzsteuersatz maßgeblich.

Beispiel:

Steigen die Kapitaleinkünfte von Sabine Lehmann um 100,00 DM von 30.000,00 DM auf 30.100,00 DM, sind davon 28,15 DM Einkommensteuer zu entrichten.

▉ Zahlung der Einkommensteuer

Die Höhe der Einkommensteuer wird im Rahmen der Steuererklärung (Veranlagung) ermittelt und dem Steuerpflichtigen in einem Steuerbescheid mitgeteilt. Die während des Jahres geleisteten **Vorauszahlungen** sind auf die Steuerschuld anrechenbar.

Arten der Steuervorauszahlungen	Arten der Steuervorauszahlungen
Lohnsteuer	Die Lohnsteuer wird vom Arbeitgeber vom Gehalt einbehalten und an das Finanzamt abgeführt. Die Lohnsteuer ist keine selbstständige Steuer, sondern eine **Vorauszahlung auf die Einkommensteuer des Arbeitnehmers**. **Lohnsteuerkarte**: Sie enthält alle wichtigen Daten des Arbeitnehmers und bildet die Grundlage für den Lohnsteuerabzug. Die Lohnsteuerkarte wird von der Gemeinde ausgestellt. **Steuerklasse**: Auf jeder Lohnsteuerkarte ist eine Steuerklasse eingetragen, von der die Höhe der monatlichen Lohnsteuer abhängt. ■ Steuerklasse I: Alleinstehende (Ledige, Geschiedene, Verwitwete) ■ Steuerklasse II: Alleinstehende mit Kind, die einen Haushaltsfreibetrag erhalten ■ Steuerklasse III: Verheiratete, wenn der Ehegatte keinen Arbeitslohn bezieht oder der Steuerklasse V zugeordnet wurde. ■ Steuerklasse IV: Verheiratete, wenn beide Eheleute Arbeitslohn beziehen und nicht die Steuerklassen III und V gewählt wurden ■ Steuerklasse V: Verheiratete, wenn beide Eheleute Arbeitslohn beziehen und der Ehegatte die Steuerklasse III gewählt hat ■ Steuerklasse VI: Arbeitnehmer mit mehreren Arbeitsverhältnissen oder bei Nichtvorlage der Lohnsteuerkarte

	Verheiratete, bei denen beide Eheleute Arbeitslohn beziehen, haben also folgendes Wahlrecht: ■ Beide wählen die Steuerklasse IV, wenn die Höhe der Gehälter annähernd gleich ist. ■ 1. Ehegatte Steuerklasse III, 2. Ehegatte Steuerklasse V, wenn das Gehalt des 1. Ehegatten bedeutend höher ist als das des 2. Ehegatten.
	Freibeträge: Lohnsteuerfreibeträge werden vom Finanzamt auf der Lohnsteuerkarte eingetragen und vermindern die Lohnsteuerzahlungen. Gründe: *z. B. hohe Werbungskosten, Verluste aus Vermietung und Verpachtung, außergewöhnliche Belastungen*
	Lohnsteuertabellen: Die Lohnsteuertabellen geben Auskunft über die Höhe der Lohnsteuer bei einem bestimmten Arbeitslohn unter Berücksichtigung der Steuerklasse.
Zinsabschlagsteuer (ZASt)[1]	Zinsen aus Kontoguthaben und festverzinslichen Wertpapieren
Kapitalertragsteuer (KESt)[2]	Dividenden und Zinsen aus Genuss-Scheinen und Wandelanleihen
Körperschaftsteuer-Guthaben (KSt)	Dividenden
Einkommensteuervorauszahlungen	Bei Einkünften aus Vermietung und Verpachtung, Renten, Gewerbebetrieb und selbstständiger Arbeit muss der Steuerpflichtige am 10. März, 10. Juli, 10. September und 10. Dezember des Jahres Vorauszahlungen auf die Einkommensteuer zahlen. Bemessungsgrundlage ist die Steuerschuld des vergangenen Jahres.

Steuererstattung bzw. Steuernachzahlungen

Eine Steuererstattung ergibt sich, wenn die geleisteten Vorauszahlungen (Lohnsteuer, ZASt, KESt etc.) größer waren als die im Steuerbescheid festgelegte Einkommensteuer. Im umgekehrten Fall muss der Steuerpflichtige eine Nachzahlung leisten.

Fallbeispiel:

Steuererklärung der Eheleute Schuhmacher
Die Eheleute Werner und Hildegard Schuhmacher werden zusammen veranlagt. Sie sind beide berufstätig. Da Hildegard nur eine Teilzeitbeschäftigung ausübt, hat sie die Steuerklasse V gewählt. Werner Schumacher ist in der Steuerklasse III. Neben dem Arbeitseinkommen erzielen sie 960,00 DM Mieteinnahmen aus der Vermietung einer Garage. Das Garagendach wurde im laufenden Jahr für 1.200,00 DM saniert. Da sie keinen Freistellungsauftrag erteilt hatten, wurden bei den Kapitalerträgen ZASt und KESt (einschließlich Solidaritätszuschlag) einbehalten. Die Dividendenerträge sind mit einem anrechenbaren KSt-Guthaben verbunden.

---

[1] vgl. Besteuerung von Zinserträgen Seite 288 ff.
[2] vgl. Besteuerung von Dividendenerträgen Seite 291 ff.

Lernfeld: Besondere Finanzinstrumente und Steuern

Berechnung des zu versteuernden Einkommens		Ehemann DM	Ehefrau DM
Einkünfte aus nichtselbstständiger Arbeit			
Bruttoarbeitslohn		64.568	24.573
Arbeitnehmer-Pauschbetrag		0	– 2.000
Werbungskosten			
Fahrten zwischen Wohnung und Arbeitsstätte		– 4.928	
übrige Werbungskosten		– 1.800	
Einkünfte		57.840	22.573
Einkünfte aus Kapitalvermögen			
Einnahmen		5.765	0
ab Werbungskostenpauschbetrag		– 200	0
Sparerfreibetrag (in Anspruch genommener Teil)		– 5.565	0
Einkünfte		0	0
Einkünfte aus Vermietung und Verpachtung		– 120	– 120
Summe der Einkünfte		**57.720**	**22.453**

			Ehegatten DM
Summe der Einkünfte insgesamt			**80.173**
– Sonderausgaben			
gezahlte Kirchensteuer		1.290	– 1.290
Steuerberatungskosten		180	– 180
Beiträge und Spenden nach § 10 b EStG		250	– 250
Versicherungsbeiträge		22.626	
Vorwegabzug	12.000		
Minderung (§ 10 Abs. 3 Nr. 2)	– 14.261		
verbleibender Vorwegabzug	0	0	0
verbleibende Versicherungsbeiträge		22.626	
abziehbar		5.220	5.220
verbleiben		17.406	
davon höchstens abziehbar		2.610	2.610
abzugsfähig im Rahmen des § 10 Absatz 3 EStG		7.830	– 7.830
= Einkommen / zu versteuerndes Einkommen			**70.623**

Berechnung der Einkommensteuer		
zu versteuern nach der Splittingtabelle	70.623	
Einkommensteuer		**12.962,00**
Berechnung der Kirchensteuer		
festgesetzte Einkommensteuer ohne Ermäßigung	12.962,00	
abzüglich Ermäßigung durch fiktiven Kinderfreibetrag	4.054,00	
Bemessungsgrundlage Ehegatten	8.908,00	
davon 9 % Kirchensteuer	801,72	
Berechnung des Solidaritätszuschlags		
festgesetzte Einkommensteuer ohne Ermäßigung	12.962,00	
abzüglich Ermäßigung durch fiktiven Kinderfreibetrag	4.054,00	
abzüglich Körperschaftsteuer	408,00	
verbleiben	8.500,00	
davon 5,5 %	467,50	

Festsetzung (gemäß Steuerbescheid)			
	Einkommen-steuer	Kirchen-steuer	Solidaritäts-zuschlag
Festgesetzt werden	12.962,00	801,72	467,50
Abzug vom Lohn des Ehemanns	7.939,00	714,45	595,38
Abzug vom Lohn der Ehefrau	6.395,00	575,55	479,63
Zinsabschlag, Kapitalertragsteuer	2.651,00		0,00
Körperschaftsteuer	408,00		
Die Erstattung beträgt	4.431,00	488,28	607,51
Summe Erstattung	**5.526,79**		

6.3.2 Besteuerung des Effektenertrages

6.3.2.1 Grundlagen

Besteuerung der Effekten

Effektenverwahrung/-verwaltung	Umsatzsteuer
Effektenertrag	▪ Einkommensteuer bei natürlichen Personen ▪ Körperschaftsteuer bei juristischen Personen
unentgeltliche Effektenübertragung (Schenkung, Erbschaft)	▪ Schenkungsteuer ▪ Erbschaftsteuer

Die Erträge aus Effekten, die zum **Privatvermögen** einer natürlichen Person gehören, werden im Rahmen des individuellen Gesamteinkommens besteuert, und zwar als

- **Einkünfte aus Kapitalvermögen,** soweit es sich um laufende Erträge wie **Zinsen und Dividenden** handelt oder

- **sonstige Einkünfte,** soweit es sich um steuerpflichtige **Veräußerungsgewinne** handelt.

Kreditinstitute sind verpflichtet, bei Zins- und Dividendengutschriften auf die Steuerpflicht von Kapitalerträgen hinzuweisen.

Kapitalertragsteuer/Zinsabschlagsteuer

Die Erträge aus inländischen Kapitalanlagen unterliegen grundsätzlich einer Einkommenvorabbesteuerung. Je nach Art des Kapitalertrags wird sie in Form der **Zinsabschlagsteuer** (ZASt) oder der **Kapitalertragsteuer** (KESt) erhoben. In beiden Fällen handelt es sich – wie bei der Lohnsteuer – um eine besondere Erhebungsform der **Einkommensteuer.** ZASt und KESt sind pauschalierte ESt-Vorauszahlungen, die auf die persönliche Einkommensteuerschuld des Kapitalanlegers anrechenbar sind. Dies hat zur Folge, dass der Kapitalanleger in seiner **ESt-Erklärung (Anlage KSO)** seine Kapitalerträge einschließlich der bereits abgeführten ZASt/KESt angeben muss, um diese angerechnet bzw. ggf. zu viel gezahlte Steuer erstattet zu bekommen. Über die abgeführte ZASt/KESt stellt das Kreditinstitut zusammen mit der Gutschrift des Kapitalertrags eine entsprechende **Steuerbescheinigung** aus.

Zinsabschlagsteuer	Kapitalertragsteuer
Steuersatz	
30 % (bei Tafelgeschäften 35 %)	25 %
Erhebung	
bei der auszahlenden Stelle („Zahlstellensteuer")	beim Emittenten („Quellensteuer")
Steuergegenstand	
■ Zinsen aus Schuldverschreibungen (incl. vereinnahmte Stückzinsen) ■ Aufgelaufene (Zins-)Zwischengewinne aus der Rückgabe von Investmentanteilen ■ Zinsen aus Spar- und Termineinlagen ■ Kapitalerträge aus der Veräußerung bzw. Rückzahlung von Aufzinsungs-/Abzinsungspapieren	■ Dividendenausschüttungen aus Aktien ■ Zinsen aus Gewinnschuldverschreibungen ■ Zinsen aus Wandelanleihen ■ Gewinnausschüttungen aus Genuss-Scheinen ■ Gewinnausschüttungen aus Genossenschaftsanteilen

■ Solidaritätszuschlag

Der Solidaritätszuschlag (SolZ) beträgt 5,5 % und wird von der Kapitalertragsteuer bzw. von der Zinsabschlagsteuer berechnet.

■ Freistellungsauftrag

Der Kapitalanleger kann sich durch Erteilung eines Freistellungsauftrages bis zur Höhe des ihm zustehenden **Sparerfreibetrages** zuzüglich der Werbungskostenpauschale von der ZASt bzw. KESt freistellen lassen.

Durch einen Freistellungsauftrag beauftragt der Kapitalanleger sein Kreditinstitut, ihm *Kapitalertrags.Steuer*
- die bei seinem Institut anfallenden Kapitalerträge
- bis zu der im Freistellungsauftrag angegebenen Grenze
- ohne Steuerabzug (KESt, ZASt)
- einschließlich ggf. vorhandener KSt-Guthaben

gutzuschreiben.

Der Kapitalanleger kann das ihm zustehende Freistellungsvolumen selbst verwalten und somit nach Bedarf auf mehrere Stellen (Kreditinstitute, Bundesschuldenverwaltung) verteilen. Der angegebene Betrag gilt immer nur für ein Jahr. Der nicht ausgeschöpfte Teil des Freibetrages verfällt. Ein Freistellungsauftrag kann
- nur für Einnahmen aus privaten Kapitalvermögen erteilt werden,
- höchstens über **3.100,00 DM bei Alleinstehenden** bzw. **6.200,00 DM bei zusammen veranlagten Ehegatten** lauten,
- jederzeit geändert oder widerrufen werden.

Das Kreditinstitut erwirbt in Höhe der verauslagten KESt und KSt einen entsprechenden Erstattungsanspruch gegenüber dem Finanzamt.

Das Kreditinstitut muss dem **Bundesamt für Finanzen** melden:
- Daten des Freistellungsauftrages (Name, Anschrift, Freistellungsvolumen)
- die freigestellten Zinsen
- die freigestellten Dividenden (halbe Bruttodividende gemäß Halbeinkünfteverfahren)

Auf diese Weise kann festgestellt werden, wenn ein Kunde Freistellungsaufträge über mehr als das zulässige Volumen erteilt hat und inwieweit die Freistellungsaufträge tatsächlich ausgeschöpft wurden.

* 1601,- €
3202,- €

Nichtveranlagungsbescheinigung

Die pauschalierte Einkommenvorabbesteuerung im Wege der ZASt und KESt entfällt ebenfalls, wenn der Kapitalanleger bei seinem Kreditinstitut eine **NV-Bescheinigung** hinterlegt. Der Kapitalanleger erhält in diesem Fall den vollen Kapitalertrag ohne ZASt/KESt-Abzug und einschließlich vorhandener KSt-Guthaben gutgeschrieben.

Die NV-Bescheinigung wird ausgestellt
- ohne Betragsbegrenzung
- auf Antrag des Kapitalanlegers
- vom Wohnsitzfinanzamt des Kapitalanlegers
- für die Dauer von längstens 3 Jahren,
- wenn dieser voraussichtlich nicht zur Einkommensteuer veranlagt wird.

Eltern können für ihre Kinder eine NV-Bescheinigung beantragen, sofern diese über ein eigenes Vermögen verfügen. Die Kinder werden bei eigenen Einkünften selbstständig besteuert und können deshalb alle Freibeträge einschließlich des Grundfreibetrages von 13.067,00 DM sowie alle sonstigen abzugsfähigen Beträge in Anspruch nehmen.

Erträge aus Wertpapieranlagen im Ausland

Diese Erträge unterliegen häufig im betreffenden Staat einer Besteuerung **(Quellensteuer)**; in Deutschland sind sie als Einkünfte aus Kapitalvermögen der ESt unterworfen; auf diese Weise entsteht eine **Doppelbesteuerung.** Soweit in einem **Doppelbesteuerungsabkommen** eine Steueranrechnung vorgesehen ist (Regelfall), werden die ausländischen Steuern ganz oder teilweise auf die ESt-Schuld des Kapitalanlegers angerechnet.

> Für die zeitliche Zuordnung der Einkünfte aus Kapitalvermögen gilt das **Zuflussprinzip:** Danach sind Einnahmen grundsätzlich in dem Kalenderjahr zu versteuern, in dem der Empfänger über sie verfügen kann.

6.3.2.2 Besteuerung von Zinserträgen

Zinsen und zinsähnliche Erträge (incl. Stückzinsen) aus Schuldverschreibungen und Einlagen werden unter Abzug von 30 % ZASt (bei Tafelgeschäften 35 %) ausgezahlt. Der Zinsabschlag wird von der auszahlenden Stelle einbehalten und pauschal an das Finanzamt abgeführt (ohne den Namen des Kapitalanlegers zu nennen).

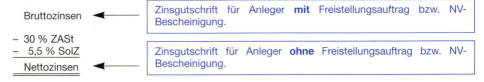

Ausgenommen vom Zinsabschlag sind u.a.:
- Zinserträge aus Sichteinlagen bei einem Zinssatz < 1 % p.a.
- jährliche Zinsgutschriften bis zur Bagatellgrenze von 20,00 DM je Konto
- Zinserträge aus dem Interbankengeschäft
- Zinszahlungen von Privatpersonen und Unternehmen

- Bei **normalverzinslichen Schuldverschreibungen** werden die Zinsen jährlich vergütet. Sie sind daher in dem Jahr zu versteuern, in dem sie dem Steuerschuldner zugeflossen sind.

Lernfeld: Besondere Finanzinstrumente und Steuern

Stückzinsen, die beim Verkauf einer Schuldverschreibung vergütet werden, sind vom Veräußerer zu versteuern und können vom Erwerber von seinen Zinseinnahmen abgesetzt werden.

- Bei **Abzinsungs-/Aufzinsungspapieren** werden die Zinsen erst am Ende der Laufzeit vergütet.
  Da der Kapitalanleger über die Zinsen grundsätzlich erst im Jahr der Einlösung verfügen kann, sind die Zinsen erst dann zu versteuern.
  Werden die Schuldverschreibungen allerdings vorzeitig veräußert, sind die bis dahin aufgelaufenen Zinsen im Jahr des Verkaufs zu versteuern.
  Diese nachträgliche kumulative Besteuerung kann dann von Vorteil sein, wenn in den Jahren zuvor der persönliche Grenzsteuersatz deutlich höher lag. Die Papiere sind nicht zu empfehlen, wenn wegen der Zinskumulierung die Steuerbelastung aufgrund der Steuerprogression bzw. der Nichtausnutzung früherer Freibeträge steigt.

> *Beispiel:*
> - Bundesschatzbriefe Typ B
> - Finanzierungsschätze des Bundes
> - Sparbriefe (Auf-/Abzinsungstyp)
> - Nullkupon-Anleihen („Zero-Bonds")

- Mit zu den Einkünften aus Kapitalvermögen gehört das **Emissionsdisagio**. Es entsteht bei festverzinslichen Schuldverschreibungen durch einen unter pari liegenden Ausgabekurs.
  Es bleibt jedoch aus Vereinfachungsgründen steuerfrei, wenn es innerhalb der nebenstehenden Staffel bleibt.
  Die Steuerpflicht tritt bei Einlösung des Wertpapiers ein; wer während der Laufzeit das Wertpapier verkauft, muss als steuerpflichtigen Ertrag den Teil des Disagios ansetzen, der rechnerisch auf seine Besitzzeit entfällt.

So viel Disagio ist steuerfrei	
Anleihelaufzeit	Disagio
bis unter 2 Jahre	1 %
2 bis unter 4 Jahre	2 %
4 bis unter 6 Jahre	3 %
6 bis unter 8 Jahre	4 %
8 bis unter 10 Jahre	5 %
ab 10 Jahre	6 %

6.3.2.3 Stückzinskonto

Bei den Einkünften ist nur der Nettoertrag steuerpflichtig, d. h. die erhaltenen Kapitalerträge können um die beim Kauf von Anleihen gezahlten Stückzinsen und die beim Erwerb von Investmentfonts gezahlten Zwischengewinne gemindert werden.

Das depotführende Kreditinstitut registriert deshalb die vom Kunden gezahlten Stückzinsen bzw. Zwischengewinne in einem Stückzinskonto („Stückzinstopf"), um diese mit späteren Wertpapierzinserträgen zu verrechnen. Nur der vom Stückzinskonto nicht gedeckte Teil der Wertpapierzinserträge wird auf den Freistellungsauftrag angerechnet bzw. mit 30 % ZASt und 5,5 % SolZ belegt.

Folgende Kapitalerträge werden nicht im Stückzinskonto berücksichtigt:
- Zinserträge aus Kontoguthaben und Sparbriefen
- Dividenden und Genuss-Schein-Erträge

Sind die während eines Jahres gezahlten Stückzinsen größer als die erhaltenen Wertpapierzinserträge, kann der Anleger die verbleibenden negativen Kapitalerträge im Rahmen seiner Steuererklärung mit den anderen Kapitalerträgen *(z. B. Sparzinsen, Dividendenerträge)* verrechnen. Übersteigen die gezahlten Stückzinsen die gesamten Kapitalerträge, erzielt der Anleger negative Einkünfte aus Kapitalvermögen, die mit anderen Einkünften *(z. B. Einkünfte aus nichtselbstständiger Arbeit)* verrechnet werden.

Ein am Jahresende bestehender Saldo des Stückzinskontos kann nicht auf das nächste Jahr übertragen werden, da in der Steuererklärung alle gezahlten Stückzinsen steuerlich berücksichtigt werden.

Fallbeispiel:

Ulrike Uhlmann hat der Unionbank einen Freistellungsauftrag über 3.100,00 DM erteilt. Sie erzielte im Jahr 2001 folgende Kapitalerträge:

Datum	Vorgang	erhaltene Kapitalerträge	gezahlte Stückzinsen bzw. Zwischengewinne	Stückzinskonto	Freistellungsauftrag
10.01	Kauf einer Bundesanleihe (gezahlte Stückzinsen)		1.100,00 DM	1.100,00 DM	3.100,00 DM
21.03	Zinsgutschrift für Festgeld	600,00 DM		1.100,00 DM	2.500,00 DM
08.04.	Zinsgutschrift für Pfandbriefe	900,00 DM		200,00 DM	2.500,00 DM
12.05.	Dividendenzahlung der Petro AG	1.600,00 DM (Rohdividende)		200,00 DM	900,00 DM
24.06.	Kauf eines Rentenfonds (gezahlter Zwischengewinn)		300,00 DM	500,00 DM	900,00 DM
20.08.	Zinsen aus fälligen Finanzierungsschätzen des Bundes (Abzinsungspapier)	400,00 DM		100,00 DM	900,00 DM
10.10	Verkauf einer Bundesanleihe (erhaltene Stückzinsen)	200,00 DM		0,00 DM	800,00 DM
31.12.	Zinsgutschrift für Sparguthaben	1.400,00 DM		0,00 DM	0,00 DM

Bei der Zinsgutschrift für Sparguthaben am 31.12.2001 sind 600,00 DM nicht durch den Freistellungsauftrag gedeckt. Für diesen Betrag fällt ZASt und SolZ an.

6.3.2.4 Abrechnung und Buchung von Wertpapierzinserträgen

Geschäftsvorgänge	Buchungssätze	Beträge in DM Soll	Haben
Die Clearstream Banking AG erteilt dem Kreditinstitut eine Zinsgutschrift von 1.500.000,00 DM für eine 6 % Bundesanleihe im Nennwert von 25 Mio. DM.			
Zinsgutschrift der Clearstream Banking AG	BKK an Kuponzwischenkonto	1.500.000,00	1.500.000,00
Verteilung der Zinserträge			
■ **Kunden mit Freistellungsauftrag** erhalten 600.000,00 DM Zinsen	Kuponzwischenkonto an KKK	600.000,00	600.000,00
■ **Kunden ohne Freistellungsauftrag** erhalten 700.000,00 DM Zinsen			
Zinsen 700.000,00 DM	Kuponzwischenkonto	700.000,00	
– 30 % ZASt 210.000,00 DM	an Sonstige Verbindl.		221.550,00
– 5,5 % SolZ 11.550,00 DM	an KKK		478.450,00
= Gutschrift 478.450,00 DM			
■ **Eigenbestand des Kreditinstitutes** 200.000,00 DM Zinsen	Kuponzwischenkonto an Wertpapierzinserträge	200.000,00	200.000,00

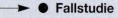
Fallstudie

6.3.2.5 Besteuerung von Dividenden (bis 31. Dezember 2000)[1]

Die Gewinne der Aktiengesellschaft unterliegen der **Körperschaftsteuer (KSt)**. Die Höhe des Steuersatzes richtet sich nach der Art der Gewinnverwendung.

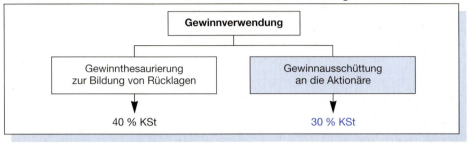

Die auf der Ausschüttung lastende und von der AG getragene KSt wird in Form eines **Steuerguthabens** auf die ESt-Schuld des inländischen Aktionärs angerechnet bzw. erstattet, um die Steuerbelastung des von der AG ausgeschütteten Gewinns auf das Niveau der individuellen Steuerbelastung des Aktionärs zu bringen.

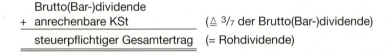

Vergütet wird dem Aktionär allerdings nur die **Nettodividende,** da die Bruttodividende **25 % KESt** und **5,5 % SolZ** unterliegt, die von der AG einbehalten und an das Finanzamt abgeführt wird.

Zusammen mit der Dividendengutschrift erhält der Aktionär von seinem Kreditinstitut über die Höhe seines KSt-Guthabens, der KESt und des SolZ eine **Steuerbescheinigung,** die Grundlage für deren Anrechnung auf seine ESt-Schuld ist.

Das Anrechnungsverfahren entfällt, wenn der Aktionär bei seinem Kreditinstitut einen **Freistellungsauftrag** bzw. eine **NV-Bescheinigung** hinterlegt. In diesem Fall wird dem Aktionär die Bruttodividende zuzüglich des KSt-Guthabens vergütet. Das Kreditinstitut erwirbt in Höhe der verauslagten KSt, der KESt und des SolZ einen Erstattungsanspruch gegenüber dem Bundesamt für Finanzen.

---

[1] Das alte Recht findet letztmalig auf die Gewinnausschüttungen im Jahre 2001 Anwendung.

Lernfeld: Besondere Finanzinstrumente und Steuern

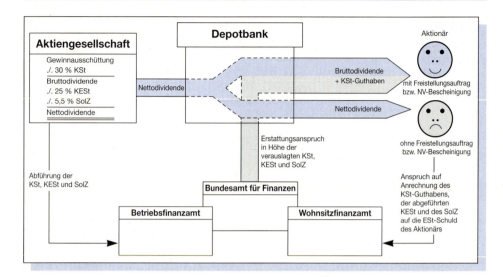

Beispiel:

Dividendenausschüttung der Norink AG
Bruttodividende 1,40 EUR je Aktie

	100 Aktien mit Freistellungsauftrag bzw. NV-Bescheinigung	100 Aktien ohne Freistellungsauftrag bzw. NV-Bescheinigung
Bruttodividende + KSt-Guthaben (3/7 von 140,00 EUR) steuerpflichtiger Gesamtertrag	140,00 EUR 60,00 EUR 200,00 EUR	140,00 EUR 60,00 EUR 200,00 EUR
Bruttodividende + KSt-Guthaben − 25 % KESt − 5,5 % SolZ Gutschrift des Kreditinstitutes	140,00 EUR 60,00 EUR 0,00 EUR 0,00 EUR 200,00 EUR	140,00 EUR 0,00 EUR 35,00 EUR 1,93 EUR 103,07 EUR
− ESt-Schuld (einschließlich SolZ) + KSt-Guthaben + abgeführte KESt + abgeführter SolZ ESt-Erstattung	Anrechnungsverfahren entfällt!	bei einem persönlichen durchschnittlichen Steuersatz (ESt, SolZ) von 40 % − 80,00 EUR + 60,00 EUR + 35,00 EUR + 1,93 EUR + 16,93 EUR
Gutschrift des Kreditinstitutes + ESt-Erstattung − ESt-Nachzahlung Ertrag nach Steuern	200,00 EUR 0,00 EUR 0,00 EUR 200,00 EUR	103,07 EUR 16,93 EUR 0,00 EUR 120,00 EUR
bezahlte Steuern insgesamt	0,00 EUR	80,00 EUR (= 40 % von 200,00 EUR)

Lernfeld: Besondere Finanzinstrumente und Steuern

Fallbeispiel:

Die Alphacom AG schüttet von ihrem Gewinn (= Jahresüberschuss vor Körperschaftsteuer) 100 Mio. EUR an die Aktionäre aus.

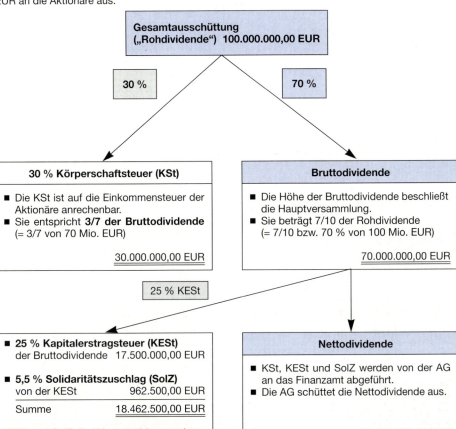

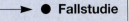 **Fallstudie**

Abrechnung und Buchung von Dividendenerträgen

Geschäftsvorgänge	Buchungssätze	Beträge in EUR	
		Soll	Haben
Die Hauptversammlung der Argus AG hat eine Dividende von 1,40 EUR je Aktie beschlossen. Am Tag nach der Hauptversammlung erteilt die Wertpapiersammelbank (WSB) dem Kreditinstitut eine Dividendengutschrift für 65.000 Aktien der Gesellschaft.			
Gutschrift der Wertpapiersammelbank			
Bruttodividende			
65.000 · 1,40 EUR = 91.000,00 EUR			
– 25 % KESt 22.750,00 EUR	BKK	66.998,75	
– 5,5 % SolZ 1.251,25 EUR	an Kuponzwischenkonto		
Gutschrift (= Nettodividende) 66.998,75 EUR			66.998,75
Verteilung der Dividendenerträge			
■ **Kunden mit Freistellungsauftrag erhalten Dividende für 20.000 Aktien**			
Kundengutschrift			
Bruttodividende			
20.000 · 1,40 EUR = 28.000,00 EUR			
+ anrechenbare KSt 12.000,00 EUR			
= Kundengutschrift 40.000,00 EUR			
(= Rohdividende)			
Erstattungsanspruch des Kreditinstitutes an das Bundesamt für Finanzen			
Bruttodividende			
20.000 · 1,40 EUR = 28.000,00 EUR			
– 25 % KESt 7.000,00 EUR			
– 5,5 % SolZ 385,00 EUR	Kuponzwischenkonto	20.615,00	
Gutschrift der WSB 20.615,00 EUR	Sonstige Forderungen	19.385,00	
Erstattungsanspruch			
40.000,00 EUR – 20.615,00 EUR = 19.385,00 EUR	an KKK		40.000,00
■ **Kunden ohne Freistellungsauftrag erhalten Dividende für 30.000 Aktien**			
Bruttodividende			
30.000 · 1,40 EUR = 42.000,00 EUR			
– 25 % KESt 10.500,00 EUR			
– 5,5 % SolZ 577,50 EUR	Kuponzwischenkonto	30.922,50	
= Kundengutschrift			
(= Nettodividende) 30.922,50 EUR	an KKK		30.922,50
■ **Eigenbestand des Kreditinstitutes 15.000 Aktien**			
Dividendengesamtertrag			
Bruttodividende 15.000 · 1,40 EUR = 21.000,00 EUR			
+ anrechenbare KSt 9.000,00 EUR			
= Gesamtertrag (= Rohdividende) 30.000,00 EUR			
Steuervorauszahlungen (anrechenbare Steuern)			
Bruttodividende			
15.000 · 1,40 EUR = 21.000,00 EUR			
– 25 % KESt 5.250,00 EUR			
– 5,5 % SolZ 288,75 EUR	Kuponzwischenkonto	15.461,25	
= Gutschrift der WSB 15.461,25 EUR	Steuervorauszahlungen	14.538,75	
Geleistete Steuervorauszahlungen			
30.000,00 EUR – 20.615,00 EUR = 14.538,75 EUR	an Dividendenerträge		30.000,00

6.3.2.6 Besteuerung von Dividenden (ab 1. Januar 2001)[1]

Besteuerung beim Unternehmen
Die Gewinne der Aktiengesellschaft unterliegen unabhängig von der Gewinnverwendung
- 25 % Körperschaftsteuer (KSt) zuzüglich
- 5,5 % Solidaritätszuschlag (SolZ).

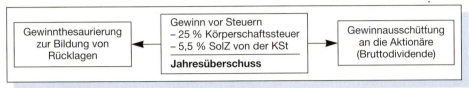

Die von der Hauptversammlung beschlossene Bruttodividende unterliegt einem weiteren Steuerabzug von:
- 20 % Kapitalertragsteuer (KESt) und
- 5,5 % Solidaritätszuschlag (SolZ).

Die Steuern werden von der Aktiengesellschaft einbehalten und an das Finanzamt abgeführt. Am Tag nach der Hauptversammlung schüttet die AG die Nettodividende aus.
Die KESt und der SolZ sind Vorauszahlungen auf die Einkommensteuer des Aktionärs.

Besteuerung beim Aktionär nach dem Halbeinkünfteverfahren
Im Unterschied zu Zinsen sind Dividenden von in- und ausländischen Aktiengesellschaften nur **zur Hälfte steuerpflichtig**, während die andere Hälfte steuerfrei bleibt. Die Besteuerung erfolgt im Rahmen der Einkommensteuererklärung, wobei der halbe Dividendenbetrag den Einnahmen aus Kapitalvermögen zugerechnet wird. Die Höhe der Steuerschuld ist abhängig von der gesamten Einkommenssituation des Aktionärs. Bereits gezahlte KESt und der SolZ sind auf die Einkommensteuer anrechenbar.
Werbungskosten, die in einem wirtschaftlichem Zusammenhang mit Dividendenerträgen stehen (z. B. Fahrtkosten zur Hauptversammlung), sind nur zur Hälfte anrechenbar.
Der **Freistellungsauftrag** mindert sich nur um den **halben** Dividendenbetrag.

Beispiel: Die ledige Ute Böhm hat einen Freistellungsauftrag über 3.100,00 DM erteilt. Sie kann Dividenden von insgesamt 6.200,00 DM steuerfrei vereinnahmen.

Der steuerfreie Dividendenteil wird jedoch bei einkommensabhängigen staatlichen Förderungen wie Arbeitnehmersparzulage, Wohnungsbauprämie und Eigenheimzulage wieder dem Einkommen zugerechnet.

Übersicht über die Besteuerung von Dividenden

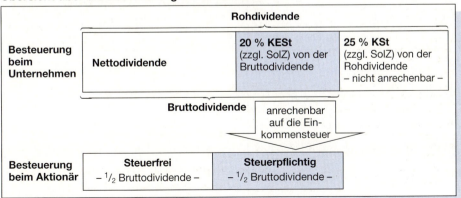

---
[1] Das neue Recht findet erstmalig auf die Gewinnausschüttungen im Jahr 2002 Anwendung.

Liegt der Depotbank **kein Freistellungsauftrag oder eine NV-Bescheinigung** vor, zahlt das Kreditinstitut nur die Nettodividende an den Aktionär aus. Mit der Dividendengutschrift erhält der Aktionär von seinem Kreditinstitut eine Steuerbescheinigung über die bereits gezahlten Steuern, die Grundlage für die Anrechnung der KESt und des SolZ auf die Einkommensteuerschuld ist.

Bei **Vorlage eines Freistellungsauftrages oder einer NV-Bescheinigung** zahlt das Kreditinstitut die Bruttodividende an den Aktionär aus. Das Kreditinstitut erwirbt in Höhe der verauslagten KESt und des SolZ einen Erstattungsanspruch an das Bundesamt für Finanzen. Der Freistellungsauftrag mindert sich um die Hälfte der Bruttodividende.

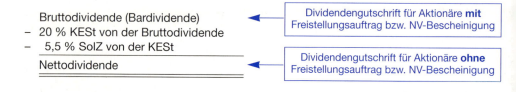

Fallbeispiel:

Die Alphacom AG schüttet von ihrem Gewinn (= Jahresüberschuss vor Körperschaftsteuer) 100 Mio. EUR an die Aktionäre aus. Auf jede Stückaktie entfällt eine Bruttodividende von 0,80 EUR.

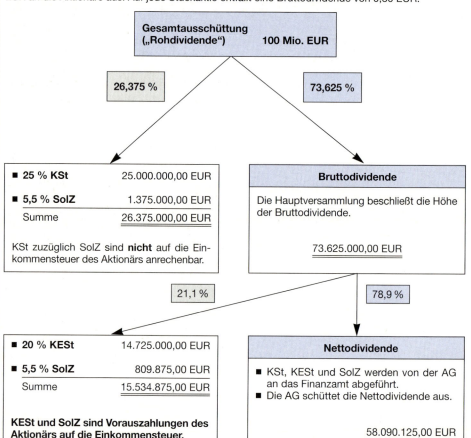

Lernfeld: Besondere Finanzinstrumente und Steuern

Die Aktionäre Beate Schreiber und Volker Köhler besitzen jeweils 100 Alpha-Aktien. Beate Schreiber hat einen ausreichenden Freistellungsauftrag erteilt. Volker Köhler hat keinen Freistellungsantrag erteilt. Seine Dividendenerträge unterliegen einem persönlichen Steuersatz (ESt, SolZ) von 35 %.

	Beate Schreiber **mit** Freistellungsauftrag bzw. NV-Bescheinigung	**Volker Köhler** **ohne** Freistellungs- trag bzw. NV-Bescheini- gung
Bruttodividende – steuerfreier Ertrag (¹/₂) steuerpflichtiger Ertrag	80,00 EUR 40,00 EUR 40,00 EUR	80,00 EUR 40,00 EUR 40,00 EUR
Bruttodividende – 20 % KESt – 5,5 % SolZ Gutschrift des Kreditinstitutes	80,00 EUR 0,00 EUR 0,00 EUR 80,00 EUR	80,00 EUR 16,00 EUR 0,88 EUR 63,12 EUR
– ESt-Schuld einschließlich SolZ (35 % von 40,00 EUR) + abgeführte KESt + abgeführter SolZ ESt-Erstattung	Anrechnungsverfahren entfällt	– 14,00 EUR + 16,00 EUR + 0,88 EUR + 2,88 EUR
Gutschrift des Kreditinstitutes + ESt-Erstattung – ESt-Nachzahlung Ertrag nach Steuern	80,00 EUR 0,00 EUR 0,00 EUR 80,00 EUR	63,12 EUR 2,88 EUR 0,00 EUR 66,00 EUR
bezahlte Steuern insgesamt	0,00 EUR	14,00 EUR

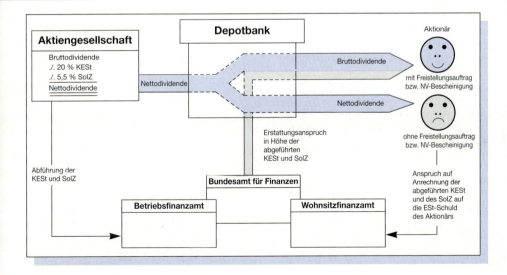

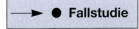

6.3.2.7 Besteuerung der Erträge aus Investmentanteilen (bis 31. Dezember 2000)[1]

Die Besteuerung der Erträge aus Investmentanteilen richtet sich nach der Zusammensetzung des Fondsertrages. Der Rechenschaftsbericht der KAG gibt im Einzelnen hierüber Auskunft *(§ 42 KAGG)*. Bei Investmentanteilen, die zum Privatvermögen einer natürlichen Person gehören, ist zwischen steuerpflichtigen und steuerfreien Erträgen zu unterscheiden.

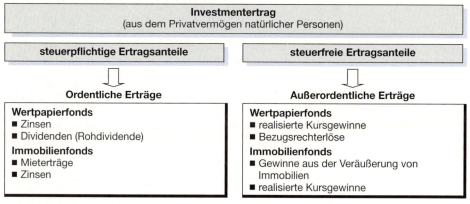

Die in der Ertragsausschüttung enthaltenen:
- Zinsen unterliegen 30 % ZASt zuzüglich 5,5 % SolZ.
- Dividenden unterliegen 25 % KESt zuzüglich 5,5 SolZ.
  Mit den Dividendenerträgen inländischer Aktiengesellschaften ist i. d. R. ein auf die ESt-Schuld des Investmentsparers anrechenbares KSt-Guthaben von $3/7$ der Bruttodividende verbunden.

Liegt dem Kreditinstitut ein ausreichender Freistellungsauftrag oder eine NV-Bescheinigung vor, wird der Gesamtertrag ohne Steuerabzug und einschließlich des KSt-Guthabens an den Investmentsparer ausgezahlt.

Auch bei thesausierenden Fonds sind die steuerpflichtigen Ertragsanteile jährlich zu versteuern.

Fallbeispiel:

Ertragsausschüttung des AktiRentaFonds
(Alle Angaben je Anteil)

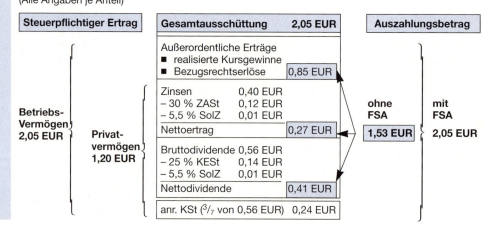

---
[1] Das alte Recht findet noch auf die Gewinnausschüttungen im Jahr 2001 Anwendung.

Lernfeld: Besondere Finanzinstrumente und Steuern

Johanna Wiegand und Olaf Lang besitzen jeweils 100 Anteile des AktiRentaFonds. Johanna Wiegand hat einen ausreichenden Freistellungsauftrag erteilt; der Freistellungsauftrag von Olaf Lang ist bereits ausgeschöpft.

	Olaf Lang		Johanna Wiegand
	100 Anteile ohne Freistellungsauftrag		100 Anteile mit Freistellungsauftrag
steuerpflichtige Einnahmen 100 · 1,20 = 120,00 EUR	120,00 EUR		120,00 EUR
Steuerschuld	Bei einem persönlichen Steuersatz (ESt einschl. SolZ) von …		0,00 EUR
	25 %	50 %	Keine steuerpflichtigen Einkünfte nach Abzug von Sparerfreibetrag und Werbungskostenpauschale
	30,00 EUR	60,00 EUR	
Steuerguthaben **Zinsertrag:** 100 · 0,40 = 40,00 EUR			0,00 EUR
■ 30 % ZASt von 40,00 EUR	12,00 EUR	12,00 EUR	
zzgl. 5,5 % SolZ von 12,00 EUR	0,66 EUR	0,66 EUR	
Dividenden: 100 · 0,56 = 56,00 EUR			
■ 25 % KESt von 56,00 EUR	14,00 EUR	14,00 EUR	
zzgl. 5,5 % SolZ von 14,00 EUR	0,77 EUR	0,77 EUR	
■ $3/7$ KSt von 56,00 EUR	24,00 EUR	24,00 EUR	
	51,43 EUR	51,43 EUR	
Steuererstattung/Steuernachzahlung	+ 21,43 EUR	− 8,57 EUR	0,00 EUR
Ertrag nach Steuern			
Gesamtausschüttung	205,00 EUR	205,00 EUR	205,00 EUR
− Steuern	− 30,00 EUR	− 60,00 EUR	0,00 EUR
Ertrag nach Steuern	175,00 EUR	145,00 EUR	205,00 EUR
oder			
Gesamtausschüttung	205,00 EUR	205,00 EUR	205,00 EUR
− einbehaltene Steuern	− 51,43 EUR	− 51,43 EUR	0,00 EUR
Gutschrift des Kreditinstituts	153,57 EUR	153,57 EUR	205,00 EUR
+ Steuererstattung bzw.	+ 21,43 EUR	0,00 EUR	0,00 EUR
− Steuernachzahlung	0,00 EUR	− 8,57 EUR	0,00 EUR
Ertrag nach Steuern	175,00 EUR	145,00 EUR	205,00 EUR

Zwischengewinne

Die im Fondsvermögen **vereinnahmten Zinsen** sowie die aufgelaufenen, aber noch **nicht vereinnahmten Stückzinsen** (= Zwischengewinne) werden täglich ermittelt und separat ausgewiesen, da bei der Rückgabe der Anteile die im Rücknahmepreis enthaltenen Zwischengewinne der Einkommensteuerpflicht und damit auch der Zinsabschlagsteuer unterliegen. Die beim Erwerb von Fondsanteilen gezahlten Zwischengewinne sind negative Einnahmen und können mit späteren Kapitalerträgen verrechnet werden. Die Zwischengewinne sind deshalb im Stückzinskonto („Stückzinstopf") als verausgabte Stückzinsen zu erfassen.[1]

---

[1] Stückzinskonto vgl. Seite 289 f.

6.3.2.8 Besteuerung der Erträge aus Investmentanteilen (ab 1. Januar 2001)

Die Besteuerung der Erträge aus Investmentanteilen richtet sich nach der Zusammensetzung des Fondsertrages. Der Rechenschaftsbericht der KAG gibt im Einzelnen hierüber Auskunft *(§ 42 KAGG)*. Bei Investmentanteilen, die zum Privatvermögen einer natürlichen Person gehören, ist zwischen steuerpflichtigen und steuerfreien Erträgen zu unterscheiden.

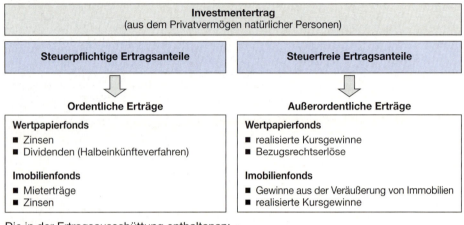

Die in der Ertragsausschüttung enthaltenen:

- Zinsen unterliegen 30% ZASt zuzüglich 5,5% SolZ.
- Dividenden unterliegen 20% KESt zuzüglich 5,5% SolZ.

Dividendenerträge sind nach dem Halbeinkünfteverfahren nur zur Hälfte steuerpflichtig.

Die einbehaltenen Steuern (ZASt, KESt und SolZ) sind Vorauszahlungen auf die Einkommensteuer des Anlegers. Liegt dem Kreditinstitut ein ausreichender Freistellungsauftrag oder eine NV-Bescheinigung vor, wird der Gesamtertrag ohne Steuerabzug an den Investmentsparer ausgezahlt.

Auch bei thesaurierenden Fonds sind die steuerpflichtigen Ertragsanteile jährlich zu versteuern.

Fallbeispiel:

Ertragsausschüttung des AktiRentaFonds
(Alle Angaben je Anteil)

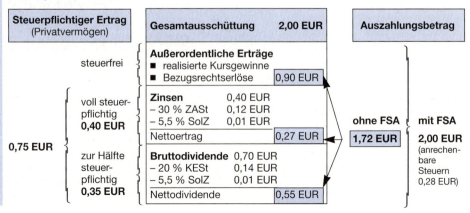

[1] Das neue Recht findet erstmalig Anwendung bei den Ertragsausschüttungen im Jahr 2002.

Lernfeld: Besondere Finanzinstrumente und Steuern

Johanna Wiegand und Olaf Lang besitzen jeweils 100 Anteile des AktiRentaFonds. Johanna Wiegand hat einen ausreichenden Freistellungsauftrag erteilt; der Freistellungsauftrag von Olaf Lang ist bereits ausgeschöpft.

	Olaf Lang		Johanna Wiegand
	100 Anteile **ohne** Freistellungsauftrag		100 Anteile **mit** Freistellungsauftrag
Steuerpflichtige Einnahmen 100 · 0,75 = 75,00 EUR	75,00 EUR		75,00 EUR Der Freistellungsauftrag mindert sich um 75,00 EUR.
Steuerschuld	Bei einem persönlichen Steuersatz (ESt einschl. SolZ) von …		0,00 EUR Keine steuerpflichtigen Erträge nach Abzug von Sparerfreibetrag und Werbungskostenpauschale
	25 %	42 %	
	18,75 EUR	31,50 EUR	
Steuerguthaben ■ **Zinsertrag:** 100 · 0,40 = 40,00 EUR – 30 % ZASt von 40,00 EUR – 5,5 % SolZ von 12,00 EUR	12,00 EUR 0,66 EUR	12,00 EUR 0,66 EUR	0,00 EUR
■ **Dividenden:** 100 · 0,70 = 70,00 EUR – 20 % KESt von 70,00 EUR – 5,5 % SolZ von 14,00 EUR	14,00 EUR 0,77 EUR 27,43 EUR	14,00 EUR 0,77 EUR 27,43 EUR	
Steuererstattung/Steuernachzahlung	+ 8,68 EUR	– 4,07 EUR	0,00 EUR
Ertrag nach Steuern Gesamtausschüttung – Steuern	200,00 EUR – 18,75 EUR	200,00 EUR – 31,50 EUR	200,00 EUR 0,00 EUR
Ertrag nach Steuern	181,25 EUR	168,50 EUR	200,00 EUR
oder			
Ausschüttung – einbehaltene Steuern	200,00 EUR – 27,43 EUR	200,00 EUR – 27,43 EUR	200,00 EUR 0,00 EUR
Gutschrift des Kreditinstituts + Steuererstattung bzw. – Steuernachzahlung	172,57 EUR + 8,68 EUR 0,00 EUR	172,57 EUR 0,00 EUR – 4,07 EUR	200,00 EUR 0,00 EUR 0,00 EUR
Ertrag nach Steuern	181,25 EUR	168,50 EUR	200,00 EUR

6.3.2.9 Besteuerung von Veräußerungsgewinnen

Ein **Veräußerungsgewinn** entsteht durch den Kauf und Verkauf von Gegenständen oder Rechten zu unterschiedlichen Preisen. Er ist die positive Differenz zwischen dem Verkaufserlös und den Anschaffungskosten (= Kaufpreis und Anschaffungsnebenkosten).
Innerhalb der **Spekulationsfrist** im Rahmen des Privatvermögens realisierte Veräußerungsgewinne sind steuerpflichtig und zählen als Einkünfte aus **„Privaten Veräußerungsgeschäften"** zu den „Sonstigen Einkünften".
Außerhalb der Spekulationsfrist realisierte Gewinne sind nicht steuerpflichtig.

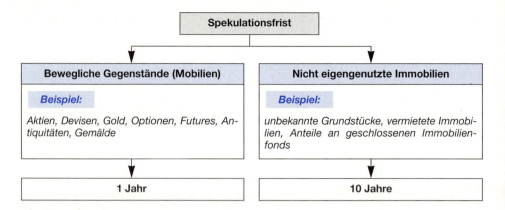

Besteuerungsgrundlage

- Veräußerungsgewinne bei im Privatvermögen gehaltenen **Aktien und Genuss-Scheinen** werden nach dem **Halbeinkünfteverfahren** besteuert und sind nur zur Hälfte steuerpflichtig.
- Private Veräußerungsgewinne bei anderen beweglichen Gütern oder Immobilien sind voll steuerpflichtig.

   Beispiele: Devisen, Optionen, Investmentanteile (einschließlich Aktienfonds)

Ermittlung der Einkünfte

- Spekulationsgewinne und -verluste können miteinander verrechnet werden.
- Spekulationsverluste dürfen **nicht** mit positiven Einkünften aus anderen Einkunftsarten verrechnet werden.
- Spekulationsverluste können **ein Jahr zurück und für unbegrenzte Zeit vorgetragen** werden. Sie mindern dann ggf. die Spekulationsgewinne und somit die steuerpflichtigen Einkünfte des vergangenen Jahres bzw. der folgenden Jahre.
- Spekulationsverluste bei Aktien können nur zur Hälfte verrechnet bzw. rück- und vorgetragen werden.

Freigrenze von 1.000,00 DM

Gewinne aus Spekulationsgeschäften bleiben steuerfrei, wenn die erzielten Nettogewinne im Kalenderjahr weniger als 1.000,00 DM betragen. Bei Gewinnen von 1.000,00 DM und mehr ist der Gesamtbetrag steuerpflichtig.

Beispiele:
- Ein Spekulationsgewinn von 999,99 DM bleibt steuerfrei.
- Bei einem Spekulationsgewinn von 1.000,00 DM ist der gesamte Betrag steuerpflichtig.

Lernfeld: Besondere Finanzinstrumente und Steuern

Bei zusammen veranlagten Ehegatten steht jedem einzeln die Freigrenze von 1.000,00 DM zu, gemeinsam also 2.000,00 DM.

Beispiele:

* *Die Eheleute Maria und Udo Bold erzielten im Jahr 20.. einen Netto-Spekulationsgewinn von 1.900,00 DM. Die Gewinne bleiben steuerfrei.*
* *Die Eheleute Simone und Steffen Jäger spekulieren getrennt. Simone erzielte einen Gewinn von 1.500,00 DM, Steffen einen Verlust von 1.600,00 DM. Der Netto-Spekulationsgewinn von 1.900,00 DM ist steuerfrei.*

◼ Ermittlung der Spekulationsgewinne

Erlöse aus dem Verkauf von Bezugsrechten oder Teilrechten sind immer steuerfrei.
Erzielt der Anleger Kursgewinne durch den Verkauf von Effekten, die er zu unterschiedlichen Zeitpunkten und Kursen gekauft hat, wird der Spekulationsgewinn wie folgt ermittelt:

* Steuerfrei bleibt der Verkauf der Effekten, die vor mehr als einem Jahr gekauft wurden.

* Bei der Restmenge wird der Veräußerungserlös mit den durchschnittlichen Anschaffungskosten der in der Spekulationsfrist gekauften Effekten verglichen.

Beispiel:

Inge Seliger tätigte folgende Käufe und Verkäufe in Aktien der Telemac AG:

Datum	Kauf/Verkauf	Stück	Kurs	Kurswert
18.02.2001	*Kauf*	*1.000*	*25,00 EUR*	*25.000,00 EUR*
20.08.2001	*Kauf*	*1.500*	*29,00 EUR*	*43.500,00 EUR*
05.11.2001	*Kauf*	*500*	*27,00 EUR*	*13.500,00 EUR*
12.04.2002	*Verkauf*	*2.000*	*32,00 EUR*	*64.000,00 EUR*

Es wird unterstellt, dass von den verkauften Aktien 1.000 Stück aus dem Kauf vom 18.02.2001 stammen und für diesen Teil keine Spekulationsgewinne angefallen sind, da der Erwerbszeitpunkt mehr als ein Jahr zurückliegt.
Die restlichen 1.000 Aktien stammen aus den Käufen im steuerpflichtigen Zeitraum am 20.08.2001 und am 05.11.2001. Der durchschnittliche Erwerbskurs für diese Aktien beträgt:

$$\frac{57.000,00}{2.000} = 28,50 \; EUR$$

Der Gewinn beträgt insgesamt: 1.000 · (32,00 – 28,50) = 3.500,00 EUR

Nach dem Halbeinkünfteverfahren sind 1.750,00 EUR zu versteuern.

◼ Bedeutung der Spekulationsfrist in der Anlageberatung

Bei bisher nicht realisierten Kursgewinnen innerhalb der Spekulationsfrist ist zu prüfen, ob die Anlage nicht bis zum Ablauf der Spekulationsfrist gehalten werden soll. Das Kursrisiko kann z. B. durch den Kauf einer Verkaufsoption abgesichert werden.
Sind innerhalb der Spekulationsfrist nicht realisierte Verluste entstanden, ist ggf. ein Verkauf sinnvoll, um die realisierten Verluste mit anderen Spekulationsgewinnen verrechnen zu können. Erwartet der Anleger weiterhin eine positive Kursentwicklung der Papiere, kauft er die Effekten erneut. Die durch den Verkauf und Kauf entstehenden Kosten sind mit den steuerlichen Vorteilen zu vergleichen.

6.3.2.10 Besteuerung der unentgeltlichen Effektenübertragung

Für **Erbschaften und Schenkungen** gelten die gleichen steuerlichen Regelungen. In Abhängigkeit vom Verwandtschaftsgrad gibt es unterschiedliche Freibeträge und Steuersätze. Neben **sachlichen Freibeträgen** *(z. B. für Hausrat)* und einem besonderen **Versorgungsfreibetrag für Ehegatten und Kinder** werden **persönlichen Freibeträge** gewährt. Die persönlichen Freibeträge können bei Zuwendungen von derselben Person alle 10 Jahre einmal voll ausgeschöpft werden.

Steuer-klasse	Begünstigte	Freibetrag in DM	Steuersätze in %	
1	Ehegatten, Kinder, Enkel, Urenkel und andere Kindeskinder (Eltern und Großeltern bei Erbschaften)	für Ehegatten: 600.000,00 für Kinder: 400.000,00 Sonstige: 100.000,00	7 11 15 19 23 27 30	(bis 100.000,00 DM) (bis 500.000,00 DM) (bis 1 Mill. DM) (bis 10 Mill. DM) (bis 25 Mill. DM) (bis 50 Mill. DM) (über 50 Mill. DM)
2	Eltern und Großeltern bei Schenkungen, Geschwister und deren Kinder, Stiefeltern, Schwiegereltern und Schwiegerkinder, geschiedene Gatten	20.000,00	12 17 22 27 32 37 40	(bis 100.000,00 DM) (bis 500.000,00 DM) (bis 1 Mill. DM) (bis 10 Mill. DM) (bis 25 Mill. DM) (bis 50 Mill. DM) (über 50 Mill. DM)
3	alle anderen Personen (zum Beispiel Lebensgefährten ohne Trauschein)	10.000,00	17 23 29 35 41 47 50	(bis 100.000,00 DM) (bis 500.000,00 DM) (bis 1 Mill. DM) (bis 10 Mill. DM) (bis 25 Mill. DM) (bis 50 Mill. DM) (über 50 Mill. DM)

6.4 Effektenbörse

6.4.1 Begriff – Funktionen – Rechtsgrundlagen

Die **Effektenbörse** ist ein organisierter Markt, an dem vertretbare (fungible) Kapitalwertpapiere gehandelt werden.

Lernfeld: Besondere Finanzinstrumente und Steuern

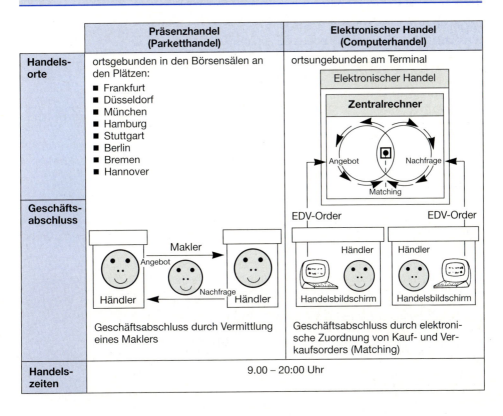

An der **Effektenbörse** wird lediglich das **Verpflichtungsgeschäft** abgeschlossen. Die körperliche Anwesenheit der gehandelten Wertpapiere ist nicht erforderlich, da diese aufgrund der Vertretbarkeit durch die Nennung der Gattung eindeutig bestimmt werden können. Das **Erfüllungsgeschäft** findet **außerhalb** der Börse **statt**.

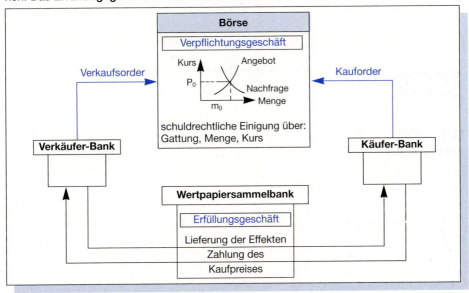

Der **außerbörsliche Handel** (Telefonverkehr) umfasst alle außerhalb der Börse abgeschlossenen Geschäfte in notierten und unnotierten Werten.

Funktionen der Effektenbörse

Kapitalumschlag

- Anleger können jederzeit über die Börse unter Einschaltung von Börsenbanken liquide Mittel in Effekten anlegen und Effekten in liquide Mittel umwandeln.
- Die Börse sorgt durch die regelmäßige Zusammenführung von Angebot und Nachfrage für eine dauerhafte Unterbringung einer Emission. Sie trägt so zur Finanzierung privater und öffentlicher Investitionen bei.

Kapitalbewertung

- Durch das Zusammentreffen einer Vielzahl von Aufträgen kommen in der Regel börsentäglich für alle gehandelten Effekten Kursnotierungen zustande. Diese Kurse werden veröffentlicht.
- Die strengen Vorschriften des Börsengesetzes zur Kursermittlung garantieren dem Anleger, dass als Börsenpreis ein Kurs ermittelt wird, der der wirklichen Geschäftslage an der Börse entspricht.

Rechtsgrundlagen

- *Gesetz über den Wertpapierhandel (Wertpapierhandelsgesetz – WpHG)*
- *Börsengesetz (BörsG)*
- *Börsenordnung (BörsO)*
- *Bedingungen für die Geschäfte an den deutschen Wertpapierbörsen*
- *Börsenzulassungsverordnung (BörsZuLV)*
- *Wertpapier-Verkaufsprospektgesetz/-verordnung*
- *Sonderbedingungen für Wertpapiergeschäfte*

Struktur der Deutsche Börse AG

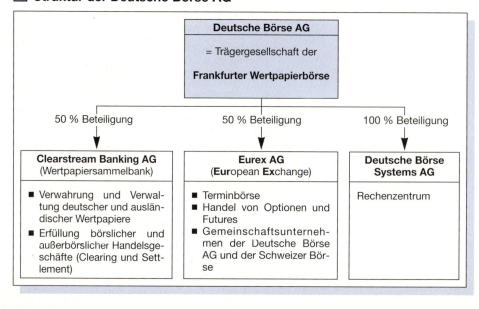

Lernfeld: Besondere Finanzinstrumente und Steuern

Zulassung zum Börsenhandel

Börsenmakler	**Amtliche Makler (Kursmakler)**
	■ werden von der Aufsichtsbehörde bestellt und sind kraft ihres Amtes zum Handel zugelassen
	■ werden darauf vereidigt, dass sie die ihnen zugewiesenen Aufgaben ordnungsgemäß im Sinne des Börsengesetzes erfüllen
	Aufgabe: Vermittlung von Geschäftsabschlüssen in zum amtlichen Handel zugelassenen Wertpapieren und amtliche Kursfeststellung
	Freie Makler
	werden von der Börsengeschäftsführung zum Handel zugelassen
	Aufgabe: Vermittlung von Geschäften in zum geregelten Markt zugelassenen Wertpapieren und Freiverkehrswerten
Börsenhändler	■ werden von der Börsengeschäftsführung zum Handel zugelassen
	■ sind Angestellte der Börsenbanken
	Aufgabe: Ausführung von Kunden- und Eigengeschäften

6.4.2 Marktsegmente im Börsenhandel

6

Amtlicher Handel

■ umsatzstarke Werte (Standardwerte)

■ strengste Zulassungsvorschriften

■ hohe Publizitätspflichten

■ hohe Marktliquidität durch großen Umsatz

SMAX

■ Nebenwerte (Small Caps)

■ Zulassung zum amtlichen Handel oder zum Geregelten Markt

■ hohe Publizitätspflichten

■ hohe Marktliquidität durch mindestens einen Designated Sponsor

Geregelter Markt

■ umsatzschwächere Werte (Nebenwerte)

■ gemilderte Zulassungsvorschriften

■ geringere Publizitätspflichten

■ geringere Marktliquidität

Neuer Markt

■ innovative Wachstumsunternehmen

■ besondere Zulassungsvoraussetzungen

■ hohe Publizitätspflichten

■ hohe Marktliquidität durch mindestens zwei Designated Sponsors

Freiverkehr

■ Nebenwerte, ausländische Aktien

■ kein förmliches Zulassungsverfahren

■ keine besonderen Publizitätspflichten

■ sehr geringe Marktliquidität

	Amtlicher Handel	Geregelter Markt
Unternehmen	Großunternehmen	Groß- und mittelständische Unternehmen
Zulassungs-voraussetzungen	■ Emissionsprospekt mit umfangreicher Unternehmens- und Emissionsbeschreibung ■ Antrag des Emittenten in Verbindung mit einem an der Börse vertretenen Kreditinstitut (Börsenbank) ■ weite Streuung der Emission (Streubesitz; free float)	■ Unternehmensbericht mit verkürzter Unternehmens- und Emissionsbeschreibung ■ Antrag des Emittenten mit einer Börsenbank oder mit einer bonitätsmäßig zweifelsfreien Nichtbank ■ ggf. nur geringe Streuung der Emission
Publizitäts-pflichten	■ Veröffentlichung des Prospekts im Bundesanzeiger und in den Börsenpflichtblättern (Zeitungspublizität) ■ Veröffentlichung eines Zwischenberichtes (obligatorisch)	■ Veröffentlichung eines Unternehmensberichtes in einem Börsenpflichtblatt oder kostenlose Bereitstellung bei den Zahlstellen (Zeitungs- oder Schalterpublizität) ■ Veröffentlichung eines Zwischenberichts empfohlen (fakultativ)
Markt-liquidität (jederzeitige Handelbarkeit)	■ größter Umsatz und damit höchste Marktliquidität bei den DAX- und STOXX-Werten ■ mittlere Marktqualität bei den MDAX-Werten ■ geringere Marktliquidität bei den restlichen Werten (Ausnahme: SMAX-Werte)	■ geringere Marktliquidität (Ausnahme: SMAX-Werte)

	Neuer Markt	SMAX
Unternehmen	junge, innovative Unternehmen aus Wachstumsbranchen *Beispiele:* *Software, Telekommunikation*	etablierte Unternehmen aus traditionellen Branchen *Beispiele:* *Maschinenbau, Konsumgüterindustrie*
Zulassungs-voraussetzungen	■ Emissionsprospekt nach internationalen Standards ■ nur Stammaktien ■ mindestens 20 % der Aktien müssen im Streubesitz sein (free float)	■ Zulassung zum Amtlichen Handel oder zum Geregelten Markt ■ Stamm- und Vorzugsaktien ■ mindestens 20 % der Aktien müssen im Streubesitz sein (free float)
Publizitäts-pflichten	■ Jahresabschlüsse nach internationalen Standards (IAS, US-GAAP oder GoB mit Überleitung) ■ Veröffentlichung von Quartalsberichten ■ regelmäßige Analystenveranstaltungen	■ Jahresabschlüsse nach HGB oder internationalen Standards ■ Veröffentlichung der Quartalsberichte ■ regelmäßige Analystenveranstaltungen
Marktliquidität durch Designated Sponsor (Betreuer)	Der **Designated Sponsor…** ■ ist ein zum Börsenhandel zugelassenes Kredit- oder Finanzdienstleistungsunternehmen, ■ stellt auf Anfrage oder auf eigene Initiative verbindliche Geld- und Briefkurse, zu denen er bereit ist Aktien zu kaufen bzw. zu verkaufen. Dadurch ist die jederzeitige Handelbarkeit der Aktie zu marktgerechten Kursen gewährleistet, ■ analysiert fortlaufend das Unternehmen und veröffentlicht Research-Berichte, ■ vertreibt aktiv die Aktien des betreuten Unternehmens an institutionelle und private Anleger im In- und Ausland, ■ berät das Unternehmen (*z. B. Durchführung von Hauptversammlungen, Adhoc-Publizität, Quartalsberichte*).	

Freiverkehr

Die Wertpapiere können ohne förmliches Zulassungsverfahren an der Börse gehandelt werden, soweit ein ordnungsgemäßer Ablauf gewährleistet ist. Der Börsenvorstand entscheidet über die Zulassung.

Lernfeld: Besondere Finanzinstrumente und Steuern

Xetra („**E**xchange **E**lectronic **Tra**ding")

Neben dem „Parketthandel" (Präsenzhandel) werden Effekten auch ortsungebunden in dem elektronischen Handelssystem Xetra gehandelt. Voraussetzungen sind nur ein entsprechendes Terminal und die Zulassung zum Xetra-Handel durch die Deutsche Börse AG. Gehandelt wird am Bildschirm durch Eingabe der Orders, die dann von einem Zentralrechner zusammengeführt werden („Matching"). Die Vertragspartner erhalten sofort eine Ausführungsanzeige am Bildschirm. Seit Ende 1998 sind alle an der Frankfurter Wertpapierbörse (FWB) notierten Aktien, Anleihen und Optionsscheine (ca. 40.000 Wertpapiere) elektronisch handelbar. Auch kleinere Orders können in dem System gehandelt werden, sodass auch Kleinanleger die Vorteile dieses Systems nutzen können.

Das Handelssystem Xetra zeichnet sich durch folgende Merkmale aus:

- **Zentrales Orderbuch**: Alle Kauf- und Verkaufsaufträge werden in einem elektronischen Orderbuch zusammengeführt, sodass es zu einem Zeitpunkt keine unterschiedlichen Kurse für ein Wertpapier geben kann.

- **Transparenz**: Alle Marktteilnehmer erhalten unabhängig von ihrem Standort am Terminal einen gleichberechtigten Zugang zum Handelssystem. Da auf dem Handelsbildschirm stets die aktuelle Orderlage dargestellt ist, besitzen alle Marktteilnehmer gleiche Marktchancen.

- **Liquidität**: Durch die zentrale Zusammenführung von Kauf- und Verkaufsaufträgen ist der Umsatz in den einzelnen Wertpapieren und damit die Liquidität sehr hoch. Darüber hinaus soll durch Designated Sponsors, die auf Anfrage Geld-/Brief-Kurse („Quotes") in das Orderbuch einstellen, die Liquidität in den Nebenwerten („Mid- und Small-Caps") weiter erhöht werden. Emissionshäuser von Anleihen und Optionsscheinen sind sowohl bei der Einstellung von Geld-/Brief-Limiten als auch beim Marktausgleich beteiligt.

Der Handel erfolgt in zwei Formen:

- **Auktion**: Kauf- und Verkaufsaufträge werden gesammelt und zu bestimmten Zeitpunkten (einmal oder mehrmals täglich) wird unter Berücksichtigung der gesamten Orderlage ein Einheitskurs ermittelt. Es gilt das Meistausführungsprinzip. Für alle Wertpapiere gibt es mindestens eine Auktion pro Tag. Bei umsatzschwächeren Werten gibt es als Handelsform nur die Auktion. Kleinere Aufträge und Auftragsspitzen, die nicht über „Schlüsse" („Odd-Lot-Orders"; *z. B. 80 Aktien*) lauten, werden nur in einer Auktion berücksichtigt.

- **fortlaufender Handel**: In den umsatzstärkeren Wertpapieren wird zusätzlich ein fortlaufender Handel eingerichtet, in dem nur „Schlüsse" („Round-Lot-Orders") gehandelt werden. Die Kauf- und Verkaufsaufträge werden bei Übereinstimmung sofort ausgeführt. Für die Ausführung gilt zunächst das Preis- und dann das Zeitprinzip. Das Preisprinzip besagt, dass als erstes nicht limitierte Aufträge, dann die Kaufaufträge mit dem höchsten Limit und die Verkaufsaufträge mit dem niedrigsten Limit ausgeführt werden. Nach dem Zeitprinzip wird bei einem gleichen Limit der Auftrag zuerst ausgeführt, der als erster in das System eingegeben worden war. Hierdurch wird ein Anreiz zu einer frühzeitigen Ordereingabe geschaffen.

Schlüsse (Round-Lot-Orders) im Xetra-Handel

Inländische Aktien (ohne Neuer Markt)	100 Stück
Aktien im Neuen Markt	1 Stück
Ausländische Aktien	1 Stück
Optionsscheine	100 Stück
Öffentliche Anleihen und Jumbo Pfandbriefe	1.000.000,00 EUR Nennwert

Die Handelsformen sind abhängig von der Liquidität (Umsatzvolumen) der einzelnen Wertpapiere. Neben einer Eröffnungs- und einer Schlussauktion kann es eine oder mehrere weitere Auktionen während des fortlaufenden Handels geben. In dieser Zeit wird der fortlaufende Handel unterbrochen.

Auktionsplan für Aktien und Aktienoptionsscheine

Art des Handels	Wertpapiere	Start der Eröffnungs-auktion	Start der 1. Intraday-Auktion	Start der 2. Intraday-Auktion	Start der Schluss-auktion
Fortlaufen-der Handel mit zwei untertägigen Auktionen	DAX Euro Stoxx 50 Stoxx 50	8:50 Uhr	13:00 Uhr	17:30 Uhr	20:00 Uhr
	MDAX		13:05 Uhr	17:35 Uhr	
	Neuer Markt		13:10 Uhr	17:40 Uhr	
	Aktienoptions-scheine		13:10 Uhr	17:40 Uhr	
	Sonstige liquide Aktien		13:15 Uhr	17:45 Uhr	
Eine untertägige Auktion	Illiquide Aktien		13:20 Uhr		

▣ EDV-gestützte Kommunikations- und Handelssysteme

BOSS-CUBE – **B**örsen-**O**rder-**S**ervice-**S**ystem/**C**omputer-**U**nterstütztes-**B**örsenhandels- und **E**ntscheidungssystem

Mit BOSS-CUBE können die Kreditinstitute ihre Aufträge direkt in das elektronisch geführte Auftragsbuch (Skontro) des Maklers überspielen. Der Makler vereinigt die „Parkettaufträge" mit den „elektronischen Aufträgen". Die Kursfindung erfolgt EDV-gestützt.

KISS – **K**urs-**I**nformations-**S**ervice-**S**ystem

Unmittelbar nach der Kursfeststellung gibt der Makler die Kurse in den Rechner ein. KISS verbreitet nun diese Kurse in Echtzeit via Datenfernübertragung (DFÜ) im In- und Ausland.

6.4.3 Kursbildung und Kursnotierung

▣ Kursnotierung

Der **Börsenkurs** ist der Preis eines Wertpapiers.

Preise für Wertpapiere sind Börsenpreise, wenn sie

- während der Börsenzeit an einer Wertpapierbörse festgestellt werden oder
- mit Hilfe eines an der Börse durch die Börsenordnung geregelten elektronischen Handelssystem gebildet werden *(§ 11 BörsG)*.

Lernfeld: Besondere Finanzinstrumente und Steuern

Stücknotierung

Der Kurs wird in EUR je Stück notiert.

Beispiele:

- *Aktien*
- *Bezugsrechte*
- *Optionsscheine*

Prozentnotierung

Der Kurs wird in Prozent des Nennwertes notiert.

Beispiele:

- *Schuldverschreibungen*
- *Genuss-Scheine*
- *Optionsanleihen*

Kursbildung im Amtlichen Handel

Bei amtlich notierten Wertpapieren erfolgt die Feststellung des Börsenpreises durch Kursmakler *(§ 29 BörsG)*. Die Makler werden bei der Preisfeststellung durch das **B**örsen-**O**rder-**S**ervice-**S**ystem (BOSS-CUBE) elektronisch unterstützt.

Feststellung des Einheitskurses

Für die Wertpapiere, die am Einheitsmarkt gehandelt werden, wird während der Börsenzeit ein **einziger Kurs** festgestellt („Einheitskurs des Einheitsmarktes").

Ablauf des Verfahrens zur Kursfeststellung:

1. Der Kursmakler hält in einem „Skontrobuch" die erteilten Kauf- und Verkaufsaufträge fest.

2. Die Aufträge werden nach den Limiten gestaffelt, und zwar so, dass die am leichtesten ausführbaren Aufträge oben stehen.

3. Der Kurs-Makler unterrichtet den Markt durch Ausrufen einer Kurstaxe oder Kurspanne über die Auftragslage. Danach werden weitere Aufträge entgegengenommen.

4. Um circa 12.00 Uhr schließt der Kursmakler sein Skontro (= Ende der Auftragsannahme) und errechnet den **Einheitskurs.**

Der Einheitskurs ist der Kurs, der der wirklichen Geschäftslage entspricht und bei dem der größtmögliche Umsatz zustande kommt. Zum errechneten Einheitskurs müssen

- alle Bestens- und Billigstaufträge (unlimitierte Aufträge),
- alle über dem Einheitskurs limitierten Kaufaufträge,
- alle unter dem Einheitskurs limitierten Verkaufsaufträge und
- die zum Einheitskurs limitierten Kauf- bzw. Verkaufsaufträge mindestens teilweise ausgeführt werden.

Beispiel:

Kaufaufträge		Verkaufsaufträge	
Stück (EUR)	Limit (EUR)	Stück	Limit (EUR)
36	billigst	48	bestens
6	376,00	16	372,00
30	375,00	66	373,00
18	374,00	14	374,00
40	373,00	12	375,00
20	372,00	2	377,00
12	370,00		

Kurs EUR	Kauf- aufträge	Verkaufs- aufträge	Gesamte(s) Nachfrage		Angebot		Möglicher Umsatz
billigst/ bestens	36	48	–		–		–
370	12	–	162 − 12			48	48
371	–	–	150			48	48
372	20	16	150 − 20			64 +16	64
373	**40**	**66**	**130** − 40		**130** +66		**130**
374	18	14	90 − 18		144 +14		90
375	30	12	72 − 30		156 +12		72
376	6	–	42 − 6		156		42
377	–	2	36		158 +2		36
	162	158					

Kurs	Kurszusatz
373	b

Die Ermittlung des Einheitskurses wird erschwert, wenn die dem Makler vorliegenden Kauf- und Verkaufsaufträge stark voneinander abweichende Limitierungen aufweisen.

Zur Feststellung des marktgerechten Kurses wird der Kursmakler in einem solchen Falle auf der Grundlage der Limite verschiedene mögliche Kurse „durchrechnen" bzw. „ausprobieren". Diese „Zur Probe" berechneten Einheitskurse werden zur Markterkundung ausgerufen, damit jetzt noch weitere Aufträge hereingegeben werden, die auf der ausgerufenen Kursbasis den gewünschten Ausgleich sicherstellen.

Beim Ausrufen der Kurse sind besonders die Konsortialbanken als Auftraggeber angesprochen, da sie das Papier an der Börse eingeführt haben und entsprechende Kurspflege betreiben.

Falls dem Makler – trotz seines Engagements – weder von der Käuferseite noch von der Verkäuferseite weitere Aufträge zum Ausgleich seines Skontros und zur marktgerechten Feststellung des Kurses erteilt werden, hat er die Möglichkeit, das Skontro durch Selbsteintritt auszugleichen *(§ 32 Abs. 2 BörsG)*.

Lernfeld: Besondere Finanzinstrumente und Steuern 313

Kursfeststellung im variablen Handel

Für bestimmte Wertpapiere mit regelmäßig größeren Umsätzen wird ein fortlaufender Handel („variable Notierung") durchgeführt.

Bedingungen:

- Es werden nur Schlüsse gehandelt.

  Der Mindestschluss beträgt bei
  - inländischen Aktien .... 1 Stück
  - Optionsscheinen .... i. d. R. 100 Stück
  - festverzinslichen Wertpapieren .... nom. 1.000.000,00 DM

- Spitzenbeträge werden abgetrennt und zum Einheitskurs abgerechnet.

> **Beispiel:**

Kursnotierungen im fortlaufenden Handel

Wertpapier-gattung	Eröffnungskurs (EUR) – erster Kurs –	Fortlaufende Notierung	Schluss-kurs (EUR)
Petro	371,00	1,0 · 1,5 · 2 · 1,7 · 2 · 2,2 · 2,3 · 2,5 · 2,8 · 3 · 3,5 · 3,8 · 3,5 · 4	374,30
DETA Stahl	762,00	2 · 3 · 3,5 · 4 · 4,5 · 5 · 6 · 7 · 8 · 9 · 8 · 9	768,00 G
Gentec	274,00	4 · 4,5 · 4 · 4,2 · 4,5 · 4,8 · 4,5 · 4,8 · 4,5 · 4,8 · 5 · 5,5	275,50 G
Rhein-Ruhr Bank	625,50	7,5 · 8 · 9 · 8,5 · 9 · 630 · 1 · 2 · 1	630,50 G

Der **Eröffnungskurs** wird nach den Regeln der Einheitskursermittlung errechnet.

Die **fortlaufenden Notierungen** ergeben sich von Fall zu Fall aus dem laufenden Wertpapierhandel. Die Börsenhändler und freien Makler handeln zu frei vereinbarten Kursen. Der Kursmakler nimmt die von den Händlern ausgehandelten Kurse in die amtliche Notiz auf. Es werden nur jene Stellen des Kurses angezeigt, die Veränderungen aufweisen.

Beim fortlaufenden Handel unterrichten die Kursmakler die Händler durch Ausrufen von Kursen über eingehende Aufträge. Auch die übrigen zum Börsenhandel zugelassenen Personen sind berechtigt, Kurse auszurufen. Das Ausrufen eines Kurses stellt einen Vertragsantrag dar. Der Zusatz „Geld" bedeutet, dass der Ausrufende kaufen, der Zusatz „Brief", dass er verkaufen möchte. Die Vertragsannahme geschieht durch einen entsprechenden Zuruf.

> **Beispiel:**

Zustandekommen eines Geschäftsabschlusses im variablen Handel

Händler A: „100 Petro 390,00 Brief"
Händler B: „100 Stück von Dir"
Makler bestätigt: „An Dich"

Der **Kassakurs** ist der „Einheitskurs" des variablen Marktes. Ist bis zur Feststellung des Einheitskurses eine fortlaufende Notierung nicht zustande gekommen, so sind alle bis dahin vorliegenden Aufträge unabhängig von ihrer Größe in die Errechnung des Einheitskurses einzubeziehen.

Der **Schlusskurs** ist der letzte an einem Börsentag festgestellte Kurs.

◼ Kurszusätze/Kurshinweise

Kurszusätze und Kurshinweise beschreiben die jeweilige Marktsituation an der Börse (*§ 30 BörsO*).

Kürzel	im Wortlaut	Bedeutung
I. Zusätze		
b oder Kurs ohne Zusatz	bezahlt	Alle Aufträge sind ausgeführt.
bG	bezahlt Geld	Die zum festgestellten Kurs limitierten Kaufaufträge müssen nicht vollständig ausgeführt sein; es bestand weitere Nachfrage.
bB	bezahlt Brief	Die zum festgestellten Kurs limitierten Verkaufaufträge müssen nicht vollständig ausgeführt sein; es bestand weiteres Angebot.
II. Hinweise		
G	Geld	Zu diesem Preis bestand nur Nachfrage.
B	Brief	Zu diesem Preis bestand nur Angebot.
–	gestrichen	Ein Kurs konnte nicht festgestellt werden.
ex D	ohne Dividende	Erste Notiz unter Abschlag der Dividende.
ex BR	ohne Bezugsrecht	Erste Notiz unter Abschlag eines Bezugsrechts.
ex BA	ohne Berichtigungs-aktien	Erste Notiz nach Umstellung des Kurses auf das aus Gesellschaftsmitteln berichtigte Aktienkapital.
ausg	ausgesetzt	Die Kursnotierung ist ausgesetzt; ein Ausruf ist nicht gestattet.

Quelle: Deutsche Börse AG

Plus- oder Minusankündigungen muss der Kursmakler auf der Kursanzeigetafel vornehmen, wenn er aufgrund der vorliegenden Aufträge feststellt, dass der aktuelle Kurs erheblich von dem zuletzt notierten Kurs abweichen wird (*§ 8 Bedingungen für Geschäfte an der Frankfurter Wertpapierbörse*).

Die Börsenhändler bzw. ihre Auftraggeber sollen Gelegenheit bekommen, ihre Aufträge zu überdenken, zu ändern oder zurückzunehmen.

Bei sehr hohen Kursausschlägen kann der Börsenvorstand die Aussetzung der Kursnotierung veranlassen.

Preisfeststellung im Freiverkehr: Die handelnden Personen (insbesondere die Freimakler) teilen den Interessenten die am betreffenden Börsentag gebotenen Preise mit. Die Preismitteilung erfolgt durch Nennung von Geld- und Briefkursen (= so genannte Spannungskurse). Zum Geldkurs ist der Ausrufende bereit, das Wertpapier zu übernehmen, zum Briefkurs ist er bereit, es abzugeben. Der formulierte „Kursschnitt" steht der handelnden Person als Verdienst zu. Die festgestellten Preise sind in der Börsenzeitung zu veröffentlichen. Aus den Preisen kann kein Anspruch auf Ausführung von Aufträgen abgeleitet werden. Die Veröffentlichung ist unverbindlich.

Kursbeeinflussende Faktoren

Angebot und Nachfrage werden durch eine Vielzahl von Einflüssen bestimmt. Die verschiedenen Einflüsse stehen untereinander in Wechselbeziehung.

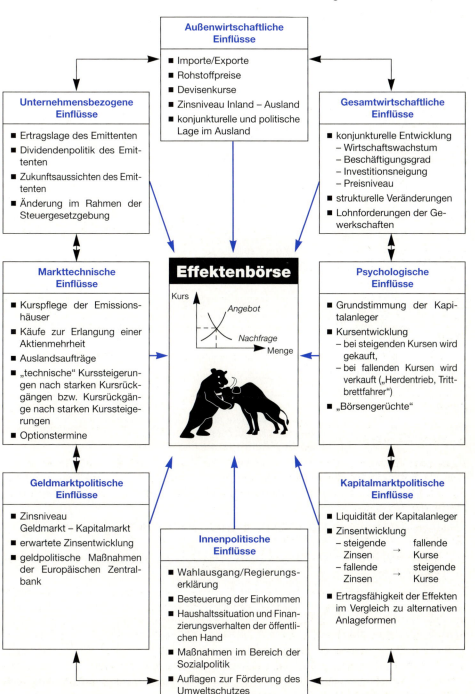

6.4.5 Abwicklung von Kundenaufträgen

1. Auftragserteilung

Effektenkauf- und -verkaufsaufträge werden telefonisch, schriftlich oder online erteilt. Das Datum und die Uhrzeit der Auftragserteilung werden notiert bzw. gespeichert. Aus dem Auftrag müssen alle für die Auftragsausführung wichtigen Daten hervorgehen:

- **Art des Auftrags** (Kauf- oder Verkaufsauftrag)
- **Wertpapierbezeichnung und Kenn-Nr.**

> *Beispiel:*
> Bayer-Aktien – 575200 –

- **Umfang des Auftrags**
  – Stückzahl bei Aktien und Investmentzertifikaten
  – Nominalwert bei Schuldverschreibungen
- **Angaben zum Kurs.**

Auftrag	Erläuterung
preislich unlimitierter Auftrag („billigst"/„bestens")	Der Auftrag soll auf jeden Fall ausgeführt werden; der Kunde ist mit jedem erzielten Kurs einverstanden. Kaufaufträge werden „billigst", Verkaufsaufträge „bestens" ausgeführt. Bei DAX-Werten können sogenannte Stop-loss- oder Stop-buy-Aufträge erteilt werden. ■ **Stop-loss-Aufträge** sind Verkaufsaufträge, die „bestens" ausgeführt werden, sobald der aktuelle Kurs ein vom Anleger gesetztes Limit unterschreitet. ■ **Stop-buy-Aufträge** sind Kaufaufträge, die „billigst" ausgeführt werden, sobald der aktuelle Kurs ein gesetztes Limit überschreitet.
preislich limitierter Auftrag	Der als Limit festgesetzte Kurs darf bei Käufen nicht überschritten und bei Verkäufen nicht unterschritten werden.
interessewahrend	Diese Order spielt nur bei größeren Aufträgen oder marktengen Werten eine Rolle, wenn der Kunde befürchtet, dass die Ausführung des Auftrags „en bloc" für ihn zu einer nachteiligen Kursentwicklung führt. Das Kreditinstitut wird den Auftrag behutsam „peu à peu" evtl. über einen längeren Zeitraum ausführen.

Preislich limitierte Aufträge in Aktien erlöschen:

- bei **Dividendenzahlungen** und sonstigen Ausschüttungen am ersten Börsentag nach der Hauptversammlung,
- bei **Einräumung von Bezugsrechten** mit Ablauf des letzten Börsentages vor dem Beginn des Bezugsrechtshandels (§ 6 Bedingungen für die Geschäfte an den deutschen Wertpapierbörsen).

Lernfeld: Besondere Finanzinstrumente und Steuern

■ Ausführungsplatz

Aufträge zum Kauf und Verkauf von Wertpapieren in- und ausländischer Emittenten, die an einer inländischen Börse gehandelt werden, werden im Inland über die Börse ausgeführt.

Das Kreditinstitut bestimmt bei fehlender Kundenweisung den Börsenplatz unter Wahrung der Kundeninteressen. Es führt den Auftrag im **Präsenzhandel** aus, es sei denn, der Kunde wünscht eine Ausführung im Xetra-Handel oder das Interesse des Kunden gebietet eine Ausführung im elektronischen Börsenhandel *(Sonderbedingungen für Wertpapiergeschäfte Ziff. 2; § 10 BörsG)*.

Aufträge in **verzinslichen Schuldverschreibungen** können außerbörslich ausgeführt werden, wenn der Gesamtnennbetrag der Emission weniger als zwei Milliarden Deutsche Mark beträgt.

Aufträge in **Freiverkehrswerten** können über eine ausländische Börse ausgeführt werden, wenn dies das Interesse des Kunden gebietet.

■ Gültigkeitsdauer des Auftrags

Die Gültigkeitsdauer eines Auftrags ist zwischen dem Kreditinstitut und dem Kunden individuell vereinbar.

> **Beispiele:**

- *Tagesorder:*   *gültig für einen Tag*
- *Ultimoorder:*   *gültig bis Monatsultimo*

Gültigkeitsdauer von unbefristeten Aufträgen:

- **Preislich unlimitierte Aufträge** gelten nur für einen Börsentag (= tagesgültig)
  Aufträge, die am Tag des Eingangs nicht mehr rechtzeitig an die Börse weitergeleitet werden konnten, werden für den nächsten Börsentag vorgemerkt.
- **Preislich limitierte Aufträge** sind bis zum letzten Börsentag des laufenden Monats gültig (= ultimogültig).
  (Sonderbedingungen für Wertpapiergeschäfte Ziff. 4)

■ Name und Anschrift des Auftraggebers

■ Depotnummer und Verrechnungskonto

■ Verwahrungsart bzw. Angaben zur Lieferung
(Girosammelverwahrung, Streifbandverwahrung, effektive Auslieferung)

■ Datum und ggf. Uhrzeit der Auftragserteilung

■ Unterschrift des Auftraggebers
(bei telefonischer Auftragserteilung: Unterschrift des Kundenberaters)

Das Kreditinstitut ist verpflichtet, folgende Daten aufzuzeichnen *(§ 34 WpHG):*

- den Auftrag und hierzu erteilte Anweisungen des Kunden,

- die Ausführung des Auftrags

} kundenbezogene Informationen

- den Namen des Angestellten, der den Auftrag entgegengenommen hat,

- die Uhrzeit der Erteilung und Ausführung des Auftrags

} betriebsbezogene Informationen

2. Auftragsausführung

Vor seiner Ausführung wird der Auftrag disponiert (Deckungsprüfung).

Gelddisposition: Bei **Kaufaufträgen** prüft das Kreditinstitut, ob das Verrechnungskonto eine entsprechende Deckung (Guthaben oder Kreditlinie) aufweist.

Stückedisposition: Bei **Verkaufaufträgen** prüft das Kreditinstitut, ob der Depotbestand die Ausführung des Auftrags zulässt.

(Sonderbedingungen für Wertpapiergeschäfte Ziff. 7)

Art der Auftragsausführung

Das Kreditinstitut leitet Börsenaufträge in der Regel online weiter.
Die im EDV-System des beauftragten Kreditinstituts gespeicherten Auftragsdaten werden hierbei mithilfe von BOSS-CUBE über einen **zentralen Orderbestand** der Deutsche Börse Systems AG direkt an den zuständigen Makler weitergeleitet.

Die elektronische Ordererteilung („order routing") wird im **Dialogbetrieb** (= laufende Weiterleitung der Aufträge) oder im Wege der **Stapelübertragung** (= Weiterleitung von angesammelten Aufträgen) abgewickelt. Die elektronisch weitergeleiteten Orders (EDV-Order) und die im Paketthandel entgegengenommenen Orders (Zuruf-Order) werden in das **elektronisch geführte Skontro** des Maklers eingestellt. Der Makler wird bei der **Kursfeststellung** durch ein programmgesteuertes Ordersystem unterstützt.

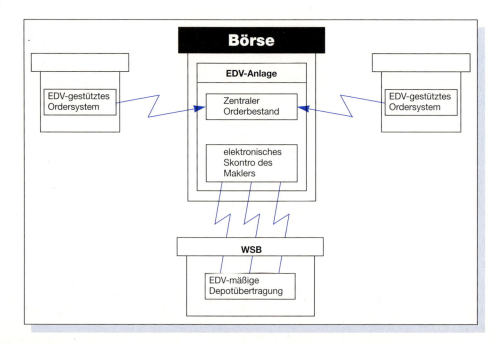

Lernfeld: Besondere Finanzinstrumente und Steuern 319

Rechtsstellung des ausführenden Kreditinstituts

Das Kreditinstitut führt die Aufträge seiner Kunden zum Kauf oder Verkauf von Wertpapieren im Rahmen eines Kommissionsgeschäftes oder eines Festpreisgeschäftes aus.

Normalfall: *Sonderfall:*

Kommissionsgeschäft	Festpreisgeschäft
Das Kreditinstitut führt Aufträge der Kunden zum Kauf oder Verkauf von Wertpapieren im In- und Ausland als Kommissionär aus. Hierzu schließt das Kreditinstitut für Rechnung des Kunden mit einem anderen Marktteilnehmer ein Kauf- oder Verkaufsgeschäft (Ausführungsgeschäft) ab, oder es beauftragt einen anderen Kommissionär (Zwischenkommissionär), ein Ausführungsgeschäft abzuschließen *(Sonderbedingungen für Wertpapiergeschäfte Ziff. 1).*	Vereinbaren Kreditinstitut und Kunde für das einzelne Geschäft einen festen Preis (Festpreisgeschäft), so kommt ein Kaufvertrag zustande; dementsprechend übernimmt das Kreditinstitut vom Kunden die Wertpapiere als Käufer oder es liefert die Wertpapiere an ihn als Verkäufer *(Sonderbedingungen für Wertpapiergeschäfte Ziff. 9).*

Kommissionsgeschäft

Das Kreditinstitut kauft oder verkauft die Wertpapiere **im eigenen Namen für Rechnung des Auftraggebers.**

Es ist verpflichtet,
- das Geschäft mit der Sorgfalt eines ordentlichen Kaufmannes auszuführen,
- das Interesse des Kommittenten zu wahren,
- seine Weisungen zu befolgen,
- den Abschluss des Ausführungsgeschäftes anzuzeigen,
- dem Kommittenten Rechenschaft über das Ausführungsgeschäft abzulegen *(§§ 383ff. HGB).*

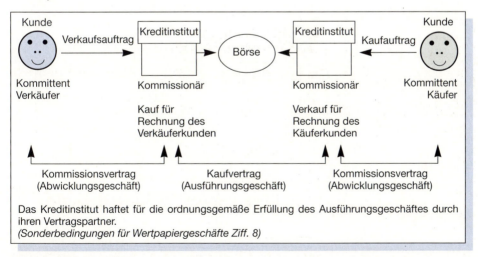

Börsenzwang: Aufträge werden über den Börsenhandel ausgeführt, wenn die Wertpapiere an einer inländischen Börse gehandelt werden. *Ausnahme:* Aufträge in verzinslichen Schuldverschreibungen, wenn der Gesamtnennbetrag der Emission weniger als zwei Milliarden DM beträgt, können auch außerbörslich ausgeführt werden *(Sonderbedingungen für Wertpapiergeschäfte Ziff. 2).*

Festpreisgeschäft

Das Kreditinstitut kauft oder verkauft die Wertpapiere **im eigenen Namen für eigene Rechnung.** Zwischen dem Kreditinstitut und dem Kunden kommt ein Kaufvertrag zustande.

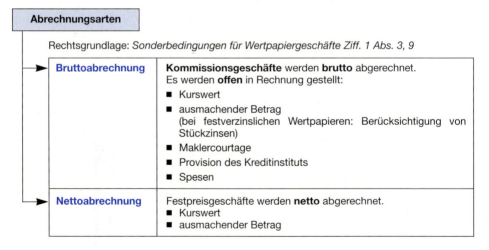

Das Kreditinstitut kann grundsätzlich dem Kunden einen Kurs in Rechnung stellen, der von einem evtl. abgeschlossenen Ausführungsgeschäft unabhängig ist.

Beispiele:
- Verkauf von Inhaberschuldverschreibungen des Kreditinstituts
- Verkauf von Bundesschatzbriefen, Finanzierungsschätzen und neuen Bundesobligationen

3. Auftragsabrechnung

Die Auftragsabrechnung erfolgt wertstellungsmäßig am zweiten Börsentag nach Geschäftsschluss.

Abrechnungsarten

Rechtsgrundlage: *Sonderbedingungen für Wertpapiergeschäfte Ziff. 1 Abs. 3, 9*

Bruttoabrechnung	**Kommissionsgeschäfte** werden **brutto** abgerechnet. Es werden **offen** in Rechnung gestellt: ■ Kurswert ■ ausmachender Betrag (bei festverzinslichen Wertpapieren: Berücksichtigung von Stückzinsen) ■ Maklercourtage ■ Provision des Kreditinstituts ■ Spesen
Nettoabrechnung	Festpreisgeschäfte werden **netto** abgerechnet. ■ Kurswert ■ ausmachender Betrag

4. Auftragserfüllung

Die Auftragserfüllung erfolgt durch
- Zahlung des Kaufpreises und
- Übertragung des Eigentums an den Effekten. Die Form der Eigentumsübertragung richtet sich nach den Weisungen des Kunden im Auftrag.

Die Daten des Geschäftsabschlusses sind dem **Bundesaufsichtsamt für den Wertpapierhandel (BAW)** spätestens an dem auf den Tag des Geschäftsabschlusses folgenden Werktag mitzuteilen. Zweck dieser Bestimmung ist die laufende **Insiderüberwachung** und ggf. die Feststellung von Insiderverstößen *(§ 9 WpHG).*

Lernfeld: Besondere Finanzinstrumente und Steuern 321

Formen der Eigentumsübertragung

Rechtsgrundlage: *Sonderbedingungen für Wertpapiergeschäfte Ziff. 11*

Verschaffung des **Miteigentums** an einem **Sammelbestand**

bei

Sammelverwahrung (Girosammel-Depotgutschrift)

durch

- Eintragung eines Übertragungsvermerks im Depotbuch der Wertpapiersammelbank (Clearstream Banking AG) zu Gunsten des Einkaufskommissionärs. Das Kreditinstitut erwirbt das Miteigentum als Stellvertreter für den Kunden („Übereignung an den, den es angeht").
  Die Benachrichtigung des Kunden über die Einräumung des Miteigentums *(§ 24 DepotG)* erfolgt mit der Kaufabrechnung.

Verschaffung des **Alleineigentums** an **bestimmten effektiven Stücken**

bei

Auslieferung der effektiven Stücke (Tafelgeschäft)

- durch körperliche Übergabe der effektiven Stücke

Sonderverwahrung (Streifbanddepot)

- durch Übersendung des Stückeverzeichnisses *(§ 18 DepotG)*
  Das Stückeverzeichnis individualisiert die erworbenen Wertpapiere. Es enthält die Wertpapiergattung, den Nennbetrag bzw. die Stückzahl und die Nummern der gekauften Stücke.

Abwicklung von Effektenhandelsgeschäften

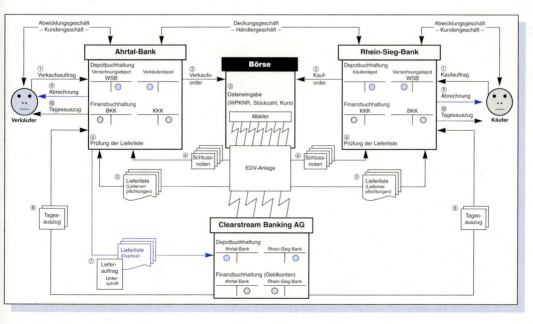

Abwicklung eines Börsengeschäftes

- Die Auftragsdaten werden mittels BOSS-CUBE bzw. durch Terminaleingabe in das elektronische Skontro des Maklers eingestellt.

- Die eingegebenen Daten werden automatisch auf **Plausibilität überprüft.** Eine fehlerhafte Dateneingabe wird sofort angezeigt und korrigiert.

- Das Börsenprogramm stellt jedem Verkauf einen entsprechenden Kauf gegenüber. Die **Zuordnung der Vertragspartner** erfolgt nach dem Optimierungsprinzip. So wird darauf geachtet, dass pro Kreditinstitut möglichst wenig Lieferungen anfallen.

- Die ausgeführten Geschäfte werden den Kontrahenten durch Schlussnoten bestätigt. Die **Schlussnoten,** die gleichzeitig als Abrechnung dienen, enthalten alle für die Erfüllung des Geschäftes notwendigen Daten (u.a. Wertpapierbezeichnung, Nennwert/ Stückzahl, Kurswert, Abrechnungsbetrag, Kontrahent).

- Die Kontrahenten sind verpflichtet, den Inhalt der Schlussnoten zu überprüfen. Beanstandungen sind dem Makler bis zum Beginn der nächsten Börsensitzung mitzuteilen *(Bedingungen für Geschäfte an deutschen Wertpapierbörsen, §§ 11, 12).*

- Aus den gespeicherten Daten der Schlussnoten erstellt das Rechenzentrum börsentäglich so genannte **Lieferlisten,** getrennt nach Kauf und Verkauf.

- Die Lieferlisten werden den **beteiligten Kreditinstituten** als Liefer- bzw. Erwartungsbeleg elektronisch zugestellt.

- Die Lieferlisten bilden die Grundlage für die **Erfüllung des Börsengeschäftes:** Die Verkäuferbank reicht die Lieferliste mit dem Lieferauftrag am nächsten Börsentag der Wertpapiersammelbank ein.

- Die **Wertpapiersammelbank** führt nach Eingang des **Lieferauftrags** eine Stückedisposition durch.

- Auf der Grundlage der Lieferlisten bucht die **Wertpapiersammelbank** auf den betreffenden Konten. Zur Erleichterung der Geld- und Wertpapierdisposition werden den beteiligten Kreditinstituten am Erfüllungstag so genannte Regulierungslisten online übermittelt. Sie geben Auskunft über die gebuchten Geschäfte.

- Am Mittag des Erfüllungstages übermittelt die Wertpapiersammelbank ihren Kontoinhabern die **Depot-Tagesauszüge** mit dem aktuellen Depotbestand *(§§ 28, 30 Geschäftsbedingungen der Clearstream Banking AG).*

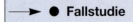
Fallstudie

Lernfeld: Besondere Finanzinstrumente und Steuern

6.5 Anlegerschutz bei Wertpapiergeschäften

6.5.1 Aufsicht über den Wertpapierhandel

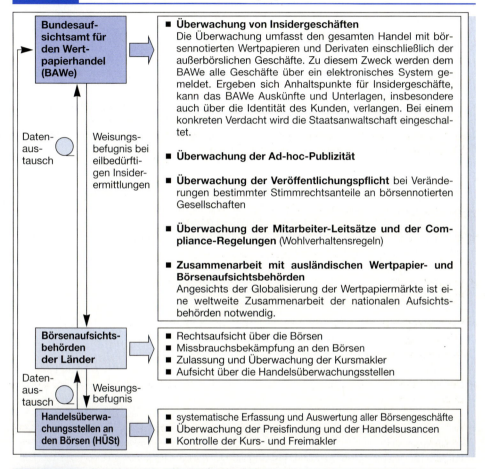

6.5.2 Verbot von Insidergeschäften

Ein funktionsfähiger Kapitalmarkt setzt voraus, dass alle Marktteilnehmer über gleiche Chancen verfügen. Es muss verhindert werden, dass so genannte Insider ihren Informationsvorsprung ausnutzen um risikolose Gewinne zu erzielen (Insidergeschäfte).

- **Insidergeschäfte sind unter Strafandrohung verboten** *(§§ 12, 13 WpHG)*
  Insider ist jeder, der aufgrund seines Berufs, seiner Tätigkeit oder in sonstiger Weise Kenntnis von einer nicht öffentlich bekannten Tatsache hat, die im Falle ihres öffentlichen Bekanntwerdens geeignet ist, den Kurs des Wertpapiers erheblich zu beeinflussen *(z. B. bevorstehende Fusion, erhebliche Gewinnänderungen)*. Einem Insider ist es verboten, unter Ausnutzung seiner Kenntnisse
  – Geschäfte auf eigene oder fremde Rechnung zu tätigen,
  – einem anderen die Kenntnisse zugänglich zu machen,
  – einem anderen den Erwerb oder die Veräußerung der Papiere zu empfehlen.

- **Wertpapieremittenten müssen kursbeeinflussende Tatsachen unverzüglich veröffentlichen (Ad-hoc-Publizität)**

  Emittenten müssen unverzüglich Informationen veröffentlichen, die wegen der Auswirkungen auf die Vermögens- und Finanzlage oder auf den allgemeinen Geschäftsverlauf geeignet sind, den Börsenpreis der Wertpapiere erheblich zu beeinflussen. Je schneller Informationen bekannt werden, desto weniger können Informationsvorsprünge missbraucht werden.

- **Veröffentlichungspflicht bei Veränderungen der Stimmrechtsanteile an börsennotierten Gesellschaften**

  Meldepflichtig ist das Über- und Unterschreiten von bedeutenden Beteiligungen (5 %, 10 %, 25 %, 50 %, 75 %). Die Kenntnis solcher Beteiligungen am Aktienkapital ist eine wichtige Marktinformation. Durch frühzeitige Bekanntgabe bedeutender Käufe und Verkäufe wird der Missbrauch von Insiderwissen eingeschränkt.

6.5.3 Verbot von interessegeleitetem Verhalten

Es ist **verboten**

- Kunden den An- oder Verkauf von Wertpapieren oder Derivaten zu empfehlen, wenn
  - die Empfehlung nicht mit den Interessen der Kunden übereinstimmt,
  - dadurch der Kurs im Interesse des Kreditinstitutes (Eigengeschäfte) in eine bestimmte Richtung gelenkt werden soll;
- Eigengeschäfte aufgrund der Kenntnis – aber vor der Ausführung – einer großen kursbeeinflussenden Kundenorder („Front-Running-Geschäfte") abzuschließen. (*§ 32 WpHG*)

6.5.4 Compliance-Regelungen[1]

Insbesondere durch das in Deutschland übliche Universalbankensystem können bei der Anlageberatung von Kunden aber auch bei den Eigengeschäften der Mitarbeiter Interessenkonflikte entstehen, da die Mitarbeiter der Kreditinstitute aus den verschiedenen Geschäftsbereichen (*z. B. Kreditgeschäft, Emissionsgeschäft*) über Informationen verfügen, die anderen Marktteilnehmern (noch) nicht bekannt sind.

Kreditinstitute müssen sich durch Mitarbeiter-Leitsätze und durch organisatorische Regelungen (= Compliance-Organisation) um die Vermeidung von Interessenkonflikten bemühen. Ergänzend müssen sie über interne Kontrollverfahren verfügen, um Verstößen entgegenzuwirken. Bei unvermeidbaren Interessenkonflikten müssen Kundenaufträge unter der gebotenen Wahrung des Kundeninteresses ausgeführt werden.

---

[1] Compliance bedeutet: „Handeln im Einklang mit dem geltenden Recht."

Lernfeld: Besondere Finanzinstrumente und Steuern

Mitarbeiter-Leitsätze

Mitarbeiter, die Geschäfte für eigene Rechnung oder für Rechnung Dritter (insbesondere für Familienangehörige) tätigen, sollen nicht besser als andere Kunden gestellt sein (§§ 31, 33 WpHG).

Es gelten folgende Grundsätze:

- Wertpapiergeschäfte von Mitarbeitern dienen der Vermögensanlage.
  Untersagt werden deshalb so genannte „Trading-Geschäfte", d. h. Kauf und Verkauf eines Investments dürfen grundsätzlich nicht am selben Tag erfolgen (Over-Night-Prinzip).

- Mitarbeiter sollen ihre Konten und Depots grundsätzlich beim arbeitgebenden Institut unterhalten und ihre Mitarbeitergeschäfte darüber abwickeln.
  Durch diese Bestimmung ist eine Kontrolle möglich. Die Mitarbeiter sind zur Auskunft über ihre Geschäfte verpflichtet.

- Der Mitarbeiter darf bankinterne Informationen nicht für eigene Zwecke nutzen.
  Dazu gehört das Ausnutzen unternehmensspezifischer, kursrelevanter Informationen und die so genannten „Front-Running-Geschäfte", bei denen der Mitarbeiter in Kenntnis einer großen Kauf- bzw. Verkaufsorder, die den Kurs beeinflussen wird, vorher ein Eigengeschäft tätigt.

Compliance-Organisation

- **Abschottung** des Informationsflusses zwischen den Geschäftsbereichen (Errichtung von „Chinese Walls")

  Beispiel:

  Anlageberater sollen keine internen Informationen vom Firmenkundenberater erhalten.

- **Kontrolle** des Informationsflusses durch eine unmittelbar dem Vorstand unterstellte Compliance – Überwachungsstelle („Compliance-Officer")

  Alle Eigenhandels- und Mitarbeitergeschäfte unterliegen der Kontrolle der Compliance-Überwachungsstelle.

7 Privatkredite

Ein **Kredit** ist die befristete, entgeltliche Überlassung von Geld bzw. Bonität zur freien oder vertragsgebundenen Nutzung.

Privatkredite sind Kredite an private Haushalte zur Finanzierung von Gebrauchsgütern *(z. B. Wohnungseinrichtungen, Pkw)* oder Verbrauchsgütern *(z. B. Urlaubsreisen)*.

Kreditarten	
Geldleihe	**Kreditleihe**
Darlehen *(§ 607 BGB)*	**Geschäftsbesorgungsvertrag** *(§ 675 BGB)*
■ Der Darlehnsgeber stellt dem Darlehnsnehmer **Liquidität** für die vereinbarte Laufzeit zur Verfügung. ■ Der Darlehnsnehmer verpflichtet sich, die vereinbarten Zinsen zu zahlen und das Darlehn fristgerecht zu tilgen.	■ Das Kreditinstitut gibt für den Kunden eine **Bürgschafts- bzw. Garantieerklärung** ab. ■ Der Kunde verpflichtet sich, die vereinbarte Provision zu zahlen und bei einer Inanspruchnahme des Kreditinstitutes das Geld bereitzustellen.
Beispiele:	*Beispiele:*
Ratenkredit, Dispositionskredit	*Mietaval, Prozessaval*

Bei den Privatkrediten handelt es sich um **standardisierte Kredite**:
■ Die allgemeinen Vertragsinhalte sind in entsprechenden Formularen vorformuliert.
■ Die Kreditkosten sind für alle Kunden weitgehend einheitlich und im Preisverzeichnis des Kreditinstituts dargestellt.

Individuelle Vereinbarungen werden getroffen über:
■ die Höhe des Kredites,
■ die Laufzeit des Kredites,
■ die Kreditbesicherung.

7.1 Dispositionskredite

Der **Dispositionskredit** ist ein Kontokorrentkredit an einen Privatkunden, bei dem der Kreditnehmer frei über eine auf dem laufenden Konto festgesetzte Kreditlinie verfügen kann.

Bei **genehmigten Überziehungen** tätigt der Kreditnehmer Verfügungen im Rahmen der Kreditlinie, die durch Zahlungseingänge automatisch zurückgeführt werden. Für die tatsächliche Inanspruchnahme zahlt er die vereinbarten **Sollzinsen**.
Bei **geduldeten Überziehungen** überschreitet der Kreditnehmer die eingeräumte Kreditlinie. Für diese nicht genehmigten Überziehungen berechnet das Kreditinstitut einen um 3 – 5 % über den Sollzinsen liegenden **Überziehungszinssatz**.

Lernfeld: Privatkredite

Vereinbarung der Kreditlinie

- **Initiative des Kreditinstituts**
  Bei Konten mit regelmäßigen Geldeingängen räumt das Kreditinstitut oft auf eigene Initiative eine Überziehungslinie ein.

  Beispiel:

  Einem Arbeitnehmer wird nach Eingang von drei Monatsgehältern ein Dispositionskredit in Höhe von zwei Gehältern eingeräumt.

- **Initiative des Kunden**
  Auf Antrag des Kunden erfolgt die Einräumung einer Kreditlinie. Die maximale Höhe ist abhängig von der Einkommens- und Vermögenssituation des Kunden.

Laufzeit

- **unbefristet („bis auf weiteres")**
  Das Kreditinstitut kann die Rückführung des Kredites nach einer angemessenen Frist fordern.

  Beispiel:

  Verschlechterung der Einkommens- und Vermögensverhältnisse des Kunden

- **befristet**
  Der Kredit wird für eine befristete Zeit *(z. B. 1 Jahr)* zur Verfügung gestellt und nach Ablauf der Zeit prolongiert, sofern sich die Einkommens- und Vermögensverhältnisse des Kunden nicht verschlechtert haben.

7.2   Ratenkredite

Der **Ratenkredit** ist ein Kredit, der privaten Haushalten und Kleingewerbetreibenden in einer Summe bereitgestellt und in festen monatlichen Raten getilgt wird.

Ratenkredite sind **standardisierte Kredite:**

- Festlegung institutseinheitlicher Darlehnsbeträge, Laufzeiten, Konditionen
- Vertragsabschluss auf speziellen Vordrucken, die eine schematisierte Bearbeitung ermöglichen

Merkmale des Ratenkredits

Verwendungszweck	Finanzierung ■ langlebiger Gebrauchsgüter *(z.B. Kraftfahrzeug, Wohnungseinrichtung)* ■ sonstiger Ausgaben *(z.B. Studium, Urlaubsreise)*
Darlehensbeträge	ab ca. 5.000,00 EUR
Laufzeit	12 Monate bis 6 Jahre
Rechtsgrundlage	Verbraucherkreditgesetz

7.2.1 Bearbeitung von Ratenkrediten

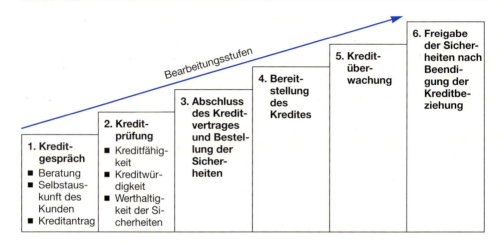

7.2.1.1 Kreditgespräch

Beratung

In dem Beratungsgespräch werden folgende Punkte erörtert:
- Höhe und Verwendungszweck des Kredits
- Konditionen (Zinsen, Provision)
- Zeitpunkt der Bereitstellung
- Laufzeit des Kredits bzw. Rückzahlung
- mögliche Kreditsicherheiten
- Einwilligung zur Einholung einer SCHUFA-Auskunft

Selbstauskunft

In einer Selbstauskunft macht der Kunde Angaben über seine persönlichen und wirtschaftlichen Verhältnisse.
- Name, Geburtsdatum, Anschrift, Beruf, Beschäftigungsdauer, Familienstand, Kinder
- Einkommen
  Das Monatseinkommen ist in der Regel durch die letzten drei Gehaltsabrechnungen nachzuweisen.
- Ausgaben (Lebenshaltungskosten, Miete, sonstige regelmäßige Ausgaben)
- Vermögensverhältnisse
- Verbindlichkeiten

Im Rahmen des Kreditgesprächs wird festgestellt, ob ein Kreditantrag Aussicht auf Erfolg hat.

Lernfeld: Privatkredite

7.2.1.2 Kreditprüfung

Prüfung der Kreditfähigkeit

Kreditfähig sind Kunden, die in der Lage sind, rechtswirksam einen Kreditvertrag abzuschließen. Die Kreditfähigkeit entspricht der Geschäftsfähigkeit.

Prüfungsgesichtspunkte bei natürlichen Personen

Geschäftsfähigkeit

- **unbeschränkte Geschäftsfähigkeit**
  Kreditverträge können rechtswirksam abgeschlossen werden (Kreditfähigkeit).

- **beschränkte Geschäftsfähigkeit**
  Kreditverträge können rechtswirksam nur abgeschlossen werden mit Zustimmung des gesetzlichen Vertreters und mit Genehmigung des Vormundschaftsgerichts.

- **Geschäftsunfähigkeit**
  Kreditverträge können rechtswirksam nur abgeschlossen werden durch den gesetzlichen Vertreter und mit Genehmigung des Vormundschaftsgerichts.

falsch?!

Prüfungsunterlage: amtlicher Lichtbildausweis

Güterstand

- **Zugewinngemeinschaft**
  Zustimmung des Ehepartners ist nicht erforderlich.
  Ausnahme: Zustimmung des Ehepartners ist erforderlich bei Verfügungen über das Vermögen im Ganzen.

- **Gütergemeinschaft**
  Zustimmung des Ehepartners ist erforderlich.

- **Gütertrennung**
  Zustimmung des Ehepartners ist nicht erforderlich.

In der Praxis versucht das Kreditinstitut, den Ehepartner als Mitantragsteller zu verpflichten. Antragsteller und Mitantragsteller haften als Gesamtschuldner *(§ 427 BGB)*.

Prüfung der Kreditwürdigkeit

Kreditwürdig sind Kunden, von denen eine kontraktgerechte Erfüllung der Verpflichtungen aus dem Kreditverhältnis erwartet werden kann.

Bei der Kreditwürdigkeitsprüfung sind zu unterscheiden:

- **persönliche Kreditwürdigkeit**: Beurteilung der Vertrauenswürdigkeit des Kreditnehmers
- **materielle Kreditwürdigkeit**: Beurteilung der wirtschaftlichen Verhältnisse des Kreditnehmers

Kreditwürdigkeit bei Privatkunden

Merkmale	Kriterien	Unterlagen
persönliche Verhältnisse	▪ Familienstand, Kinder ▪ berufliche Stellung ▪ Dauer des Arbeitsverhältnisses ▪ ordnungsgemäße Erfüllung bisheriger Verpflichtungen	▪ Selbstauskunft ▪ Kontounterlagen ▪ SCHUFA-Auskunft ▪ Arbeitsverträge ▪ ggf. Bankauskünfte von anderen Kreditinstituten
wirtschaftliche Verhältnisse	Ermittlung des frei verfügbaren Resteinkommens	▪ Gehaltsnachweise der letzten drei Monate ▪ Selbstauskunft ▪ Haushaltsrechnung mit einer Gegenüberstellung der monatlichen Einnahmen und Ausgaben ▪ Kontounterlagen
	Vermögen	▪ Konto- und Depotunterlagen ▪ ggf. Nachweise von Guthaben und Depotbeständen bei anderen Kreditinstituten ▪ ggf. Grundbuchauszug

Haushaltsrechnung

In einer Haushaltsrechnung (Kapitaldienstberechnung) werden Einnahmen und Ausgaben zur Ermittlung des frei verfügbaren Resteinkommens gegenübergestellt, um die Tragbarkeit der monatlichen Belastung zu beurteilen. Nebeneinnahmen und Überstundenentgelte werden nur berücksichtigt, wenn sie dauerhaft sind und nachgewiesen werden. Für die Lebenshaltungskosten legen die Kreditinstitute Pauschalbeträge zugrunde.

Beispiele:

Lebenshaltungskostenpauschalen

- *Alleinstehende* ~~700~~ *600,00 EUR*
- *Ehepaare/zusammenlebende Paare* *800,00 EUR* 1000
- *je Kind* *150,00 EUR* 200

2. PKW 150 EUR extra (wenn kein Miete, evcnt. Hausnebenkosten)

Die Pauschalwerte sind heranzuziehen, wenn die Lebensführung der Kreditnehmer den „normalen" Verhältnissen entspricht. Bei einer aufwendigen Lebensführung sind die Werte höher anzusetzen, bei einer sparsamen Lebensführung können die Werte eventuell niedriger angesetzt werden. Bei bestehenden Kontoverbindungen ist die Plausibilität der Werte durch die Kontoführung zu überprüfen.

Beispiel:

Haushaltsrechnung für die Eheleute Monika und Herbert Höhner; zwei Kinder

Monatliche Einnahmen		Monatliche Ausgaben	
Nettoeinkommen Antragsteller	2.050,00 EUR	Miete inkl. Nebenkosten	675,00 EUR
Nettoeinkommen Mitantragsteller	735,00 EUR	Auto (laufende Kosten, Steuern, Versicherungen)	200,00 EUR
Kindergeld	255,00 EUR	Lebenshaltungskosten (Pauschalbetrag)	1.100,00 EUR
Sonstige Einnahmen	–	Versicherungen	125,00 EUR
		Kreditraten/Leasingraten	160,00 EUR
		Sparpläne/Bausparraten	–
		Sonstige regelmäßige Ausgaben	40,00 EUR
Gesamteinnahmen	3.040,00 EUR	**Gesamtausgaben**	2.300,00 EUR

Lernfeld: Privatkredite   331

Es verbleibt ein frei verfügbares Resteinkommen von 740,00 EUR.
Die maximale Monatsrate sollte unter diesem Betrag liegen (z.B. 20%), um dem Kunden eine Liqui-
ditätsreserve zu belassen.

Kreditvorschläge

Ausgehend von der persönlichen Situation des Kunden und seiner Kapitaldienstfähigkeit
werden Kreditvorschläge unterbreitet, die sich in der Laufzeit und damit in der Ratenhöhe
unterscheiden. Die Angebote sind in der Praxis direkt aus dem Terminal abrufbar.

Kreditkosten

- einmalige Bearbeitungsgebühr *(z.B. 2% vom Anfangskreditbetrag)*
- Zinsen
  - als Monatszins, berechnet immer vom Anfangskredit
  - als Jahreszins, berechnet vom jeweils tatsächlich in Anspruch genommenen Kredit

Die Kreditkosten werden für die gesamte Laufzeit im Voraus berechnet und zum Kreditbetrag addiert (= Gesamtkredit). Bei der Berechnung der Monatsraten wird der Gesamtkredit auf die Laufzeit verteilt.

Fallbeispiel:

Die Eheleute Höhner beantragen zur Finanzierung eines Pkw-Kaufs einen Ratenkredit von 26.000,00
EUR. Die Laufzeit soll 53 Monate betragen.

Kreditangebot

Benötigter Kreditbetrag	26.000,00 EUR
Zinsen p.M.	0,380%
einmalige Bearbeitungsgebühr	2,000%
Restschuldversicherung	nicht gewünscht
Monatsrate	600,00 EUR monatlich
Anzahl der Raten	52 Raten je 600,00 EUR
	1. Rate am 30.09.2000 über 556,40 EUR
	letzte Rate am 30.01.2005
Gesamtkredit	31.756,40 EUR
davon – Zinsen	5.236,40 EUR
– Bearbeitungsgebühr	520,00 EUR
– Versicherung	0,00 EUR
Auszahlungsbetrag	26.000,00 EUR
Effektivverzinsung	9,66% p.a.

Erläuterung des Kreditangebotes

Kreditbetrag	26.000,00 EUR
+ 0,38% Zinsen p.m. für 53 Monate	
$\left(\dfrac{26.000,00 \cdot 0,38 \cdot 53}{100} \right)$	5.236,40 EUR
+ 2% Bearbeitungsgebühr	520,00 EUR
= Gesamtrückzahlungsbetrag (Gesamtkredit)	31.756,40 EUR

Ermittlung der Raten

- Monatsraten = Gesamtrückzahlungsbetrag : Laufzeit
  = 31.756,40 EUR : 53 = 599,18 EUR

- In der Praxis werden die monatlichen Raten oft auf volle EUR (bzw. volle 5,00 oder 10,00 EUR) auf- oder abgerundet.
  - Bei einer Aufrundung der Monatsraten ergibt sich eine **niedrigere Ausgleichsrate** (= 1. Rate).
  - Eine Abrundung führt zu einer **höheren Ausgleichsrate** (= letzte Rate).

Die regelmäßige Rate soll 600,00 EUR betragen.

52 Raten · 600,00 EUR	31.200,00 EUR
+ 1 Ausgleichsrate (1. Rate)	556,40 EUR
= Gesamtrückzahlungsbetrag	31.756,40 EUR

Nominal- und Effektivzins

- **Nominalverzinsung**

Der Nominalzins von 0,38% ist ein Monatszins, der für die gesamte Laufzeit immer vom Anfangskredit berechnet wird.

Kreditbetrag (= Nettokredit)	26.000,00 EUR
+ 2% Bearbeitungsgebühr	520,00 EUR
+ 0,380% Zinsen pro Monat für 53 Monate (immer vom Anfangskredit!)	5.236,40 EUR
= Gesamtkredit (= Gesamtrückzahlungsbetrag)	31.756,40 EUR

- **Effektivverzinsung**

Die Effektivverzinsung gibt die tatsächlichen Kreditkosten p.a. unter Berücksichtigung aller Kreditkosten an.

Die Nominalzinsen werden immer vom Anfangskredit berechnet, obwohl sich der effektive Kreditbetrag durch die Ratenzahlungen Monat für Monat verringert.

Der Kredit von 26.000,00 EUR steht den Kunden somit effektiv nur einen Monat zur Verfügung und reduziert sich dann monatlich durch die Rückzahlungen. Die durchschnittliche Laufzeit des Kredites kann wie folgt ermittelt werden:

$$\varnothing \text{ Laufzeit} = \frac{\text{längste Laufzeit + kürzeste Laufzeit}}{2} = \frac{53 + 1}{2} = 27 \text{ Monate}$$

Die Effektivverzinsung (P) lässt sich mit der Zinsgleichung ermitteln:

$$P = \frac{\text{Kreditkosten} \cdot 100 \cdot 12}{\text{Nettokredit} \cdot \varnothing \text{ Laufzeit}} = \frac{(520,00 + 5.236,40) \cdot 100 \cdot 12}{26.000,00 \cdot 27} = \underline{9,84\% \text{ p.a.}}$$

Zur Beurteilung von Krediten ist die Effektivverzinsung maßgeblich, weil
- alle Kosten (Zinsen und Bearbeitungsprovision) berücksichtigt werden,
- die tatsächliche Kredithöhe und die tatsächliche Laufzeit zugrunde gelegt wird.

Die Abweichung zu der im Kreditangebot ausgewiesenen Effektivverzinsung von 9,66% p.a. resultiert aus einer anderen, finanzmathematisch genaueren Rechenmethode nach den Vorschriften der Preisangabenverordnung.

▉ Anlaufzinsen

Wenn zwischen der Auszahlung des Kredites und der Fälligkeit der ersten Rate weniger als 30 Zinstage liegen, sind dem Kreditnehmer Zinsen für die fehlenden Tage zu vergüten. Grundlage der Zinsberechnung ist der effektive Jahreszinssatz. Liegen zwischen Auszahlung und Fälligkeit mehr als 30 Zinstage, können dem Kreditnehmer Anlaufzinsen für die zusätzlichen Tage in Rechnung gestellt werden.

Lernfeld: Privatkredite

Berechnung der Laufzeit

Ausgehend von dem Kreditbedarf des Kunden bei einer gegebenen Kapitaldienstfähigkeit kann die Laufzeit ermittelt werden, die zu einer tragbaren Monatsbelastung führt.

Beispiel:

- *Kreditbedarf 26.000,00 EUR*
- *0,38% Zinsen p.m. + 2% einmalige Bearbeitungsgebühr*
- *Die Monatsraten sollen ca. 500,00 EUR betragen.*

Kredit (K) + Zinsen (Z) + Bearbeitungsgebühr (B) = Rate (R) · Laufzeit (x)

$$Z = \frac{26.000,00 \cdot 0,38 \cdot x}{100} = 98,8\,x$$

$$B = \frac{26.000,00 \cdot 2}{100} = 520,00\ EUR$$

$26.000,00 + 98,8\,x + 520,00 = 500\,x$

$401,2\,x = 26.520,00$

$x = 66,10 = \underline{66\ Monate\ Laufzeit}$

Abrechnung

Kreditbetrag	26.000,00 EUR
+ 2% Bearbeitungsgebühr	520,00 EUR
+ 0,38% Zinsen pro Monat für 66 Monate	6.520,80 EUR
= Gesamtkredit (Gesamtrückzahlungsbetrag)	33.040,80 EUR
65 Raten · 500,00 EUR	32.500,00 EUR
+ 1 Ausgleichsrate (letzte Rate)	540,80 EUR
= Gesamtrückzahlungsbetrag	33.040,80 EUR

SCHUFA-Meldung

Der Kunde erklärt sein Einverständnis, dass bei der örtlichen SCHUFA-Gesellschaft die Daten des beantragten Kredites gemeldet werden.

Restschuldversicherung

Auf Wunsch des Kunden wird eine Restschuldversicherung abgeschlossen, die der Absicherung der Zahlungsverpflichtung aus dem Kreditvertrag dient. Im Versicherungsfall zahlt die Versicherung die verbliebene Kreditverpflichtung. Innerhalb einer Frist von 14 Tagen nach Abschluss kann der Versicherte vom Vertrag zurücktreten. Die Frist beginnt, nachdem der Versicherte über das Rücktrittsrecht belehrt wurde und er dies mit seiner Unterschrift bestätigt hat.

- **Restschuld-Lebensversicherung**
  Die Versicherung zahlt bei Tod des Versicherten.

- **Restschuld-Erwerbsunfähigkeitsversicherung**
  Die Versicherung zahlt bei Erwerbsunfähigkeit des Versicherten.

Kreditscoring

Das **Kreditscoring** ist ein **Punktbewertungsverfahren** zur Beurteilung der Kreditwürdigkeit des Kunden. Aus den Erfahrungen von Not leidenden Krediten der Vergangenheit lässt sich statistisch die Erkenntnis gewinnen, dass bestimmte personenbezogene Merkmale für die ordnungsgemäße Abwicklung von Krediten von Bedeutung sind. Die Merkmale werden gewichtet und mit Punktzahlen beurteilt. Nach der Summe der erreichten Punktzahl wird der Kreditnehmer einer bestimmten Risikoklasse zugeteilt.

Folgende Merkmale sind beim Scoring-Verfahren von Bedeutung:

- Alter und Geschlecht
- Beruf und Dauer des Beschäftigungsverhältnisses
- Familienstand und Anzahl der unterhaltsberechtigten Personen
- Höhe und Verwendungszweck des Kredites
- Wohnung (Eigenheim, Mietwohnung, Dauer des Wohnverhältnisses)
- Dauer der Kontoverbindung
- Bisherige Zahlungsmoral (Kontoüberziehungen, Kredittilgungen)
- Vermögen *(z. B. Sparguthaben, Wertpapiere etc.)*
- Weitere Schuldner/Bürgen

Beispiel:

Merkmal	Bedeutung	Kategorien	Punktzahl
Alter	*Ältere Kreditnehmer geraten seltener in Zahlungsschwierigkeiten als jüngere*	*Kreditnehmer 20 Jahre alt*	*3*
		Kreditnehmer 40 Jahre alt	*5*
Beruf	*Kreditnehmer in bestimmten Berufen geraten seltener in Zahlungsschwierigkeiten*	*Versicherungsangestellte*	*8*
		Bauhilfsarbeiter	*4*

Nach Eingabe der Kundendaten in das Terminal errechnet das Programm die Bewertungszahl und bestimmt damit weitgehend die Kreditentscheidung. Eine von der Scoringbewertung abweichende Kreditentscheidung muss der Kreditsachbearbeiter hinreichend begründen.

Kreditentscheidung

Der Kreditantrag wird mit einer Stellungnahme des Sachbearbeiters einem zweiten Kompetenzträger zur Mitentscheidung vorgelegt.

Vereinbarung der Kreditbesicherung

Auch wenn ein Kunde zum Zeitpunkt der Kreditgewährung als kreditwürdig erscheint, kommt es vor, dass er seine Verpflichtungen aus dem Kreditvertrag nicht erfüllt. Für diesen nicht vorhersehbaren Fall verlangt das Kreditinstitut in der Regel eine Besicherung des Kredites. Die zu bestellenden Sicherheiten werden im Kreditvertrag vereinbart. Die Werthaltigkeit der Sicherheiten wird geprüft und beurteilt.

Als Sicherheiten kommen in Betracht:

- Abtretung der Lohn- und Gehaltsansprüche
- Mitverpflichtung des Ehegatten
- Bürgschaft
- Verpfändung von Kontoguthaben und Wertpapieren
- Sicherheitsabtretung von Forderungen
- Sicherungsübereignung

Lernfeld: Privatkredite

7.2.1.3 Abschluss des Kreditvertrages und Bestellung der Sicherheiten

Der Kreditvertrag wird vom Kunden und zwei Kompetenzträgern des Kreditinstitutes unterschrieben. Damit ist der Kreditvertrag durch zwei übereinstimmende Willenserklärungen geschlossen. Je nach Abwicklung erfolgt die erste Willenserklärung durch das Kreditinstitut oder durch den Kreditnehmer.

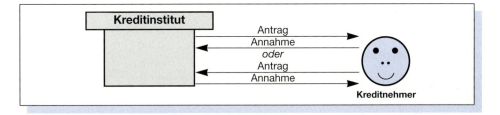

Die Bestellung der Sicherheiten erfolgt ebenfalls durch vertragliche Vereinbarung.

7.2.1.4 Bereitstellung des Kreditbetrages

Die Bereitstellung des Kreditbetrages durch das Kreditinstitut kann erfolgen,
- auf dem laufenden Konto des Kreditnehmers,
- durch Überweisung an einen Verkäufer zur Begleichung einer Rechnung (z.B. Pkw-Kauf),
- durch Überweisung an ein anderes Kreditinstitut bei Umschuldungen.

7.2.1.5 Kreditüberwachung

Während der Laufzeit wird der Kredit sowohl im eigenen Interesse des Kreditinstitutes als auch im Interesse des Kunden kontinuierlich überwacht. Nach kontraktgerechter Rückführung des Darlehens, d.h. mit Zahlung der letzten Rate, ist das Kreditinstitut zur Freigabe der überlassenen Sicherheiten verpflichtet.

Beurteilung von Ratenkrediten

Kunde	■ sofortige Anschaffungen ohne vorheriges Ansparen sind möglich ■ Ausnutzen von Skonto bei Barzahlung ■ feste Monatsraten ■ schnelle und unbürokratische Bearbeitung des Kreditantrages
Kreditinstitut	■ Zinserträge bei relativ geringem Aufwand durch die standardisierte Bearbeitung ■ geringes Gesamtkreditrisiko aufgrund der breiten Kundenstreuung ■ Anschlussgeschäfte im Konto- und Zahlungsverkehr

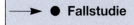

7.2.1.6	**Abrechnung und Buchung von Ratenkrediten**

Geschäftsvorgänge	Buchungssätze	Beträge in EUR Soll	Haben
Abwicklung			
Bereitstellung des Kredites			
Kreditbetrag 26.000,00 EUR + 2% Bearbeitungsgebühr 520,00 EUR + 0,380% Zinsen p.M. 5.236,40 EUR = Gesamtkredit 31.756,40 EUR	Ratenkredite an Zinserträge an KKK	31.756,40	5.756,40 26.000,00
Belastung der Monatsrate			
1. Rate	KKK an Ratenkredite	556,40	556,40
Folgeraten	KKK an Ratenkredite	600,00	600,00
Jahresabschluss			
Der Teil der Zinserträge, der auf die folgenden Geschäftsjahre entfällt, ist am Jahresende als transitorischer Posten abzugrenzen. Die auf die folgenden Jahre entfallenden Zinserträge betragen 4.465,50 EUR.	Zinserträge an Passive Rechnungsabgrenzungsposten	4.465,50	4.465,50

7.2.2	**Verbraucherschutz**

☐ Vorschriften des Verbraucherkreditgesetzes (VerbrKrG)

Das Verbraucherkreditgesetz soll sicherstellen, dass der Kreditnehmer umfassend über seine Kreditverpflichtungen informiert wird und er vor einer übereilten Entscheidung geschützt wird.

Begriff *(§§ 1, 3 VerbrKrG)*	Verbraucherkredite sind Kredite an natürliche Personen (Verbraucher) für private Zwecke, einschließlich Existenzgründungsdarlehen bis 100.000,00 DM.
Formvorschrift *(§ 4 VerbrKrG)*	Der Kreditvertrag bedarf der **schriftlichen Form**.
Pflichtangaben in Ratenkreditverträgen *(§ 4 VerbrKrG)*	■ **Nettokreditbetrag**, gegebenenfalls die Höchstgrenze des Kredites ■ **Gesamtkreditbetrag (Gesamtrückzahlungsbetrag)** einschließlich aller Zinsen und Kosten ■ Höhe der **Monatsraten und Laufzeit** ■ **Nominalzinssatz** und alle sonstigen Kosten des Kredites ■ **effektiver Jahreszins** gemäß den Vorschriften der Preisangabenverordnung ■ **Kosten einer Restschuld- oder sonstigen Versicherung**, die im Zusammenhang mit dem Kreditvertrag abgeschlossen wird ■ zu bestellende **Sicherheiten**

| Lernfeld: Privatkredite | 337 |

Überziehungs-kredite *(§ 5 VerbrKrG)*	Das Kreditinstitut hat den Verbraucher vor der Inanspruchnahme eines Überziehungskredites zu unterrichten über: ■ die Höchstgrenze des Kredites ■ den geltenden Jahreszins ■ die Bedingungen, unter denen der Zinssatz geändert werden kann ■ die Regelung der Vertragsbeendigung
Rechtsfolgen bei fehlenden Angaben *(§ 6 VerbrKrG)*	Wurde der Kredit bereitgestellt, obwohl im Kreditvertrag die Angaben ■ des Nominalzinssatzes und der sonstigen Kosten, ■ des effektiven Jahreszinses, ■ des Gesamtkreditbetrages einschl. Zinsen und Kosten fehlen, reduziert sich der Nominalzins auf den gesetzlichen Zinssatz von 4% p.a. *(§ 246 BGB)*. Im Kreditvertrag ■ nicht angegebene Kosten werden vom Verbraucher nicht geschuldet; ■ nicht genannte Kreditsicherheiten können nicht gefordert werden.
Widerrufsrecht *(§ 7 VerbrKrG)*	Die auf den Abschluss eines Kreditvertrages gerichtete Willenserklärung des Verbrauchers wird erst wirksam, wenn der Verbraucher sie nicht innerhalb einer Frist von zwei Wochen schriftlich **widerruft**. Zur Wahrung der Frist genügt die rechtzeitige Absendung des Widerrufs. Der Lauf der Frist beginnt erst, wenn dem Verbraucher eine drucktechnisch deutlich gestaltete und vom Verbraucher gesondert zu unterschreibende **Widerrufsbelehrung** ausgehändigt worden ist. Wird der Verbraucher nicht belehrt, so erlischt das Widerrufsrecht erst nach beiderseits vollständiger Erbringung der Leistung, spätestens jedoch ein Jahr nach dem Abschluss des Kreditvertrages. Wurde das Darlehen bereits an den Kreditnehmer ausgezahlt, gilt der Widerruf als nicht erfolgt, wenn er den erhaltenen Nettokreditbetrag nicht binnen zwei Wochen entweder nach der Erklärung des Widerrufs oder nach der Auszahlung des Darlehens zurückzahlt.
vorzeitiges Tilgungsrecht *(§ 14 VerbrKrG)*	Der Verbraucher hat das Recht, seine Verbindlichkeiten aus dem Kreditvertrag unter Einsparung von Zinsen und laufzeitabhängigen Kosten vorzeitig zu erfüllen.

▪ Vorschriften der Preisangabenverordnung (PAV)

Die **„Verordnung über Preisangaben"** verpflichtet das Kreditinstitut, Regelsätze für seine Leistungen im standardisierten Privatkundengeschäft in einem Preisaushang auszuweisen, der in der Schalterhalle und zusätzlich im Schaufenster oder Schaukasten anzubringen ist.

Das Kreditgewerbe hat sich auf ein einheitliches Preisverzeichnis geeinigt, das dem Kunden einen Konditionenvergleich ermöglicht. Im Ratenkreditgeschäft wird aufgeführt *(§ 4 PAV)*:

■ Zinssatz pro Monat (p.m.)

■ Bearbeitungsgebühr

■ Mindestdarlehensbetrag *(z.B. ab 5.000,00 EUR)*

■ effektiver Jahreszins in % p.a.

7.3 Kreditsicherheiten

Zum Schutz vor nicht vorhersehbaren Risiken verlangen Kreditinstitute in der Regel eine Besicherung ihrer Ansprüche. Die zu bestellenden Sicherheiten werden im Kreditvertrag vereinbart. Im Fall der Verwertung hat das Kreditinstitut bei mehreren Sicherheiten die Wahl. Bei der Auswahl und Verwertung müssen die Interessen des Kunden berücksichtigt werden (AGB).

Akzessorische Sicherheiten	Fiduziarische (treuhänderische) Sicherheiten
■ Bürgschaft ■ Pfandrecht an beweglichen Sachen und Forderungen ■ Hypothek	■ Sicherungsübereignung ■ Sicherungsabtretung ■ Sicherungsgrundschuld
Forderung und Sicherheit sind **gesetzlich** miteinander verbunden, und zwar ■ **im Entstehen** Die Sicherheit steht dem Gläubiger erst bei Entstehen der Forderung zu. ■ **in der Höhe** Die dem Gläubiger zustehende Sicherheit kann nicht höher sein als die Forderung. Verringert sich die Forderung, verringert sich auch die Sicherheit entsprechend. ■ **im Erlöschen** Mit der Rückzahlung des Kredites erlischt aufgrund der gesetzlichen Bestimmungen auch die dem Gläubiger zustehende Sicherheit. 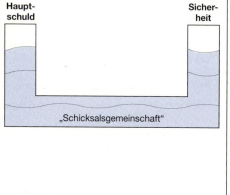	Forderung und Sicherheit sind gesetzlich **nicht** miteinander verbunden. **Außenverhältnis**: Die Sicherheit ist von der Forderung unabhängig. Mit der Bestellung der Sicherheit erwirbt das Kreditinstitut alle Rechte am Sicherheitsgut bis zur Rückübertragung. **Innenverhältnis**: In einer **Sicherungszweckerklärung** wird vereinbart, dass die Bestellung der Sicherheit nur zur Besicherung eines Kredites (= Rechtsgrund) erfolgt. Forderung und Sicherheit sind **vertraglich** miteinander verbunden. Daraus ergeben sich folgende Besonderheiten: ■ **eingeschränktes Verwertungsrecht** Das Kreditinstitut darf die Sicherheiten nur bei einer Nichterfüllung des Kreditvertrages bis zur Höhe der zugrunde liegenden Forderung verwerten. ■ **Deckungsgrenze** Es wird eine Deckungsgrenze vereinbart, denn der **realisierbare** Wert der Sicherheiten darf die Höhe des Kredites nicht wesentlich übersteigen. ■ **Freigabeverpflichtung** – Das Kreditinstitut ist verpflichtet, den Sicherungsgegenstand nach Beendigung des Kreditverhältnisses zurückzuübertragen. – Schon vor der vollständigen Kredittilgung sind auf Verlangen des Kreditnehmers Sicherheiten teilweise freizugeben, wenn der Wert der Sicherheiten die Ansprüche des Kreditinstitutes (Deckungsgrenze) nicht nur vorübergehend überschreitet.

Prioritätsprinzip:

Ist eine Sache oder ein Recht mehrfach mit einem Kreditsicherungsrecht belastet, so hat das früher bestellte Recht Vorrang vor den später bestellten Rechten.

Beispiele:
- Am 25. Mai 20.. wird ein Kfz an die Bank A sicherungsübereignet. Eine spätere Sicherungsübereignung (oder Verpfändung) zugunsten der Bank B wäre nachrangig.
- Am 25. Mai 20.. wird eine Forderung an die Bank A zur Sicherung eines Kredites abgetreten. Eine spätere Sicherungsabtretung (oder Verpfändung) zu Gunsten der Bank B wäre nachrangig.

Lernfeld: Privatkredite

7.3.1 Bürgschaft

Durch den **Bürgschaftsvertrag** verpflichtet sich der Bürge gegenüber dem Gläubiger eines Dritten für die Erfüllung der Verbindlichkeit des Dritten einzustehen. Die Bürgschaft kann auch für eine künftige oder bedingte Verbindlichkeit übernommen werden *(§ 765 BGB)*.

Merkmale	Erläuterung
Rechtsgeschäft	Die Bürgschaft ist ein einseitig verpflichtender Vertrag.
Schriftform	In der Bankpraxis werden aus folgenden Gründen nur **schriftliche** Bürgschaftserklärungen akzeptiert: ■ Formvorschrift nach BGB Zur Gültigkeit des Bürgschaftsvertrages ist die schriftliche Erteilung der Bürgschaftserklärung erforderlich *(§ 766 BGB)*. Ausnahme: Ein Kaufmann kann im Rahmen eines Handelsgeschäftes auch mündlich bürgen *(§ 350 HGB)* ■ Beweissicherheit ■ Vereinbarung besonderer vertraglicher Regelungen
Akzessorietät	Für die Verpflichtung des Bürgen ist der jeweilige Bestand der Hauptschuld maßgeblich *(§ 767 BGB)*. ■ Die Verpflichtung aus der Bürgschaft entsteht erst mit dem Bestehen der Hauptschuld. ■ Verringert sich die Hauptschuld, verringert sich die Bürgschaft. ■ Erlischt die Hauptschuld, erlischt die Bürgschaft.

7.3.1.1 Bürgschaftsarten

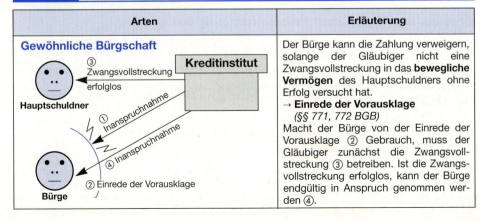

Arten	Erläuterung
Gewöhnliche Bürgschaft	Der Bürge kann die Zahlung verweigern, solange der Gläubiger nicht eine Zwangsvollstreckung in das **bewegliche Vermögen** des Hauptschuldners ohne Erfolg versucht hat. → **Einrede der Vorausklage** *(§§ 771, 772 BGB)* Macht der Bürge von der Einrede der Vorausklage ② Gebrauch, muss der Gläubiger zunächst die Zwangsvollstreckung ③ betreiben. Ist die Zwangsvollstreckung erfolglos, kann der Bürge endgültig in Anspruch genommen werden ④.

Arten	Erläuterung
Selbstschuldnerische Bürgschaft	Der **Bürge verzichtet auf die Einrede der Vorausklage** (selbstschuldnerische Bürgschaft kraft Vertrages, *§ 773 BGB*). Ist für den Bürgen die Bürgschaft ein Handelsgeschäft, so steht ihm die Einrede der Vorausklage nicht zu (selbstschuldnerische Bürgschaft kraft Gesetzes, *§ 349 HGB*). Der Bürge haftet wie der Hauptschuldner selbst. Die Zahlungspflicht des Bürgen entsteht bei Fälligkeit der Forderung.

7.3.1.2 Beendigung des Bürgschaftsverhältnisses

Erlöschen der Bürgschaft

Die **Bürgschaft erlischt,** wenn

- die Hauptverbindlichkeit erlischt,
- die Bürgschaft zeitlich befristet war, die Bürgschaftsfrist abgelaufen ist und der Gläubiger den Einzug der Forderung nicht unverzüglich betreibt,
- der Gläubiger ein die Hauptschuld sicherndes Recht ohne Zustimmung des Bürgen aufgibt *(§ 776 BGB),*
- der Bürge von einem im Bürgschaftsvertrag vereinbarten Kündigungsrecht Gebrauch macht,
- die Verbindlichkeit des Hauptschuldners ohne Zustimmung des Bürgen von einem Dritten übernommen wird *(z.B. Geschäftsübernahme).*

Die Bürgschaft **erlischt nicht mit dem Tod des Bürgen.** Die Bürgschaft gehört zu den Nachlassverbindlichkeiten.

Die Bürgschaft **erlischt nicht mit dem Tod des Hauptschuldners.** Die Haftung des Bürgen beschränkt sich auf die beim Tod des Hauptschuldners bestehende Schuld.

Ansprüche des Bürgen nach Befriedigung des Gläubigers

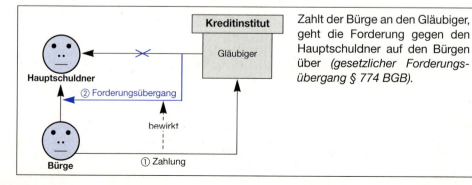

Zahlt der Bürge an den Gläubiger, geht die Forderung gegen den Hauptschuldner auf den Bürgen über *(gesetzlicher Forderungsübergang § 774 BGB).*

Lernfeld: Privatkredite

7.3.1.3 | Bürgschaft in der Kreditsicherungspraxis

■ Voraussetzungen für die Hereinnahme einer Bürgschaft

■ **Geschäftsfähigkeit des Bürgen**

■ **Bonität des Bürgen**
Der Wert der Bürgschaft ist abhängig von der Bonität des Bürgen. Deshalb ist eine Kreditwürdigkeitsprüfung wie beim Kreditnehmer selbst *(z.B. Selbstauskunft, Haushaltsrechnung, Kontoführung, SCHUFA-Anfrage)* sinnvoll.

■ **Einwilligung zur SCHUFA-Meldung**
Mit der Unterzeichnung der SCHUFA-Klausel willigt der Bürge ein, dass das Kreditinstitut der zuständigen SCHUFA-Gesellschaft die Daten der Bürgschaftsübernahme *(Bürge, Kreditnehmer, Betrag, Laufzeit, Ratenbeginn des Kredites)* mitteilt.

■ **Widerrufsbelehrung**
Wenn der Bürge die Bürgschaftserklärung in seinen Wohn- oder Geschäftsräumen abgegeben hat, gelten die Vorschriften des *„Gesetzes über den Widerruf von Haustürgeschäften und ähnlichen Geschäften"*. Der Bürge muss über das Widerrufsrecht von einer Woche belehrt werden und die Widerrufsbelehrung unterschreiben. Die Bürgschaft wird wirksam, wenn kein Widerruf binnen einer Woche erfolgt.

■ Besondere Vertragsinhalte

Inhalt	Erläuterung
Selbstschuldnerische Bürgschaft	Kreditinstitute akzeptieren nur selbstschuldnerische Bürgschaften, d.h., der Bürge verzichtet auf das Recht auf Einrede der Vorausklage *(§§ 771, 773 BGB)*.
Höchstbetragsbürgschaft	Die Bürgschaft wird auf einen Höchstbetrag beschränkt. Der Bürge muss maximal für diesen Betrag einstehen, d.h., die Bürgschaftsverpflichtung erhöht sich **nicht** durch Zinsen, Provisionen und andere Kosten über diesen Betrag hinaus.
Sicherungszweck	Insbesondere bei Privatkunden werden nur Bürgschaften mit **enger Sicherungszweckerklärung** vereinbart, d.h., der Bürge haftet für die Erfüllung eines genau bezeichneten Kredites. Die Bürgschaft ist nach den Grundsätzen des BGH auf den Kredit zu beschränken, für den sie hereingenommen wurde. Dient die Bürgschaft zur Besicherung von Krediten mit wechselnden Schuldsalden *(z.B. Kontokorrentkredit)*, muss sich die Bürgschaft auch auf **zukünftige Forderungen** beziehen *(§ 765 Abs. 2 BGB)*.
Haftung mehrerer Bürgen	Mehrere Bürgen haften als Gesamtschuldner, d.h., jeder haftet für den gesamten Kredit *(§ 769 BGB)*. Bei einer Teilbürgschaft haftet jeder Bürge nur für eine Teilschuld.
Kündigung	Bei zeitlich unbefristeten Bürgschaften steht dem Bürgen ein Kündigungsrecht zu. Kein Kündigungsrecht besteht bei zeitlich befristeten Bürgschaften und bei Bürgschaften für Kredite mit einer fest vereinbarten Laufzeit.
Verzicht auf Einreden	Der Bürge kann sich nicht darauf berufen, dass das Kreditinstitut die Ansprüche durch Aufrechnung gegen eine fällige Forderung des Hauptschuldners befriedigen kann *(Verzicht auf die Einrede der Aufrechenbarkeit; § 770 BGB)*.

7

Problematische Bürgschaften

- **Bürgschaften von Kindern:** Bei minderjährigen Kindern ist neben der Zustimmung der Eltern auch die Einwilligung des Vormundschaftsgerichtes notwendig, die nur in Ausnahmefällen erteilt wird. Auch bei volljährigen Kindern kann die Bürgschaft ein vom Kreditinstitut erkennbarer Verstoß gegen die Verpflichtung zur familiären Rücksichtnahme *(§ 1618a BGB)* und damit nichtig sein. Nur wenn das Kind ein eigenes Interesse an der Kreditgewährung hat *(z.B. spätere Übernahme des Geschäftes)* sollten Bürgschaften von Kindern akzeptiert werden.

- **Bürgschaften von Angehörigen mit geringem Einkommen und Vermögen:** Da der Sicherungswert der Bürgschaft von der Bonität des Bürgen abhängt, sollten Bürgschaften von Personen ohne ausreichendes Einkommen bzw. Vermögen grundsätzlich nicht akzeptiert werden. Solche Bürgschaften können sittenwidrig und damit nichtig sein *(§ 138 BGB),* insbesondere
  - wenn ein auffälliges Missverhältnis zwischen der übernommenen Haftung und der Leistungsfähigkeit des Bürgen besteht
  - der Bürge im „Rahmen der familiären Hilfsbereitschaft" zu Bürgschaft gedrängt wurde.

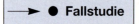
Fallstudie

7.3.2 Pfandrecht

Das **Pfandrecht** ist ein zur Sicherung einer Forderung bestelltes, dingliches Recht, das dem Pfandgläubiger die Befugnis einräumt, unter bestimmten Voraussetzungen Befriedigung aus dem verpfändeten Gegenstand zu suchen *(§§ 1204ff. BGB)*.

7.3.2.1 Arten des Pfandrechts

Arten	Entstehung
Vertragliches Pfandrecht	Das Pfandrecht entsteht durch **Vertrag** zwischen dem Verpfänder und dem Pfandgläubiger. *Beispiele:* • AGB-Pfandrecht • Pfandvertrag zwischen Kreditnehmer und Kreditgeber
Gesetzliches Pfandrecht	Das Pfandrecht besteht **kraft Gesetzes,** ohne dass die beteiligten Parteien ausdrücklich eine Verpfändung vereinbart haben. *Beispiele:* • Pfandrecht des Kommissionärs (§ 397 HGB) • Vermieterpfandrecht (§ 559 BGB) • Verpächterpfandrecht (§ 592 BGB)
Pfändungspfandrecht	Das Pfandrecht entsteht im Wege der **Zwangsvollstreckung** in das bewegliche Vermögen eines säumigen Schuldners *(§§ 803, 804 ZPO)*. ■ Die **Pfändung** der im Gewahrsam des Schuldners befindlichen **beweglichen Sachen** erfolgt dadurch, dass der Gerichtsvollzieher diese Sachen in Besitz nimmt oder durch Anbringung des Pfandsiegels die Pfändung des Gegenstandes deutlich macht *(§ 808 ZPO)*. ■ Die **Pfändung von Forderungen** erfolgt durch Zustellung eines gerichtlichen Pfändungsbeschlusses *(§ 829 ZPO)*. Im Überweisungsbeschluss wird der Drittschuldner zur Zahlung an den Gläubiger aufgefordert.

Lernfeld: Privatkredite

Die verschiedenen Pfandrechte gewähren dem jeweiligen Pfandgläubiger die gleichen Rechte *(§ 804 ZPO, § 1257 BGB)*.

7.3.2.2 Pfandrecht an beweglichen Sachen (Mobiliarpfandrecht)

> Eine bewegliche Sache kann zur Sicherung einer Forderung in der Weise belastet werden, dass der Gläubiger berechtigt ist, Befriedigung aus der Sache zu suchen. Das Pfandrecht kann auch für eine künftige oder eine bedingte Forderung bestellt werden *(§ 1204 BGB)*.

- **„Faustpfandprinzip":** Die Bestellung erfolgt durch Einigung über die Entstehung des Pfandrechtes und Übergabe der Sache; *(§ 1205 BGB)*.
- **bedingtes Verwertungsrecht:** Der Pfandgläubiger kann das Pfand bei Nichterfüllung des Kreditvertrages verwerten *(§ 1228 BGB)*.
- **Akzessorietät:** Das Pfand haftet für die Forderung in ihrem jeweiligem Bestand *(§ 1210 BGB)*.
- **Rückgabepflicht des Pfandes** bei Beendigung des Kreditverhältnisses *(§ 1223 BGB)*.

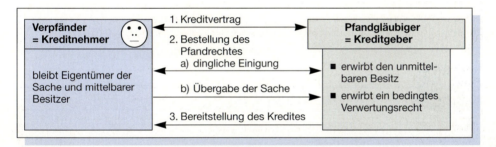

Situation	Abwicklung der Pfandrechtsbestellung	Rechtsgrundlage	Beispiele:
Gegenstand befindet sich beim Verpfänder.	Einigung über die Entstehung des Pfandrechts + Übergabe (Faustpfandprinzip) — Verpfänder → Pfandgläubiger	§ 1205 Absatz 1 Satz 1 BGB	• Wertpapiere • Edelmetalle
Gegenstand befindet sich bereits beim Pfandgläubiger.	Einigung über die Entstehung des Pfandrechts — Verpfänder → Pfandgläubiger	§ 1205 Absatz 1 Satz 2 BGB AGB-Pfandklausel	Wertpapiere, die vom Kreditinstitut verwahrt werden

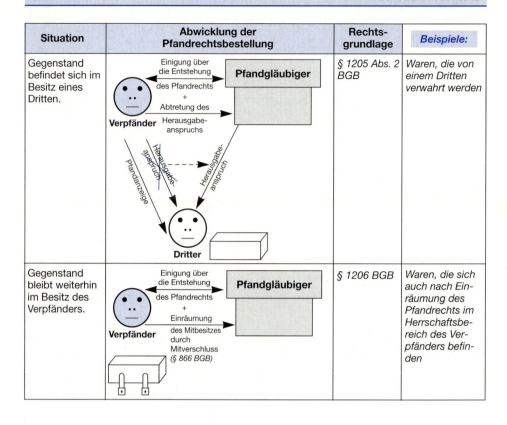

7.3.2.3 Pfandrecht an Rechten

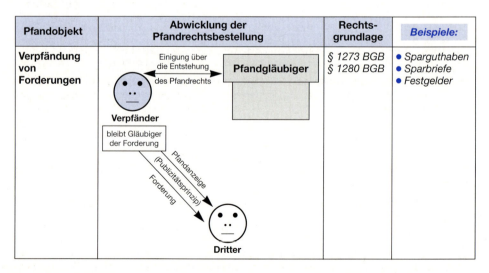

Publizitätsprinzip: Die Verwendung einer Forderung ist nur wirksam, wenn der Gläubiger sie dem Schuldner anzeigt *(§ 1280 BGB)*.

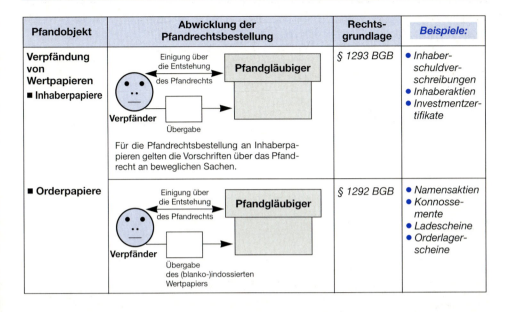

7.3.2.4 Pfandrecht in der Kreditsicherungspraxis

Schon bei der Kontoeröffnung und der Anerkennung der AGB erwirbt das Kreditinstitut das so genannte „**AGB-Pfandrecht**":

AGB Banken Ziff. 14/AGB Sparkassen Ziff. 21

(1) Der Kunde und die Bank sind sich darüber einig, dass die Bank ein Pfandrecht an den Wertpapieren und Sachen erwirbt, an denen eine inländische Geschäftsstelle im bankmäßigen Geschäftsverkehr Besitz erlangt hat oder noch erlangen wird. Die Bank erwirbt ein Pfandrecht auch an den Ansprüchen, die dem Kunden gegen die Bank aus der bankmäßigen Geschäftsverbindung zustehen oder künftig zustehen werden (zum Beispiel Kontoguthaben).
(2) Das Pfandrecht dient der Sicherung aller bestehenden, künftigen und bedingten Ansprüche, die der Bank mit ihren sämtlichen in- und ausländischen Geschäftsstellen aus der bankmäßigen Geschäftsverbindung gegen den Kunden zustehen.

Aufgrund des AGB-Pfandrechtes besitzt das Kreditinstitut ein Pfandrecht an allen Konto- und Depotguthaben des Kreditnehmers, ohne dass ein besonderer Pfandvertrag geschlossen werden muss. Nur wenn in einem Kreditvertrag bestimmte Konto-/Depotguthaben als Sicherheit vereinbart werden, erfolgt der Abschluss eines besonderen Pfandvertrages, insbesondere um die Deckungsgrenze und Sicherheitenfreigabe zu regeln. Die Guthaben sind grundsätzlich für die Zeit des Kreditverhältnisses gesperrt. Auch wenn der Kontoinhaber und der Kreditnehmer nicht identisch sind, ist ein besonderer Pfandvertrag notwendig.

Bei der Sicherung des Kredites durch Guthaben des Kreditnehmers ist zunächst immer die Frage zu klären, ob es nicht möglich bzw. sinnvoll ist, anstatt des Kredites das Guthaben für die geplanten Anschaffungen zu verwenden.

Das Kreditinstitut besitzt als Vermieter von Schrankfächern *(§ 559 BGB)* und als Kommissionär bei der Ausführung von Effekten- und Devisenhandelsgeschäften *(§ 397 HGB)* ein gesetzliches Pfandrecht für fällige Ansprüche aus dem Miet- bzw. Kommissionsvertrag.

Der Sicherungswert des Pfandobjektes wird durch die Beleihungsgrenze (Beleihungssatz) bestimmt. Die Höhe der Beleihungsgrenze richtet sich nach der Preisstabilität, der Marktgängigkeit und der Verwertbarkeit des Beleihungsobjektes.

▮ Praxisübliche Verpfändungen

	Beleihungsgrenzen	Erläuterung
Spar-einlagen	Beleihung zu 100%	■ Sperrvermerk im Sparbuch oder Hinterlegung des Sparbuches ■ Eingabe des Sperrvermerks in das Terminal
Festgelder	Beleihung zu 100%	Viele Kreditinstitute bieten Kunden, die vorzeitig über ihre Festgeldeinlage verfügen möchten, einen Kredit bis zur Fälligkeit des Festgeldes an.
Effekten im offenen Depot	*Beispiele:* ● *inländische Anleihen:* ca. 75 – 85% ● *Währungsanleihen* ca. 60 – 70% ● *inländische Aktien* ca. 50 – 60% ● *Auslandsaktien* ca. 40 – 50% ● *Investmentzertifikate:* abhängig von dem Risiko der im Fonds befindlichen Effekten ● *Aktienfonds Euroland ca. 60%* ● *EUR-Rentenfonds ca. 80%*	■ Wenn sich die Papiere in einem Depot bei dem kreditgewährenden Kreditinstitut befinden, wird eine Depotsperre eingegeben. Depotumschichtungen werden aber zugelassen, sofern keine risikoreicheren Papiere angeschafft werden. ■ Wenn sich die Papiere in einem Depot bei einem anderen Kreditinstitut befinden, sind neben dem Pfandvertrag auch die Abtretung des Herausgabeanspruchs und eine Verpfändungsanzeige an die Depotbank notwendig. Des Weiteren bittet das kreditgewährende Kreditinstitut die Depotbank um: – einen aktuellen Depotauszug – eine Rücktrittserklärung hinsichtlich ihres AGB-Pfandrechts

Eine Sicherungsabtretung von Kontoguthaben eigener Kunden (= Gläubiger) an das kontoführende Kreditinstitut (= Schuldnerin) ist nicht möglich, da das Kreditinstitut durch eine Abtretung gleichzeitig Gläubigerin und Schuldnerin der Einlage würde, was zu einem Erlöschen der Forderung führt.

7.3.2.5 Verwertung des Pfandes

▮ Voraussetzungen

1. **Pfandreife** *(§ 1228 BGB):*
   Die pfandgesicherte Forderung muss fällig sein.
2. **Androhung** der Pfandverwertung *(§ 1234 BGB)*
3. **Verwertung** nach Ablauf einer **Wartefrist:**
   - bei Privatleuten: ein Monat nach Androhung der Pfandverwertung *(§ 1234 BGB)*
   - bei Kaufleuten: eine Woche nach Androhung der Pfandverwertung *(§ 368 HGB)*
   Ein ggf. erzielter Verwertungsüberschuss steht dem Kreditnehmer zu. Ein Fehlbetrag bleibt als Forderung bestehen.

Lernfeld: Privatkredite

Formen der Verwertung

Pfandobjekt	Formen der Verwertung	Rechtsgrundlage
bewegliche Sachen und Wertpapiere	■ **Grundsatz: öffentliche Versteigerung** Zeit und Ort der Versteigerung sind dem Verpfänder mitzuteilen sowie öffentlich bekannt zu machen. Pfandgläubiger und Verpfänder können bei der Versteigerung mitbieten. ■ **Ausnahme: freihändiger Verkauf** – Voraussetzung: das Pfand hat einen Börsen- oder Marktpreis – Verkauf durch öffentlich ermächtigten Handelsmakler *(z.B. Verkauf von Effekten an der Börse)*	§ 1235 BGB § 1237 BGB § 1239 BGB §§ 1221, 1235 BGB §§ 1293, 1295 BGB
Forderungen	■ **Einziehung der Forderung durch den Pfandgläubiger** Nach der Pfandreife kann der Drittschuldner mit schuldbefreiender Wirkung nur noch an den Pfandgläubiger zahlen.	§ 1282 BGB

Erlöschen des Pfandrechts

- Der Pfandgegenstand wurde rechtmäßig verwertet *(§ 1242 BGB)*.
- Die Forderung, für die das Pfandrecht bestellt wurde, besteht nicht mehr *(§ 1252 BGB)*.
- Der Pfandgläubiger gibt das Pfand dem Verpfänder zurück *(§ 1253 BGB)*.
- Der Pfandgläubiger verzichtet auf das Pfandrecht *(§ 1255 BGB)*.

7.3.3 Sicherungsabtretung

Die **Sicherungsabtretung** (Sicherungszession) ist ein Vertrag, durch den der bisherige Gläubiger (Zedent, Sicherungsgeber) seine Forderung gegenüber einem Dritten (Drittschuldner) auf einen anderen (Zessionar, Sicherungsnehmer) überträgt.

Die Übertragung der Forderung erfolgt **sicherungshalber**.

7.3.3.1 Abwicklung der Sicherungsabtretung

Die Sicherungsabtretung erfolgt nach den allgemeinen Vorschriften zur Übertragung von Forderungen *(§§ 398ff. BGB)*.

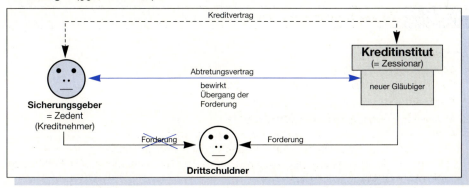

- Der Abtretungsvertrag ist formfrei, jedoch ist die Schriftform banküblich und zur Beweissicherung zweckmäßig.
- Die Abtretung ist nur wirksam, wenn die als Sicherung dienende Forderung hinreichend „individualisiert" ist, d.h. sich aufgrund einer genauen Bestimmung von allen anderen Forderungen des Zedenten unterscheiden lässt.

Rechtsfolgen der Sicherungsabtretung

	Sicherungsabtretung	Pfandrecht an Forderungen
Kreditnehmer	bleibt wirtschaftlicher Gläubiger	bleibt rechtlicher und wirtschaftlicher Gläubiger
Kreditinstitut	▪ wird rechtlicher, fiduziarischer Gläubiger ▪ erwirbt ein bedingtes Verwertungsrecht	▪ wird Pfandgläubiger ▪ erwirbt ein bedingtes Verwertungsrecht

7.3.3.2 Fiduziarität der Sicherungsabtretung

Im **Außenverhältnis** ist das Kreditinstitut Dritten gegenüber uneingeschränkter Gläubiger.

Im **Innenverhältnis** ist die Gläubigerstellung des Kreditinstituts gegenüber dem Kunden als Sicherungsgeber beschränkt. Das Kreditinstitut darf von seinem Gläubigerrecht nur im Rahmen des Sicherungszwecks Gebrauch machen.

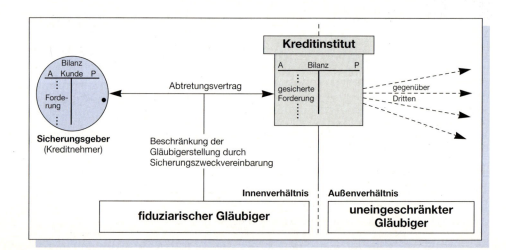

Lernfeld: Privatkredite

Merkmale der Fiduziarität

Eingeschränktes Verwertungsrecht

Das Kreditinstitut darf die abgetretene Forderung nur bis zur Höhe der Kreditverpflichtung des Kreditnehmers geltend machen, sofern dieser seine Zahlungsverpflichtungen nicht erfüllt. Ein ggf. erzielter Verwertungsüberschuss steht dem Sicherungsgeber zu.

Anspruch auf Rückübertragung (Freigabeklausel)

Das Kreditinstitut ist nach Tilgung der gesicherten Forderung zur Rückübertragung der Forderung verpflichtet.

Bilanzierung beim Sicherungsgeber

Wegen der Pfandrechtsnähe der Sicherungsabtretung wird die abgetretene Forderung beim Sicherungsgeber bilanziert. Das Risiko des Forderungseingangs trägt der Sicherungsgeber.

Absonderungsrecht des Sicherungsnehmers

Im Insolvenzverfahren des Sicherungsgebers hat das Kreditinstitut ein Absonderungsrecht.

Risiko des Forderungsausfalls

Das Risiko der Zahlungsunfähigkeit des Drittschuldners trägt der Sicherungsgeber.

7.3.3.3 Arten der Abtretung

Stille Abtretung

- Keine Abtretungsanzeige an den Drittschuldner
- Zahlungen des Drittschuldners mit schuldbefreiender Wirkung an den Zedenten möglich (§ 407 BGB)
- Abführung des Zahlungseingangs an den Zessionar
  In der Praxis wird durch entsprechende Angabe der Kontoverbindung auf den Rechnungen dafür gesorgt, dass die Drittschuldner nur auf das laufende Konto des Zedenten beim Zessionar überweisen.

Offene Abtretung

- Abtretungsanzeige an den Drittschuldner
- Zahlungen des Drittschuldners mit schuldbefreiender Wirkung *nur* an den Zessionar

Eine stille Zession kann jederzeit durch die Zessionsanzeige an den Drittschuldner zu einer offenen Zession umgewandelt werden. Das Kreditinstitut lässt sich für den Fall einer späteren Offenlegung der Zession vom Kreditnehmer blanko unterzeichnete Benachrichtigungsschreiben aushändigen.

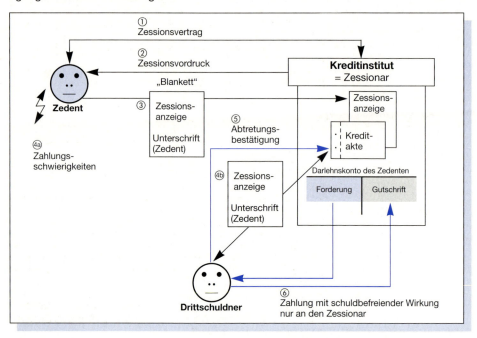

7.3.3.4 Sicherungsabtretung in der Kreditsicherungspraxis

In der Praxis sind folgende Abtretungen üblich:

	Einzelabtretungen (Abtretung von Forderungen gegenüber einem Drittschuldner)	**Rahmenabtretungen (Globalzession)** (Abtretung von Forderungen gegenüber mehreren Drittschuldnern)
stille Zession	Lohn- und Gehaltsabtretung	Abtretung von Forderungen aus Lieferungen und Leistungen
offene Zession	■ Lebensversicherungsansprüche ■ Ansprüche aus sonstigen Versicherungen *(z.B. Feuerversicherung, Kaskoversicherung)* ■ Ansprüche aus Bausparverträgen ■ Kontoguthaben bei anderen Kreditinstituten	

Bei **allen** Sicherungsabtretungen sind folgende Punkte vertraglich festzulegen:
- Sicherungszweck
- Deckungsgrenze
- Freigabeklausel

Lernfeld: Privatkredite

Einzelabtretungen

Arten	Erläuterung
Abtretung von Lohn- und Gehaltsansprüchen	▪ Abtretung der Ansprüche gegen den derzeitigen und zukünftigen Arbeitgeber ▪ Prüfung, ob die Abtretung vom Arbeitgeber vertraglich ausgeschlossen wurde ▪ gesetzliches Abtretungsverbot für unpfändbare Forderungen *(z.B. Erziehungsbeihilfen, Waisenrente)* ▪ Begrenzung der Abtretung auf den pfändbaren Teil des Lohnes/Gehaltes ▪ Vorteilhaft für die Kreditüberwachung ist ein Gehaltskonto beim kreditgewährenden Kreditinstitut. ▪ Eine Offenlegung erfolgt nur aus wichtigem Grund *(z.B. Verzug mit zwei Monatsraten)* und nach Androhung und Ablauf einer angemessenen Nachfrist *(z.B. 4 Wochen)*. ▪ Jeder Arbeitgeberwechsel muss unverzüglich angezeigt werden. Für den Fall, dass der Sicherungsgeber dieser Verpflichtung nicht nachkommt, willigt er ein, dass die Krankenkasse und das Arbeitsamt dem Kreditinstitut den neuen Arbeitgeber mitteilen dürfen.
Abtretung von Lebensversicherungsansprüchen	▪ Werthaltig ist nur eine Kapitallebensversicherung, nicht aber eine Risikolebensversicherung. ▪ Maßgeblich für den Wert der Sicherheit ist der Rückkaufswert. ▪ Prüfung, ob die Abtretung der Versicherungsansprüche steuerunschädlich ist. Kreditinstitute dürfen jedoch keine Steuerberatung durchführen. Bei Bedarf sollte ein Steuerberater hinzugezogen werden. Kreditinstitute müssen die Abtretung von Lebensversicherungen dem Finanzamt anzeigen, wenn der Kreditbetrag 50.000,00 DM übersteigt. Die Abtretung von Ansprüchen aus einer Lebensversicherung ist grundsätzlich steuerschädlich, wenn die Kosten des gesicherten Kredits, also insbesondere die Zinsen, Betriebsausgaben oder Werbungskosten sind. Hierzu gibt es zwei Ausnahmen: – Der Kredit dient zur Finanzierung eines Wirtschaftsgutes, das dauernd zur Erzielung von Einkünften bestimmt ist *(z.B. Finanzierung von Produktionsanlagen)*. – Die Abtretung ist nur begrenzt steuerschädlich, wenn sie nicht länger als 3 Jahre der Sicherung betrieblicher Kredite dient. Der Sonderausgabenabzug für die Versicherungsbeiträge und die Steuerfreiheit des Zinsertrages der Lebensversicherung entfallen nur in den Veranlagungszeiträumen, in denen die Ansprüche an das Kreditinstitut abgetreten sind. ▪ Das Kreditinstitut muss die Begünstigung (Bezugsberechtigung im Todesfall) aus dem Vertrag erhalten. Bei einer unwiderruflichen Begünstigung muss der Begünstigte der Änderung zustimmen. ▪ In einer Mitteilung an die Versicherung bittet das Kreditinstitut um folgende Angaben: – Anerkennung der Abtretung (evtl. ist die Zustimmung der Versicherungsgesellschaft notwendig) – Mitteilung des aktuellen Rückkaufswertes – Benachrichtigung über Prämienrückstände. ▪ Hereinnahme der Versicherungspolice, da die Versicherung nur gegen Vorlage der Police Zahlung leistet.
Abtretung von Ansprüchen aus Bausparverträgen	▪ Maßgeblich für den Wert der Sicherheit ist das Bausparguthaben. ▪ Nicht zuteilungsreife Bausparverträge werden von Kreditinstituten vorfinanziert. Bei der Zuteilung zahlt die Bausparkasse die Bausparsumme an das Kreditinstitut und tilgt damit den Kredit.
Abtretung von Kontoguthaben bei anderen Kreditinstituten	▪ Das kontoführende Kreditinstitut wird um folgende Angaben gebeten: – Mitteilung des aktuellen Kontostandes – Rücktrittserklärung hinsichtlich ihres AGB-Pfandrechts ▪ Sparbücher werden hereingenommen, da das kontoführende Kreditinstitut nur gegen Vorlage der Sparurkunde Zahlung leistet.

7

7.4 Leasing

> **Leasing** ist die Vermietung bzw. Verpachtung beweglicher oder unbeweglicher Wirtschaftsgüter durch den Hersteller oder eine Leasing-Gesellschaft.

Leasing ist kein Bankgeschäft gem. § 1 KWG; Leasing-Gesellschaften sind jedoch überwiegend Tochtergesellschaften von Kreditinstituten.

Leasing-Verträge sind oft mit besonderen Dienstleistungen des Herstellers verbunden.

Beispiele:
- Wartung
- Lieferung von Betriebsstoffen
- Reparaturdienst

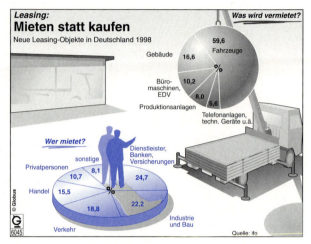

7.4.1 Leasingarten

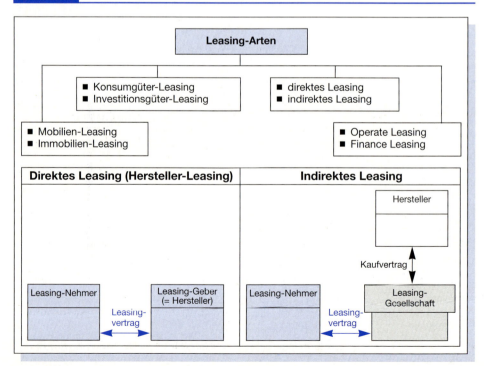

Lernfeld: Privatkredite

Beim Leasing-Geschäft werden grundsätzlich **zwei Vertragstypen** unterschieden:

Operate Leasing	Finance Leasing
■ Das **Leasing-Objekt** ist ein **Standardprodukt,** für das in der Regel ohne Schwierigkeiten ein Anschlussmieter gefunden werden kann. *Beispiele:* ● EDV-Systeme ● Fotokopiergeräte ● Berufskleidung ■ Das Vertragsverhältnis ist **kurzfristig** bzw. **kurzfristig kündbar.** ■ Der Leasing-Geber ist darauf angewiesen, das Leasing-Objekt mehrmals zu vermieten, da die Leasing-Raten eines Leasing-Nehmers nicht zur Amortisation des Objekts ausreichen.	■ Das **Leasing-Objekt** wird nach den **individuellen Wünschen** des Leasing-Nehmers hergestellt bzw. von der Leasing-Gesellschaft gekauft. *Beispiele:* ● Kraftfahrzeuge ● Produktionsanlagen ● Verwaltungsgebäude ■ Das Vertragsverhältnis ist während der **Grundmietzeit** (40–90 % der betriebsgewöhnlichen Nutzungsdauer des Leasing-Objekts) **unkündbar.** ■ Die während der Grundmietzeit zu zahlenden Leasing-Raten sind so kalkuliert, dass dem Leasing-Geber darin die Anschaffungs-, Finanzierungs- und Verwaltungskosten sowie ein Gewinn vergütet werden.
Das **Investitionsrisiko** trägt der **Leasing-Geber.**	Das **Investitionsrisiko** trägt der **Leasing-Nehmer.**

Vertragsgrundlagen Finance Leasing

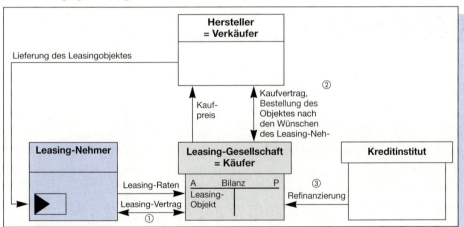

Eine pauschale Beurteilung des Leasing ist nicht möglich. Ob Leasing gegenüber dem fremdfinanzierten Kauf vorteilhafter ist, kann nur für den Einzelfall und unter Einbeziehung steuerlicher Aspekte beurteilt werden. Leasing weist folgende Vorteile auf:

- Leasing ermöglicht Investitionen unter „**Schonung**" **von Eigenkapital und Liquidität.**
- Die festen Leasing-Raten geben dem Leasing-Nehmer eine **sichere Kalkulationsgrundlage.**
- Bei kurzfristiger Vertragsdauer ist eine schnelle **Anpassung an den technischen Fortschritt** möglich.
- Die Leasing-Raten können grundsätzlich in voller Höhe als **Betriebsausgaben steuerlich abgesetzt** werden.

7.4.2 Leasing eines Pkw

> Der Leasingnehmer erwirbt gegen Zahlung der Leasingprämie ein Nutzungsrecht an einem Kraftfahrzeug während der vereinbarten Laufzeit.

Anbieter von Pkw-Leasing:
- herstellerverbundene Leasinggesellschaften (circa 80% der Pkw-Leasing-Verträge)

  Beispiele:

  Volkswagen Leasing, BMW Leasing

- herstellerunabhängige Leasinggesellschaften

  Beispiele:

  AKB Leasing GmbH, Sparkassen Leasing (▲ Leasing)

Pkw-Leasing-Verträge haben in der Regel eine Laufzeit von 24 – 48 Monaten. Beim privaten Pkw-Leasing hat der Leasingnehmer nach dem Verbraucherkreditgesetz ein **Widerrufsrecht von zwei Wochen**. Der Vertrag kann während der Laufzeit nicht gekündigt werden.

Höhe der Leasingprämien	Zahlung der Leasingprämien
Für die Höhe der Leasingprämien sind von Bedeutung: - das Zinsniveau - der Wertverlust des Kfz während der Leasingdauer Der Wertverlust ist die Differenz zwischen dem Kaufpreis und dem kalkulierten Restwert am Ende der Laufzeit des Leasingvertrages. Die Kalkulation des Restwertes orientiert sich an den Erfahrungen der Vergangenheit sowie den Berechnungen von Eurotax Schwacke und der Deutschen Automobil Treuhand (DAT).	- einmalige Sonderzahlung zu Beginn des Vertrages (ca. 20% des Kaufpreises) - monatliche Leasingraten Je höher die Sonderzahlung ist, desto niedriger sind die monatlichen Leasingraten.

Merkmale von Pkw-Leasing-Verträgen

- Der **Leasinggeber ist Eigentümer** des Fahrzeuges. Der Fahrzeugbrief wird vom Leasinggeber verwahrt.
- Der **Leasingnehmer ist Halter** des Fahrzeugs.
  - Der Pkw wird auf seinen Namen zugelassen.
  - Er trägt sämtliche Unterhaltskosten (*z.B. Steuern, Versicherungen*) sowie Wartungs- und Reparaturkosten.
- Der Leasingnehmer ist verpflichtet, eine Vollkaskoversicherung abzuschließen. Die Versicherungsansprüche werden an den Leasinggeber abgetreten.

Lernfeld: Privatkredite

Am Ende der Laufzeit endet die Nutzungsvereinbarung. Das Fahrzeug ist an den Leasing-geber zurückzugeben. Zwei Vertragsvarianten sind zu unterscheiden:

Leasingverträge

Leasing mit Restwertabrechnung	Leasing mit Kilometerabrechnung
■ Der Leasingnehmer garantiert die Erzielung des kalkulierten Restwertes. ■ Wenn der **tatsächliche Fahrzeugwert** den **kalkulierten Restwert** übersteigt, ist der Leasingnehmer mit 75% am Mehrerlös beteiligt. Ist der tatsächliche Fahrzeugwert niedriger als der kalkulierte Restwert, hat der Leasingnehmer die Differenz auszugleichen. ■ **Der Leasingnehmer trägt das Restwertrisiko.**	■ Bei Vertragsabschluss wird die voraussichtliche Gesamtfahrleistung während der Laufzeit vereinbart. ■ Wenn **die tatsächliche Gesamtfahrleistung** die vereinbarte Gesamtfahrleistung übersteigt, erfolgt eine Nachberechnung der mehr gefahrenen Kilometer. Ist die tatsächliche Gesamtfahrleistung niedriger, erhält der Leasingnehmer eine Vergütung. ■ **Der Leasinggeber trägt das Restwertrisiko.**

Fallbeispiel:

Markus Breuer möchte einen Minivan erwerben. Seine Ersparnisse betragen 5.550,00 EUR.
Das Autohaus Plaun & Krüger GmbH bietet den Pkw einschließlich Sonderausstattung zu folgenden Konditionen an.

Angebot (1)	Barzahlungspreis 26.200,00 EUR
Angebot (2)	Leasing mit Kilometerabrechnung der ABC Leasing GmbH ■ 5.550,00 EUR Sonderzahlung; monatliche Leasingraten 338,08 EUR ■ Laufzeit 36 Monate ■ Fahrleistung 15.000 km p.a. Mehrkilometer werden mit 0,08 EUR je km berechnet; Minderkilometer werden mit 0,05 EUR vergütet.

Bei einem Barkauf muss Markus Breuer einen Kredit von 20.650,00 EUR (= 26.200,00 EUR – 5.550,00 EUR) aufnehmen. Die Rheinbank unterbreitet folgendes Kreditangebot:

■ 0,36% Zinsen p.m.; 2% einmalige Bearbeitungsgebühr
■ Laufzeit 36 Monate
■ effektiver Zinssatz 9,75% p.a.

Vergleich der Alternativen

	Leasing		Kreditaufnahme und Barkauf	
monatliche Belastung	monatliche Rate	338,08 EUR	Kreditbetrag + 0,36% Zinsen p.m. für 36 Monate + 2% Bearbeitungsgebühr	20.650,00 EUR 2.676,24 EUR 413,00 EUR
			Gesamtrückzahlungsbetrag	23.739,24 EUR
			monatliche Rate:	659,42 EUR
	Die monatliche Rate ist bei der Kreditfinanzierung um 321,34 EUR höher.			
Gesamt-aufwand	Sonderzahlung 5.550,00 EUR + 338,08 EUR · 36 = 12.170,88 EUR		Eigenkapital Gesamtkredit	5.550,00 EUR 23.739,24 EUR
	Summe 17.720,88 EUR		Summe	29.289,24 EUR
	Der Mehraufwand bei der Kreditfinanzierung beträgt 11.568,36 EUR.			

Beurteilung der Alternativen

- Im Unterschied zum Leasing erwirbt Markus Breuer bei der Kreditfinanzierung das Eigentum an dem Fahrzeug. Entscheidend für die Beurteilung der Alternativen Kreditfinanzierung oder Leasing ist der Restwert des Pkw nach drei Jahren.
  - Zeitwert des Pkw > 11.568,36 EUR → Kreditfinanzierung vorteilhaft
  - Zeitwert des Pkw < 11.568,36 EUR → Leasing vorteilhaft

  Das **Restwertrisiko** trägt bei der Kreditfinanzierung Markus Breuer. Hat er das Fahrzeug geleast, übernimmt die Leasinggesellschaft die Verwertung des Pkw. Der Leasinggeber trägt das Restwertrisiko.
- Leasing bietet **Liquiditätsvorteile**, da die monatlichen Leasingraten niedriger als die Kreditraten sind.
- Beträgt die Fahrleistung mehr als 15.000 km im Jahr, erhöhen sich die Leasingkosten. Bei einer niedrigeren Fahrleistung vermindern sich die Leasingkosten.
- Wird der Pkw für betriebliche Zwecke genutzt, können die **Leasingraten** in voller Höhe als **Betriebsausgaben** geltend gemacht werden und mindern dadurch den zu versteuernden Gewinn. Bei einer **Kreditfinanzierung** können die **Zinsen und Abschreibungen** steuerlich geltend gemacht werden.

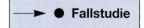
Fallstudie

7.5 Not leidender Kredit

Kommt ein Kreditnehmer seinen Zahlungsverpflichtungen nicht nach, kann das Kreditinstitut die vereinbarten Sicherheiten verwerten und die restlichen Forderungen auf gerichtlichem Wege durch ein

- Mahnverfahren oder
- Klageverfahren geltend machen.

Bei Konsumentenkrediten sind die Vorschriften des Verbraucherkreditgesetzes zu beachten *(§ 12 VerbrKrG)*. Das Kreditinstitut kann einen Ratenkredit wegen Zahlungsverzugs des Verbrauchers nur kündigen, wenn

- der Verbraucher mit mindestens **zwei aufeinander folgenden Raten** ganz oder teilweise in Verzug ist,
- der rückständige Betrag **mindestens 10% des Nettokreditbetrages** beträgt; bei Kreditverträgen mit einer Laufzeit **über drei Jahren mindestens 5%**,
- dem Verbraucher erfolglos eine **Frist von zwei Wochen** zur Zahlung des rückständigen Betrages mit der Erklärung gesetzt wurde, dass bei Nichtzahlung innerhalb der Frist die gesamte Restschuld fällig ist.

7.5.1 Gerichtliches Mahnverfahren

> Das gerichtliche **Mahnverfahren** ist ein formularmäßig durchgeführter, abgekürzter Zivilprozess, der dem Gläubiger (= Antragsteller) schnell und kostengünstig einen Vollstreckungstitel verschafft *(§§ 688ff. ZPO)*.

Der Vollstreckungstitel berechtigt den Gläubiger zur Zwangsvollstreckung in das Vermögen des Schuldners (= Antragsgegner).

Zuständigkeit: Aus Rationalisierungsgründen werden Mahnsachen oft zentral *(z.B. für den Oberlandesgerichtsbezirk Köln: Amtsgericht Euskirchen)* bearbeitet.

Anträge auf Erlass eines Mahnbescheides können auch im Wege des Datenträgeraustauschs eingereicht werden.

Lernfeld: Privatkredite

Ablauf des Verfahrens

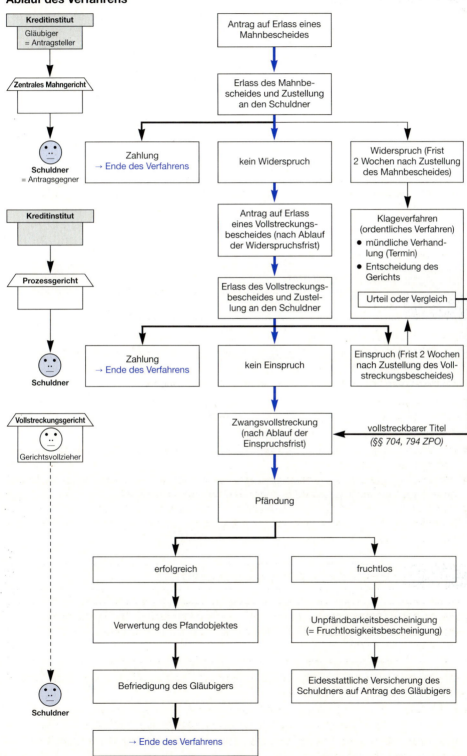

Bei einem streitigen Verfahren (Widerspruch, Einspruch) ist das Gericht, bei dem der Antragsgegner seinen allgemeinen Gerichtsstand hat, örtlich zuständig. Dies ist in der Regel das Gericht, in dessen Bezirk der Antragsgegner (Schuldner) wohnt oder seinen Geschäftssitz hat (Prozessgericht).

Der Erlass eines Wechsel- oder Scheckmahnbescheides muss ausdrücklich beantragt werden *(§ 703 a ZPO).*

Rechnet der Gläubiger beim Mahnverfahren mit Einwendungen des Schuldners (Widerspruch) wird er zur Durchsetzung seiner Forderungen direkt das Klageverfahren einleiten.

7.5.2 Klageverfahren

Das **Klageverfahren (Zivilprozess)** ist das ordentliche Verfahren der Gerichte zur Klärung von Rechtsstreitigkeiten und zur Durchsetzung von Rechtsansprüchen.

Zuständigkeit	
sachlich	**örtlich (Gerichtsstand)**
■ **Amtsgericht:** Streitwert bis einschließlich 10.000,00 DM (ohne Zinsen und Nebenkosten) ■ **Landgericht:** Streitwert über 10.000,00 DM	**Gericht des Erfüllungsortes** ■ **Grundsatz:** Wohnort bzw. Sitz des Schuldners (Beklagter) *(§ 29 Abs. 1 ZPO)* ■ **Ausnahme:** Eine Erfüllungsortvereinbarung mit Gerichtsstandsfolge ist nur möglich, wenn die Vertragspartner Kaufleute oder juristische Personen des öffentlichen Rechts sind und die Vereinbarung schriftlich erfolgte *(§§ 29, 38 ZPO).*

Ablauf des Verfahrens

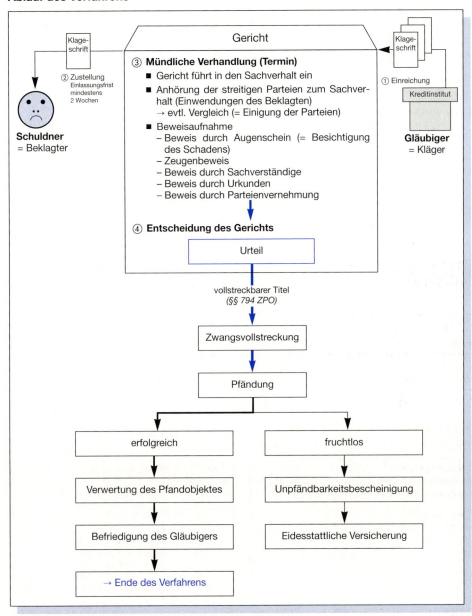

Die Parteien können sich in Zivilprozessen vor dem Landgericht, dem Oberlandesgericht und dem Bundesgerichtshof nur durch einen beim betreffenden Gericht zugelassenen Rechtsanwalt vertreten lassen (Anwaltszwang). In Zivilprozessen vor dem Amtsgericht besteht kein Anwaltszwang; die Klageerhebung kann auch durch eine Erklärung bei der Rechtsantragstelle des Gerichts erfolgen.

Falls die unterlegene Partei mit dem Urteil nicht einverstanden ist, kann sie beim jeweils übergeordneten Gericht Rechtsmittel einlegen. Das übergeordnete Gericht muss dann das Urteil überprüfen.

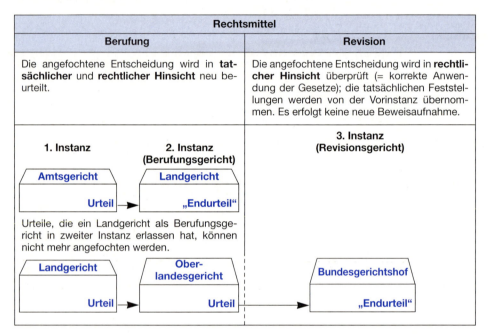

Ein Urteil ist rechtskräftig und vollstreckbar, wenn es nicht mehr durch Rechtsmittel angefochten werden kann. Ein noch nicht rechtskräftiges Urteil kann jedoch im Urteilsspruch für vorläufig vollstreckbar erklärt werden. Es soll damit verhindert werden, dass der Schuldner durch Einlegung von Rechtsmitteln die Vollstreckung verzögert. Das Gericht kann die vorläufige Vollstreckbarkeit des Urteils gegen Sicherheitsleistung des Gläubigers anordnen. Im Urteilsspruch kann bestimmt werden, dass die Sicherheitsleistung durch Stellung einer selbstschuldnerischen Bürgschaft eines Kreditinstituts erbracht werden kann.

7.5.3 Zwangsvollstreckung

Die **Zwangsvollstreckung** ist ein Verfahren, in dem auf Antrag des Gläubigers bestimmte („titulierte") Ansprüche mit staatlichem Zwang durchgesetzt werden.

Lernfeld: Privatkredite

◼ Voraussetzungen

Titel	Vollstreckungstitel sind Urkunden, aus denen die Zwangsvollstreckung betrieben werden kann:
	▪ Urteile
	▪ Vollstreckungsbescheide
	▪ notarielle Schuldurkunden
	
	    Beispiel:
	    Der Schuldner unterwirft sich bei der Grundschuldbestellung der sofortigen Zwangsvollstreckung in den belasteten Grundbesitz.

Klausel	Der Titel muss mit der Vollstreckungsklausel versehen sein *(§ 725 ZPO)*.
	
	    Beispiel:
	    „Vorstehende Ausfertigung wird dem ... (Bezeichnung der Partei) zum Zwecke der Zwangsvollstreckung erteilt"
	
	Vollstreckungsbescheide im gerichtlichen Mahnverfahren sind ohne besondere Vollstreckungsklausel vollstreckbar *(§ 700 ZPO)*.

Zustellung	Der Titel muss dem Schuldner durch das Gericht zugestellt werden *(§ 750 ZPO)*.

◼ Möglichkeiten der Zwangsvollstreckung

Vollstreckungsmaßnahmen bei		
... bewegliche Sachen	**... Forderungen**	**... Grundstücken**
Vollstreckungsmaßnahmen werden nur auf Antrag des Gläubigers durchgeführt.		
▪ Pfändung und Verwertung	▪ Pfändung und Überweisung der Forderung	▪ Eintragung einer Zwangshypothek (Sicherungshypothek) ▪ Zwangsverwaltung ▪ Zwangsversteigerung
Vollstreckungsablauf		
▪ Die Pfändung erfolgt dadurch, dass der Gerichtsvollzieher die körperlichen Sachen in Besitz nimmt; bei größeren Objekten wird die Pfändung durch Anbringen des Pfandsiegels gekennzeichnet. ▪ Die gepfändeten Sachen sind vom Gerichtsvollzieher öffentlich zu versteigern. Der Verwertungserlös bzw. gepfändetes Geld wird nach Abzug der Vollstreckungskosten an den Gläubiger abgeführt. ▪ Gegenstände, die zur Lebensführung und zur Berufsausübung nötig sind, können nicht gepfändet werden.	▪ Der Gläubiger stellt den Antrag auf Erlass eines Pfändungs- und Überweisungsbeschlusses; der Beschluss wird dem Drittschuldner durch den Gerichtsvollzieher zugestellt. ▪ Der **Pfändungsbeschluss** bewirkt, dass die gepfändete Forderung zu Gunsten des Gläubigers beschlagnahmt wird. ▪ Der **Überweisungsbeschluss** bewirkt, dass die bezeichnete Forderung an den Gläubiger überwiesen wird. Der Drittschuldner kann mit schuldbefreiender Wirkung nur noch an den Gläubiger zahlen. ▪ Arbeitseinkommen und laufende Bezüge sind nur zum Teil pfändbar (Pfändungsfreigrenzen).	▪ Die Vollstreckungsmaßnahmen werden nach Wahl des Gläubigers durchgeführt. ▪ Die Eintragung einer Zwangshypothek erfolgt durch das Grundbuchamt auf Antrag des Gläubigers. Die Bewilligung wird durch den „Titel" ersetzt. ▪ Die Zwangsverwaltung wird im Grundbuch vermerkt.

7

Eidesstattliche Versicherung

Der Gläubiger kann beim Amtsgericht den Antrag stellen, dass der Schuldner seine Vermögensverhältnisse offenlegen muss. Voraussetzung ist die erfolglose Vollstreckung in das bewegliche Vermögen des Schuldners *(§ 807 ZPO)*.

Verweigert der Schuldner die Abgabe der eidesstattlichen Versicherung, besteht die Möglichkeit, diese durch **Erzwingungshaft** herbeizuführen *(§ 901 ZPO)*.

7.5.4 Verbraucherinsolvenzverfahren

Das Verbraucherinsolvenzverfahren findet Anwendung bei natürlichen Personen, die keine oder nur eine geringfügige selbstständige Tätigkeit ausüben *(§ 304 InsO)*.

Das Verbraucherinsolvenzverfahren verläuft in vier Stufen:

---

1. Stufe: Versuch einer außergerichtlichen Einigung

- Der Schuldner muss zunächst auf der Grundlage eines Plans versuchen, mit seinen Gläubigern eine außergerichtliche Einigung (= Vergleich) über eine Schuldenbereinigung zu erzielen.

  Beispiele:
  Stundung, Teilerlass von Forderungen, Ratenzahlungen

- Er muss hierbei die Hilfe geeigneter Personen (z.B. Schuldnerberatungsstellen, Rechtsanwälte, Steuerberater) in Anspruch nehmen.

- Die Gläubiger entscheiden über die Annahme des Planes.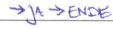

Gerichtliches Verbraucherinsolvenzverfahren

Eröffnungsantrag des Schuldners *(§ 305 InsO)*

Folgende Unterlagen sind vom Schuldner einzureichen:
- Antrag auf Eröffnung des Insolvenzverfahrens
- Bescheinigung über den erfolglosen außergerichtlichen Einigungsversuch
- Antrag auf Erteilung einer **Restschuldbefreiung**
- Verzeichnis über die Einkommens- und Vermögensverhältnisse
- Verzeichnis der Gläubiger und ihrer Forderungen

2. Stufe: Versuch eines gerichtlichen Vergleichs

Vor der Eröffnung des Insolvenzverfahrens findet ein zweiter Einigungsversuch unter Mitwirkung des Gerichts statt. Im Unterschied zum außergerichtlichen Vergleich kann die fehlende Zustimmung einzelner Gläubiger durch Gerichtsbeschluss ersetzt werden.

- **Schuldenbereinigungsplan:** Unter Berücksichtigung der Gläubigerinteressen sowie der Vermögens-, Einkommens- und Familienverhältnisse des Schuldners muss ein Schuldenbereinigungsplan vorgelegt werden, der geeignet ist eine angemessene Schuldenbereinigung durch Stundung oder Teilerlass von Forderungen zu erreichen. In den Plan ist aufzunehmen, ob Bürgschaften, Pfandrechte und andere Sicherheiten der Gläubiger berührt werden sollen.
- **Ruhen des Verfahrens:** Das Insolvenzverfahren ruht bis zur Entscheidung über den Schuldenbereinigungsplan *(§ 306 InsO)*.

Entscheidung der Gläubiger

- Zustellung der Unterlagen an die Gläubiger
- Die Gläubiger werden aufgefordert, binnen eines Monats zu den Verzeichnissen und zu dem Schuldenbereinigungsplan Stellung zu nehmen *(§ 307 InsO)*.
- Hat kein Gläubiger Einwendungen gegen den Schuldenbereinigungsplan erhoben, gilt er als angenommen.
- Hat dem Schuldenbereinigungsplan mehr als die Hälfte der Gläubiger zugestimmt und beträgt die Summe der Forderungen mehr als die Hälfte aller Forderungen, so ersetzt das Insolvenzgericht die fehlende Zustimmung einzelner Gläubiger durch Gerichtsbeschluss. Der Schuldenbereinigungsplan ist für alle Gläubiger bindend *(§ 309 InsO)*.

   Ausnahmen:
   - Der Gläubiger wird in dem Schuldenbereinigungsplan im Verhältnis zu den anderen Gläubigern benachteiligt.
   - Der Gläubiger wird schlechter gestellt als bei Durchführung des Insolvenzverfahrens.

Rechtsfolgen

Annahme des Schuldenbereinigungsplans

Die Annahme hat die Wirkung eines Vergleichs *(§ 794 ZPO)*.
- Der Schuldenbereinigungsplan wird abgewickelt.
- Die Stundung und der Teilerlass der Forderungen sind rechtswirksam.
- Die Anträge auf Eröffnung des Insolvenzverfahrens und auf Erteilung der Restschuldbefreiung gelten als zurückgenommen *(§ 308 InsO)*.

Ablehnung des Schuldenbereinigungsplans

3. Stufe: Eröffnung eines vereinfachten Insolvenzverfahren *(§§ 311 ff. InsO)*.

- Ein vom Gericht bestellter **Treuhänder** verwertet den pfändbaren Teil des Schuldnervermögens (= Insolvenzmasse) zur gemeinschaftlichen Befriedigung der Gläubigeransprüche.
- Der Treuhänder ist nicht zur Verwertung von Gegenständen berechtigt, an denen Pfandrechte oder andere Absonderungsrechte (Sicherungsübereignung, Sicherungszession) bestehen. Das Verwertungsrecht steht dem Gläubiger zu.

4. Stufe: Restschuldbefreiung *(§§ 286 ff. InsO)*

- Voraussetzung ist die Abtretung der Lohn- und Gehaltsansprüche während einer **„Wohlverhaltensperiode" von 7 Jahren** an den Treuhänder, der den pfändbaren Teil an die Gläubiger verteilt. In dieser Zeit sind Zwangsvollstreckungen in das Vermögen des Schuldners nicht möglich *(§ 294 InsO)*.
- Aus wichtigem Grund kann die Restschuldbefreiung versagt werden *(§ 290 InsO)*.

   Beispiele:
   - *„Mehrfachtäter": In den letzten 10 Jahren war schon eine Restschuldbefreiung beantragt worden;*
   - *falsche Angaben des Schuldners über seine Vermögens- oder Einkommensverhältnisse*
- Während der „Wohlverhaltensperiode" hat der Schuldner folgende Pflichten *(§ 295 InsO)*:
   - Er muss eine angemessene Erwerbstätigkeit ausüben bzw. sich darum bemühen.
   - Im Erbfall muss der Schuldner die Hälfte des Vermögens an den Treuhänder übergeben.
   - Er muss jeden Wohnsitz- und Beschäftigungswechsel unverzüglich dem Insolvenzgericht und dem Treuhänder mitteilen.
   - Zahlungen zur Befriedigung der Insolvenzgläubiger darf er nur an den Treuhänder leisten und keinem Insolvenzgläubiger einen Sondervorteil verschaffen.
- Das Insolvenzgericht erteilt nach Ablauf der „Wohlverhaltensperiode" die **Restschuldbefreiung** mit Wirkung gegen alle Insolvenzgläubiger, sofern der Schuldner seine Pflichten erfüllt hat *(§ 289 InsO)*.

8 Baufinanzierungen

8.1 Grundstücke und grundstücksgleiche Rechte

Grundstücke *(§§ 93 – 98, 926 BGB)*	■ Bestandteile eines Grundstückes:
	  – **Grundstück als Teil der Erdoberfläche**
	  – **wesentliche Bestandteile**
	     Beispiele: Gebäude, Pflanzen
	  – **Zubehörteile**
	     Beispiel: Maschinen
	  – **Rechte, die mit dem Grundstück verbunden sind**
	     Beispiel: Mieten
	■ Eintragung in das **Grundbuch**

Wohnungs-eigentum/Teil-eigentum *(Wohnungsei-gentumsge-setz; WEG)*	■ **Wohnungseigentum** (Eigentumswohnungen) ist das Sondereigentum an einer Wohnung in Verbindung mit dem Miteigentumsanteil an dem gemeinschaftlichen Eigentum, zu dem es gehört. *Beispiele:* Grundstück, Treppenhaus, Heizungsanlage ■ **Teileigentum** ist das Sondereigentum an nicht zu Wohnzwecken dienenden Räumen eines Gebäudes *(z.B. Geschäft in einem Einkaufszentrum)* in Verbindung mit dem Miteigentumsanteil an dem gemeinschaftlichen Eigentum, zu dem es gehört. ■ Das Wohnungseigentum / Teileigentum ist frei veräußerbar, belastbar und vererbbar. ■ Eintragung in das **Wohnungsgrundbuch** bzw. **Teileigentumsgrundbuch** Für jeden Eigentümer wird ein besonderes Grundbuchblatt geführt.

Erbbaurecht *(Verordnung über das Erb-baurecht: Erb-bauVO)*	■ Das **Erbbaurecht** begründet das Recht, auf oder unter der Oberfläche eines fremden Grundstückes ein Bauwerk zu errichten.
	■ Ein großer Teil der Erbbaurechte wird in der Praxis von den Kirchen (katholische Diözesanverwaltungen, evangelische Landeskirchen) gewährt. Die Landvergabe geschieht unter Berücksichtigung sozialer Gesichtspunkte *(z.B. Einkommen, Kinder)*.
	■ Das Bauwerk ist nicht wesentlicher Bestandteil des Grundstückes, sondern des Erbbaurechtes.
	■ Für das Erbbaurecht zahlt der Erbbauberechtigte regelmäßig *(z.B. monatlich)* einen Erbbauzins.
	■ Das Erbbaurecht wird in der Regel für 99 Jahre vereinbart.
	■ Nach Ablauf der vereinbarten Zeit erlischt das Erbbaurecht, sofern es nicht erneuert wird. Der Grundstückseigentümer wird nun kraft Gesetz Eigentümer des Bauwerkes. Er muss jedoch dem Erbbauberechtigten eine angemessene Entschädigung für das Bauwerk zahlen.
	■ Das Erbbaurecht ist frei veräußerbar, belastbar und vererbbar.
	■ Eintragung des Erbbaurechts in das **Erbbaugrundbuch**
	  – Der Erbbauberechtigte ist als Eigentümer der Gebäude in Abteilung 1 eingetragen.
	  – Bei der Wertermittlung im Rahmen einer Kreditgewährung an den Erbbauberechtigten ist nur der Wert des Gebäudes maßgeblich. Der zu zahlende Erbbauzins ist zu berücksichtigen.
	■ Eintragung als Belastung in der 2. Abteilung beim Grundstückseigentümer Bei der Wertermittlung im Rahmen einer Kreditgewährung an den Grundstückseigentümer sind die zukünftigen Erbbauzinsen zu kapitalisieren.

Lernfeld: Baufinanzierungen

Unter dem **Liegenschaftskataster** versteht man die Gesamtheit der amtlichen Karten und Bücher zum Nachweis des tatsächlichen Bestandes der Grundstücke und der rechtmäßigen Grundstücksgrenzen.
Das kommunale **Vermessungs- und Katasteramt** der Kreis- bzw. Stadtverwaltung führt u.a.:
- die **Flurkarte,** in der (i.d.R. im Maßstab 1:1000) die Flurstücke einschließlich ihrer Bebauung kartiert sind,
- das **Liegenschaftsbuch,** das Auskunft über Lage, Größe, Nutzungsart und Eigentümer der Grundstücke gibt.

8.2 Grundbuch

Das Grundbuch
- ist ein **öffentliches Register,**
- das beim **Amtsgericht** (Grundbuchamt) geführt wird und
- Auskunft über die **rechtlichen Verhältnisse** der Grundstücke gibt.

8.2.1 Aufbau und Inhalt des Grundbuchs

Aufbau des Grundbuchs

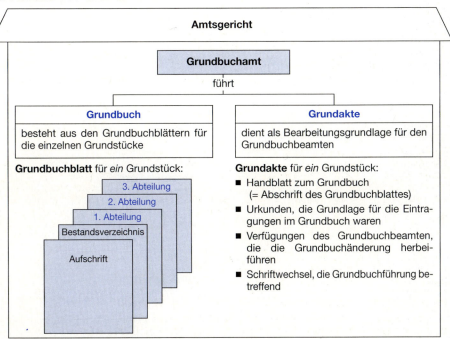

Inhalt des Grundbuchs

Aufschrift	Beispiele:
■ Amtsgericht ■ Grundbuchbezeichnung ■ Blattnummer	Amtsgericht Brühl Grundbuch von Gleuel Blatt 4711

Bestandsverzeichnis	Beispiele:
■ **Gemarkung** (= Kataster – bzw. Vermessungsbezirk) Grundsätzlich bilden die zu einem Gemeindebezirk gehörenden Grundstücke die Gemarkung.	*Gemeinde Hürth* *Gemarkung Gleuel*
■ **Nummer der Flur, des Flurstücks und des Liegenschaftsbuches** Die Gemarkung ist in **Fluren,** die Flur wiederum in **Flurstücke** aufgeteilt. Das Flurstück wird unter einer **besonderen Nummer in der Flurkarte** aufgeführt.	*Flur 10* *Flurstück Nr. 374* *Liegenschaftsbuch Nr. 0885*
■ **Wirtschaftsart** des Grundstücks	*Acker, Wohnhaus mit Hofraum, Wohnhaus mit Garten*
■ **Lage** des Grundstücks	*Schnitzlerweg 84*
■ **Größe** des Grundstücks	*5,09 Ar*
■ **Vermerke über Rechte,** die dem jeweiligen Eigentümer des Grundstücks (herrschendes Grundstück) zustehen Grundstück Nr. 29758 = dienendes Grundstück | Grundstück Nr. 29759 = herrschendes Grundstück >>> Weg >>> Die Belastung wird in der 2. Abteilung des dienenden Grundstücks eingetragen.	*Wegerecht zu Lasten des im Grundbuch von Gleuel Blatt 29758 eingetragenen Grundstückes*

Rechtsverhältnisse des Grundstücks	Beispiele:
1. Abteilung ■ **Eigentumsverhältnisse** – Eigentümer – Art des Eigentums (Alleineigentum; gemeinschaftliches Eigentum)	*Herbert Breuer, geb. am 6. April 1938, Wuppertal-Vohwinkel* *Eheleute* *a) Franz Josef Fuchs, geb. am 10. November 1948, Köln* *b) Helene Fuchs, geb. Kamp, geb. am 23. Dezember 1949, Köln* *– zu je 1/2 Anteil*
■ **Grundlage der Eintragung** – Auflassung – Erbschein – Zuschlag bei Versteigerung	*Aufgelassen am 18. Dezember 1984, eingetragen am 4. Februar 1985* *Umgeschrieben aufgrund des Erbscheins vom 5. September 1975 am 16. September 1975*
2. Abteilung **Lasten und Beschränkungen**	*Wegerecht für den jeweiligen Eigentümer des Grundstücks Blatt 4712, Nr. 2 des Bestandsverzeichnisses unter Bezugnahme auf die Eintragungsbewilligung vom 21. März 1977 eingetragen am 1. April 1977.*
3. Abteilung **Grundpfandrechte**	*Fünfundvierzigtausend Deutsche Mark fällige Grundschuld mit 15 vom Hundert Zinsen für die BHW-Bausparkasse, Hameln. Gemäß Bewilligung vom 5. Dezember 1993 eingetragen am 29. Dezember 1993.*

Lernfeld: Baufinanzierungen

Öffentlichkeit des Grundbuchs

Jeder, der ein berechtigtes Interesse darlegt, kann das Grundbuch einsehen und beglaubigte Grundbuchauszüge verlangen *(§ 12 GBO)*.

Beispiele:

- *Einsichtnahme eines Kreditinstituts bei Kreditanträgen*
- *Einsichtnahme eines Kaufinteressenten mit schriftlicher Einwilligung des Eigentümers*
- *Einsichtnahme des Notars bei Grundstückskaufverträgen*

8.2.2 Öffentlicher Glaube des Grundbuchs

Grundsatz:

Der Inhalt des Grundbuchs genießt öffentlichen Glauben *(§ 892 BGB)*.

- **Positive Publizität:** Alle Angaben im Grundbuch gelten gutgläubigen Dritten gegenüber als richtig und vollständig.
- **Negative Publizität:** Eintragungspflichtige, aber nicht eingetragene oder unrichtig gelöschte Rechte und Verfügungsbeschränkungen gelten als nicht bestehend.

Der öffentliche Glaube des Grundbuchs erstreckt sich nur auf Rechte, die eingetragen werden müssen, um Dritten gegenüber wirksam zu sein (konstitutive Bedeutung der Eintragung). Dies gilt nur für die Rechte, die in den drei Abteilungen eingetragen werden, d.h. die Eintragungen im Bestandsverzeichnis genießen keinen öffentlichen Glauben.

Gelöschte Eintragungen werden unterstrichen.

Ausnahme:

Der Inhalt des Grundbuchs genießt keinen öffentlichen Glauben, wenn

- die Unrichtigkeit der Eintragung dem Einsichtnehmenden bekannt war oder
- ein Widerspruch gegen die Richtigkeit des Grundbuchs eingetragen wurde *(§§ 899, 894 BGB)*.

  Mit der Eintragung eines **Widerspruchs** wird gegen die Grundbucheintragung öffentlich protestiert.

  Der Widerspruch wird grundsätzlich in der Abteilung eingetragen, in der das strittige Recht eingetragen ist. Ausnahme: Widersprüche gegen Eintragungen in der 1. Abteilung werden in der 2. Abteilung eingetragen.

Beispiel:

Peter Fuchs ist im Rahmen der gesetzlichen Erbfolge als neuer Eigentümer eines bebauten Grundstücks in das Grundbuch eingetragen worden.

Auf Grund eines später gefundenen Testaments des Erblassers ist seine langjährige Sekretärin Elke Küpper rechtmäßige Erbin. Peter Fuchs ficht das Testament an, es kommt zum Rechtsstreit. Bis zur Klärung des wahren Sachverhalts lässt sich Elke Küpper durch eine einstweilige Verfügung einen Widerspruch in das Grundbuch eintragen.

8

8.2.3 Veranlassung von Grundbucheintragungen

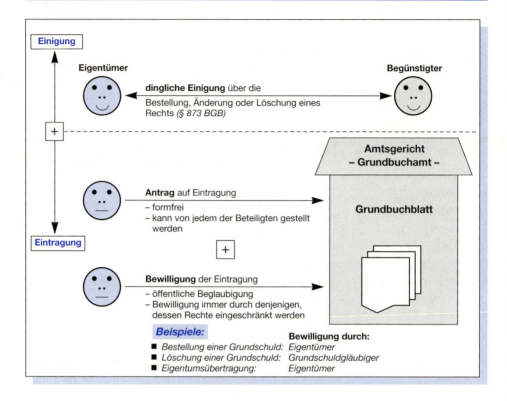

8.2.4 Rangverhältnis von Grundbucheintragungen

Ist ein Grundstück mit mehreren Rechten belastet, so entscheidet der Rang der einzelnen Rechte über die Reihenfolge der Befriedigung bei einer Zwangsvollstreckung in das Grundstück.

Gesetzliche Rangfolge *(§ 879 BGB)*

1. Regel
Locus-Prinzip: Sind mehrere Rechte in derselben Abteilung des Grundbuchs eingetragen, wird der Rang nach der Reihenfolge der Eintragung bestimmt (Lfd. Nr. 1 vor Lfd. Nr. 2 usw.).

2. Regel
Tempus-Prinzip: Sind mehrere Rechte in verschiedenen Abteilungen eingetragen, so hat das Recht mit dem früheren Datum den Vorrang.

3. Regel
Sind mehrere Rechte in verschiedenen Abteilungen unter demselben Datum eingetragen, haben die Rechte den gleichen Rang.

Rangfolge bei mehreren neuen Eintragungen *(§ 45 Grundbuchordnung)*
Sind im Grundbuch mehrere Eintragungen zu bewirken, entscheidet der Zeitpunkt des Antragseinganges beim Amtsgericht über die Rangfolge. Die früher beantragte Eintragung hat den Vorrang vor später beantragten Eintragungen. Der Antragseingang wird mit Datum und Uhrzeit festgehalten. Die Rangfolge wird im Grundbuch vermerkt.

Vertragliche Rangfolge

Die Vereinbarung einer von der gesetzlichen Rangfolge abweichenden Rangfolge ist möglich.

- **Rangänderung** *(§ 880 BGB)*
  Die Rangordnung kann nachträglich geändert werden.

  Voraussetzungen:
  - **Einigung** zwischen den betroffenen Personen
  - **Eintragung** der Rangänderung
  - **Zustimmung des Eigentümers,** soweit die Rangänderung die 3. Abteilung des Grundbuchs betrifft

- **Rangvorbehalt** *(§ 881 BGB)*
  Der Eigentümer kann sich bei der Eintragung eines Rechts den Rang für später einzutragende Rechte vorbehalten bzw. freihalten lassen.

  Voraussetzungen:
  - **Einigung** zwischen dem Berechtigten, dessen Recht durch den Vorbehalt beschränkt werden soll, und dem Eigentümer
  - **Eintragung** des **Rangvorbehalts** bei dem Recht im Grundbuch, das zurücktreten soll

8.2.5 Lasten und Beschränkungen

Dienstbarkeiten			Reallast *(§§ 1105ff. BGB)*
Grunddienstbarkeit *(§§ 1018ff. BGB)*	**beschränkt persönliche Dienstbarkeit** *(§§ 1090ff. BGB)*	**Nießbrauch** *(§§ 1030ff. BGB)*	

Beschreibung der Belastung			
■ Dem **jeweiligen Eigentümer eines anderen Grundstückes** (= herrschendes Grundstück) werden einzelne Rechte am dienenden Grundstück eingeräumt. ■ Auf Antrag erfolgt auch eine Eintragung als Recht in das Bestandsverzeichnis des herrschenden Grundstückes. Maßgeblich ist jedoch die beim dienenden Grundstück eingetragene Belastung.	■ Einer bestimmten **natürlichen oder juristischen Person** werden einzelne Rechte eingeräumt. ■ Das Recht ist nicht übertragbar und nicht vererbbar.	■ Der Nießbraucher (i.d.R. eine natürliche Person) kann **alle** Nutzungen aus dem Grundstück ziehen. ■ Der Nießbrauch kann durch den Ausschluss einzelner Nutzungen beschränkt werden. ■ Der Nießbraucher hat für die Erhaltung der Sache zu sorgen. ■ Das Recht ist nicht übertragbar und nicht vererbbar.	■ An eine bestimmte Person oder an den jeweiligen Eigentümer eines anderen Grundstückes sind wiederkehrende Leistungen aus dem Grundstück zu entrichten. ■ Der Eigentümer haftet persönlich für die Erbringung der Leistung, sofern nichts anderes vereinbart wurde.

Inhalte und Bedeutung der Belastung			

Nutzungsrechte des Berechtigten

■ **Wegerecht**

Wegerechte werden häufig als Grunddienstbarkeiten zu Gunsten des jeweiligen Eigentümers eines Nachbargrundstückes eingetragen, der sonst keine Zugangsmöglichkeit zu seinem Grundstück hätte. Das Wegerecht kann die Nutzungsmöglichkeiten des Grundstückes einschränken und die Wohnqualität vermindern. Die Wertminderung ist von der Größe, Lage und Nutzungsart des Grundstückes abhängig.

■ **Leitungsrecht**

Leitungsrechte können die Nutzungsmöglichkeiten des Grundstückes einschränken. Ein Leitungsrecht *(z. B. Strom-/Wasserzufuhr)* für den jeweiligen Eigentümer des Nachbargrundstückes (Grunddienstbarkeit) wird den Wert nur geringfügig mindern. Das Recht *z. B. zugunsten der RWE AG* (beschränkt persönliche Dienstbarkeit) *einen Hochspannungsmasten zu errichten*, verhindert eine andere Bebauung und ist stark wertmindernd.

■ **Wohnrecht**

Wohnrechte werden häufig für Familienangehörige eingetragen (beschränkt persönliche Dienstbarkeit). Die Wertminderung bestimmt sich nach dem Mietwert der genutzten Räume und der Lebenserwartung der Berechtigten. Die Wertminderung ergibt sich durch Kapitalisierung (Abzinsung) des zukünftigen Mietwerts.

■ **Ausbeutungsrecht**

Der Berechtigte hat das Recht, *z.B. Sand, Kies oder Braunkohle* auf dem Grundstück abzubauen. Das Grundstück ist in der Regel nicht als Kreditsicherheit geeignet.

Handlungsverbote des Eigentümers

Beispiele:

Bebauungsverbote, Gewerbeausübungsverbote
Es ist im Einzelfall zu prüfen, ob eine erhebliche Wertminderung vorliegt.

Duldungspflichten des Eigentümers

Beispiele:

Duldung einer bestimmten Bebauung oder eines Gewerbebetriebes auf dem Nachbargrundstück
Es ist im Einzelfall zu prüfen, ob eine erhebliche Wertminderung vorliegt.

Ein Nießbrauchrecht lassen sich zum Beispiel die Eltern eintragen, wenn sie das Grundstück schon zu Lebzeiten auf ein Kind übertragen, aber die Nutzungsrechte weiterhin behalten wollen.

Rechte des Nießbrauchers:
– Wohnrecht
– Recht auf Mietzahlungen
– Recht auf die Bodenerträge

Das Grundstück mit einem vorrangigem Nießbrauchrecht ist **nicht** für eine Beleihung geeignet. Bei einer Kreditvergabe müsste der Nießbraucher einer Rangänderung zu Gunsten des Kreditinstitutes zustimmen.

Beispiel:

Eintragung einer Reallast:
Die Eltern übertragen das Grundstück auf ein Kind. Zur Sicherung ihrer Altersversorgung lassen sie sich neben einem Wohnrecht das Recht auf Zahlung einer bestimmten monatlichen Summe (Reallast) eintragen. Der Betrag wird oft durch die Bindung an den Lebenshaltungskostenindex wertgesichert. Steigt dann der Lebenskostenindex z. B. um 10 %, erhöht sich auch die Monatsrate um 10 %.

Zur Ermittlung der Wertminderung wird der Kapitalwert der Reallast ermittelt. Die erwartete Zahlungsdauer bestimmt sich nach der Lebenserwartung der Berechtigten ("Sterbetafeln" der Versicherungen). Dann erfolgt eine Kapitalisierung (Abzinsung der erwarteten Zahlungen), um den Zeitwert der Belastung zu ermitteln.

Sonstige Lasten und Beschränkungen

Vorkaufsrecht (§§ 1094–1104 BGB)	Der Vorkaufsberechtigte kann bei einem Grundstücksverkauf vom Eigentümer die Übereignung des Grundstücks zu den in dem Kaufvertrag mit einem Dritten vereinbarten Bedingungen fordern (Vorkaufsrecht kraft Vertrages). Ein Vorkaufsrecht kann auch kraft Gesetzes bestehen. *Beispiele:* • *Vorkaufsrecht der Miterben* • *Vorkaufsrecht der Gemeinden*
Verfügungsbeschränkungen	Die Belastung und Veräußerung des Grundstücks soll verhindert werden. *Beispiele:* • *Vermerk über die Anordnung der Zwangsversteigerung oder Zwangsverwaltung* • *Vermerk über die Anordnung der Nachlassverwaltung* • *Vermerk über die Eröffnung des Insolvenzverfahrens*

8.2.6 Grundpfandrechte

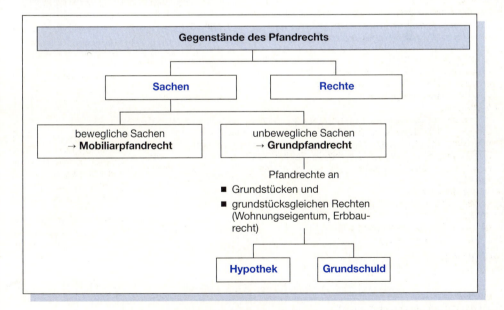

Ein **Grundpfandrecht** ist die Belastung eines Grundstücks mit einer Hypothek oder Grundschuld, vornehmlich zum Zweck der Kreditsicherung.

8.2.6.1 Hypothek und Grundschuld im Vergleich

Hypothek *(§§ 1113ff. BGB)*	Grundschuld *(§§ 1191ff. BGB)*
■ Die Hypothek ist ein Pfandrecht an einem Grundstück zur **Sicherung einer bestimmten Forderung**. ■ Die Hypothek ist **akzessorisch**, d.h., sie ist in ihrem Bestand von einer gesicherten Forderung abhängig.	■ Die Grundschuld ist ein Pfandrecht an einem Grundstück. ■ Die Grundschuld ist **abstrakt**, d.h., sie ist in ihrem Bestand von einer gesicherten Forderung unabhängig.

Umfang der Haftung

■ Akzessorität der Hypothek	■ Abstraktheit der Grundschuld
dinglicher Anspruch / persönlicher Anspruch	dinglicher Anspruch / persönlicher Anspruch

 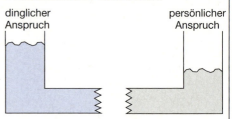

■ Es besteht ein **untrennbarer, gesetzlicher Zusammenhang** zwischen dem **persönlichen** Anspruch aus der Darlehnsgewährung und dem dinglichen Anspruch **aus der Hypothek** („Schicksalsgemeinschaft" Hypothek und Forderung). ■ Der Anspruch aus der Hypothek wird bestimmt durch den Umfang des persönlichen Anspruchs.	■ Es besteht **kein gesetzlicher Zusammenhang** zwischen dem **persönlichen** Anspruch aus der Darlehnsgewährung und dem **dinglichen Anspruch** aus der Grundschuld („Grundschuld ohne Schuldgrund"). ■ Der Anspruch aus der Grundschuld besteht losgelöst von dem Umfang des persönlichen Anspruchs.

■ **Umfang des dinglichen Anspruchs**

Im Rahmen des Grundpfandrechts haften:
– das Grundstück *(§ 1113 BGB)*
– die getrennten Erzeugnisse und die wesentlichen Bestandteile *(§ 1120, §§ 93ff. BGB)*

Beispiele: Gebäude, Bäume

– Zubehör, soweit im Eigentum des Grundstückeigentümers *(§ 1120, §§ 97, 98 BGB)*

Beispiele: Maschinen, Vieh

– Miet- und Pachtzinsforderungen *(§ 1123 BGB)*
– die Ansprüche auf wiederkehrende Leistungen zugunsten des Eigentümers des belasteten Grundstücks *(§ 1126 BGB)*

Beispiel: Erbbauzinsansprüche

– die Versicherungsforderungen *(§ 1127 BGB)*

Hypothek *(§§ 1113ff. BGB)*	Grundschuld *(§§ 1191ff. BGB)*
Entstehung und Erwerb	
Buchhypothek Entstehung: Einigung und Eintragung Erwerb: Entstehung der Forderung	**Buchgrundschuld** Entstehung: Einigung und Eintragung Erwerb: Wegen der Abstraktheit der Grundschuld erwirbt der Grundschuldgläubiger die Grundschuld bereits mit der Eintragung.
Briefhypothek Entstehung: Einigung und Eintragung Erwerb: Entstehung der Forderung und Übergabe des Hypothekenbriefes	**Briefgrundschuld** Entstehung: Einigung und Eintragung Erwerb: Übergabe des Grundschuldbriefes
Übertragung	
Buchhypothek ■ Abtretung der Forderung und ■ Eintragung der Abtretung im Grundbuch *(§§ 1154 Abs. 3, 873 BGB)*	**Buchgrundschuld** ■ Abtretung des dinglichen Anspruchs und ■ Eintragung der Abtretung im Grundbuch *(§§ 1192, 1154 Abs. 3, 873 BGB)*
Briefhypothek ■ Schriftliche Abtretung der Forderung und ■ Übergabe des Hypothekenbriefes *(§ 1154 Abs. 1 BGB)* oder ■ Formfreie Abtretung der Forderung und ■ Übergabe des Hypothekenbriefes und ■ Eintragung der Abtretung im Grundbuch *(§ 1154 Abs. 2 BGB)*	**Briefgrundschuld** ■ Schriftliche Abtretung des dinglichen Anspruchs und ■ Übergabe des Grundschuldbriefes *(§§ 1192, 1154 Abs. 1 BGB)* oder ■ Formfreie Abtretung des dinglichen Anspruchs und ■ Übergabe des Grundschuldbriefes und ■ Eintragung der Abtretung im Grundbuch *(§§ 1192, 1154 Abs. 2 BGB)*

8.2.6.2 Hypotheken-/Grundschuldarten

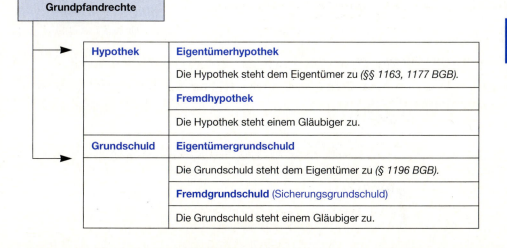

Grundschuldarten

Sicherungsgrundschuld

> Die Grundschuld dient der Kreditsicherung; die Grundschuldbestellung erfolgt sicherungshalber.

Fiduziarität der Sicherungsgrundschuld

Im **Außenverhältnis** ist das Kreditinstitut als Sicherungsnehmer Dritten gegenüber uneingeschränkter Grundschuldgläubiger.

Im **Innenverhältnis** ist die Gläubigerstellung des Kreditinstituts auf den Sicherungszweck beschränkt **("Sicherungszweckerklärung").** Das Kreditinstitut darf die Grundschuld nur verwerten, wenn der Sicherungsgeber seinen Kreditverpflichtungen nicht nachkommt.

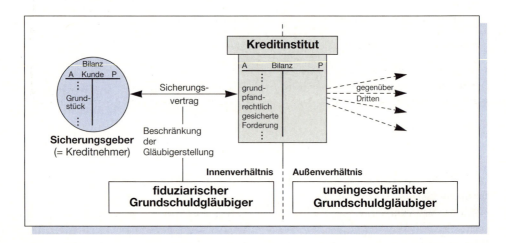

Merkmale der Fiduziarität

Eingeschränktes Verwertungsrecht	Das Kreditinstitut darf die Rechte aus der Grundschuld nur bis zur Höhe der Kreditverpflichtung des Kreditnehmers geltend machen, sofern dieser seine Zahlungsverpflichtungen nicht erfüllt.
Anspruch auf Rückübertragung bzw. Löschung der Grundschuld	Das Kreditinstitut ist nach Tilgung der gesicherten Forderung zur Rückübertragung bzw. Löschung der Grundschuld verpflichtet.

Lernfeld: Baufinanzierungen

Eigentümergrundschuld

Eigentümergrundschuld

Originäre (ursprüngliche) Eigentümergrundschuld *(§ 1196 BGB)*

Derivative (abgeleitete) Eigentümergrundschuld *(§§ 1163, 1177 BGB)*

Die Grundschuld entsteht, wenn der Eigentümer sein Grundstück in der Weise belastet, dass er von Anfang an auf seinen Namen eine Grundschuld eintragen lässt.

Gründe für die **Eintragung:**
- Freihalten einer Rangstelle durch Eintragung der Grundschuld und
- spätere Abtretung der Eigentümergrundschuld im Rahmen einer Darlehnsgewährung.
- Abtretung einer verbrieften Eigentümergrundschuld außerhalb des Grundbuchs ist schnell und kostengünstig möglich.

Die Grundschuld entsteht, wenn die Hypothek dem Eigentümer des belasteten Grundstücks zusteht.
- Die hypothekarisch gesicherte Forderung ist noch nicht entstanden.
- Der Hypothekenbrief (Briefhypothek) wurde dem Gläubiger noch nicht übergeben.
- Die hypothekarisch gesicherte Forderung ist z.B. durch Kreditrückzahlungen erloschen.

Beispiel:

Derivative Eigentümergrundschuld:
Eintragung einer Buchhypothek

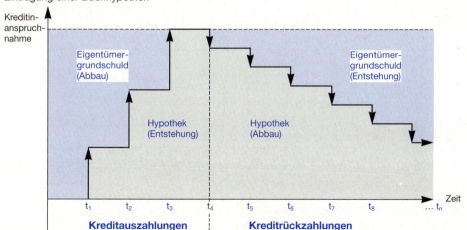

Die Grundschuld kann – wie die Hypothek – als **Brief-** oder **Buchgrundschuld** bestellt werden.

Inhalte der Grundschuldbestellungsurkunde

- **Antrag und Bewilligung** für die Eintragung der Grundschuld
- **Brief- oder Buchgrundschuld**
  Wenn keine besondere Vereinbarung getroffen wurde, handelt es sich um eine Briefgrundschuld.
- **Höhe** der Grundschuld
- **Rang** der Grundschuld
- **Dinglicher Zinssatz**, *z.B. 15%*
  Die Eintragung des dinglichen Zinssatzes erfolgt fiduziarisch. Der Kreditnehmer ist nur zur Zahlung der im Kreditvertrag vereinbarten Zinsen verpflichtet. In der Praxis wird ein hoher dinglicher Zinssatz vereinbart, damit auch nach Ablauf der Zinsfestschreibung ein evtl. höherer Kreditzins ausreichend dinglich gesichert ist. Ansonsten müsste bei jeder neuen Zinsvereinbarung das Grundbuch geändert werden. Zudem sichert der dingliche Zins die im Verwertungsfall anfallenden Kosten.
- **Fälligkeit** der Grundschuld
  Die Grundschuld ist ohne vorhergehende Kündigung sofort fällig *(§ 1193 BGB)*. Im Innenverhältnis besitzt das Kreditinstitut jedoch erst dann ein Verwertungsrecht, wenn der Kreditvertrag nicht erfüllt wird.
- **Zwangsvollstreckungsklausel** mit notarieller Beurkundung *(§ 800 ZPO)*
  Der Schuldner unterwirft sich in der notariellen Urkunde der sofortigen Zwangsvollstreckung *(§ 794 Ziff. 5 ZPO)*. Mit dieser **vollstreckbaren Urkunde** kann der Gläubiger jederzeit Zwangsvollstreckungsmaßnahmen (Zwangsversteigerung, Zwangsverwaltung) einleiten.
  - **dingliche Zwangsvollstreckungsklausel:**
    Wegen des Grundschuldbetrages und der Zinsen unterwirft sich der Eigentümer der sofortigen Zwangsvollstreckung in den belasteten Grundbesitz in der Weise, dass die Zwangsvollstreckung aus der Grundschuldbestellungsurkunde gegen den jeweiligen Eigentümer zulässig ist.
  - **persönliche Zwangsvollstreckungsklausel:**
    Der Eigentümer (Kreditnehmer) übernimmt die persönliche Haftung für die Zahlung eines Geldbetrages in Höhe der Grundschuld und unterwirft sich der sofortigen Zwangsvollstreckung in sein gesamtes Vermögen.
- **Abtretung von Rückgewähransprüchen (= Ansprüche auf Rückübertragung vor- und gleichrangiger Grundschulden)**
  Nach vollständiger Tilgung des Darlehens hat der Eigentümer einen Anspruch auf Freigabe der Sicherheit. Der nachrangige Grundpfandrechtsgläubiger lässt sich diesen Anspruch abtreten, um selbst die Löschung vorrangiger Grundschulden betreiben zu können, wenn ihr Sicherungszweck entfallen ist.

8.2.6.3 Löschung von Grundpfandrechten

Die Löschung von Grundpfandrechten kann erfolgen durch rechtsgeschäftliche Aufhebung und durch Befriedigung aus dem Grundstück.

Rechtsgeschäftliche Aufhebung

Der **Grundpfandrechtsgläubiger** bewilligt durch eine öffentlich beglaubigte **Löschungsbewilligung** die Löschung des Grundpfandrechts, da sein Anspruch befriedigt wurde.

Löschungsrechte nachrangiger Gläubiger von Grundpfandrechten:

Der nachrangige Gläubiger hat ein Interesse daran, dass gleich- oder vorrangige Grundpfandrechte nach Rückzahlung der zugrunde liegenden Forderung gelöscht werden. Mit der Löschung verbessert sich die Rangstelle des nachrangigen Gläubigers und damit der wirtschaftliche Wert der Sicherheit.

- **Gesetzlicher Löschungsanspruch** *(§ 1179a BGB)*
  Der Gläubiger eines Grundpfandrechtes kann vom Eigentümer des Grundstückes die Löschung vor- oder gleichrangiger **Hypotheken** verlangen, wenn diese nach Rückzahlung der Forderung zu Eigentümergrundschulden geworden sind.
- **Vertraglicher Löschungsanspruch**
  Ist bei einer Grundschuld der Sicherungszweck entfallen, steht dem Grundstückseigentümer ein Rückgewähranspruch der Grundschuld zu. Ein nachrangiger Gläubiger besitzt keinen gesetzlichen Löschungsanspruch für vorrangige **Grundschulden**. Deshalb lässt sich der Gläubiger vom Eigentümer die Rückgewähransprüche gegenüber vorrangigen Grundschulden abtreten, damit er selbst nach Erledigung des Sicherungszweckes die Löschung der vorrangigen Rechte veranlassen kann.

Befriedigung aus dem Grundstück

Der **Grundpfandrechtsgläubiger** wird im Wege der Zwangsvollstreckung aus dem Grundstück **zwangsweise befriedigt** *(§§ 1147, 1181 BGB)*, wenn der Schuldner z.B. bei Fälligkeit des Kredits nicht zahlt.
Voraussetzung für die Verwertung des Grundstücks im Rahmen der Zwangsvollstreckung ist ein **vollstreckbarer Titel.**

Einen vollstreckbaren Titel erwirbt der Gläubiger:

- **im Wege einer Klage** auf Duldung der Zwangsvollstreckung oder
- bereits bei Bestellung des Grundpfandrechts mit der Bestellungsurkunde, wenn sich der Schuldner aufgrund der im Grundbuch eingetragenen **Zwangsvollstreckungsklausel** der sofortigen Zwangsvollstreckung unterwirft.

8.2.6.4 Grundpfandrechte in der Kreditsicherungspraxis

In der Kreditsicherungspraxis hat die Sicherungsgrundschuld die Hypothek weitgehend verdrängt. Die **Grundschuld** ist zur Absicherung *aller* Kredite und zur Sicherung der gesamten Geschäftsverbindung geeignet.

Gründe:

- Die **Grundschuld erlischt nicht** nach Rückführung des Kredits. Unter dem „Sicherungsdach der Grundschuld" kann eine jederzeitige Neuvalutierung erfolgen.
- Die Eintragung der **Zwangsvollstreckungsklausel** ist möglich.
- Der **Schuldner** muss bei Inanspruchnahme aus der Grundschuld **beweisen,** dass der Kredit ganz oder teilweise zurückgezahlt wurde.
- Die Grundschuld kann verbrieft und dadurch jederzeit **außerhalb des Grundbuchs übertragen werden** („verkehrsfreundlich").

Die Hypothek eignet sich lediglich zur Absicherung von Darlehen, die regelmäßig getilgt werden, da nach Entstehung einer derivativen Eigentümergrundschuld die Hypothek grundsätzlich nicht wieder auflebt.

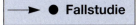

8.3 Kauf eines Grundstücks

8.3.1 Abwicklung und Rechtshandlungen

Abwicklung eines Grundstückskaufs unter Einschaltung eines Notaranderkontos

Abwicklungsschritte	Inhalt
1. Grundstückskaufvertrag In der Praxis werden in einem Grundstückskaufvertrag **alle Rechtshandlungen in einer notariellen Urkunde** erklärt: • Kaufvertrag • Auflassung • Auflassungsvormerkung • Antrag und Bewilligung der Grundbuchänderungen	**Kaufvertrag** (Verpflichtungsgeschäft) = schuldrechtliche Einigung über • Kaufpreis • Übergabe des Grundstückes • Zahlungsbedingung *(z.B. Abwicklung über ein Notaranderkonto)*
	Auflassung (Verfügungsgeschäft) = dingliche Einigung über den Eigentumsübergang
	ggf. **Auflassungsvormerkung** *(§ 883 BGB)* Der Anspruch auf Übertragung des Eigentums kann durch die Eintragung einer Auflassungsvormerkung (Eigentumsübertragungsvormerkung) zu Gunsten des Erwerbers gesichert werden. Spätere Belastungen des Grundstückes durch den Veräußerer *(z.B. Eintragung einer Grundschuld oder einer Reallast)* sind gegenüber dem Vormerkungsberechtigten unwirksam. Er kann die Löschung verlangen. Beim Kauf eines Grundstückes ist die Eintragung einer Auflassungsvormerkung sinnvoll, da es in der Praxis oft eine längere Zeit dauert, bis der Erwerber als neuer Eigentümer in das Grundbuch eingetragen wird. Die Eintragung kann nämlich erst erfolgen, wenn • die Verzichtserklärung der Gemeinde auf das **gesetzliche Vorkaufsrecht** vorliegt, • die **Unbedenklichkeitsbescheinigung** des Finanzamtes für die gezahlte Grunderwerbsteuer vorliegt.
	Antrag und Bewilligung der Grundbuchänderungen

2. Zahlung des Kaufpreises durch den Käufer auf das Notaranderkonto	Der Notar ist Kontoinhaber und Treuhänder des Geldes. Der Notar beantragt die Eintragung der Auflassungsvormerkung in das Grundbuch.

3. Grundbuchänderung	Der Notar beschafft die für die Grundbuchänderung notwendigen Unterlagen. Nach Eingang des Kaufpreises stellt der Notar beim Grundbuchamt den Antrag auf Eintragung des neuen Eigentümers.

4. Zahlung des Kaufpreises durch den Notar an den Verkäufer	Die Auszahlung des Kaufpreises erfolgt, wenn der Eigentumsanspruch des Käufers gesichert ist. • nach der Änderung des Grundbuches oder • nach der Eintragung der Auflassungsvormerkung und dem Vorliegen der Verzichtserklärung der Gemeinde auf ihr gesetzliches Vorkaufsrecht.

Nebenkosten beim Grundstückskauf

- ggf. Maklergebühren (i.d.R. 3 % + 16 % MWSt.)   3,48 %
- Grunderwerbsteuer   3,50 %
- Notar- und Gerichtskosten   ca. 1,50 %
- Finanzierungskosten *(z. B. Notar- und Gerichtskosten für die Eintragung von Grundpfandrechten)*   abhängig vom Kreditbedarf

Rechtshandlungen beim Kauf eines Grundstückes

Kaufvertrag

Eigentumsübertragung von Grundstücken

- Zur Übertragung des Eigentums an einem Grundstück ist die **Einigung und die Eintragung** der Rechtsänderung in das Grundbuch notwendig (§ 873 BGB).
- Rechtsgrund für die Eigentumsübertragung ist der Kaufvertrag (bzw. Schenkungsvertrag).

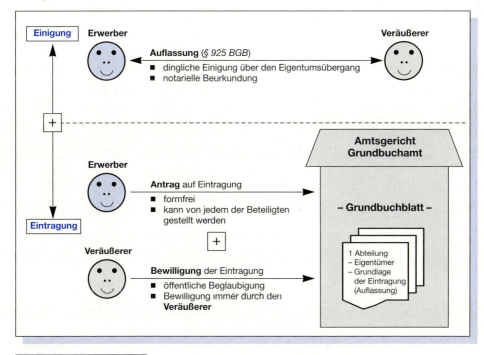

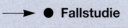

8.3.2 Staatliche Förderung von selbst genutzten Immobilien

Der Staat fördert den Bau und den Erwerb von **selbst genutzten Immobilien** durch eine **Eigenheimzulage**, die im Eigenheimzulagengesetz geregelt ist. Gefördert wird auch der Ausbau *(z. B. Ausbau des Dachgeschosses)* und die Erweiterung *(z. B. Aufstockung des Gebäudes)* von selbst genutzten Gebäuden, sofern durch die Baumaßnahmen neuer Wohnraum geschaffen wird. Die Eigenheimzulage können Alleinstehende nur einmal im Leben, Verheiratete zweimal beanspruchen. Da jedes Objekt nur einmal gefördert wird, kommen Eheleute nur dann in den Genuss einer zweiten Förderung, wenn sie später ein zweites Objekt erwerben und selbst nutzen. Bei einer Veräußerung des Objektes während der Förderungszeit können die bisher nicht beanspruchten Gelder bei einem Folgeobjekt geltend gemacht werden.

Wohneigentumsförderung pro Jahr

Fördergrundbetrag		Kinderzulage (Baukindergeld)
Neubau	**Altbau**	
■ 5% der Herstellungs-/Anschaffungskosten ■ **max. 5.000,00 DM**	■ 2,5% der Anschaffungskosten ■ **max. 2.500,00 DM**	■ **pro Kind 1.500,00 DM**

■ Die **Förderdauer** beträgt **8 Jahre**.

■ **Einkommensgrenzen**:
Der Gesamtbetrag der Einkünfte darf im Einzugsjahr und dem Vorjahr bei Ledigen 160.000,00 DM, bei Verheirateten 320.000,00 DM insgesamt nicht übersteigen. Je Kind erhöht sich die Einkommensgrenze um 60.000,00 DM.

> *Beispiel:*
>
> *Bei einem Ehepaar mit zwei Kindern darf das Einkommen der letzten zwei Jahre die Summe von 440.000,00 DM nicht übersteigen. Dies entspricht einem durchschnittlichen Jahreseinkommen von 220.000,00 DM.*

■ **Zahlung**:
Die Fördergelder werden beim Finanzamt beantragt und am 15.03. jeden Jahres ausgezahlt.

> *Beispiele:*

	Alleinstehende ohne Kinder				Ehepaar mit zwei Kindern			
	Neubau		Altbau		Neubau		Altbau	
	Förderung pro Jahr	Gesamtförderung in 8 Jahren	Förderung pro Jahr	Gesamtförderung in 8 Jahren	Förderung pro Jahr	Gesamtförderung in 8 Jahren	Förderung pro Jahr	Gesamtförderung in 8 Jahren
Fördergrundbetrag	5.000,00 DM	40.000,00 DM	2.500,00 DM	20.000,00 DM	5.000,00 DM	40.000,00 DM	2.500,00 DM	20.000,00 DM
Kinderzulage	–	–	–	–	3.000,00 DM	24.000,00 DM	3.000,00 DM	24.000,00 DM
Summe	5.000,00 DM	40.000,00 DM	2.500,00 DM	20.000,00 DM	8.000,00 DM	64.000,00 DM	5.500,00 DM	44.000,00 DM

Bei der Ermittlung der Tragbarkeit der Belastung werden die Fördergelder meist **nicht** berücksichtigt,

■ weil die Wohneigentumsförderung auf 8 Jahre begrenzt ist.

■ damit eine finanzielle Reserve für unvorhergesehene Ausgaben *(z. B. Hausreparaturen)* besteht.

Lernfeld: Baufinanzierungen

8.3.3 Einkünfte aus Vermietung und Verpachtung

Beim Erwerb von Mehrfamilienhäusern oder anderen zur Vermietung bzw. Verpachtung geeigneten Objekten sind steuerliche Gesichtspunkte von maßgeblicher Bedeutung. Die Einkünfte aus Vermietung und Verpachtung werden wie folgt ermittelt:

	Erläuterung	*Beispiel 1:*	*Beispiel 2:*
Mieteinnahmen	gesamte Mietzahlungen	*85.000,00 EUR*	*62.000,00 EUR*
– Werbungskosten	– Schuldzinsen – Abschreibungen – Renovierungskosten – Nebenkosten	*16.000,00 EUR* *12.000,00 EUR* *7.000,00 EUR* *9.000,00 EUR*	*48.000,00 EUR* *24.000,00 EUR* *5.000,00 EUR* *8.000,00 EUR*
= Einkünfte		*+ 41.000,00 EUR*	*– 23.000,00 EUR*

Beispiel 1: Die **positiven** Einkünfte von 41.000,00 EUR erhöhen das zu versteuernde Einkommen und damit die Steuerschuld.

Beispiel 2: Die **negativen** Einkünfte von 23.000,00 EUR können mit anderen positiven Einkünften (z. B. Einkünfte aus nicht selbstständiger Arbeit) verrechnet werden und vermindern das zu versteuernde Einkommen und damit die Steuerschuld.

Da die Zinsen als Werbungskosten geltend gemacht werden können, führt ein hoher Fremdkapitaleinsatz zu Steuervorteilen. Es besteht bei einer sehr hohen Fremdfinanzierung jedoch die Gefahr, dass nach Ablauf der Zinsbindungsfrist (*z.B. 5 oder 10 Jahre*) die Zinsen erhöht werden, so dass die Mieteinnahmen nicht mehr ausreichen um die Zins- und Tilgungsleistungen zu erbringen.

Abschreibungen vermieteter Wohngebäude (seit dem 1. Jan. 1996)	Neubauten	gebrauchte Objekte
lineare Abschreibung	▪ 2% pro Jahr　　(Summe in 50 Jahren = 100%)	▪ 2 % pro Jahr (Summe in 50 Jahren = 100%)
degressive Abschreibung	▪ 8 Jahre 　jeweils 5% p. a.　　(Summe in 8 Jahren = 40%) ▪ 6 Jahre 　jeweils 2,5% p. a.　　(Summe in 6 Jahren = 15%) ▪ 36 Jahre 　jeweils 1,25% p. a.　　(Summe in 36 Jahren = 45%)	nicht zulässig

Bei Neubauten besteht ein Wahlrecht zwischen der linearen und der degressiven Abschreibung. Da bei der degressiven Abschreibung die Abschreibungsbeträge in den ersten Jahren höher sind als bei der linearen Abschreibung, ist in der Regel die degressive Abschreibung steuerlich vorteilhaft.

| | | 382 | | | | Lernfeld: Baufinanzierungen |

8.4 Erstellung von Finanzierungsplänen

Unterlagen

persönliche Unterlagen	Objektunterlagen	erhältlich bei

■ Einkommensnachweise
  – Gehaltsabrechnungen
  – Steuererklärungen
■ Eigenkapitalnachweise
  – Konto- und Depotauszüge
  – ggf. Nachweis Bauspar-
    guthaben
■ ggf. Lebensversicherungs-
  policen
	■ Grundbuchauszug
	■ Flurkarte
	■ Liegenschaftsbuch
	■ ggf. Grundstückskaufvertrag
	■ Bauzeichnungen und Baube-
	  schreibung
	■ Kubusberechnungen (= Berech-
	  nung des umbauten Raumes in m³)
	■ Wohnflächenberechnungen
	■ Gebäudeversicherungsnachweis
	■ Baugenehmigung
	■ ggf. Baukostenberechnung
	■ Lichtbilder des Objektes
		■ Amtsgericht
		■ Katasteramt
		■ Katasteramt
		■ Käufer
		■ Architekt
		
		■ Architekt
		
		■ Architekt
		■ Versicherung
		■ Bauamt
		■ Architekt

Ermittlung der Gesamtkosten des zu finanzierenden Objektes

Bei der Baufinanzierung ist es wichtig, die Gesamtkosten richtig einzuschätzen. Ein zu niedrig angesetzter Finanzierungsbedarf führt später zu Nachfinanzierungen, die vielleicht vom Kreditnehmer nicht getragen werden können.

Gebrauchtimmobilie

Neben dem Kaufpreis entstehen beim Erwerb einer Gebrauchtimmobilie weitere Kosten, die bei der Finanzierung zu berücksichtigen sind.

Fallbeispiel:

Kauf eines 20 Jahre alten Einfamilienhauses

Kaufpreis	200.000,00 EUR
+ 3,48% Maklergebühr	6.960,00 EUR
+ 3,5% Grunderwerbsteuer	7.000,00 EUR
+ 1,5% Notar- und Gerichtskosten für den Erwerb	3.000,00 EUR
+ Renovierungskosten	15.000,00 EUR
+ Anschaffung einer neuen Einbauküche	10.000,00 EUR
+ Finanzierungskosten *(z.B. Wertgutachten, Notar- und Gerichtskosten für die Eintragung der Grundpfandrechte)*	3.000,00 EUR
= Gesamtkosten	**244.960,00 EUR**

Neubau

Am einfachsten ist die Ermittlung des Gesamtaufwandes, wenn das Objekt von einem Bauträger oder Generalunternehmer zu einem Festpreis angeboten wird. Sonderwünsche der Käufer können den Preis jedoch erheblich erhöhen. Weitere nicht im Festpreis enthaltene Kosten sind zu berücksichtigen.

Lernfeld: Baufinanzierungen

Fallbeispiel:

Angebot eines Einfamilienreihenhauses durch einen Bauträger.

Der Angebotspreis einschließlich Grundstück beträgt 190.000,00 EUR. Malerarbeiten und Bodenbeläge sind in Eigenleistung zu erbringen.

Kaufpreis einschließlich Grundstück gemäß Angebot	190.000,00 EUR
+ Mehrkosten durch Sonderwünsche	12.500,00 EUR
+ Hausanschlusskosten (Gas, Strom, Wasser, Abwasser)	10.000,00 EUR
+ Malerarbeiten, Bodenbeläge	12.500,00 EUR
+ Außenanlagen (Zäune, Garten, Pflasterung)	15.000,00 EUR
+ 3,5 % Grunderwerbsteuer	6.650,00 EUR
+ 1,5 % Notar- und Gerichtskosten für den Erwerb	2.850,00 EUR
+ Anschaffung einer neuen Einbauküche	10.000,00 EUR
+ Finanzierungskosten *(z. B. Wertgutachten, Notar- und Gerichtskosten für die Eintragung der Grundpfandrechte)*	3.000,00 EUR
= Gesamtkosten	**262.500,00 EUR**

Ist der Kunde selbst Bauherr eines Neubaus, erfolgt die Ermittlung des Gesamtaufwandes auf der Grundlage der **Kostenschätzung des Architekten**. So lange noch keine konkreten Angebote der Bauhandwerker vorliegen, ist diese Schätzung mit erheblichen Unsicherheiten behaftet.

Finanzierungsmöglichkeiten

Die Gesamtkosten des Objekts werden durch eigene Mittel des Kunden und durch Kredite finanziert. Die Eigenmittelquote des Kunden sollte in der Regel mindestens 20% betragen. Die Kredite werden durch die Eintragung von Grundpfandrechten gesichert (**Realkredite**).

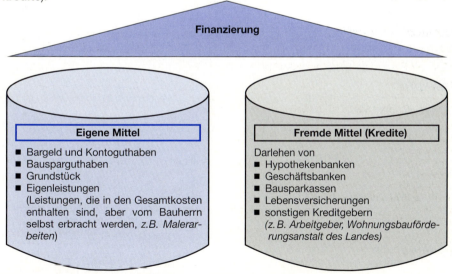

Kreditinstitute bieten im Rahmen der Verbundfinanzierung („Baufinanzierung aus einer Hand") dem Bauherrn an, die notwendigen Finanzmittel für ihn bei den verschiedenen Kapitalgebern zu beschaffen und bereitzustellen. Sie vermitteln dabei Darlehen verbundener Unternehmen.

Beispiele:

Volksbank Münster eG – Münchener Hypothekenbank eG – Bausparkasse Schwäbisch Hall AG

Nominal- und Effektivzins

Der **Nominalzins** ist die Berechnungsgrundlage für die Ermittlung der Zinsen. Die Zinsen werden nach der Tilgungsverrechnung vom jeweiligen Restkredit ermittelt.

Der **Effektivzins** gibt die tatsächlichen Kreditkosten p.a. unter Berücksichtigung eventueller Provisionen und Gebühren an. Die Tilgungen sind bei der Ermittlung des Effektivzinses sofort zu berücksichtigen.

Zinsfestschreibung

Darlehen mit variabler Verzinsung	■ Die Verzinsung des Darlehns wird laufend *(z.B. vierteljährlich)* den Marktverhältnissen angepasst. ■ Bei sinkenden Marktzinsen verringert sich die Belastung des Kreditnehmers. ■ Bei steigenden Marktzinsen erhöht sich die Belastung des Kreditnehmers.
Darlehen mit Zinsfestschreibung	■ Die Zinshöhe wird für einen festen Zeitraum vereinbart *(z.B. 2, 5, 10 Jahre)*. ■ Bei einer Zinsfestschreibung von mehr als 10 Jahren besitzt der Kreditnehmer nach 10 Jahren ein Kündigungsrecht. ■ Für den Zeitraum der Zinsbindung hat der Kreditnehmer eine **sichere Kalkulationsgrundlage**, da sich die Belastungen nicht verändern. ■ Er profitiert nicht von sinkenden Marktzinsen. Steigende Marktzinsen erhöhen nicht seine Belastung.

Disagio

Die Auszahlung des Darlehns kann unter Abzug eines Disagios (= Damnum) erfolgen. Das Disagio ist die Differenz zwischen Darlehnsbetrag und Auszahlungsbetrag.

- Ein niedriges Disagio von circa 0,125 – 0,500% dient der Feineinstellung des Effektivzinssatzes.
- Ein höheres Disagio ist eine Zinsvorauszahlung für den Zeitraum der Zinsfestschreibung. Da der Nominalzins aufgrund der Zinsvorauszahlung verringert wird, bleibt der Effektivzinssatz unverändert.

> **Beispiel:**
>
> *Die Europabank bietet ihren Kunden Baudarlehen mit einer Zinsfestschreibung von 5 Jahren zu folgenden Konditionen an:*

Nominalzins	Disagio	Auszahlungssatz	Effektivzins
5,50%	0	100%	5,69%
5,00%	2,125%	97,875%	5,69%
4,50%	4,250%	95,750%	5,69%
4,00%	6,375%	93,625%	5,69%
3,50%	8,500%	91,500%	5,69%

Felix Kolbe beantragt ein Darlehen von 200.000,00 EUR mit einer Auszahlung von 95,750%.

- *Auszahlungsbetrag*   *191.500,00 EUR*
- *eingehaltene Zinsvorauszahlung (Disagio)*   *8.500,00 EUR*
- *zu verzinsende und zu tilgende Darlehensschuld*   *200.000,00 EUR*

Die Vereinbarung eines Disagios erfolgt oft aus steuerlichen Gründen. Bei der Finanzierung von Renditeobjekten (vermietete Objekte) kann der Kreditnehmer das Disagio sofort als Geldbeschaffungskosten in seiner Einkommensteuererklärung als Werbungskosten ansetzen. In den Folgejahren können jedoch nur die verminderten Nominalzinsen steuerlich geltend gemacht werden. Bei selbstgenutzten Immobilien bringt das Disagio keine steuerlichen Vorteile.

Lernfeld: Baufinanzierungen

8.5 Rückzahlung von Darlehen (Tilgung)

8.5.1 Annuitätendarlehen

Merkmale von Annuitätendarlehen:
- Gleich bleibende Belastung (Annuität); die jährliche Belastung aus Zins- und Tilgungsleistung ändert sich nicht.
- Tilgungsbeträge steigen im Umfang der eingesparten Zinsen.

Fallbeispiel:
Darlehensbetrag 150.000,00 EUR; 7 % p.a. Zinsen; Auszahlung 100 %; 1 % Tilgung der Darlehenssumme im ersten Jahr zuzüglich der ersparten Zinsen in den Folgejahren; Tilgungsverrechnung jeweils am Quartalsende; Effektivzins 7,2 % p.a.; monatliche Ratenzahlung, Bereitstellung des Darlehens am 31. März 1999

Der Effektivzins ist höher als der Nominalzins, weil die Tilgungen trotz monatlicher Ratenzahlungen erst am Quartalsende berücksichtigt werden.

Ermittlung der Zahlungsraten

8% Annuität (= 7% p.a. Zinsen + 1% Tilgung) von 150.000,00 EUR =		12.000,00 EUR
Quartalsleistung:	12.000,00 : 4 =	3.000,00 EUR
monatliche Rate:	12.000,00 : 12 =	1.000,00 EUR

Tilgungsplan für die ersten zwei Jahre

Zeitraum	Darlehnsbetrag	7% Zinsen	Tilgung	Quartalsleistung
01.04.99 – 30.06.99	150.000,00 EUR	2.625,00 EUR	375,00 EUR	3.000,00 EUR
01.07.99 – 30.09.99	149.625,00 EUR	2.618,44 EUR	381,56 EUR	3.000,00 EUR
01.10.99 – 31.12.99	149.243,44 EUR	2.611,76 EUR	388,24 EUR	3.000,00 EUR
01.01.00 – 31.03.00	148.855,20 EUR	2.604,97 EUR	395,03 EUR	3.000,00 EUR
01.04.00 – 30.06.00	148.460,16 EUR	2.598,05 EUR	401,95 EUR	3.000,00 EUR
01.07.00 – 30.09.00	148.058,22 EUR	2.591,02 EUR	408,98 EUR	3.000,00 EUR
01.10.00 – 31.12.00	147.649,24 EUR	2.583,86 EUR	416,14 EUR	3.000,00 EUR
01.01.01 – 31.03.01	147.233,10 EUR	2.576,58 EUR	423,42 EUR	3.000,00 EUR

Zins- und Tilgungsanteil im Zeitablauf

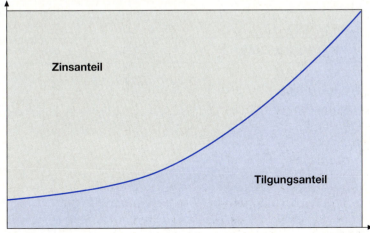

Tilgungsdauer von Annuitätendarlehen in Jahren							
anfänglicher Tilgungs-satz in %	Nominalzinssatz p. a.						
	4	4 1/2	5	5 1/2	6	6 1/2	7
1	41,04	38,73	36,73	34,96	33,40	32,00	30,74
1 1/2	33,13	31,50	30,06	28,78	27,63	26,59	25,65
2	28,01	26,78	25,68	24,69	23,80	22,98	22,24
2 1/2	24,37	23,40	22,52	21,73	21,00	20,35	19,74
3	21,61	20,82	20,11	19,46	18,86	18,31	17,80
3 1/2	19,44	18,79	18,19	17,65	17,14	16,68	16,24
4	17,68	17,13	16,63	16,16	15,73	15,33	14,95
4 1/2	16,22	15,75	15,32	14,92	14,55	14,20	13,87
5	14,99	14,59	14,21	13,86	13,54	13,23	12,94
6	13,03	12,72	12,43	12,16	11,90	11,66	11,44
7	11,53	11,28	11,05	10,83	10,63	10,44	10,25
8	10,34	10,14	9,95	9,78	9,61	9,45	9,30
9	9,38	9,22	9,06	8,91	8,77	8,64	8,51
10	8,58	8,45	8,32	8,19	8,07	7,95	7,85

Im Zeitablauf verringert sich durch die immer niedriger werdende Restschuld der Zinsanteil. Der Tilgungsanteil steigt progressiv an. Bei einer anfänglichen Tilgung von 1 % und einem Nominalzinssatz von 7 % beträgt die gesamte Laufzeit des Darlehens circa 30 Jahre. Bei einer erhöhten Tilgung von 2 % verringert sich die Laufzeit auf circa 22 Jahre.

Das Annuitätendarlehen ist aufgrund der gleich bleibenden monatlichen Belastung die praxisübliche Vereinbarung bei der Finanzierung von selbstgenutzten Immobilien.

8.5.2 Abzahlungsdarlehen

Merkmale von Abzahlungsdarlehen:

- Fallende Jahresleistung, bestehend aus Zins- und Tilgungsleistung (Jahresleistung sinkt um die eingesparten Zinsen)
- Konstante Tilgungsbeiträge

Fallbeispiel:

Darlehensbetrag 120.000,00 EUR; 6% p.a. Zinsen; Auszahlung 100%;

Gleichmäßige Tilgung in 10 Jahren (jährlich 10% der Darlehenssumme); Zins- und Tilgungsbelastung erfolgt jeweils am Jahresende;

Bereitstellung des Darlehens am 31. Dezember 1998

Zeitraum	Darlehnsbetrag	6% Zinsen	10% Tilgung	Jahresleistung
01.01.99 – 31.12.99	120.000,00 EUR	7.200,00 EUR	12.000,00 EUR	19.200,00 EUR
01.01.00 – 31.12.00	108.000,00 EUR	6.480,00 EUR	12.000,00 EUR	18.480,00 EUR
01.01.01 – 31.12.01	96.000,00 EUR	5.760,00 EUR	12.000,00 EUR	17.760,00 EUR
01.01.02 – 31.12.02	84.000,00 EUR	5.040,00 EUR	12.000,00 EUR	17.040,00 EUR
01.01.03 – 31.12.03	72.000,00 EUR	4.320,00 EUR	12.000,00 EUR	16.320,00 EUR
01.01.04 – 31.12.04	60.000,00 EUR	3.600,00 EUR	12.000,00 EUR	15.600,00 EUR
01.01.05 – 31.12.05	48.000,00 EUR	2.880,00 EUR	12.000,00 EUR	14.880,00 EUR
01.01.06 – 31.12.06	36.000,00 EUR	2.160,00 EUR	12.000,00 EUR	14.160,00 EUR
01.01.07 – 31.12.07	24.000,00 EUR	1.440,00 EUR	12.000,00 EUR	13.440,00 EUR
01.01.08 – 31.12.08	12.000,00 EUR	720,00 EUR	12.000,00 EUR	12.720,00 EUR
Summe		39.600,00 EUR	120.000,00 EUR	

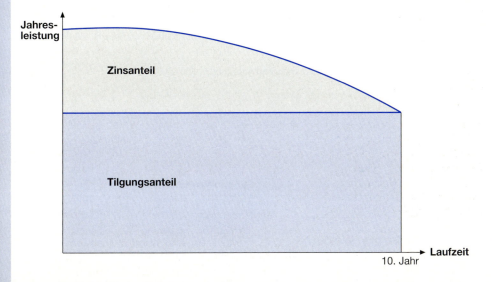

Aufgrund der anfänglich hohen Belastung sind Abzahlungsdarlehen für die Finanzierung selbstgenutzter Immobilien in der Regel nicht geeignet.

8.5.3 Festdarlehen

Merkmale von Festdarlehen:

- Konstante Jahresleistung, bestehend nur aus Zinszahlungen
- Keine laufende Tilgung, da die Tilgung am Ende der Laufzeit in einer Summe erfolgt.
- Parallele Einzahlungen in eine Kapitallebensversicherung oder auf einen Bausparvertrag, um bei Fälligkeit der Versicherung bzw. bei Zuteilung des Bausparvertrages mit diesen Mitteln das Darlehen zu tilgen. Die Ansprüche aus der Lebensversicherung bzw. aus dem Bausparvertrag werden zur Sicherung des Darlehens an den Darlehensgeber abgetreten.

Fallbeispiel:

Dr. Monika Mehring, selbstständige Ärztin, benötigt zur Finanzierung eines Mehrfamilienhauses einen Kredit von 280.000,00 EUR.

Finanzierungsplan

- Aufnahme eines Darlehens bei einem Kreditinstitut oder bei einer Lebensversicherung. Laufzeit 30 Jahre. Zinssatz 6,5% p.a. Zinsfestschreibung 10 Jahre. Das Darlehen ist am Ende der Laufzeit in einer Summe zu tilgen.

Monatliche Zinszahlung: $\dfrac{280.000,00 \cdot 6,5}{100 \cdot 12}$ = 1.516,67 EUR

Da das Darlehen nicht laufend getilgt wird, werden die Zinsen während der gesamten Laufzeit immer vom ursprünglichen Darlehen berechnet.

- Abschluss einer Kapitallebensversicherung mit einer Versicherungssumme von 150.000,00 EUR mit einer Laufzeit von 30 Jahren. Die Ablaufleistung der Lebensversicherung nach 30 Jahren beträgt einschließlich der Überschussbeteiligung voraussichtlich ca. 280.000,00 EUR. Mit diesen Mitteln soll das Darlehen bei Fälligkeit getilgt werden.

Die monatlichen Lebensversicherungsbeiträge betragen: 330,00 EUR

- Die gesamte monatliche Belastung beträgt: 1.846,67 EUR

Zur Sicherung des Darlehens werden die Ansprüche aus der Lebensversicherung abgetreten. Es ist zu prüfen, ob die Abtretung nicht steuerschädlich ist.

Festdarlehen in Verbindung mit einer Kapitallebensversicherung

Vorteile	Nachteile
■ Zinsgünstiges Darlehen der Lebensversicherung ■ Die Darlehenszinsen können bei vermieteten Objekten steuerlich als Werbungskosten geltend gemacht werden. ■ Die Beiträge zur Lebensversicherung können steuerlich als Vorsorgeaufwendungen geltend gemacht werden, sofern der Höchstbetrag noch nicht ausgeschöpft ist. ■ Absicherung der Familie im Todesfall ■ Einbindung bestehender Lebensversicherungen in die Finanzierung	■ Lebensversicherungen beleihen Immobilien in der Regel nur bis zu 45 % des Beleihungswertes. ■ Die Ablaufleistung ist nicht bekannt. ■ Zinsänderungsrisiko bei Ablauf der Zinsfestschreibung. Ein eventuell höherer Zins kann die Belastung erheblich erhöhen, da keine laufenden Tilgungen geleistet wurden. ■ Bei einer vorzeitigen Kündigung der Lebensversicherung wird nur der Rückkaufswert ausgezahlt. Bei einer Laufzeit von unter 12 Jahren ist der Ertragsanteil steuerpflichtig.

Bankvorausdarlehen: Kreditinstitute gewähren Darlehen zur Auffüllung von Bausparverträgen. Diese Kredite werden nach Zuteilung des Bausparvertrages abgelöst. Zur Sicherung des Kredites werden die Ansprüche aus dem Bausparvertrag an das Kreditinstitut abgetreten.

Zwischenfinanzierungen: Kreditinstitute gewähren Darlehen in Höhe der Bausparsumme für bereits aufgefüllte, aber noch nicht zugeteilte Bausparverträge. Der Zwischenkredit wird nach der Zuteilung des Bausparvertrages abgelöst. Die Ansprüche aus dem Bausparvertrag werden zur Sicherung des Kredites abgetreten.

Lernfeld: Baufinanzierungen

Finanzierungsmöglichkeiten		
1. Beispiel	**2. Beispiel**	**3. Beispiel**
Kapitalbedarf: 530.000,00 EUR **Beleihungswert:** 390.000,00 EUR		
■ Realkredit über 234.000,00 EUR → abgesichert durch eine erstrangige Grundschuld ■ Bauspardarlehen über 78.000,00 EUR → abgesichert durch eine zweitrangige Grund-schuld ■ Eigenmittel 218.000,00 EUR	■ Realkredit über 210.000,00 EUR (1a-Darlehen) → abgesichert durch eine erstrangige Grundschuld ■ Realkredit über 70.000,00 EUR (1b-Darlehen) → abgesichert durch eine zweitrangige Grundschuld **+** → eine Bürgschaft der öffentli-chen Hand ■ Bauspardarlehen über 32.000,00 EUR → abgesichert durch eine dritt-rangige Grundschuld ■ Eigenmittel 218.000,00 EUR	■ Realkredit über 220.000,00 EUR → abgesichert durch eine erstrangige Grundschuld ■ Bauzwischenkredit über 100.000,00 EUR → abgesichert durch eine zweitrangige Grund-schuld zu Gunsten des Zwischenkreditgebers und Abtretung der An-sprüche aus dem Bausparvertrag ■ Eigenmittel 210.000,00 EUR
■ Die Eigenmittel werden u.a. erbracht durch die Ansparleistung auf dem zugeteilten Bausparvertrag. ■ Der Kreditnehmer kann nach Zuteilung des Bausparvertrages über das Bauspardarlehen verfügen.		■ Die Eigenmittel werden z.B. erbracht durch Guthaben auf Sparkonten. ■ Durch den Bauzwischenkre-dit wird die Zeit bis zur Zu-teilung des angesparten Bausparvertrages über-brückt; nach der Zuteilung des Vertrages wird der Zwischenkredit durch das Bauspardarlehen und die Ansparleistung abgelöst. Die Grundschuld wird an die Bausparkasse abgetreten.

8.6 Beleihungswertermittlung

Die Darlehen werden durch die Eintragung von Grundpfandrechten gesichert. Der Wert dieser Sicherheit bestimmt sich nach dem Wert der Immobilie.

■ Der **Verkehrswert** (Verkaufswert) **ist der aktuelle Marktwert** der Immobilie.
Er ist abhängig von
  ● den Eigenschaften des Objektes (Größe, Alter, Zustand etc.),
  ● der Lage und
  ● den Angebots- und Nachfrageverhältnissen auf dem Immobilienmarkt.

■ Der **Beleihungswert ist der nachhaltig erzielbare Verkaufspreis** der Immobilie. Er dient als Grundlage für die Gewährung von Realkrediten. Die Ermittlung des Belei-hungswertes ist in internen Wertermittlungsrichtlinien der Kreditinstitute geregelt.

- Die **Beleihungsgrenze ist die maximale Kredithöhe**, die aufgrund der Sicherheit gewährt wird. Folgende Beleihungsgrenzen sind von Bedeutung:

Kreditgeber	Beleihungsgrenze in % des Beleihungswertes
Realkreditinstitute	60%
Geschäftsbanken	ca. 80%
Sparkassen	60% („Realkreditgrenze")
Bausparkassen	80%
Lebensversicherungen	45%

Kredite, die über diesen Beleihungsrahmen hinausgehen, müssen in der Regel zusätzlich abgesichert werden *(§ 7 BausparkG, § 11 HypBankG)*.

- Der **Beleihungsauslauf ist die tatsächliche Belastung** des Grundstücks aufgrund der gewährten Kredite unter Berücksichtigung aller Vorlasten.

Je nach der Art des Objektes erfolgt die Ermittlung des Beleihungswertes auf der Grundlage des Sachwertes und/oder des Ertragswertes.

Verfahren	Anwendung
Sachwert **= Bau- und Bodenwert**	- selbstgenutzte Einfamilienhäuser und Eigentumswohnungen - Der Verkaufswert dieser Objekte orientiert sich vorwiegend am Sachwert
Ertragswert **= Kapitalisierung der künftigen Jahresreinerträge**	- vermietete Objekte - Der Verkaufswert dieser Objekte orientiert sich vorwiegend an den Ertragsaussichten.

Als Grundlage für den Beleihungswert kann in besonderen Fällen auch das arithmetische Mittel aus Sachwert und Ertragswert herangezogen werden.

Fallbeispiel:

Finanzierung eines 10 Jahre alten selbstgenutzten Einfamilienhauses.
Gesamtkosten 260.000,00 EUR, Kreditbedarf 175.000,00 EUR.
Das vorrangige Darlehen wird von der Rheinischen Hypothekenbank gewährt. Die nachrangige Finanzierung soll durch die Rheinbank erfolgen.

	Berechnung	Erläuterung
Bodenwert	$450 \text{ m}^2 \cdot 175,00 \text{ EUR/m}^2 = \textbf{78.750,00 EUR}$	- Die Grundstücksgröße kann dem Liegenschaftsbuch oder dem Grundbuch entnommen werden. - Beim Bodenwert ist von Preisen auszugehen, die für Grundstücke gleicher Lage, Art und Größe auf Dauer als angemessen erscheinen. In vielen Städten und Gemeinden gibt es **Bodenrichtwertkarten**, die von einem Gutachterausschuss erstellt werden und Auskunft über angemessene Grundstückspreise in den einzelnen Regionen geben.

Lernfeld: Baufinanzierungen

Ermittlung des Beleihungswertes auf der Grundlage des Sachwertes

	Berechnung	Erläuterung
+ Bauwert	720 m³ · 250,00 EUR/m³ = 180.000,00 EUR	■ Der Rauminhalt des Gebäudes ist in der Kubusberechnung des Architekten dargestellt. ■ Die Raummeterpreise (Preis pro m³) werden von den Kreditinstituten auf der Grundlage des amtlichen Baukostenindexes festgelegt. Je nach Lage und Ausstattung der Objekte liegen die Preise zur Zeit zwischen circa 200,00 EUR und 300,00 EUR je m³.
	+ 10% Baunebenkosten (Pauschalwert) 18.000,00 EUR	■ Architekten- und Ingenieurleistungen ■ Behördenleistungen ■ Bauversicherung während der Bauzeit
	+ 5% Außenanlagen (Pauschalwert) 9.000,00 EUR	■ Hausanschlüsse (Wasser, Strom, Gas) ■ Pflasterung der Wege ■ Terrasse ■ Gartenanlage und Einfriedung
	Neubauwert 207.000,00 EUR	
	– 10% Alters- abschreibung – 20.700,00 EUR	■ z.B. 1% pro Jahr für technische und wirtschaftliche Wertminderung ■ Verminderter Satz nach umfangreichen Renovierungen/Modernisierungen
	= Bauwert vor *Sicherheitsabschlag* 186.300,00 EUR	
	– 10% Sicherheits- abschlag 18.630,00 EUR	■ praxisüblich sind Abschläge von 10 – 20%
	= Bauwert nach **Sicherheitsabschlag 167.670,00 EUR**	
= Sachwert	**Boden- und Bauwert** = 78.750,00 + 167.670,00 **= 246.420,00 EUR**	
Beleihungswert	**246.000,00 EUR**	■ auf volle 1.000 EUR abzurunden.

Beleihungsgrenze in Prozent	60%	80%
Beleihungsgrenze	147.600,00 EUR	196.800,00 EUR

Kreditgeber	Darlehen	Beleihungsauslauf
Rheinische Hypothekenbank	147.600,00 EUR	$\dfrac{147.600,00 \cdot 100}{246.000,00} = 60\%$
Rheinbank	27.400,00 EUR	$\dfrac{(147.600,00 + 27.400,00) \cdot 100}{246.000,00} = 71\%$
Summe	175.000,00 EUR	

Der Beleihungswert von selbst genutzten Eigentumswohnungen wird häufig auf der Grundlage von marktgerechten Preisen je m² Wohnfläche abzüglich eines Sicherheitsabschlages ermittelt.

Fallbeispiel:

Finanzierung einer Eigentumswohnung, Wohnfläche der Eigentumswohnung (Neubau) 75 m^2 angemessener m^2-Preis 2.000,00 EUR

Wert der Wohnung: (75 m^2 · 2.000,00 EUR)	150.000,00 EUR
– 10% Sicherheitsabschlag	15.000,00 EUR
= Beleihungswert	135.000,00 EUR

Fallbeispiel:

- Finanzierung eines Mehrfamilienhauses, Wohnfläche 320 m^2

Ermittlung des Beleihungswertes auf der Grundlage des Ertragswertes

	Berechnung	Erläuterung
Jahres-rohertrag	Wohnfläche · Miete pro m^2 · 12 Monate 320 m^2 · 7,00 EUR · 12 = 26.880,00 EUR	■ Es ist ein nachhaltig zu erzielender Mietpreis zugrunde zu legen. ■ Von Mietern zu zahlende Nebenkosten bleiben unberücksichtigt.
– Bewirt-schaf-tungs-kosten	25% von 26.880,00 EUR = – 6.720,00 EUR	■ Instandhaltung, Betriebskosten, Verwaltungskosten, Abschreibungen ■ Pauschalwerte circa 25 – 35%
= Reinertrag	20.160,00 EUR	
Ertragswert	$\dfrac{5\% - 20.160,00\ \text{EUR}}{100\% -\ \ \ \ \ X}$ $X = \dfrac{20.160,00 \cdot 100}{5} = 403.200,00\ \text{EUR}$	■ Kapitalisierung der zukünftigen Nettoerträge ■ Kapitalisierungszinssätze circa 5–7% ■ Ein Kapitalanleger, der eine Verzinsung (Rendite) seiner Kapitaleinlage von 5% erwartet, kann einen Kaufpreis von 403.200,00 EUR für das Objekt zahlen.
Beleihungs-wert	403.000,00 EUR	■ auf volle Tausend EUR abrunden

Vervielfältigungsfaktor zur Ermittlung des Ertragswertes

$$\text{Vervielfältigungsfaktor} = \frac{100}{\text{Kapitalisierungszinssatz}} \qquad \text{Kapitalisierungszinssatz: 5 \%}$$

jährlicher Reinertrag: 20.160,00 EUR

$$\text{Vervielfältigungsfaktor} = \frac{100}{5} = 20 \qquad \text{Ertragswert} = 20.160,00 \cdot 20 = \underline{403.200,00\ \text{EUR}}$$

Hierbei wird eine unendliche Nutzungsdauer des Gebäudes unterstellt. Bei älteren Gebäuden mit einer begrenzten Nutzungsdauer ist der Ertrag zeitlich begrenzt und der Vervielfältigungsfaktor deshalb niedriger.

Vervielfältigungsfaktoren

Restnutzungsdauer des Gebäudes in Jahren	Kapitalisierungszinssatz		
	5 %	**6 %**	**7 %**
80 Jahre	19,60	16,51	14,22
60 Jahre	18,93	16,16	14,04
40 Jahre	17,16	15,05	13,33
20 Jahre	12,46	11,47	10,59

Je niedriger die Restnutzungsdauer des Gebäudes und je höher der Kapitalisierungszinssatz desto niedriger ist der Ertragswert.

Lernfeld: Baufinanzierungen

Fallbeispiel:

Finanzierung eines Einfamilienhauses der Eheleute Claudia und Markus Riehl:

Der gesamte Kapitalbedarf beträgt 265.000,00 EUR.

Der Beleihungswert beträgt 240.000,00 EUR.

Der Bausparvertrag wurde zu 50 % angespart und ist zuteilungsreif.

Erstellung eines Finanzierungsplanes

Ausgehend von der individuellen Situation des Kunden wird ein Finanzierungsplan erstellt.

I. Eigene Mittel	Betrag
▪ Bargeld und Kontoguthaben ▪ Bausparguthaben ▪ Eigenleistungen	40.000,00 EUR 20.000,00 EUR 15.000,00 EUR
Summe	75.000,00 EUR

II. Fremde Mittel	Darlehen	Beleihungsauslauf
▪ Münchener Hypothekenbank eG	144.000,00 EUR	$\frac{144.000,00 \cdot 100}{240.000,00} = 60\%$
▪ Volksbank Münster eG	26.000,00 EUR	$\frac{170.000,00 \cdot 100}{240.000,00} = 71\%$
▪ Bausparkasse Schwäbisch Hall AG	20.000,00 EUR	$\frac{190.000,00 \cdot 100}{240.000,00} = 79\%$
Summe	190.000,00 EUR	

- Das Darlehen der Münchener Hypothekenbank wird durch ein erstrangiges Grundpfandrecht (Beleihungsgrenze 60%) gesichert. Konditionen: 6,5% p.a. Nominalzinsen, 100% Auszahlung, Zinsfestschreibung 10 Jahre, Effektivzins 6,71% p.a., 1% Tilgung im ersten Jahr zuzüglich der ersparten Zinsen in den Folgejahren

- Das Darlehen der Volksbank Münster wird durch ein zweitrangiges Grundpfandrecht gesichert und ist deshalb mit einem Zinsaufschlag versehen. Konditionen: 6,8% p.a. Nominalzinsen, 100% Auszahlung, Zinsfestschreibung 10 Jahre, Effektivzins 6,92% p.a., 2% Tilgung im ersten Jahr zuzüglich der ersparten Zinsen in den Folgejahren

- Das Darlehen der Bausparkasse Schwäbisch Hall wird durch ein nachrangiges Grundpfandrecht gesichert. Konditionen: 4,5% p. a. Nominalzinsen, 100% Auszahlung, Effektivzins 5,37% p.a., monatlicher Tilgungsbeitrag (= Zinsen + Tilgung) 6‰ der Bausparsumme

Ermittlung der monatlichen Belastung

Darlehensgeber	Monatsrate	
Münchener Hypothekenbank eG	$\frac{144.000,00 \cdot 7,5}{100 \cdot 12} =$	900,00 EUR
Volksbank Münster eG	$\frac{26.000,00 \cdot 8,8}{100 \cdot 12} =$	190,67 EUR
Bausparkasse Schwäbisch Hall AG	$\frac{40.000,00 \cdot 6}{1000} =$	240,00 EUR
monatliche Gesamtbelastung		1.330,67 EUR

Ermittlung der Kapitaldienstfähigkeit (Tragbarkeit der Belastung)

<table>
<tr><th colspan="4">Haushaltsrechnung
Eheleute Claudia und Markus Riehl; 2 Kinder</th></tr>
<tr><th colspan="2">Monatliche Einnahmen</th><th colspan="2">Monatliche Ausgaben</th></tr>
<tr><td>Nettoeinkommen Antragsteller</td><td>2.215,00 EUR</td><td>Bewirtschaftungskosten des Hauses (Strom, Gas, Wasser etc.)</td><td>225,00 EUR</td></tr>
<tr><td>Nettoeinkommen Mitantragsteller</td><td>750,00 EUR</td><td>Auto (laufende Kosten, Steuern, Versicherungen)</td><td>200,00 EUR</td></tr>
<tr><td>Kindergeld</td><td>255,00 EUR</td><td>Lebenshaltungskosten (Pauschalbetrag)</td><td>1.150,00 EUR</td></tr>
<tr><td>Sonstige Einnahmen</td><td>—</td><td>Versicherungen</td><td>125,00 EUR</td></tr>
<tr><td></td><td></td><td>Kreditraten/Leasingraten</td><td>—</td></tr>
<tr><td></td><td></td><td>Sparpläne/Bausparraten</td><td>—</td></tr>
<tr><td></td><td></td><td>Sonstige regelmäßige Ausgaben</td><td>50,00 EUR</td></tr>
<tr><td>**Gesamteinnahmen**</td><td>3.220,00 EUR</td><td>**Gesamtausgaben**</td><td>1.750,00 EUR</td></tr>
</table>

Das frei verfügbare Resteinkommen beträgt 1.470,00 EUR. Damit ist die Kapitaldienstfähigkeit bei einer monatlichen Belastung von 1.330,67 EUR gegeben.

Bestellung der Grundpfandrechte

Die Bestellung der Grundschulden erfolgt in einer notariellen Urkunde. Der Notar wird die Eintragung der Grundpfandrechte entsprechend der vereinbarten Rangfolge veranlassen. Bei einer Briefgrundschuld muss der Grundschuldbrief dem Kreditinstitut übergeben werden.

Im Rahmen der „Verbundfinanzierung" wird aus Kostengründen oft nur **ein** Kreditinstitut treuhänderisch für alle Darlehensforderungen der beteiligten Kreditinstitute in das Grundbuch eingetragen. Im Innenverhältnis erfolgt eine Teilabtretung mit der Festlegung, welchen Rang die beteiligten Kreditinstitute erhalten.

Bereitstellung der Darlehen

Die vereinbarungsgemäße Verwendung von Darlehen ist sicherzustellen. Beim Kauf einer Immobilie kann der Darlehnsbetrag an den Verkäufer oder auf ein Notaranderkonto überwiesen werden. Bei einem Neubau erfolgt die Auszahlung nach dem Baufortschritt, der vom Architekten durch Baufortschrittsanzeigen bescheinigt werden muss. Das Kreditinstitut richtet häufig für die Abwicklung aller Zahlungen ein besonderes Bausonderkonto ein.

Buchung von Baudarlehen	Buchungssätze	Beträge in EUR Soll	Haben
■ Bereitstellung des Kredites	Darlehen an KKK	26.000,00	26.000,00
■ Belastung der Monatsraten	KKK an Darlehen	190,67	190,67
■ Die Zinsen werden am Ende des Quartals belastet.	Darlehen an Zinserträge	442,00	442,00

Ein Disagio ist eine Zinsvorauszahlung und wird anteilig auf die Zeit der Zinsbindung verteilt. Am Jahresende ist ggf. eine Abgrenzung des Disagios vorzunehmen.

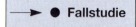 **Fallstudie**

Firmenkredite

9.1 Finanzierung

Investition und Finanzierung

Investition	Alle Maßnahmen zur Beschaffung von Vermögensgegenständen zum Zweck der ■ Kapazitätserweiterung → **Erweiterungsinvestition** ■ Kapazitätserhaltung → **Ersatzinvestition** ■ Modernisierung der Produktionsanlagen → **Rationalisierungsinvestition** ■ Bildung von Vorratsvermögen → **Vorratsinvestition** (Lagerinvestition)
Finanzierung	Alle Maßnahmen zur Beschaffung von ■ Eigenkapital oder ■ Fremdkapital

Finanzierungsarten

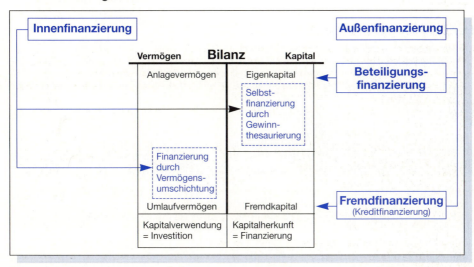

Finanzierungsarten	Wesen

Außenfinanzierung
 	
■ **Beteiligungs-
finanzierung**
 	
■ **Fremdfinanzierung
(Kreditfinanzierung)**
	Kapitalbeschaffung von **außen** durch:
	
	■ die **Eigentümer** der Unternehmung
	  – Erhöhung der Kapitaleinlagen oder Aufnahme neuer Gesell-
	    schafter bei Personengesellschaften
	  – Erhöhung des Grund- bzw. Stammkapitals bei Kapitalgesell-
	    schaften
	■ die **Gläubiger** der Unternehmung
	  – Aufnahme von Bankkrediten,
	  – Inanspruchnahme von Lieferantenkrediten
	  – Emission von Schuldverschreibungen

Innenfinanzierung ■ **Selbstfinanzierung** ■ **Finanzierung durch Ver- mögensumschichtung** (Kapitalfreisetzung)	Kapitalbeschaffung von **innen** aus der betrieblichen Tätigkeit, und zwar durch: ■ **Nichtausschüttung** (Thesaurierung) von erwirtschafteten Ge- winnen und Bildung von Rücklagen, die dem Unternehmen als Eigenkapital erhalten bleiben ■ **Verkauf von Vermögensteilen** zur Verbesserung der Liquidität *Beispiele:* ● *Verkauf von Wertpapieren* ● *Verkauf von Forderungen aus Lieferungen und Leistungen (Factoring)* ■ **Berücksichtigung kalkulatorischer Abschreibungen,** die über die Verkaufserlöse in das Unternehmen zurückfließen
Eigenfinanzierung	Bildung von Eigenkapital durch: ■ Selbstfinanzierung und ■ Beteiligungsfinanzierung

Beurteilung der Beteiligungsfinanzierung und der Fremdfinanzierung

Finanzierungsarten	Beurteilung aus der Sicht ...

**Beteiligungs-
finanzierung**
	■ ... des **Kapitalgebers**
	  – Anspruch auf anteilmäßigen Gewinn
	  – Beteiligung am Firmenwert und Vermögenszuwachs
	  – Mitübernahme des unternehmerischen Risikos *(z. B. im Insolvenzfall)*
	  – Einfluss auf die Unternehmenspolitik
	  – Anspruch auf Anteil am Liquidationserlös
	
	■ ... der **Unternehmung**
	  – keine Liquiditätsbelastung durch Kapitalrückzahlung
	  – besondere Eignung für die Finanzierung des Anlagevermögens
	  – ggf. Veränderung der Herrschaftsverhältnisse
	  – Verbesserung der Kreditwürdigkeit

Fremdfinanzierung	■ ... des **Kapitalgebers**
	  – fester Zins- und Tilgungsanspruch
	  – Beschränkung des Risikos auf den vertragsgerechten Kapitaldienst
	    (Zins- und Tilgungszahlung)
	  – grundsätzlich kein Einfluss auf die Unternehmenspolitik
	
	■ ... der **Unternehmung**
	  – Finanzierung des Umlaufvermögens durch kurzfristige Mittel
	  – Finanzierung des Anlagevermögens durch längerfristige Mittel
	  – feste Liquiditätsbelastung (Kapitaldienst) verringert den preispoliti-
	    schen Handlungsspielraum

Lernfeld: Firmenkredite

9.2 Kreditprüfung

Prüfungsgesichtspunkte bei juristischen und quasi-juristischen Personen

- **Rechtsfähigkeit/Kreditfähigkeit**
  Prüfungsunterlagen: beglaubigter Auszug aus dem Handels-, Genossenschafts- oder Vereinsregister bzw. Kontounterlagen
- **Vertretungsbefugnis**
  Prüfungsunterlagen: beglaubigter Registerauszug bzw. Kontounterlagen; ggf. Vollmachtsurkunde; amtlicher Lichtbildausweis des/der Vertretungsberechtigten
---

> Bei der **Kreditwürdigkeitsprüfung** wird beurteilt, ob von dem Kunden eine kontraktgerechte Erfüllung der Verpflichtungen aus dem Kreditverhältnis erwartet werden kann. Die Kreditwürdigkeitsprüfung wird im Wesentlichen im Rahmen eines **Kreditratings** durchgeführt.

Zur Prüfung des Kreditantrages werden folgende Unterlagen benötigt:

- Jahresabschlüsse der letzten drei Jahre.
  Das Kreditinstitut ist verpflichtet, sich bei einer Kredithöhe von insgesamt mehr als 500.000,00 DM die wirtschaftlichen Verhältnisse, insbesondere durch Vorlage der Jahresabschlüsse, offen legen zu lassen *(§ 18 KWG)*.
- die letzte betriebswirtschaftliche Auswertung (BWA), um zeitnahe Zahlen zu erlangen
- Planungsunterlagen für das laufende Jahr und die Folgejahre
- Lieferanten- und Abnehmerverzeichnisse bzw. Auftragsbücher
- Angaben zum Vertriebsnetz
- Produkt- und Marktinformationen

Bei der Kreditwürdigkeitsüberprüfung ist ggf. eine **Patronatserklärung** zu berücksichtigen.

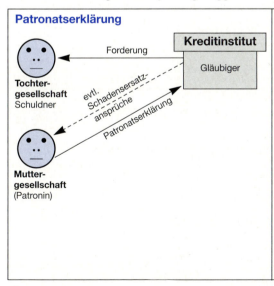

Patronatserklärungen sind Erklärungen, in denen z.B. eine **Muttergesellschaft** gegenüber einem **Kreditgeber der Tochtergesellschaft** Maßnahmen zur Förderung oder Erhaltung der Kreditwürdigkeit zusagt oder in Aussicht stellt. Patronatserklärungen reichen von unverbindlichen Good-will-Erklärungen der Muttergesellschaften bis zur Übernahme einer Liquiditätsausstattungsgarantie. Kommt die Muttergesellschaft ihrer Verpflichtung aus einer Liquiditätsausstattungsgarantie nicht nach, steht dem Kreditgeber ein Schadenersatzanspruch gegen die Muttergesellschaft zu *(§ 280 BGB)*. Bei einer Kreditgewährung an die Tochtergesellschaft verlangen Kreditinstitute jedoch eine Bürgschaftserklärung der Muttergesellschaft, da eine Durchgriffshaftung aufgrund einer Patronatserklärung in der Praxis nur schwer durchsetzbar ist.

Kreditrating

Das **Kreditrating** soll in strukturierter Form eine möglichst umfassende Einschätzung der Bonität von Firmenkunden ermöglichen. Beurteilt werden folgende Merkmale:

Merkmale	Kriterien	Unterlagen
Finanzierungs-anlass	■ Vorteilhaftigkeit der geplanten Investitionen (Ersatz-, Erweiterungs-, Rationalisierungsinvestitionen) ■ Motiv bei Betriebsmittelkrediten	■ Investitionsrechnungen ■ Finanzplan ■ Kapitalflussrechnungen ■ Umsatzplanzahlen
Finanz-wirtschaft	■ aktuelle Finanzlage (Bilanzanalyse) – Eigenkapitalquote – Anlagendeckung – Liquidität – Rentabilität – Cash-flow ■ zukünftige Finanzlage (Finanzplanungen)	■ Jahresabschlüsse der letzten drei Jahre (Bilanzen und GuV-Rechnungen) ■ Kontounterlagen ■ Branchenzahlen ■ Planzahlen (Finanz- und Investitionspläne, Umsatzziele, Kosten- und Erlösplanungen) ■ Auftragsbestand ■ Steuererklärungen ■ Auskünfte
Management	■ berufliche Qualifikation ■ Qualität der Unternehmensführung (Führungsstil, Planung, Kosten-management, Risikobewusstsein, Marktkenntnisse)	■ Selbstauskunft ■ Betriebsbesichtigung ■ Auskünfte
Marktstellung	■ Produktanalyse – Qualität – „Produktlebenszyklus" ■ Markt- und Konkurrenzverhältnisse	■ Auskünfte ■ Gutachten

Zur Rationalisierung und Objektivierung der Kreditwürdigkeitsprüfung werden in der Praxis so genannte Risikoraster eingesetzt. In diesen Rastern werden Merkmale der Kreditwürdigkeit aufgegriffen und mithilfe von Noten beurteilt. Merkmale sind z.B. die finanziellen Verhältnisse, die Rechtsform, die Art der Besicherung, die Marktstellung des Unternehmens, die Managementqualitäten. Die Klassifizierung erfolgt EDV-gestützt.

Beispiel:

Bonitätsklasse	Bonitätsurteil
1	Engagement ohne erkennbare Risiken (sehr gute Unternehmensverhältnisse)
2	Engagement mit geringen Risiken (gute Unternehmensverhältnisse)
3	Engagement mit überschaubaren Risiken (befriedigende Unternehmensverhältnisse)
4	Engagement mit erhöhten Risiken (instabile Unternehmensverhältnisse)
5	Engagement mit hohen Risiken (Gefahr für den Fortbestand des Unternehmens)

Auswertung des Jahresabschlusses

Gesichtspunkte bei der Auswertung des Jahresabschlusses

■ **Jahresabschlussanalyse**
Aufbereitung des Jahresabschlusses zu bestimmten aussagefähigen Kennziffern, in denen einzelne Positionen der Bilanz und GuV-Rechnung nach vergleichbaren Kriterien zusammengefasst sind

■ **Bilanzkritik**
Auswertung der in der Jahresabschlussanalyse gewonnenen Kennziffern im Zeit- und Branchenvergleich

Lernfeld: Firmenkredite

Bilanzkennziffern

Untersuchungs- gegenstand	Kennziffern	Erläuterungen
Kapitalstruktur (Finanzierung)	Eigenkapitalquote $= \dfrac{\text{Eigenkapital}}{\text{Gesamtkapital}} \cdot 100$	Je größer die Eigenkapitalquote, desto günstiger wird aufgrund der Haftungsfunktion des Eigenkapitals die Kreditwürdigkeit beurteilt.
Vermögens- struktur	Anlagequote $= \dfrac{\text{Anlagevermögen}}{\text{Gesamtvermögen}} \cdot 100$	Je größer die Anlagequote, desto geringer ist die Anpassungsfähigkeit des Unternehmens an konjunkturelle und strukturelle Veränderungen. Branchenspezifische Vermögenstrukturen sind zu berücksichtigen. Bei geringer Kapazitätsauslastung steigen bei einem hohen anlagebedingten Fixkostenblock die Stückkosten. → Verschlechterung der Marktposition
Kapitalverwendung (Investierung)	■ **Anlagedeckungsgrad durch Eigenkapital** $= \dfrac{\text{Eigenkapital}}{\text{Anlagevermögen}} \cdot 100$ ■ **Anlagedeckungsgrad durch Eigenkapitel und langfristiges Fremdkapital** $= \dfrac{\text{Eigenkapital und langfristiges Fremdkapital}}{\text{Anlagevermögen}} \cdot 100$	Je größer der Anlagedeckungsgrad, desto positiver wird das Finanzierungsverhalten der Unternehmung beurteilt. Nach der „Goldenen Bankregel" sollen die langfristig im Unternehmen gebundenen Vermögensteile in vollem Umfang durch Eigenkapital und langfristiges Fremdkapital finanziert sein.
Liquidität	■ **Barliquidität** (Liquidität 1. Grades) $= \dfrac{\substack{\text{flüssige Mittel 1. Ordnung}\\\text{(Kasse, Bankguthaben, Schecks,}\\\text{bundesbankfähige Wechsel)}}}{\text{kurzfristige Verbindlichkeiten}} \cdot 100$ ■ **Einzugsbedingte Liquidität** (Liquidität 2. Grades) $= \dfrac{\text{flüssige Mittel 1. Ordnung u. Forderungen}}{\text{kurzfristige Verbindlichkeiten}} \cdot 100$ ■ **Umsatzbedingte Liquidität** (Liquidität 3. Grades) $= \dfrac{\substack{\text{flüssige Mittel 1. und 2. Ordnung}\\\text{und Vorratsvermögen}}}{\text{kurzfristige Verbindlichkeiten}} \cdot 100$ ■ **Verschuldungsgrad in Jahren** $= \dfrac{\text{Effektivverschuldung}}{\text{Cash-flow}}$ Effektivverschuldung = Fremdkapital − Einzugsbedingte Liquidität	Je größer die liquiden Mittel, desto eher ist das Unternehmen in der Lage kurzfristige Zahlungsverpflichtungen zu erfüllen. Eine geringe Liquidität ist allerdings häufig der Grund für die Kreditaufnahme. Der Verschuldungsgrad in Jahren gibt an, wie lange ein Unternehmen benötigt, um sich aus dem Cash-flow zu entschulden. Je geringer der Verschuldungsgrad, desto positiver wird die Kapitaldienstfähigkeit des Unternehmens eingeschätzt. Unter Kapitaldienstfähigkeit versteht man die Fähigkeit, die laufenden Kreditverpflichtungen zu erfüllen.
Erfolgslage	■ **Eigenkapitalrentabilität** $= \dfrac{\text{Gewinn (Jahresüberschuss)}}{\text{Eigenkapital}} \cdot 100$ ■ **Gesamtkapitalrentabilität** $= \dfrac{\substack{\text{Gewinn (Jahresüberschuss}\\\text{und Fremdkapitalzinsen)}}}{\text{Gesamtkapital}} \cdot 100$	Je größer die Eigenkapital- bzw. Gesamtkapitalrentabilität, desto höher hat sich das investierte Kapital verzinst. Eine zusätzliche Kreditaufnahme ist unter Rentabilitätsgesichtspunkten vertretbar, wenn sich dadurch die Eigenkapitalrentabilität erhöht. Die Eigenkapitalrentabilität steigt, wenn die Investitionserträge höher sind als die Fremdkapitalkosten. Dieser Mehrertrag erhöht den Gewinn und damit bei unverändertem Eigenkapital die Eigenkapitalrentabilität.

9

Der **Cash-flow** ist der Nettozufluss an liquiden Mitteln, den ein Unternehmen innerhalb einer Rechnungsperiode regelmäßig aus den Umsatzerlösen zu erwirtschaften vermag.

Jahresüberschuss
+ Abschreibungen
+ Erhöhung der langfristigen Rückstellungen
– Auflösung der langfristigen Rückstellungen
+ außerordentliche bzw. periodenfremde Aufwendungen
– außerordentliche bzw. periodenfremde Erträge
_____
Cash-flow

Je größer der Cash-flow, desto größer sind die Ertragskraft und der Finanzierungsspielraum (Investitions- und Schuldentilgungskraft) der Unternehmung.
Als Maßstab für die Beurteilung der Ertragskraft hat der Cash-flow insofern Bedeutung, als bei seiner Ermittlung außerordentliche Faktoren, die den Jahresüberschuss beeinflussen, ausgeklammert werden. So erhöhen außerordentliche Erträge – etwa durch Auflösung stiller Reserven – zwar die Jahresüberschuss des laufenden Jahres, können jedoch in den folgenden Jahren nicht mehr mobilisiert werden.
Abschreibungen dagegen mindern zwar den Jahresüberschuss, ihre über den Umsatz erzielten Gegenwerte sind jedoch bis zur erforderlichen Ersatzbeschaffung verfügbar und erhöhen damit die Finanzkraft der Unternehmung.

Bedeutung der Jahresabschlussanalyse

Die Jahresabschlussanalyse ist nur ein Teilaspekt zur Beurteilung der Kreditwürdigkeit einer Unternehmung. Der eingeschränkte Aussagewert der in der Bilanzanalyse gewonnenen Kennziffern kann in folgenden Kritikpunkten zusammengefasst werden:

- Die Bilanz bzw. Rechnungslegung ist eine **Stichtagsbetrachtung.** Die Zahlungsströme sind aus ihr nicht ersichtlich *(z.B. Fälligkeitszeitpunkte von Verbindlichkeiten und Forderungen, Gehaltstermine).*
- Die Bilanz bzw. Rechnungslegung ist **vergangenheitsorientiert.** Die zukünftige Situation der Unternehmung kann aus den Bilanzwerten nur geschätzt werden.
- Bei der Bilanzerstellung bestehen **Bewertungsspielräume,** d.h., die in der Bilanz ausgewiesenen Werte entsprechen nicht in jedem Fall den tatsächlichen Verhältnissen. So können z.B. durch die Unterbewertung von Aktiva / Überbewertung von Passiva stille Reserven vorhanden sein, die den Finanzierungsspielraum der Unternehmung erheblich vergrößern können.

 **Fallstudie**

Umweltrisiken in der Kreditwürdigkeitsprüfung

Das gestiegene Umweltbewusstsein der Bevölkerung führt dazu, dass die Kreditinstitute sich im Rahmen der Kreditwürdigkeitsprüfung mit Umweltrisiken auseinandersetzen müssen. Umweltrisiken können Auswirkungen auf die Werthaltigkeit der Sicherheiten und die Ertragskraft haben und dadurch den Kapitaldienst gefährden.

	Umweltrisiken	
Arten	**interne Risiken:** Die Risiken haben ihren Ursprung im Unternehmen *(z. B. Altlasten).*	**externe Risiken:** Die Risiken werden durch äußere Einflüsse hervorgerufen.
Risiko- gesichts- punkte	■ Eine notwendige Altlastensanierung kann erhebliche Kosten verursachen und damit den Sicherungswert eines Grundstücks vermindern. ■ Produktionsbedingte Umweltgefährdungen können zu erheblichen Imageschäden und Schadenersatzforderungen führen.	■ Die Verwertung bestimmter Sicherheiten kann durch Verschärfung des Umweltrechts gefährdet sein. ■ Umweltschutz gewinnt als Wettbewerbsfaktor an Bedeutung. ■ Bisher als unbedenklich geltende Inhaltsstoffe werden aufgrund neuester Forschungsergebnisse als gesundheitsgefährdend eingestuft.

Lernfeld: Firmenkredite

Kreditzusage

Die Kreditzusage erfolgt unter Berücksichtigung gesetzlicher, satzungsmäßiger bzw. betriebsinterner Regelungen.

Der Kunde erhält ein Kreditbewilligungsschreiben (rechtlich: Vertragsantrag).

Inhalt:

- Art und Höhe des Kredits
- Verwendungszweck
- Kreditkosten
- Laufzeit und Tilgung
- Besicherung
- Art der Bereitstellung
- Anerkennung der Allgemeinen Geschäftsbedingungen
- Aufforderung zur Abgabe der Annahmeerklärung

Annahme

Mit der ausdrücklichen oder stillschweigenden Annahmeerklärung des Kunden (Vertragsannahme) kommt der Kreditvertrag zustande.

Der Kreditnehmer haftet aus dem Kreditvertrag für:

- die kontraktgerechte Rückführung des Kredits
- die kontraktgerechte Zahlung der Kreditkosten
- die Einhaltung von Nebenabreden *(z.B. Negativerklärung)*.

Der Kreditnehmer verpflichtet sich laut AGB, wesentliche Änderungen in seinen wirtschaftlichen und rechtlichen Verhältnissen unverzüglich dem Kreditinstitut mitzuteilen.

Kreditüberwachung

Laufende Überprüfung des Kreditengagements zur Vermeidung von Kreditausfällen

Überwachung der:

- Rückzahlung des Kredits
- Zinszahlungen
- Einhaltung der Kreditlinie
- Kreditverwendung
- persönlichen und wirtschaftlichen Verhältnisse des Kreditnehmers
- Sicherheiten

9.3 Kreditarten

9.3.1 Kontokorrentkredit

> Der **Kontokorrentkredit** ist ein Kredit in laufender Rechnung: Der Kreditnehmer ist berechtigt, sein Kontokorrentkonto bis zu einer vereinbarten Kreditlinie debitorisch zu führen.

Rechtsgrundlagen:

- Vorschriften über das Kontokorrent *(§§ 355ff. HGB)*
- Vorschriften über das Darlehen *(§§ 607ff. BGB)*
- Kreditvertrag
- AGB

Verwendungszweck

Betriebsmittelkredit	Finanzierung des Umlaufvermögens
Zwischenkredit	Vorfinanzierung von Investitionsvorhaben

Banktechnische Abwicklung

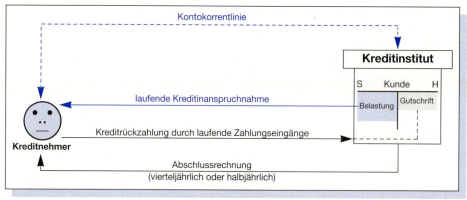

Die Kontokorrentlinie wird jeweils für drei oder sechs Monate bereitgestellt. Bei entsprechender Kreditwürdigkeit des Kunden ist jedoch eine mehrjährige Prolongation üblich.

Fallbeispiel:

Abrechnungszeitraum Wert 31. Dezember bis 31. März 20..
Kontokorrentlinie 30.000,00 EUR

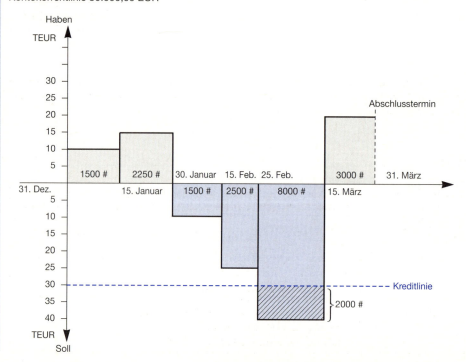

Lernfeld: Firmenkredite

Kontokorrentstaffel

S/H	Betrag EUR	Wert	Tage	Zinszahlen Soll	Zinszahlen Haben	Überziehung
H	10.000,00	31. Dezember	15		1.500	
H	5.000,00	15. Januar				
H	15.000,00		15		2.250	
S	25.000,00	30. Januar				
S	10.000,00		15	1.500		
S	15.000,00	15. Februar				
S	25.000,00		10	2.500		
S	15.000,00	25. Februar				
S	40.000,00		20	8.000		2.000
H	60.000,00	15. März				
H	20.000,00		15		3.000	
S	574,15	31. März	90	12.000	6.750	2.000
H	19.425,85	31. März				

Bruttosaldo → (H 20.000,00)
Saldo der Abschlussrechnung → (S 574,15)
Nettosaldo → (H 19.425,85)

Abschlussrechnung 30. März 20..		Soll	Haben
9 % p. a. Sollzinsen auf	12.000 #	300,00	
0,5 % p. a. Habenzinsen auf	6.750 #		9,38
3 % p. a. Überziehungsprovision auf	2.000 #	16,67	
Bearbeitungskosten, Kosten für Kontoauszüge, Scheckformulare		10,20	
Saldo der Abschlussrechnung			317,49
		326,87	326,87

Die **Abschlussrechnung** gilt gemäß AGB als genehmigt, wenn der Kunde nicht innerhalb einer Ausschlussfrist von sechs Wochen nach Zugang der Abrechnung schriftlich Einwendungen erhoben hat.

Beurteilung

Kunde	• Vergrößerung der Dispositionsfreiheit durch Einräumung einer Kontokorrentlinie; der nicht ausgenutzte Kreditrahmen stellt eine Liquiditätsreserve dar • flexible Kreditinanspruchnahme entsprechend dem jeweiligen Kapitalbedarf • Berechnung der Sollzinsen nur von der jeweiligen Kreditinanspruchnahme • breite Verwendungsmöglichkeit („allround-Kredit") • durch Prolongation steht der Kredit ggf. langfristig zu Verfügung
Kreditinstitut	• Anlagemöglichkeit für Sicht- und Termineinlagen • Ertragsquelle (Sollzinsen, Provisionen) • Einblick in die finanzielle Lage des Kunden

9.3.2	Avalkredit

> Der **Avalkredit** ist die Kreditgewährung eines Kreditinstituts durch Übernahme einer Bürgschaft oder einer Garantie im Auftrag eines Kunden (→ Kreditleihe).

Rechtsgrundlagen:

- *AGB der Kreditinstitute*
- *Vorschriften über die Bürgschaft (§§ 765ff. BGB; §§ 349, 350 HGB)*
- *Vorschriften über die Geschäftsbesorgung (§§ 675ff. BGB)*
- *Kreditvertrag*

Die Garantie ist im Gesetz nicht ausdrücklich geregelt. Es gilt das allgemeine Vertragsrecht.

Avalformen

Merkmale	Bürgschaft	Garantie
Rechts-verhältnisse		
Haftungsinhalt	Das Kreditinstitut verpflichtet sich im Rahmen seiner Haftungserklärung,	
	■ für die Erfüllung der Verbindlichkeit des Kreditnehmers gegenüber einem Dritten einzustehen. → **Schuldhaftung**	■ für die finanzielle Absicherung des Dritten für den Fall zu sorgen, dass der vom Kreditnehmer versprochene Erfolg nicht eintritt. → **Erfolgshaftung**
Leistungs-versprechen	Die **Leistungspflicht** des Kreditinstituts ist vom Bestehen und Umfang der **Hauptschuld** des Kreditnehmers einem Dritten gegenüber **abhängig**. → **Akzessorietät der Bürgschaft**	Die **Leistungspflicht** des Kreditinstituts ist vom Bestehen und Umfang einer **Hauptschuld** des Kreditnehmers einem Dritten gegenüber **unabhängig**; durch den Garantievertrag wird eine neue selbstständige Schuld begründet. → **Abstraktheit der Garantie**
Art der Verbindlichkeit	**Eventualverbindlichkeit** (Vermerk auf der Passivseite unter dem Bilanzstrich)	

Lernfeld: Firmenkredite

Banktechnische Abwicklung

Kreditantrag
Antrag des Kunden an das Kreditinstitut auf Abgabe einer Bürgschafts- oder Garantieerklärung

Prüfung der Kreditwürdigkeit des Antragstellers
Auf die Stellung von Sicherheiten kann verzichtet werden, wenn der Kreditnehmer über eine zweifelsfreie Bonität verfügt.

Kreditentscheidung

Abschluss des Kreditvertrages
Der Kreditvertrag enthält:

- den Gesamtbetrag („Avalrahmen"), bis zu dem das Kreditinstitut bereit ist, Bürgschaften und Garantien zu übernehmen
- Name des Begünstigten
- i.d.R. die Verpflichtung des Kreditinstituts, „auf erstes Anfordern des Begünstigten" zu zahlen.
  Bei den in der Praxis üblichen Garantieverträgen wird dem Begünstigten zugesichert, bei Eintritt des Garantiefalls unabhängig von etwaigen Einwendungen sofort Zahlung zu leisten, und zwar „ohne Prüfung des zugrunde liegenden Rechtsverhältnisses".
- Laufzeit des Avalkredits
  Avalkredite sind grundsätzlich kurzfristig. Bei einem laufenden Avalkreditbedarf kann jedoch der Avalkredit aufgrund eines Rahmenvertrages revolvierend gewährt werden, d.h., innerhalb eines festgesetzten Avalrahmens lebt der Avalkredit am Ende der Laufzeit immer wieder auf, ohne dass ein neuer Kreditvertrag abgeschlossen werden muss.
- Verwendungszweck des Avals
- Kosten des Avalkredits
  Die Höhe der Avalprovision richtet sich nach dem Avalzweck, der Laufzeit und den gestellten Sicherheiten. Sie beträgt z.B. $1/8$% bis $1/4$% pro Monat von der Avalsumme.

Abgabe der Bürgschafts- oder Garantieerklärung

- Die Erklärung wird vom Kreditinstitut – aus Gründen der stärkeren Beweiskraft – schriftlich abgegeben; die Urkunde wird dem Kreditnehmer oder direkt dem Begünstigten übergeben.
- Eine Avalkreditgewährung in Bürgschaftsform erfolgt stets selbstschuldnerisch.
- Die Verpflichtung des Kreditinstituts zur Bürgschafts- oder Garantieübernahme erlischt nach Ablauf der Bürgschafts- oder Garantiefrist oder nach Rückgabe der Urkunde an das Kreditinstitut.

Avalarten

Der Verwendungszweck des Avals ergibt sich aus der Bürgschafts- bzw. Garantieerklärung.

In der Praxis werden die Begriffe „Bürgschaft" und „Garantie" häufig gleichbedeutend gebraucht. Die Bezeichnung einer Haftungserklärung als Bürgschaft oder Garantie lässt nicht ohne Weiteres Rückschlüsse auf den wahren Rechtscharakter der Erklärung zu.

Eine **Haftungserklärung** kann rechtlich als **Bürgschaftsübernahme** ausgelegt werden, wenn das Kreditinstitut sich verpflichtet, für eine bestimmte **Schuld einzustehen.** Eine **Garantie** liegt nur vor, wenn sich im Wege der Auslegung ergibt, dass der Begünstigte durch die Garantieerklärung einen **abstrakten,** d.h. von Einwendungen aus irgendeinem Grundgeschäft unabhängigen **Anspruch** erhalten soll. Insbesondere im Auslandsgeschäft sind Garantien üblich.

Avalarten	Das Kreditinstitut verpflichtet sich ...
Zollaval/Steueraval	... für die Steuer- bzw. Zollverbindlichkeiten einzustehen.
Mietaval	... die Zahlungsverpflichtung aus dem Mietvertrag zu erfüllen (Kaution).
Bietungsgarantie	... zur Zahlung einer Vertrags- bzw. Konventionalstrafe für den Fall, dass der Bieter die mit der Abgabe des Angebotes übernommenen Pflichten nicht erfüllt.
Anzahlungsgarantie	... dass der Käufer seine An- bzw. Vorauszahlungen zurückerhält, falls der Verkäufer den Vertrag nicht erfüllt.
Gewährleistungsgarantie (Lieferungs-, Leistungsgarantie)	... dem Käufer einen bestimmten Geldvertrag zu zahlen („Vertragsstrafe als Schadensersatz"), falls der Verkäufer die Leistung nicht in der im Vertrag genau festgelegten Qualität und Quantität erbringt.

◼ Buchung von Avalkrediten

Geschäftsvorgänge	Buchungssätze	Beträge in EUR Soll	Haben
Abwicklung			
◾ Das Kreditinstitut gibt im Auftrag des Kunden gegenüber einem Dritten eine Bürgschaftserklärung über 120.000,00 EUR ab. Die Avalprovision beträgt 1.800,00 EUR.	Kundenavale an Eigene Avale KKK an Avalprovision	120.000,00 1.800,00	120.000,00 1.800,00
◾ Das Kreditinstitut leistet auf erstes Anfordern eine Zahlung von 40.000,00 EUR an den Begünstigten per LZB-Überweisung.	KKK an LZB Eigene Avale an Kundenavale	40.000,00 40.000,00	40.000,00 40.000,00
◾ Die Bürgschaft ist ohne eine weitere Inanspruchnahme erloschen. Das Kreditinstitut hat die Bürgschaftsurkunde zurückerhalten.	Eigene Avale an Kundenavale	80.000,00	80.000,00
Jahresabschluss			
◾ Die Eventualverbindlichkeiten aus abgegebenen Bürgschaften und Garantien werden auf der Passivseite der Bilanz **unter** dem Bilanzstrich ausgewiesen. ◾ Kompensationsbuchung der Avalpositionen	Eigene Avale an Kundenavale	80.000,00	80.000,00
◾ Der Teil der Avalprovision, der auf das folgende Geschäftsjahr entfällt, ist am Jahresende als transitorischer Posten abzugrenzen.	Avalprovision an Passive Rechnungsabgrenzungsposten	600,00	600,00

Lernfeld: Firmenkredite

Beurteilung

Kunde	▪ Bereitstellung einer Sicherheitsleistung ohne Einsatz liquider Mittel ▪ geringe Avalprovision
Kreditinstitut	▪ Erzielung von Erträgen ohne Einsatz liquider Mittel ▪ geringes Kreditrisiko, Gewährung von Avalkrediten nur an Kunden mit zweifelsfreier Bonität

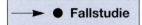

Fallstudie

9.4 Factoring

Factoring ist der laufende Ankauf kurzfristiger Forderungen aus Lieferungen und Leistungen durch eine Factoring-Gesellschaft.
Factoring ist kein Bankgeschäft gem. § 1 KWG; die Factoring-Gesellschaften (meist Tochtergesellschaften von Kreditinstituten) haben sich jedoch i.d.R. freiwillig der Bankenaufsicht unterworfen.

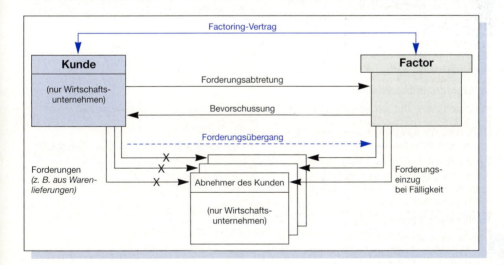

Merkmale des Factoring

- Die Factoring-Gesellschaft erwirbt nur Forderungen aus Lieferungen und Leistungen. Andere Forderungen sind vom Ankauf ausgeschlossen.
- Die Factoring-Gesellschaft erwirbt grundsätzlich nur Forderungen gegenüber gewerblichen Abnehmern, die regelmäßig oder mehrfach beim Factoring-Kunden kaufen (Mehrfachabnehmer). Der Ankauf von Forderungen gegenüber Endabnehmern, also Privatpersonen, kommt in der Regel nicht in Betracht.

- Die Factoring-Gesellschaft verlangt von ihren Klienten, dass diese
  - – in den Bereichen Produktion und Handel tätig sind,
  - – einen bestimmten Mindestjahresumsatz haben *(z.B. 2.000.000,00 EUR)*,
  - – über einen möglichst konstanten festen Kreis von Dauerabnehmern verfügen.
- Factoringgeeignet sind nur Forderungen, die
  - – ein Zahlungsziel von in der Regel maximal 90 Tagen haben,
  - – im Durchschnitt mindestens 500,00 EUR betragen.

Aufgrund des Forderungsverkaufs kommt es beim Factoring-Kunden bilanziell betrachtet zu einer *Vermögensumschichtung* (Aktivtausch). Es handelt sich dennoch um eine besondere Form der Außen- bzw. Fremdfinanzierung, da die Factoring-Gesellschaft den Zeitraum zwischen der Fälligkeit der Forderungen und dem Zeitpunkt des Forderungserwerbs durch ihre Mittelbereitstellung von *außen* überbrückt.

Auszug aus einem Factoring-Vertrag

- Der Factor kauft im Rahmen der von ihm für die Abnehmer eingeräumten Limite alle ab Vertragsbeginn entstehenden Forderungen aus Lieferungen und Leistungen des Kunden an.
- Der Factor übernimmt im Rahmen der Delkrederevereinbarungen das Ausfallrisiko für die angekauften Forderungen.
- Der Factor führt unter Beachtung der allgemeinen kaufmännischen Grundsätze im Rahmen seiner Organisation die Debitorenbuchhaltung sowie das Inkasso- und Mahnwesen.
- Der Kaufpreis für die Forderungen wird dem Vorschusskonto des Kunden nach Rechnungsregulierung durch die Abnehmer gutgeschrieben; der Factor wird dem Kunden jedoch die Gegenwerte sofort nach Rechnungseinreichung unter Berechnung der vereinbarten Zinsen zur Verfügung stellen.

Factoring wird in erster Linie von mittelständischen Unternehmen in Anspruch genommen. Aufgrund des Factoring-Vertrages erfüllt der Factor drei Funktionen:

- **Dienstleistungsfunktion**

  Übernahme der Debitorenbuchhaltung, des Mahnwesens, des Forderungsinkassos

- **Delkrederefunktion**

  Übernahme des Ausfallrisikos, indem der Factor darauf verzichtet, seinen Kunden solche Forderungen zurückzubelasten, bei denen der Debitor zahlungsunfähig wird. Die Haftung des Factors beschränkt sich ausschließlich auf die Bonität der Debitoren. Sie schließt nicht die Haftung für den rechtlichen Bestand der Forderungen ein. Um zu verhindern, dass der Kunde ausschließlich zweifelhafte Forderungen veräußert, wird er verpflichtet, *alle* Forderungen an den Factor abzutreten. Dieser behält sich darüber hinaus das Recht vor, zweifelhafte Forderungen vom Ankauf auszuschließen.

- **Finanzierungsfunktion**

  Auf Wunsch des Kunden erfolgt eine Bevorschussung der Forderungen (bis zu 90 %). Der Kunde kann selbst entscheiden, zu welchem Zeitpunkt und in welchem Umfang er von der Bevorschussung Gebrauch machen will. Der Restbetrag dient der Sicherung für etwaige Gewährleistungsansprüche seitens der Debitoren (Mängelrügen, Fakturierungsfehler) und wird bei vollständiger Rechnungsregulierung durch die Debitoren bzw. bei Eintritt des Delkrederefalls dem Kunden vergütet.

Die **Kosten des Factoring** setzen sich aus der **Factoring-Gebühr** (ca. 1 %–2 % vom Umsatz) und den banküblichen **Zinsen** für Kontokorrentkredite zusammen.

Abgrenzung von Factoring und Zessionskredit

Factoring	Zessionskredit
Kauf von Forderungen *(§§ 433, 398 BGB)*: • Forderungsabtretung erfolgt zur Erfüllung des Kaufvertrages; der **Factor wird uneingeschränkter Gläubiger** der Forderungen. • Bilanzierung der Forderungen erfolgt nach Abtretung beim Factor.	**Darlehnsgewährung** i.V. mit **Sicherungsabtretung** von Forderungen *(§§ 607, 398 BGB)*: • Das **Kreditinstitut wird fiduziarischer Gläubiger** der Forderungen und ist bei ordnungsgemäßer Rückführung des Kredits zu deren Rückübertragung verpflichtet. • Bilanzierung der Forderungen erfolgt weiterhin bei Kreditnehmer.

Vorteile des Factoring für den Kunden:
- Kosteneinsparungen bei der Debitorenbuchhaltung sowie dem Inkasso- und Mahnwesen
- Vermeidung von Verlusten aus Insolvenzen der Abnehmer
- verbesserte Liquiditätsausstattung: Kapitalfreisetzung durch Abbau der Außenstände

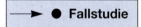 **Fallstudie**

9.5 Kreditsicherheiten

9.5.1 Sicherungsübereignung

> Die **Sicherungsübereignung** ist eine Eigentumsübertragung mit der Vereinbarung, die zur Sicherung übereignete Sache nur bei Nichterfüllung der gesicherten Forderung zu verwerten. Die Eigentumsübertragung erfolgt **sicherungshalber.**

Die Sicherungsübereignung ist gesetzlich nicht geregelt. Sie hat sich als besondere Art der Kreditsicherung aus der Praxis entwickelt und ist ein von der Rechtsprechung anerkanntes Mittel der Kreditsicherung.

9.5.1.1 Entstehung des Sicherungseigentums

Die Sicherungsübereignung erfolgt nach den allgemeinen Vorschriften über die Eigentumsübertragung durch Einigung und Besitzkonstitut *(§ 930 BGB)*.

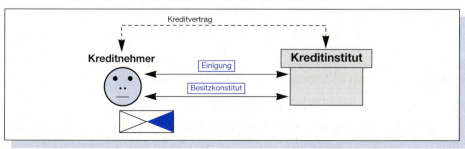

Einigung — Die Vertragspartner einigen sich darüber, dass das Eigentum sicherungshalber auf das Kreditinstitut übergeht.

+

Die Übergabe des Sicherungsgutes wird durch einen Vertrag ersetzt, der den Kreditnehmer weiterhin zum unmittelbaren Besitz berechtigt *(z. B. Leihvertrag)*.

 Besitzkonstitut — Der Sicherungsübereignungsvertrag ist formfrei, jedoch ist die Schriftform banküblich und aus Beweisgründen zweckmäßig.

Die Sicherungsübereignung ist nur wirksam, wenn das Sicherungsgut hinreichend individualisiert ist, d.h. sich aufgrund einer genauen Beschreibung bzw. Kennzeichnung von allen anderen Sachen des Kreditnehmers unterscheiden lässt.

Rechtsfolgen der Sicherungsübereignung

	Sicherungsübereignung	Pfandrecht
Kreditnehmer	■ bleibt unmittelbarer Besitzer (§ 854 BGB) ■ bleibt wirtschaftlicher Eigentümer	■ bleibt Eigentümer und mittelbarer Besitzer
Kreditinstitut	■ wird mittelbarer Besitzer und fiduziarischer Eigentümer (§ 868 BGB) ■ erwirbt ein bedingtes Verwertungsrecht	■ wird unmittelbarer Besitzer ■ erwirbt ein bedingtes Verwertungsrecht

Fiduziarität der Sicherungsübereignung

Im **Außenverhältnis** ist das Kreditinstitut Dritten gegenüber uneingeschränkter Eigentümer.

Im **Innenverhältnis** ist das Eigentumsrecht des Kreditinstituts gegenüber dem Kunden beschränkt. Das Kreditinstitut darf von seinem Eigentumsrecht nur im Rahmen des Sicherungszwecks Gebrauch machen.

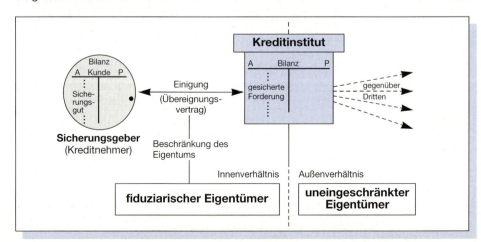

Lernfeld: Firmenkredite

Merkmale der Fiduziarität

Eingeschränktes Verwertungsrecht

Das Kreditinstitut darf das Sicherungsgut nur veräußern, wenn die gesicherte Forderung fällig ist. Ein ggf. erzielter Verwertungsüberschuss steht dem Sicherungsgeber zu.

Anspruch auf Rückübereignung

Nach Tilgung der gesicherten Forderung bzw. bei Unterschreitung der Deckungsgrenze ist das Kreditinstitut zur Rückübertragung des Eigentums verpflichtet (Freigabeklausel).

Bilanzierung beim Sicherungsgeber

Da die Sicherungsübereignung wirtschaftlich und rechtlich dem Pfandrecht näher steht als dem Volleigentum, wird das Sicherungsgut – wie beim Pfandrecht – beim Sicherungsgeber bilanziert.
(Sicherungseigentum = „besitzloses Pfandrecht")

Absonderungsrecht des Sicherungsnehmers

Im Insolvenzverfahren des Sicherungsgebers erhält das Kreditinstitut wegen der Pfandrechtsnähe des Sicherungseigentums ein Absonderungsrecht.

Der BGH hat in einer Entscheidung festgelegt, dass bei revolvierenden Globalsicherheiten (Globalzession, Sicherungsübereignung eines Warenlagers mit wechselndem Bestand) der Sicherungsvertrag auch ohne ausdrückliche Deckungsgrenze und Freigaberegelung rechtswirksam ist. Jedoch hat der Sicherungsgeber auch in diesem Fall einen vom Ermessen des Sicherungsnehmers unabhängigen Freigabeanspruch. Wird in dem Sicherungsvertrag keine ausdrückliche oder aber eine unangemessene und deshalb unwirksame Deckungsgrenze festgelegt, so beträgt die **angemessene Grenze 110%.**

9.5.1.2 Zur Sicherungsübereignung geeignete Vermögensteile

Sicherungsgüter	Bestimmung des Sicherungsgutes (Individualisierung)
Kraftfahrzeuge ■ **Nutzfahrzeuge** *(z.B. Bagger)* ■ **Personenkraftwagen**	Die Kennzeichnung der übereigneten Fahrzeuge erfolgt im Sicherungsübereignungsvertrag durch Angabe der Fahrzeugart, des amtlichen Kennzeichens, des Herstellers, der Fahrgestell-Nr. und des Standortes. Das Kreditinstitut verlangt in der Regel eine Vollkaskoversicherung und lässt sich die Versicherungansprüche abtreten. Es erhält von der Versicherung einen Sicherungsschein.
Maschinen und Einrichtungsgegenstände ■ **Produktionsmaschinen** ■ **Baugeräte** ■ **Praxiseinrichtungen**	Die übereigneten **Maschinen** werden durch genaue Beschreibung (Hersteller, Fabrikationsnummer, Typenbezeichnung) oder ggf. durch Anbringen einer Aufschrift gekennzeichnet. Im Sicherungsvertrag wird dann vermerkt, dass alle in einer bestimmten Weise gekennzeichneten Maschinen übereignet sein sollen (Markierungsverträge). Die Kennzeichnung der übereigneten **Einrichtungsgegenstände** erfolgt durch genaue Beschreibung des Gutes und Angabe des Standortes. Die Gegenstände müssen ausreichend versichert sein. Die Versicherungsansprüche werden an das Kreditinstitut abgetreten.

9

Sicherungsgüter	Bestimmung des Sicherungsgutes (Individualisierung)
Warenlager ■ Lager mit festem Bestand	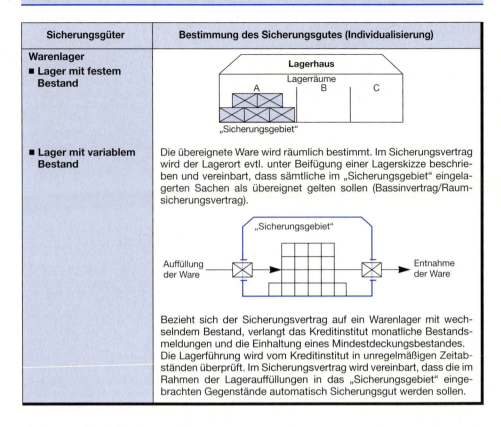
■ Lager mit variablem Bestand	Die übereignete Ware wird räumlich bestimmt. Im Sicherungsvertrag wird der Lagerort evtl. unter Beifügung einer Lagerskizze beschrieben und vereinbart, dass sämtliche im „Sicherungsgebiet" eingelagerten Sachen als übereignet gelten sollen (Bassinvertrag/Raumsicherungsvertrag). Bezieht sich der Sicherungsvertrag auf ein Warenlager mit wechselndem Bestand, verlangt das Kreditinstitut monatliche Bestandsmeldungen und die Einhaltung eines Mindestdeckungsbestandes. Die Lagerführung wird vom Kreditinstitut in unregelmäßigen Zeitabständen überprüft. Im Sicherungsvertrag wird vereinbart, dass die im Rahmen der Lagerauffüllungen in das „Sicherungsgebiet" eingebrachten Gegenstände automatisch Sicherungsgut werden sollen.

9.5.1.3 Verwertung des Sicherungsgutes

Voraussetzungen

1. Verwertungsreife

Die gesicherte Forderung muss fällig sein.
Eine fristlose Kündigung und damit die **Fälligstellung** des gesamten Kredites ist zulässig, wenn ein wichtiger Grund vorliegt *(AGB Sparkassen Ziff. 26, AGB Banken Ziff. 19)*.

Beispiel:

Es tritt eine wesentliche Verschlechterung der Vermögenslage des Kunden ein.

2. Besitzverschaffung

Der Sicherungsnehmer hat mit Eintritt des Verwertungsrechtes einen Herausgabeanspruch gegenüber dem Sicherungsgeber.

Ggf. muss die Besitzverschaffung durch Klage auf Herausgabe erzwungen werden.

Die Androhung der Verwertung und die Einhaltung einer Wartefrist wird in der Praxis mit dem Ziel vorgenommen, dem Sicherungsgeber vor Durchführung der Verwertungsmaßnahme die Möglichkeit zu bieten, die gesicherte Forderung zu tilgen bzw. das Sicherungsgut auszulösen.

Lernfeld: Firmenkredite

Möglichkeiten der Verwertung

Das Kreditinstitut berücksichtigt bei der Verwertung des Sicherungsgutes gewöhnlich die gesetzlichen Regeln der Pfandverwertung. Es muss bei der Verwertung die **Interessen des Sicherungsgebers** *(z.B. Erzielung eines möglichst hohen Verwertungserlöses)* wahren und die für den Sicherungsgeber günstigste Verwertungsart wählen *(BGH-Urteil)*.

Freihändiger Verkauf
Das Kreditinstitut schützt sich vor Schadensersatzansprüchen des Sicherungsgebers, indem es diesem vor der Veräußerung des Sicherungsgutes die Auslösung des Gutes zum vorgesehenen Verkaufspreis anbietet oder die Schätzung eines öffentlich bestellten und vereidigten Sachverständigen einholt.
Freihändige/öffentliche Versteigerung
Da der Versteigerungserlös wesentlich vom Engagement des Versteigerers abhängt *(z.B. Unterrichtung entsprechender Interessentenkreise, Hinweise auf die Versteigerung in Zeitungsanzeigen)*, schalten Kreditinstitute nur solche Versteigerer ein, die auf dem Gebiet der Verwertung von Sicherungsübereignungsgut über entsprechende Erfahrungen verfügen oder öffentlich bestellt sind.

9.5.1.4 Erlöschen des Sicherungseigentums

Gründe für das Erlöschen des Sicherungseigentums sind:

- **Rückübereignung**

Der Sicherungsnehmer überträgt das Eigentum am Sicherungsgut wieder auf den Sicherungsgeber.
Wegen der Abstraktheit der Sicherungsübereignung erfolgt die Rückübereignung nicht automatisch mit Tilgung der Forderung. Der Sicherungsgeber hat nach der Tilgung der gesicherten Forderung einen schuldrechtlichen Anspruch auf Rückübereignung des Sicherungsgutes.

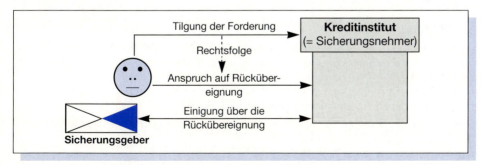

- Ein **gutgläubiger Eigentumserwerb** des Sicherungsgutes durch einen Dritten ist möglich.

| | 9.5.1.5 | Sicherungsübereignung in der Kreditsicherungspraxis |

9.5.1.5 Sicherungsübereignung in der Kreditsicherungspraxis

Die Sicherungsübereignung berücksichtigt das **Nutzungsinteresse des Kreditnehmers,** der unmittelbarer Besitzer bleibt, und das **Verwertungsinteresse des Kreditinstituts,** das Eigentümer wird. Die Risiken, die sich aus dem unmittelbaren Besitz des Kreditnehmers ergeben, versucht das Kreditinstitut durch entsprechende Vereinbarungen im Sicherungsvertrag bzw. durch geeignete Schutzmaßnahmen zu mindern.

Risiken	Vertragliche Vereinbarungen/Schutzmaßnahmen
Preisrückgang und **Verwertungsschwierigkeiten** mindern den Wert des Sicherungsgegenstandes.	▪ Überdeckung des Kredits (Gegenstände werden je nach Marktgängigkeit mit 50–80% der Anschaffungs- bzw. Herstellungskosten beliehen) ▪ Anpassung des Finanzierungsplans an die nutzungsbedingte Wertminderung des Sicherungsgegenstandes (Kfz-Finanzierung)
Doppelübereignung: Das Sicherungsgut wurde bereits einem anderen Kreditgeber übereignet.	Ausdrückliche Versicherung des Sicherungsgebers im Sicherungsvertrag, dass er zur freien Verfügung über das Sicherungsgut berechtigt ist
Das Sicherungsgut wurde unter **Eigentumsvorbehalt** geliefert.	Übertragung des Anwartschaftsrechts auf das Volleigentum auf den Sicherungsnehmer. Das Kreditinstitut wird Sicherungseigentümer, wenn der Kreditnehmer die Forderungen des Lieferanten bezahlt hat.
Das Sicherungsgut haftet als wesentlicher Bestandteil oder Zubehör im Rahmen eines **Grundpfandrechts** *(§ 1120 BGB).*	Einsichtnahme in das Grundbuch und Prüfung, ob das Grundstück lastenfrei ist. ▪ Die Sicherungsübereignung muss erfolgen, bevor das Sicherungsgut zum Zubehör des Grundstücks wird. ▪ Das Kreditinstitut erwirbt am bestehenden **Zubehör** eines Grundstücks nur dann Sicherungseigentum, wenn die Übereignung zeitlich vor der Eintragung der dinglichen Belastung erfolgte oder durch Verzichterklärung des Grundpfandrechtsgläubigers. ▪ Werden Sachen *z.B. durch Verarbeitung* **wesentliche Bestandteile** eines Grundstücks, können sie nicht mehr Gegenstand besonderer Rechte sein *(§ 93 BGB).* Das Kreditinstitut kann deshalb an wesentlichen Bestandteilen kein Sicherungseigentum erwerben.
Das Sicherungsgut unterliegt einem **gesetzlichen Pfandrecht** *(Vermieter-, Verpächterpfandrecht § 559, § 592 BGB).*	▪ Vorlage einer Erklärung, *z.B. des Vermieters oder Verpächters,* wonach dieser auf sein Pfandrecht verzichtet ▪ Überwachung der laufenden Miet- und Pachtzahlungen durch das Kreditinstitut Im Sicherungsübereignungsvertrag wird dem Sicherungsgeber eine Nachweispflicht für die laufenden Miet- und Pachtzahlungen auferlegt.
Das Sicherungseigentum geht unter durch **Verarbeitung** oder **Veräußerung** des Gutes.	▪ **Verarbeitungs-Klausel** Erweiterung des Sicherungseigentums auf die in Zukunft hergestellten Produkte ▪ **Anschlusszession** Abtretung der Kaufpreisforderung aus der Weiterveräußerung des Gutes
Das Sicherungsgut wird **beschädigt, zerstört** oder **gestohlen.**	Abschluss eines **Versicherungsvertrages und Ausstellung eines Sicherungsscheins** zu Gunsten des Sicherungsnehmers. Im Sicherungsschein vereinbaren die Versicherung, der Sicherungsgeber und der Sicherungsnehmer, dass der Sicherungsgeber Prämienschuldner bleibt, der Anspruch auf die im Schadensfall fällige Versicherungszahlung aber dem Kreditinstitut zusteht.

Lernfeld: Firmenkredite

Das Sicherungsgut (z.B. ein Kraftfahrzeug) wird von einem Dritten **gutgläubig erworben**.	Im Rahmen einer Kfz-Finanzierung lässt sich das Kreditinstitut grundsätzlich den **Kraftfahrzeugbrief** aushändigen. Die Übergabe des Kfz-Briefes hat zwar für den Rechtserwerb keine Bedeutung, jedoch zerstört ein fehlender Kfz-Brief den guten Glauben des Erwerbers an das Eigentum des Veräußerers. So gilt die Vermutung, dass demjenigen, der den Brief nicht besitzt, auch das Fahrzeug nicht gehört. Um die Ausstellung einer Zweitschrift des Kraftfahrzeugbriefes in betrügerischer Absicht zu verhindern, kann das Kreditinstitut dem Straßenverkehrsamt die Aushändigung des Kfz-Briefes anzeigen. Das Straßenverkehrsamt bestätigt den Eingang der Anzeige.

Die **allgemeinen Risiken** der Sicherungsübereignung, wie z.B. Nichteinhaltung eines Mindestdeckungsbestandes oder überdurchschnittlicher Wertverlust beim Sicherungsgut, können durch

- unangemeldete Betriebsbesichtigungen
- laufende Kontrolle des Sicherungsbestandes
- ständige Überprüfung der Bonität des Sicherungsgebers

gemindert werden.

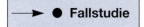
Fallstudie

9.5.2 Sicherungsabtretung von Forderungen aus Lieferungen und Leistungen (Globalzession)

Merkmale	Erläuterung
Art der Forderungen	Forderungen aus Lieferungen und Leistungen
Art der Abtretung	stille Zession
Umfang der Abtretung und Forderungsübergang	Der Zedent (= Kreditnehmer) **tritt alle gegenwärtigen und zukünftigen Forderungen** gegen **bestimmte** Drittschuldner (= Kunden des Kreditnehmers) ab. • Die **gegenwärtigen Forderungen** gehen **bei Abschluss des Zessionsvertrages** auf den Zessionar (= Kreditinstitut) über. • Die **zukünftigen Forderungen** gehen **im Zeitpunkt ihrer Entstehung** auf den Zessionar über.
Individualisierung der Forderungen	Die Bestimmung (Individualisierung) der abgetretenen Forderungen erfolgt durch die eindeutige Bestimmung der Drittschuldner. *Beispiele:* • alphabetische Bestimmung der Drittschuldner „Abgetreten werden alle Forderungen gegen Drittschuldner mit den Anfangsbuchstaben A bis H." • regionale Bestimmung der Drittschuldner „Abgetreten werden alle Forderungen gegen Drittschuldner, die ihren Geschäftssitz in Sachsen haben." • namentliche Bestimmung der Drittschuldner Es wird eine Kundenliste eingereicht. Diese Regelung hat den Nachteil, dass Forderungen gegen neue Kunden nicht erfasst werden.

Kontrolle	■ Der Kreditnehmer muss regelmäßig *(z.B. monatlich)* Debitorenlisten oder Rechnungskopien einreichen. ■ Die Übergabe der Listen bzw. Rechnungskopien hat nur eine **deklaratorische Bedeutung**, da die Forderungen schon im Zeitpunkt ihrer Entstehung auf das Kreditinstitut übergehen.
Bewertung von Forderungen	Maßgeblich für den Wert als Kreditsicherheit ist der realisierbare Wert der Forderungen. ■ Vom Nennwert der Forderungen werden zunächst solche Forderungen abgesetzt, – die mit einem verlängerten Eigentumsvorbehalt (Eigentumsvorbehalt mit Anschlusszession) belastet sind, – denen aufrechenbare Forderungen gegenüberstehen, – die einredebehaftet sind, weil die zugrunde liegenden Leistungen nicht vollständig oder mangelfrei erbracht worden sind. ■ Von dem verbleibenden Nennbetrag wird ein **Sicherheitsabschlag** *(z.B. 20%)* wegen eventueller Forderungsausfälle bei den Drittschuldnern abgezogen.
Deckungsgrenze und Freigabeklausel	■ Der realisierbare Wert muss mindestens den Kredit decken. Der BGH hat festgelegt, dass eine im Einzelfall widerlegbare Vermutung für eine Übersicherung besteht, wenn der Nennwert der zedierten Forderungen 150% der gesicherten Forderungen übersteigt. ■ Auf Verlangen des Kreditnehmers ist das Kreditinstitut zu einer Freigabe von Kreditsicherheiten verpflichtet, wenn der realisierbare Wert sämtlicher Sicherheiten den Kreditbetrag nicht nur vorübergehend um einen bestimmten Prozentsatz *(z.B. 10%)* übersteigt. Eine über der Kredithöhe liegende Deckungsgrenze wird mit den Kosten der Verwaltung und Verwertung der Sicherheiten begründet.

Die Sicherungsabtretung kommt dem **„Geheimhaltungsinteresse" des Kreditnehmers** entgegen, da im Gegensatz zur Verpfändung von Forderungen die Rechtswirksamkeit der Abtretung nicht von einer Anzeige an den Drittschuldner abhängig ist.

Die Risiken, die sich in der Kreditsicherungspraxis insbesondere im Zusammenhang mit der stillen Zession ergeben, versuchen die Kreditinstitute durch entsprechende Vereinbarungen im Sicherungsvertrag bzw. durch geeignete Schutzmaßnahmen zu mindern.

Risiko:

Die Forderung wurde bereits im Rahmen eines **verlängerten Eigentumsvorbehalts** (Eigentumsvorbehalt mit Anschlusszession) abgetreten.

Vertragliche Vereinbarungen/Schutzmaßnahmen:

■ Ausdrückliche Versicherung des Sicherungsgebers im Abtretungsvertrag, dass keiner der Lieferanten einen verlängerten Eigentumsvorbehalt geltend macht. Der Bundesverband deutscher Banken e. V. veröffentlicht eine Liste der Unternehmen, die einen verlängerten Eigentumsvorbehalt in ihre AGB aufgenommen haben.
Aufgrund eines BGH-Urteils ist eine Globalabtretung sittenwidrig und gem. *§ 138 Abs. 1 BGB* nichtig, soweit sie sich auf Forderungen bezieht, die von einem verlängerten Eigentumsvorbehalt erfasst werden können. Das Prioritätsprinzip findet keine Anwendung.

■ Aufgrund dieses BGH-Urteils vereinbaren die Kreditinstitute im Sicherungsvertrag eine Teilabtretung oder die Einräumung eines Anwartschaftsrechts auf die Forderung.

Teilabtretung

Die Abtretung der Forderung an das Kreditinstitut wird auf jenen Forderungsteil beschränkt, der die Kaufpreisforderung des Vorbehaltslieferanten übersteigt.

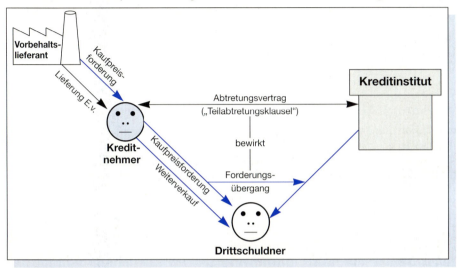

Einräumung eines Anwartschaftsrechts auf die Forderung

- Falls dem Kreditinstitut Forderungen abgetreten wurden, die von einem Vorlieferanten im Rahmen eines verlängerten Eigentumsvorbehalts beansprucht werden können, soll die Abtretung zu Gunsten des Kreditinstituts erst mit Erlöschen des verlängerten Eigentumsvorbehalts wirksam werden.
- Das Kreditinstitut vereinbart mit dem Kreditnehmer, dass es jederzeit den verlängerten Eigentumsvorbehalt des Vorbehaltslieferanten durch Zahlung ablösen kann.

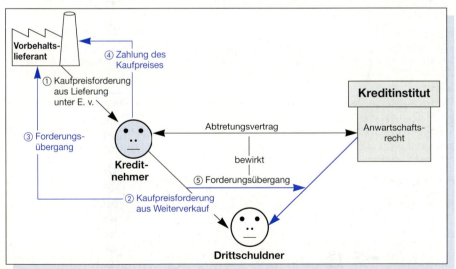

Risiko:
Die abgetretene Forderung **besteht nicht mehr** bzw. nicht in der angegebenen Höhe.

Vertragliche Vereinbarungen/Schutzmaßnahmen:
- periodische unangekündigte Einsichtnahme in die Geschäftsbücher und die Debitorenbuchhaltung des Kreditnehmers (Zessionsprüfung)
- Offenlegung der Zession

> **Risiko:**
> Der Kreditnehmer **leitet** die von den Drittschuldnern **eingehenden Zahlungen nicht** an das Kreditinstitut **weiter;** die **Drittschuldner zahlen nicht.**

Vertragliche Vereinbarungen/Schutzmaßnahmen:
- Verpflichtung des Kreditnehmers, die Drittschuldner zur Zahlung an das Kreditinstitut zu veranlassen *(z.B. Angabe einer entsprechenden Kontoverbindung)* und gegebenenfalls die Zahlungsansprüche gerichtlich durchzusetzen.
- Offenlegung der Zession; nach Offenlegung der Zession kann der Drittschuldner mit schuldbefreiender Wirkung nur noch an das Kreditinstitut zahlen.

> **Risiko:**
> Die Forderung wurde **mehrfach abgetreten.**

Vertragliche Vereinbarungen/Schutzmaßnahmen:
- Ausdrückliche Versicherung des Sicherungsgebers im Abtretungsvertrag, dass die abgetretenen Forderungen noch nicht an Dritte abgetreten sind.
- Offenlegung der Zession
- Falls ein Drittschuldner aufgrund einer späteren an sich unwirksamen Abtretung an ein Kreditinstitut („Zweitzessionar") zahlt, ist dieses Kreditinstitut dem aufgrund des Prioritätsprinzips berechtigten Kreditinstitut („Erstzessionar") gegenüber zur Herausgabe des Geleisteten verpflichtet *(§ 816 Abs. 2 BGB).*

> **Risiko:**
> Die Abtretung der Forderungen wurde **vertraglich ausgeschlossen** *(§ 399 BGB).*

Ist die Abtretung einer Geldforderung durch Vereinbarung mit dem Schuldner gemäß *§ 399 BGB* ausgeschlossen und ist das Rechtsgeschäft, das diese Forderung begründet hat, für beide Teile ein Handelsgeschäft, so ist die Abtretung gleichwohl wirksam. Der Schuldner kann jedoch mit befreiender Wirkung an den bisherigen Gläubiger leisten. Abweichende Vereinbarungen sind unwirksam *(§ 354a HGB).*

> **Risiko:**
> Der Drittschuldner kann gegenüber dem Kreditinstitut alle **Einreden geltend** machen, die er auch gegenüber dem Sicherungsgeber vorbringen kann *(§ 404 BGB).*

Beispiele:
- *Einrede der Aufrechnung*
- *Einrede der Zahlungsverweigerung wegen mangelhafter Lieferung*
- *Einrede der Anfechtung*
- *Einrede der Verjährung*

Vertragliche Vereinbarungen/Schutzmaßnahmen:
- Verpflichtung des Kreditnehmers, das Kreditinstitut über eine Beeinträchtigung der jeweils abgetretenen Forderungen unverzüglich zu benachrichtigen
- Vereinbarung einer angemessenen Sicherheitsmarge

9.6 KWG-Vorschriften zum Kreditgeschäft

Die Vorschriften des KWG verpflichten das Kreditinstitut, die ihm anvertrauten Kundengelder unter den Gesichtspunkten der Liquidität und Sicherheit anzulegen.

Liquidität	Sicherheit
Anlage der Gelder in der Weise, dass das Kreditinstitut jederzeit seinen Zahlungsverpflichtungen nachkommen kann.	Anlage der Gelder in der Weise, dass aufgrund einer ausreichenden Risikostreuung und Kreditsicherung Verluste weitgehend vermieden werden.

Die Mustersatzungen der Sparkassen enthalten zusätzlich weitere Vorschriften über Kredithöchstgrenzen und die Beleihbarkeit von Sicherheiten.

- **Grundsätze des BAK über Eigenmittel und Liquidität der Kreditinstitute**[1]

- **Kreditunterlagen** *(§ 18 KWG)*

Von Kreditnehmern, denen Kredite von insgesamt mehr als 500.000,00 DM gewährt werden, hat sich das Kreditinstitut die wirtschaftlichen Verhältnisse, insbesondere durch Vorlage der Jahresabschlüsse, offen legen zu lassen. Hiervon kann abgesehen werden, wenn das Verlangen nach Offenlegung im Hinblick auf die gestellten Sicherheiten oder auf die Mitverpflichteten offensichtlich unbegründet wäre.

- **Großkredite** *(§§ 13, 13a, 13b KWG)*

Großkredit	Gesamtkredit an einen Kreditnehmer (einschließlich verbundener Unternehmen), die insgesamt 10 % des haftenden Eigenkapitals des Kreditinstituts übersteigt.
Höchstgrenze	▪ einzelner Großkredit: max. 25 % des haftenden Eigenkapitals des Kreditinstituts ▪ alle Großkredite zusammen: max. das 8fache des haftenden Eigenkapitals des Kreditinstituts
Anzeigepflicht	unverzüglich an die Deutsche Bundesbank
Kreditentscheidung	nur aufgrund eines einstimmigen Beschlusses sämtlicher Geschäftsleiter

---
[1] Vgl. Seite 142 ff.

Quoten-konsolidierung	Für von gruppenangehörigen Kreditinstituten insgesamt gewährte Kredite gelten die Bestimmungen über Großkredite einzelner Kreditinstitute entsprechend.
	Kreditinstitute gehören hierbei einer Kreditinstitutsgruppe an, wenn ein Kreditinstitut (übergeordnetes Kreditinstitut) bei einem anderen Kreditinstitut (nachgeordnetes Kreditinstitut) zu mindestens 20% beteiligt ist oder beherrschenden Einfluss ausüben kann.
	Ob gruppenangehörige Kreditinstitute insgesamt einen Großkredit gewährt und die Höchstgrenzen für Großkredite eingehalten haben, ist anhand einer quotalen Zusammenfassung des haftenden Eigenkapitals und der Kredite an einen Kreditnehmer festzustellen, wenn für eines der gruppenangehörigen Kreditinstitute der von ihm gewährte Kredit ein Großkredit ist.

- **Millionenkredite** *(§ 14 KWG)*

Begriff	Kredite an einen Kreditnehmer, die 3 Mio. DM oder mehr betragen (auch Gemeinschaftskredite, wenn der Anteil des einzelnen Kreditinstituts 3 Mio. DM nicht erreicht)
Anzeigepflicht	an die Deutsche Bundesbank (Evidenzzentrale);
	Meldetermine: 15. Januar / 15. April / 15. Juli / 15. Oktober für die jeweils vorhergehenden 3 Kalendermonate
	Ergibt sich aufgrund der Meldung, dass einem Kreditnehmer von mehreren Kreditinstituten Millionenkredite gewährt worden sind, so hat die Deutsche Bundesbank die beteiligten Kreditinstitute zu benachrichtigen (Angabe der Gesamtverschuldung und der Anzahl der beteiligten Kreditinstitute).

Beispiel:

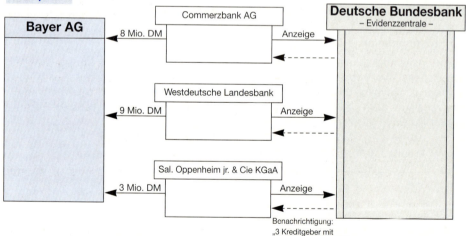

- **Organkredite** *(§ 15 KWG)*

Begriff	Organkredite sind Kredite an eng mit dem Kreditinstitut verbundene Personen oder Unternehmen:
	■ verbundene Personen
	Beispiel:
	• Geschäftsleiter
	• Mitglieder des Aufsichtsrates
	• Prokuristen und zum gesamten Geschäftsbetrieb ermächtigte Handlungsbevollmächtigte, sofern der Kredit ein Jahresgehalt übersteigt.

Lernfeld: Firmenkredite   421

	▪ verbundene Unternehmen, sofern der Kredit mindestens 1% des haftenden Eigenkapitals oder 100.000,00 DM beträgt. **Beispiel:** ● *Unternehmen mit einer Beteiligung von über 10%.* ● *Unternehmen, bei denen ein Geschäftsleiter oder Prokurist des Kreditinstitutes Mitglied des Aufsichtsrates ist.*
Kredit-entscheidung	nur aufgrund eines einstimmigen Beschlusses sämtlicher Geschäftsleiter des Kreditinstituts und nur mit ausdrücklicher Zustimmung des Aufsichtsorgans

9.7 Unternehmensinsolvenz

Das **Insolvenzverfahren** dient dazu, die Gläubiger des Schuldners gemeinschaftlich zu befriedigen,
- indem das Vermögen des Schuldners zur gemeinschaftlichen Befriedigung der Gläubiger verwertet wird (Liquidation des Unternehmens),
- oder eine andere Regelung getroffen wird, die den Erhalt des Unternehmens sichert.

Dem redlichen Schuldner wird Gelegenheit gegeben, sich von seinen restlichen Verbindlichkeiten zu befreien *(§ 1 InsO)*.

Ein Insolvenzverfahren kann bei **Zahlungsunfähigkeit** des Schuldners über das Vermögen jeder natürlichen oder juristischen Person eröffnet werden. Bei juristischen Personen ist neben der Zahlungsunfähigkeit auch die **Überschuldung** ein Eröffnungsgrund *(§§ 11 ff. InsO)*. Das Insolvenzverfahren wird beim Amtsgericht (Insolvenzgericht) eröffnet, sofern das Vermögen des Schuldners mindestens die Kosten des Verfahrens deckt. Andernfalls erfolgt eine Abweisung mangels Masse.

Wirkung der Insolvenzeröffnung *(§§ 80 ff. InsO)*
- Mit der Insolvenzeröffnung verliert der Schuldner die Verfügungsgewalt über sein Vermögen. Ein vom Insolvenzgericht bestellter **Insolvenzverwalter** übernimmt die Verwaltung des Schuldnervermögens.
- Die Gläubiger werden aufgefordert, ihre Forderungen innerhalb einer bestimmten Frist anzumelden.
- Die Eröffnung des Verfahrens wird in das Handelsregister eingetragen.

Einberufung einer Gläubigerversammlung *(§§ 29, 74 InsO)*
- Die Gläubigerversammlung beschließt auf der Grundlage eines Berichts des Insolvenzverwalters über den Fortgang des Verfahrens:
  - Aufstellung eines Insolvenzplans oder
  - Verwertung und Verteilung der Insolvenzmasse
- Ein Beschluss kommt zustande, wenn die zustimmenden Gläubiger mehr als die Hälfte der Forderungen repräsentieren *(§ 76 InsO)*.

Insolvenzplan *(§§ 217ff. InsO)*
- Ein Insolvenzplan kann vom Insolvenzverwalter oder vom Schuldner vorgelegt werden.
- Er kann eine Erhaltung oder eine Verwertung des Unternehmens vorsehen.
  Durch Stundungsvereinbarungen und einen Forderungsverzicht (Vergleich) wird in der Regel die Sanierung und damit die Erhaltung des Unternehmens angestrebt.
- Die Absonderungsrechte *(z.B. Pfandrechte)* der Gläubiger werden, sofern im Insolvenzplan nichts anderes bestimmt ist, vom Plan nicht berührt *(§ 223 InsO)*.

- Zur Annahme des Insolvenzplanes sind folgende Mehrheiten erforderlich *(§ 244 InsO):*
  – Zustimmung der Mehrheit der Gläubiger („Köpfe"),
  – die zusammen mehr als die Hälfte der Forderungen repräsentieren.
  Zusätzlich ist die Zustimmung des Schuldners und die Bestätigung des Insolvenzgerichtes notwendig *(§§ 247, 248 InsO).*
- Bei einer Annahme ist der Insolvenzplan für alle Gläubiger bindend.

Liquidation des Unternehmens

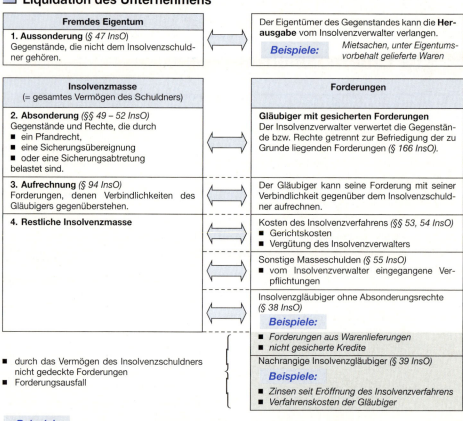

Beispiel:
Bei der Insolventa GmbH verbleibt nach der Erfüllung vorrangiger Verbindlichkeiten eine restliche Insolvenzmasse von 150.000,00 EUR. Folgende Forderungen wurden noch angemeldet:
- Insolvenzgläubiger ohne Absonderungsrechte . . . . 750.000,00 EUR
- Nachrangige Insolvenzgläubiger . . . . 35.000,00 EUR

Von der Bonafide GmbH wurden angemeldet:
- Forderungen aus Warenlieferungen . . . . 12.500,00 EUR
- Zinsforderungen seit Insolvenzeröffnung . . . . 100,00 EUR

Insolvenzquote für nicht bevorrechtigte Insolvenzgläubiger: $\frac{150.000,00 \cdot 100}{750.000,00} = \underline{\underline{20\%}}$

Der Insolvenzverwalter überweist 2.500,00 EUR (= 20 % von 12.500,00 EUR) an die Bonafide GmbH. Die nachrangige Forderung wird nicht bedient.

Restschuldbefreiung *(§§ 286 ff. InsO)*
Ist der Schuldner eine natürliche Person, kann er eine Restschuldbefreiung beantragen.[1]

---
[1] vgl. Restschuldbefreiung Seite 363f.

Lernfeld: Auslandsgeschäft

Auslandsgeschäft

10.1 Gegenstand, Rechtsgrundlagen und Risiken des Außenwirtschaftsverkehrs

Der **Außenwirtschaftsverkehr** umfasst den Waren-, Dienstleistungs-, Kapital- und Zahlungsverkehr mit anderen Volkswirtschaften *(§ 1 AWG)*.

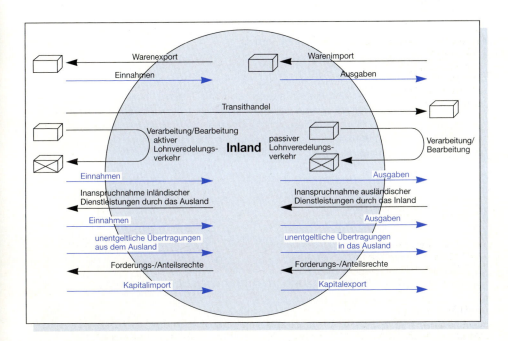

Die **Zahlungsbilanz** ist die statistische Gegenüberstellung der außenwirtschaftlichen Transaktionen eines Landes für einen bestimmten Zeitraum. Die aufgrund der Meldevorschriften für den Außenwirtschaftsverkehr eingehenden Daten dienen der *Deutschen Bundesbank* zur Erstellung der Zahlungsbilanz.

Rechtsgrundlagen

Außenwirtschaftsgesetz *(AWG)* und Außenwirtschaftsverordnung *(AWV)*

Der Außenwirtschaftsverkehr mit fremden Wirtschaftsgebieten und Gebietsfremden ist grundsätzlich frei. Beschränkungen sind möglich um Schaden für das eigene Wirtschaftsgebiet abzuwenden.

Das Außenwirtschaftsgesetz unterscheidet:

Gebietsansässige	Gebietsfremde
■ natürliche Personen mit Wohnsitz und gewöhnlichem Aufenthalt (mehr als 6 Monate) ...	
■ juristische Personen und Personenhandelsgesellschaften mit Sitz oder Leitung ...	
■ Zweigniederlassungen bzw. Betriebsstätten Gebietsfremder mit Leitung bzw. Verwaltung ...	
... im eigenen Wirtschaftsgebiet	... im fremden Wirtschaftsgebiet

Internationale Vertragssysteme

■ EU-Verordnungen und -Verträge

■ Bilaterale Handels- und Zahlungsabkommen

■ **G**eneral **A**greement on **T**ariffs and **T**rade **(GATT)**
(Allgemeines Zoll- und Handelsabkommen)

Internationale Handelsusancen und -richtlinien

■ **I**nternational **Co**mmercial **Terms (Incoterms)**

■ **E**inheitliche **R**ichtlinien für **I**nkassi **(ERI)**

■ **E**inheitliche **R**ichtlinien und Gebräuche für Dokumenten-**A**kkreditive **(ERA)**

Diese von der **Internationalen Handelskammer, Paris** (International **C**hamber of **Co**mmerce, **ICC**) zusammengestellten und veröffentlichten Usancen und Richtlinien haben keinen Gesetzescharakter. Durch ihre vertragliche Anerkennung wird jedoch verhindert, dass bei der Abwicklung von Außenhandelsgeschäften Rechtsunsicherheiten aufgrund landesspezifischer Usancen auftreten.

Sonstige Rechtsgrundlagen

■ *Internationales Scheck- und Wechselrecht*
■ *AGB der deutschen Kreditinstitute*
■ *AGB der ausländischen Korrespondenzbanken*
■ *KWG*

◼ Risiken und Risikobegrenzung im Außenwirtschaftsverkehr

Politische Risiken

■ Transferrisiko: Unfähigkeit bzw. Unwilligkeit eines Landes, Zahlungen in der vereinbarten Währung zu leisten

■ Streiks, politische Unruhen, Krieg

Währungsrisiken

■ Kursrisiko

■ Auf-/Abwertungsrisiko

Erfüllungsrisiken

■ für den Importeur: Liefer- und Qualitätsrisiko

■ für den Exporteur: Abnahme- und Zahlungsrisiko

Transportrisiken

■ Abschluss klarer Verträge zwischen den Handelspartnern unter Anwendung international gebräuchlicher **Lieferklauseln (Incoterms)**

■ Lieferungs- und Zahlungssicherung durch Verwendung international gebräuchlicher **Außenhandelsdokumente**

■ Einschaltung international bekannter **Kreditinstitute**

■ Vereinbarung international üblicher **Zahlungsbedingungen**

■ Abschluss von **Kurssicherungsgeschäften**

■ Abschluss einer **Transportversicherung**

Lernfeld: Auslandsgeschäft   425

10.2 | Incoterms

Die **Incoterms** sind von der Internationalen Handelskammer in Paris vorformulierte Vertragsbedingungen, die den **Kosten- und Gefahrenübergang** vom Exporteur auf den Importeur regeln. Im internationalen Handel ist es üblich, eine der unten genannten Lieferklauseln **im Kaufvertrag zu vereinbaren.** Die präzisen Formulierungen schaffen Rechtssicherheit für die Beteiligten.

Der Gefahrenübergang geschieht in dem Augenblick, in dem das Risiko des zufälligen Untergangs der Ware vom Verkäufer auf den Käufer übergeht.

INCOTERMS 2000	Lieferort	Kosten und Risikoübergang	Geeignet für
E-Gruppe (1) ● **EXW** **Ex Works** … named place Ab Werk … benannter Ort	Werksgelände des Verkäufers	Lieferort im Exportland = „Abhol- klausel"	jede Transportart
F-Gruppe (3) ● **FCA** **Free Carrier** … named place Frei Frachtführer … benannter Ort	Ort der Übergabe an den Frachtführer		
FAS **Free Alongside Ship** … named port of shipment Frei Längsseite Schiff … benannter Verschiffungs- hafen	Kai des Verschif- fungshafens	Verschiffungs- hafen	
FOB **Free on Board** … named port of shipment Frei an Bord … benannter Verschiffungshafen	Auf dem Schiff im Verschiffungs- hafen	Schiffsreling	See- oder Binnen- schiffs- transporte
C-Gruppe (4) ● ● **CFR** **Cost and freight** … named port of destination Kosten und Fracht … benannter Bestimmungs- hafen		Kostenübergang: Bestimmungs- hafen Risikoübergang: Verschiffungs- hafen = „Zwei- punktklausel"	
CIF **Cost, Insurance, Freight** … named port of destination Kosten, Versicherung, Fracht … benannter Bestimmungshafen			
CPT **Carriage Paid to** … named place of destination Frachtfrei … benannter Bestimmungsort	Ort der Übergabe an den ersten Frachtführer	Kostenübergang: Bestimmungsort Risikoübergang: Ort der Übergabe im Abgangsland = „Zweipunktklausel"	jede Transportart
CIP **Carriage and Insurance Paid to …** named place of destination Frachtfrei versichert … benannter Bestimmungsort			
D-Gruppe (5) ● **DAF** **Delivered at Frontier** … named place Geliefert Grenze … benannter Ort	Bestimmungsort an der Grenze	Bestimmungsort	jede Transportart
DES **Delivered ex Ship** … named port of destination Geliefert ab Schiff … benannter Bestim- mungshafen	Schiff im Bestim- mungshafen	Schiff im Bestim- mungshafen	See- oder Binnenschiffs- transporte
DEQ **Delivered ex Quay (Duty Paid)** … named port of destination Geliefert ab Kai (verzollt) … benannter Bestim- mungshafen	Kai im Bestim- mungshafen	Kai im Bestim- mungshafen	
DDU **Delivered Duty Unpaid** … named place of destination Geliefert unverzollt … benannter Bestimmungsort	Bestimmungs- ort	Bestimmungs- ort	jede Transportart
DDP **Delivered Duty Paid** … named place of desti- nation Geliefert verzollt … benannter Bestimmungsort			

● „Einpunktklausel":   Kosten- und Risikoübergang an einem Ort
● ● „Zweipunktklausel":   Kosten- und Risikoübergang an verschiedenen Orten

10

Kosten- und Gefahrenübergang im Überseeverkehr gemäß Incoterms

Beispiel:

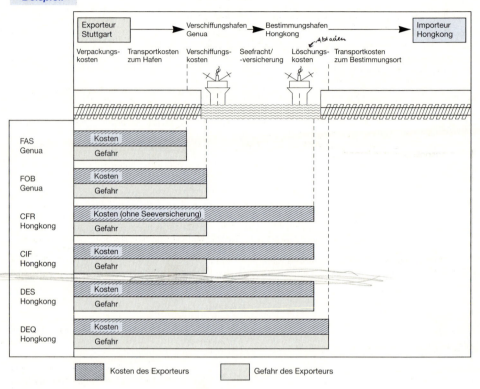

FOB benannter Verschiffungshafen

Pflichten des Exporteurs
■ termin- und kontraktgerechte Verschiffung der ordnungsgemäß verpackten Ware an Bord des vom Importeur benannten Schiffes und Benachrichtigung des Importeurs über die erfolgte Verschiffung ■ Ausstellung einer Handelsrechnung bzw. Übermittlung einer entsprechenden EDI-message (elektronische Nachricht) ■ Nachweis der Lieferung *(z.B. Bordempfangsschein, ggf. ersetzbar durch eine entsprechende EDI-message)* ■ Beschaffung und Kostenübernahme für die Ausfuhrbewilligung, Erledigung aller Ausfuhr-Zollformalitäten und Zahlung der Ausfuhrzölle ■ Übernahme aller Kosten und Gefahren, bis die Ware im Verschiffungshafen die Reling überschritten hat ■ Beschaffung auf Verlangen und Kosten des Importeurs: alle sonstigen Dokumente oder entsprechenden elektronischen Mitteilungen, die im Verschiffungs- und/oder Ursprungsland ausgestellt werden bzw. abgesendet werden und vom Importeur zur Einfuhr benötigt werden *(z.B. Ursprungszeugnis, Konnossement)*
Pflichten des Importeurs
■ Zahlung des Kaufpreises und Abnahme der Ware im Verschiffungshafen ■ Abschluss des Vertrages über die Beförderung der Ware vom benannten Verschiffungshafen ■ rechtzeitige Mitteilung des Schiffsnamens, des Ladeplatzes und der Ladezeit an den Exporteur ■ Übernahme aller Kosten und Gefahren, sobald die Ware im Verschiffungshafen die Reling überschritten hat ■ Beschaffung der Einfuhrbewilligung, Erledigung der Einfuhr-Zollformalitäten und Zahlung der Einfuhrzölle ■ Kostenübernahme für die Beschaffung der auf seinen Wunsch vom Exporteur beschafften sonstigen Dokumente

Lernfeld: Auslandsgeschäft

■ CIF benannter Bestimmungshafen

Pflichten des Exporteurs
■ kontraktgerechte Lieferung der ordnungsgemäß verpackten Ware ■ Benachrichtigung des Importeurs über die erfolgte Verschiffung ■ Ausstellung einer Handelsrechnung bzw. Absendung einer entsprechenden EDI-message ■ Beschaffung und Kostenübernahme für die Ausfuhrbewilligung, Erledigung aller Ausfuhr-Zollformalitäten und Zahlung der Ausfuhrzölle ■ Abschluss des Vertrages über die Beförderung der Ware bis zum benannten Bestimmungshafen und Übernahme der entstehenden Kosten ■ unverzügliche Beschaffung des üblichen Transportdokumentes, *z.B. eines vollen Satzes reiner begebbarer Orderkonnossemente* („full set, clean, shipped on board B/L., freight prepaid", ggf. ersetzbar durch eine entsprechende EDI-message auch Übernahme der entstehenden Kosten ■ Abschluss der im Vertrag vereinbarten Transportversicherung bei einem zuverlässigen Versicherer zu Gunsten des Importeurs (Versicherungssumme in der Kontraktwährung: mindestens Kaufpreis zuzüglich 10% imaginärer Gewinn), Übernahme der entstehenden Kosten und Übermittlung der Versicherungspolice an den Importeur ■ Beschaffung auf Verlangen und Kosten des Importeurs: alle sonstigen Dokumente oder ensprechenden elektronischen Mitteilungen, die in Verschiffungs- und/oder Ursprungsland ausgestellt bzw. abgesendet werden und vom Importeur zur Einfuhr benötigt werden
Pflichten des Importeurs
■ Zahlung des Kaufpreises und Abnahme der Ware im Bestimmungshafen ■ Beschaffung der Einfuhrbewilligung, Erledigung der Einfuhr, Zollformalitäten und Zahlung der Einfuhrzölle ■ Übernahme aller Gefahren, sobald die Ware im Verschiffungshafen die Reling überschritten hat ■ Kostenübernahme für die auf seinen Wunsch vom Exporteur beschafften sonstigen Dokumente bzw. entsprechenden elektronischen Mitteilungen

⟶ ● Fallstudie

10.3 Außenhandelsdokumente

Außenhandelsdokumente sind Urkunden, die der Lieferungs- und Zahlungssicherung im internationalen Warenhandel dienen.

Außenhandelsdokumente können
- die kontraktgerechte Erfüllung der Pflichten des Exporteurs beweisen,
- bei ordnungsgemäßer Vorlage die Zahlungspflicht des Importeurs auslösen,
- die Übertragung des Eigentums an der gelieferten Ware ermöglichen,
- als Grundlage für eine Kreditbesicherung dienen.

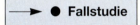

Außenhandelsdokumente		
Transportdokumente (Verladedokumente)	■ Konnossement ■ Ladeschein ■ Frachtbrief	■ Int. Spediteurübernahmebescheinigung (FCR) ■ FIATA Combined Transport Bill of Lading (FBL) ■ Posteinlieferungsschein
Versicherungsdokumente	■ Versicherungspolice	■ Versicherungszertifikat
Handels- und Zolldokumente	■ Faktura ■ Ursprungszeugnis	■ Qualitäts- und ähnliche Zertifikate

Die Dokumentenpraxis wurde in den letzten Jahren durch den elektronischen Datenaustausch EDI-FACT (= Electronic Data Interchange for Administration, Commerce & Transport) erheblich vereinfacht. Anstelle der beleggebundenen Übergabe tritt der elektronische (also beleglose) Austausch von Dokumenten zwischen den am Außenhandel beteiligten Partnern *(z.B. Banken des In- und Auslands)*. Selbst das Konnossement (Wertpapier!) kann durch nicht begebbare „Seefrachtbriefe" (Liner Waybill) ersetzt werden, sofern der Käufer das Eigentum an der auf dem Transport befindlichen Ware nicht durch Dokumentenübergabe an einen Dritten übertragen möchte.

10.3.1 Transportdokumente

Ein **Transportdokument** ist eine Urkunde, die eine Verladung an Bord oder einen Versand oder die Übernahme einer Ware ausweist.

Konnossement

Das **Konnossement** *(Bill of Lading, B/L)* ist ein Wertpapier des Seefrachtverkehrs (§§ 642ff. HGB) und erfüllt folgende Aufgaben:
- Nachweis über den Empfang der Ware zur Beförderung durch den Verfrachter/Reeder,
- Nachweis des Beförderungsvertrags,
- Übertragung der Rechte an der Ware während des Transports durch Übergabe des Konnossements an einen Dritten,
- Auslieferung der Ware im Bestimmungshafen an den berechtigten Inhaber des Originalkonnossements.

Das Konnossement ist ein:
- **Traditionspapier**
  Die Übertragung der Urkunde hat die gleiche Wirkung für den Eigentums- und Pfandrechtserwerb an der Ware, wie die Übergabe der Ware selbst. Als *gekorenes Orderpapier* wird das Konnossement durch Einigung und Übergabe der indossierten Urkunde übertragen.
- **Präsentationspapier**
  Die Auslieferung der Ware erfolgt nur gegen Vorlage des Konnossements. „**Kassatorische Klausel**": Bei mehreren Konnossementen erfolgt die Auslieferung der Ware gegen Vorlage eines Originalkonnossements. Die anderen Originale werden damit kraftlos.
- **Beweisurkunde**
  Das Konnossement beweist den Beförderungsvertrag mit dem Reeder und die Übergabe der Ware an ihn.

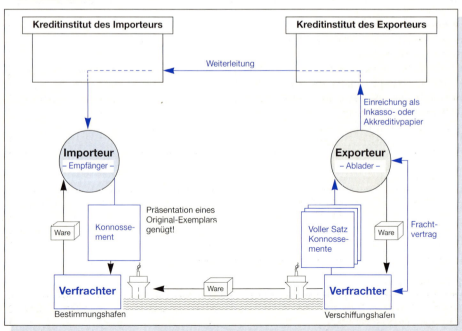

Lernfeld: Auslandsgeschäft

Inhalt des Konnossements *(§ 643 HGB):*

- Name des Verfrachters *(Carrier)*
- Name des Schiffsführers
- Name und Nationalität des Schiffes
- Name des Abladers *(Shipper)* (Exporteur oder sein Spediteur)
- Name des Empfängers *(Consignee)*
- Verschiffungshafen *(Port of Loading)*
- Bestimmungshafen *(Port of discharge)*
- Meldeadresse *(Notify party bzw. address)*

- Art der übernommenen Güter, deren Maß, Zahl oder Gewicht, ihre Merkzeichen und ihre äußerlich erkennbare Verfassung und Beschaffenheit *(Description of goods)*
- Anzahl der ausgestellten Ausfertigungen *(Number of originals)*
- Angaben über die Bezahlung der Frachtkosten
- Tag und Ort der Ausstellung *(Place and date of issue)*
- Unterschrift des Verfrachters

Arten des Konnossements

- **Übernahmekonnossement** *(Received for Shipment B/L)*
  Bestätigung, dass die Ware zur Verschiffung übernommen ist.

- **Bordkonnossement** *(Shipped B/L)*
  Bestätigung, dass die Ware an Bord des benannten Schiffes übernommen ist.

- **Konnossement ohne Mängelvermerk** *(clean B/L)*
  Ware bzw. Verpackung befanden sich bei der Übernahme in äußerlich unversehrter Verfassung.

- **Konnossement mit Mängelvermerk** *(unclean B/L)*
  Bei der Übernahme wurden Schäden an der Ware bzw. Verpackung festgestellt.

Ein **Durchkonnossement** *(Through B/L)* wird über einen Transport ausgestellt, der in der Regel mit einer Verladung auf einem Seeschiff beginnt und sich nach Umladung mit einer oder mehreren weiteren gleich- oder verschiedenartigen Beförderungsart(en), *(z.B. Luft-, Straßen- oder Schienentransport)*, fortsetzt, bis die Ware an ihren endgültigen Bestimmungsort gelangt.

Bei der Abwicklung dokumentärer Zahlungen (Dokumenteninkasso, Dokumentenakkreditiv) werden in der Praxis folgende Anforderungen an Konnossemente gestellt:

Es wird verlangt:
- Ein **vollständiger Satz**
  Alle ausgestellten Originale *(full set; z.B. 3 / 3)* sind vorzulegen.
- **reingezeichneter**
  Das Konnossement enthält keine Mängelhinweise des Reeders über sichtbare Beschädigungen an der Ware bzw. Verpackung *(clean B/L).*
- **an Order ausgestellter und blanko indossierter** *(issued to order and endorsed in blank)*
- **Bordkonnossemente.**
  Im Konnossement wird bestätigt, dass sich die Ware an Bord eines namentlich benannten Schiffes befindet.

Ladeschein

Der **Ladeschein** („Flusskonnossement") ist das Transportdokument des Frachtverkehrs auf Binnenwasserstraßen.
Inhalt sowie rechtliche und wirtschaftliche Funktionen der Urkunde entsprechen dem Seekonnossement.

Frachtbrief

Der **Frachtbrief** ist die Beweisurkunde über den Abschluss und Inhalt eines Frachtvertrages (kein Wertpapier).

10

Das Frachtgut wird bei seinem Eintreffen am Bestimmungsort dem auf der Urkunde genannten Empfänger gegen Quittung ausgehändigt. Während des Transports muss jede Sendung von einem Frachtbrief begleitet sein.

Man unterscheidet:
- **Internationaler Eisenbahnfrachtbrief** *(CIM[1]-Frachtbrief)*
- **Internationaler Frachtbrief im Straßengüterverkehr** *(CMR[2]-Frachtbrief)*
- **Luftfrachtbrief** *(Air Waybill)*

Die **für den Absender** bestimmte **Frachtbriefausfertigung** (Frachtbriefdoppel bzw. 3. Original des Luftfrachtbriefes) dient als:

- **Beweisurkunde**
  Der Absender kann den Nachweis erbringen, dass er eine bestimmte Ware an den im Frachtbrief genannten Empfänger versandt hat.
- **Inkasso- bzw. Akkreditivpapier**
  Solange die Ware noch nicht ausgeliefert wurde, hat der Absender grundsätzlich die Möglichkeit, unter Vorlage seiner Frachtbriefausfertigung die Ware umzuleiten, anzuhalten oder zurückzurufen (Sperrfunktion). Dieses Dispositionsrecht kann vom Absender nicht mehr ausgeübt werden, sobald er das Papier aus den Händen gibt. Bei dokumentären Zahlungen kann das Frachtbriefdoppel eingesetzt werden, wenn als Empfänger der Waren ein Kreditinstitut oder ein von diesem beauftragter Spediteur angegeben ist.

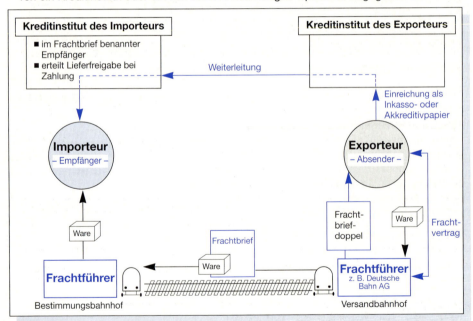

FIATA-Spediteurdokumente[3]

Spediteurdokumente beweisen den Abschluss und Inhalt eines Speditionsvertrages.

---

[1] Internationales Übereinkommen über den Eisenbahnfrachtverkehr
[2] Übereinkommen über den Beförderungsvertrag im internationalen Straßengüterverkehr
[3] FIATA = Internationale Förderation der Spediteurorganisationen

Lernfeld: Auslandsgeschäft 431

Der **Speditionsvertrag** ist ein Dienstvertrag, der die Besorgung von Güterversendungen durch Frachtführer oder durch Verfrachter von Seeschiffen für Rechnung des Versenders zum Gegenstand hat *(§ 407 HGB)*.

Der Spediteur nimmt vom Versender das Gut entgegen, wählt Weg und Art der Beförderung und schließt im eigenen Namen die erforderlichen Frachtverträge ab.

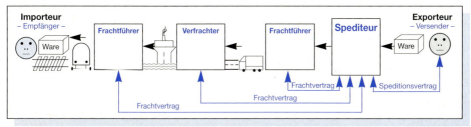

Die von der FIATA geschaffenen Standarddokumente sind von der Internatonalen Handelskammer als Transportdokumente anerkannt und werden als Inkasso- und Akkreditivpapiere weltweit verwendet. Sie finden vor allem bei **multimodalen Transporten** Anwendung, bei denen mehrere Transportmittel benutzt werden müssen und die Verantwortlichkeit für den Transport in eine Hand gelegt werden soll.

FCR **F**orwarding Agents **C**ertificate of **R**eceipt (Internationale Spediteurübernahmebescheinigung)	FBL **F**IATA Combined Transport **B**ill of **L**ading („Spediteurkonnossement")
Bescheinigung eines Spediteurs, eine genau beschriebene Warensendung zur Beförderung an den im Dokument bezeichneten Empfänger übernommen zu haben	Dokument, das einen Transport durch mindestens zwei verschiedene Beförderungsmittel vorsieht und die sonst für die einzelnen Streckenabschnitte erforderlichen Transportdokumente ersetzt
Die Auslieferung der Ware erfolgt – ohne Vorlage des FCR – an den genannten Empfänger (kein Wertpapier).	Die Auslieferung der Ware erfolgt nur an den durch Indossament legitimierten Vorleger eines Original-FBL (Wertpapier!).
Eine nachträgliche Verfügung durch den Versender (Widerruf, Abänderung der Transportweisung) ist nicht mehr möglich, sobald dieser das Dokument aus den Händen gibt.	

Posteinlieferungsschein

> Der **Posteinlieferungsschein** ist eine mit dem Aufgabedatum abgestempelte Empfangsbescheinigung der Post, dass sie eine Sendung zur Beförderung an einen bestimmten Empfänger erhalten hat (kein Wertpapier).

Er dient als Nachweis für die erfolgte Versendung; er enthält keine Warenbeschreibung.

10.3.2 Versicherungsdokumente

> **Versicherungsdokumente** beweisen den Abschluss und Inhalt einer Transportversicherung und verbriefen den Versicherungsanspruch.

Einzelpolice
Versicherung eines *einzelnen* Transports

Generalpolice

(Rahmen-)Versicherung *mehrerer* Transporte, die zu gleichen oder ähnlichen Bedingungen ausgeführt werden. Der Inhaber einer Generalpolice kann sich über die verschiedenen Transporte jeweils ein **Versicherungszertifikat** *(Insurance certificate)* ausstellen lassen, das den Versicherungsanspruch für die einzelne Sendung beweist.

Transportversicherungspolicen und -zertifikate sind *gekorene Orderpapiere*. Bei dokumentaren Zahlungen wird i.d.R. eine Blankoindossierung verlangt.

Durch den Begünstigtenvermerk *„to the bearer"* oder *„to whom it may concern"* können sie auch zu Inhaberpapieren ausgestaltet werden.

Bei Akkreditiven muss die Versicherung mindestens den CIF- bzw. CIP-Wert zuzüglich 10% (imaginärer Gewinn) decken.

10.3.3 Handels- und Zolldokumente

Faktura

> Die **Faktura** (= Rechnung) enthält genaue Informationen über das jeweilige Warengeschäft. Sie wird i.d.R. in mehreren Ausfertigungen erstellt.

Sie dient
- dem Nachweis der kontraktgerechten Lieferung des Exporteurs,
- als Unterlage für die Einfuhrprüfung und Verzollung im Importland.

Inhalt der Faktura *(Invoice)*:
- Name und Geschäftssitz des Importeurs und des Exporteurs
- Warenbezeichnung
- Warenmenge (Anzahl, Gewicht)
- Verpackung und Markierung der Ware
- Preis (Einzel-/Gesamtpreis)
- Lieferungsbedingungen
- Zahlungsbedingungen
- Unterschrift des Exporteurs

Handelsfaktura *(Commercial Invoice)*	Zollfaktura *(Customs Invoice)*
■ Rechnung auf einem Formular des Exporteurs ■ *legalisierte Handelsfaktura:* Einzelne Länder verlangen die Beglaubigung der Rechnung durch die örtliche IHK oder durch ihr Konsulat.	■ Rechnung auf einem Formular des Importlandes (i.d.R. bei der örtlichen IHK erhältlich) ■ Neben dem Exporteur bestätigt eine weitere Person als Zeuge, dass der fakturierte Warenwert mit dem marktüblichen Handelswert im Exportland übereinstimmt; sie wird u.a. von den USA und Kanada verlangt.
Zweck: Prüfungsunterlage für den Importeur, ob in Übereinstimmung mit dem Kontrakt geliefert worden ist	**Zweck:** Sicherung der ordnungsgemäßen Verzollung des tatsächlichen Wertes im Einfuhrland

Ursprungszeugnis

> Das **Ursprungszeugnis** *(Declaration of origin)* bescheinigt den Ursprung der Ware und wird je nach Ursprungsland und Warenart von der örtlichen IHK, Behörden oder sonstigen ermächtigten Stellen ausgestellt. Es dient den Behörden des Importlandes zur Überwachung ggf. existierender Einfuhrbeschränkungen.

Qualitäts-/Gesundheits-/Gewichts-/Analysenzertifikat

In **Qualitäts-/Gesundheits-/Gewichts-/Analysenzertifikaten** wird von Sachverständigen der mangelfreie Zustand der gelieferten Ware bzw. die Einhaltung gesetzlicher Einfuhrbestimmungen des Importlandes bescheinigt.

10.4 Devisengeschäft

Kundengeschäfte

Geschäfte im Auftrag und für Rechnung der Kunden:

- Ankauf und Verkauf von Devisen für den Auslandszahlungsverkehr
- Kurssicherungsgeschäfte
- FW-Geldanlagen und -aufnahmen

Eigengeschäfte

Geschäfte auf eigene Initiative und für eigene Rechnung:

- FW-Geldanlagen und -aufnahmen
- Kurssicherungsgeschäfte
- Arbitragegeschäfte

- Devisenkassageschäfte
- Devisentermingeschäfte
- Devisenoptionsgeschäfte

10.4.1 Sorten – Devisen

	Sorten	Devisen
Begriff	ausländische Banknoten und Münzen (gesetzliche Zahlungsmittel des Auslandes)	■ *im Devisenhandel unter Kreditinstituten:* **FW-Guthaben bei ausländischen Kreditinstituten** ■ *im weiteren Sinne* auch: – FW-Schecks – FW-Wechsel – FW-Obligationen
Übertragung erfolgt durch	körperliche Übergabe	Umbuchung
Verwendung	als Reisezahlungsmittel	■ Zahlungen im Außenwirtschaftsverkehr ■ internationale Finanzierungen und Geldanlagen ■ Haftung von Währungsreserven
Kurse	**Sortenkurse** Preis- und Mengennotierung ■ Verkaufskurs der Fremdwährung ■ Ankaufskurs der Fremdwährung	**Devisenkurse** nur: Mengennotierung ■ Geldkurs (= Verkaufskurs der Fremdwährung) ■ Briefkurs (= Ankaufskurs der Fremdwährung)

10.4.2 Merkmale des Devisenhandels

Grundvoraussetzung für den freien Devisenhandel ist die unbeschränkte Umtauschbarkeit (Konvertibilität) des EUR in fremde Währungen.

Aufgrund der freien **Konvertibilität des EUR** können Gebietsansässige und Gebietsfremde den EUR in beliebigem Umfang und zu frei vereinbarten Kursen in fremde Währungen umtauschen.

- Handel in allen Fremdwährungen möglich
- Devisenkassa- und -termingeschäfte
- weltweiter Handel mittels Telekommunikation „rund um die Uhr"
- zwischen in- und ausländischen Kreditinstituten, Zentralnotenbanken und multinationalen Unternehmen
  (Ein bedeutsamer Teil der Geschäfte wird durch freie Devisenmakler – „Broker" – vermittelt.)
- Geschäfte werden nur abgeschlossen, wenn die Partner sich kennen und die Bonität zweifelsfrei ist.

Das **ESZB** (Europäische Zentralbank und nationale Zentralbanken) ist Marktteilnehmer am Devisenhandel.

- Die **Europäische Zentralbank** tätigt ggf. Interventionskäufe bzw. -verkäufe im Rahmen der EWS-Vereinbarungen sowie des kontrollierten Floating (insbesondere gegenüber dem USD).
- Die **Deutsche Bundesbank** tätigt als Hausbank des Staates (fiscal agent) Käufe bzw. Verkäufe im Auftrag und für Rechnung öffentlicher Stellen.

10.4.3 Rechtsgrundlagen des Devisengeschäfts

- **BAK-Eigenmittelgrundsatz**

- **BAK-Schreiben betr. Mindestanforderungen für bankinterne Kontrollmaßnahmen bei Devisengeschäften**

  Durch geeignete organisatorische Maßnahmen ist sicherzustellen, dass
  - eine funktionale Trennung von Handel, Abwicklung und Buchung der Devisengeschäfte vorgenommen wird,
  - jedes Devisengeschäft durch einen nummerierten Händlerzettel mit Namen des Kontrahenten, Betrag, Valuta, Kurs, Abschlusstag und Fälligkeit dokumentiert wird,
  - jedes Devisengeschäft bei Abschluss im Rechnungswesen erfasst wird,
  - die Devisenpositionen täglich den zuständigen Mitgliedern der Geschäftsleitung gemeldet werden.

Lernfeld: Auslandsgeschäft 435

10.4.4 | Devisenkurse und Devisen-Referenzpreise

Devisenkurse nach der Art der Kursnotierung

Beispiel:

Mengennotierung		Preisnotierung	
feste Bezugseinheit: INLANDSWÄHRUNG	*variable Bezugsgröße:* AUSLANDSWÄHRUNG	*feste Bezugseinheit:* AUSLANDSWÄHRUNG	*variable Bezugsgröße:* INLANDSWÄHRUNG
1 EUR = 1,0755 USD		1 USD = 0,9298 EUR	
1 EUR = 0,6662 GBP		1 GBP = 1,5011 EUR	
1 EUR = 1,6006 CHF		100 CHF = 62,477 EUR	

Im Devisenhandel ist die Mengennotierung üblich.

Devisenkurse nach der Verfügbarkeit der gehandelten Devisen

■ Kassakurs

Kurs für **sofort verfügbare, per Kasse** gehandelte Devisen. **Kassageschäfte werden am 2. Geschäftstag nach Abschluss erfüllt.**

■ Terminkurs

Kurs für **später verfügbare, per Termin** gehandelte Devisen; Verpflichtungs- und Erfüllungsgeschäft fallen zeitlich (um mindestens 3 Tage) auseinander.

Umrechnungskurse der Euroländer für 1 Euro					
Entscheidung vom 31.12.1998					
Belgien	bfr	40,3399	Luxemburg	lfr	40,3399
Deutschland	DM	1,95583	Niederlande	hfl	2,20371
Spanien	Pta	166,386	Österreich	öS	13,7603
Frankreich	FF	6,55957	Portugal	Esc	200,482
Irland	Ir£	0,787564	Finnland	Fmk	5,94573
Italien	Lit	1.936,27			

Beispiel Seite 441

Beispiel Seite 437 und 438

10.08.20..		Referenzkurse EuroFX[1]		3 Monate[1]		6 Monate[1]		Referenzkurse EZB	Preise am Bankschalter[2]	
		Geld	Brief	Geld	Brief	Geld	Brief		Verkauf	Ankauf
USA	US-$	1,0725	1,0785	1,0801	1,0861	1,0879	1,0939	1,07370	1,0400	1,1050
Japan	Yen	123,0800	123,5600	122,2600	122,7400	121,2500	121,7300	123,25000	118,9000	128,9000
Großbrit.	£	0,6642	0,6682	0,6684	0,6724	0,6723	0,6763	0,66550	0,6485	0,6925
Schweiz	sfr	1,5986	1,6026	1,5922	1,5962	1,5866	1,5906	1,60030	1,5675	1,6325
Kanada	kan-$	1,6075	1,6195	1,6172	1,6292	1,6274	1,6394	1,61290	1,5295	1,6695
Schweden	skr	8,7890	8,8370	8,8034	8,8514	8,8197	8,8677	8,81100	8,3300	9,5200
Norwegen	nkr	8,2599	8,3079	8,3308	8,3788	8,3891	8,4371	8,27450	7,8630	8,9830
Dänemark	dkr	7,4228	7,4628	7,4334	7,4734	7,4462	7,4862	7,44270	7,1100	7,8000
Griechenl.[3]	Dr.	320,7500	332,7500					326,85000	289,0000	374,0000
Australien[3]	A-$	1,6425	1,6585					1,64760	1,5230	1,7630
Neuseeland[3]	NZ-$	2,0305	2,0465					2,02940	1,8550	2,3050
Tschechien[3]	Krone	36,1200	36,5200					36,37200	34,0000	40,0000
Polen[3]	n. Zloty	4,1385	4,3385					4,23800	3,7800	4,6860
Südafrika[3]	Rand	6,5300	6,7300						5,3300	9,4100
Hongkong[3]	HK-$	8,3065	8,4065						7,5500	9,8300
Singapur[3]	S-$	1,7860	1,7960						1,6730	1,9780

[1] Mitgeteilt von der WestLB Girozentrale, Düsseldorf, [2] Frankfurter Sortenkurse aus Sicht der Bank, die Bezeichnungen Verkauf und Ankauf entsprechen dem Geld und Brief bei anderen Instituten; mitgeteilt von Deutsche Verkehrsbank; [3] Freiverkehr

10

Sortenkurse in DM

10.08.20..		Geld	Brief				Geld	Brief
Australien	1 A-$	1,1364	1,2691	Schweden	100 skr		20,5336	23,2976
Dänemark	100 dkr	25,1069	27,5082	Schweiz	100 sfr		119,8545	124,8137
Griechenl.	100 Dr.	0,5269	0,6583	Singapur	100 S-$		98,2829	119,2579
Großbrit.	1 £	2,8386	3,0607	Slowakei	100 Krone		3,8350	4,8896
Hongkong	100 HK-$	19,8965	25,7008	Südafrika	100 Rand		22,4808	36,9025
Japan	100 Yen	1,5091	1,6217	Thailand	100 Baht		3,9117	6,1892
Kanada	1 kan-$	1,1600	1,2901	Tschechien	100 Krone		4,9640	5,8296
Neuseeland	1 NZ-$	0,8412	1,0716	Türkei	10000 Lire		0,0400	0,0500
Norwegen	100 nkr	22,1248	24,8833	Ungarn	100 Forint		0,6413	0,9097
Polen	100 n. Zloty	40,3264	49,5147	USA	1 $		1,7731	1,8660

Mitgeteilt von der Deutschen Bank (16.00 Uhr)

Beispiel Seite 439

Devisen-Cross Rates

10.08.	Euro	$	DM	£	Yen	sfrs	FF	bfrs	hfl	Lira	Pta
Euro	–	1,0734	1,95583	0,6651	123,0731	1,5988	6,55957	40,3399	2,20371	1936,27	166,386
$	0,9320	–	1,8216	0,6199	114,7000	1,4902	6,1095	37,5700	2,0519	1803,3800	154,9400
DM	0,511292	0,5488	–	0,3403	62,9701	0,8180	3,35386	20,6255	1,12674	990,000	85,0718
£	1,5034	1,6134	2,9384	–	165,0340	2,4037	9,8554	60,6063	3,3100	2909,0673	249,9331
Yen	8,1253	8,7184	15,8806	5,4044	–	12,9904	53,2624	327,5414	17,8884	15721,796	1350,7411
sfr	0,6255	0,6711	1,2225	0,4160	76,9799	–	4,1001	25,2141	1,3770	1210,2617	103,9799
FF	1,52449	1,6364	2,98164	1,0147	187,7496	2,4389	–	61,4978	3,35953	2951,82	253,654
bfr	2,47894	2,6609	4,84838	1,6500	305,3049	3,9660	16,2607	–	5,46286	4799,89	412,460
hfl	0,45378	0,4869	0,88752	0,3021	55,9021	0,7262	2,97660	18,3054	–	878,641	75,5027
Lira	0,516457	0,5541	1,01010	0,3438	63,6060	0,8263	3,38774	20,8338	1,13812	–	85,9312
Pta	60,1012	64,4826	117,547	40,0107	7403,3434	96,1725	394,238	2424,48	132,446	116372	–

Yen per 1000, FF per 10, bfrs per 100, Lira per 1000, Pts per 10000. Mitgeteilt von VWD; Stand 15.00 Uhr.

Beispiel Seite 444

Beispiel Seite 443

Devisen im Freiverkehr

10.08./Basis 1 Euro		Geld	Brief
Algerien	Dinar	69,2600	74,2600
Argentinien	Peso	1,0730	1,0790
Brasilien	Brasil Real	1,9990	2,0050
Bulgarien	Leva	1,9351	1,9551
China	RMB	8,7369	–
Estland	Krone	15,2900	16,0100
Indien	Rupie	44,2200	–
Indonesien	Rupiah	7.380,0000	8.130,0000
Israel	Schekel	4,2800	4,7300
Korea, Süd	Won	1.278,0000	1.302,0000
Kuwait	Dinar	0,3143	0,3413
Lettland	Lats	0,6348	0,6398
Litauen	Litas	4,2113	4,3993
Marokko	Dirham	10,1400	10,8400
Mexiko	n Peso	9,9700	10,4500
Philippinen	Peso	41,2000	42,4000
Rumänien	Lei	17.050,0000	17.470,0000
Rußland	Rubel	25,9200	28,1200
Saudi-Arabien	Rial	3,9852	4,0852
Slowakei	Krone	44,0600	45,5600
Slowenien	Tolar	193,7000	199,7000
Taiwan	NT-$	34,0500	34,9500
Thailand	Baht	38,6450	42,6450
Türkei	Lire/Pfund	463.100,0000	464.900,0000
Tunesien	Dinar	1,2236	1,3246
Ungarn	Forint	253,4000	255,2000
Ver. Ar. E.	Dirham	3,9118	3,9918

Mitgeteilt von Deutsche Bank Frankfurt. Diese Kurse können nur als Anhaltspunkte dienen und haben keinen verbindlichen Charakter.

Devisenoptionen

Euro/$: Ref.K. 1,0755 Stand 10.08.20.., 13.00 Uhr

Kauf $	1 Monat	3 Monate	6 Monate	12 Monate
1,050	0,22–0,37	0,75–0,90	1,15–1,35	1,62–1,87
1,075	0,96–1,11	1,58–1,73	1,98–2,18	2,41–2,66
1,100	2,39–2,54	2,82–2,97	3,10–3,30	3,40–3,65

Verkauf $	1 Monat	3 Monate	6 Monate	12 Monate
1,050	2,82–2,97	3,78–3,93	4,84–5,04	6,45–6,70
1,075	1,24–1,39	2,32–2,47	3,41–3,61	5,06–5,31
1,100	0,36–0,51	1,27–1,42	2,28–2,48	3,86–4,11

Euro/£-Stg.: Ref.K. 0,6662 Stand 10.08.1999, 13.00 Uhr

Kauf £	1 Monat	3 Monate	6 Monate	12 Monate
0,650	0,12–0,27	0,54–0,69	0,87–1,07	1,20–1,45
0,675	1,59–1,74	2,03–2,18	2,32–2,52	2,52–2,77
0,700	4,79–4,94	4,69–4,84	4,64–4,84	4,46–4,71

Verkauf £	1 Monat	3 Monate	6 Monate	12 Monate
0,650	2,75–2,90	3,56–3,71	4,41–4,61	5,82–6,07
0,675	0,49–0,64	1,35–1,50	2,21–2,41	3,61–3,86
0,700	0,02–0,18	0,31–0,46	0,89–1,09	2,02–2,27

Euro/Yen: Ref.K. 123,32 Stand 10.08.1999, 13.00 Uhr

Kauf Yen	1 Monat	3 Monate	6 Monate	12 Monate
120,000	0,33–0,48	1,17–1,32	2,05–2,25	3,33–3,58
125,000	2,08–2,23	3,07–3,22	4,02–4,22	5,36–5,61
130,000	5,44–5,59	5,98–6,13	6,73–6,93	7,92–8,17

Verkauf Yen	1 Monat	3 Monate	6 Monate	12 Monate
120,000	3,02–3,17	3,86–4,01	4,73–5,93	6,02–6,27
125,000	0,72–0,87	1,70–1,85	2,65–2,85	4,00–4,25
130,000	0,02–0,18	0,56–0,71	1,30–1,50	2,51–2,76

Prämie in Prozent vom Eurobetrag; mitgeteilt von West-LB, Düsseldorf

Lernfeld: Auslandsgeschäft

Devisen-Referenzkurse

Devisen werden „rund um die Uhr" gehandelt. Die Kurse verändern sich laufend. Deshalb ist es sinnvoll, **Devisen-Referenzkurse** zu ermitteln und zu veröffentlichen, um für die vielen Kundengeschäfte eines Tages eine einheitliche Abrechnungsgrundlage zu haben. Die dem Kunden in Rechnung gestellten Kurse sind für ihn transparent und nachvollziehbar.

Auf der Grundlage dieser „fairen Kurse" erfolgt die Abrechnung derjenigen Kundengeschäfte, für die keine besondere Kursvereinbarung getroffen wurde:

- Überweisungen in das Ausland
- Überweisungsgutschriften aus dem Ausland
- Einreichungen von Auslandsschecks
- Belastung von eurocheques
- Abrechnungen von Kreditkarteneinsätzen

Devisen-Referenzkurse werden zurzeit für folgende acht Währungen ermittelt:

- US-Dollar
- Japanischer Yen
- Britisches Pfund
- Schweizer Franken
- Kanadischer Dollar
- Norwegische Krone
- Dänische Krone
- Schwedische Krone

Ermittlung der EuroFX-Devisen-Referenzkurse

Die an der Feststellung der Referenzkurse beteiligten Kreditinstitute melden ihre Mittelkurse ab 13.00 Uhr an den elektronischen Nachrichtendienstleister Reuters. Der Mittelkurs ist das arithmetische Mittel zwischen dem Geld- und dem Briefkurs.

Es sind die Mengennotierungen der acht Währungen mit vier Stellen nach dem Komma anzugeben. Für die Kursfixierung bleiben die beiden höchsten und die beiden niedrigsten gemeldeten Kurse unberücksichtigt. Aus den verbleibenden elf Werten wird anschließend als arithmetisches Mittel der jeweilige Referenzkurs als Mittelkurs errechnet. Die Kurse werden auf fünf signifikante Stellen (Japanischer Yen: sieben Stellen) genau ermittelt. Er bildet dann unter Beachtung der festgelegten Spannen die Basis für die Ermittlung der Geld-, Brief- und Sichtkurse für die betreffende Währung.

Beispiel:

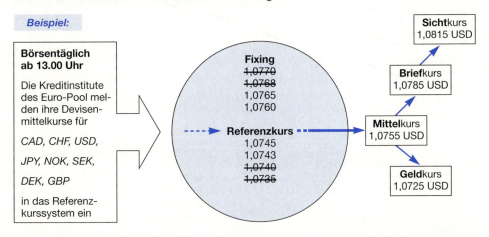

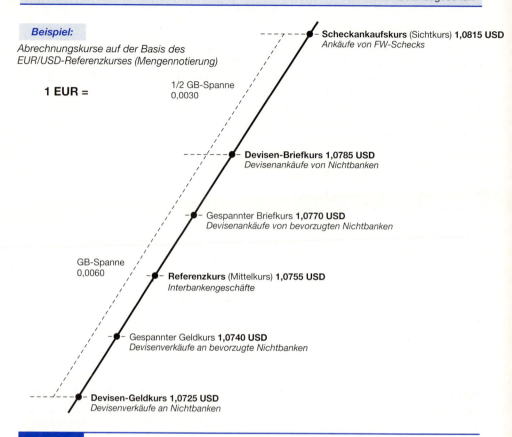

10.4.5 Devisengeschäfte

Der Devisenhandel findet als **OTC-Handel** („over-the-counter") telekommunikativ und frei von zeitlichen und räumlichen Begrenzungen statt. Es gibt keine Standardisierung der Kontrakte und keine Reglementierung des Handels. Die Geschäftsabschlüsse basieren auf dem gegenseitigen Vertrauen der Marktteilnehmer. Die Kurse für die einzelnen Geschäfte werden zwischen den Devisenhändlern jeweils individuell vereinbart.

Der Interbankenhandel vollzieht sich nach allgemein respektierten Verhaltensregeln (Usancen):

- via Telefon (das gesprochene Wort gilt) oder Online-Handelssysteme
- Kursstellung („Quotierung"): Auf Anfrage stellt das angerufene Kreditinstitut Kurse (Geld/Brief), zu denen es bereit ist, USD gegenüber der eigenen Währung zu handeln
- Mindestvolumen je Abschluss: grundsätzlich 5 Mio. USD bzw. EUR

Lernfeld: Auslandsgeschäft

USD: Transportwährung

Im Interbankenhandel werden sowohl Kassa- als auch Termindevisen grundsätzlich gegen den USD notiert und gehandelt. Die Devisenkurse an allen wichtigen Finanzplätzen sind daher direkt vergleichbar. Die hohe Transparenz des Marktes führt dazu, dass der Kurs einer bestimmten Währung tendenziell überall das gleiche Niveau hat. Der USD dient als **Transportwährung** („vehicle currency"), wenn ein inländisches Kreditinstitut eine Fremdwährung kaufen bzw. verkaufen möchte. Der über den USD als gemeinsame Bezugsgröße zweier unterschiedlicher Währungen errechnete Kurs heißt **cross-rate**.

> **Beispiel:**
> Die Commerzbank AG benötigt CHF 10.000.000. Auf Anfrage erhält sie folgende Kurse:
>
> | Quotierung der Selmi Bank, Genf: | 1 CHF = 0,6687/0,6717 USD |
> |---|---|
> | Quotierung der Dresdner Bank AG, Ffm: | 1 EUR = 1,0739/1,0769 USD |
>
> Die Commerzbank kauft von der Dresdner Bank USD zu 1,0739 USD je EUR und verkauft USD an die Selmi Bank zu 0,6717 USD je EUR.

Nach der Kettensatz-Regel ergibt sich der EUR/CHF-Kurs (Mengennotierung)

$$x \text{ CHF} \mathrel{\hat{=}} 1 \text{ EUR}$$
$$1 \text{ EUR} \mathrel{\hat{=}} 1{,}0739 \text{ USD}$$
$$0{,}6717 \text{ USD} \mathrel{\hat{=}} 1 \text{ CHF}$$

$$x = \frac{1 \cdot 1{,}0739 \cdot 1}{1 \cdot 0{,}6717} = \underline{1{,}5988 \text{ CHF}} \text{ je EUR}$$

10.4.5.1 Kassageschäfte

Abschluss eines Kassageschäftes

> **Beispiel:**
> Die WGZ möchte 5 Mio. US-$ im Kassahandel verkaufen und wendet sich telefonisch an die Dresdner Bank AG.

① Der Devisenhändler der WGZ gibt nicht zu erkennen, ob er kaufen oder verkaufen möchte.
② Der Devisenhändler der Dresdner Bank nennt seine Kursnotierung (-stellung); er ist bereit, einen angemessenen USD-Betrag zu dem von ihm genannten Geldkurs zu verkaufen bzw. zum Briefkurs zu kaufen. Das Angebot gilt nur für diesen Augenblick. Es werden aus Zeitgründen nur die letzten Stellen des USD-Kurses angegeben. Die ersten Stellen werden als „big figures" wegen ihrer allgemeinen Bekanntheit weggelassen.
③ Durch Nennung des gewünschten Betrages („Ich nehme von Ihnen..." bzw. „Ich gebe Ihnen...") kommt der Geschäftsabschluss zustande.
④ Um Missverständnisse sofort aufzudecken, wiederholt der Devisenhändler die Daten des Geschäftsabschlusses und nennt die Anschaffungsadresse. In vielen Devisenhandelsbüros werden die Gespräche auf Tonband aufgezeichnet.
⑤ Die Erfüllung des Geschäftsabschlusses erfolgt *zweiarbeitstägig Valuta kompensiert.*

Abwicklung eines Kassageschäftes

Beispiel:

Die BHF-Bank verkauft 6.000.000,00 GBP an die Hessische Landesbank zum Kurs von 0,6652 GBP je EUR. Die Hessische Landesbank bittet um Anschaffung des Währungsbetrages auf ihrem GBP-Konto bei der Lloyds Bank in London.

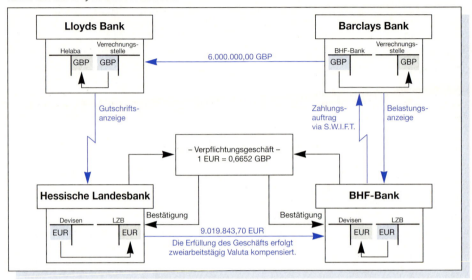

10.4.5.2 Termingeschäfte

Devisentermingeschäfte sind Geschäfte, bei denen die Erfüllung des Vertrages erst zu einem späteren Zeitpunkt, aber zu dem bei Vertragsschluss vereinbarten (Termin-)Kurs erfolgt. Sie können der Absicherung von Kursrisiken oder spekulativen Zwecken dienen.

Terminkurse werden frei vereinbart. Der Interbankenhandel arbeitet lediglich mit den in Dezimalstellen angegebenen Differenzen zwischen Kassa- und Terminkursen. Basis eines Termingeschäftes ist daher immer der zum Zeitpunkt des Geschäftsabschlusses existierende Kassakurs.

Die Differenz zwischen Kassakurs (KK) und Terminkurs (TK) bezeichnet man als **Swapsatz**:
- **Report:** Der TK weist gegenüber dem KK einen **Aufschlag** auf.
- **Deport:** Der TK weist gegenüber dem KK einen **Abschlag** auf.

Ursache für die Abweichung von KK und TK ist der **Zinsniveauunterschied** zwischen In- und Ausland: Zur Ausnutzung der Zinsdifferenz („Zinsarbitrage") werden Anleger zum Zweck der kurzfristigen Geldanlage die zinsmäßig „wertvollere" Währung per Kasse zu kaufen und per Termin zu verkaufen suchen.

Lernfeld: Auslandsgeschäft

Der Kassakurs der zinsmäßig „wertvolleren" Währung wird daher niedriger als der Termin-kurs sein, während umgekehrt der Kassakurs der zinsmäßig „weniger wertvollen" Währung höher als der Terminkurs sein wird.

(1) $Z_{Inland} < Z_{Ausland}$: Der EUR wird gegenüber der ausländischen Währung per Termin mit ei-nem **Report** gehandelt.

(2) $Z_{Inland} > Z_{Ausland}$: Der EUR wird gegenüber der ausländischen Währung per Termin mit ei-nem **Deport** gehandelt.

Report bzw. Deport gleichen die Zinsdifferenzen zwischen In- und Ausland aus.

Beispiel:

Beträgt der Zinssatz für 3-Monatsgeld in den USA 5,41% p.a., in der Bundesrepublik Deutschland jedoch nur 2,58% p.a., so wird der USD per 3 Monate mit einem Aufschlag gehandelt, der die Zins-differenz von 2,83% p.a. ausgleicht.

$$\textbf{Swapsatz} = \frac{Kassakurs \cdot Monate \cdot Zinsdifferenz}{100 \cdot 12}$$

Bei einem Kassamittelkurs von 1,0755 USD je EUR beträgt der Terminaufschlag:

$\frac{1,0755 \cdot 3 \cdot 2,83}{100 \cdot 12} = \underline{\underline{0,0076}}$ *USD Report*

Terminkurs: 1,0755 + 0,0076 = $\underline{1,0831 \text{ (Mittelkurs) USD}}$

Daraus leiten sich bei einer G/B-Spanne von 60 Punkten die Devisen-Terminkurse per 3 Monate ab:
Geldkurs: 1,0801
Briefkurs: 1,0861

Outrightgeschäfte

Ein **Outrightgeschäft** besteht darin, dass ein Devisenbetrag per Termin gekauft oder verkauft wird:
- Der Käufer verpflichtet sich, am Fälligkeitstag den EUR-Kaufpreis zu zahlen;
- der Verkäufer verpflichtet sich, am Fälligkeitstag den Devisenbetrag zu liefern.

Outrightgeschäfte kommen fast ausschließlich im **Kundengeschäft** vor. Sie dienen in ers-ter Linie der Sicherung von Währungsforderungen oder -verbindlichkeiten aus Waren- und Dienstleistungsgeschäften mit dem Ausland.

Fall 1:	Fall 2:
Ein deutscher Importeur hat in 3 Monaten eine **FW-Zahlungsverpflichtung** gegenüber sei-nem ausländischen Kontrahenten zu erfüllen.	Ein deutscher **Exporteur** erwartet in 3 Monaten einen **FW-Zahlungseingang** von seinem aus-ländischen Kontrahenten.
▼	▼
Durch einen **Terminkauf** kann der Importeur das Risiko ausschalten, dass aufgrund eines Kurs-rückgangs des EUR gegenüber der betreffenden Währung ein zusätzlicher Aufwand beim späte-ren Kauf des benötigten Betrages entsteht.	Durch einen **Terminverkauf** kann der Exporteur das Risiko ausschalten, dass aufgrund eines Kursanstiegs des EUR gegenüber der betref-fenden Währung ein Verlust beim späteren Ver-kauf des eingehenden Betrages eintritt.
Die **Kurssicherungskosten** lassen sich nur im Nachhinein feststellen:	
Wird ein FW-Betrag per Termin gekauft und ist der Kassakurs des EUR gegenüber der betref-fenden Währung am Erfüllungstag höher als der Kurs, zu dem der Terminkauf erfolgte, so hat die Kurssicherung Kosten in Höhe des Differenzbe-trages verursacht.	Wird ein FW-Betrag per Termin verkauft und ist der Kassakurs des EUR gegenüber der betref-fenden Währung am Erfüllungstag niedriger als der Kurs, zu dem der Terminverkauf erfolgte, so hat die Kurssicherung Kosten in Höhe des Dif-ferenzbetrages verursacht.

10

Fazit:
Outrightgeschäfte verschaffen Exporteuren und Importeuren eine sichere Kalkulationsgrundlage bei der Planung ihrer Auslandsgeschäfte. Bestehende Kursrisiken können auf ein Kreditinstitut abgewälzt, die Preiskalkulation kann auf der Basis des vereinbarten Terminkurses vorgenommen werden.

Beim Kreditinstitut kann das jeweils übernommene Kursrisiko kompensiert werden, soweit der per Termin verkaufte FW-Betrag dem per Termin gekauften FW-Betrag entspricht.

Beispiel:

Die Westfalenbank hat am 15. März
① *von einem Exporteur 500.000,00 USD per 15. Juni zu 1,1820 USD je EUR gekauft und*
② *am gleichen Tag an einen Importeur 500.000,00 USD per 15. Juni zu 1,1800 USD je EUR verkauft.*

Termin USD per 15 Juni		EUR-Rechnung per 15 Juni	
① 500.000,00	② 500.000,00	① 423.011,84 Gewinn: 716,97	② 423.728,81

Ergibt sich keine Kompensationsmöglichkeit durch ein entgegengerichtetes Outrightgeschäft, so kann die entstandene offene Position mit Hilfe eines Swapgeschäftes geschlossen werden.

◼ Swapgeschäfte

> Ein **Swapgeschäft** ist die Kombination eines Kassageschäftes mit einem Termingeschäft in einem Geschäftsabschluss mit demselben Kontrahenten:
>
> ◼ Kauf von Kassadevisen und gleichzeitig Verkauf von Termindevisen in jeweils gleicher Höhe oder
>
> ◼ Verkauf von Kassadevisen und gleichzeitig Kauf von Termindevisen in jeweils gleicher Höhe.

Swapgeschäfte werden i.d.R. nur im **Interbankenhandel** getätigt. Sie dienen der Absicherung von Kursrisiken aus:

◼ Outrightgeschäften mit der Nichtbanken-Kundschaft

◼ FW-Geldanlagen/FW-Kreditaufnahmen im Zusammenhang mit Zinsarbitragegeschäften.

Es werden gehandelt

◼ an der EUREX standardisierte USD/EUR Kontrakte

◼ im OTC-Handel beliebige Währungen und Laufzeiten.

Beispiel:

① *Die DG-Bank hat von einem Kunden 5 Mio. USD per 3 Monate übernommen.*
② *Um die USD-Gesamtposition betragsmäßig auszugleichen, verkauft die DG-Bank den gleichen Betrag per Kasse an ein anderes Kreditinstitut.*

+	Kassa USD	–	+	Termin USD per 3 Monate	–
	② 5 Mio.		① 5 Mio.		

③ *Um die innerhalb der USD-Gesamtposition noch bestehende zeitliche Differenz auszugleichen, schließt die DG-Bank ein* **Swapgeschäft** *ab: In einem Geschäftsabschluss kauft sie per Kasse USD und verkauft diese gleichzeitig per 3 Monate an denselben Kontrahenten zurück.*

Lernfeld: Auslandsgeschäft 443

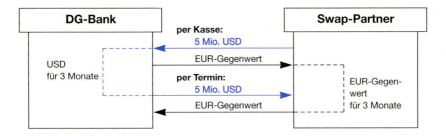

Die beiden Kreditinstitute haben für die Zeit von 3 Monaten USD gegen EUR getauscht (to swap = tauschen). Die DG-Bank gelangt für diesen Zeitraum in den Besitz von 5 Mio. USD; ihre USD Gesamtposition ist jetzt aufgrund des Swapgeschäftes betragsmäßig und zeitlich ausgeglichen.

+	Kassa USD	–	+	Termin USD per 3 Monate	–
③ 5 Mio.	② 5 Mio.		① 5 Mio.	③ 5 Mio.	

10.4.5.3 Devisenoptionsgeschäfte

Devisenoptionen räumen dem Optionsinhaber das Recht ein,
- gegen Zahlung einer einmaligen Optionsprämie
- am letzten Tag der Laufzeit (europäische Version) oder an jedem Tag vom Erwerb bis zum Ende der Laufzeit (amerikanische Version)
- einen vereinbarten Währungsbetrag
- zu einem fest vereinbarten Kurs (Basispreis)
- zu kaufen (Call-Option) oder zu verkaufen (Put-Option).

Im Gegensatz zum Devisentermingeschäft hat der Käufer einer Devisen-Option das Recht, aber nicht die Pflicht, den Fremdenwährungskauf bzw. -verkauf vorzunehmen. Ist die Kursentwicklung im Vergleich zum vereinbarten Basispreis für den Käufer der Option günstig, wird er auf die Erfüllung des Vertrages verzichten. Ist die Kursentwicklung ungünstig, wird er auf Erfüllung bestehen. Optionsgeschäfte kommen somit einer Art „Versicherung gegen Kursrisiken" nahe, wobei die vom Käufer zu zahlende Optionsprämie als „Versicherungsprämie" angesehen werden kann.

Beispiele:

GBP-Call-Option
Ein Importeur erwirbt zur Absicherung seiner GBP-Zahlungsverpflichtung eine Kaufoption.
Basispreis: 0,6500 GBP je EUR   Gegenwert: 100.000,00 EUR
Betrag: 65.000,00 GBP   Prämie: 1.070,00 EUR
Prämie: 1,07 % vom EUR-Gegenwert
Laufzeit: 6 Monate

Mit dem Kauf der Call-Option hat der Importeur das Recht erworben,
- *gegen Zahlung von 1.070,00 EUR Optionsprämie*
- *innerhalb der Optionsfrist von 6 Monaten*
- *65.000,00 GBP*
- *zum Preis von 100.000,00 EUR*
zu kaufen.

Liegt der GBP-Kassakurs bei Laufzeitende der Option **über 0,6500 GBP je EUR,** ist die Ausübung der Option nicht lohnend, da der Importeur sich am Kassamarkt zu einem für ihn günstigeren Kurs eindecken kann.

Liegt der GBP-Kassakurs **unter 0,6500 GBP je EUR,** wird der Importeur die Option ausüben, da er am Kassamarkt beim Kauf der benötigten 65.000,00 GBP einen höheren EUR-Gegenwert aufwenden müsste.

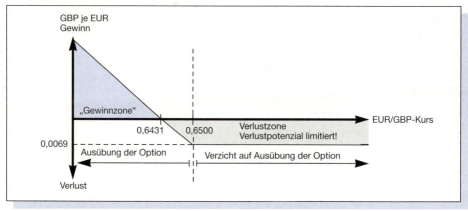

USD-Put-Option
Ein Exporteur erwirbt zur Absicherung seiner USD-Zahlungsforderung einer Verkaufsoption.
Basispreis: 1,0500 USD je EUR   Gegenwert: 100.000,00 EUR
Betrag: 105.000,00 USD   Prämie: 3.930,00 EUR
Prämie: 3,93 % vom EUR-Gegenwert
Laufzeit: 3 Monate

Mit dem Kauf der Put-Option hat der Exporteur das Recht erworben
- gegen Zahlung von 3.930,00 EUR Optionsprämie
- innerhalb der Optionsfrist von 3 Monaten
- 105.000,00 USD
- zum Preis von 100.000,00 EUR

zu verkaufen.

Liegt der USD-Kassakurs bei Laufzeitende der Option **unter 1,0500 USD je EUR,** ist die Ausübung der Option nicht lohnend, da der Exporteur am Kassamarkt durch Verkauf der 105.000,00 USD einen höheren EUR-Erlös erzielen würde.

Liegt der USD-Kassakurs **über 1,0500 USD je EUR,** wird der Exporteur die Option ausüben, da er am Kassamarkt beim Verkauf der 105.000,00 USD einen niedrigeren EUR-Gegenwert erzielen würde.

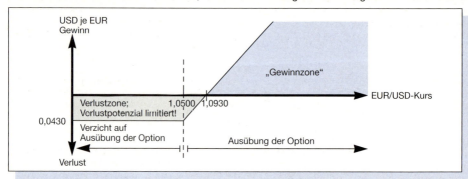

➤ ● **Fallstudie**

Lernfeld: Auslandsgeschäft

10.5 Zahlungen im Außenwirtschaftsverkehr

10.5.1 Grundlagen

10.5.1.1 Auslandspräsenz deutscher Kreditinstitute

Unmittelbare Auslandspräsenz	■ Filialen ■ Tochtergesellschaften ■ Repräsentanzen
Mittelbare Auslandspräsenz ■ A-Korrespondenten	Korrespondenzbanken mit direkter Kontoverbindung *Beispiel:* *Korrespondenzverhältnis mit gegenseitiger Kontoverbindung* 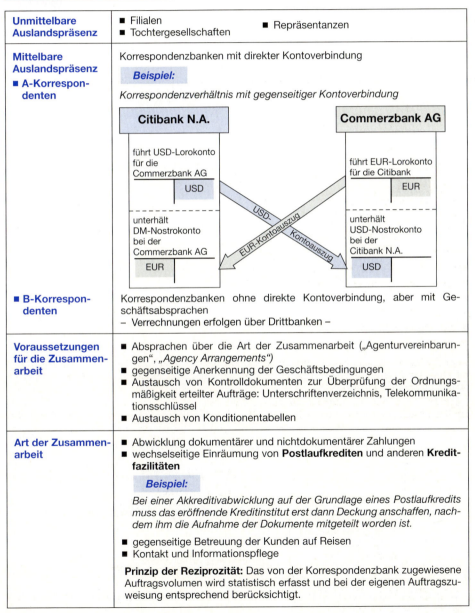
■ B-Korrespondenten	Korrespondenzbanken ohne direkte Kontoverbindung, aber mit Geschäftsabsprachen – Verrechnungen erfolgen über Drittbanken –
Voraussetzungen für die Zusammenarbeit	■ Absprachen über die Art der Zusammenarbeit („Agenturvereinbarungen", „Agency Arrangements") ■ gegenseitige Anerkennung der Geschäftsbedingungen ■ Austausch von Kontrolldokumenten zur Überprüfung der Ordnungsmäßigkeit erteilter Aufträge: Unterschriftenverzeichnis, Telekommunikationsschlüssel ■ Austausch von Konditionentabellen
Art der Zusammenarbeit	■ Abwicklung dokumentärer und nichtdokumentärer Zahlungen ■ wechselseitige Einräumung von **Postlaufkrediten** und anderen **Kreditfazilitäten** *Beispiel:* *Bei einer Akkreditivabwicklung auf der Grundlage eines Postlaufkredits muss das eröffnende Kreditinstitut erst dann Deckung anschaffen, nachdem ihm die Aufnahme der Dokumente mitgeteilt worden ist.* ■ gegenseitige Betreuung der Kunden auf Reisen ■ Kontakt und Informationspflege **Prinzip der Reziprozität:** Das von der Korrespondenzbank zugewiesene Auftragsvolumen wird statistisch erfasst und bei der eigenen Auftragszuweisung entsprechend berücksichtigt.

Kreditinstitute ohne Auslandspräsenz müssen andere Kreditinstitute bzw. die eigene Zentrale mit der Abwicklung von Auslandsgeschäften beauftragen.

10.5.1.2 S.W.I.F.T.

Der Nachrichtenverkehr zwischen in- und ausländischen Kreditinstituten erfolgt meist mit Hilfe des internationalen Datenfernübertragungssystems S.W.I.F.T.

Mitglieder des S.W.I.F.T.-Systems	■ Kreditinstitute aus allen wichtigen Welthandelsländern. ■ Der Systemzugang ist durch eine Schlüsselzahl gesichert, die auf der Basis des gesamten zu übermittelnden Nachrichtentextes jedesmal automatisch errechnet wird.
Aufgabe des S.W.I.F.T.-Systems	Schnelle und sichere **online-Übertragung standardisierter Nachrichten** im Zusammenhang mit dem internationalen Bankgeschäft: ■ Übermittlung von Kontoauszügen ■ Deckungsanschaffungen ■ Scheckavise ■ Zahlungsaufträge ■ Nachrichten zum dokumentären Inkasso- und Akkreditivgeschäft ■ Nachrichten zu Geld- und Devisenhandelsgeschäften

S.W.I.F.T. fungiert nicht als Clearingstelle.

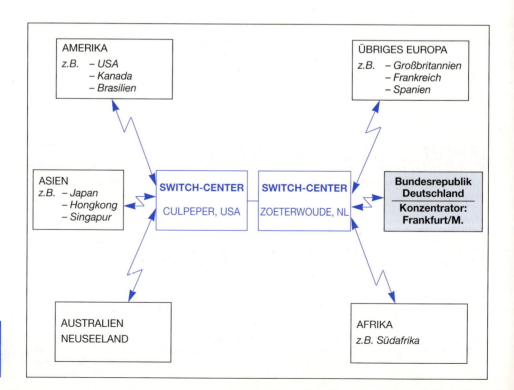

Lernfeld: Auslandsgeschäft 447

10.5.1.3 Zahlungsabwicklung im Außenwirtschaftsverkehr

Die Abwicklung des Auslandszahlungsverkehrs erfolgt bei

- **EUR-Zahlungen** über **EUR-Lorokonten** ausländischer Kreditinstitute bei ihren inländischen Korrespondenzbanken

- **FW-Zahlungen** über **FW-Nostrokonten** inländischer Kreditinstitute bei ihren ausländischen Korrespondenzbanken.

Besteht zwischen Auftraggeber- und Empfängerbank keine direkte Kontoverbindung, so erfolgt die Zahlungsabwicklung unter Einschaltung entsprechender Verrechnungsstellen (inländische und/oder ausländische Kreditinstitute).

Für Kunden, die umfangreiche FW-Transaktionen abzuwickeln haben, empfiehlt es sich oftmals bei ihrem Kreditinstitut ein FW-Konto zu unterhalten.

Vorteile eines Fremdwährungskontos
■ Einschränkung des Kursrisikos aufgrund sich ggf. ergebender Kompensationsmöglichkeiten von FW-Eingängen und FW-Ausgängen
■ Vermeidung des beim An- und Verkauf von Devisen sich ergebenden Kursschnitts (Geld-/Briefspanne) sowie der anfallenden Courtage
■ Möglichkeit der kurzfristigen FW-Kreditaufnahme bzw. Geldanlage zum Zinssatz des jeweiligen Fremdwährungsgebietes
■ Erleichterung der Disposition der FW-Bestände.

Es lassen sich unterscheiden:

- nichtdokumentäre Zahlungen *(Clean Payment)*
- dokumentäre Zahlungen
  Der Zahlungsvorgang wird veranlasst aufgrund der Vorlage von Außenhandelsdokumenten, die eine ordnungsgemäße Vertragserfüllung durch den Exporteur belegen sollen.

Die **Ausführung der Zahlung** kann erfolgen durch:

- Überweisung
- Scheckzahlung

10.5.1.4 Zahlungsbedingungen im Außenhandel

Durch die Zahlungsbedingung wird von den Vertragspartnern **Art, Zeitpunkt,** und **Ort der Zahlung** festgelegt.

Vorauszahlung bzw. Anzahlung	Der Importeur zahlt den Kaufpreis ganz oder teilweise vor Lieferung der Ware.	**Risiko des Importeurs**
Dokumenten-Akkreditiv	Der Importeur beauftragt sein Kreditinstitut, dem Exporteur ein Zahlungsversprechen abzugeben: Dieses verpflichtet sich, gegen Vorlage akkreditivgemäßer Dokumente Zahlung zu leisten.	
Dokumenten-Inkasso	Der Importeur verpflichtet sich, bei Vorlage der vereinbarten Dokumente Zahlung zu leisten oder eine auf ihn gezogene Tratte zu akzeptieren.	
Zahlung nach Erhalt der Ware	Der Exporteur versendet die Ware an den Importeur; dieser zahlt sofort nach Erhalt der Ware oder nach Ablauf eines ggf. vereinbarten Zahlungszieles.	**Risiko des Exporteurs**

10

10.5.1.5 Meldevorschriften für Auslandszahlungen

In Deutschland kann jedermann ohne Beschränkungen oder behördliche Genehmigungen Zahlungen in das Ausland leisten oder Zahlungen aus dem Ausland empfangen. Es bestehen jedoch Meldevorschriften, die für Unternehmen ebenso wie für Privatpersonen gelten. Die Meldungen sind der **Deutschen Bundesbank** zu erstatten. Sie dienen ausschließlich statistischen Zwecken. Einzelangaben dürfen weder veröffentlicht noch anderen Stellen *(z.B. Finanzämtern)* weitergegeben werden.

Rechtsgrundlage: §§ 59–64 AWV

12.500,00 EUR

Gebietsansässige haben Zahlungen von mehr als **5.000,00 DM** (oder Gegenwert in fremder Währung) zu melden, die sie

- **von Gebietsfremden** oder für deren Rechnung von Gebietsansässigen entgegennehmen (eingehende Zahlungen),
- **an Gebietsfremde** oder für deren Rechnung an Gebietsansässige leisten (ausgehende Zahlungen).

Als Zahlungen gelten:

- **Bar-, Scheck- und Wechselzahlungen**
- **Überweisungen** über Kreditinstitute in DM/EUR und in Fremdwährung
- **Aufrechnungen und Verrechnungen.**

Für ausgehende Zahlungen die über Kreditinstitute ausgeführt werden, ist der Vordruck Z_1 **„Zahlungsauftrag im Außenwirtschaftsverkehr"** zu verwenden.

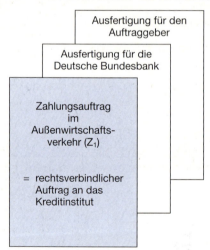

Für die übrigen ein- und ausgehenden Zahlungen ist der Vordruck Z_4 **„Zahlungen im Außenwirtschaftsverkehr"** zu verwenden.

Das Formular ist bei der zuständigen LZB erhältlich.

Ausgenommen von der Meldepflicht sind:

- Ausfuhrerlöse (die Ausfuhr selbst ist dem Bundesamt für die gewerbliche Wirtschaft mit einem entsprechenden Formular anzuzeigen),
- kurzfristige Kredite.

Lernfeld: Auslandsgeschäft

10.5.2 Nichtdokumentäre Zahlungen

10.5.2.1 Überweisungen

Rechtsgrundlagen

Für den grenzüberschreitenden Überweisungsverkehr innerhalb der Europäischen Union (EU) und mit den Ländern des Europäischen Wirtschaftsraums (EWR) gelten die BGB-Bestimmungen zum Überweisungsverkehr *(§§ 676 a–g BGB)*[1]

Überweisungsausgänge

Gebietsansässige können Überweisungen an Gebietsfremde in Fremdwährungen (FW) oder in EUR bzw. DM vornehmen.

Auftragserteilung

Auslands-Überweisungsauftrag	Zahlungsauftrag im Außenwirtschaftsverkehr
■ nur für Zahlungen bis 5.000,00 DM oder Gegenwert in fremder Währung ■ nur für Zahlungen in Länder der Europäischen Union (EU) und der Europäischen Freihandelszone (EFTA; Island, Norwegen, Schweiz)	■ alle Zahlungen von mehr als 5.000,00 DM oder Gegenwert in fremder Währung ■ alle Zahlungen in Länder außerhalb der Europäischen Union (EU) und der Europäischen Freihandelszone (EFTA)
■ Keine Meldepflicht	■ Bei Zahlungen über 5.000,00 DM oder Gegenwert ist ein Durchschlag zur Erfüllung der Meldepflicht an die Deutsche Bundesbank zu leiten.
■ Der Zahlungsempfänger erhält eine Kontogutschrift in der Währung des Empfängerlandes.	■ Der Zahlungsempfänger erhält eine Kontogutschrift gemäß Weisung in der Währung des Empfängerlandes oder in einer anderen Währung.

Der Auftrag muss einen Hinweis über die Kostenverteilung enthalten.

> **Beispiele:**
> ● *Der Auftraggeber bezahlt das Entgelt seines Kreditinstitutes, der Begünstigte trägt die im Ausland anfallenden Kosten.*
> ● *Der Auftraggeber bezahlt alle Entgelte, der Begünstigte erhält den Überweisungsbetrag ohne Abzug.*

DM/EUR-Überweisung	FW-Überweisung
■ Das Konto des Auftraggebers wird in DM bzw. EUR belastet.	■ Auftraggeber unterhält DM- bzw. EUR-Konto – Belastung in DM bzw. EUR – Umrechnung zum Devisen-Geldkurs ■ Auftraggeber unterhält FW-Konto – Belastung des FW-Überweisungsbetrages auf dem FW-Konto – Belastung der Kosten auf dem DM- bzw. EUR-Konto
■ Das Kreditinstitut schreibt den Betrag dem (Loro-)Konto eines A-Korrespondenten als Deckung für den erteilten Auftrag gut.	■ Das Kreditinstitut erteilt einem A-Korrespondenten den Auftrag, die Überweisung zu Lasten des bei dieser Auslandsbank geführten Fremdwährungskontos vorzunehmen.

Die Ausführung des Auftrages erfolgt im allgemeinen per S.W.I.F.T.

Target

Die Abwicklung grenzüberschreitender Zahlungen kann über Target vorgenommen werden. Target steht für **T**rans **E**uropean **A**utomated **R**eal Time **G**ross Settlement **E**xpress **T**ransfer

---

[1] Vgl. Seite 87 ff.

System. Es handelt sich hierbei um ein Echtzeit-Bruttozahlungssystem (RTGS = Real Time Gross Settlement), das von der Europäischen Zentralbank (EZB) und den Nationalen Zentralbanken der EU-Staaten entwickelt wurde. Bei einem Bruttozahlungssystem werden Zahlungen erst dann dem Empfänger gutgeschrieben, wenn sichergestellt ist, dass das Kreditinstitut, welches die Zahlung ausgelöst hat, auch belastet werden konnte. Hierdurch wird das Empfängerinstitut von eventuellen (und vielleicht auch nur vorübergehenden) Zahlungsschwierigkeiten des Auftraggeberinstituts geschützt.

Durch Target soll den Kreditinstituten in Europa ein
- durch Verschlüsselungsmechanismen und das Bruttozahlungsverfahren sicheres,
- effizientes und
- auf die Bedürfnisse der Geldpolitik des Systems Europäischer Zentralbanken (ESZB) abgestelltes technisches Medium zur Verfügung gestellt werden.

Als Netzwerk-Provider in Target fungiert S.W.I.F.T. Das S.W.I.F.T-gesteuerte Target-System bietet neben der Nachrichtenübermittlung gleichzeitig auch die Möglichkeit zur Verrechnung gegenseitiger Forderungen und Verbindlichkeiten der Teilnehmer über die entsprechenden Zentralbankkonten. Neben Target und herkömmlichen S.W.I.F.T.-Überweisungen werden Zahlungen auch über hauseigene Systeme bzw. Verbundsysteme ausgeführt (z.B. Tipanet-Kreditgenossenschaften, Interpay-Sparkassen).

Abwicklung eines Zahlungsauftrages im Außenwirtschaftsverkehr

Beispiel:

Ein Kunde erteilt der Bremer Bank den Auftrag, 20.000,00 USD auf das Konto seines Geschäftspartners in den USA zu überweisen.
Bankverbindung des Begünstigten: Citibank New York.
Die Bremer Bank unterhält ein FW-Konto bei der Citibank New York.

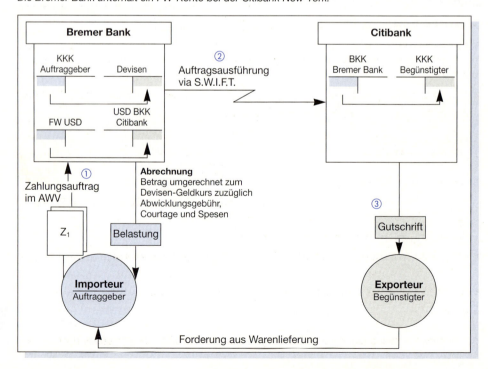

Lernfeld: Auslandsgeschäft 451

Überweisungseingänge

Überweisungseingänge in EUR

Das Kreditinstitut belastet das (Loro-)Konto des auftraggebenden A-Korrespondenten und schreibt den Betrag dem Konto des Begünstigten unter Abzug von Abwicklungsgebühren und Spesen gut.

Überweisungseingänge in FW

Das Kreditinstitut erhält Gutschrift auf seinem Fremdwährungskonto bei einem A-Korrespondenten.

Der Begünstigte kann entscheiden, ob er Gutschrift in EUR oder FW haben möchte:
- *bei EUR-Gutschrift:* Abrechnung zum Devisen-Briefkurs unter Abzug von Abwicklungsgebühren, Courtage und Spesen
- *bei FW-Gutschrift:* Gutschrift auf dem FW-Konto des Kunden unter Abzug von Abwicklungsgebühren und Spesen.

AGB-Regelung:
Geldbeträge in ausländischer Währung darf das Kreditinstitut mangels ausdrücklicher gegenteiliger Weisung des Kunden in EUR bzw. DM gutschreiben, sofern es nicht für den Kunden ein Konto in der betreffenden Währung führt *(AGB-Sparkassen Ziff. 13).*

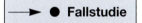
Fallstudie

10.5.2.2 Scheckzahlungen

Zwei **Möglichkeiten der Scheckzahlung** sind zu unterscheiden:
- **Bank-auf-Bank-Ziehung:** Die Zahlung erfolgt durch einen vom Kreditinstitut des Zahlungspflichtigen auf einen A-Korrespondenten gezogenen Scheck (Bankenorderscheck).
- **Kunde-auf-Bank-Ziehung:** Die Zahlung erfolgt durch einen vom Zahlungspflichtigen auf sein Kreditinstitut gezogenen Scheck.

Scheckausgänge

Bank-auf-Bank-Ziehung

Im Auslandszahlungsverkehr erfolgen Zahlungen durch Bank-auf-Bank-Ziehung (Banken-Orderscheck), wenn
- der Auftraggeber dies ausdrücklich wünscht
- aufgrund der Zahlungsgewohnheiten im Land des Begünstigten Scheckzahlungen üblich sind *(z.B. USA)*
- die Zahlung in einer Drittwährung erfolgen soll *(z.B. Zahlung in USD nach Mexico)*
- die Bankverbindung des Begünstigten nicht bekannt ist.

Zur Auftragserteilung wird der **„Zahlungsauftrag im Außenwirtschaftsverkehr"** verwendet.

> **Beispiel:**
>
> Ein Kunde erteilt der Union Bank den Auftrag, eine Scheckzahlung über USD 10.000,00 zu Gunsten seines Geschäftspartners vorzunehmen.

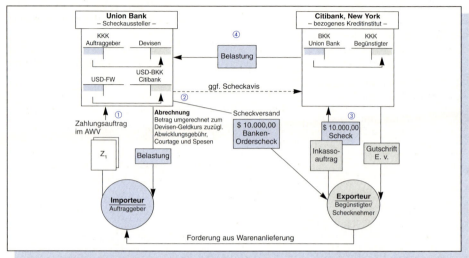

Die Scheckzahlung kann auch per S.W.I.F.T. erfolgen: Die Citibank druckt aufgrund einer S.W.I.F.T.-Nachricht der Union-Bank den Scheck mit einer faksimilierten Unterschrift aus.

Kunde-auf-Bank-Ziehung

Bei einem guten Vertrauensverhältnis zwischen zwei Außenhandelspartnern ist der Gläubiger meist bereit, einen gewöhnlichen Verrechnungs- bzw. Orderscheck des Schuldners in Zahlung zu nehmen.

> **Beispiel:**
>
> Ein Kunde der WestLB übersendet seinem schweizerischen Vertragspartner zum Ausgleich einer Rechnung einen Verrechnungsscheck über 20.000,00 EUR.

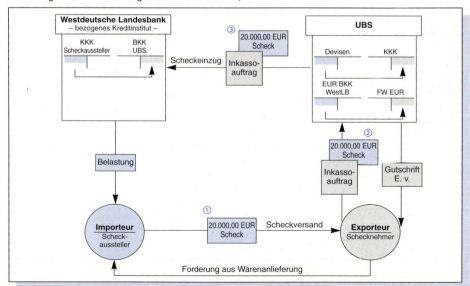

Lernfeld: Auslandsgeschäft 453

Scheckeingänge

Aus dem Ausland eingehende Schecks kann der Schecknehmer von seinem Kreditinstitut ankaufen oder einziehen lassen.

EUR-Schecks

Das Kreditinstitut erteilt dem Scheckeinreicher Gutschrift E.v. und zieht den Scheckbetrag beim bezogenen Kreditinstitut ein.

Von ausländischen Kreditinstituten oder Gebietsfremden auf inländische Kreditinstitute gezogene EUR-Schecks werden im inländischen Scheckeinzugsverkehr auf dem üblichen Inkassoweg eingezogen.

FW-Schecks

Der Scheckeinreicher kann entscheiden, ob er Gutschrift in EUR oder FW haben möchte:

Bei sofortiger EUR-Gutschrift: Abrechnung zum **Scheckankaufskurs** abzüglich Abwicklungsgebühr, Courtage und Spesen.

> Der Scheckankaufskurs (Sichtkurs) liegt i.d.R. eine halbe Geld/Brief-Spanne über dem Briefkurs. Gründe für den **Sichtaufschlag** beim Ankauf von FW-Schecks:
> - Ausgleich des Zinsverlustes, den das Kreditinstitut für die Zeit von der Gutschrift auf dem Konto des Einreichers bis zur Gutschrift auf dem eigenen FW-Konto bei einer Korrespondenzbank trägt
> - Übernahme des Kursrisikos durch das Kreditinstitut für diesen Zeitraum

Bei EUR-Gutschrift nach Eingang des Gegenwertes: Abrechnung zum Devisen-Briefkurs abzüglich Abwicklungsgebühr, Courtage und Spesen.

Bei FW-Gutschrift: Gutschrift auf dem FW-Konto des Kunden abzüglich Abwicklungsgebühr und Spesen.

Das Kreditinstitut zieht den Scheck unter Einschaltung eines A-Korrespondenten zu Gunsten seines (Nostro-)Kontos beim bezogenen Kreditinstitut ein.

Fremdwährungsschecks, die aus dem Ausland unbezahlt zurückkommen, werden dem Einreicher zurückgegeben unter Belastung des Scheckgegenwertes zuzüglich ausländischer Rückscheckkosten zum Devisen-Geldkurs, sofern der Scheckgegenwert dem Einreicher bereits E.v. gutgeschrieben wurde. Bei der Rückgabe eines nicht eingelösten Inkassoschecks werden lediglich die Auslandsgebühren zum Geldkurs (zuzüglich Inlandsgebühren) dem Einreicher belastet.

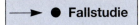 Fallstudie

10.5.3 Dokumentäre Zahlungen

10.5.3.1 Dokumenteninkasso

Grundlage des **Dokumenteninkassos** *(Remittance for collection and/or acceptance)* ist der Auftrag eines Exporteurs an sein Kreditinstitut, den Gegenwert für eingereichte Dokumente zu Lasten des Importeurs einzuziehen. Der Exporteur übergibt seinem Kreditinstitut die vereinbarten Dokumente mit der Weisung,
- diese an das Kreditinstitut des Importeurs weiterzuleiten und
- deren Aushändigung an den Importeur gegen Zahlung des Kaufpreises bzw. Akzeptierung der beigefügten Tratte zu veranlassen.

Rechtsgrundlage: *Einheitliche Richtlinien für Inkassi (ERI)*

Dokumente im Sinne der ERI sind:

- **Zahlungspapiere:** Wechsel, Solawechsel, Schecks, Quittungen
- **Handelspapiere:** Rechnungen, Transport-, Versicherungsdokumente u.a.

Rechtsbeziehungen beim Dokumenteninkasso

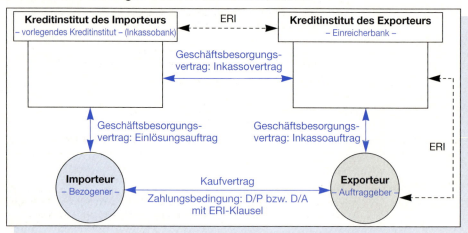

Abwicklung des Dokumenteninkassos

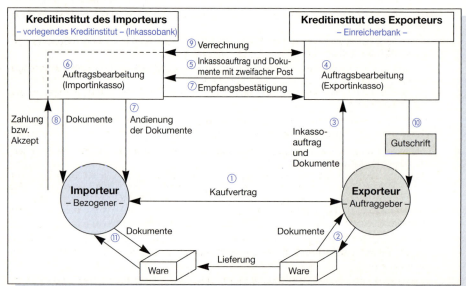

Lernfeld: Auslandsgeschäft   455

Erläuterungen:

① vereinbarte Zahlungsbedingung: Dokumente gegen Zahlung bzw. Dokumente gegen Akzeptierung

② Warenversand und Beschaffung der mit dem Importeur vereinbarten Dokumente

③ Inkassoauftrag des Exporteurs an sein Kreditinstitut

Inhalt des Auftrags:

- Auftraggeber (Exporteur)
- Bezogener (Importeur)
- Bankverbindung des Importeurs
- Inkassogegenwert

- Bezeichnung der Ware
- Transportmittel und -weg
- Art und Anzahl der zum Inkasso übersandten Dokumente

Vollständige und genaue Weisungen bezüglich:

- Auslieferung der Dokumente
  „Liefern Sie die Dokumente aus gegen Zahlung"
  „Liefern Sie die Dokumente aus gegen Akzeptierung"
- Akzeptverwendung bei D/A
  „Die akzeptierte Tratte ist an uns zurückzusenden"
  „Die akzeptierte Tratte ist zum Einzug bei Fälligkeit zu verwahren"
- Anschaffung des Inkassogegenwertes
- Übernahme der Inkassospesen
- Nichtaufnahme der Dokumente durch den Importeur
  „… erbitten wir Nachricht an… (Notadresse)"

- ERI-Klausel
- Unterschrift des Auftraggebers

---

④ + ⑥ Die Kreditinstitute müssen prüfen, ob die erhaltenen Dokumente den im Inkassoauftrag aufgezählten Dokumenten zu entsprechen scheinen, und vom Fehlen irgendwelcher Dokumente denjenigen Beteiligten sofort verständigen, von dem ihnen der Inkassoauftrag zuging.
Die Kreditinstitute haben keine weitere Verpflichtung zur Prüfung der Dokumente. Sie handeln nach Treu und Glauben und mit angemessener Sorgfalt. Die beteiligten Kreditinstitute sind nicht verpflichtet, etwas zum Schutz der Ware zu tun, falls der Importeur die Dokumente nicht aufnimmt.

⑤ Um die Weisungen des Auftraggebers auszuführen, betraut die Einreicherbank als Inkassobank

- das vom Auftraggeber benannte Kreditinstitut oder (mangels einer solchen Benennung)
- ein Kreditinstitut eigener Wahl im Land der Zahlung.

Dokumente und Inkassoauftrag können der Inkassobank direkt oder über ein zwischengeschaltetes anderes Kreditinstitut übersandt werden.
Der Versand der Dokumente erfolgt aus Sicherheitsgründen i.d.R. in zwei Postsendungen oder durch Kurier.

⑦ Nach Eingang des Inkassoauftrages versendet die Inkassobank ihr Andienungsschreiben an den Bezogenen und schickt gleichzeitig eine Empfangsbestätigung an die Einreicherbank.

⑧ Wenn der Exporteur nichts anderes vorgeschrieben hat, muss der Bezogene die Dokumente *„bei erster Präsentation"* einlösen.
Um dem Bezogenen die Möglichkeit zu geben die Dokumente im Einzelnen zu prüfen, kann die Inkassobank auf eigenes Risiko eine *„Andienung zu treuen Händen"* vornehmen. Bei Nichtaufnahme muss der Bezogene die Dokumente unverzüglich wieder zurückgeben.
Die Dokumente dürfen erst nach voller Zahlung bzw. Akzeptleistung durch den Bezogenen freigegeben werden.

⑨ + ⑩ Anschaffung des Inkassogegenwertes entsprechend den Weisungen der Einreicherbank und anschließend Gutschrift abzüglich Abwicklungsgebühren und Spesen auf dem Konto des Auftraggebers.

⑪ Empfang der Ware durch den Importeur (ggf. gegen Vorlage entsprechender Dokumente)

10

Beurteilung des Dokumenteninkassos

Importeur	Exporteur
(+)	(+)
■ Die Zahlungspflicht des Importeurs wird erst ausgelöst, wenn die Dokumente und damit die Verfügungsgewalt über die Ware in seinen Besitz gelangen. ■ Der Importeur bestimmt den Zeitpunkt der Zahlung.	■ Der Importeur kann erst nach Einlösung der Dokumente über die Ware verfügen. ■ Der Zahlungseingang ist gesichert, sobald der Importeur die angedienten Dokumente aufnimmt.
(−)	(−)
■ Der Importeur leistet Zahlung bzw. Akzept, ohne die Qualität der Ware vorher im Einzelnen prüfen zu können.	■ Der Exporteur muss Produktion und Transport der Ware vorleisten. ■ Der Exporteur trägt die Folgen bei Nichtaufnahme der Dokumente durch den Importeur: – Verderb der Ware – Lagerkosten – Rückverschiffungskosten – Verkauf unter Wert

Fazit:
Das Dokumenteninkasso gewährleistet ein **„Zug-um-Zug-Geschäft"** (Dokumente gegen Geld bzw. Akzept).
■ Der Exporteur verliert die Verfügungsgewalt erst bei Zahlung bzw. Akzeptleistung,
■ Der Importeur zahlt nur gegen Aushändigung der Dokumente.

Obwohl der Importeur sich im Kaufvertrag verpflichtet hat, bei fristgerechter Vorlage der ordnungsgemäßen Dokumente Zahlung zu leisten, besteht für den Exporteur das Risiko der Nichtaufnahme der Dokumente. Der Exporteur verliert zwar i.d.R. nicht die Verfügungsgewalt über die Ware, es können jedoch bei der weiteren Verwendung einer bereits versandten Ware erhebliche Kosten entstehen.

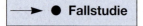
Fallstudie

10.5.3.2 Dokumenten-Akkreditiv

Das **Dokumenten-Akkreditiv** ist ein bedingtes, abstraktes Schuldversprechen des eröffnenden Kreditinstituts,
■ im Auftrag und nach den Weisungen eines Kunden
■ gegen Übergabe vorgeschriebener Dokumente
■ eine Zahlung an einen Dritten (Begünstigten) zu leisten oder vom Begünstigten gezogene Wechsel zu bezahlen oder zu akzeptieren oder

ein anderes Kreditinstitut zur Ausführung einer solchen Zahlung oder zur Bezahlung oder Akzeptierung derartiger Wechsel zu ermächtigen,
sofern die Akkreditiv-Bedingungen erfüllt sind.

Rechtsgrundlage: *Einheitliche Richtlinien und Gebräuche für Dokumenten-Akkreditive (ERA), Revision 1993*

Lernfeld: Auslandsgeschäft 457

Rechtsbeziehungen beim Dokumenten-Akkreditiv

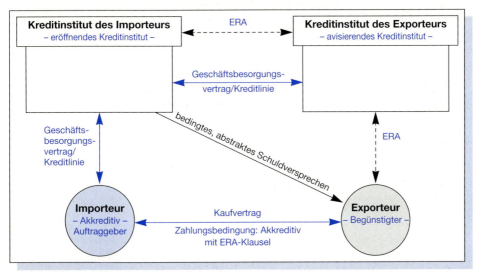

Eröffnendes Kreditinstitut – Akkredititiv-Auftraggeber

Das eröffnende Kreditinstitut verpflichtet sich, das Akkredititiv zu stellen und für dessen Avisierung gegenüber dem Begünstigten zu sorgen. Beim unwiderruflichen Akkreditiv geht das eröffnende Kreditinstitut eine Eventualverbindlichkeit ein, da es auch bei Zahlungsunfähigkeit des Auftraggebers zur Zahlung verpflichtet ist.

Bei nicht ausreichender Bonität des Auftraggebers kann das eröffnende Kreditinstitut als Sicherheit Akkreditiv-Deckung verlangen.

Eröffnendes Kreditinstitut – Begünstigter

Bedingtes, abstraktes Schuldversprechen des eröffnenden Kreditinstituts:
– *bedingt,* weil die Zahlung an die fristgerechte Vorlage der vereinbarten Dokumente geknüpft ist
– *abstrakt,* weil das Zahlungsversprechen losgelöst von den gegenseitigen Rechten und Pflichten des Importeurs und des Exporteurs aus dem Grundgeschäft besteht

Eröffnendes Kreditinstitut – avisierendes Kreditinstitut

Das avisierende Kreditinstitut verpflichtet sich, dem Begünstigten die Akkreditiv-Eröffnung mitzuteilen und bei der Abwicklung des Akkreditivs mitzuwirken.

Sofern das eröffnende Kreditinstitut dem avisierenden Kreditinstitut keine Akkreditiv-Deckung anzuschaffen hat, entsteht für die Zeit von der Auszahlung des Akkreditiv-Betrages bis zur Anschaffung des Gegenwertes zwischen beiden Kreditinstituten ein Kreditverhältnis.

Akkreditiv-Arten nach der Verpflichtung der beteiligten Kreditinstitute

Widerrufliches Akkreditiv

Das eröffnende Kreditinstitut hat das Recht, das Akkreditiv zu ändern oder sogar zu stornieren, solange der Begünstigte die Dokumente dem avisierenden Kreditinstitut noch nicht vorgelegt hat.

Das widerrufliche Akkreditiv bietet dem Exporteur wenig Sicherheit und kommt in der Praxis daher selten vor.

Das Akkreditiv soll eindeutig angeben, ob es widerruflich oder unwiderruflich ist. Fehlt eine solche Angabe, gilt das Akkreditiv als unwiderruflich.

Unwiderrufliches Akkreditiv
Das eröffnende Kreditinstitut geht eine feststehende Verpflichtung gegenüber dem Begünstigten ein, sofern die Akkreditiv-Bedingungen erfüllt werden.

Unwiderrufliches, bestätigtes Akkreditiv
Unwiderrufliche Akkreditive können von dem avisierenden (mitteilenden) Kreditinstitut bestätigt werden.

Gegen eine **Bestätigungsprovision** übernimmt das avisierende Kreditinstitut eine zusätzliche Einlösungsverpflichtung; dem Begünstigten haften nebeneinander wahlweise das Kreditinstitut im eigenen Land und das eröffnende Kreditinstitut.

Grund: Vorsorge gegen Zahlungsunfähigkeit des eröffnenden Kreditinstituts und Transferrisiken im Importland

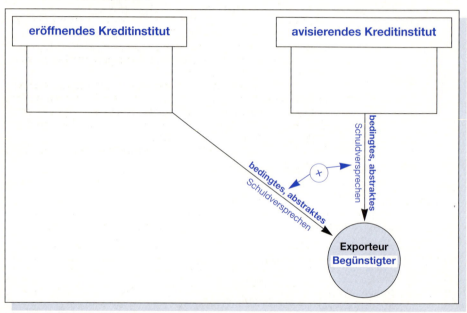

■ Akkreditiv-Arten nach der Benutzbarkeit durch den Begünstigten
Das Akkreditiv ist benutzbar durch:
- Zahlung bei Sicht → **Sichtakkreditiv**
- hinausgeschobene Zahlung → **Nachsichtakkreditiv**
- Akzeptleistung → **Akzeptakkreditiv**
- Negoziierung (Ankauf) → **Negoziierungsakkreditiv**

Sichtakkreditiv	Der Begünstigte hat bei Vorlage der vorgeschriebenen Dokumente und Erfüllung der Akkreditivbedingungen Anspruch auf **sofortige Zahlung**.
Nachsichtakkreditiv (Deferred-Payment-Akkreditiv)	Der Begünstigte erhält erst an einem späteren Datum **nach Vorlage der Dokumente** Zahlung: Er gewährt dem Auftraggeber ein **Zahlungsziel**.

Lernfeld: Auslandsgeschäft

Akzeptakkreditiv	Der Begünstigte räumt dem Auftraggeber ein **Zahlungsziel gegen Akzeptleistung** ein. Das avisierende Kreditinstitut akzeptiert im Auftrag des eröffnenden Kreditinstituts einen in Übereinstimmung mit den Akkreditivbedingungen gezogenen Wechsel des Begünstigten. Nach Vorlage akkreditivgerechter Dokumente wird das Akzept entweder an den Begünstigten ausgehändigt oder auf dessen Wunsch diskontiert.
Negoziierungs-akkreditiv	**Negoziierung** bedeutet die Zahlung von Geld gegen Tratten und/oder Dokumente durch das zur Negoziierung ermächtigte Kreditinstitut. Das negoziierbare Akkreditiv kommt in der Praxis hauptsächlich in Form des **C**ommercial **L**etter of **C**redit (**CLC**) vor, der direkt an den Begünstigten adressiert ist. Vielfach wird ein Kreditinstitut – quasi als Briefträger – mit der Aushändigung des CLC an den Adressaten beauftragt, das gewöhnlich bei dieser Gelegenheit eine Ankaufszusage zur Negoziierung der unter dem CLC zu ziehenden Tratte abgibt. Der Begünstigte hat die Möglichkeit, die Dokumente einem von ihm gewählten Kreditinstitut unter Vorlage des CLC einzureichen; dieses negoziiert die auf die Ausstellerbank gezogene Tratte des Begünstigten. Ausnutzungen werden auf der Rückseite des CLC vermerkt. Aufgrund der **bona-fide-holder-Klausel** verpflichtet sich das ausstellende Kreditinstitut gegenüber dem Trattenaussteller und jedem gutgläubigen Erwerber, dass die aufgrund des CLC ausgestellte und von akkreditivgerechten Dokumenten begleitete Tratte bei Vorlage eingelöst wird. Der CLC kommt überwiegend im Handelsverkehr mit anglo-amerikanischen Ländern vor.

Abwicklung des Dokumenten Akkreditivs

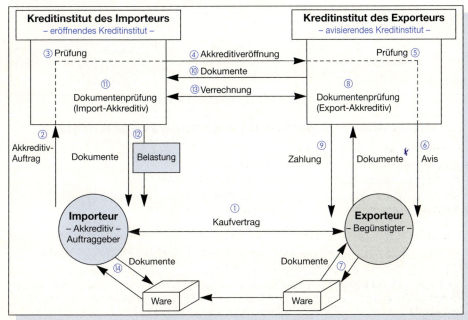

Erläuterungen:

① vereinbarte Zahlungsbedingung: Dokumenten-Akkreditiv benutzbar durch Zahlung bei Sicht

② Akkreditiv-Auftrag des Importeurs an sein Kreditinstitut

Inhalt des Auftrags:	
■ Auftraggeber (Importeur)	■ Bezeichnung der Ware
■ Begünstigter (Exporteur)	■ Frachtroute (Transportmittel, -weg)
■ Akkreditiv-Art	■ Lieferungsbedingung
■ Akkreditiv-Betrag	■ Verrechnungskonto
■ vorzulegende Dokumente	■ ERA-Klausel
■ Laufzeit des Akkreditivs (Verfalldatum)	■ Unterschrift des Auftraggebers

Als Anlage ist dem Akkreditiv-Auftrag i.d.R. bereits der entsprechende Zahlungsauftrag im AWV (Z_1) beigefügt.

③ Prüfung des Auftrags auf:
- ■ Vollständigkeit der Angaben
- ■ Bonität des Auftraggebers
  bei unzureichender Bonität: ggf. Belastung des Auftraggebers zur Akkreditiv-Deckung

④ Akkreditiv-Eröffnung aufgrund der Weisungen des Auftraggebers (brieflich oder via S.W.I.F.T.); ggf. Anschaffung einer Akkreditiv-Deckung

⑤ Prüfung des Eröffnungsschreibens bzw. der S.W.I.F.T.-Nachricht:
Ist das Akkreditiv vollständig und genau?

⑥ Benachrichtigung des Begünstigten, ggf. Akkreditivbestätigung durch das avisierende Kreditinstitut

⑦ Warenversand und Beschaffung akkreditivgerechter Dokumente durch den Begünstigten

⑧ Die Kreditinstitute müssen die Dokumente mit angemessener Sorgfalt prüfen um sich zu vergewissern, dass sie der äußeren Aufmachung nach den Akkreditiv-Bedingungen entsprechen:
- ■ **Ist das Akkreditiv fristgerecht ausgenutzt worden?**
  Außer einem Verfalldatum für die Vorlage der Dokumente sollte jedes Akkreditiv, das ein Transportdokument vorschreibt, auch eine genau bestimmte Frist ab Ausstellungsdatum des Transportdokuments festsetzen, innerhalb welcher die Dokumente vorgelegt werden müssen. Fehlt eine derartige Frist, weisen die Kreditinstitute Dokumente zurück, die ihnen später als 21 Tage nach dem Verladedatum des Transportdokuments vorgelegt werden *(ERA Art. 43)*.
- ■ **Sind alle geforderten Dokumente vollständig eingereicht worden?**
- ■ **Stimmen die Dokumente untereinander überein?**

Die Kreditinstitute übernehmen keine Haftung oder Verantwortlichkeit für Form, Vollständigkeit, Genauigkeit, Echtheit, Verfälschung oder Rechtswirksamkeit irgendwelcher Dokumente *(ERA Art. 15)*.

⑨ Zahlung des Akkreditiv-Betrages

⑩ Der Versand der Dokumente erfolgt aus Sicherheitsgründen i.d.R. in zwei Postsendungen oder durch Kurier.

⑪ Prüfung der zugesandten Dokumente wie ⑧.

⑫ Aushändigung der Dokumente an den Auftraggeber unter gleichzeitiger Belastung mit dem Akkreditiv-Betrag zuzüglich Provision und Spesen.

⑬ Anschaffung des Akkreditiv-Betrages

⑭ Empfang der Ware durch den Importeur (ggf. gegen Vorlage entsprechender Dokumente)

Lernfeld: Auslandsgeschäft 461

Beurteilung des Dokumenten-Akkreditivs

Importeur	Exporteur
(+)	(+)
■ Die Zahlung erfolgt erst nach Vorlage akkreditivgerechter Dokumente, die den Warenversand ausweisen. Durch die zeitliche Festlegung – der Verladung und – der Gültigkeitsdauer des Akkreditivs wird eine termingerechte Erfüllung gewährleistet	■ Die Zahlung ist durch das Schuldversprechen des eröffnenden Kreditinstituts (und ggf. zusätzlich des bestätigenden Kreditinstituts) gesichert, sofern die Akkreditiv-Bedingungen erfüllt werden.
(−)	
■ Der Importeur leistet Zahlung ohne die Qualität der Ware vorher prüfen zu können.	

Fazit:

Das Dokumenten-Akkreditiv bietet die weitestgehendste Zahlungs- und Lieferungssicherung, wenn sich die Handelspartner nicht hinreichend kennen bzw. sie die Bonität/Vertragstreue ihres Kontrahenten nicht ausreichend beurteilen können.

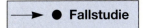 **Fallstudie**

Bankwirtschaftliche Formeln und Kennziffern

Zinsberechnung

Z:	Zinsen	t:	Zinstage: Differenz zwischen der Wertstellung (Valuta) Verzinsungsbeginn und Wertstellung Verzinsungsende
K:	Kapital		
p:	Zinssatz		

Ermittlung der Zinsen	Ermittlung des Kapitals	Ermittlung des Zinssatzes	Ermittlung der Zinstage
$Z = \dfrac{K \cdot p \cdot t}{100 \cdot 360\,(365/366)}$	$K = \dfrac{Z \cdot 100 \cdot 360\,(365/366)}{p \cdot t}$	$p = \dfrac{Z \cdot 100 \cdot 360\,(365/366)}{K \cdot t}$	$t = \dfrac{Z \cdot 100 \cdot 360\,(365/366)}{K \cdot p}$

Zinsrechnungsmethoden

Deutsche kaufmännnische Zinsrechnung (30/360)	Taggenaue Zinsrechnung (act/act)	Eurozinsrechnung (act/360)
■ **Zinstage: Monat zu 30 Zinstagen (t)** ■ **Jahr zu 360 Zinstagen**	■ **Zinstage: kalendermäßig (act)** ■ **Jahr zu 365 bzw. 366 Zinstagen (act)**	■ **Zinstage: kalendermäßig (act)** ■ **Jahr zu 360 Zinstagen**
$Z = \dfrac{K \cdot p \cdot t}{100 \cdot 360}$	$Z = \dfrac{K \cdot p \cdot act}{100 \cdot 365/366}$	$Z = \dfrac{K \cdot p \cdot act}{100 \cdot 360}$
Anwendungsbeispiele		
■ *Sparkonten* ■ *Kunden-Festgeldkonten* ■ *Kontokorrentkonten* ■ *Ratenkredite* ■ *langfristige Darlehen*	■ *Bundesanleihen mit festem Zins* ■ *Bundesobligationen* ■ *Bundesschatzanweisungen* ■ *Finanzierungsschätze* ■ *Bundesschatzbriefe* ■ *andere börsennotierte Anleihen*	■ *Bundesanleihen und andere Anleihen mit variablem Zins (Floating-Rate-Notes)* ■ *Unverzinsliche Schatzanweisungen (U-Schätze, „Bubills")* ■ *Geldmarktkredite* ■ *Refinanzierungen und Geldanlagen bei der EZB*

Summarische Zinsrechnung

Ermittlung der Zinszahl	$\# = \dfrac{K}{100} \cdot t$	■ Die Pfennige beim Kapital werden nicht berücksichtigt. ■ Zinszahlen sind ganze Zahlen (kaufmännische Rundung).
Ermittlung des Zinsdivisors	$Zd = \dfrac{360}{p}$	
Ermittlung der Zinsen	$Z = \dfrac{\#}{Zd}$ $Z = \# \cdot \dfrac{p}{360}\ $ oder $\ Z = \# : \dfrac{360}{p}$	

Beispiel:

Kontokorrentkonten

Anhang

Zinseszinsrechnung

K_0: Anfangskapital K_n: Endkapital n: Anzahl der Jahre r: jährliche Raten	$q = 1 + \dfrac{p}{100}$

Aufzinsung	Abzinsung	Rentenrechnung (regelmäßige Einzahlung eines Geldbetrages am Jahresanfang)
$K_n = K_0 \cdot q^n$	$K_0 = K_n \cdot \dfrac{1}{q^n}$	$K_n = r \cdot q \dfrac{q^n - 1}{q - 1}$
Aufzinsungsfaktor: q^n $q^n = \left(1 + \dfrac{p}{100}\right)^n$	**Abzinsungsfaktor:** $\dfrac{1}{q^n}$ $\dfrac{1}{q_n} = \dfrac{1}{\left(1 + \dfrac{p}{100}\right)^n}$	
Anwendung		
Ermittlung des Kapitalendwertes eines bestimmten Anfangskapitals bei gegebenem Zinssatz	Ermittlung des heutigen Zeitwertes einer bestimmten zukünftigen Zahlung bei gegebenem Zinssatz	Ermittlung des Kapitalendwertes von regelmäßigen jährlichen Einzahlungen bei gegebenem Zinssatz
Beispiele:	*Beispiele:*	*Beispiele:*
● *Aufzinsungssparbriefe* ● *Bundesschatzbriefe Typ B* ● *Zero-Bonds*	● *Abzinsungssparbriefe* ● *Zero-Bonds*	● *Sparverträge* ● *Lebensversicherungen*

▪ Effektengeschäft

Kurswertberechnung

Stücknotierung (Aktien und Optionsscheine)
Kurswert = Stückzahl · Stückkurs
Prozentnotierung (Schuldverschreibungen)
Kurswert = $\dfrac{\text{Nennwert} \cdot \text{Prozentkurs}}{100}$

Ordentliche Kapitalerhöhung

Ermittlung des rechnerischen Werts des Bezugsrechtes	
(1) *vor* Beginn des Bezugsrechtshandels	BR: rechnerischer Wert des Bezugsrechts
$$BR = \frac{Ka - Kn}{\frac{m}{n} + 1}$$	Ka: Börsenkurs der alten Aktien
	Kn: Ausgabekurs der jungen Aktien
	K_{exBR}: Kurs ex Bezugsrecht
mit Dividendennachteil:	m: Anzahl der alten Aktien
$$BR = \frac{Ka - Kn - DN}{\frac{m}{n} + 1}$$	n: Anzahl der jungen Aktien
	$\frac{m}{n}$: Bezugsverhältnis
(2) *nach* Beginn des Bezugsrechtshandels	DN: Dividendennachteil
$$BR = \frac{K_{exBR} - Kn}{\frac{m}{n}}$$	
mit Dividendennachteil:	
$$BR = \frac{K_{exBR} - Kn - DN}{\frac{m}{n}}$$	

Ermittlung der Anzahl junger Aktien beim Aktienbezug ohne zusätzlichen Kapitaleinsatz (Opération blanche)	
$$JA = \frac{BN \cdot BR}{Kn + \left(\frac{m}{n} \cdot BR\right)}$$	BN: Anzahl der vorhandenen Bezugsrechte JA: Anzahl der zu beziehenden jungen Aktien

Kapitalerhöhung aus Gesellschaftsmitteln

Ermittlung des Berichtigungsabschlags	
$$BA = \frac{Ka}{\frac{m}{n} + 1}$$	BA: Berichtigungsabschlag $\frac{m}{n}$: Berichtigungsverhältnis
Ermittlung des rechnerischen Kurses exBA	
$$KaexBA = \frac{Ka \cdot m}{m + n}$$	KaexBA: Aktienkurs mit Berichtigungsabschlag
Ermittlung der Anzahl der zugeteilten Berichtigungsaktien und des verbleibenden Teilrechtsanspruchs	
$$N = \frac{AA \cdot n}{m}$$	N: Anzahl der Berichtigungsaktien und Teilrechte AA: Anzahl der vorhandenen alten Aktien

Bewertung von festverzinslichen Schuldverschreibungen

laufende Verzinsung	
$P_{lfd} = \dfrac{P_{nom} \cdot 100}{K}$	P_{lfd}: laufende Verzinsung P_{nom}: Nominalverzinsung K: Tageskurs
Effektivverzinsung (Rendite)	
$P_{eff} = \dfrac{\left[P_{nom} + \left(\dfrac{RK - EK}{J}\right)\right] \cdot 100}{EK}$	P_{eff}: Effektivverzinsung RK: Rückzahlungskurs EK: Erwerbskurs J: Anlagedauer in Jahren
Bestimmung des Kurslimits/Bietungskurses bei gegebener Renditevorstellung	
$EK = \dfrac{(P_{nom} \cdot J) + RK}{\left(\dfrac{P_{eff} \cdot J}{100}\right) + 1}$	EK: Erwerbskurs (Kurslimit bzw. Bietungskurs)

Bewertung von Aktien

Dividendenrendite	
$DR = \dfrac{\text{Bruttodividende} + \text{KSt-Guthaben}}{\text{Aktienkurs}} \cdot 100$ KSt-Guthaben = 3/7 der Bruttodividende	DR: Dividendenrendite
Effektivverzinsung (Rendite)	
$P_{eff} = \dfrac{NE \cdot 100 \cdot 12}{K \cdot M}$	NE: Nettoergebnis K: eingesetztes Kapital M: Anlagezeitraum in Monaten
Kurs-Gewinn-Verhältnis (Price-Earnings-Ratio)	
$KGV = \dfrac{\text{Aktienkurs}}{\text{Gewinn pro Aktie}}$	$\dfrac{\text{Gewinn}}{\text{pro Aktie}} = \dfrac{\text{erwarteter Gesamtgewinn der AG}}{\text{Anzahl der Aktien der AG}}$
Kurs-Cash-flow-Verhältnis	
$KCV = \dfrac{\text{Aktienkurs}}{\text{Cash-flow pro Aktie}}$	$\dfrac{\text{Cash-flow}}{\text{pro Aktie}} = \dfrac{\text{erwarteter Cash-flow der AG}}{\text{Anzahl der Aktien der AG}}$

Bewertung von Optionsscheinen und Optionen

Hebel	■ Faktor, um den die prozentuale Kursveränderung des Optionsscheins größer ist als die prozentuale Kursveränderung des Basiswertes $$\text{Hebel} = \frac{\text{Aktienkurs}}{\text{Optionsscheinkurs} \cdot \text{Bezugsverhältnis (BV)}}$$ Das Bezugsverhältnis (Optionsverhältnis) gibt die Anzahl der mit einem Optionsschein zu beziehenden bzw. abzugebenden Aktien an. **Beispiele:** *Ein Bezugsverhältnis von 4 : 1 bedeutet, dass 4 Optionsscheine zum Bezug einer Aktie notwendig sind.* *Ein Bezugsverhältnis von 1 : 2 bedeutet, dass mit einem Optionsschein zwei Aktien bezogen werden können.*
Parität (Innerer Wert)	■ Rechnerischer Wert des Optionsscheins ohne Aufgeld <table><tr><td align="center">**Call**</td><td align="center">**Put**</td></tr><tr><td align="center">$\dfrac{\text{Aktienkurs} - \text{Basispreis}}{\text{Bezugsverhältnis}}$</td><td align="center">$\dfrac{\text{Basispreis} - \text{Aktienkurs}}{\text{Bezugsverhältnis}}$</td></tr></table>
Aufgeld	■ Vergleich des Direktkaufs bzw. -verkaufs des Basiswertes an der Börse mit dem Bezug bzw. der Abgabe des Basiswertes über den Optionsschein **Aufgeld in EUR (absolutes Aufgeld)** <table><tr><td align="center">**Call**</td><td align="center">**Put**</td></tr><tr><td>Kurs des Optionsscheins · BV + Basispreis – Aktienkurs ────────────── = absolutes Aufgeld</td><td>Kurs des Optionsscheins · BV – Basispreis + Aktienkurs ────────────── = absolutes Aufgeld</td></tr></table> **Aufgeld in Prozent (relatives Aufgeld)** $= \dfrac{\text{Aufgeld} \cdot 100}{\text{Aktienkurs}}$ **relatives Aufgeld pro Jahr** $= \dfrac{\text{Aufgeld in Prozent}}{\text{Restlaufzeit in Jahren}}$ ■ Wert, um den der Kurs des Basiswertes pro Jahr durchschnittlich steigen muss, damit der Anleger keinen Verlust erleidet
Zeitwert	■ Nicht durch den inneren Wert gedeckter Kursaufschlag des Optionsscheins Kurs des Optionsscheins – positiver innerer Wert des Optionsscheins ────────────── = Zeitwert Weist der Optionsschein einen negativen inneren Wert auf (out-of-the-money-Option), ergibt sich der Kurs des Optionsscheins vollständig aus dem Zeitwert.

Kreditgeschäft

Bilanzkennziffern

Eigenkapitalquote	$\dfrac{\text{Eigenkapital}}{\text{Gesamtkapital}} \cdot 100$
Verschuldungsgrad	$\dfrac{\text{Fremdkapital}}{\text{Gesamtkapital}} \cdot 100$
Anlagequote	$\dfrac{\text{Anlagevermögen}}{\text{Gesamtvermögen}} \cdot 100$
Anlagendeckungsgrad (1)	$\dfrac{\text{Eigenkapital}}{\text{Anlagevermögen}} \cdot 100$
Anlagendeckungsgrad (2)	$\dfrac{\text{Eigenkapital + langfristiges Fremdkapital}}{\text{Anlagevermögen}} \cdot 100$
Eigenkapitalrentabilität	$\dfrac{\text{Gewinn (Jahresüberschuss)}}{\text{Eigenkapital}} \cdot 100$
Umsatzrentabilität	$\dfrac{\text{Gewinn (Jahresüberschuss)}}{\text{Umsatzerlöse}} \cdot 100$
Gesamtkapitalrentabilität	$\dfrac{\text{Gewinn (Jahresüberschuss) + Zinsaufwand}}{\text{Gesamtkapital}} \cdot 100$
Liquidität	$\dfrac{\text{Liquide Mittel + kurzfristige Forderungen}}{\text{kurzfristige Verbindlichkeiten}} \cdot 100$
Cash-flow	Jahresüberschuss + Abschreibungen +/– Erhöhung/Auflösung der langfristigen Rückstellungen + außerordentliche/periodenfremde Aufwendungen – außerordentliche/periodenfremde Erträge
Effektivverschuldung	Fremdkapital – einzugsbedingte Liquidität
Verschuldungsgrad in Jahren	$\dfrac{\text{Effektivverschuldung}}{\text{Cash-flow}}$

Ratenkredite

Effektivverzinsung (Uniformmethode)	$\dfrac{(\text{Zinsen + Provision}) \cdot 100 \cdot 12}{\text{Nettokreditbetrag} \cdot \text{mittlere Laufzeit in Monaten}}$
oder	$\dfrac{(\text{Zinsen + Provision}) \cdot 100 \cdot 12}{\text{durchschnittlicher Nettokreditbetrag} \cdot \text{Gesamtlaufzeit in Monaten}}$

oder	$\dfrac{(p \cdot m + PS) \cdot 24}{1 + m}$ p: Zinssatz p.m.
	                  m: Gesamtlaufzeit in Monaten
	                  PS: Provisionssatz

mittlere Laufzeit	$\dfrac{\text{längste Laufzeit + kürzeste Laufzeit}}{2}$
durchschnittlicher Nettokreditbetrag	$\dfrac{\text{höchster Kreditbetrag + niedrigster Kreditbetrag}}{2}$

Ermittlung der Anzahl der Monatsraten bei gegebenem Ratenbetrag	
$n = \dfrac{K + P_{rov}}{R - \left(\dfrac{K \cdot PM}{100}\right)}$	n: Anzahl der Raten K: Nettokreditbetrag P_{rov}: Provision PM: Zinssatz pro Monat R: Ratenbetrag

Zinserstattung bei vorzeitiger Tilgung	
$ZE = \dfrac{RL \cdot (RL + 1)}{L \cdot (L + 1)} \cdot Z$	ZE: Zinserstattung Z: Gesamtzinsen RL: Restlaufzeit in Monaten L: Gesamtlaufzeit in Monaten

Grundstücke als Kreditsicherheit

Ermittlung des Ertragswertes	
$E = $ Jahresreinertrag $\cdot k$ $k = \dfrac{100}{p}$	E: Ertragswert k: Kapitalisierungsfaktor p: Kapitalisierungszinssatz

Effekten als Kreditsicherheit

	Schuldverschreibungen	Aktien
Ermittlung der Beleihungsgrenze	$\dfrac{\text{Nennwert} \cdot \text{Prozentkurs} \cdot \text{Beleihungssatz}}{100 \cdot 100}$	$\dfrac{\text{Nennwert} \cdot \text{Stückkurs} \cdot \text{Beleihungssatz}}{100}$
Ermittlung des erforderlichen Pfandes bei gegebenem Kreditbetrag	$\text{Nennwert} = \dfrac{\text{Kreditbetrag} \cdot 100 \cdot 100}{\text{Prozentkurs} \cdot \text{Beleihungssatz}}$	$\text{Stückzahl} = \dfrac{\text{Kreditbetrag} \cdot 100}{\text{Stückkurs} \cdot \text{Beleihungssatz}}$

Devisengeschäft

Ermittlung des Swapsatzes	
$S = \dfrac{KK \cdot \text{Tage} \cdot \text{Zinssatzdifferenz}}{100 \cdot 360}$	S: Swapsatz KK: Kassakurs
Ermittlung des Devisenterminkurses	
Inlandszinssatz > *Auslandszinssatz*: TK = KK – Swapsatz (Deport) *Inlandszinssatz* < *Auslandszinssatz*: TK = KK + Swapsatz (Report)	TK: Terminkurs

Sachwortverzeichnis

A

Abbuchungsauftrag 106
Abbuchungs-Lastschrift 109
Abhebungsfreibetrag 130
Abschlussfreiheit 20
Abschlussrechnung 403
Abschluss-Saldo 56
Absolute Rechte 23
Absonderung 422
Absonderungsrecht 249, 411
Abstraktheit 372, 404
Abwärtstrend 213
Abzahlungsdarlehen 386
Abzinsungsfaktor 463
Abzinsungssparbrief 141
act/act 166
Ad-hoc-Publizität 323, 324
Adressenrisiko 143
AGB-Pfandklausel 73
AGB-Pfandrecht 345
Aktienanalyse 209
Aktienfonds 231
Aktiengesellschaft 48, 190
Aktienindizies 215
Aktien-Optionen 261
Aktienoptionsscheine 258
Aktiensplitt 204
Akzeptakkreditiv 458
Akzeptländer 103
Akzessorietät 339, 343, 372, 404
Akzessorische Sicherheiten 338
Alleinbesitz 33
Alleineigentum 33
Allgemeine Geschäftsbedingungen 61
Altersentlastungsbetrag 281
Altervorsorge-Sondervermögen 226
American Express 119, 121
Amerikanisches Verfahren 188
Amtliche Markler 307
Amtlicher Handel 307, 308
Analysenzertifikat 433
Anderkonten 67
Anfechtbarkeit 26
Anlageberatung 234
Anlagedeckungsgrad 399, 467
Anlagequote 399, 467
Anlaufzinsen 332
Anleihen 164
Annahme 29
Annahmeverzug 32
Annuitätendarlehen 385
Anschlusszession 414
Anstalten des öffentlichen Rechts 22
Anstaltslast 148
Antrag 29
Anzahlungsgarantie 406
Arbeitnehmersparzulage 136–138, 151
Arglistige Täuschung 26
Artvollmacht 53, 54
Aufgebotsverfahren 242
Aufgeld 255, 259, 267, 466
Aufgeschobene Rente 157
Auflassungsvormerkung 378
Aufschrift 365
Aufwärtstrend 213
Aufzinsungsfaktor 463
Auktion 309
Ausbildungsversicherung 156
Ausgabeaufschlag 224
Auslandsgeschäfte 423
Auslands-Überweisungsauftrag 449
Auslandsverwahrung 244

Auslandszahlungsverkehr 86
Außenfinanzierung 395
Außenhandelsdokumente 427
Außenwirtschaftsverkehr 423
Außergewöhnliche Belastungen 281
Aussonderung 422
Aussonderungsrecht 35, 36, 243
Automatisierte Kassen 113
Autonome Satzungen 20
Avalarten 405
Avalkredit 404
Avalrahmen 405

B

Ballungsfunktion 11
Bankauskunft 74, 76
Bankenkontokorrentkonten 57
Banken-Orderscheck 451
Bankgeheimnis 74
Bankgeschäfte 14
Bankleitzahl 81
Bankvorausdarlehen 388
Barausgleich 258, 273
Bargeldlose Zahlung 78
Barliquidität 399
Barscheck 92
Barwert 141
Barzahlung 78
Basispreis 255, 269
Baufinanzierung 364
Bauspardarlehen 149
Bauspareinlagen 149
Bausparen 136, 137, 149
Bausparförderung 150
Bausparkasse 13, 137, 149
Bausparsumme 150
Bedingte Kapitalerhöhung 200, 252
Begebungskonsortium 206
Belegloser Scheckeinzug 100
Beleihungsauslauf 390
Beleihungsgrenze 390, 468
Beleihungswertermittlung 389
Benchmark 222
Beobachtungskennzahlen 147
Berichtigungsabschlag 201, 464
Berichtigungsverhältnis 201
Berufsunfähigkeitsversicherung 152
Berufung 360
Beschlüsse 24
Besitz 33
Besitzkonstitut 409
Bestandsverzeichnis 366
Bestätigter LZB-Scheck 101
Bestätigungsprovision 458
Beteiligungsfinanzierung 395
Beteiligungssparen 136, 137
Betreuung 28
Betriebsfinanzamt 292
Beweisurkunden 158
Bezugsangebot 193
Bezugsfrist 192
Bezugsrecht 193, 251, 252
Bezugsrechtsabschlag 196
Bezugsrechtsausweis 193
Bezugsrechtsformel 197
Bezugsrechtshandel 193
Bezugsrechtsparität 196
Bezugsverhältnis 193
BGB-Vollmacht 53
Bietungsgarantie 406
Bilanzkritik 398
Bodenrichtwertkarte 390

Bodenwert 390
Bogen 161
Bona-fide-holder-Klausel 459
Bonitätsklasse 398
Bonitätsrisiko 176
Bookbuilding 207
Bordkonnossement 429
Börsenhändler 307
Börsenkurs 310
Börsenmakler 307
Börsentermingeschäftsfähig 261
Börsenzwang 319
BOSS-CUBE 310, 311, 322
Bote 52
Branchenanalyse 210
Branchenfonds 231
Briefgrundschuld 373
Briefhypothek 373
Brutto(Bar-)dividende 291
Bruttodividende 293, 294
BSE-Verfahren 103
Buchgrundschuld 373
Buchhypothek 373
Bundesamt für Finanzen 287, 292
Bundesanleihen 179, 187
Bundesanzeiger 130
Bundesaufsichtsamt für das Kreditwesen 15
Bundesaufsichtsamt für den Wertpapierhandel (BAW) 320, 323
Bundesdatenschutzgesetz 74
Bundesobligationen 179, 185
Bundesschatzbriefe 179, 182
Bundesschuldbuch 162
Bundesschuldenverwaltung 162
Bürgerschaft 338
Bürgschaft 339, 404

C

Call 262
Cash settlement 258, 275
Cash-flow 400, 467
Chartanalyse 209, 212, 213
Chip 113, 117
CIF 427
Clearing 270
Clearstream Banking AG 242–245, 306
Codierzeile 82, 94
Commercial Banking 13
Commercial Letter of Credit 459
Compliance-Organisation 325
Compliance-Regelungen 323, 324
Cost-average-Effekt 225
Covered warrents 258
CPD-Konten 58

D

Dachfonds 227
Darlehen 126, 326
Darlehenskonten 56
Darlehensvertrag 30
Datenfernübertragung 82, 83
Datenträgeraustausch 83
Dauerglobalurkunden 162, 174
Dauerüberweisung 89
DAX 216
DAX-Future 275, 276
Deckungsregister 189
Deckungsstock 154
Deckungsstockfähigkeit 177
Delkrederefunktion 408

Delta 257
Deport 440
Depotbank 228
Depotbuchführung 247
Depotgeschäft 160, 240
Depotvertrag 242
Derivate 161
Deutsche Börse AG 306
Deutsche Bundesbank 15, 18, 79, 80, 108
Deutsche eurocheque-Zentrale 102
Deutscher Aktienindex 216, 275
Devisen 433
Devisenkurs 433
Devisenoptionen 443
Devisen-Referenzkurs 437
Devisentermingeschäfte 440
Dienstbarkeit 370
Dienstleistungsfunktion 408
Dienstvertrag 30
Diner's Club 119, 121
Dinglicher Zinssatz 376
Direktbanken 14, 234
Direktes Leasing 352
Direktorium 18, 19
Direktversicherung 156
Disagio 384
Dispositionskredite 326
Diversifikationsgebot 227
Diversifizierung 218, 222
Dividende 192
Dividendennachteile 198
Dividendenrendite 211, 465
Dividendenrisiko 209
Dokumenten-Akkreditiv 456
Dokumenteninkasso 453
Doppelsteuerungsabkommen 288
Doppelübereignung 414
Dow Jones STOXX 216
Drittrangmittel 143, 144
Drittsammelverwahrung 242
Drittsonderverwahrung 242
Drittverwahrung 243
Durchkonnossement 429
Durchschnittssteuersatz 282, 283
DVFA-Gewinn 211

E

ec-cash 114, 121
ec-Karte 113, 115
ec-Lastschriftverfahren (ELV) 117
EDIFACT 427
EDV-Methode 133
Effekten 158–160
Effektenbörse 304
Effektengiroverkehr 245
Effektenhandel 160
Effektivverschuldung 467
Effektivverzinsung 169, 332, 465, 467
Effektkur120s 384
Eidesstattliche Versicherung 362
Eigenanzeige 244
Eigenbesitz 33
Eigenfinanzierung 396
Eigenheimzulage 380
Eigenkapitalquote 399, 467
Eigenkapitalrentabilität 399, 467
Eigenmittel 144
Eigenmittelausstattung 142
Eigentum 31
Eigentümergrundschuld 373, 375

Sachwortverzeichnis

Eigentümerhypothek 373
Eigentumsvorbehalt 35, 414, 416
Eilnachricht 99, 109
Eingetragene Genossenschaft 48
Eingetragener Verein 44
Einheitskurs 311
Einkommensteuerrecht 280
Einkünfte 280
Einlagensicherung 142, 148
Einlagensicherungsfonds 148
Einnahmen 280
Einrede der Vorausklage 339
Einzelabtretungen 351
Einzelkonto 58
Einzelprokura 54
Einzelschuldbuchforderung 162, 174
Einzelüberweisung 89
Einzelunternehmer 45
Einzelurkunden 161
Einzelzeichnung 65
Einzugsbedingte Liquidität 399
Einzugsermächtigung 106
Einzugsermächtigungs-Lastschrift 109
Eisenbahnfrachtbrief 430
Elektronische Abrechnung 86
Elektronischer Handel 260, 305
Elektronischer Massenzahlungsverkehr 86
Elektronischer Schalter 86
Elektronischer Zahlungsverkehr 82
Elterliche Sorge 28
Emerging Market Fonds 231
Emission 204
Emissionsdisagio 289
Emissionsfahrplan 206
Emissionsgeschäft 160
Emissionskonsortium 205
Emissionskurs 173
Emissionsrendite 173
Entschädigungseinrichtung deutscher Banken 148
Erbbaugrundrecht 364
Erbbaurecht 364
Erbfolge 70
Erbrecht 69
Erbschaften 303
Erbschaftsteuer 71, 286
Erbschein 70
Erfüllungsgeschäft 29, 31, 305
Erfüllungsort 32
Erfüllungsvaluta 166
Ergänzungskapital 144, 251
Erneuerungsschein 161
Eröffnungsauktion 310
Eröffnungskurs 313
Ertragswert 390
Erzwingungshaft 362
ESZB 434
Eurex 260, 268, 306
Eurex AG 271
EURIBOR 172
EURO STOXX 216
Euro-Bund-Future 277
EUROCARD 118, 121, 122
EUROCARD-System 120
eurocheque 102, 113
EuroFX-Devisen-Referenzkurs 437
Europäische System der Zentralbanken 15
Europäische Zentralbank 16
Eurozinsmethode 172
Eventualverbindlichkeit 404
EZB-Rat 15, 18

F

Factoring 407
Factoring-Gebühr 408
Faktura 432
Fantasiefirma 43
Faustpfandrecht 343
FBL 431
FCR 431
Fernüberweisung 90
Festdarlehen 387
Festgeldanlage 138
Festpreisgeschäft 319, 320
Festzinsoption 135
Festzinssparen 135
FIATA-Spediteurdokumente 430
Fiduziarische Sicherheiten 338
Fiduziarität 348, 349, 374, 411
Filialbanken 13
Filialprokura 54
Finance Leasing 352, 353
Finanzderivate 260
Finanzdienstleistungen 14
Finanzdienstleistungsunternehmen 14
Finanzierung 395
Finanzierungsfunktion 408
Finanzierungspläne 382
Finanzierungsschätze 179, 180
Finanzterminkontrakte 260
Firma 42
Firmenkredite 395
Float 125
Floating-Rate-Notes 164, 172
Flurkarte 365, 382
FOB 426
Forderungen 338
Formfreiheit 25
Formkaufmann 39, 40
Formmangel 26
Formvorschriften 25
Fortlaufende Notierungen 313
Fortlaufender Handel 309
Frachtbrief 429
Freie Berufe 39
Freie Markler 307
Freigrenze 302
Freistellungsantrag 131, 139, 287
Freistellungsaufträge 71
Freiverkehr 307, 308, 314
Fremdbesitz 33
Fremdemission 205
Fremdfinanzierung 395
Fremdgrundschuld 373
Fremdhypothek 373
Fremdvermutung 244
Fremdwährungskonto 447
Fristverlängerungsfunktion 11
Futures 273

G

Garantie 404
Garantiefonds 148
Garantiefrist 102
Garantieverzinsung 154
Geldautomaten 113
Gelddisposition 318
GeldKarte 118
Geldkartenkassenterminal 113
Geldkartenzahlungen 121
Geldleihe 326
Geldmarktfonds 220, 229, 230
Geldpolitik 16
Geldwäsche 76
Geldwäschebeauftragter 77
Geldwertpapiere 159
Gemarkung 366
Gemeinschaftskonto 58

Genehmigtes Kapital 195
Generalpolice 432
Generalvollmacht 53
Genossenschaft 48
Genossenschaftsbankensektor 12, 79
Genussrechtkapital 251
Genuss-Schein 250
Geregelter Markt 307, 308
Gerichtliches Mahnverfahren 356
Gerichtsstand 32
Gesamthandeigentum 33
Gesamtkapitalrentabilität 399, 467
Gesamtprokura 54
Geschäftsbesorgungsvertrag 30, 326
Geschäftsfähigkeit 27
Geschäftsunfähigkeit 26, 27
Geschlossene Immobilienfonds 221
Geschlossenes Depot 240
Gesellschaft bürgerlichen Rechts 44
Gesellschaft für Zahlungssysteme 102
Gesellschaft mit beschränkter Haftung 48
Gesellschaftsvertrag 30
Gesetze 20
Gesetzesrecht 20
Gesetzlicher Vertreter 52
Gesetzliches Pfandrecht 342
Gewährleistungsgarantie 406
Gewährträgerhaftung 148, 176
Gewinneinkunftsarten 280
Girosammelverwahrung 162, 174, 244
Girovertrag 87
Gläubigereffekten 160, 163, 164
Gläubigerkündigungsrecht 175
Gläubigerschutz 142
Gläubigerversammlung 421
Globalurkunden 161, 243
Globalzession 350
GmbH & Co. KG 50
Good-Will-Aktionen 175
Greenshoe 208
Grenzsteuersatz 282, 283
Großbetrag-Scheckeinzug 86
Großkredite 419
Grundakte 365
Grundbuchblatt 365
Grunddienstbarkeit 370
Grundfreibetrag 282
Grundkapital 191
Grundpfandrecht 371
Grundschuld 371
Grundstücke und grundstücksgleiche Rechte 364
Gütergemeinschaft 329
Gütertrennung 329
Gutgläubiger Eigentumserwerb 35
Guthabenzins 150

H

Haftungserklärung 130
Halbbare Zahlung 78
Halbeinkünfteverfahren 295, 302
Handelsbuch 247
Handelsdokumente 427
Handelsfaktura 432
Handelsgesetzbuch 38
Handelspapiere 454
Handelsregister 41
Handelsusancen 424

Handlungsbevollmächtigter 52
Handlungsvollmacht 54
Hauptversammlung 192, 249
Haushaltsfreibetrag 281
Haushaltsrechnung 330
Haussonderverwahrung 242
Hebel 254, 259, 268, 466
Hedging 273
Heimkautionen 128
Hemmung 37
Hersteller-Leasing 352
Hinterleger 241
Höchstbetragsbürgschaft 341
Home-Banking 89, 234
Hypothek 338, 371
Hypothekenbanken 189
Hypothekenpfandbriefe 189

I

IAS, 215
Immobilienfinanzierung 155
Immobilienfonds 220, 229
Incoterms 425
Indexoptionsscheine 258
Indexzertifikate 233
Indirektes Leasing 352
Indossament 94
Inhaberaktien 194
Inhaberklausel 129
Inhaberpapier 129, 159
Inhaberscheck 94
Inhaltsfreiheit 20
Inkassoschecks 112
Inlandsverwahrung 244
Innenfinanzierung 395
Innerer Wert 255, 267
Insidergeschäfte 323
Insolvenzplan 421
Insolvenzverfahren 73, 363, 421
Insolvenzverwalter 421
Insolvenzvorrecht 190
Interbankenhandel 442
Investition 395
Investment Banking 13
Investment-Anlagekonto 225
Investment-Sparvertrag 226
Investmentzertifikat 219
Irrtum 26
Istkaufmann 39

J

Jahresabschlussanalyse 398, 400
Juristische Personen 21

K

Kannkaufmann 39, 40
Kapitalanlagegesellschaften 13, 219
Kapitaldienstfähigkeit 394
Kapitalerhöhung 195
Kapitalerhöhung aus Gesellschaftsmitteln 464
Kapitalertragsteuer 284, 286
Kapitalgesellschaften 48
Kapitallebensversicherung 136, 152, 227
Kapitalwert 141
Kapitalwertpapiere 159, 304
Kartenländer 103
Kartenzahlung 113
Kassageschäfte 439
Kassakurs 314, 435
Kassatorische Klausel 428
Katasteramt 365, 382
Kaufoption 262
Kaufvertrag 30, 31
Kennwort 129
Kernkapital 144
Kinderfreibetrag 281
KISS 310

Sachwortverzeichnis

Klageverfahren 358
Kollektivzeichnung 65
Kommanditgesellschaft 45, 50
Kommanditgesellschaft auf Aktien 51
Kommissionsgeschäft 319
Konnossement 428
Konsortialquote 205
Kontensparen 136
Kontenwahrheit 63
Konto 55
Kontoarten 55
Kontoauszugsdrucker 113
Kontoeröffnung 61
Kontokorrent 126
Kontokorrentkonten 55, 56
Kontokorrentkredit 401
Kontokorrentstaffel 403
Kontokorrentvorbehalt 36
Kontovertrag 61
Kontrahierungszwang 61
Konvertibilität 434
Körperschaften des öffentlichen Rechts 22
Körperschaftsteuer 291
Korrespondenzbanken 57, 445
Kostenanteil 154
Kostengewinn 154
Kraftloserklärung 130
Kreditarten 401
Kreditausfallrisiko 143
Kreditbankensektor 79
Kreditfähigkeit 329
Kreditfazilitäten 445
Kreditinstitutsgruppe 146
Kreditkarten 118
Kreditkartenzahlungen 121
Kreditleihe 326
Kreditprüfung 329, 397
Kreditschutzorganisation 98
Kreditscoring 333
Kredittrating 397
Kreditunterlagen 419
Kreditwesengesetz 14
Kreditwürdigkeit 329
Kreditwürdigkeitsprüfung 397
Kundenkontokorrentkonten 57
Kupons 161
Kurs-Cash-flow-Verhältnis 465
Kurs-Gewinn-Verhältnis 210, 465
Kurshinweise 314
Kursindizes 215
Kurssicherungskosten 441
Kurswertberechnung 463
Kurszusätze 314
KWG 142

L

Ladeschein 429
Lagerstellendatei 248
Lasten und Beschränkungen 366, 369
Lastschrift 105
Lastschriftabkommen 107
Lastschriftverkehr 105
Laufzeitband 146
Laufzeitfonds 220
Leasing 352
Lebensversicherung 152
Legitimationspapiere 129, 158
Legitimationsprüfung 64
Leibrente 157
Leihvertrag 30
Leverage-Effekt 254
Lieferklauseln 424
Lieferlisten 322
Lieferungsverzug 32

Liegenschaftsbuch 365, 382
Liegenschaftskataster 365
Liquidationserlös 194
Liquidität 237, 467
Liquiditätsgrundsatz 127
Liquiditätskennzahl 147
Liquiditäts-Konsortialbank 148
Liquiditätsrisiko 232
Lohnsteuer 283
Lohnsteuerfreibeträge 284
Lohnsteuerkarte 283
Lohnsteuertabelle 284
Long-Position 264
Lorokonten 447
Löschung 376
Löschungsbewilligung 376
Luftfrachtbrief 430
LZB-Girokonto 101
LZB-Girokonto 80

M

Maestro 114
Mahnverfahren 356
Managementrisiko 232
Mangelhafte Lieferung 32
Mängelrüge 32
Mantel 161
Margin 274
Market Maker 268
Marktrendite 165
Marktrisiko 232
Marktrisikopositionen 143
MasterCard-Verbund 119
Matching 260, 268, 270
MDAX 216
Mengennotierung 435
Mietaval 406
Mietkautionen 128
Mietkautionskonto 67
Mietvertrag 240
Mietvertrag 30
Millionenkredite 420
Minderung 32
Mindestbewertungszahl 150
Mindestgrundkapital 191
Mindestsparguthaben 150
Minusankündigungen 314
Mitarbeiter Leitsätze 323, 325
Mitbesitz 33
Miteigentum 33
Mobiliarpfandrecht 343, 371
Motivirrtum 27
Mündelsicherheit 177

N

Nachdatierung 96
Nachdisposition 97
Nachlasskonto 70
Nachrangiges Haftkapital 251
Nachschusspflicht 148
Nachsichtakkreditiv 458
Naked warrants 257
Namensaktien 72, 195
Natürliche Personen 21
Negativerklärung 176
Negoziierungsakkreditiv 458
Nennbetragsaktie 191
Nennwert 165
Nettodividende 291, 293
Netzbetreiber 115
Neuer Markt 307, 308
Neunzig-Tage-Methode 133
Nichtigkeit 26
Nichtveranlagungsbescheinigung 288
Nießbrauch 370
No Load Fonds 224
Nominalverzinsung 165, 332
Nominalwert 165
Nominalzins 164, 165, 384
Nostrokonten 447
Not leidender Kredit 356

Notaranderkonto 378
Notarielle Beurkundung 25
Notifikation 98
Nullkupon-Anleihen 164, 173
Nummerndatei 248

O

Oder-Konto 58
Offene Abtretung 349
Offene Handelsgesellschaft 45
Offenes Depot 241
Öffentliche Beglaubigung 25
Öffentliche Pfandbriefe 189
Öffentliches Recht 20
Öffentliches Testament 69
Operate Leasing 352, 353
Opération blanche 198
Optionsanleihen 252
Optionsgenüsse 250
Optionshandel 260
Optionspreis 269
Optionsscheine 257
Ordentliche Kapitalerhöhung 464
Order Taking 208
Orderklausel 94
Orderpapiere 93, 94, 159, 195
Orderscheck 93
Organkredite 420
OTC-Handel 438
Outrightgeschäfte 441

P

Pachtvertrag 30
Parität 255, 466
Partnerschaftsgesellschaften 47, 60
Partnerschaftsregister 47
Partnerversicherung 157
Patronatserklärung 397
Performance 233
Performanceindizies 215
Personendepot 247
Personenfirma 43
Personenhandelsgesellschaften 45
Pfandbriefe
Pfandrecht 338, 342, 410
Pfandrecht an Forderungen 348
Pfandreife 346
Pfändungs- und Überweisungsbeschluss 73
Pfändungsbeschluss 73, 361
Pfändungspfandrecht 342
Pflichtteil 70
PIN 113
Plusankündigungen 314
Posteinlieferungsschein 431
Postlaufkredite 445
POZ-System 113, 115, 121
Prämienreservefonds 154
Präsenzhandel 305
Preisangabenverordnung 337
Preisnotierung 435
Preisstabilität 16
Pricing 208
Prioritätsprinzip 338
Privater Kreditbankensektor 12
Privates Testament 69
Privatkredite 326
Privatrecht (Zivilrecht) 20
Progressionszone 282
Prokura 51
Prokurist 52
Prospekthaftung 206
Prozentnotierung 311, 463
Prsenzhandel 317
Publikumsfonds 220
Publikumsgesellschaften 190
Publizitätsprinzip 344
Put 262

Q

Quasi-juristische Personen 21, 44
Quellensteuer 287, 288
Quotenkonsolidierung 146, 420

R

Rangänderung 369
Rangverhältnis 368
Rangvorbehalt 369
Ratenkredit 327, 467
Rating 178
Realakte 34
Realkreditinstitute 13, 189
Reallast 370
Rechte 23
Rechtsfähigkeit 21
Rechtsgeschäfte 23, 24
Rechtsgeschäftlicher Vertreter 52
Rechtsnormen 20
Rechtsobjekte 23
Rechtssubjekte 21
Rechtsverordnungen 20
Regelsparbeitrag 150
Regionalfonds 231
Reisescheck 124
Reise-Versicherungsschutz 119
Rektapapiere 159
Relative Rechte 23
Rendite 170
Rentabilität 237
Rentenfonds 230
Rentenwerte 164
Report 440
Restschuldbefreiung 363, 422
Restschuld-Erwerbsunfähigkeitsversicherung 333
Restschuld-Lebensversicherung 333
Restschuldversicherung 333
Restwertrisiko 355, 356
Retailbanking 13
Revision 360
Reziprozität 445
Risikoanteil 154
Risikokapital 209
Risikoklassen 237
Risikolebensversicherung 152
Risikomischung 222
Roadshows 208
Rohdividende 292, 296
Round-Lot-Orders 309
Rückkaufswert 154
Rücklagen 192
Rücklastschrift 109
Rückzahlungswert 141

S

S.W.I.F.T. 446, 449
Sachdepot 247
Sachen 23
Sachfirma 43
Sachwert 390
Sammelanderkonten 67
Sammelschuldbuchforderung 174, 243
Sammelschuldforderungen 162
Sammelüberweisung 89
Sammelurkunden 161
Sammelverwahrung 242, 243, 321
Schadenersatz 32
Schaltjahre 169
Scheck 92
Scheckabkommen 95, 99, 100
Scheckankaufskurs 453
Scheckeinzugsverkehr 96
Scheckfähigkeit 95

Sachwortverzeichnis

Scheckinkasso 112
Scheckklage 98
Schecklagerstelle 100
Scheckmahnbescheid 98
Scheckverkehr 92
Schenkungen 304
Schenkungsteuer 286
Schlichtugsstelle 89
Schließfächer 72, 240
Schlussauktion 310
Schlusskurs 313, 314
Schlussnoten 322
Schrankfächer 240, 241
Schriftform 25
SCHUFA 63,98
SCHUFA-Auskunft 64
SCHUFA-Klausel 63
SCHUFA-Meldung 333, 341
Schuldbuchforderungen 162
Schuldbuchgeheimnis 162
Schuldenbereinigungsplan 362
Schuldnerkündigungsrecht 175
Scoring-Verfahren 334
Selbstauskunft 328
Selbstbedienungsterminal 89, 113
Selbstemission 205
Selbstfinanzierung 395
Selbstschuldnerische Bürgschaft 340
Selffulfilling-prophecy 213
Shareholder-Value 192, 214
Short-Position 264
Sicherheit 237
Sicherungsabtretung 338, 347, 348
Sicherungsgrundschuld 338, 373, 374
Sicherungsübereignung 338, 409
Sicherungszession 347
Sicherungszweckerklärung 338, 341, 374
Sichtakkreditiv 458
Sichtaufschlag 453
Sichteinlagen 126
Sittenwidrigkeit 26
SMAX 307, 308
Sofortrente 157
Solidaritätszuschlag 131, 287
Solvabilitätskoeffizient 143
Sonderausgaben 281
Sonderausgaben-Pauschbetrag 281
Sondervermögen 228
Sonderverwahrung 161, 242, 243, 321
Sorten 433
Sortenkurs 433
Sparanteil 154
Sparbriefe 138
Sparbuch 127
Spareinlagen 126, 127
Sparerfreibetrag 287
Sparkassensektor 12, 79
Sparkassenstützungsfonds 148
Sparkonten 56
Sparkonto 128
Sparplan 135
Sparvertrag 127, 128
Spediteurdokumente 430
Speditionsvertrag 431
Spekulation 274
Spekulationsfrist 302, 303
Spekulationsgewinne 302
Spekulationsverluste 302
Sperrdatei 115
Sperrfrist 136
Spezialfonds 220
Spezialkreditinstitute 13
Spezialvollmacht 53, 54

Spitzensteuersatz 282
Splitting 224
Sprintsparen 135
Staatliche Förderung 136
Stakeholder Value 215
Stammaktien 194
Stellvertretung 52
Sterbetafeln 154
Sterblichkeitsgewinn 154
Steueraval 406
Steuerbescheinigung 286
Steuerklasse 283
Stiftungen des öffentlichen Rechts 22
Stiftungen des privaten Rechts 22
Stille Abtretung 349
Stille Gesellschaft 51
Stimmrechtsvollmacht 249
Stockregister 65
Stop-buy-Aufträge 316
Stop-loss-Aufträge 316
STOXX 216
Streifbanddepot 321
Stripping 187
Stückaktie 191
Stückedisposition 318
Stückeverzeichniss 321
Stücknotierung 311, 463
Stückzinsen 166
Stückzinsdisko 289, 299
Stückzinstage 169
Stückzinstopf 289
Stückzinsvaluta 166
Stufenzinsanleihen 165
Subsidiaritätsprinzip 16
Subskriptionsverfahren 207
Substanzwert 212
Summarische Zinsrechnung 462
Swapgeschäfte 442
Swapsatz 440, 468

T
Tafelgeschäfte 161, 174, 321
Tagessaldo 56
Target 449
Target 86
Technische Analyse 209, 212
Teilabtretung 417
Teileigentum 364
Teilhabereffekten 160
Teilrecht 201
Telefon-Banking 89
Telefonverkehr 306
Tenderverfahren 186, 187
Term-Fix-Versicherungen 156
Termineinlagen 126, 138
Termingeldkonten 55
Termingeschäfte 440
Termingeschäftsfähigkeit 261
Terminkurs 435
Testament 69
Trading-Fonds 224
Transportdokumente 427, 428
Transportvertrag 439
Travellers-Cheque 124
Trennbankensystem 13
Treuhänder 190
Treuhandkonten 67

U
Überbringerklausel 94
Überbringerscheck 94
Übernahmekonnossement 429
Übernahmekonsortium 206
Überschuldung 421
Überschussbeteiligung 154, 155
Überschusseinkunftsarten 280
Überweisungsauftrag 86

Überweisungsbeschluss 361
Überweisungsformular 89
Überweisungsvertrag 30, 87
Überziehungszinssatz 326
Ultimo-Sparen 135
Umsatzrentabilität 467
Umsatzsteuer 286
Umtausch 32
Umweltrisiken 400
Unanbringlichkeit 110
Unbedenklichkeitsbescheinigung 378
Und-Konto 58
Unfallversicherung 152
Universalbanken 12
Unterbrechung 37
Unternehmensanalyse 210
Unternehmensformen 43
Unternehmensrecht 38
Unternehmer 21
Unternehmerinsolvenz 421
Unterstützung 213
Unwiderrufliches Akkreditiv 458
Ursprungszeugnis 432
US-GAAP 215

V
Verarbeitungs-Klausel 414
Veräußerungsgewinne 286, 302
Verbraucher 21
Verbraucherinsolvenzverfahren 362
Verbraucherkreditgesetz 336
Verbraucherschutz 336
Verfügungsbeschränkungen 371
Verfügungsgeschäfte 24
Verjährung 36
Verkaufsoption 262
Verkehrswert 389
Vermögensbildungsgesetz 136, 151
Verpflichtungsgeschäfte 24, 29, 31, 305
Verrechnungsscheck 92
Verschuldungsgrad 399, 467
Versicherungsdokumente 427, 431
Versicherungssumme 154
Versicherungszertifikat 432
Versorgungslücke 157
Verträge 24, 29
Vertragliches Pfandrecht 342
Vertragsfreiheit 20
Vertragsrecht 20
Vertrauensfunktion 11
Verwahrstücke 72, 240, 241
Verwahrungsvertrag 30
Verwahrvertrag 240
Verwertungsreife 412
Visa 119, 121
VL-Spareinlagen 128
Volatilität 192, 257
Vollmachtstimmrecht 193
Vordatierung 96
Vorfälligkeitsentgelt 130
Vorkaufsrecht 371, 378
Vorlegungsfrist 95
Vorlegungsvermerk 98, 99
Vormundschaft 28
Vorschusszinsen 130, 133
Vorsorgeaufwendungen 155, 281
Vorsorgehöchstbetrag 281
Vorzugsaktien 194

W
Währungsoptionsscheine 258
Währungsrisiken 143
Wandelgenüsse 250
Wandelung 32
Warenwertpapiere 159
Wartefrist 346

Wegerecht 370
Werbungskosten 280
Werbungskostenpauschalbetrag 280
Werklieferungsvertrag 30
Werkvertrag 30
Wertminderungsrisiko 143
Wertpapierdienstleistungsunternehmen 235
Wertpapiere 158
Wertpapiererhebungsbogen 235, 239
Wertpapierfonds 220
Wertpapier-Mitteilungen 248
Wertpapierrechnung 246
Wertpapier-Risikoklasse 234, 239
Wertpapiersammelbank 322
Wertpapiersammelbestand 162
Wertrechte 162
Wesentliche Bestandteile 23
Widerrechtliche Drohung 26
Widerrufliches Akkreditiv 457
Widerrufsbelehrung 337, 341
Widerrufsrecht 153
Widerspruch 110, 367
Widerstand 213
Wiederanlagerabatt 224
Willenserklärungen 23
Wohnrecht 370
Wohnsitzfinanzamt 292
Wohnungsbauprämie 136–138, 151
Wohnungsbauprämiengesetz 136, 151
Wohnungseigentum 364
Wohnungsgrundbuch 364

X
Xetra 309

Z
Zahlstellensteuer 287
Zahlungsauftrag im Außenwirtschaftsverkehr 448, 449
Zahlungsbilanz 423
Zahlungsformen 78
Zahlungspapiere 454
Zahlungsverkehr 78
Zahlungsvertrag 87
Zahlungsverzug 32
Zeichnung 207
Zeitrente 157
Zeitwert 255, 256, 259, 267, 466
Zentralbankrat 19
Zero-Bonds 164
Zessionskredit 409
Zinsabschlagsteuer 131, 139, 284, 286
Zinsänderungsrisiken 143
Zinsarbitrage 440
Zinsausgleich 111
Zinseszinsrechnung 463
Zinskapitalisierung 139
Zinsoptionsscheine 258
Zinsrechnungsmethoden 462
Zinsschein 164, 165
Zinsstruktur 127
Zinszahl 462
Zivilprozess 358
Zollaval 406
Zolldokumente 427, 432
Zollfaktura 432
Zubehör 23
Zuflussprinzip 182, 288
Zugewinngemeinschaft 329
Zug-um-Zug-Geschäft 456
Zwangsvollstreckung 360
Zwangsvollstreckungsklausel 376
Zwischenfinanzierungen 388
Zwischengewinne 289, 299